Adolf Hitler

Mi Lucha
(Mein Kampf)

OMNIA VERITAS

Adolf Hitler

Mi Lucha
(Mein Kampf)

1925

Publicado por
Omnia Veritas Ltd

www.omnia-veritas.com

DEDICATORIA	13
PRÓLOGO DEL AUTOR	15
VOLUMEN I	17
RETROSPECCION	17
CAPÍTULO I	19
EN EL HOGAR PATERNO	19
CAPÍTULO II	29
LAS EXPERIENCIAS DE MI VIDA EN VIENA	29
CAPÍTULO III	65
REFLEXIONES POLÍTICAS SOBRE LA ÉPOCA DE MI PERMANENCIA EN VIENA	65
CAPITULO IV	110
MÚNICH	110
CAPÍTULO V	134
LA GUERRA MUNDIAL	134
CAPÍTULO VI	148
PROPAGANDA DE GUERRA	148
CAPÍTULO VII	156
LA REVOLUCIÓN	156
CAPÍTULO VIII	172
LA INICIACIÓN DE MI ACTIVIDAD POLÍTICA	172
CAPÍTULO IX	180
EL PARTIDO ALEMÁN DE LOS TRABAJADORES	180
CAPÍTULO X	188
LAS CAUSAS DEL DESASTRE	188
CAPÍTULO XI	233
PUEBLO Y RAZA	233
CAPÍTULO XII	268
LA PRIMERA FASE DEL DESARROLLO DEL PARTIDO NACIONALSOCIALISTA ALEMÁN DE LOS TRABAJADORES	268
VOLUMEN II	292

EL MOVIMIENTO NACIONALSOCIALISTA **292**

CAPÍTULO I **294**
    Weltanschauung y partido 294

CAPÍTULO II **304**
    El estado 304

CAPÍTULO III **343**
    Súbditos y ciudadanos 343

CAPÍTULO IV **347**
    La personalidad y la concepción racista del estado 347

CAPÍTULO V **355**
    Weltanschauung y organización 355

CAPÍTULO VI **365**
    Nuestra lucha en los primeros tiempos. La importancia de la oratoria 365

CAPITULO VII **378**
    La lucha contra el frente rojo 378

CAPÍTULO VIII **398**
    El fuerte es más fuerte cuando está solo 398

CAPÍTULO IX **406**
    Ideas básicas sobre el objetivo y la organización de las "SA" 406

CAPÍTULO X **434**
    La máscara del federalismo 434

CAPÍTULO XI **454**
    Propaganda y organización 454

CAPÍTULO XII **468**
    El problema de los sindicatos obreros 468

CAPÍTULO XIII **478**
    La política aliancista de Alemania después de la guerra 478

CAPÍTULO XIV **505**
    Orientación política hacia el este 505

CAPÍTULO XV **526**
  El derecho de la legítima defensa 526
EPÍLOGO **542**
  LOS 25 PUNTOS 543
  El Programa 543
  El interés común antes que el propio 546
  Manifiesto oficial del partido sobre la posición del N.S.D.A.P. con respecto a la población campesina y a la agricultura 547
    1. Importancia de la población campesina y de la Agricultura para Alemania 547
    2. El Estado de hoy descuida a la clase rural y a la agricultura 548
    3. En la Nación, tal cual esperamos verla nosotros, se respetarán los derechos del campo y habrá una política agrícola para Alemania 548
    4. Hay que elevar a la clase rural tanto desde el punto de vista económico como desde el educativo 551

ADVERTENCIA AL LECTOR

La presente edición de Mein Kampf es una reimpresión íntegra de la edición original de Nouvelles Éditions Latines (París, 1934), con una actualización de la advertencia al lector de conformidad con la sentencia del Tribunal de Apelación de París de 11 de julio de 1979 y 30 de enero de 1980.

Sin embargo, la difusión de esta obra puede suponer un peligro, ya que puede reavivar el odio racial o xenófobo y, por lo tanto, atentar contra la dignidad de la persona humana.

La incitación a la discriminación, al odio o a la violencia por motivos de origen o de pertenencia o no pertenencia, real o supuesta, a una etnia, una nación, una supuesta raza o una religión determinada; la apología de estos actos; la difamación o la injuria no pública hacia una persona o un grupo de personas por su origen o su pertenencia o no pertenencia a una etnia, una nación, una supuesta raza o una religión determinada, están castigadas por la ley de 29 de julio de 1881 sobre la libertad de prensa en sus artículos 23, 24, 32 y 33, modificados por la ley del 1 de julio de 1972.

Artículo 23: Serán sancionados con una multa de 200 a 40 000 francos los directores de publicaciones, impresores o vendedores ambulantes que, mediante discursos pronunciados en reuniones públicas, carteles, anuncios o escritos, panfletos o impresos de cualquier tipo, inciten a la discriminación, el odio o la violencia por motivos de origen o pertenencia o no pertenencia, real o supuesta, a una etnia, una nación, una supuesta raza o una religión determinada.

Artículo 24: Serán castigados con las penas previstas en el artículo 32 aquellos que, mediante discursos pronunciados en reuniones públicas, escritos o impresos de cualquier tipo, escritos o impresos vendidos o distribuidos, carteles o pósteres expuestos, hayan incitado a la discriminación, al odio o a la violencia por motivos de origen o pertenencia o no pertenencia, real o supuesta, a una etnia, una nación, una supuesta raza o una religión determinada, o incitado a estos actos contra el titular de un cargo público por razón de sus funciones o mandatos, por razón del origen o la pertenencia o no pertenencia, real o supuesta, a una etnia, una nación, una supuesta raza o una religión determinada.

Artículo 32: Serán castigados con una pena de prisión de uno a seis meses y una multa de 200 a 40 000 francos aquellos que, mediante discursos pronunciados en reuniones públicas, escritos, impresos o figuras, hayan hecho apología de actos calificados como crímenes de guerra o crímenes contra la humanidad o hayan exaltado públicamente a los autores o cómplices de tales actos.

Artículo 33: Serán castigados con una multa de 200 a 40 000 francos aquellos que, mediante discursos pronunciados en reuniones públicas, escritos o impresos de cualquier naturaleza, hayan incitado a la discriminación, al odio o a la violencia hacia una persona o un grupo de personas por su origen o por su pertenencia o no pertenencia a una etnia, una nación, una supuesta raza o una religión determinada, o hacia el titular de un cargo público por sus funciones o mandatos.

Las penas aplicables son de un mes a un año de prisión y de 200 a 300 000 francos de multa. Mein Kampf, escrito por Adolf Hitler en 1924, es un documento histórico indispensable para conocer la época, pero expone abiertamente una doctrina racista y xenófoba que condujo a la Segunda Guerra Mundial y a crímenes contra la humanidad.

En esta obra, Hitler expone su proyecto de Estado racial e Imperio, basado en la jerarquía de las «razas», con los «arios» (alemanes superiores) en la cima, destinados a dominar a los demás pueblos. Esta delirante doctrina divide a la humanidad en razas «superiores» (civilizadoras y dominadoras) e «inferiores » (eslavos, por ejemplo), y presenta a los judíos y a los semitas como destructores maliciosos de la civilización. Los antropólogos, en la declaración de la UNESCO de 1950, refutaron científicamente la existencia de jerarquías mentales o morales entre las etnias.

Según el testimonio en Nuremberg del general SS von dem Bach-Zelewski, la predicación de la inferioridad eslava y judía normalizó el asesinato en masa, lo que condujo directamente a las cámaras de gas de Auschwitz y Majdanek.

Aplicación de las doctrinas hitlerianas:

- **Invasión de Polonia** (1939): Limitación de la natalidad eslava (polacos, checos, rusos); traslados de población para dejar espacio a los colonos alemanes; selección de los niños por su aparente «germanizabilidad»; destrucción de la cultura y las élites eslavas (millones exterminados en los campos o in situ); utilización de los eslavos como reserva de mano de obra esclava.
- **Europa occidental** (por ejemplo, Alsacia, ordenanza de Núremberg de 1942): Políticas raciales que preveían el traslado de las «razas valiosas» a Alemania y de las «inferiores» a Francia.
- **Programa de eutanasia** (1939-1941): Orden secreta de Hitler tras la declaración de guerra, dirigida a las «vidas indignas de ser vividas» (alemanes con enfermedades mentales o débiles); muerte acelerada por psiquiatras en seis centros de eutanasia con monóxido de carbono en duchas camufladas (más de 100 000 víctimas); engaño a las familias mediante esquelas genéricas; pausa del programa debido a las protestas (clero y opinión pública) y las sospechas relacionadas con el humo de los crematorios y los traslados.
- **Los gitanos**: calificados de «asociales» (circular de 1938: riesgos para la salud pública, herencia criminal, parásitos); esterilización forzada y campos de trabajo; detención y traslado a Auschwitz en 1942 a un «campo familiar» (privilegios menores); orden de gaseamiento en 1944; en la URSS y Hungría, fusilados junto con los judíos y los comunistas; alrededor de 200 000 víctimas.
- **El antisemitismo**: Medidas inmediatas después de 1933: prohibición de los judíos en la función pública y la enseñanza; boicots; privación de la ciudadanía en 1935; prohibición de los matrimonios interraciales; leyes humillantes y expropiatorias; pogromos de 1938 (sinagogas y casas quemadas, miles de encarcelados). Amenazas de Hitler (antes de 1939): la conspiración judía causa la guerra, por lo que hay

que exterminar a los judíos; cita del libro: gasear a entre 12 000 y 15 000 judíos salvaría a millones de alemanes. En Polonia, 1939: aislamiento, hambruna; en la URSS, 1941: comandos de la muerte de las SS (engaño como «territorio judío autónomo»); fusilamientos masivos (testimonio de Hermann Graebe en Nuremberg: víctimas desnudas, fusiladas en fosas).

Es indispensable recordar estas atrocidades para evitar que se repitan. Las víctimas de los peores crímenes contra la humanidad, como el Holocausto, no pueden ser olvidadas. La lectura de esta obra debe hacerse con espíritu crítico y pedagógico, para combatir el oscurantismo y las ideas totalitarias.

DEDICATORIA

El 9 de noviembre de 1923, a las 12:30 del día, poseídos de inquebrantable fe en la resurrección de su pueblo, cayeron en Munich, frente a la *Feldherrnhalle* y en el patio del antiguo Ministerio de Guerra, los siguientes camaradas:

Felix Alfarth, comerciante, nacido el 5 de julio de 1901.
Andreas Bauriedl, sombrerero, nacido el 4 de mayo de 1879.
Theodor Casella, empleado bancario, nacido el 8 de agosto de 1900.
Wilhelm Ehrlich, empleado bancario, nacido el 19 de agosto de 1894.
Martin Faust, empleado bancario, nacido el 27 de enero de 1901.
Anton Hechenberger, cerrajero, nacido el 28 de septiembre de 1902.
Oskar Koerner, comerciante, nacido el 4 de enero de 1875.
Karl Kuhn, empleado de hotel, nacido el 26 de julio de 1897.
Karl Laforce, estudiante de ingeniería, nacido el 28 de octubre de 1904.
Kurt Neubauer, criado, nacido el 27 de marzo de 1899.
Claus von Pape, comerciante, nacido el 16 de agosto de 1904.
Theodor von der Pfordten, consejero en el Tribunal Regional Superior, nacido el 14 de mayo de 1873.
Johannes Ríckmers, ex capitán de caballería, nacido el 7 de mayo de 1881.
Max Erwin von Scheubner-Richter, doctor en ingeniería, nacido el 9 de enero de 1884.
Lorenz Rítter von Stransky, ingeniero, nacido el 14 de marzo de 1899.
Wilhelm Wolf comerciante, nacido el 19 de octubre de 1898.

Autoridades llamadas nacionales se negaron a dar una sepultura común a estos héroes. Dedico esta obra a la memoria de todos ellos, para que el ejemplo de su sacrificio ilumine incesantemente a los seguidores de nuestro Movimiento.

Landsberg am Lech, 16 de octubre de 1924.

Adolf Hitler.

PRÓLOGO DEL AUTOR

En cumplimiento del fallo dictado por el Tribunal Popular de Munich, el 1° de abril de 1924 debía comenzar mi reclusión en el presidio de Landsberg am Lech.

Así se me presentaba, por primera vez después de muchos años de ininterrumpida labor, la posibilidad de iniciar una obra reclamada por muchos y que yo mismo consideraba útil a la causa nacionalsocialista. En consecuencia, me había decidido a exponer no sólo los fines de nuestro Movimiento, sino a delinear también un cuadro de su desarrollo, del cual será posible aprender más que de cualquier otro estudio puramente doctrinario.

Aquí tuve igualmente la oportunidad de hacer un relato de mi propia evolución, en la medida necesaria para la mejor comprensión del libro y al mismo tiempo para destruir las tendenciosas leyendas sobre mi persona propagadas por la prensa judía.

Al escribir esta obra no me dirijo a los extraños, sino a aquéllos que, perteneciendo de corazón al Movimiento, ansían penetrar más profundamente en la Ideología Nacionalsocialista.

Bien sé que la viva voz gana más fácilmente las voluntades que la palabra escrita y que, asimismo, el progreso de todo Movimiento trascendental en el mundo se ha debido, generalmente, más a grandes oradores que a grandes escritores.

Sin embargo, es indispensable que una doctrina quede expuesta en su parte esencial para poderla sostener y poderla propagar de manera uniforme y sistemática. Partiendo de esta consideración, el presente libro constituye la piedra fundamental que yo aporto a la obra común.

Adolf Hitler (Presidio de Landsberg am Lech, 16 de octubre de 1924.)

Adolf Hitler

VOLUMEN I
RETROSPECCIÓN

Adolf Hitler

Capítulo I

En el hogar paterno

Considero una feliz predestinación el haber nacido en la pequeña ciudad de Braunau am Inn; Braunau, situada precisamente en la frontera de esos dos estados alemanes cuya fusión se nos presenta - por lo menos a nosotros, los jóvenes- como un cometido vital que bien merece realizarse a todo trance.

La Austria germana debe volver al acervo común de la patria alemana, y no por razón alguna de índole económica. No, de ningún modo, pues aun en el caso de que esta fusión, considerada económicamente, fuera indiferente o resultara incluso perjudicial, debería efectuarse a pesar de todo. Pueblos de la misma sangre se corresponden a una patria común. Mientras el pueblo alemán no pueda reunir a sus hijos bajo un mismo Estado, carecerá de todo derecho moralmente justificado para aspirar a acciones de política colonial. Sólo cuando el *Reich*, abarcando la vida del último alemán, no tenga ya posibilidades de asegurarle a éste su subsistencia, surgirá de la necesidad del propio pueblo la justificación moral para adquirir la posesión de tierras extrañas. El arado se convertirá entonces en espada, y de las lágrimas de la guerra brotará el pan diario para la posteridad.

La pequeña población fronteriza de Braunau me parece constituir el símbolo de una gran obra. Aun en otro sentido se yergue también hoy ese lugar como una advertencia para el porvenir. Cuando esta insignificante población fue, hace más de cien años, escenario de un trágico suceso que conmovió a toda la Nación alemana, su nombre quedaría inmortalizado por lo menos en los anales de la historia de Alemania. En la época de la más terrible humillación impuesta a nuestra patria, rindió allí su vida el librero de Nürnberg, Johannes Palm, obstinado nacionalista y enemigo de los franceses. Se había negado rotundamente a delatar a sus cómplices revolucionarios, mejor dicho, a los verdaderos promotores. Murió igual que Leo Schlageter, y como éste, Johannes Palm fue también denunciado a Francia por un funcionario. Un director de policía de Augsburgo cobró la triste fama de la denuncia y creó con ello el tipo de las autoridades alemanas del tiempo del señor Severing.

En esa pequeña ciudad sobre el Inn, bávara de origen, austríaca políticamente, y ennoblecida por el martirologio alemán, vivieron mis padres, allá por el año 1890. Mi padre era un leal y honrado funcionario. Mi madre, ocupada en los quehaceres del hogar, tuvo siempre para sus hijos invariable y cariñosa solicitud. Poco retiene mi memoria de aquel tiempo, pues pronto mi padre tuvo que abandonar el lugar que había ganado su afecto, para ir a ocupar un nuevo puesto en Passau, es decir, en Alemania.

En aquellos tiempos, la suerte del aduanero austríaco era peregrinar a menudo. De ahí que mi padre tuviera que pasar a Linz, donde acabó por jubilarse. Ciertamente esto no debió significar un descanso para el anciano. Mí padre, hijo de un simple y pobre campesino, no había podido resignarse en su juventud a permanecer en la casa paterna. No tenía aún trece años, cuando lió su morral y se marchó del terruño en Waldviertel. Iba a Viena, desoyendo el consejo de los lugareños con experiencia, para aprender allí un oficio. Ocurría esto el año 50 del pasado siglo. ¡Grave resolución la de lanzarse en busca de lo desconocido, provisto sólo de tres florines! Pero cuando, el adolescente cumplía los diecisiete años y había ya superado su examen de oficial de taller, no estaba, sin embargo, satisfecho de sí mismo. Por el contrario, las largas penurias, la eterna miseria y el sufrimiento reafirmaron su decisión de abandonar el taller para llegar a ser "algo más". Si cuando niño, en la aldea, el señor cura le parecía la expresión de lo más alto humanamente alcanzable, ahora, dentro de su esfera enormemente ampliada por la gran urbe, lo era el funcionario. Con toda la tenacidad propia de un hombre ya envejecido en la adolescencia por las penalidades de la vida, el muchacho se aferró a su resolución de convertirse en funcionario, y lo fue. Creo que poco después de cumplir los veintitrés años consiguió su propósito. Parecía así estar cumplida la promesa de aquel pobre niño de no regresar a la aldea paterna sin haber mejorado su situación. Ya había alcanzado su ideal. En su aldea nadie se acordaba de él, y a él mismo su aldea le resultaba desconocida.

Cuando finalmente, a la edad de cincuenta y seis años, se jubiló, no habría podido conformarse a vivir como un desocupado. Y he aquí que en los alrededores de la ciudad austríaca de Lambach adquirió una pequeña propiedad agrícola; la administró personalmente, y así volvió, después de una larga y trabajosa vida, a la actividad originaria de sus antepasados.

Fue sin duda en aquella época cuando forjé mis primeros ideales. Mis ajetreos infantiles al aire libre, el largo camino a la escuela y la camaradería que mantenía con muchachos robustos, lo cual era motivo frecuentemente de hondos cuidados para mi madre, pudieron haberme convertido en cualquier cosa menos en un poltrón. Si bien por entonces no me preocupaba seriamente la idea de mi profesión futura, sabía en cambio que mis simpatías no se inclinaban en modo alguno hacia la carrera de mi padre. Creo que ya entonces mis dotes oratorias se ejercitaban en altercados más o menos violentos con mis condiscípulos. Me había hecho un pequeño caudillo, que aprendía bien y con facilidad en la escuela, pero que se dejaba tratar difícilmente.

Cuando, en mis horas libres, recibía lecciones de canto en el coro parroquial de Lambach, tenía la mejor oportunidad de extasiarme ante las pompas de las brillantísimas celebraciones eclesiásticas. De la misma manera que mi padre vio en la posición del párroco de aldea el ideal de la vida, a mí la situación del abad me pareció también la más elevada posición. Al menos, durante cierto tiempo así ocurrió.

Mi padre, por motivos fácilmente comprensibles, no prestaba mucha atención al talento oratorio de su travieso vástago para sacar de ello conclusiones favorables en relación con su futuro, resultando obvio que no concordase con mis ideas juveniles.

Aprensivo, él observaba esta disparidad de naturalezas.

En realidad, la vocación temporal por la citada profesión desapareció muy pronto, para dar paso a esperanzas más acordes con mi temperamento.

En el estante de libros de mi padre encontré diversas obras militares, entre ellas una edición popular de la guerra franco-prusiana de 1870-71. Eran dos tomos de una revista ilustrada de aquella época, que convertí en mi lectura predilecta. No tardó mucho para que la gran lucha de los héroes se transformase para mí en un acontecimiento de la más alta *significación*. Desde entonces me entusiasmó, cada vez más, todo lo que tenía alguna relación con la guerra o con la vida militar. Pero también en otro sentido debió tener esto significado para mí. Por primera vez, aunque en forma poco precisa, surgió en mi mente la pregunta de si realmente existía, y en caso de existir, cuál podría ser la diferencia entre los alemanes que combatieron en la guerra del 70 y los otros alemanes, los austríacos. Me preguntaba yo: ¿Por qué Austria no tomó parte en esa guerra junto a Alemania? ¿Por qué mi padre y todos los demás no se batieron también? ¿Acaso no somos todos lo mismo? ¿No formamos todos un único cuerpo? A mis cautelosas preguntas, tuve que oír con íntima sorpresa la respuesta de que no todo alemán tenía la suerte de pertenecer al *Reich* de Bismarck.

Esto, para mí, era inexplicable.

Habían decidido que yo estudiase.

Considerando mi carácter, y sobre todo mi temperamento, mi padre creyó llegar a la *conclusión* de que la enseñanza clásica del *Lyceum* ofrecía una flagrante contradicción con mis tendencias intelectuales. Le parecía que en una *Realschule* me iría mejor. En esta opinión se aferró aún más ante mi manifiesta aptitud para el dibujo, disciplina cuya dedicación, a su modo de ver, era tratada con negligencia en los *Gymnasium* austríacos.

Quizá estuviera también influyendo en ello decisivamente su difícil lucha por la vida, durante la cual el estudio de las humanidades sería, ante sus ojos, de poca o ninguna utilidad.

Por principio, era de la *opinión* de que su hijo naturalmente sería y debía ser funcionario público. Su amarga juventud hizo que el éxito en la vida fuera para él visto como producto de una férrea disciplina y de la propia capacidad de trabajo. Era el orgullo del hombre que se había hecho a sí mismo lo que le inducía a querer elevar a su hijo a una posición igual o, si ello fuera posible, más alta que la suya, tanto más cuanto que por su propia experiencia se creía en condiciones de poder facilitar en gran medida la evolución de aquél.

El pensamiento de una oposición a aquello que para él se configuró como objetivo de toda una vida, le parecía inconcebible. La resolución de mi padre era pues simple, definida, nítida y, ante sus ojos, comprensible por sí misma. Finalmente, para su comportamiento, vuelto imperioso a lo largo de una amarga lucha por la existencia, en el devenir de su vida toda, le parecía algo totalmente intolerable entregar la última decisión a un joven que le parecía inexperto e incluso irresponsable.

Era imposible que ello se adecuase con su usual concepción del cumplimiento del deber, pues representaría una disminución reprobable de su autoridad paterna. Además de eso, sólo a él le cabía la responsabilidad del futuro de su hijo.

Sin embargo, las cosas iban a acontecer de manera diferente. Por primera vez en mi vida, cuando apenas contaba once años, debí oponerme a mi padre. Si él era inflexible en su propósito de realizar los planes que había previsto, no menos irreductible y porfiado era su hijo para rechazar una idea que poco o nada le agradaba.

¡Yo no quería convertirme en funcionario!

Ni los consejos ni las serias amonestaciones consiguieron reducir mi oposición.

¡Nunca, jamás, de ninguna manera, sería yo funcionario público!

Todas las tentativas para despertar en mí el amor por esa profesión, inclusive la descripción de la vida de mi propio padre, se malograban y me producían el efecto contrario. Me resultaba abominable el pensamiento de, cual un esclavo, llegar un día a sentarme en una oficina, de no ser el dueño de mi tiempo sino, al contrario, limitarme a tener como finalidad en la vida llenar formularios. ¿Qué ilusión podría despertar esto en un joven que era todo, menos dócil, en el sentido frecuente del término? El estudio extremadamente fácil en el colegio me proporcionaba tanto tiempo disponible que estaba más al aire libre que en casa.

Cuando hoy mis enemigos políticos examinan con maliciosa atención mi vida hasta la edad juvenil para, finalmente, poder señalar con satisfacción las acciones malas que aquel Hitler, ya en su pubertad, había perpetrado, doy gracias al cielo de que me traigan alguna escena a la cabeza de aquellos tiempos felices. Campos y bosques eran antaño el escenario en el que las antítesis eternas afloraban a mi conocimiento.

Incluso, la asistencia a la *Realschule*, que siguió, fue de un gran provecho. Otra cuestión estaba por decidir. Mientras la resolución de mi padre de que fuera funcionario público encontró en mí una oposición de principio, el conflicto fue fácilmente soportable. Podía disimular mis ideas íntimas, no siendo preciso contradecirle constantemente. Para mi tranquilidad, bastaba la firme decisión de no integrarme en el futuro en la burocracia.

¡Esta resolución era inexorable! Pero la situación se agravó en cuanto al proyecto de mi padre opuse el mío. Este hecho sucedió a los trece años. Todavía hoy no me explico cómo un buen día me di cuenta de que tenía vocación para la pintura.

Mi talento para el dibujo estaba tan fuera de duda, que fue uno de los motivos que indujeron a mi padre a inscribirme en una *Realschule*, si bien jamás con el propósito de permitirme una preparación profesional en ese sentido. Muy por el contrario, cuando yo por vez primera, después de renovada oposición al pensamiento favorito de mi padre, fui interrogado sobre qué profesión deseaba seguir y, casi de repente, dejé escapar la firme decisión que había adoptado de ser pintor, mi padre se quedó mudo.

"¡Pintor! ¡Artista", exclamó.

Pensó que yo había perdido el juicio o tal vez que no hubiera oído bien su pregunta. Cuando comprendió, sin embargo, que no había entendido mal, cuando misma llegó a formarse, a veces, el errado criterio de considerar a Austria como un Estado alemán.

Era un absurdo de graves consecuencias, pero al mismo tiempo un buen reconocimiento para los 10 millones de alemanes que poblaban la "Marca del Este" *(Ostmark)*.

Sólo hoy, en que la triste fatalidad ha caído también sobre muchos millones de nuestros propios compatriotas quienes, bajo el dominio extranjero, alejados de la Patria, se acuerdan de ella con angustia y nostalgia y se esfuerzan por tener al menos el derecho a usar la sagrada lengua materna, se comprende mejor lo que significa ser obligado a luchar por la propia nacionalidad.

Sólo entonces se podrá tal vez valorar la grandeza del sentimiento alemán en la vieja "Marca del Este", sentimiento que se mantuvo por sí mismo y que, durante siglos, protegió al *Reich* en las fronteras orientales para, finalmente, reducirse a pequeñas contiendas destinadas a conservar los derechos lingüísticos. Esto ocurría en un tiempo en el que el gobierno propiamente alemán se interesaba por una política colonial, manteniéndose al mismo tiempo indiferente ante la defensa de la sangre de su pueblo en tales zonas.

Como en toda lucha (en todas partes y en todo tiempo), también en la antigua Austria, con respecto a la lucha por la lengua, había tres sectores: el de los beligerantes, el de los indiferentes y el de los traidores. Ya en la escuela se empezaba a sentir esa separación, pues el más digno exponente de la lucha por la lengua se da justamente en la escuela, como vivero que es de las generaciones futuras. En torno a los niños se desarrolla la pugna, y a ellos está dirigido el primer llamamiento: "Muchacho de sangre alemana, no olvides que eres alemán; muchacha de sangre alemana, piensa que un día deberás ser madre alemana".

Quien conoce el alma de la juventud puede comprender que son justamente los muchachos quienes con mayor alegría escuchan tal grito de guerra. De mil maneras diferentes acostumbran ellos a emprender esa lucha en la que emplean sus propios medios y armas. Evitan canciones no alemanas, se entusiasman por los héroes alemanes y se sacrifican economizando dinero para la causa nacional. Lucen emblemas prohibidos por el Gobierno, y se sienten felices si son por ello castigados o golpeados. Son, en pequeña proporción, una fiel imagen de sus mayores, aunque frecuentemente con mejores y más sinceros sentimientos.

A mí también se me ofreció entonces la posibilidad - todavía muy joven de tomar parte en la lucha por la nacionalidad en la antigua Austria. Cuando, reunidos en la asociación escolar expresábamos nuestros sentimientos usando los colores negro, rojo y oro, entusiásticamente saludábamos con hurras. En vez del Himno Imperial, cantábamos el *Deutschland über Alles,* a pesar de las amonestaciones y de los castigos.

La juventud era así políticamente educada, en un tiempo en que los miembros de una presunta nacionalidad apenas conocían de ella poco más que la lengua. Claro está que yo entonces ya no me contaba entre los indiferentes, y pronto debí convertirme en un fanático "nacionalista alemán", designación que de ningún modo es idéntica a la concepción del actual partido del mismo nombre. Esta evolución, en mi modo de sentir, hizo muy rápidos progresos, de tal forma que ya a la edad de quince años pude comprender la diferencia entre el "patriotismo' dinástico y el nacionalismo propio del pueblo, y, desde ese momento, sólo el segundo existió para mí.

Para quien nunca se haya tomado la molestia de estudiar las condiciones internas de la Monarquía de los Habsburgos, un acontecimiento tal no podrá parecerle evidente. Sólo las lecciones en la escuela sobre la Historia Universal deberían en Austria lanzar el germen de este desarrollo, pero únicamente en pequeñas dosis existe una historia austríaca específica. El destino de aquel Estado está tan íntimamente ligado a la vida y al crecimiento del pueblo alemán, que una separación entre la historia alemana y la historia austríaca parece imposible. Cuando, finalmente, Alemania empezó a escindirse en dos estados diferentes, incluso esta escisión pasó a formar parte de la historia alemana.

Las divisas del Emperador, señales del antiguo esplendor del Imperio, conservadas en Viena, parecen actuar más como un poder de atracción que como prenda de una eterna solidaridad. El primer grito de los austroalemanes, en los días del desmembramiento del Estado de los Habsburgos, a favor de una unión con Alemania era apenas el efecto de un sentimiento adormecido pero con profundas raíces en el corazón de las dos poblaciones, el anhelo por el retorno a la Madre Patria nunca olvidada. Sin embargo, esto no sería nunca, comprensible si el aprendizaje histórico de los austroalemanes no fuese la causa de una aspiración generalizada. Ahí está la fuente inagotable, la cual sobre todo en los momentos de olvido, poniendo a un lado las delicias del presente, exhorta al pueblo, por el recuerdo del pasado, a pensar en un nuevo futuro.

La enseñanza de la Historia Universal en las llamadas escuelas secundarias deja aún mucho que desear. Pocos profesores comprenden que la finalidad del estudio de la Historia no debe consistir en aprender de memoria las fechas y los acontecimientos, o a obligar al alumno a saber cuándo ésta o aquella batalla se realizó, cuándo nació un general o un monarca (casi siempre sin importancia real), o cuándo un rey puso sobre su cabeza la corona de sus antecesores. No, esto no es lo que se debe tratar.

Aprender Historia quiere decir buscar y encontrar las fuerzas que conducen a las causas de las acciones que escrutamos como acontecimientos históricos.

El arte de la lectura, como el de la instrucción, consiste en esto: conservar lo esencial, olvidar lo accesorio.

Fue quizá decisivo en mi vida posterior el tener la satisfacción de contar como profesor de Historia a uno de los pocos que la entendían desde este punto de vista, y así la enseñaban. El profesor Leopoldo Pótsch, de la Escuela Profesional de Linz, realizaba este objetivo de manera ideal. Era un hombre entrado en años, pero enérgico. Por esto, y sobre todo por su deslumbrante elocuencia, conseguía no sólo atraer nuestra atención sino imbuirnos de la verdad. Todavía hoy me acuerdo con cariñosa emoción del viejo profesor que, en el calor de sus explicaciones, nos hacía olvidar el presente, nos fascinaba con el pasado y, desde la noche de los tiempos, separaba los áridos acontecimientos para transformarlos en viva realidad. Nosotros le escuchábamos muchas veces dominados por el más intenso entusiasmo y otras profundamente apenados o conmovidos. Nuestra aprobación era tanto mayor cuanto este profesor entendía que debían buscarse las causas para comprender el presente. Así daba, frecuentemente, explicaciones sobre los sucesos de la actualidad diaria que antes nos sembraban la confusión. Nuestro fanatismo nacional, propio de los jóvenes, era un recurso educativo que él utilizaba a menudo para completar nuestra formación más deprisa de lo que habría sido posible por cualquier otro método.

Este profesor hizo de la Historia mi asignatura predilecta. De esa forma, ya en aquellos tiempos, me convertí en un joven revolucionario, sin que tal fuera el objeto de mi educador. Pero, ¿quién con un profesor así podía aprender la historia alemana sin transformarse en enemigo del gobierno que tan nefasta influencia ejercía sobre los destinos de la Nación? ¿Quién podía permanecer fiel al Emperador de una dinastía que, en el pasado y en el presente, sacrificó siempre los intereses del pueblo germánico en aras de mezquinos beneficios personales? ¿Acaso no sabíamos que el Estado austro-húngaro no tenía ni podía tener afecto por nosotros los alemanes?

La experiencia diaria confirmaba la realidad histórica de la actividad de los Habsburgos. En el Norte y en el Sur la mancha de las razas extrañas se extendía amenazando nuestra nacionalidad, y hasta la misma Viena empezó a convertirse en un centro anti-alemán. La Casa de Austria tendía por todos los medios a una chequización o eslavización del Imperio, y fue la mano de la Diosa Justicia y de las leyes compensatorias la que hizo que el adversario principal del germanismo austríaco, el Archiduque Francisco Fernando, cayera bajo el mismo plomo que él ayudó a fundir. Francisco Fernando era precisamente el símbolo de las influencias ejercidas desde el poder para lograr la eslavización de Austria-Hungría.

Enormes eran los sacrificios que se exigían al pueblo alemán, tanto en el pago de impuestos como en el cumplimiento de los deberes militares, y no obstante cualquiera que no estuviese ciego podía reconocer que todo aquello iba a ser inútil. Pero lo que a los nacionalistas austríacos nos resultaba más doloroso era que el sistema estaba moralmente apoyado por la alianza con Alemania, y que la lenta extirpación de los sentimientos germánicos tenía, hasta cierto punto por lo menos, la aquiescencia de la propia Alemania.

La hipocresía de los Habsburgos, con la que se pretendía dar en el extranjero la apariencia de que Austria todavía continuaba siendo un Estado alemán, hacía acrecentar el odio contra la Casa Real Austríaca hasta alcanzar la indignación y, al mismo tiempo, el desprecio.

Sólo en el *Reich* nada veían de todo eso. Como alcanzados por la ceguera, caminaban al lado de un cadáver y, en los síntomas de descomposición, creían descubrir indicios de nueva vida.

En la desgraciada alianza del joven Imperio Alemán con el ilusorio Estado austríaco, radicó el germen de la Guerra Mundial y también de la ruina.

En el curso de este libro he de ocuparme con detenimiento del problema. Por ahora, bastará establecer que ya en mi primera juventud había llegado a una convicción, que después jamás deseché y que más bien se profundizó con el tiempo: era la apreciación de que la seguridad inherente a la vida del germanismo suponía la anexión de Austria y que, además, el sentir nacional no coincidía en nada con el de la Dinastía. Finalmente, que la Casa de Habsburgo estaba predestinada a hacer la desgracia de la Nación alemana.

Ya entonces saqué las conclusiones de aquella experiencia: Amor ardiente para mi Patria austro-alemana y odio profundo contra el Estado austríaco.

De la misma forma como en época temprana me volví revolucionario, también me hice artista.

La capital de la Alta Austria poseía en otro tiempo un teatro que no era malo. En él se representaba casi todo. A los doce años vi por primera vez "Guillermo Tell" y, algunos meses después, "Lohengrin", la primera ópera a la que asistí en mi vida. Me sentí inmediatamente cautivado por la Música. El entusiasmo juvenil por el Maestro de Bayreuth no conocía límites. Cada vez más me sentía atraído por su obra, y considero hoy una felicidad especial que la manera modesta en la que fueron representadas las obras en la capital de provincia me hubiese dejado la posibilidad de incrementar mi entusiasmo en posteriores representaciones más perfectas.

Todo esto fortificaba mi profunda aversión por la profesión que mi padre me había escogido. Esa animadversión creció al rebasar la edad infantil, la que para mí estuvo llena de pesares. Cada vez más me convencía que nunca sería feliz como empleado público. Después de que, en la *Realschule*, mis dotes de dibujante fueran reconocidas, mi resolución se afirmó más todavía.

Ni ruegos ni amenazas serían capaces de modificar esta decisión.

Yo quería ser pintor, y de ninguna manera funcionario público.

Y, cosa singular, con el transcurrir de los años aumentaba cada vez más mi interés por la Arquitectura.

Consideraba eso, en aquel tiempo, como un complemento natural de mi inclinación hacia la pintura y me regocijaba íntimamente con ese desarrollo de mi formación artística.

Qué otra cosa, contraria a ésta, viniese a acontecer, no lo imaginaba.

*

La cuestión de mi futura profesión debía resolverse más pronto de lo que yo esperaba.

A la edad de trece años perdí repentinamente a mi padre. Un ataque de apoplejía truncó la existencia del hombre, todavía vigoroso, dejándonos sumidos en el más hondo dolor.

Lo que más anhelaba, esto es, facilitar la existencia de su hijo, para ahorrarle en la vida las dificultades que él mismo experimentó, no había sido alcanzado en su opinión. Apenas sin saberlo, él sentó las bases de un futuro que no habíamos previsto ni él ni yo.

Al principio, nada cambió exteriormente.

Mi madre, siguiendo el deseo de mi difunto padre, se sentía obligada a fomentar mi instrucción; es decir, mi preparación para la carrera de funcionario. Yo, personalmente, me hallaba decidido más que nunca a no seguir de ningún modo esa carrera. A la vez, la *Realschule*, por las materias estudiadas o por el modo de enseñarlas, se alejaba de mi ideal y me volvía indiferente al estudio.

Y he aquí que una enfermedad vino en mi ayuda, y, en pocas semanas, decidió mi futuro, poniendo término a la constante controversia en la casa paterna.

Una grave afección pulmonar hizo que el médico aconsejase a mi madre, con el mayor empeño, de no permitir en absoluto que en el futuro me dedicara a trabajos de oficina. La asistencia a la *Realschule* debería suspenderse también por lo menos durante un año.

Aquello que durante tanto tiempo deseaba y por lo que tanto luché, ahora por esa razón, de una vez por todas, se transformó en realidad.

Mi madre, bajo la impresión de la dolencia que me aquejaba, acabó por resolver mi salida del colegio para hacer que ingresara en una academia.

¡Felices días aquéllos que me parecieron un bello sueño! En efecto, no debieron ser más que un sueño, porque dos años después la muerte de mi madre vino a poner un brusco fin a mis acariciados planes.

Este amargo desenlace cerró un largo y doloroso período de enfermedad, que desde el comienzo había ofrecido pocas esperanzas de curación; con todo, el golpe me afectó profundamente. A mi padre lo veneré, pero por mi madre había sentido adoración.

La miseria y la dura realidad me obligaron a adoptar una pronta resolución. Los escasos recursos que dejara mi pobre padre fueron agotados en su mayor parte durante la grave enfermedad de mi madre, y la pensión de huérfano que me correspondía no alcanzaba ni para subvenir a mi sustento; me hallaba, por tanto, sometido a la necesidad de ganarme de cualquier modo el pan cotidiano.

Llevando en una mano una maleta con ropa y en el corazón una voluntad inquebrantable, salí rumbo a Viena.

Tenía la esperanza de obtener del Destino lo que hacía 50 años le había sido posible a mi padre; también yo quería llegar a ser "alguien", pero, en ningún caso, funcionario.

Capítulo II

Las experiencias de mi vida en Viena

Cuando mi madre murió, mi Destino en cierto sentido ya se había definido.

En sus últimos meses de sufrimiento había ido a Viena para realizar el examen de ingreso en la Academia. Cargado con un grueso bloque de dibujos, me dirigí a la capital austríaca convencido de poder aprobar el examen sin dificultad. En la Realschule era ya, sin ninguna duda, el primero de la clase en el dibujo artístico. Desde aquel tiempo hasta entonces mi aptitud se había desarrollado extraordinariamente de manera que, satisfecho de mí mismo, orgulloso y feliz, esperaba obtener el mejor resultado en la prueba a la que me iba a someter.

Sólo me afligía una cosa: mi talento para la pintura parecía superado por mi afición al dibujo, sobre todo en el campo de la Arquitectura. Al mismo tiempo, crecía mi interés cada vez más por el arte de las construcciones. Más intenso se volvió ese interés cuando, a los dieciséis años aún no cumplidos, efectué mi primera visita a Viena, estancia que se prolongó durante dos semanas. Fui a la capital a estudiar la galería de pintura del Hofmuseum, pero prácticamente sólo me interesaba el propio edificio que albergaba el museo. Transcurría la jornada entera, desde la mañana hasta la noche, recorriendo con la mirada todas las bellezas contenidas en él, aunque en realidad fueron los edificios los que más poderosamente llamaron mi atención. Pasaba largas horas parado ante la ópera, o delante del edificio del Parlamento. La calle Ring (Ringstrasse) era como un cuento de las mil y una noches.

Me encontraba ahora, por segunda vez, en la gran ciudad y esperaba con ardiente impaciencia, y al mismo tiempo con orgullosa confianza, el resultado de mi examen de ingreso. Estaba tan plenamente convencido del éxito de mi examen que el suspenso me hirió como un rayo que cayese del cielo. Era, sin embargo, una amarga realidad. Cuando hablé con el director para preguntarle por las causas de mi no admisión en la escuela pública de pintura, me declaró que, por los dibujos que había presentado, se evidenciaba mi ineptitud para la pintura y que mis cualidades apuntaban nítidamente hacia la Arquitectura. En mi caso, añadió, el problema no era de Academia de Pintura sino de Escuela de Arquitectura.

Es incomprensible, en vista de aquello, que hasta hoy no haya frecuentado nunca ninguna escuela de Arquitectura, y ni siquiera haya asistido a clase alguna. Abatido, abandoné el soberbio edificio de la Schillerplatz, sintiéndome, por primera vez en mi vida, en lucha conmigo mismo. Lo que el director me había dicho respecto a mi capacidad actuó sobre mí como un rayo deslumbrante para evidenciar una lucha interior que, desde hacía mucho tiempo, venía soportando, sin hasta entonces poder darme cuenta del porqué y del cómo.

Me convencí de que un día llegaría a ser arquitecto. El camino era dificilísimo, pues lo que yo, por capricho, había esquivado aprender en la escuela profesional, iba a hacerme falta ahora. La asistencia a la Escuela de Arquitectura dependía de la asistencia a la escuela técnica de construcción, y el acceso a la misma exigía el examen de madurez de la escuela secundaria. Todo ello me faltaba. Dentro de las posibilidades humanas, no me era fácil esperar la realización de mis sueños de artista.

Al morir mi madre fui a Viena por tercera vez, y permanecí allí algunos años. La tranquilidad y una firme resolución habían vuelto a mí en el curso de aquel intervalo.

La antigua obstinación se imponía, y con ella la persistencia en la realización de mi objetivo. Quería ser arquitecto, y como las dificultades no se dan para capitular ante ellas, sino para ser vencidas, mi propósito fue superarlas, teniendo presente el ejemplo de mi padre que, de humilde muchacho aldeano, lograra hacerse un día funcionario del Estado. Las circunstancias me eran desde luego más propicias, y lo que entonces me pareciera una jugada del Destino, lo considero hoy una sabiduría de la Providencia. En brazos de la "Diosa Miseria" y amenazado más de una vez de verme obligado a claudicar, creció mi voluntad para resistir, hasta que triunfó. Debo a aquellos tiempos mi dura resistencia de hoy y la inflexibilidad de mi carácter. Pero más que todo, doy todavía mayor valor al hecho de que aquellos años me sacaran de la vacuidad de una vida cómoda para arrojarme al mundo de la miseria y de la pobreza, donde debí conocer a aquellos por quienes lucharía después.

En aquella época debí también abrir los ojos frente a dos peligros que antes apenas si los conocía de nombre, y que nunca pude pensar que llegasen a tener tan espeluznante trascendencia para la vida del pueblo alemán: el MARXISMO y el JUDAÍSMO.

Viena, la ciudad que para muchos simboliza la alegría y el medio ambiente de gentes satisfechas, para mí significa, por desgracia, sólo el vivo recuerdo de la época más amarga de mi vida. Hoy mismo Viena me evoca tristes pensamientos. Cinco años de miseria y de calamidad encierra esa ciudad feacia para mí. Cinco largos años en cuyo transcurso trabajé primero como peón y luego como pequeño pintor, para ganar el miserable sustento diario, tan verdaderamente miserable que nunca alcanzaba a mitigar el hambre; el hambre, mi más fiel guardián que casi nunca me abandonaba, compartiendo conmigo inexorable todas las circunstancias de mi vida. Si compraba un libro, exigía su tributo; adquirir una entrada para la ópera, significaba también días de privación. ¡Qué constante era la lucha con tan despiadado compañero! Sin embargo, en ese tiempo aprendí más que en cualquier otra época de mi vida. Además de mi trabajo y de las raras visitas a la ópera, realizadas a costa del sacrificio del estómago, mi único placer lo constituía la lectura. Mis libros me deleitaban. Leía mucho y concienzudamente en todas mis horas de descanso. Así pude en pocos años cimentar los fundamentos de una preparación intelectual de la cual hoy mismo me sirvo. Pero hay algo más que todo eso: En aquellos tiempos me formé un concepto del mundo, concepto que constituyó la base granítica de mi proceder de esa época. A mis experiencias y conocimientos adquiridos entonces, poco tuve que añadir después; nada fue necesario modificar.

Por el contrario.

Hoy estoy firmemente convencido de que en general todas las ideas constructivas, si es que realmente existen, se manifiestan, en principio, ya en la juventud. Yo establezco diferencia entre la sabiduría de la vejez y la genialidad de la juventud; la primera sólo puede apreciarse por su carácter más bien minucioso y previsor, como resultado de las experiencias de una larga vida, en tanto que la segunda se caracteriza por una inagotable fecundidad en pensamientos e ideas que, por su amplitud, no son susceptibles de elaboración inmediata. Esas ideas y esos pensamientos permiten la concepción de futuros proyectos y dan los materiales de construcción, entre los cuales la sesuda vejez toma los elementos y los forja para llevar a cabo la obra, siempre que la llamada sabiduría de la vejez no haya ahogado la genialidad de la juventud.

Mi vida en el hogar paterno se diferenció poco o nada de la de los demás. Sin preocupaciones podía esperar todo nuevo amanecer, y no existían para mí los problemas sociales. El ambiente que rodeó mi juventud era el de los círculos de la pequeña burguesía; es decir, un mundo que muy poca conexión tenía con la clase netamente obrera, pues aunque a primera vista resulta paradójico el abismo que separa a estas dos categorías sociales, que de ningún modo gozan de una situación económica desahogada, es a menudo más profundo de lo que uno puede imaginarse. El origen de esto - llamémosle belicosidad - radica en que el grupo social que no hace mucho saliera del seno de la clase obrera, siente el temor de descender a su antiguo nivel, o que se le considere como perteneciente todavía a ese grupo. A esto hay que añadir que para muchos es amargo el recuerdo de la miseria cultural de la clase proletaria y del trato grosero de esas gentes entre sí, con lo cual, por insignificante que sea su nueva posición social, llega a hacérseles insoportable todo contacto con gentes de un nivel cultural ya superado por ellos.

Así ocurre que lo que el parvenu[1] considera terrible, es frecuente entre personas de elevada situación que, descendiendo de su rango, caen hasta lo más bajo; pues parvenu es todo el que por propio esfuerzo sale de la clase social en que vive, para situarse en un nivel superior. Ese batallar, con frecuencia muy rudo, acaba por destruir el sentimiento de conmiseración. La propia dolorosa lucha por la existencia anula toda comprensión para la miseria de los que quedan relegados.

En este orden quiso el Destino ser magnánimo conmigo.

Al constreñirme a volver a ese mundo de pobreza y de incertidumbre que mi padre abandonara en el curso de su vida, me libré de una educación limitada, propia de la pequeña burguesía. Empezaba a conocer a los hombres, y aprendí a distinguir los valores aparentes y, en caracteres exteriores brutales, su verdadera mentalidad y la esencia íntima de las cosas.

Al finalizar el siglo XIX, Viena se contaba ya entre las ciudades de condiciones sociales más desfavorables.

Riqueza fastuosa y repugnante miseria caracterizaban el conjunto de la vida en Viena. En los barrios centrales se sentía manifiestamente el pulsar de un pueblo de 52 millones de habitantes con toda la dudosa fascinación de un Estado de nacionalidades diversas. La vida de la Corte, con su boato deslumbrante, obraba como un imán sobre la riqueza y la clase intelectual del resto del Imperio. A tal estado de cosas se sumaba la fuerte centralización de la Monarquía de los Habsburgos, y en ello radicaba la única posibilidad de mantener compacta esa promiscuidad de pueblos, resultando por consiguiente una concentración extraordinaria de autoridades y oficinas públicas en la capital y sede del Gobierno.

Sin embargo, Viena no era sólo el centro político e intelectual de la vieja Monarquía del Danubio, sino que constituía también su centro económico. Frente al enorme conjunto de oficiales de alta graduación, funcionarios, artistas y científicos, había un ejército mucho más numeroso de proletarios, y frente a la riqueza de la aristocracia y del comercio reinaba una degradante miseria. Delante de los palacios de la Ringstrasse pululaban miles de desocupados, y en los trasfondos de esa "Via Triumphalis" de la antigua Austria, vegetaban vagabundos en la penumbra y entre el barro de los canales.

En ninguna ciudad alemana podía estudiarse mejor que en Viena el problema social. Pero no hay que confundir. Ese "estudio" no se deja hacer desde "arriba", porque aquel que no haya estado al alcance de la terrible serpiente de la miseria jamás llegará a conocer sus fauces ponzoñosas. Cualquier otro camino lleva tan sólo a una charlatanería banal o a un mentido sentimentalismo; ambos igualmente perjudiciales, la una porque

---

[1] Advenedizo.

nunca logra penetrar el problema en su esencia, y el otro porque no llega ni a rozarla.

No sé qué sea más funesto: si la actitud de no querer ver la miseria, como lo hace la mayoría de los favorecidos por la suerte, o encumbrados por su propio esfuerzo, o la de aquellos no menos arrogantes y a menudo faltos de tacto, pero dispuestos siempre a dignarse aparentar, como ciertas señoras "a la moda", que comprenden la miseria del pueblo. Esas gentes hacen siempre más daño del que puede concebir su comprensión desarraigada del instinto humano; de ahí que ellas mismas se sorprendan ante el resultado nulo de su acción de "sentido social" y hasta sufran la decepción de un airado rechazo, que acaban de considerar como una prueba de ingratitud del pueblo.

No cabe en el criterio de tales gentes comprender que una acción social no puede exigir el tributo de la gratitud, porque ella no prodiga mercedes, sino que está destinada a restablecer derechos.

Llevado por las circunstancias al escenario real de la vida, debí sufrir el problema social en forma directa. Lejos de prestarse éste a que yo lo "conociese", pareció querer más bien experimentar su prueba en mí mismo, y si de ella salí airoso, esto no fue, por cierto, un mérito de la prueba.

En aquel tiempo, la mayoría de las veces me era muy difícil encontrar empleo, dado que no era obrero especializado, pero debía ganarme el pan de cada día como ayudante y muchas veces como trabajador eventual.

Me ponía, por eso, en la situación de los que limpian el polvo de Europa, con el propósito inamovible de, en un Nuevo Mundo, crear una nueva vida, construir una nueva Patria. Liberados de todos los conceptos hasta aquí errados sobre profesión, ambiente y tradiciones, se aferran a cualquier ganancia que se les brinda, realizando toda clase de trabajos, luchando siempre, con la convicción de que ninguna actividad envilece, sea cual fuere su naturaleza. De la misma manera estaba también personalmente decidido a volcarme en cuerpo y alma en el mundo para mí nuevo y abrirme un camino luchando.

En Viena me di cuenta de que siempre existía la posibilidad de encontrar alguna ocupación, pero que ésta desaparecía con la misma facilidad con que era conseguida.

La inseguridad de ganarme el pan cotidiano se me apareció como la más grave dificultad de mi nueva vida.

Bien es cierto que el obrero calificado no es despedido de su trabajo tan llanamente como uno que no lo es; mas aquí tampoco está libre de correr igual suerte. Entre éstos, junto a la pérdida del pan por falta de trabajo, puede concurrir el chômage[2] (la huelga).

---

[2] Desempleo. Del francés.

En estos casos, la inseguridad de ganar el pan cotidiano tiene fuertes repercusiones sobre toda la economía.

El labrador que se dirige a las grandes ciudades, atraído por el trabajo que imagina fácil, o que lo es realmente, pero siempre trabajo de corta duración, o el que es atraído por el esplendor de la gran ciudad, en la mayoría de los casos todavía está acostumbrado a una cierta seguridad en relación con los alimentos básicos, por regla general abandona los antiguos empleos cuando tiene otro puesto, al menos en perspectiva.

La falta de trabajadores del campo es grande y, por eso, la probabilidad de falta de trabajo es allí muy pequeña.

Es por tanto un error creer que el joven trabajador que se dirige a la ciudad sea inferior al que permanece trabajando en el pueblo. La experiencia demuestra que acontece lo contrario con todos los elementos de emigración, cuando son sanos y activos. Entre esos emigrantes se deben contar no sólo los que van para América, sino también los jóvenes que se deciden a abandonar su pueblo para dirigirse a las grandes capitales desconocidas. Éstos también están dispuestos a aceptar una suerte incierta. La mayoría trae algún dinero, y por eso no se ven en la contingencia de ser arrastrados a la desesperación durante los primeros días, si por desgracia no encuentran trabajo. Lo peor es sin embargo, cuando pierden en poco tiempo el trabajo que habían encontrado.

Conseguir otro, sobre todo en invierno, es difícil, si no imposible. En las primeras semanas la situación es todavía soportable, pues recibe de la caja del sindicato la protección dada a su trabajo y pasa como puede los días de desempleo. Cuando su último centavo está gastado, cuando la caja, como consecuencia de la dilatada duración de la falta de trabajo, también suspende los subsidios, viene la gran miseria. Entonces, famélico, deambula para arriba y para abajo, empeña o vende las prendas que aún le quedan y cada vez se le nota más la falta de ropas. Se hunde en un abismo que acaba envenenándole el cuerpo y el alma. Se queda sin casa, en la calle y, si esto ocurre en pleno invierno como es lo corriente, entonces la miseria aumenta. Finalmente, encuentra algún trabajo, pero el juego se repite siempre. Una segunda vez las cosas sucederán como la primera; a la tercera, se volverán todavía más difíciles y así, poco a poco, aprende a soportar con indiferencia la eterna inseguridad. Por fin, la repetición adquiere fuerza de hábito.

De esta forma el hombre, en otro tiempo diligente, abandona por completo su antigua concepción de la vida, para poco a poco transformarse en un instrumento ciego de aquellos que le utilizan para la satisfacción de los más bajos provechos. Sin ninguna culpa por su parte, se quedó tantas veces sin trabajo que, una vez más, nada le importa. Así, cuando no se trata de la lucha por los derechos económicos del trabajador, sino de la destrucción de los valores políticos, sociales o culturales, se convertirá entonces, si no en un entusiasta de las huelgas, al menos en indiferente.

Esa evolución tuve la oportunidad de observarla en su desarrollo, con mucha atención, en millares de ejemplos. Cuanto más observaba estos hechos, tanto más crecía mi aversión por las ciudades multitudinarias que apiñaban a los trabajadores, para después despreciarlos tan cruelmente. Ciudades habitadas por hombres llenos de codicia.

También yo debí en la gran urbe experimentar en carne propia los efectos de ese Destino y sufrirlos moralmente.

Algo más me fue dado observar todavía: la brusca alternativa entre la ocupación y la falta de trabajo y la consiguiente eterna fluctuación entre los ingresos y los gastos, que en muchos destruye a la larga el sentido de economía, así como la noción para un modo razonable de vida. Parece que el organismo humano se acostumbra paulatinamente a vivir en la abundancia en los buenos tiempos y a sufrir de hambre en los malos. El hambre destruye todos los proyectos de los trabajadores en el sentido de un mejor y más razonable modus vivendi. En los buenos tiempos se dejan acariciar por el sueño de una vida mejor, sueño que arrastra de tal manera su existencia que olvidan las pasadas privaciones, después que reciben sus salarios. Así se explica que aquel que apenas ha logrado conseguir trabajo, olvida toda previsión y vive tan desordenadamente que hasta el pequeño presupuesto semanal del gasto doméstico resulta alterado; al principio, el salario alcanza en lugar de siete días, sólo para cinco; después únicamente para tres y, por último, escasamente para un día, despilfarrándolo todo en una noche.

A menudo la mujer y los hijos se contaminan de esa vida, especialmente si el padre de familia es en el fondo bueno con ellos y los quiere a su manera. Resulta entonces que en dos o tres días se consume en casa el salario de toda la semana. Se come y se bebe mientras el dinero alcanza, para después de todo soportar hambre durante los últimos días. La mujer recurre entonces a la vecindad y contrae pequeñas deudas para pasar los malos días del resto de la semana. A la hora de la cena se reúnen todos en torno a una paupérrima mesa, esperan impacientes el pago del nuevo salario y sueñan ya con la felicidad futura, mientras el hambre arrecia. Así se habitúan los hijos desde su niñez a este cuadro de miseria. Pero el caso acaba siniestramente cuando el padre de familia desde un comienzo sigue su camino solo, dando lugar a que la madre, precisamente por amor a sus hijos, se ponga en contra. Surgen disputas y escándalos en una medida tal, que cuanto más se aparta el marido del hogar más se acerca al vicio del alcohol. Se embriaga casi todos los sábados y entonces la mujer, por espíritu de propia conservación y por la de sus hijos, tiene que arrebatarle unos pocos céntimos, y esto muchas veces en el trayecto de la fábrica a la taberna; y así, por fin, el domingo o el lunes llega el marido a casa, ebrio y brutal, después de haber gastado el último céntimo, y se suscitan escenas horribles.

En ciertos casos observé de cerca esa vida, viéndola al principio con repugnancia y protesta, para después comprender en toda su magnitud la tragedia de semejante miseria y sus causas fundamentales. ¡Víctimas infelices de las malas condiciones de vida!

Esa evolución tuve la oportunidad de observarla en su desarrollo, con mucha atención, en millares de ejemplos. Cuanto más observaba estos hechos, tanto más crecía mi aversión por las ciudades multitudinarias que apiñaban a los trabajadores, para después despreciarlos tan cruelmente. Ciudades habitadas por hombres llenos de codicia.

También yo debí en la gran urbe experimentar en carne propia los efectos de ese Destino y sufrirlos moralmente.

Algo más me fue dado observar todavía: la brusca alternativa entre la ocupación y la falta de trabajo y la consiguiente eterna fluctuación entre los ingresos y los gastos, que en muchos destruye a la larga el sentido de economía, así como la noción para un modo razonable de vida. Parece que el organismo humano se acostumbra paulatinamente a vivir en la abundancia en los buenos tiempos y a sufrir de hambre en los malos. El hambre destruye todos los proyectos de los trabajadores en el sentido de un mejor y más razonable modus vivendi. En los buenos tiempos se dejan acariciar por el sueño de una vida mejor, sueño que arrastra de tal manera su existencia que olvidan las pasadas privaciones, después que reciben sus salarios. Así se explica que aquel que apenas ha logrado conseguir trabajo, olvida toda previsión y vive tan desordenadamente que hasta el pequeño presupuesto semanal del gasto doméstico resulta alterado; al principio, el salario alcanza en lugar de siete días, sólo para cinco; después únicamente para tres y, por último, escasamente para un día, despilfarrándolo todo en una noche.

A menudo la mujer y los hijos se contaminan de esa vida, especialmente si el padre de familia es en el fondo bueno con ellos y los quiere a su manera. Resulta entonces que en dos o tres días se consume en casa el salario de toda la semana. Se come y se bebe mientras el dinero alcanza, para después de todo soportar hambre durante los últimos días. La mujer recurre entonces a la vecindad y contrae pequeñas deudas para pasar los malos días del resto de la semana. A la hora de la cena se reúnen todos en torno a una paupérrima mesa, esperan impacientes el pago del nuevo salario y sueñan ya con la felicidad futura, mientras el hambre arrecia. Así se habitúan los hijos desde su niñez a este cuadro de miseria. Pero el caso acaba siniestramente cuando el padre de familia desde un comienzo sigue su camino solo, dando lugar a que la madre, precisamente por amor a sus hijos, se ponga en contra. Surgen disputas y escándalos en una medida tal, que cuanto más se aparta el marido del hogar más se acerca al vicio del alcohol. Se embriaga casi todos los sábados y entonces la mujer, por espíritu de propia conservación y por la de sus hijos, tiene que arrebatarle unos pocos céntimos, y esto muchas veces en el trayecto de la fábrica a la taberna; y así, por fin, el domingo o el lunes llega el marido a casa, ebrio y brutal, después de haber gastado el último céntimo, y se suscitan escenas horribles.

En ciertos casos observé de cerca esa vida, viéndola al principio con repugnancia y protesta, para después comprender en toda su magnitud la tragedia de semejante miseria y sus causas fundamentales. ¡Víctimas infelices de las malas condiciones de vida!

Igualmente tristes eran también las condiciones de habitabilidad. La escasez de casas para los ayudantes de peón en Viena era deprimente. Todavía hoy recorre mi cuerpo un escalofrío cuando pienso en aquellas tétricas madrigueras, los albergues y las habitaciones colectivas, en aquellos sombríos cuadros de suciedad y de escándalos. ¿Qué no podría salir de ahí, cuando de esos antros de miseria los esclavos enfurecidos se lanzasen sobre la otra parte de la humanidad, exenta de cuidados y despreocupada?

Sí, porque el resto del mundo no se preocupa, dejando que las cosas sigan su curso, sin pensar que, por su falta de humanidad, la venganza llegará más tarde o más temprano, si a tiempo los hombres no modificaren esa triste realidad.

Cuánto agradezco hoy a la Providencia haberme hecho vivir esa escuela; en ella no me fue posible prescindir de aquello que no era de mi complacencia. Esa escuela me educó pronto y con rigor.

Para no desesperar de la clase de gentes que por entonces me rodeaba fue necesario que aprendiese a diferenciar entre su verdadero ser y su vida. Sólo así se podía soportar ese estado de cosas, comprendiendo que como resultado de tanta miseria, inmundicia y degeneración, no eran ya seres humanos, sino el triste producto de leyes injustas. En medio de ese ambiente, también mi propia dura suerte me libró de capitular en quejumbroso sentimentalismo ante los resultados de un proceso social semejante.

No, eso no debería ser comprendido así.

Ya en aquellos tiempos llegué a la conclusión de que sólo un doble procedimiento podía conducir a modificar la situación existente: Establecer mejores condiciones para nuestro desarrollo, a base de un profundo sentimiento de responsabilidad social, aparejado con la férrea decisión de anular a los depravados incorregibles.

Del mismo modo que la Naturaleza no concentra su mayor energía en el mantenimiento de lo existente, sino más bien en la selección de la descendencia como conservadora de la especie, así también en la vida humana no puede tratarse de mejorar artificialmente lo malo subsistente - cosa de suyo imposible en un 99 por ciento de los casos, dada la índole del hombre - sino por el contrario debe procurarse asegurar bases más sanas para un ciclo de desarrollo venidero.

En Viena, durante mi lucha por la existencia, me di cuenta de que la obra de acción social jamás puede consistir en un ridículo e inútil lirismo de beneficencia, sino en la eliminación de aquellas deficiencias que son fundamentales en la estructura económico-cultural de nuestra vida y que constituyen el origen de la degeneración del individuo, o por lo menos de su mala inclinación.

La razón de la manera dudosa de proceder hoy frente a "los delitos de los enemigos del Estado" yace justamente en la incertidumbre del juicio sobre los motivos íntimos, o las causas principales de los fenómenos contemporáneos.

Esa incertidumbre está fundada en la convicción de culpabilidad de cada cual en las tragedias del pasado, e inutiliza toda seria y firme resolución. Causa al mismo tiempo la debilidad y la indecisión en la ejecución incluso de las más necesarias medidas de conservación.

Cuando advenga un tiempo no más empañado por la sombra de esa mala conciencia de la propia culpabilidad, entonces el instinto de conservación de sí mismo creará la tranquilidad íntima, la fuerza exterior para poder actuar sin contemplaciones en la eliminación de los brotes dañinos de la mala hierba.

El Estado austríaco desconocía prácticamente una legislación social, y de ahí su ineptitud patente para reprimir hasta las más crasas transgresiones.

No sabría decir qué es lo que más me horrorizó en aquel tiempo: si la miseria económica de mis compañeros de entonces, su rudeza moral o su ínfimo nivel cultural.

¡Con qué frecuencia se exalta de indignación nuestra burguesía cuando oye decir a un vagabundo cualquiera que le es lo mismo ser alemán o no serlo, y que se siente igualmente bien en todas partes, con tal de tener para su sustento!

Esta falta de "orgullo nacional" es lamentada entonces hondamente y se vitupera con acritud semejante modo de pensar.

¿Cuántos, no obstante, se habrán hecho la pregunta sobre cuáles eran las causas de tener ellos "mejores" sentimientos? Sin embargo, ¿cuántos son los que poseen recuerdos personales sobre la grandeza de la Patria, de la Nación, en todas las manifestaciones de la vida artística y cultural y que les inspiren el legítimo orgullo de poder formar parte de un pueblo así capaz?

¿Reflexionan acaso nuestras gentes burguesas en qué mínima escala se le dan al pueblo los elementos inherentes al sentimiento de orgullo nacional?

¿Cuántos piensan que la fuente de ese orgullo está en relación directa con el conocimiento de las grandezas de la Patria en todos los dominios?

Nadie se disculpe con el argumento de que "en otros países las cosas suceden de igual manera" y que, no obstante, el trabajador siente orgullo de su nacionalidad. Aunque eso fuera así, no podría servir como excusa para nuestra propia negligencia. Lo que nosotros siempre pintamos como una educación "chauvinista" de los franceses, por ejemplo, no es más que la exaltación de las grandezas de rancia, en todos los ámbitos de la cultura, o de la "civilización", como la denominan nuestros vecinos.

El joven francés no es educado para la objetividad, sino para las opiniones subjetivas, que la gente sólo puede valorar cuando se trata de la significación de las grandezas políticas o culturales de su Patria.

Esa educación tendrá que estar siempre restringida a los grandes y generales puntos de vista que, si fuere necesario, por medio de una incansable repetición, se graben en la memoria y en los sentimientos del pueblo.

Entre nosotros, en cambio, a los errores por omisión se añade incluso la destrucción de lo poco que el individuo tiene la suerte de aprender en la escuela. El envenenamiento político de nuestro pueblo elimina aun de la memoria de las grandes masas todo aquello que la necesidad y los sufrimientos no hayan hecho ya.

Reflexiónese sobre lo siguiente: En un sótano, compuesto por dos habitaciones oscuras, vive una familia proletaria de siete miembros. Entre los cinco hijos, supongamos que hay uno de tres años. Es ésta la edad en que la conciencia del niño recibe las primeras impresiones. Entre los más dotados se encuentran, incluso en la edad adulta, huellas del recuerdo de esa edad. El espacio demasiado estrecho para tanta gente no ofrece condiciones favorables para la convivencia. Sólo por este motivo surgirán frecuentes riñas y disputas. Las personas no viven unas con otras, sino que se comprimen contra otras. Todas las divergencias, sobre todo las pequeñas, que en las habitaciones espaciosas pueden ser resueltas en voz baja, conducen en estas condiciones a repugnantes e interminables peleas. Para los niños eso es aún soportable, pues en tales circunstancias, si pelean entre ellos, olvidan todo deprisa y completamente. Si, no obstante, la riña se trasplanta a los padres, de forma cotidiana, en un recinto pequeño y groseramente, el resultado se hará sentir entre los hijos. Quien desconoce tales ambientes difícilmente puede hacerse una idea del efecto de esa lección objetiva, cuando esa discordia recíproca adopta la forma de groseros abusos del padre para con la madre y hasta de malos tratos en los momentos de embriaguez. A los seis años, ya el joven conoce cosas deplorables, ante las cuales incluso un adulto sólo puede sentir horror. Envenenado moralmente, mal alimentado, con la pobre cabeza llena de piojos, ese joven "ciudadano" entra en la escuela.

Apenas aprenderá a leer y escribir. Eso es casi todo. En cuanto a estudiar en casa, ni hablar de ello. En presencia de los hijos, madre y padre hablan de la escuela de tal manera que no se puede ni siquiera repetir y están siempre más preparados a soltar groserías que a poner a los hijos en las rodillas y darles consejos. Lo que las criaturas oyen en casa no conduce a fortalecer el respeto hacia las personas con las que van a convivir. Allí nada de bueno parece existir en la Humanidad; todas las instituciones son combatidas, desde el profesor hasta las magistraturas más elevadas del Estado. Ya se trate de religión o de moral en sí, del Gobierno o de la sociedad, todo es igualmente ultrajado de la manera más torpe y arrastrado al fango de los más bajos sentimientos. Cuando el muchacho, apenas con catorce años, sale de la escuela, es difícil saber lo que es más fuerte en él: la increíble estupidez de lo que dice respecto a los conocimientos reales, o la imprudencia de sus actitudes, unida a una inmoralidad que, en aquella edad, hace poner los pelos de punta.

Ese hombre, para quien ya casi nada es digno de respeto, que nada grande aprendió a conocer, que, por el contrario, sólo sabe de todas las vilezas humanas, tal criatura, repetimos, ¿qué posición podrá ocupar en la vida, en la que él está marginado?

De niño, con trece años, pasó a los quince años a ser un opositor a cualquier autoridad.

Suciedad y más suciedad es todo lo que aprendió. Ése no es el camino de estímulo para las aspiraciones más elevadas.

Ahora entra, por vez primera, en la gran escuela de la vida.

Entonces comienza la misma existencia que durante los años de la niñez conoció de sus padres. Va de acá para allá, vuelve a casa Dios sabe cuándo, para variar golpea incluso a la sufrida criatura que fue antaño su madre, blasfema contra Dios y el mundo y, en fin, por cualquier motivo concreto, es condenado y conducido a una correccional de menores. Allí recibirá los últimos retoques.

Y el mundo burgués se admira, sin embargo, de la falta de "entusiasmo nacional" de este joven "ciudadano".

La burguesía ve tranquilamente cómo en el teatro y en el cine, y mediante la literatura obscena y la prensa inmunda, se echa sobre el pueblo día a día el veneno a borbotones. Y sin embargo se sorprenden esas gentes burguesas de la "falta de moral" y de la "indiferencia nacional" de la gran masa del pueblo, como si de esas manifestaciones asquerosas, de esos filmes canallescos y de tantos otros productos semejantes, surgiese para el ciudadano el concepto de la grandeza patria. Todo esto sin considerar la educación ya recibida por el individuo en su primera juventud. Pude entonces comprender bien la siguiente verdad, en la que nunca antes había pensado: El problema de la "nacionalización" de un pueblo consiste, en primer término, en crear sanas condiciones sociales como base de la educación individual; porque sólo aquel que haya aprendido en el hogar y en la escuela a apreciar la grandeza cultural y, ante todo, la grandeza política de su propia Patria, podrá sentir y sentirá el íntimo orgullo de ser súbdito de esa Nación. Sólo se puede luchar por aquello que se ama. Y se ama sólo lo que se respeta, pudiéndose respetar únicamente aquello que se conoce.

Apenas se despertó mi interés por la cuestión social me dediqué a estudiar a fondo el problema. Y descubrí un mundo nuevo.

En los años de 1909 y 1910 se había producido también un pequeño cambio en mi vida. Ya no necesitaba ganarme el pan diario ocupado como peón. Por entonces trabajaba ya independientemente como modesto dibujante y acuarelista. Continuaba ganando muy poco -lo esencial para vivir-, pero en compensación tenía tiempo para perfeccionar la profesión que había elegido. Ya no volvía a casa por la noche, como antiguamente, cansado hasta el extremo, incapaz de echar un vistazo a un libro sin quedarme dormido al poco tiempo. Mi trabajo actual corría paralelo a mi profesión artística. Podía, entonces, como dueño de mi tiempo, distribuirlo mejor que antes.

De este modo me fue posible también lograr el complemento teórico necesario para mi apreciación íntima del problema social. Estudiaba con ahínco casi todo lo que podía encontrar en libros sobre esta compleja materia, para después recrearme en mis propias meditaciones sobre el particular.

Creo que los que convivían conmigo en aquel tiempo me tomaron por un tipo extraño.

Era natural también que satisficiese con ardor mi pasión por la Arquitectura. Al lado de la Música, la Arquitectura me parecía la reina de las artes. Mi actividad, en tales condiciones, no era un trabajo, sino un gran placer. Podía quedarme a leer o a dibujar hasta bien entrada la noche, sin sentir absolutamente cansancio. Así se fortalecía la convicción de que mi bello sueño, después de largos años, se transformaba en realidad.

Estaba completamente convencido de llegar un día a alcanzar fama como arquitecto.

Me parecía muy lógico también que tuviese el máximo interés por todo lo que se relacionase con la política. Eso era, en mi opinión, un deber natural de cada ser pensante.

Quien nada entiende de política pierde el derecho a cualquier crítica y a cualquier reivindicación.

También sobre este tema leí y aprendí mucho.

Bajo el concepto de lectura, concibo cosas muy diferentes de lo que piensa la gran mayoría de los llamados intelectuales.

Conozco individuos que leen muchísimo, libro tras libro y letra por letra, y sin embargo no pueden ser tildados de "lectores". Poseen una multitud de "conocimientos", pero su cerebro no consigue ejecutar una distribución y un registro del material adquirido. Les falta el arte de separar, en el libro, lo que es de valor y lo que es inútil, conservar para siempre en la memoria lo que en verdad interesa, pudiendo saltarse y desechar lo que no les comporta ventaja alguna, para no retener lo inútil y sin objeto. La lectura no debe entenderse como un fin en sí misma, sino como medio para alcanzar un objetivo. En primer lugar, la lectura debe auxiliar la formación del espíritu, despertar las inclinaciones intelectuales y las vocaciones de cada cual. Enseguida, debe proveer el instrumento, el material de que cada uno tiene necesidad en su profesión, tanto para simple seguridad del pan como para la satisfacción de los más elevados designios. En segundo lugar, debe proporcionar una idea de conjunto del mundo. En ambos casos, es necesario que el contenido de cualquier lectura no sea aprendido de memoria de un conjunto de libros, sino que sea como pequeños mosaicos en un cuadro más amplio, cada uno en su lugar, en la posición que les corresponde, ayudando de esta forma a esquematizarlo en el cerebro del lector. De otra forma, resulta un bric-á-brac de materias memorizadas, enteramente inútiles, que transforman a su poseedor en un presuntuoso, seriamente convencido de ser un hombre instruido, de entender algo de la vida, de poseer cultura, cuando la verdad es que con cada aumento de esa clase de conocimientos, más se aparta del mundo, hasta que termina en un sanatorio o como político en un parlamento.

Nunca un cerebro con esta formación conseguirá retirar lo que es apropiado para las exigencias de determinado momento, pues su lastre espiritual está encadenado no al orden natural de la vida, sino al orden de sucesión de los libros, cómo los leyó y por la manera que amontonó los asuntos en su mente. Cuando las exigencias de la vida diaria le reclaman el uso práctico de lo que en otro tiempo aprendió, entonces mencionará los libros y el número de las páginas y, pobre infeliz, nunca encontrará exactamente lo que busca.

En las horas críticas, esos "sabios", cuando se ven en la dolorosa contingencia de encontrar casos análogos para aplicar a las circunstancias de la vida, sólo descubren remedios falsos.

Quien posee, por esto, el arte de la buena lectura, al leer cualquier libro, revista o folleto, concentrará su atención en todo lo que, a su modo de ver, merecerá ser conservado durante mucho tiempo, bien porque sea útil, bien porque sea de valor para la cultura general.

Lo que se aprende por este medio encuentra su racional ligazón en el cuadro siempre existente de la representación de las cosas, y, corrigiendo o reparando, aplicará con justeza la claridad del juicio. Si cualquier problema de la vida se presenta a examen, la memoria, por este arte de leer, podrá recurrir al modelo de percepción ya existente.

Así, todas las contribuciones reunidas durante decenas de años y que dicen algo sobre ese problema son sometidas a una prueba racional en nuestra mente, hasta que la cuestión sea aclarada o contestada.

Sólo así la lectura tiene sentido y finalidad.

Un lector, por ejemplo, que por ese medio no provea a su razón los materiales necesarios, nunca estará en situación de defender sus puntos de vista en una controversia, aunque correspondan los mismos mil veces a la verdad. En cada discusión la memoria le abandonará desdeñosamente. No encontrará razonamientos ni para la firmeza de sus aseveraciones, ni para la refutación de las ideas del adversario. En cuanto esto sucede, como en el caso de un orador, el ridículo de la propia persona todavía se puede tolerar; de pésimas consecuencias es, sin embargo, que esos individuos que saben "todo" y no son capaces de nada, sean colocados al frente de un Estado.

Muy pronto me esforcé por leer con método y fui, de manera feliz, auxiliado por la memoria y por la razón. Observadas las cosas bajo ese aspecto, me fue fecundo y provechoso sobre todo el tiempo que pasé en Viena. La experiencia de la vida diaria me servía de estímulo, siempre para nuevos estudios de los más diversos problemas. Cuando, por fin, estuve en situación de poder fundamentar la realidad en teoría, y sacar la prueba de la teoría en la práctica, estuve en condiciones de evitar el exceso de apego a la teoría, o descender demasiado en la realidad.

De esta forma la experiencia de la vida diaria en ese tiempo, en dos de los más importantes problemas, aparte del social, se volvió definitiva y me sirvió de estímulo para el sólido estudio teórico.

¿Quién puede saber si yo algún día me habría inclinado por profundizar en la teoría y en la práctica del marxismo, si en otro tiempo no me hubiese roto le cabeza con ese problema? Era poco y muy erróneo lo que yo sabía en mi juventud acerca de la Socialdemocracia.

Me entusiasmaba entonces que la Socialdemocracia proclamase el derecho al sufragio universal secreto. Mi razón me decía ya, por esto, que esa conquista debería llevar a un debilitamiento del régimen de los Habsburgos tan odiado por mí.

Con la convicción de que él "Estado Danubiano" nunca se mantendría sin el sacrificio del espíritu alemán, y que una paulatina eslavización del elemento germánico en modo alguno ofrecería la garantía de un gobierno verdaderamente viable, pues la fuerza creadora del Estado de los eslavos es muy hipotética, veía con regocijo todo Movimiento que, en mi imaginación, pudiera contribuir al desmembramiento de ese Estado con diez millones de alemanes, inviable y condenado a muerte. Cuanto más dominara la palabrería en el Parlamento, más próxima debería estar la hora de la ruina de dicho Estado babilonio, y, con ella, también la hora de la liberación de mis compatriotas austro-alemanes. Sólo de esta manera se podría volver a la antigua unión con la Madre Patria.

Por eso, la actividad de la Socialdemocracia no me era antipática. Además, mi ingenua concepción de entonces me hacía creer también que era mérito suyo empeñarse en mejorar las condiciones de vida del obrero, por lo que me pareció más oportuno hablar en su favor que en contra. Pero lo que me repugnaba era su actitud hostil en la lucha por la conservación del germanismo, la deplorable inclinación a favor de los "camaradas eslavos", los que sólo aceptaban ese apelativo cuando iba acompañado de concesiones prácticas, repeliéndolo arrogantes y orgullosos cuando no veían interés personal alguno. Daban, así, al rastrero mendigo la paga que se merecía.

Hasta la edad de los 17 años la palabra "marxismo" no me era familiar, y los términos "socialdemocracia" y "socialismo" me parecían idénticos. Fue necesario que el Destino obrase también aquí, abriéndome los ojos ante un engaño tan inaudito para la Humanidad.

Si antes había yo conocido el Partido Socialdemócrata sólo como simple espectador en algunos de sus mítines, sin penetrar en la mentalidad de sus adeptos, o en la esencia de sus doctrinas, bruscamente debía ahora ponerme en contacto con los productos de aquella "ideología". Y lo que quizás sólo después de decenios hubiese ocurrido, se realizó en el curso de pocos meses, permitiéndome comprender que bajo la apariencia de virtud social y amor al prójimo se escondía una podredumbre de la cual ojalá la Humanidad libre a la Tierra cuanto antes, porque de lo contrario posiblemente será la propia Humanidad la que de la Tierra desaparecerá.

Fue durante mi trabajo cotidiano donde tuve el primer roce con elementos socialdemócratas. Ya desde un comienzo me fue poco agradable aquello. Mi vestido era aún decente, mi lenguaje no vulgar y mi actitud reservada. Mucho tenía que hacer con mi propia suerte para que hubiese concentrado mi atención en lo que me rodeaba. Buscaba únicamente trabajo a fin de no perecer de hambre y poder así, a la vez, procurarme los medios necesarios a la lenta prosecución de mi instrucción personal. Probablemente no me habría preocupado de mi nuevo ambiente ano ser que al tercer o cuarto día de iniciarme en el trabajo se produjera un incidente que me indujo a tener que asumir una actitud. Me habían propuesto que ingresase en la organización sindical.

Por entonces aún nada conocía acerca de las organizaciones obreras, y me habría sido imposible comprobar la utilidad o inconveniencia de su razón de ser. Cuando se me dijo que debía afiliarme, rechacé de plano la proposición, alegando que no tenía idea de qué se trataba y que por principio no me dejaba imponer nada. Tal vez fuese por la primera razón aludida por la que no me pusieron inmediatamente en la calle. Quizás esperasen que dentro de algunos días estuviese convertido, o por lo menos fuese más dócil. Se engañaban radicalmente.

En el curso de las dos semanas siguientes alcancé a empaparme mejor del ambiente, de tal forma que ningún poder en el mundo me hubiese compelido a ingresar en una organización sindical, sobre cuyos dirigentes había llegado a formarme entretanto el más desfavorable concepto.

En los primeros días quedé indignado.

A mediodía, una parte de los trabajadores acudía a las fondas de la vecindad y el resto quedaba en el solar mismo consumiendo su exiguo almuerzo. La mayoría eran casados y sus mujeres, en pucheros abollados, les traían la sopa del mediodía. En los fines de semana, el número de éstos era siempre más numeroso. La razón de ello la comprendería más tarde.

Entonces se hablaba de política.

Yo, ubicado en un aislado rincón, bebía de mi botella de leche y comía mi ración de pan, pero sin dejar de observar cuidadosamente el ambiente y reflexionando sobre la miseria de mi suerte. Mis oídos escuchaban más de lo necesario y a veces me parecía que intencionadamente aquellas gentes se aproximaban hacia mí como para inducirme a adoptar una actitud. De todos modos, aquello que alcanzaba a oír bastaba para irritarme en grado sumo.

Allí se negaba todo: la Nación no era otra cosa que una invención de los "capitalistas" -¡qué infinito número de veces escuché esa palabra!-; la Patria, un instrumento de la burguesía, destinado a explotar a la clase obrera; la autoridad de la Ley, un medio de subyugar al proletariado; la escuela, una institución para educar esclavos y también amos; la religión, un recurso para idiotizar a la masa predestinada a la explotación; la moral, signo de estúpida resignación. Nada había, pues, que no fuese arrojado en el lodo más inmundo.

Al principio traté de callar, pero a la postre me fue imposible. Comencé a manifestar mi opinión, comencé a objetar; mas, tuve que reconocer que todo sería inútil mientras yo no poseyese por lo menos un relativo conocimiento sobre los puntos en cuestión. Y fue así como empecé a investigar en las mismas fuentes de las cuales procedía la pretendida sabiduría de los adversarios. Leía con atención libro tras libro, folleto tras folleto. En el local de trabajo las cosas llegaban frecuentemente a la exaltación. Día tras día pude replicar a mis contradictores, informado como estaba mejor que ellos mismos de su propia doctrina, hasta que en un momento dado debió ponerse en práctica aquel recurso que ciertamente se impone con más facilidad que la razón: la violencia. Algunos de mis impugnadores me conminaron a abandonar inmediatamente el trabajo, amenazándome con tirarme desde el andamio. Como me hallaba solo, consideré inútil toda resistencia y opté por retirarme, adquiriendo así una experiencia más.

Me fui enojado, pero al mismo tiempo tan impresionado, que ahora ya sería completamente imposible para mí abandonar el tema. No, después de la explosión de la primera revuelta, la obstinación venció de nuevo. Estaba firmemente decidido a volver, a pesar de todo, a otro trabajo en la construcción. Esta decisión fue reforzada por la precaria situación en la que me encontré algunas semanas más tarde, después de haber gastado mis pequeños ahorros. No tenía otra alternativa, lo quisiese o no. La escena se desarrolló de forma idéntica, acabando de igual modo que la primera vez.

Una pregunta me formulé en lo más íntimo de mi ser: ¿Esta gente es digna de pertenecer a un gran pueblo?

Fue una pregunta angustiosa. Si la contestaba afirmativamente, la lucha por una nacionalidad merecería los trabajos y sacrificios que los mejores hacen. Si la respuesta era negativa, entonces nuestro pueblo estaba falto de hombres de verdad, con inquietante desánimo veía, en aquellos días críticos y atormentados, a la masa, que ya no pertenecía a su pueblo, volverse un ejército enemigo y amenazador.

¡Qué penosa impresión dominó mi espíritu al contemplar cierto día las inacabables columnas de una manifestación proletaria en Viena! Me detuve casi dos horas observando pasmado aquel enorme dragón humano que se arrastraba pesadamente.

Lleno de desaliento regresé a casa. En el trayecto vi en una tienda el diario Arbeiterzeitung, órgano central del antiguo partido socialdemócrata austríaco. En un café popular, barato, que solía frecuentar con el fin de leer periódicos, se encontraba también esa miserable hoja, pero sin que jamás hubiera podido resolverme a dedicarle más de dos minutos, pues su contenido obraba en mi ánimo como si fuese vitriolo.

Aquel día, bajo la depresión que me había causado la manifestación que acababa de ver, un impulso interior me indujo a comprar el periódico, para leerlo esta vez minuciosamente. Por la noche me apliqué a ello, sobreponiéndome a los ímpetus de cólera que me provocaba aquella cantidad concentrada de mentiras. A través de la prensa socialdemócrata diaria pude estudiar, pues, mejor que en la literatura teórica, el verdadero carácter de esas ideas.

¡Qué contraste! ¡Por una parte las rimbombantes frases de libertad, belleza y dignidad, expuestas en esa literatura locuaz, de moral hipócrita, aparentando a la vez una "honda sabiduría" - en un estilo de profética seguridad- y, por otro lado, el ataque brutal, capaz de toda villanía y de una virtuosidad única en el arte de mentir, en pro de la "Doctrina Salvadora de la Nueva Humanidad"!

Lo primero, destinado a los necios de las "esferas intelectuales" medias y superiores, y lo segundo, para la gran masa.

Penetrar el sentido de esa literatura y de esa prensa tuvo para mí la virtud de inclinarme más fervorosamente hacia mi pueblo.

Conociendo el efecto de semejante obra de envilecimiento, sólo un loco sería capaz de condenar a la víctima. Cuanto más independiente me volvía en los años siguientes, mayor amplitud alcanzaba para comprender las causas del éxito de la Socialdemocracia. Por fin capté la importancia de la brutal imposición a los obreros de suscribirse únicamente a la prensa roja, concurrir con exclusividad a mítines de filiación roja y también de leer libros rojos. Vi muy claro los efectos violentos de ese adoctrinamiento intolerante.

La psiquis de las multitudes no es sensible a lo débil ni a lo mediocre.

De la misma forma que las mujeres, cuya emotividad obedece menos a razones de orden abstracto que al ansia instintiva e indefinible hacia una fuerza que las reintegre, y de ahí que prefieran someterse al fuerte antes que seguir al débil, igualmente la masa se inclina más fácilmente hacia el que domina que hacia el que implora, y se siente interiormente más satisfecha con una doctrina intransigente que no admita dudas, que con el goce de una libertad que generalmente de poco le sirve. La masa no sabe qué hacer con la libertad, sintiéndose abandonada.

El descaro del terrorismo espiritual le pasa desapercibido, de la misma manera que los crecientes atentados contra su libertad. No se apercibe, de ninguna manera, de los errores intrínsecos de ese adoctrinamiento. Ve tan sólo la fuerza incontrarrestable y la brutalidad de sus manifestaciones exteriores, ante las que siempre se inclina.

Si frente a la Socialdemocracia surgiese una doctrina superior en veracidad, pero brutal como aquélla en sus métodos, se impondría la segunda, bien es cierto después de una lucha tenaz.

En menos de dos años pude apreciar con toda nitidez no sólo la doctrina de la Socialdemocracia, sino también su función como instrumento práctico. Comprendí el infame terror espiritual que ese Movimiento ejerce especialmente sobre la burguesía.

A una señal dada, sus propagandistas lanzan una lluvia de mentiras y calumnias contra el adversario que les parece más peligroso, hasta que se rompen los nervios de los agredidos que, para volver a tener tranquilidad, se rinden.

Como la Socialdemocracia conoce por propia experiencia la importancia de la fuerza, cae con furor sobre aquellos en los cuales supone la existencia de ese raro elemento e, inversamente, halaga a los espíritus débiles del bando opuesto, cautelosa o abiertamente, según la cualidad moral que tengan o que se les atribuye.

La Socialdemocracia teme menos a un hombre de genio, impotente y falto de carácter, que a uno dotado de fuerza natural, aunque huérfano de vuelo intelectual.

La Socialdemocracia adula sobretodo a los débiles de espíritu y de carácter. Este partido sabe aparentar que sólo él conoce el secreto de la paz y la tranquilidad, a medida que, cautelosamente pero de una manera decidida, conquista una posición tras otra, ya por medio de una discreta presión, ya a través de exquisitos escamoteos, en momentos en los que la atención general está orientada hacia otros temas, no siendo por ello despertada. Logra así hacer pasar desapercibida su acción, sin provocar la reacción del adversario.

Ésta es una táctica que responde a cálculo y conocimiento preciso de todas las debilidades humanas y que tiene que conducir casi matemáticamente al éxito, si es que el Partido opuesto no sabe que el gas asfixiante se contrarresta sólo con el gas asfixiante; es decir, con las mismas armas del agresor.

Es preciso que se explique a las naturalezas débiles que se trata de una lucha de vida o muerte.

No menos comprensible para mí se volvió la significación del terror material con relación a los individuos y a las masas.

Aquí también tenían un cálculo exacto de la actuación psicológica. El método del terror en los talleres, en las fábricas, en los locales de asamblea y en las manifestaciones en masa, será siempre coronado por el éxito mientras no se le enfrente otro terror de efectos análogos.

Cuando acontece esto último, la Socialdemocracia, acostumbrada como está a desobedecer a la autoridad del Estado, sin embargo pedirá ahora a gritos su auxilio, para, en la mayoría de los casos, y en medio de la confusión general, alcanzar su verdadero objetivo; esto es: encontrar autoridades cobardes que, en la tímida esperanza de poder en el futuro contar con el temible adversario, le ayuden a combatir a su enemigo.

La impresión que un éxito tal ejerce sobre el espíritu de las grandes masas y de sus adeptos, así como sobre el vencedor, sólo puede evaluarla quien conoce el alma del pueblo, no a través de los libros, sino por el examen de la propia vida. Mientras, en el círculo de los vencedores, el triunfo alcanzado se considera como una victoria del derecho de su causa, el adversario vencido, en la mayoría de los casos, pasa a dudar de éxito de cualquier resistencia futura.

Cuanto mejor conocía los métodos de esa violencia material y moral, tanto más me inclinaba a disculpar a las centenas de millares de proletarios que cedían ante la fuerza bruta.

La comprensión de este hecho la debo principalmente a mis viejos tiempos de sufrimiento, que me hicieron entender a mi pueblo y establecer la diferencia entre las víctimas y sus conductores.

Como víctimas deben ser considerados los que fueron sometidos a esa situación corruptora. Cuando me esforzaba por estudiar, en la vida real, la naturaleza interior de esas capas llamadas "inferiores" del pueblo, no podía sacar una conclusión justa, sin la certeza de que también en ese medio se encontraban cualidades nobles, como eran la capacidad de sacrificio, la camaradería, la extraordinaria sobriedad, la discreta modestia, virtudes todas ellas muy comunes, sobre todo en los viejos sindicatos. Si es verdad que esas virtudes se diluían cada vez más en las nuevas generaciones, bajo la influencia de las grandes ciudades, incontestable es también que muchas de ellas conseguían triunfar sobre las vilezas comunes de la vida. Si aquellos hombres, buenos y bravos, en su actividad política entraron a formar parte de las filas del enemigo de nuestro pueblo, sería porque no comprendían y no lograban conocer la villanía de la "nueva doctrina" o porque, en ultima ratio, las influencias sociales eran más fuertes. Las contingencias de la vida a que, de un modo u otro, estaban fatalmente sujetos, les hacían entrar en la órbita de la Socialdemocracia.

Hasta el más modesto obrero resultaba impelido por la organización sindicalista a la lucha política, y esto como consecuencia del hecho de que la burguesía, en infinidad de casos, procediendo del modo más desatinado e inmoral, se oponía hasta alas exigencias más humanamente justificadas.

Millones de proletarios, interiormente eran sin duda enemigos del Partido Socialdemócrata. No obstante, fueron derrotados en su oposición por la conducta estúpida del frente burgués, al combatir éste todas las reivindicaciones de la masa trabajadora.

El rechazo profundo de toda tentativa hacia el mejoramiento de las condiciones de trabajo para el obrero, tales como la instalación de dispositivos de seguridad en las máquinas, la prohibición del trabajo para menores, así como también la protección para la mujer - por lo menos en aquellos meses en los cuales lleva en sus entrañas al futuro ciudadano- contribuyó a que la Socialdemocracia cogiese a las masas en su red. Dicho partido sabía aprovechar todos los casos en que pudiese manifestar sentimientos de piedad para los oprimidos. Nunca podrá reparar nuestra burguesía política esos errores, pues, negándose a dar paso a todo propósito tendente a eliminar anomalías sociales, sembraba odios y justificaba aparentemente las aseveraciones de los enemigos mortales de toda nacionalidad, de ser el Partido Socialdemócrata el único defensor de los intereses del pueblo trabajador.

Ahí están las razones morales de la oposición de los sindicatos y los motivos por los que prestaban los mejores servicios a aquel partido político.

En mis años de experiencia en Viena me vi obligado, queriendo o sin quererlo, a definir mi posición en lo relativo a los sindicatos obreros.

Como nítidamente los veía como parte integrante e indivisible del Partido Socialdemócrata, mi decisión fue rápida.

Rehusé afiliarme al sindicato.

También en esta importante cuestión fue la vida misma la que me sirvió de guía.

El resultado fue una revisión de mis primeras impresiones.

A mis veinte años, ya establecía la diferencia entre el sindicato como instrumento de defensa de los derechos sociales de los trabajadores y de lucha por la mejora de sus condiciones de vida y el sindicato como instrumento de un Partido en la lucha política de clases.

El hecho de que la Socialdemocracia supiera apreciar la enorme importancia del Movimiento sindicalista, le aseguró él. instrumento de su acción, y con ello el éxito. No haber comprendido aquello le costó a la burguesía su posición política. Había creído que con una negativa impertinente podría anular un desarrollo lógico inevitable. Es absurdo y falso afirmar que el Movimiento sindicalista sea en sí mismo contrario al interés patrio. Si la acción sindical busca y consigue el mejoramiento de las condiciones de vida de aquella clase social que constituye una de las columnas fundamentales de la Nación, no obra como enemiga de la Patria o del Estado, sino más bien nacionalsocialistamente, en el más puro sentido de la palabra. Su razón de ser está, por tanto, totalmente fuera de duda, pues ayuda a crear programas sociales, sin lo cual ni se debe pensar siquiera en una educación nacional colectiva. Este Movimiento alcanza su mayor mérito cuando, por el combate a las lacras sociales existentes, ataca las causas de las enfermedades del cuerpo y del espíritu, contribuyendo a la conservación de la salud del pueblo. Es, por tanto, ociosa la discusión sobre las ventajas de esas organizaciones.

Mientras entre los patrones existan individuos de escasa comprensión social o que incluso carezcan de sentimiento de justicia y equidad, no solamente es un derecho, sino un deber, el que sus trabajadores, representando una parte importante de nuestro pueblo, velen por los intereses del conjunto frente a la codicia o el capricho de unos pocos, pues el mantenimiento de la confianza en la masa del pueblo es para el bienestar de la Nación tan importante como la conservación de su salud.

Estos intereses estarán seriamente amenazados por los indignos patrones que no tengan los mismos sentimientos de comunidad. Debido a su actitud condenable, inspirada en la ambición o en la intransigencia, nubes amenazadoras presagian tempestades próximas.

Remover las causas de tal amenaza es lograr un éxito en relación con la Patria. Lo contrario es trabajar contra los intereses de la Nación.

No se diga que cada cual tiene libertad suficiente para sacar todas las conclusiones de las injusticias reales o ficticias que sufre. Eso es hipocresía y debe ser considerado como un intento para desviar la atención de las soluciones justas.

La pregunta es la siguiente: ¿Es o no de interés nacional destruir todo lo que se atraviese en el camino de la vida social justa? Sí. Y creemos que la lucha debe ser entablada con todas las armas que puedan asegurar el triunfo. El trabajador, individualmente, no está nunca en condiciones de lanzarse con éxito a una lucha contra el poder del gran empresario. En este conflicto no se trata del problema de la victoria del Derecho. Si así fuese, el simple reconocimiento de ese derecho haría cesar toda lucha, pues desaparecería, en ambas partes, el deseo de combatir. En aquel caso el sentimiento de justicia por sí solo haría terminar la lucha de forma honorable o, mejor, nunca se llegaría a ello.

Mientras el trato asocial e indigno dado al hombre provoque resistencias, y mientras no se hayan instituido autoridades judiciales encargadas de reparar los daños, siempre él más fuerte vencerá en la lucha.

Por ello, es natural que las personas que concentran en sí toda la fuerza de la empresa, tengan al frente a un solo individuo en representación del conjunto de trabajadores.

De este modo la Organización Sindicalista podrá lograr un afianzamiento de la idea social en su aplicación práctica en la vida diaria, eliminando con ello motivos que son causa permanente de descontento y quejas.

Si eso no ocurre se debe en gran medida a aquellos que a todas las soluciones legales de las dificultades del pueblo intentan oponer obstáculos e impedimentos, utilizando su influencia política.

Mientras la burguesía no comprenda el significado de la Organización Sindical, o mejor dicho, no quiera entenderlo, e insista en hacerle oposición, la Socialdemocracia se alineará junto al Movimiento popular.

Con visión, la Socialdemocracia creó una base firme que, en los momentos críticos, le serviría como firme pilar.

Mas, la Socialdemocracia nunca pensó en resolver los problemas reales del Movimiento Sindical. Bajo su experta mano, en pocos decenios supo hacer, de un medio auxiliar, creado para defender derechos sociales, un instrumento destructor de la economía nacional.

Los intereses del obrero no debían obstaculizar los propósitos de la Socialdemocracia en lo más mínimo, pues, políticamente, el empleo de medios de presión económica siempre permite la extorsión o el ejercicio de violencias a toda hora, siempre que, de un lado, haya la necesaria falta de escrúpulos y, del otro, la suficiente estupidez unida a una mansedumbre de cordero. Esto es lo que sucede en los dos campos en liza.

Ya a principios del presente siglo, el Movimiento Sindicalista había dejado de servir a su ideal primitivo.

Año tras año fue cayendo cada vez más en el radio de acción de la política socialdemócrata, para ser a la postre sólo un ariete de la lucha de clases. Debía, a fuerza de constantes arremetidas, demoler los fundamentos de la economía nacional, laboriosamente cimentada, y con ello prepararle la misma suerte al edificio del Estado.

La defensa de los verdaderos intereses del proletariado se hacía cada vez más secundaria, hasta que por último la habilidad política acabó por establecer la inconveniencia de mejorar las condiciones sociales y el nivel cultural de las masas, so pena de correr el peligro de que una vez satisfechos sus deseos, esas muchedumbres no pudieran ser ya utilizadas indefinidamente como una fuerza autómata de lucha.

Esta evolución atemorizó de tal manera a los dirigentes de la lucha de clases que ellos, por fin, se opusieron a todas las saludables reformas sociales y, de manera más decidida, tomaron posición de combate contra ellas.

En el campo burgués se escandalizaban con esa visible falta de sinceridad de la táctica de la Socialdemocracia, sin que, por esto, se sacaran de ahí las mínimas conclusiones para desarrollar un acertado plan de acción. Justamente, el recelo de la Socialdemocracia delante de cada mejora real de la situación del proletariado con relación a la profundidad de su hasta entonces miseria cultural y social, tal vez hubiera ayudado a arrebatar ese instrumento de las manos de los "representantes de la lucha de clases".

Sin embargo, esto no aconteció.

En vez de tomar la ofensiva, la burguesía dejó apretar cada vez más el cerco en torno a sí misma para, al final, adoptar medidas inadecuadas que, por demasiado tardías, se quedaron sin eficacia y que, por esto mismo, eran fácilmente contrarrestadas.

De esta manera quedó todo como antes y, si cabe, el descontento se volvió cada vez mayor.

Los "sindicatos independientes", como una nube borrascosa, ennegrecían el horizonte político, amenazando también la propia existencia de los individuos. Esas organizaciones se convirtieron en el instrumento más temible de terror contra la seguridad y la independencia de la economía nacional, la solidez del Estado y la libertad de los individuos.

Fueron ellos, sobre todo, los que transformaron la noción de democracia en una frase asquerosa y ridícula, que profanaba la libertad y escarnecía de forma imperecedera la fraternidad, con esta proposición: "Si no quieres ser de los nuestros, te cortaremos la cabeza".

Así comenzaba ya a conocer a esos enemigos del género humano.

En el transcurso de los años, la opinión sobre ellos se desarrolló y ahondó, sin modificarse.

A medida que fui perfeccionando el criterio sobre el proceder de la Socialdemocracia, aumentó en mí el ansia de penetrar la esencia de su doctrina.

De poco podía servirme en este orden la literatura propia del partido, porque cuando se trata de cuestiones económicas es errónea en asertos y demostraciones y es falaz en lo que a sus fines políticos se refiere.

De aquí la razón por la que me sentía, de corazón, apartado de los nuevos modos de expresión de la eterna trapacería política y de su manera de describir las cosas.

Con un inconcebible lujo de palabras, de oscura significación, tartamudeaban sentencias que aparentaban ser ricas de pensamiento como eran faltas de sentido.

Sólo la decadencia de nuestros intelectuales de las grandes urbes podría, en este laberinto de la razón, sentirse cómoda, para, en la neblina de tal "dadaísmo" literario, "captar" la "brida secreta", apoyado en la proverbial inclinación de una parte de nuestro pueblo, para "adivinar" la profunda sabiduría" en medio de las paradojas personales.

En lo que a mí respecta, en la oscuridad de sus asertos, descubría todas las mentiras y desatinos teóricos de esa doctrina y llegaba, poco a poco, a una comprensión más clara de su verdadera voluntad.

En estas horas se apoderaban de mí tristes ideas y malos presagios. Vi ante mí una doctrina llena de egoísmo y de odio, que, por leyes matemáticas, podría alzarse con la victoria, pero que arrastraría hacia la ruina a la Humanidad.

En ese intervalo yo ya había percibido el vínculo entre esa doctrina de destrucción y el carácter de una cierta raza para mí hasta entonces desconocida.

Sólo el conocimiento del judaísmo da la clave para la comprensión de los verdaderos propósitos de la Socialdemocracia. Quien conoce a este pueblo se le cae de los ojos la venda que le impedía descubrir las falsas concepciones sobre la finalidad y el sentido de dicho partido, y entre la niebla de la palabrería de su propaganda, ve aparecer el fantasma del marxismo, mostrando sus dientes.

Me sería difícil, si no imposible, precisar en qué época de mi vida la palabra "judío" fue para mí, por primera vez, motivo de reflexiones. En el hogar paterno, cuando vivía aún mi padre, no recuerdo siquiera haberla oído. Creo que el anciano habría visto un signo de retroceso cultural en la sola pronunciación intencionada de aquel nombre. Durante el curso de mi vida, mi padre había llegado a concepciones más o menos cosmopolitas, que conservó aún en medio de un convencido nacionalismo, de modo que hasta en mí debieron tener su influencia.

Tampoco en la escuela se presentó motivo alguno que hubiese podido determinar un cambio del criterio que formé en el seno de mi familia.

Es cierto que, en la Realschule, yo había conocido a un muchacho judío que era tratado por nosotros con cierta prevención, pero esto solamente porque no teníamos confianza en él, debido a su ser taciturno y a varios hechos que nos habían alertado. Ni en los demás ni en mí mismo despertó esto ninguna reflexión.

Fue a la edad de catorce o quince años cuando debí oír a menudo la palabra "judío", especialmente en conversaciones de tema político, produciéndome cierta repulsión cuando me tocaba presenciar disputas de índole confesional.

La cuestión por entonces no tenía, pues, para mí otras connotaciones.

En la ciudad de Linz vivían muy pocos judíos, los que en el curso de los siglos se habían europeizado exteriormente, y yo hasta los tomaba por alemanes. Lo absurdo de esta suposición me era poco claro, ya que por entonces veía en el aspecto religioso la única diferencia peculiar. El que por eso se persiguiese a los judíos, como creía yo, hacía que muchas veces mi desagrado frente a las expresiones ofensivas para ellos se acrecentase. De la existencia de un odio sistemático contra el judío no tenía yo todavía ninguna idea, en absoluto.

Después fui a Viena.

Sobrecogido por el cúmulo de mis impresiones de las obras arquitectónicas de aquella capital y por las penalidades de mi propia suerte, no pude en el primer tiempo de mi permanencia allí darme cuenta de la conformación interior del pueblo en la gran urbe.

No obstante existir en Viena alrededor de 200.000 judíos entre sus dos millones de habitantes, yo no me había percatado de ellos. Durante las primeras semanas, mis sentidos no pudieron abarcar el conjunto de tantos valores e ideas nuevos. Sólo después que, poco a poco, la serenidad volvió y las imágenes confusas de los primeros tiempos comenzaron a esclarecerse, fue cuando más nítidamente pude ver en mi derredor el nuevo mundo que me envolvía y, entonces, reparé en el problema judío.

Mal podría afirmar que me hubiera parecido particularmente grata la forma en que debí llegar a conocerlos. Yo seguía viendo en el judío sólo la cuestión confesional y, por eso, fundándome en razones de tolerancia humana, mantuve aún entonces mi antipatía por la lucha religiosa. De ahí que considerase indigno de la tradición cultural de este gran pueblo el tono de la prensa antisemita de Viena. Me impresionaba el recuerdo de ciertos hechos de la Edad Media, que no me habría agradado ver repetirse. Como esos periódicos carecían de prestigio (el motivo no sabía yo explicármelo entonces) veía la campaña que hacían más como un producto de exacerbada envidia que como resultado de un criterio de principio, aunque éste fuese errado.

Corroboraba tal modo de pensar el hecho de que los grandes órganos de prensa respondían a estos ataques en forma infinitamente más digna, o bien optaban por no mencionarlos siquiera, lo cual me parecía aún más laudable.

Leía asiduamente la llamada "prensa mundial" (Neue Freie Presse, Wiener Tageblatt, etc..) y me asombraba siempre su enorme material de información, así como su objetividad en el modo de tratar las cuestiones. Apreciaba su estilo elegante, distinto. Los sensacionalismos de forma no me agradaban, me sorprendían.

Lo que frecuentemente me chocaba era la forma servil con que la prensa adulaba a la Corte. Casi no había suceso de la vida cortesana que no fuese presentado al público con frases de desbordante entusiasmo o de plañidera aflicción, según el caso. Aquello me parecía exagerado y lo consideraba como una mancha para la democracia liberal. Alabar las gracias de esa Corte, y en forma tan baja, era lo mismo que traicionar la dignidad del pueblo. Ésta fue la primera sombra que debía turbar mis afinidades espirituales con la gran prensa de Viena.

Como siempre, también en Viena, seguía todos los acontecimientos de Alemania con el mayor entusiasmo, tanto se tratase de cuestiones políticas como de problemas culturales.

Con una admiración que se unía al mayor orgullo, comparaba la ascensión del Reich con la decadencia del Estado austríaco. En cuanto a los acontecimientos de política exterior, en su mayor parte provocábanme gran interés. Por otra parte, la política interna frecuentemente me daba margen a sombrías reflexiones. La campaña que, en aquel tiempo, se orquestaba contra Guillermo II, no contaba con mi aprobación. En él no veía sólo al Emperador de los alemanes, sino también al creador de la Flota Alemana. La imposición hecha por el Reichstag de no permitir al Káiser pronunciar discursos me indignaba, porque esa prohibición partía de una fuente que, ante mis ojos, ninguna autoridad poseía, atendiendo a que, en un solo período de sesión, esos payasos del Parlamento habían propagado más idioteces de las que podría hacer, durante siglos, una dinastía entera de emperadores, dado su relevante número mucho más exiguo.

Me encolerizaba con el hecho de que, en un país en el que cualquier imbécil no sólo reivindicaba para sí el derecho de crítica (incluso el Parlamento tenía facultades de legislar para la Patria), el poseedor de la Corona Imperial pudiera recibir amonestaciones de la más superficial de las instituciones de todos los tiempos.

Me irritaba aún más con el hecho de ver que la misma prensa de Viena que, ante la caída de un caballo de la Corte, se deshacía en las más respetuosas muestras de cuidado servil, pudiese expresar su oposición al Emperador de los alemanes.

En tales casos la sangre se me subía a la cabeza.

Fue eso lo que, poco a poco, me hizo examinar con más atención la gran prensa.

Fui obligado a reconocer que uno de los periódicos antisemitas, el Deutsche Volksblatt, en una ocasión idéntica, se portó de manera más decente.

Otra cosa que me irritaba era el repugnante culto que esa gran prensa rendía a Francia.

Éramos presionados a avergonzarnos de ser alemanes, cuando llegaban a nuestros oídos esos dulces himnos de alabanza a "la gran Nación de la cultura".

Esa dañina "galomanía" más de una vez me llevó a tirar el periódico al suelo.

De vez en cuando leía también el Volksblatt, por cierto periódico mucho más pequeño, pero que en estas cosas me parecía más sincero.

No estaba de acuerdo con su recalcitrante antisemitismo, aunque algunas veces encontraba razonamientos que me movían a reflexionar.

En todo caso, a través de este periódico fue como llegué a conocer paulatinamente al hombre y al movimiento político que por entonces influían en los destinos de Viena: el doctor Karl Lüger y el Partido Cristianosocial.

Cuando llegué a Viena era contrario a ambos.

El Movimiento y su líder me parecían reaccionarios.

Empero, una elemental noción de equidad hizo variar mi opinión a medida que tuve oportunidad de conocer al hombre y su obra. Poco a poco se impuso en mí la apreciación justa, para luego convertirse en un sentimiento de franca admiración. Hoy, más que entonces, veo en el doctor Lüger al más grande de los burgomaestres alemanes de todos los tiempos.

¡Cuántas ideas preconcebidas tuvieron también que modificarse en mí al cambiar mi modo de pensar respecto al Movimiento Cristianosocial!

Y con ello cambió igualmente mi criterio acerca del antisemitismo; ésta fue sin duda la más trascendental de las transformaciones que experimenté entonces.

Ello me costó una intensa lucha interior entre la razón y el sentimiento, y sólo después de largos meses la victoria empezó a ponerse del lado de la razón. Dos años más tarde, el sentimiento había acabado por someterse a ella, para ser, en adelante, su más leal guardián y consejero.

Con motivo de aquella dura lucha entre la educación sentimental y la razón pura, la observación de la vida de Viena me prestó servicios inestimables.

Debió pues llegar el día en que ya no peregrinaría por la gran urbe hecho un ciego, como en los primeros tiempos, sino con los ojos abiertos, contemplando las obras arquitectónicas y las gentes.

Cierta vez, al caminar por los barrios del centro, me vi de súbito frente a un hombre de largo chaflán y de rizos negros.

¿Será un judío?, fue mi primer pensamiento.

Los judíos de Linz no tenían ciertamente esa apariencia racial.

Observé al hombre sigilosamente, y, a medida que me fijaba en su extraña fisonomía, rasgo por rasgo, fue transformándose en mi mente la primera pregunta en otra inmediata: ¿Será también éste un alemán?

Como siempre en casos análogos, traté de desvanecer mis dudas consultando libros. Con pocos céntimos adquirí por primera vez en mi vida algunos folletos antisemitas. Todos, lamentablemente, partían de la hipótesis de que el lector tenía ya un cierto conocimiento de causa, o que por lo menos comprendía la cuestión; además, su tono era tal, debido a razonamientos superficiales y extraordinariamente faltos de base científica, que me hizo volver a caer en nuevas dudas.

Durante semanas, tal vez meses, permanecí en la situación primera.

La cuestión me parecía tan trascendental y las acusaciones de tal magnitud que, torturado por el temor de ser injusto, me sentía vacilante e inseguro.

Naturalmente que ya no era dable dudar de que no se trataba de alemanes de una creencia religiosa especial, sino de un pueblo diferente en sí; pues desde que me empezó a preocupar la cuestión judía, cambió mi primera impresión sobre Viena. Por doquier veía judíos, y, cuanto más los observaba, más se diferenciaban a mis ojos de las demás gentes. Sobre todo en el centro de la ciudad y en la parte norte del canal del Danubio, se notaba la presencia de un verdadero enjambre de individuos que, por su aspecto externo, en nada se parecían a los alemanes. Y si aún hubiese dudado, mi vacilación habría tenido que tocar definitivamente a su fin, debido a la actitud de una parte de los judíos mismos.

Se trataba de un gran Movimiento que tendía a establecer claramente el carácter racial del judaísmo. Este Movimiento era el sionismo.

Aparentemente apoyaba tal actitud sólo un grupo de judíos, en tanto que la mayoría la condenaba; sin embargo, al analizar las cosas de cerca, esa apariencia se desvanecía, descubriéndose un mundo de subterfugios de pura conveniencia, por no decir de mentiras. Los llamados "judíos liberales" rechazaban a los sionistas, no porque ellos no se sintiesen igualmente judíos, sino únicamente porque éstos hacían una pública confesión de su judaísmo, lo que ellos consideraban inconveniente y hasta peligroso.

En el fondo se mantenía inalterable la solidaridad de todos.

Aquella lucha ficticia entre sionistas y judíos liberales debió pronto causarme repugnancia, porque era falsa en absoluto y porque no respondía al decantado nivel cultural del pueblo judío. ¡Y qué capítulo especial era aquél de la "pureza material y moral" de ese pueblo!

Cada vez más, esa pureza moral o de cualquier otro género era una cuestión discutible. Que ellos no eran amantes de la limpieza, podía apreciarse por su simple apariencia. Infelizmente, no era raro llegar a esa conclusión hasta con los ojos cerrados.

Muchas veces, posteriormente, sentí náuseas ante el olor de esos individuos vestidos de chaflán. Si a esto se añaden las ropas sucias y la figura encorvada, se tiene el retrato fiel de esos seres.

Todo eso no era el camino para atraer simpatías. Cuando, sin embargo, al lado de dicha inmundicia física, se descubrían las suciedades morales, mayor era la repugnancia.

Nada me había hecho reflexionar tanto en tan poco tiempo como el criterio que paulatinamente fue incrementándose en mí acerca de la forma como actuaban los judíos en determinado género de actividades.

¿Es que había un solo caso de escándalo o de infamia, especialmente en lo relacionado con la vida cultural, donde no estuviese complicado por lo menos un judío?

Quien, cautelosamente, abriese el tumor, habría de encontrar algún judío. Esto es tan fatal como la existencia de gusanos en los cuerpos putrefactos.

Otro grave cargo pesó sobre el judaísmo ante mis ojos cuando me di cuenta de sus manejos en la prensa, el arte, la literatura y el teatro.

Las palabras llenas de unción y los juramentos dejaron de ser entonces útiles; era nulo su efecto. Bastaba ya observar las carteleras de espectáculos, examinar los nombres de los autores de esas pavorosas producciones del cine y el teatro sobre las que los carteles hacían propaganda y en las que se reconocía rápidamente el dedo del judío. Era la peste, una peste moral, peor que la devastadora epidemia de 1348, conocida por el nombre de "Muerte Negra". Esa plaga estaba siendo inoculada en la Nación.

Cuanto más bajo el nivel intelectual y moral de esos industriales del arte, tanto más ilimitada es su actuación, lanzando, como lo haría una máquina, sus inmundicias al rostro de la Humanidad. Reflexiónese también sobre el número incontable de personas contagiadas por este proceso. Piénsese que, por un genio como Goethe, la Naturaleza echa al mundo decenas de millares de tales escritorzuelos que, portadores de bacilos de la peor especie, envenenan las almas.

Es horrible constatar - y esta observación no debe ser despreciada - que es justamente el judío el que parece haber sido elegido por la Naturaleza para esa ignominiosa labor.

¿Se debe indagar el motivo de que esa elección haya recaído en los judíos?

Comencé por estudiar detenidamente los nombres de los autores de inmundas producciones en el campo de la actividad artística en general. El resultado de ello fue una creciente animadversión de mi parte hacia los judíos. Por más que eso contrariase mis sentimientos, era arrastrado por la razón a sacar mis conclusiones de los que observaba.

Era innegable el hecho de que las nueve décimas partes de la literatura sórdida, de la trivialidad en el arte y el disparate en el teatro, gravitaban en el "debe" de unos seres que apenas sí constituían una centésima parte de la población total del país.

Con el mismo criterio, comencé también a apreciar lo que en realidad era mi preferida "prensa mundial".

Cuanto más sondeaba este terreno, más disminuía el motivo de mi admiración de antes. El estilo se me hizo insoportable, el contenido cada vez más vulgar y, por último, la objetividad de sus exposiciones me parecía más mentira que verdad. ¡Los editores de esa prensa eran también judíos!

Muchas cosas que hasta entonces me pasaban desapercibidas, ahora me llamaban la atención como dignas de ser observadas; otras que ya habían sido objeto de mis reflexiones pasaron a ser mejor comprendidas.

Ahora veía bajo otro aspecto la tendencia liberal de esa prensa. El tono moderado de sus réplicas o su silencio de tumba ante los ataques que se le dirigían debieron revelársseme como un juego a la par hábil y villano. Sus glorificantes críticas de teatro estaban siempre destinadas al autor judío, y las apreciaciones desfavorables sólo alcanzaban a los autores alemanes.

Precisamente por la perseverancia con que se zahería a Guillermo II, y, por otra parte, se recomendaba la cultura y la civilización francesas, podía deducirse lo sistemático de su acción. El contenido de las novelas era de repelente inmoralidad, y en el lenguaje se veía claramente el dedo de un pueblo extranjero. El sentido de todo era tan visiblemente lesivo al germanismo que su propósito no podía ser sino deliberado.

¿Quién tenía interés en esa campaña?

¿Era acaso todo sólo obra de la casualidad? La duda fue creciendo en mi espíritu. Esta evolución mental se precipitó con la observación de otros hechos, con el examen de las costumbres y de la moral seguidas por la mayor parte de los judíos.

Aquí todavía fue el espectáculo de las calles de Viena el que me proporcionó una lección práctica más.

En Viena, como seguramente en ninguna otra ciudad de la Europa occidental, con excepción quizá de algún puerto del sur de Francia, podía estudiarse mejor las relaciones del judaísmo con la prostitución, y, más aún, con la trata de blancas.

Caminando de noche por el barrio de Leopoldo, a cada paso era uno, queriendo o sin querer, testigo de hechos que quedaban ocultos para la gran mayoría del pueblo alemán, hasta que la Guerra de 1914 dio a los combatientes alemanes, en el frente oriental, oportunidad de poder ver, mejor dicho, de tener que ver semejante estado de cosas.

Sentí escalofríos cuando por primera vez descubrí así en el judío al negociante desalmado, calculador, venal y desvergonzado de ese tráfico irritante de vicios, en la escoria de la gran urbe.

No pude más, y desde entonces nunca eludí la cuestión judía.

Por el contrario, me impuse ocuparme en adelante de ella. De este modo, siguiendo las huellas del elemento judío a través de todas las manifestaciones de la vida cultural y artística, tropecé con ellos inesperadamente donde menos lo hubiera podido suponer: ¡Judíos eran también los dirigentes del Partido Socialdemócrata.

Ahora que me había asegurado que los judíos eran los líderes de la Socialdemocracia, comencé a ver todo claro. La larga lucha que mantuve conmigo mismo había llegado a su punto final.

En las relaciones diarias con mis compañeros de trabajo, ya mi atención había sido despertada por sus sorprendentes mutaciones, hasta el punto de tomar posiciones diferentes en torno a un mismo problema en el espacio de pocos días y, a veces, de pocas horas.

Difícilmente podía comprender cómo hombres que, tomados aisladamente, tenían una visión racional de las cosas, la perdían de repente, al ponerse en contacto con la masa. Era un motivo para dudar de sus propósitos.

Cuando, tras discusiones que duraban horas enteras, me había convencido de haber esclarecido finalmente un error y ya me alegraba con la victoria, acontecía que, a pesar mío, al día siguiente tenía que volver a empezar el trabajo, pues todo había sido inútil. Como un péndulo en movimiento, que siempre vuelve a sus posiciones anteriores, así sucedía con los errores combatidos, cuya reaparición era siempre fatal.

De esta manera pude comprender: 1°, que ellos no estaban satisfechos con la suerte que tan áspera les era; 2°, que odiaban a los patrones, que les parecían los responsables de esa situación; 3°, que injuriaban a las autoridades, que les parecían indiferentes ante su deplorable situación; 4°, que hacían manifestaciones en las calles, sobre la cuestión de los precios de los artículos de primera necesidad.

Todo eso podíase todavía comprender, poniendo la razón aparte. Lo que, por el contrario, resultaba incomprensible era el odio sin límites a su propia Nación, el empequeñecimiento de sus grandezas, la profanación de su historia, el desprecio por sus grandes hombres...

Esta revuelta contra su misma especie, contra su propia casa, contra su propio terruño natal, era sin sentido, inconcebible y antinatural.

Por algunos días, como máximo por algunas semanas, se conseguía librarles de estos errores. Cuando más tarde se encontraba al presunto convertido, de nuevo los antiguos errores se habían apoderado de su espíritu. El monstruo había poseído a su víctima.

Gradualmente me fui dando cuenta que en la prensa socialdemócrata preponderaba el elemento judío; sin embargo, no di mayor importancia a este hecho, puesto que la situación de los demás periódicos era la misma. Empero, otra circunstancia debió llamarme más la atención: no existía un solo diario donde interviniesen judíos que hubiera podido calificarse, según mi educación y criterio, como un órgano verdaderamente nacional.

Venciendo mi aversión, intenté leer esa especie de prensa marxista, pero mi repulsa por ella crecía cada vez más. Me esforcé por conocer de cerca a los autores de esa bribonada y verifiqué que, comenzando por los editores, todos eran también judíos.

En cuanto un folleto socialdemócrata llegaba a mis manos, examinaba el nombre de su autor: siempre era un judío. Remarqué casi todos los nombres de los dirigentes del Partido Socialdemócrata: en su gran mayoría pertenecían igualmente al "pueblo elegido", lo mismo si se trataba de representantes en el Parlamento que de los secretarios en las asociaciones sindicalistas, presidentes de las organizaciones del Partido o agitadores populares. Era siempre el mismo siniestro cuadro y jamás olvidaré los nombres: Austerlitz, David, Adler, Ellenbogen, etc.

Claramente veía ahora que el directorio de aquel partido, a cuyos representantes combatía yo tenazmente desde meses atrás, se hallaba casi exclusivamente en manos de un elemento extranjero, **y al fin confirmé definitivamente que el judío no era un alemán. Ahora sí que conocía íntimamente a los pervertidores de nuestro pueblo.**

Un año de permanencia en Viena me había bastado para llevarme también al convencimiento de que ningún obrero, por empecinado que fuera, dejaba de ser persuadido ante conocimientos mejores y ante una explicación más clara. En el transcurso del tiempo, me había convertido en un conocedor de sus reacciones, y yo mismo podía utilizarla ahora como un arma en favor de mis convicciones.

Casi siempre el éxito se inclinaba de mi lado.

Se podía salvar a la gran masa, si bien es cierto sólo a costa de enormes sacrificios de tiempo y de perseverancia.

A un judío, en cambio, jamás se le podía disuadir de su criterio.

En aquel tiempo, en mi ingenuidad de joven, creí poder evidenciar los errores de su doctrina. En el pequeño círculo en el que me desenvolvía, me esforzaba, por todos los medios a mi alcance, de convencerlos de lo pernicioso de los errores del marxismo y pensaba lograr ese objetivo; pero lo contrario es lo que siempre acontecía. Parecía que el examen cada vez más profundo de la actuación desmoralizadora de las teorías marxistas en sus aplicaciones prácticas, servía sólo para volver cada vez más firmes las decisiones de los judíos.

Cuanto más discutía con ellos, mejor aprendía su dialéctica. Partían éstos de la creencia en la estupidez de sus adversarios, y cuando eso no daba resultados, se hacían pasar ellos mismos por estúpidos. Si fallaban ambos recursos, rehusaban entender lo que se les decía y, de repente, cambiaban de tema, saliendo con argumentos que, una vez aceptados, trataban de aplicar a casos completamente diferentes. Entonces, cuando de nuevo eran alcanzados en el propio terreno, que les era familiar, fingían debilidad y alegaban no tener suficientes conocimientos sobre el particular.

Por donde quiera que se golpease a estos apóstoles, ellos se escabullían como anguilas en manos de los adversarios; cuando alguna vez se lograba reducir a uno de ellos, porque, observado por los presentes, no le había ya quedado otro recurso que asentir, grande

debía ser la sorpresa que al día siguiente se experimentaba al constatar que ese mismo judío no recordaba ni lo más mínimo de lo acontecido la víspera y seguía repitiendo los dislates de siempre, como si nada, absolutamente nada, hubiera acontecido. Se fingía encolerizado, sorprendido y, sobre todo, desmemoriado por completo, excepto que el debate había terminado por evidenciar la verdad de sus afirmaciones.

Muchas veces quedé atónito.

No sabía qué era lo que debía sorprenderme más: la locuacidad del judío, o su arte de mistificar.

Gradualmente comencé a odiarlos.

Todo eso tenía, sin embargo, un lado bueno. En los círculos en que los adeptos, o por lo menos los propagandistas de la Socialdemocracia caían bajo mi vista, se incrementaba mi amor por mi propio pueblo.

¿Quién podría honestamente anatematizar a las infelices víctimas de esos corruptores del pueblo, después de haber conocido sus diabólicas habilidades?

¡Cuán difícil era, incluso para mí mismo, dominar la dialéctica de mentiras de esos personajes!

¡Qué difícil era cualquier éxito en las discusiones con hombres que invierten todas las verdades, que niegan descaradamente el argumento recién esgrimido para, en el minuto siguiente, reivindicarlo para sí!

Cuanto más profundizaba en el conocimiento de la psicología de los judíos, más me veía en la obligación de perdonar a los trabajadores.

A mis ojos, la mayor culpa no debe recaer sobre los obreros sino sobre todos aquellos que piensan no valer la pena compadecerse de su suerte, ni con estricta justicia dar a los hijos del pueblo lo que se les debe, pero sí apoyar a los que los descarrían y corrompen.

Llevado por las lecciones diarias de la experiencia, comencé a investigar los orígenes de la doctrina marxista. En casos concretos, su actuación me parecía clara.

Diariamente, observaba sus progresos, y, con un poco de imaginación, podía valorar sus consecuencias. La única cuestión a examinar era saber si sus fundadores tenían presente en su espíritu todos los resultados de su invención, o si ellos mismos eran víctimas del error.

Las dos hipótesis me parecían posibles.

En todo caso, era deber de un ser racional colocarse al frente de la reacción contra ese depravado Movimiento, para evitar que llegase a sus consecuencias extremas; los creadores de esa epidemia colectiva deberían haber sido espíritus verdaderamente diabólicos, pues sólo un cerebro de monstruo - y no de hombre podría aceptar el proyecto de una organización de tal clase, cuyo objetivo final conduciría a la destrucción de la cultura humana y a la ruina del mundo.

La solución que se imponía, como última tabla de salvación, era la lucha con todas las armas que pudiese tener la razón y la voluntad de los hombres, incluso si la suerte del combate fuese dudosa.

Comencé a entrar en contacto con los fundadores de la doctrina, a fin de poder estudiar los principios en que se fundaba el movimiento marxista. Alcancé ese objetivo más deprisa de lo que sería lícito suponer, debido a los conocimientos que poseía sobre la cuestión judía, aunque todavía no eran demasiado profundos. Esa circunstancia hizo posible una comparación práctica entre las realidades del marxismo y las reivindicaciones teóricas de la socialdemocracia, que tanto me habían ayudado a entender las estrategias verbales del pueblo judío, cuya principal preocupación es ocultar, o por lo menos disfrazar, sus pensamientos. Su objetivo real no está expuesto en las palabras, sino oculto en las entrelíneas.

Me hallaba en la época de la más honda transformación ideológica operada en mi vida: de débil cosmopolita me convertí en antijudío fanático. Una vez más - ésta fue la última- vinieron a embargarme reflexiones abrumadoras.

Estudiando la influencia del pueblo judío a través de largos períodos de la historia humana, surgió en mi mente la inquietante duda de que quizás el destino, por causas insondables, le reservaba a este pequeño pueblo el triunfo final.

¿Se le adjudicará acaso la Tierra como premio a ese pueblo que eternamente vive sólo para esta Tierra?

¿Es que nosotros poseemos realmente el derecho de luchar por nuestra propia conservación, o es que también esto tiene sólo un fundamento subjetivo?

El Destino mismo se encargó de darme la respuesta al engolfarme en la penetración de la doctrina marxista, pudiendo de este modo estudiar profundamente la actuación del pueblo judío.

La doctrina judía del marxismo rechaza el principio aristocrático de la Naturaleza y coloca, en lugar del privilegio eterno de la fuerza y del vigor del individuo, a la masa numérica y su peso muerto; niega así en el hombre el mérito individual, e impugna la importancia del Nacionalismo y de la Raza, ocultándole con esto a la Humanidad la base de su existencia y de su cultura. Esa doctrina, como fundamento del Universo, conduciría fatalmente al fin de todo orden natural concebible. Y así como la aplicación de una ley semejante en la mecánica del organismo más grande que conocemos (la Tierra) provocaría sólo el caos, también significaría la desaparición de sus habitantes.

Si el judío, con la ayuda de su credo socialdemócrata, o bien, del marxismo, llegase a conquistar las naciones del mundo, su triunfo seria entonces la corona fúnebre y la muerte de la Humanidad.

Nuestro planeta volvería a rotar desierto en el cosmos, como hace millones de años.

La Naturaleza eterna inexorablemente venga la transgresión de sus preceptos. **Por eso creo ahora que, al defenderme del judío, lucho por la obra del Supremo Creador.**

Capítulo III

Reflexiones políticas sobre la época de mi permanencia en Viena

Tengo la evidencia de que en general el hombre, excepción hecha de casos singulares de talento, no debe actuar en política antes de los 30 años, porque hasta esa edad se está formando en su mentalidad una plataforma desde la cual podrá después analizar los diversos problemas políticos y definir su posición frente a ellos. Sólo entonces, después de haber adquirido una concepción ideológica fundamental y con esto logrado afianzar su propio modo de pensar acerca de los diferentes problemas de la vida diaria, debe o puede el hombre, conformado por lo menos así espiritualmente, participar en la dirección política de la colectividad en que vive.

De otro modo corre el peligro de tener que cambiar un día de opinión en cuestiones fundamentales o de quedar - en contra de su propia convicción - estratificado en un criterio ya relegado por la razón y el entendimiento. El primer caso resulta muy penoso para él, personalmente, pues si él mismo vacila, no puede ya esperar le pertenezca en igual medida que antes la fe de sus adeptos, para quienes la claudicación del caudillo significa desconcierto y no pocas veces les provoca el sentimiento de una cierta vergüenza frente a sus adversarios políticos. En el segundo caso ocurre aquello que hoy se observa con mucha frecuencia: en la misma escala en que el Jefe perdió la convicción sobre lo que sostenía, su dialéctica se hace hueca y superficial, en tanto que se deprava en la elección de sus métodos. Mientras él personalmente no piensa ya arriesgarse en serio en defensa de sus revelaciones políticas (no se inmola la vida por una causa que uno mismo no profesa), las exigencias que les impone a sus correligionarios se hacen, sin embargo, cada vez mayores y más desvergonzadas, hasta el punto de acabar por sacrificar el último resto del carácter que inviste el Jefe y descender así a la condición del "político", es decir, a aquella categoría de hombres cuya única convicción es su falta de convicción, aparejada a una arrogante insolencia y a un arte refinadísimo en el mentir.

Si para desgracia de la Humanidad honrada tal sujeto llega a ingresar al Parlamento, entonces hay que tener por descontado el hecho de que la política para él se reduce ya sólo a una "heroica lucha" por la posesión perpetua de este "biberón" de su propia vida y de la de su familia. Y cuanto más pendientes estén del "biberón" la mujer y los hijos, más tenazmente luchará el marido por sostener su mandato parlamentario. Toda persona de instinto político es para él, por ese solo hecho, un enemigo personal; en cada nuevo Movimiento cree ver el comienzo posible de su ruina; en todo hombre de prestigio, otro amenazante peligro.

He de ocuparme detenidamente de esta clase de sabandijas parlamentarias.

También el hombre que haya llegado a los 30 años tendrá aún mucho que aprender en el curso de su vida, pero esto únicamente a manera de una complementación dentro del marco determinado por la concepción ideológica adoptada en principio. Los nuevos conocimientos que adquiera no significarán una innovación de lo ya aprendido, sino más bien un proceso de acrecentamiento de su saber, de tal modo que sus adeptos jamás tendrán la decepcionante impresión de haber sido mal orientados; por el contrario, el visible desarrollo de la personalidad del Jefe provocará complacencia en la convicción de que el perfeccionamiento de éste refluye en favor de la propia doctrina. Ante sus ojos, esto constituye una prueba de la certeza del criterio hasta aquel momento sostenido.

Un Jefe que se vea obligado a abandonar la plataforma de su ideología general por haberse dado cuenta que ésta era falsa, obrará honradamente sólo cuando, reconociendo lo erróneo de su criterio, se halle dispuesto a asumir todas las consecuencias. En tal caso deberá por lo menos renunciar a toda actuación política ulterior, pues, habiendo errado ya una vez en puntos de vista fundamentales, está expuesto por una segunda vez al mismo peligro. De todos modos ha perdido ya el derecho de recurrir, y menos aun de exigir la confianza de sus conciudadanos.

El grado de corrupción de la plebe, que por ahora se siente habilitada para "hacer" política, evidencia cuán rara vez se sabe responder en los tiempos actuales a una prueba tal de decoro personal.

De la regla general casi nadie escapa. Apenas si entre tantos puede uno tan sólo ser el predestinado.

A pesar de que en aquellos tiempos creo haberme ocupado de la política más que muchos otros, tuve el buen cuidado de no actuar públicamente en ella; me concretaba a hablar en círculos pequeños, abordando temas que me subyugaban y que eran motivo de mi constante preocupación. Este modo de actuar en ambiente reducido tenía en sí mucho de provechoso, porque si bien es cierto que así aprendía menos a hablar a las masas, en cambio llegaba a conocer a las gentes en su modalidad y en sus concepciones, a menudo infinitamente primitivas. En aquella época continué ampliando mis observaciones sin perder tiempo ni oportunidad, y es probable que en este orden, en ninguna parte de Alemania se ofrecía entonces un ambiente de estudio más propicio que el de Viena.

* * *

Las preocupaciones de la vida política en la antigua Monarquía del Danubio abarcaban, en general, contornos más vastos y de mayor expectativa que en la Alemania de esa misma época, excepción hecha de algunos distritos de Prusia, Hamburgo y la costa del Mar del Norte. Bajo la denominación de "Austria" me refiero en este caso a aquel territorio del gran Imperio de los Habsburgos, que, debido a sus habitantes de origen alemán, significó en todo orden no solamente la base histórica para la formación de tal Estado, sino que en el conjunto de su población representaba también aquella fuerza que a través de los siglos generó la vida cultural en ese organismo político de estructura tan artificial como era el Imperio Austro-Húngaro. Y a medida que el tiempo avanzaba, más dependía precisamente de la conservación de ese núcleo la estabilidad de todo el Estado.

Los viejos dominios hereditarios eran el corazón del Imperio, que siempre aportaba sangre fresca para la circulación de la vida del Estado y de su cultura. Viena era entonces, al mismo tiempo, cerebro y voluntad.

Sólo por su aspecto externo, Viena se imponía como la Reina de aquel conglomerado de pueblos. La magnificencia de su belleza hacía olvidar lo que allí había de malo.

Por más violentamente que palpitase el Imperio en su interior, en sangrientas luchas de las diferentes razas, el extranjero y, en particular, los alemanes, sólo veían en Austria la imagen agradable de Viena. Mayor aún era la ilusión porque, en ese tiempo, Viena parecía haber alcanzado su período de mayor prosperidad. Bajo el gobierno de un burgomaestre verdaderamente genial, despertaba la venerable residencia del soberano del viejo Imperio, una vez más, a una vida maravillosa. El último gran alemán, el creador del pueblo de colonizadores en la Marca Oriental, no estaba oficialmente entre los llamados "estadistas". El doctor Lüger, habiendo prestado inauditos servicios como burgomaestre de la "Cabeza del Estado" y "Ciudad Residencial" (Viena), haciéndola prosperar como por encanto en todos los ámbitos económicos y culturales, fortaleció el corazón del Imperio, volviéndose de esta forma, indirectamente, el mayor estadista de todos los "diplomáticos" de entonces.

Si el aglomerado de pueblos a que se da el nombre de "Austria" fracasó, eso nada quiere decir contra la capacidad política del germanismo en la antigua Marca Oriental, sino que en el resultado forzado de la imposibilidad en que se encontraban diez millones de personas de conservar duraderamente un Estado de diferentes razas, con cincuenta millones de habitantes, a no ser que concurriesen en ocasión oportuna determinadas circunstancias favorables.

El alemán austríaco tuvo que enfrentarse a un problema por encima de sus posibilidades. Siempre se acostumbró a vivir en el marco de un gran

Estado y nunca perdió el sentimiento inherente a su misión histórica. Eran los únicos en aquel Estado que, más allá de las fronteras del apretado dominio de la Corona, concebían aún las fronteras del Imperio. Cuando al final el Destino lo separó de Alemania, ellos tomaron de nuevo para sí la grandiosa tarea de volverse señores y conservar el germanismo que antaño sus padres, en múltiples combates, habían impuesto al Este. A propósito, conviene no olvidar que esto ocurrió con energías divididas, pues, en el espíritu de los mejores descendientes de la Raza alemana, nunca cesó el recuerdo de la Patria común de la que Austria formaba parte.

El horizonte general del austro-alemán era proporcionalmente más amplio. Sus relaciones económicas abarcaban casi todo el multiforme Imperio. Casi todas las empresas verdaderamente importantes estaban en sus manos, junto con el personal directivo, técnicos y funcionarios. Era también el propietario del comercio exterior en la parcela sobre la que aún el judaísmo no había puesto su mano, en este campo de sus preferencias. Sólo el alemán conservaba el Estado políticamente unido. Ya el servicio militar lo ponía fuera del hogar. El recluta austro-alemán ingresaría, tal vez, preferentemente en un regimiento alemán, pero el regimiento podría estar tanto en Herzegovina como en Viena o en la Galitzia. El cuerpo de oficiales era siempre alemán, prevaleciendo sobre el alto funcionariado. Alemanes, finalmente, eran el arte y la ciencia. Abstracción hecha del *Kitsch*, que es el nuevo proceso en el arte, cuya producción podía ser sin duda también obra de un pueblo de negros. Era sólo el alemán el propietario y divulgador del verdadero sentimiento artístico. En música, literatura, escultura y pintura, era Viena la fuente que inagotablemente abastecía, sin cesar, a toda la Monarquía dual.

El germanismo era, en fin, el detentor de toda la política exterior, olvidándose un poco de Hungría.

Sin embargo, era vana toda tentativa de conservar el Imperio, puesto que faltaba, para eso, la condición esencial.

Para el Estado de los pueblos austríacos sólo había una posibilidad: vencer a las fuerzas centrífugas de las diferentes razas. El Estado, o se volvía central e interiormente organizado, o no podía existir.

En varios momentos de lucidez nacional, esa idea llegó hasta las "altísimas esferas", para luego ser olvidada o puesta de lado por inasequible. Todo pensamiento de un refuerzo de la Federación, forzosamente tenía que fracasar en consecuencia por la falta de un núcleo estatal de fuerza predominante. A eso se añadían las condiciones intrínsecamente diferentes del Estado Austríaco frente al Imperio Alemán, según el concepto de Bismarck. En Alemania se trataba apenas de vencer las diferencias políticas, pues siempre hubo una base cultural común. Ante todo poseía el *Reich*, excepto pequeños fragmentos extraños, un pueblo único.

Contraria era la situación de Austria.

Allí el recuerdo de la propia grandeza, en cada raza, desapareció enteramente o fue apagado por la pátina del tiempo, o por lo menos se volvió confuso e indistinto. Por eso, desarrolláronse entonces, en la era de los principios nacionalistas, las fuerzas racistas. Vencerles volvíase relativamente más difícil, dado que, al margen de la Monarquía, comenzaron a formarse estados nacionales, cuyos pueblos racialmente emparentados o iguales a las naciones desmembradas, podían ejercer más fuerza de atracción, al contrario de lo que acontecía con el austro-alemán.

La propia Viena no podía resistir por mucho tiempo a esa lucha.

Con el desarrollo de Budapest, que se volvió gran ciudad, tenía por primera vez una rival, cuya misión no era ya la concentración de toda la Monarquía, sino en primer lugar el fortalecimiento de una parte de la misma. En poco tiempo, Praga siguió su ejemplo, y después Lemberg, Laibach, etcétera. Con la elevación de esas ciudades, antes provincianas, a metrópolis nacionales, se formaron núcleos culturales más o menos independientes. Y de ahí las tendencias nacionalistas de las diferentes razas. Así debía aproximarse el momento en que las fuerzas motrices de esos estados serían más poderosas que la fuerza de los intereses comunes y, entonces, se extinguiría Austria.

Esta evolución tomó aspecto definitivo después de la muerte de José II, dependiendo su rapidez de una serie de factores en parte inherentes a la propia Monarquía, pero que por otro lado eran el resultado de la actitud del *Reich* en la política internacional de la época.

Si se pretendiese seriamente admitir la posibilidad de conservación de aquel Estado y luchar por ella, sólo se podría tener como objetivo una centralización absoluta y obstinada. Después, ante todo, se debería acentuar, por la fijación de una lengua oficial única, la homogeneidad pura y formal, cuya dirección, además, detentaría en sus manos los expedientes técnicos, pues sin eso no puede subsistir un Estado unido. Después, con el tiempo, trataríase de desarrollar un sentimiento nacional único, a través de las escuelas y de la instrucción. Esto no se alcanzaría en diez o veinte años, sino en siglos, pues en todas las cuestiones de colonización la perseverancia vale más que la energía momentánea.

Se comprende, sin mayores explicaciones, que tanto la administración como la dirección política deberían ser conducidas con la más rigurosa unidad de miras.

Resultaba para mí intensamente instructivo examinar por qué eso no aconteció, o mejor dicho, por qué no se hizo. El responsable de esa omisión fue el culpable del desmoronamiento del *Reich*.

Más que ningún otro Estado, estaba la vieja Austria dependiente de la inteligencia de sus guías. Le faltaba el fundamento del Estado nacional, que posee en la base racial siempre una fuerza de cohesión. El Estado racialmente unido puede soportar la natural inercia de sus habitantes (y la fuerza de resistencia a ella inherente), la peor administración, la peor dirección, durante períodos de tiempo espantosamente dilatados, sin por ello subvertirse. Muchas veces se tiene la impresión de que en un cuerpo tal no hay más vida, es como si estuviese muerto y bien muerto. De repente, el supuesto cadáver se levanta y da a los hombres sorprendentes señales de su fuerza vital.

Esto no sucede con un Estado formado por diferentes razas, mantenido no por la sangre común, sino por un Gobierno político. En este caso, cualquier debilidad en la dirección puede no sólo conducir al Estado a la estancación, como dar motivo al despertar de los instintos individuales, que siempre existen, sin que con tiempo oportuno pueda ejercerse una voluntad predominante. Sólo por el camino de una educación común, durante siglos, por una tradición común, por intereses comunes, puede ese peligro ser atenuado. Por ello, tales formaciones estatales, cuanto más jóvenes, más dependientes son de la superioridad de la dirección; y cuando son obra de hombres violentos o de héroes espirituales, más tarde desaparecen después de la muerte de su gran fundador. Pero, incluso después de siglos, esos peligros no deben ser considerados como vencidos; apenas se adormecen para, a veces, despertar de repente, cuando la debilidad de la dirección común y la fuerza de la educación y la sublimidad de todas las tradiciones no pueden dominar más el impulso de la propia vitalidad de las diferentes razas.

No haber comprendido esto fue tal vez la culpa, con tan trágicas consecuencias, de la Casa de los Habsburgos.

Sólo a uno de ellos el Destino le mostró la antorcha del porvenir de su Patria, que luego se apagó para siempre.

José II, Emperador católico-romano, vio angustiosamente que un día, en el remolino de una Babilonia de pueblos que se comprimían en las fronteras del Imperio, desaparecería su Casa, a no ser que, a última hora, fuesen enmendados los errores de sus antepasados. Con fuerza sobrehumana, el "amigo de los hombres intentó remediar la negligencia de sus antecesores y procuró recuperar en décadas lo que se había perdido en siglos. Si para la realización de su obra, al menos dos generaciones después de él hubiesen continuado con el mismo empeño la tarea emprendida, probablemente se habría producido el milagro. Pero cuando, después de diez años de gobierno, falleció, exhausto de cuerpo y de espíritu, con él cayó su obra en la tumba, para no volver a despertar, sino para dormir eternamente con él.

Sus sucesores no estaban a la altura de las circunstancias, ni por la inteligencia ni por la energía.

Cuando, a través de Europa, flameaban las primeras señales de la tempestad revolucionaria, comenzó también en Austria a prender fuego, poco a poco. Cuando, por tanto, el incendio irrumpió finalmente, ya la hoguera estaba atizada, menos por causas sociales o políticas que por fuerzas impulsoras de origen racial.

En cualquier otra parte, la revolución de 1848 pudo ser una lucha de clases, pero en Austria ya era el comienzo de un nuevo conflicto racial. Cuando el alemán de aquel tiempo, olvidando o no reconociendo ese origen, se ponía al servicio de la sublevación revolucionaria, propiciaba él mismo su desgracia. Con eso ayudaba a despertar el espíritu de la democracia occidental, que en poco tiempo habría de subvertir la base de la propia existencia.

Con la formación de un cuerpo representativo parlamentario, sin el previo establecimiento y fijación de una lengua oficial, fue colocada la piedra base del fin del dominio del germanismo en la Monarquía de los Habsburgos. Desde ese momento, estaba perdido también el propio Estado. Lo que le sucedió fue apenas la liquidación histórica de un Imperio.

Era tan conmovedor como instructivo seguir esa descomposición. Bajo millares de formas se realizaba al poco tiempo la ejecución de esa sentencia histórica. El hecho de que parte de los hombres se agitaba a ciegas a través de los acontecimientos, prueba que estaba en la voluntad de los Dioses el aniquilamiento de Austria.

No quiero engolfarme aquí en detalles porque no es éste el propósito de mi libro; quiero solamente consignar, en el marco de una minuciosa apreciación, aquellos sucesos que, siendo la eterna causa de la decadencia de pueblos y estados, tienen también en nuestro tiempo su trascendencia, aparte de que contribuyeron a cimentar los fundamentos de mi ideología política.

*

Entre las instituciones que más claramente revelaban - aun ante los ojos no siempre abiertos del provinciano- la corrosión de la Monarquía austríaca, encontrábase en primer término aquella que más llamada estaba a mantener su estabilidad: el Parlamento, o sea el *Reichsrat*, como en Austria lo denominaban.

Manifiestamente, la norma institucional de esta corporación radicaba en Inglaterra, el país de la "clásica democracia". De allá se copió toda esa dichosa institución y se la trasladó a Viena, procurando en lo posible no alterarla.

En la Cámara de Diputados y en la Cámara Alta celebraba su renacimiento el sistema inglés de la doble cámara; sólo los edificios diferían entre sí. Barry, al hacer surgir de las aguas del Támesis el Palacio del Parlamento inglés, había recurrido a la historia del Imperio Británico, con el fin de inspirarse para la ornamentación de los 1.200 nichos, consolas y columnas de su monumental creación arquitectónica. Por sus esculturas y arte pictórico, el Parlamento inglés resultó así erigido en el templo de la gloria de la Nación.

Aquí se presentó la primera dificultad en el caso del Parlamento de Viena, pues cuando el danés Hansen había concluido el último pináculo del palacio de mái wol, destinado a los representantes del pueblo, no le quedó otro recurso que el de apelar al arte clásico para adaptar motivos ornamentales. Figuras de estadistas y de filósofos griegos y romanos hermosean esta teatral residencia de la "democracia occidental", y a manera de simbólica ironía están representadas sobre la cúspide del edificio cuadrigas que se separan partiendo hacia los cuatro puntos cardinales, como cabal expresión de lo que en el interior del Parlamento ocurría entonces.

Las "nacionalidades" habían tomado como un insulto y una provocación el que en esta obra se glorificase la historia austríaca. En Alemania misma, sólo ante el fragor de las batallas de la Guerra Mundial, se resolvió consagrar con la inscripción: "Al pueblo alemán", el edificio *del Reichstag* de Berlín, construido por Paul Ballot.

Sentimientos de profunda repulsión me dominaron el día en que, por primera vez, cuando aún no había cumplido los veinte años, visité el Parlamento austríaco para escuchar una sesión de la Cámara de Diputados.

Siempre había detestado el Parlamento, pero de ningún modo la institución en sí. Por el contrario, como hombre amante de las libertades, no podía imaginarme otra forma posible de gobierno, pues la idea de cualquier dictadura, dada mi actitud con relación a la Casa de los Habsburgos, sería considerada un crimen contra la libertad y contra la razón.

No poco contribuyó para eso una cierta admiración por el Parlamento inglés, que adquirí insensiblemente, debido a la abundante lectura de periódicos de mi juventud, admiración que no se podía perder fácilmente. Me causaba profunda impresión la gravedad con que la Cámara de los Comunes cumplía su misión (como de manera tan colorida acostumbra relatar nuestra prensa). ¿Podría haber una forma más elevada de autogobierno de un pueblo?

Y justamente por eso era yo un enemigo del Parlamento austríaco. Su forma de actuar la consideraba indigna del gran prototipo inglés. Además de esto, sucedía lo siguiente: el porvenir de la causa germana en el Estado Austríaco dependía de su representación en el *Reichsrat*. Hasta el día en que se adoptó el sufragio universal de voto secreto, existía en el Parlamento austríaco una mayoría alemana, aunque poco notable. Ya entonces la situación se había hecho difícil, porque el Partido Socialdemócrata, con su dudosa conducta nacional al tratarse de cuestiones vitales del germanismo, asumía siempre una actitud contraria a los intereses alemanes, a fin de no despertar recelos entre sus adeptos de las otras "nacionalidades" representadas en el Parlamento. Tampoco ya en aquella época se podía considerar a la Socialdemocracia como un partido alemán. Con la adopción del sufragio universal tocó a su fin la preponderancia alemana, inclusive desde el punto de vista puramente numérico. En adelante, no quedaba pues obstáculo alguno que detuviese la creciente desgermanización del Estado Austríaco.

El instinto de conservación nacional me había hecho repugnar ya entonces, por esa razón, aquel sistema de representación popular en la cual el germanismo, lejos de hallarse representado, era más bien traicionado. Sin embargo, esta deficiencia, como muchas otras, no era atribuible al sistema mismo, sino al Estado Austríaco. Pensaba entonces que, con el restablecimiento de la mayoría alemana en los cuerpos representativos, no habría ya necesidad de una actitud doctrinaria contra aquella institución, en cuanto perdurase el viejo Estado Austríaco.

Con esa disposición interior, entré por primera vez en los tan sagrados salones. Es verdad que para mí sólo eran sagrados debido a la belleza de su magnífica construcción. Una obra maestra helénica en tierra alemana.

Pero, al poco tiempo, sentía verdadera indignación al asistir al lamentable espectáculo que tenía lugar ante mis propios ojos.

Estaban presentes centenas de esos representantes del pueblo, que tenían que tomar una resolución sobre un asunto de importancia económica.

Bastó para mí ese primer día para hacerme reflexionar durante semanas y semanas sobre la situación.

El contenido mental de lo que se discutía era de una "elevación" deprimente, a juzgar por lo que se podía comprender del parloteo, pues algunos diputados no hablaban alemán y sí en lenguas eslavas, o mejor dicho, en sus dialectos. Lo que hasta entonces sólo conocía a través de las páginas de los periódicos, tuve ahora la oportunidad de escucharlo con mis propios oídos. Era una masa agitada que gesticulaba y gritaba en todos los tonos. Un anciano inofensivo se esforzaba, sudando por todos los poros, para restablecer la dignidad de la casa, agitando una campanilla, o hablando con benevolencia, o bien amenazando.

No pude contener la risa.

Algunas semanas después, volví a estar presente en la Cámara. El cuadro había mudado hasta el extremo de no reconocerse. La sala estaba completamente vacía. Se dormitaba en los primeros escaños. Algunos diputados se encontraban en sus sitios y bostezaban. Uno de ellos "hablaba". Estaba presente un vicepresidente de la Cámara, el cual, visiblemente enfadado, recorría la sala con los ojos.

Me asaltaron las primeras dudas. Cada vez que se me ofrecía una oportunidad, corría para allá y observaba silenciosa y atentamente el espectáculo, oía los discursos (siempre que fueran comprensibles), estudiaba las fisonomías más o menos inteligentes de aquellos candidatos elegidos de las razas de aquel triste Estado y, al poco tiempo, hacía mis propias reflexiones.

Un año de paciente observación bastó para que yo cambiase radicalmente mi modo de pensar en cuanto al carácter del parlamentarismo. En mi interior había primado anteriormente una actitud contra la forma adulterada que de esa institución adoptaba Austria. Ya no podía aceptar más el Parlamento en sí. Hasta entonces veía el fracaso del Parlamento austríaco en la falta de una mayoría alemana; ahora, además, reconocía la fatalidad en la esencia y carácter de dicha institución.

En aquella ocasión se me presentaron una serie de cuestiones. Comencé a familiarizarme con el principio de resolución por mayoría, como base de toda democracia. Entretanto, no dispensaba la menor atención a los valores mentales y morales de los caballeros que, como elegidos del pueblo, debían servir a ese *desideratum*.

Aprendí así a conocer al mismo tiempo la institución y sus representantes.

En el transcurso de algunos años, se desarrolló en mi mente el tipo plásticamente claro del fenómeno más respetable de nuestros tiempos, el hombre parlamentario. Comenzóse a grabar de tal forma en mi memoria, que no sufrió alteración de ahí en adelante.

Una vez más el estudio experimental de la realidad me protegió contra una teoría que, a primera vista, puede ser seductora para muchos, pero que no por eso deja de contarse entre las manifestaciones de decadencia de la Humanidad.

La democracia del mundo occidental es hoy la precursora del marxismo, el cual sería inconcebible sin ella. Es la democracia la que en primer término proporciona a esta peste mundial el campo propicio donde el mal se propaga después. En su expresión externa el parlamentarismo apareció como un mostrenco "de inmundicia y de fuego" en el cual, a pesar mío, el fuego parece haberse consumido demasiado deprisa. Cuánta gratitud le debo al Destino por haberme permitido ocuparme también de esta cuestión cuando todavía me hallaba en Viena; pues es probable que si yo hubiese estado en aquella época en Alemania, me la habría explicado de una manera demasiado sencilla. Si en Berlín me hubiese tocado percatarme de lo grotesco de esa institución llamada "Parlamento", quizás habría caído en la concepción opuesta, colocándome - no sin una buena razón aparente al lado de aquellos que veían el bienestar del pueblo y del Imperio en el fomento exclusivista de la idea de la autoridad imperial, permaneciendo ciegos y, a la vez, ajenos a la época en que vivían y al sentir de sus contemporáneos.

Esto era imposible en Austria.

Allá no se podía caer tan fácilmente de un error en otro, porque si el Parlamento era inútil, aun menos capacitados eran los Habsburgos. Allí el rechazo del parlamentarismo, por sí solo, no resolvería nada, pues quedaría en pie la pregunta: ¿Y después? La eliminación del *Reichsrat* dejaría como único poder gubernamental a la Casa de los Habsburgos, idea que se me presentaba como intolerable.

La dificultad de este caso particular me condujo a estudiar el problema de manera más profunda que, de otra forma, no habría llegado a hacer en esos primeros años.

Lo que más me preocupó en la cuestión del parlamentarismo fue la notoria falta de un elemento responsable.

Por funestas que pudieran ser las consecuencias de una ley sancionada por el Parlamento, nadie lleva la responsabilidad ni a nadie le es posible exigirle cuentas.

¿O es que puede llamarse asumir responsabilidad el hecho de que después de un *fiasco* sin precedentes dimita el gobierno culpable, o cambie la coalición existente, o, por último, se disuelva el Parlamento?

¿Puede acaso hacerse responsable a una vacilante mayoría?

¿No es cierto que la idea de responsabilidad presupone la idea de la personalidad?

¿Puede prácticamente hacerse responsable al dirigente de un gobierno por hechos cuya gestión y ejecución obedecen exclusivamente a la voluntad y al arbitrio de una pluralidad de individuos?

¿O es que la misión del gobernante - en lugar de radicar en la concepción de ideas constructivas y planes- consiste más bien en la habilidad con que éste se empeñe en hacer comprensible a un hato de borregos lo genial de sus proyectos, para después tener que mendigar de ellos mismos una bondadosa aprobación? ¿Cabe en el criterio del hombre de Estado poseer en el mismo grado el arte de la persuasión, por un lado, y por otro la perspicacia política necesaria para adoptar directivas o tomar grandes decisiones?

¿Prueba acaso la incapacidad de un *Führer* el solo hecho de no haber podido ganar en favor de una determinada idea el voto de mayoría de un conglomerado resultante de manejos más o menos honestos?

¿Fue acaso alguna vez capaz ese conglomerado de comprender una idea, antes de que el éxito obtenido por la misma revelara la grandiosidad de ella?

¿No es en este mundo toda acción genial una palpable protesta del genio contra la indolencia de la masa?

¿Qué debe hacer el gobernante que no logra granjearse el favor de aquel conglomerado para la consecución de sus planes?

¿Deberá sobornar? ¿O bien, tomando en cuenta la estulticia de sus conciudadanos, tendrá que renunciar a la realización de medidas reconocidas como vitales, dejando el gobierno, o quedarse en él a pesar de todo?

¿No es cierto que en un caso tal el hombre de verdadero carácter se coloca frente a un conflicto insoluble entre su comprensión de la necesidad y su rectitud de criterio o, mejor dicho, su honradez?

¿Dónde acaba aquí el límite entre la noción del deber para la colectividad y la noción del deber para la propia dignidad personal?

¿No debe todo *Führer* de verdad rehusar que de ese modo se le degrade a la categoría de traficante político?

¿O es que, inversamente, todo traficante deberá sentirse predestinado a "especular" en política, puesto que la suprema responsabilidad jamás pesará sobre él, sino sobre un anónimo e inaprensible conglomerado de gentes?

Sobre todo, ¿no conducirá el principio de la mayoría parlamentaria a la demolición de la *Idea-Führer*?

Pero, ¿es que aún cabe admitir que el progreso del mundo se debe a la mentalidad de las mayorías y no al cerebro de unos cuantos?

¿O es que se cree que tal vez en el futuro se podría prescindir de esta condición previa, inherente a la cultura humana?

¿No parece, por el contrario, que ella es hoy más necesaria que nunca?

Negando la autoridad del individuo y substituyéndola por la suma de la masa, presente en cualquier tiempo, el principio parlamentario del consentimiento de la mayoría peca contra el principio básico de la aristocracia de la Naturaleza; y bajo este punto de vista, el concepto negativo que el parlamentarismo tiene sobre la nobleza nada tiene que ver tampoco con la decadencia actual de nuestra alta sociedad.

Difícilmente podrá imaginarse el lector de la prensa judía, salvo que haya aprendido a discernir y examinar las cosas independientemente, qué estragos ocasiona la moderna institución del gobierno democrático-parlamentario; ella es ante todo la causa de la increíble proporción en que ha sido inundado el conjunto de la vida política por lo más descalificado de nuestros días. Así como un *Führer* de verdad renunciará a una actividad política que en gran parte no consiste en obra constructiva, sino más bien en el regateo por la merced de una mayoría parlamentaria, el político de espíritu pequeño, en cambio, se sentirá atraído precisamente por esa actividad.

Cuanto más tacaño fuera, hoy en día, en espíritu y saber, un tal mercader de cueros, cuanto más clara su propia intuición le hiciera ver su triste figura, tanto más alabará un sistema que no le exige la fuerza y el genio de un gigante, sino que se contenta con la astucia de un alcaide y llega incluso a ver con mejores ojos esa especie de sabiduría que la de Pericles. Además de eso, un paleto así no precisa atormentarse con la responsabilidad de su acción. Él está fundamentalmente exento de esa preocupación, porque, cualquiera que fuere el resultado de sus locuras como estadista, sabe muy bien que, desde hace mucho tiempo, su fin está escrito: un día tendrá que ceder el lugar a otro espíritu tan pequeño como el suyo propio. Una de las características de tal decadencia es el hecho de aumentar la cantidad de "grandes estadistas" en la proporción en la que se contrae la escala del valor individual. El valor personal tendrá que volverse menor a medida que crece su dependencia de las mayorías parlamentarias, pues tanto los grandes espíritus rehusarán ser esbirros de ignorantes y parlanchines, como inversamente los representantes de la mayoría, esto es, de la estupidez, odiarán a las cabezas que destaquen.

Siempre consuela a una asamblea de papanatas, consejeros municipales, saber que tienen a su cabeza un jefe cuya sabiduría corresponde al nivel de los presentes. Cada cual tendrá el placer de hacer brillar, de cuando en cuando, una chispa de su ingenio, y, sobre todo, si Pedro puede hoy ser jefe, ¿por qué no lo puede ser Pablo mañana?

Pero, últimamente, esa invención democrática hizo surgir una actitud que hoy se ha transformado en una verdadera vergüenza, como es la cobardía de gran parte de nuestros llamados "líderes". ¡Qué felicidad poder esconderse, en todas las verdaderas decisiones de alguna importancia, detrás de las llamadas mayorías!

Véase la preocupación de uno de esos salteadores políticos en obtener a ruegos el asentimiento de la mayoría para, en cualquier momento, poder alienar la responsabilidad. Pues ésta una de las principales razones por las que esa especie de actividad política es despreciable y odiosa a todo hombre de sentimientos decentes y, por tanto, también de valor, al tiempo que atrae a todos los caracteres miserables - aquellos que no quieren asumir la responsabilidad de sus acciones, sino que antes procuran huir, no pasando de cobardes villanos. Las consecuencias se dejarán sentir tan pronto como tales mediocres formen el gobierno de una Nación. Faltará entereza para obrar y se preferirá aceptar las más vergonzosas humillaciones antes de erguirse para adoptar una actitud resuelta, pues nadie habrá allí que por sí solo esté personalmente dispuesto a arriesgarlo todo en pro de la ejecución de una medida radical.

Existe una verdad que no debe ni puede olvidarse: es la de que tampoco en este caso una mayoría estará capacitada para sustituir a la personalidad en el gobierno. La mayoría no sólo representa siempre la estupidez, sino también la cobardía. Y del mismo modo que de cien cabezas huecas no se hace un sabio, de cien cabezas no surge nunca una decisión heroica.

Cuanto menos grave sea la responsabilidad que pese sobre el Jefe, mayor será el número de aquellos que, dotados de ínfima capacidad, se crean igualmente llamados a poner al servicio de la Nación sus "imponderables fuerzas". Con impaciencia esperan que les llegue el turno; forman una larga fila y cuentan, con doloridos lamentos, el número de los que esperan delante de ellos y casi calculan la hora sobre cuándo, posiblemente, alcanzarán su deseo. De ahí que sea para ellos motivo de regocijo el cambio frecuente de funcionarios en los cargos que ellos apetecen y que celebren todo escándalo que reduzca la fila de los que por delante esperan. En el caso de que uno de ellos no quiera dejar la posición alcanzada, casi se considera eso como una quiebra de una combinación sagrada de solidaridad común. Entonces es cuando ellos se vuelven intrigantes y no descansan hasta que el desvergonzado, al final vencido, pone su lugar nuevamente a disposición de todos. Por eso mismo, no alcanzará él tan pronto esa posición. Cuando una de estas criaturas es forzada a desistir de su puesto, procurará inmediatamente entrometerse de nuevo en la hilera de los que están a la expectativa, a no ser que lo impidan, entonces, los gritos y las injurias de los demás.

La consecuencia de todo esto es la espeluznante rapidez con que se producen modificaciones en las más importantes jefaturas y oficinas públicas de un organismo estatal semejante, con un resultado que siempre tiene influencia negativa y que muchas veces llega a ser hasta catastrófico, porque no sólo el estúpido y el incapaz son lesionados por esos métodos de proceder, sino incluso los verdaderos jefes, si algún día el Destino los sitúa en esas posiciones de mando.

Después que se verifica la aparición de un hombre excepcional, inmediatamente se forma un frente cerrado de defensa, sobre todo si una cabeza tal, no saliendo de las propias filas, osara penetrar en esa sublime sociedad. Lo que ellos quieren fundamentalmente es permanecer entre sí, y es considerado enemigo común todo aquél que pueda sobresalir en medio de tales nulidades. En este sentido, el instinto es tanto más agudo cuanto es inoperante en otros aspectos.

El resultado será siempre un creciente empobrecimiento espiritual de las clases dirigentes. Cualquiera, desde el momento que no pertenece a ese clan de `jefes", puede juzgar cuáles serán las consecuencias para la Nación y para el Estado.

La antigua Austria poseía el régimen parlamentario en grado superlativo.

Bien es cierto que los respectivos *premiers* eran nombrados por el Monarca; sin embargo, eso no significaba otra cosa que la ejecución de la voluntad parlamentaria. El regateo por las diferentes carteras ministeriales podía ya clasificarse como propio de la más laxa democracia occidental; los resultados correspondían a los principios aplicados; especialmente la substitución de personajes representativos se operaba con intervalos cada vez más cortos, para al final convertirse en una verdadera cacería. En la misma proporción descendía el nivel de los hombres de Estado actuantes, hasta no quedar de ellos más que aquel tipo bajo del traficante parlamentario, cuyo mérito político se aquilataba tan sólo por su habilidad en urdir coaliciones, es decir, prestándose a realizar aquellos infames manejos políticos que son la única prueba de lo que en el trabajo práctico pueden realizar esos llamados "representantes del pueblo".

Viena ofrecía un magnífico campo de observación en este orden.

Lo que también me impresionaba era el paralelismo entre la capacidad y el saber de esos representantes del pueblo y la gravedad de los problemas que tenían que resolver. Se quisiera o no, era preciso atender más de cerca el horizonte mental de esos elegidos del pueblo, siendo todavía imposible dejar de prestar la atención necesaria a los procesos que conducen al descubrimiento de los impresionantes aspectos de nuestra vida pública. Valía la pena también estudiar y examinar a fondo la manera por la cual la verdadera capacidad de esos parlamentarios era utilizada y puesta al servicio de la Patria o del proceso técnico de su actividad.

El panorama de la vida parlamentaria parecía tanto más lamentable cuanto más se penetraba en esas relaciones íntimas y se estudiaban las personas y el fundamento de las cosas, con desacostumbrada objetividad. Esto viene a propósito, tratándose de una institución que, por intermedio de sus detentores, a cada paso se refiere a la "objetividad" como única base justa de cualquier actitud. Examínense estos caballeros y las leyes de su errada existencia, y el resultado al que se llegará será espantoso.

No existe un principio que, objetivamente considerado, sea tan errado como el parlamentario.

Se puede incluso, en ese caso, abstraer enteramente la manera por la cual se realiza la selección de los señores representantes del pueblo, incluidos los procedimientos por los que llegan a su puesto y a su nueva dignidad. Considerando que la comprensión política de la gran masa no está tan desarrollada como para adquirir por sí misma opiniones políticas generales y escoger personas adecuadas, se llega con facilidad a la conclusión de que en los parlamentos, sólo en pequeña proporción se trata de la realización de un deseo general o incluso de una necesidad pública.

Aquello que de ordinario denominamos "opinión pública" se basa sólo mínimamente en la experiencia personal del individuo y en sus conocimientos; depende más bien casi en su totalidad de la idea que el individuo se hace de las cosas a través de la llamada "información pública", que es persistente y tenaz.

Del mismo modo que el credo religioso resulta de la educación, al paso que el sentimiento religioso duerme en lo más íntimo del ser, de la misma manera la opinión política de la masa es el resultado final del trabajo, a veces increíblemente arduo e intenso, de la inteligencia humana.

La prensa es el factor responsable de mayor volumen en el proceso de la "educación" política, a la cual en este caso se le asigna con propiedad el nombre de propaganda; la prensa se encarga ante todo de esta labor de "información pública" y representa así una especie de escuela para adultos, sólo que esa "instrucción" no está en manos del Estado, sino bajo las garras de elementos que en parte son de muy baja ralea. Precisamente en Viena tuve en mi juventud la mejor oportunidad de conocer a fondo a los propietarios y fabricantes espirituales de esa máquina de educación colectiva.

En un principio debí sorprenderme al darme cuenta del tiempo relativamente corto en que este pernicioso poder era capaz de crear un determinado ambiente de opinión, y esto incluso tratándose de casos de una mixtificación completa de las aspiraciones y tendencias que, a no dudar, existían en el sentir de la comunidad. En el transcurso de pocos días, esa prensa sabía hacer de un motivo insignificante una cuestión de Estado notable e, inversamente, en igual tiempo, relegar al olvido general problemas vitales o, más simplemente, sustraerlos a la memoria de las masas.

De este modo era posible en el curso de pocas semanas hacer surgir nombres de la nada y relacionar con ellos increíbles expectativas públicas, adjudicándoles una popularidad que muchas veces un hombre verdaderamente notable no alcanza en toda su vida; y mientras se encumbraban estos nombres que un mes antes apenas si se les había oído pronunciar, calificados estadistas o personalidades de otras actividades de la vida pública dejaban llanamente de existir para sus contemporáneos o se los ultrajaba de tal modo con denuestos, que sus apellidos corrían el peligro de convertirse en un símbolo de villanía o de infamia. Era necesario estudiar ese vergonzoso método judío de, como por encanto, atacar por todos los lados y lanzar barro, bajo la forma de calumnia y difamación, sobre la ropa limpia de hombres honrados, para aquilatar en su justo valor todo el peligro de esos bribones de la prensa.

No hay medio al que no recurra un tal delincuente moral para alcanzar sus objetivos. Meterá el hocico en las más secretas cuestiones de familia y no descansará hasta que su olfato no haya descubierto un miserable incidente que pueda determinar la derrota de la infeliz víctima. En el caso de no encontrarlo ni en la vida pública ni en la privada, el bellaco lanzará un puñado de calumnias, firmemente convencido no sólo de que, incluso después de las réplicas, alguna cosa siempre quedará, así como también de que debido a centenas de repeticiones tal demolición de la honra encontrará cómplices y será imposible a la víctima sostener la lucha en la mayoría de los casos. Esa chusma ni siquiera actúa por motivos que puedan ser comprensibles para el resto de la Humanidad.

¡Dios nos libre! Cuando un bandido de éstos ataca al resto de la Humanidad, esa gente se esconde detrás de una verdadera nube de probidad y frases untuosas, parlotea sobre el "deber periodístico" y patrañas de la misma naturaleza y se atreve a hablar de "ética" de prensa, en asambleas y congresos, ocasiones en las que la plaga se encuentra en mayor número y en las que la chusma mutuamente se aplaude.

Ésta es la chusma que en más de dos terceras partes fabrica la llamada "opinión pública", de donde surge el parlamentarismo cual una Afrodita de la espuma.

Para pintar con detalle en toda su falacia el mecanismo parlamentario sería menester escribir volúmenes. Pero, incluso abstrayendo todo eso y observando solamente los efectos de su actividad, me parece esto suficiente para aclarar al espíritu más crédulo en cuanto a la insensatez objetiva de esa institución.

Podrá comprenderse más pronto y más fácilmente semejante extravío humano, tan absurdo como peligroso, comparando el parlamentarismo democrático con una democracia germánica realmente tal.

La característica más notable del parlamentarismo democrático consiste en que se elige un cierto número, digamos 500 hombres (o también mujeres, en los últimos tiempos), y se les concede la atribución de adoptar en cada caso una decisión definitiva. Prácticamente, ellos representan por sí solos el Gobierno, pues, si bien designan a los miembros de un gabinete encargados de los negocios de Estado, ese pretendido gobierno no llena sino una apariencia; en efecto, es incapaz de dar ningún paso sin antes haber obtenido la aquiescencia de la asamblea parlamentaria. Es por esto que tampoco puede ser responsable, ya que la decisión final jamás depende de él mismo, sino del Parlamento. En todo caso, un gabinete semejante no es otra cosa que el ejecutor de la voluntad de la mayoría parlamentaria del momento. Su capacidad política se podría apreciar en realidad únicamente a través de la habilidad que pone en juego para adaptarse a la voluntad de la mayoría o para ganarla en su favor. Así cae de la posición de verdadero gobierno en la de mendigo de la mayoría ocasional. En verdad, su problema más destacado consistirá en obtener el beneplácito de la mayoría existente o en provocar la formación de una nueva que le sea más favorable. En el caso de que lo consiga, podrá continuar "gobernando' durante algún tiempo más; en caso de no lograrlo, tendrá que dejar el poder. La rectitud de sus intenciones, por sí sola no importa.

La responsabilidad prácticamente deja de existir.

Una consecuencia lógica de este estado de cosas nos conduce a una elemental consideración.

La estructura de ese conjunto formado por los 500 representantes parlamentarios, agrupados según sus profesiones o hasta teniendo en cuenta sus aptitudes, ofrece un cuadro a la par incongruente y lastimoso. ¿O es que cabe admitir la hipótesis de que estos elegidos de la Nación pueden ser al mismo tiempo brotes privilegiados de la genialidad o siquiera del sentido común? Ojalá no se suponga que de las papeletas de sufragio, emitidas por electores que todo pueden ser menos inteligentes, surjan simultáneamente centenares de hombres de Estado. Nunca será suficientemente rebatida la absurda creencia de que del sufragio universal pueden salir genios;

primeramente hay que considerar que para una Nación no en todos los tiempos nace un verdadero estadista, y menos aún de golpe un centenar; por otra parte, es instintiva la antipatía que siente la masa por el genio eminente. Más probable es que un camello se deslice por el ojo de una aguja que un gran hombre resulte "descubierto" por virtud de una elección popular. Todo lo que de veras sobresale de lo común en la historia de los pueblos suele generalmente revelarse por sí mismo.

Quinientos hombres, además, que no sobrepasan la medianía, deciden sobre los asuntos más importantes de la Nación, estableciendo gobiernos que en cada caso y en cada cuestión tienen que procurar el asentimiento de la erudita asamblea. Así es que, en realidad, la política se hace por los quinientos.

Dejando a un lado la cuestión de la genialidad de los representantes del pueblo, considérese simplemente el carácter complejo de los problemas pendientes de solución, aparte de los ramos diferentes de actividad en que deben adoptarse decisiones, y se comprenderá entonces la incapacidad de un sistema de gobierno que pone la facultad de la decisión final en manos de una asamblea, entre cuyos componentes sólo muy pocos poseen los conocimientos y la experiencia requeridos en los asuntos a tratar. Pues así como las más importantes medidas en materia económica resultan sometidas a un *foro* cuyos miembros, en sus nueve décimas partes, carecen de la preparación necesaria.

Lo mismo ocurre con otros problemas, dejando siempre la decisión en manos de una mayoría compuesta de ignorantes e incapaces, pues la organización de esa institución permanece inalterada, al paso que los problemas que en ella son tratados se extienden a todos los ámbitos de la vida pública. Es completamente imposible que los mismos hombres que tratan de asuntos de transportes se ocupen, por ejemplo, de una cuestión de alta política exterior. Sería preciso que todos fuesen genios universales, los que tan sólo de siglo en siglo aparecen. Infelizmente, se trata no de verdaderas "cabezas" pero sí de diletantes, tan vulgares que incluso están convencidos de su valor. De ahí proviene también la ligereza con que frecuentemente estos señores deliberan y resuelven cuestiones que serían motivo de honda reflexión aun para los más esclarecidos talentos. Allí se adoptan medidas de enorme trascendencia para el futuro de un Estado como si no se tratase de los destinos de toda una nacionalidad, sino solamente de una partida de naipes, que es lo que resultaría más propio de tales políticos.

Sería naturalmente injusto creer que todo diputado de un parlamento semejante se halle dotado de tan escasa noción de responsabilidad. No. De ningún modo. Pero, el caso es que tal sistema, forzando al individuo a ocuparse de cuestiones que no conoce, lo corrompe paulatinamente. Nadie tiene allí el valor de decir: "Señores, creo que no entendemos nada de este asunto; yo al menos no tengo ni idea". Esta actitud tampoco modificaría nada porque, aparte de que una prueba tal de sinceridad quedaría totalmente incomprendida, no por un tonto honrado se resignarían los demás a sacrificar su juego. Quien, además, conoce a los hombres, comprende que en una sociedad tan ilustre nadie quiere ser el más tonto y, en ciertos círculos, honestidad es siempre sinónimo de estupidez.

Así es como el representante aún sincero es obligado forzosamente al camino de la mentira y de la falsedad. Justamente la convicción de que la reacción individual poco o nada modificaría, mata cualquier impulso sincero que por ventura surja en uno u otro. A fin de cuentas, se convencerá de que, personalmente, lejos está de ser el primero entre los otros y que con su colaboración tal vez impida males mayores.

Es cierto que se formulará la objeción de que el diputado personalmente podrá no conocer este o aquel asunto, pero que su actitud será dirigida por la fracción a la que pertenezca; ésta tendrá sus comisiones especiales, que serán suficientemente esclarecidas por los expertos. A primera vista esto parece ser verdad; sin embargo, surge la pregunta: ¿por qué se eligen quinientos cuando sólo algunos poseen la sabiduría suficiente para tomar posición en las cuestiones más importantes?

Ahí es donde está el *quid* de la cuestión.

El parlamentarismo democrático de hoy no tiende a constituir una asamblea de sabios, sino a reclutar más bien una multitud de nulidades intelectuales, tanto más fáciles de manejar cuanto mayor sea la limitación mental de cada uno de ellos. Sólo así puede hacerse política partidista en el sentido malo de la expresión, y sólo así también consiguen los verdaderos agitadores permanecer cautelosamente en la retaguardia, sin que jamás pueda exigirse de ellos una responsabilidad personal. Ninguna medida, por perniciosa que fuese para el país, pesará entonces sobre la conducta de un bribón conocido por todos, sino sobre la de toda una fracción parlamentaria.

Prácticamente, pues, no hay responsabilidad, porque la responsabilidad sólo puede recaer sobre una individualidad única y no sobre el gallinero de parlanchines que son las asambleas parlamentarias.

He aquí por qué esta forma de democracia llegó a convertirse también en el instrumento de aquella raza cuyos íntimos propósitos, ahora y siempre, temerán mostrarse a la luz del día. Sólo el judío puede ensalzar una institución que es sucia y falaz como él mismo.

En oposición a ese parlamentarismo democrático está la genuina democracia germánica de la libre elección del *Führer*, que se obliga a asumir toda la responsabilidad de sus actos. Una democracia tal no supone el voto de la mayoría para resolver cada cuestión en particular, sino llanamente la voluntad de uno solo, dispuesto a responder de sus decisiones con su propia vida y haciendo entrega de sus propios bienes.

Si se hiciese la objeción de que bajo tales condiciones difícilmente podrá hallarse al hombre resuelto a sacrificarlo personalmente todo en pro de tan arriesgada empresa, habría que responder: "Gracias a Dios, el verdadero sentido de una democracia germánica radica justamente en el hecho de que no puede llegar al gobierno de sus conciudadanos por medios vedados cualquier indigno arribista o emboscado moral, sino que la magnitud misma de la responsabilidad a asumir amedrenta a ineptos y pusilánimes".

Y si aún, pese a todo esto, intentase deslizarse un individuo de tales características, fácilmente se le podría identificar y apostrofar: "¡Apártate, cobarde, que tus pies no profanen el Panteón de la Historia, destinado a héroes y no a mojigatos intrigantes!".

Había llegado a estas conclusiones después de dos años de visitar el Parlamento austríaco. En adelante no volví a frecuentarlo ni profundicé más sobre el particular.

El régimen parlamentario fue una de las principales causas de la progresiva decadencia del antiguo Estado de los Habsburgos. A medida que por obra de ese régimen se destruía la hegemonía del germanismo en Austria, intensificábase el sistema de explotar el antagonismo de las nacionalidades entre sí. En el propio *Reichsrat* eso se daba siempre y a costa del Imperio, pues a la vuelta del paso del siglo, el más inocente individuo veía que la fuerza de atracción de la Monarquía no conseguía desterrar las tendencias separatistas de los diferentes pueblos. Al contrario, cuanto más mezquinos se volvían los medios utilizados por el Estado para su mantenimiento, tanto más aumentaba el desprecio general hacia el mismo Estado. No sólo en Hungría, sino también en varias provincias eslavas, el sentimiento de fidelidad a la Monarquía era tan frágil que su debilidad no era considerada una vergüenza. Esas señales de ocaso que aparecían provocaban hasta alegría, pues era más deseada la muerte que la enfermedad del antiguo régimen.

En el Parlamento se consiguió evitar el colapso total por una renuncia indigna y por la realización de toda clase de opresión sobre el elemento germánico. En el interior se echaba, habilidosamente, a un pueblo contra otro. Entre tanto, en líneas generales, la actuación política estaba dirigida contra los alemanes. Sobre todo, desde que la sucesión al trono comenzara a dar al Archiduque Francisco Fernando una cierta influencia, se estableció un plan regular en la chequización practicada por el Gobierno. Aquel futuro soberano de la Doble Monarquía procuraba, por todos los medios posibles, hacer avanzar la desgermanización, promoviendo esta actitud por todas las maneras o, por lo menos, defendiendo esta postura. Localidades puramente alemanas eran, por vía indirecta, burocráticamente incluidas en la zona peligrosa de las lenguas mixtas. En la misma Baja Austria este proceso avanzaba más o menos rápidamente, y muchos checos consideraban Viena como su principal ciudad.

El pensamiento predominante de este nuevo Habsburgo, cuya familia hablaba preferentemente checo, era establecer gradualmente un Estado eslavo en la Europa Central, siguiendo una línea estrictamente católica, para oponerse ala Rusia ortodoxa. En este sentido, como tantas veces aconteció a los Habsburgos, la religión era una vez más arrastrada a servir a una concesión puramente política, concepción lamentable desde el punto de vista germánico.

En varios aspectos, el resultado fue más que trágico. Ni la Casa de los Habsburgos, ni la Iglesia Católica, extrajeron el provecho que esperaban. Los Habsburgos perdieron el trono, Roma perdió un gran Estado.

Llamando a fuerzas religiosas para servir a sus fines políticos, la Corona provocó un estado de espíritu que ella misma inicialmente juzgó ser imposible. La tentativa de exterminar el germanismo en la vieja Monarquía despertó el sentimiento pangermánico en Austria.

En la década de los 80, el liberalismo manchesteriano, de origen judaico, alcanzó, si no rebasó, un punto culminante bajo la Monarquía. La reacción contra él, entre tanto, no produjo en Austria puntos de vista sociales, sino nacionales. El instinto de conservación obligó al germanismo a ponerse en guardia de manera más activa. Sólo en segundo plano las consideraciones económicas empezaron a ganar influencia apreciable. Así es como se precipitaron, de la confusión política, dos partidos, uno más nacionalista, otro más socialista, ambos sin embargo muy interesantes e instructivos para el futuro.

Después del final deprimente de la guerra de 1866, la Casa de los Habsburgos se preocupaba con la idea de una revancha en el campo de batalla. Sólo la muerte del Emperador Maximiliano de México, cuya expedición infeliz se atribuyó en primer lugar a Napoleón III, y cuyo abandono por parte de los franceses provocó general indignación, evitó una alianza íntima con Francia. Entre tanto, los Habsburgos eran como una manada de lobos. Si la guerra de 1870-71 no se hubiera transformado en una expedición triunfal, única en su género, la corte de Viena habría osado intentar un golpe sangriento de venganza por lo de Sadowa. Cuando, no obstante, llegaron las primeras noticias de los hechos heroicos de los campos de batalla, maravillosos y casi increíbles, pero en todo caso verdaderos, el más "sabio" de todos los monarcas reconoció que el momento no era propicio y aparentó alegrarse con lo que, en realidad, contrariaba sus propios planes.

La lucha de los héroes de esos dos años consiguió un milagro mucho más formidable, pues, en cuanto a los Habsburgos, su modificada actitud nunca correspondía a un impulso íntimo del corazón, sino a la fuerza de las circunstancias. El pueblo alemán, en la vieja Marca Oriental *(Ostmark),* fue arrastrado por la embriaguez de victoria del *Reich* y veía, profundamente conmovido, la resurrección soñada por sus antepasados convertida en maravillosa realidad.

Que nadie se engañe, sin embargo. El austríaco de sentimiento verdaderamente germánico reconocerá, desde entonces en adelante, que en Sadowa se dio la condición tan trágica como indispensable de la restauración del Imperio, el cual no debía estar ligado al conglomerado podrido de la antigua alianza. Sobre todo, él aprendió a sentir, a sus propias espaldas, que la Casa de los Habsburgos terminaría su misión histórica y que el nuevo Imperio sólo podría elegir Emperador a quien, por su sentimiento histórico, fuera capaz de ofrecer una cabeza digna a la Corona del Reino. Tanto más era, pues, de alabar al Destino por haber realizado esa investidura en el vástago de una dinastía que, con Federico el Grande, ya diera a la Nación, en tiempos perturbados, un ejemplo elocuente para inspirar la grandeza de la Raza.

Después de la guerra franco-prusiana de 1870, la Casa de los Habsburgos se lanzó con ímpetu máximo a exterminar, lenta pero implacablemente, el "peligroso" germanismo de la Doble Monarquía austrohúngara. Éste debía ser, pues, el resultado final de la política de eslavización. Empero, estalló la resistencia de la nacionalidad que estaba destinada al exterminio, y esto de una forma sin precedentes en la historia alemana contemporánea.

Por primera vez, hombres de sentimientos nacionalistas y patrióticos se hicieron rebeldes. Rebeldes no contra la Nación o contra el Estado, y sí contra una forma de gobierno que, según sus convicciones, tenía que conducir al aniquilamiento de su propia raza.

Por primera vez en la historia contemporánea alemana se hacía una diferenciación entre el patriotismo dinástico general y el amor a la Patria y el pueblo. Fue mérito del Movimiento Pangermanista, operando en la parte alemana de Austria, allá por el año 1800, haber establecido en forma clara y terminante que la autoridad del Estado tiene el derecho de exigir respeto y cooperación sólo cuando responde a las necesidades de una nacionalidad o cuando por lo menos no es perniciosa para ella.

La autoridad del Estado no puede ser un fin en sí misma, porque ello significaría consagrar la inviolabilidad de toda tiranía en el mundo. Si por los medios que están al alcance de un gobierno se precipita una nacionalidad en la ruina, entonces la rebelión no es sólo un derecho, sino un deber para cada uno de los hijos de ese pueblo. La pregunta: "¿cuándo se presenta este caso?", no se resuelve mediante disertaciones teóricas, sino por la acción y por el éxito.

Como todo gobierno, por malo que sea y aún cuando haya traicionado una y mil veces los intereses de una nacionalidad, reclama para sí el deber que tiene de mantener la autoridad del Estado, el instinto de conservación nacional en lucha contra un gobierno semejante tendrá que servirse, para lograr su libertad o su independencia, de las mismas armas que aquél emplea para mantenerse en al mando. Según esto, la lucha será sostenida por medios "legales" mientras el poder que se combate no utilice otros; pero no habrá que vacilar ante el recurso de medios ilegales si es que el opresor mismo se sirve de ellos. En general, no debe olvidarse que la finalidad suprema de la razón de ser de los hombres no reside en el mantenimiento de un Estado o de un gobierno: su misión es conservar su Raza. Y si esta misma se hallase en peligro de ser oprimida o hasta eliminada, la cuestión de la legalidad pasa a un plano secundario. Entonces poco importará ya que el poder imperante aplique en su acción los mil veces llamados medios "legales"; el instinto de conservación de los oprimidos podrá siempre justificar en grado superlativo el empleo de todo recurso.

Sólo así se explican en la Historia ejemplos edificantes de luchas libertarias contra la esclavitud (interna o externa) de los pueblos.

En este caso el derecho humano se impone sobre el derecho político.

Si un pueblo sucumbe sin luchar por los derechos del hombre, es porque al haber sido pesado en la balanza del Destino resultó demasiado débil para tener la suerte de seguir subsistiendo en el mundo terrenal. Porque quien no está dispuesto a luchar por su existencia o no se siente capaz de ello es que ya está predestinado a desaparecer, y esto por la justicia eterna de la Providencia.

¡El mundo no se ha hecho para los pueblos cobardes!

Cuán fácil es a una tiranía protegerse con el manto de "legalidad", quedó clara y elocuentemente demostrado con el ejemplo de Austria.

El poder legal del Estado se basaba, pues, en el antigermanismo del Parlamento, con su mayoría no germánica, y en la Casa reinante, también germanófoba. En estos dos factores se encarnaba toda la autoridad pública. Querer modificar el destino de esa posición era una locura. Así, además, según el criterio de los veneradores de la autoridad del Estado y de la legalidad, toda resistencia debería ser abandonada por no ser asequible por medios legales. Eso, no obstante, significaría el fin del pueblo alemán en la Monarquía, necesaria y forzosamente dentro de poco tiempo. En efecto, sólo por el derrocamiento de aquel Estado fue salvado el germanismo de tal destino.

Los teóricos de gafas prefieren, sin embargo, morir por su doctrina a morir por su pueblo.

Como los hombres crean las leyes, piensan que ellas están sobre los derechos del hombre.

Fue mérito del Movimiento Pangermanista de aquel entonces en Austria haber barrido de una vez esa locura, para desesperación de todos los fetichistas de la teoría del Estado.

Cuando los Habsburgos intentaban perseguir al germanismo, este Partido atacaba impávidamente a la "sublime" Casa soberana. Por primera vez, aquél lanzó la sonda en ese Estado podrido, abriendo los ojos a centenas de miles de personas. Fue su mérito haber liberado la maravillosa noción de amor patrio de la influencia de esa triste Dinastía. Aquel partido en sus primeros tiempos contaba con muchos adeptos, amenazando incluso con convertirse en verdadera avalancha. Sin embargo, el éxito no duró. Cuando llegué a Viena, el Movimiento hacía mucho tiempo ya había sido sobrepasado por el Partido Cristiano-Socialista.

Debieron serme un objeto clásico de estudio y de honda trascendencia el proceso de la formación y el ocaso del Movimiento Pangermanista, por una parte, y, por la otra, el asombroso desarrollo del Partido Cristiano-Social en Austria.

Cuando llegué a Viena mis simpatías estaban completamente en el lado de la tendencia pangermanista. Que se tuviese el valor de exclamar en el Parlamento "¡Viva Hohenzollern!" me imponía respeto y me causaba alegría; que se considerase a ese partido como parte apenas momentáneamente separada del Imperio Alemán y se proclamase ese sentimiento públicamente, en todo momento, me producía enorme confianza; que se admitiesen impávidamente todas las cuestiones referentes al germanismo y nunca hubiera entregas de compromiso me parecía el único camino todavía accesible para la salvación de nuestro pueblo; que, además, el Movimiento, después de su magnifica ascensión, volviese a decaer, no podía comprenderlo. Menos aun entendía que el Partido CristianoSocial lograse alcanzar en esa misma época tan gran virulencia. Éste había llegado exactamente al apogeo de su gloria.

Al comparar los dos partidos, el Destino me proporcionó la mejor enseñanza, para que yo comprendiese las causas de ese enigma.

Comenzaré por establecer un paralelo entre dos hombres considerados como fundadores y líderes de esos dos partidos: Georg von Schonerer y el doctor Karl Lüger.

Como personalidades, ambos sobresalían notoriamente entre las llamadas figuras parlamentarias. Su vida había sido limpia e intachable en medio de la corrupción política general. En un principio, mis simpatías estaban del lado del pangermanista Schonerer y poco después fueron paulatinamente inclinándose también hacia el líder cristianosocial. Comparando la capacidad de ambos, Schonerer me parecía ser, en problemas fundamentales, un pensador mejor y más profundo. Con mayor claridad y exactitud que ningún otro, previó el lógico fin del Estado austríaco. Si se hubiese dado oído a sus advertencias respecto de la Monarquía de los Habsburgos, especialmente en Alemania, jamás hubiera sobrevenido la fatalidad de la Guerra Mundial. Pero si bien Schonerer penetraba la esencia de los problemas, en cambio erraba cuando se trataba de aquilatar el valor de los hombres. Aquí radicaba lo ponderable del doctor Lüger.

Lüger era un extraordinario conocedor de los caracteres humanos, teniendo muy especial cuidado en no verlos mejor de lo que en realidad eran. Por eso, él podía contar más con las posibilidades efectivas de la vida que Schonerer, que para esto tenía poca comprensión. En teoría era evidente cuanto sobre el pangermanismo sostenía, pero le faltaba la energía y la práctica indispensables para transmitir sus conclusiones teóricas a la masa del pueblo, esto es simplificándolas de acuerdo con la concepción limitada de ella. Esa falta de real conocimiento de los hombres le condujo, con el correr de los años, a un error en la valoración de varios movimientos, así como de algunas instituciones antiquísimas. Sus conclusiones eran pues meras profecías sin visos de realidad.

Schonerer había reconocido indudablemente que en aquel caso se trataba de concepciones fundamentales, pero no supo comprender que, en primer término, sólo la gran masa del pueblo podía prestarse a luchar en pro de tales convicciones de índole casi religiosa. Desgraciadamente, Schonerer se dio cuenta sólo en muy escasa medida de que el espíritu combativo de las llamadas clases "burguesas" era extraordinariamente limitado por depender de intereses económicos que infundían al individuo el temor de sufrir graves perjuicios, determinando así su inacción. La falta de comprensión en lo tocante a la importancia de las capas inferiores del pueblo fue también la causa de una concepción totalmente deficiente del problema social.

En todo esto el doctor Lüger fue la antítesis de Schonerer. Su profundo conocimiento de los hombres hacía que no sólo hiciese un juicio acertado de las fuerzas aprovechables, sino que también quedara a cubierto de una valoración excesivamente baja de las instituciones existentes, siendo así que, por ese motivo, aprendiera a emplearlas en pro de la consecución de sus objetivos.

Sabía hasta la saciedad que la fuerza política combativa de la alta burguesía era en nuestra época tan insignificante que no bastaba para asegurar el triunfo de un nuevo gran Movimiento; por eso consagraba el máximo de su actividad política a la labor de ganar la adhesión de aquellas esferas sociales cuya existencia se hallaba amenazada, siendo esto más bien un acicate que un menoscabo para su espíritu luchador. El doctor Lüger optó también por servirse de medios de influencia ya existentes, para granjearse el apoyo de instituciones prestigiosas y obtener de esas viejas fuentes de energía el mayor provecho en favor de su causa.

Fue de este modo que cimentó su partido principalmente sobre la clase media, amenazada de desaparecer, y con ello logró asegurarse un firme grupo de adictos animados de gran espíritu de lucha y también de sacrificio. Su actitud extraordinariamente sagaz con respecto a la Iglesia Católica le había asegurado en corto tiempo las simpatías del clero joven en una medida tal que el viejo partido clerical se vio forzado a ceder el campo o bien, obrando más cuerdamente, a adherirse al nuevo Movimiento para, de este modo, recuperar poco a poco sus antiguas posiciones.

Sin embargo, sería injusto en extremo considerar únicamente esto como lo esencial del carácter de Lüger, puesto que al lado de sus condiciones de táctico hábil estaban las de reformador grande y genial; por cierto, dentro del marco de un exacto conocimiento de su propia capacidad.

Era una finalidad de enorme sentido práctico la que perseguía aquel hombre verdaderamente meritorio. Quiso conquistar Viena. Viena era el corazón de la Monarquía, y de esta ciudad recibía los últimos impulsos de vida el cuerpo enfermo y envejecido del ya desfalleciente organismo del Estado. Cuanto más restablecía sus energías este corazón, tanto más debía revivir el resto del cuerpo. En principio, la idea era naturalmente justa, pero no podía surtir efectos sino durante un tiempo determinado.

Es aquí donde radicaba el punto débil de este hombre. La obra que realizó como burgomaestre de Viena es inmortal en el mejor sentido de la palabra; pero con ella no pudo ya salvar la Monarquía. Era demasiado tarde.

Su adversario Schonerer había visto esto con más claridad.

Todo lo que Lüger emprendió en el terreno práctico, lo logró admirablemente; en cambio, no logró alcanzar lo que ansiaba como resultado.

Schonerer no consiguió lo que deseaba, pero aquello que él temía se realizó en forma terrible.

Así, ninguno de los dos llegó a coronar la fidelidad perseguida. Lüger no pudo salvar la Monarquía austríaca, ni Schonerer liberar al germanismo en Austria de la ruina que le esperaba.

Hoy nos es infinitamente instructivo estudiar las causas que determinaron el fracaso de aquellos dos partidos. Esto es esencial, ante todo para mis amigos, teniendo en cuenta que las circunstancias actuales se asemejan alas de entonces y que se debe evitar el incurrir en errores que ya una vez condujeron a la ruina a uno de los movimientos y a la infructuosidad al otro.

El colapso del Movimiento Pangermanista en Austria tuvo, desde mi punto de vista, tres causas: Primera: la noción poco clara de la importancia del problema social, justamente tratándose de un partido joven esencialmente revolucionario.

En tanto y en cuanto Schonerer y sus acólitos se dirigían primordialmente a las capas burguesas, el resultado podía ser débil, inofensivo. La burguesía alemana es, sobre todo en sus estratos superiores, aunque no lo presientan sus miembros, pacifista hasta el extremo de renunciar a sí misma, principalmente cuando se trata de cuestiones internas de la Nación o del Estado. En los buenos tiempos, esto es en los tiempos de un buen gobierno, tal disposición es una cualidad beneficiosa de esas clases para el Estado; en los tiempos de mal gobierno, sin embargo, es algo verdaderamente maléfico. Para conseguir la realización de una lucha seria, el Movimiento Pangermanista tenía que lanzarse a la conquista de las masas. El hecho de no haber actuado así lo privó, desde el comienzo, del impulso inicial que una tal ola necesita para no deshacerse.

Cuando, inicialmente, no se toma en consideración y no se ejecuta ese principio básico, el nuevo partido pierde, para el futuro, toda posibilidad de evitar los efectos del error de principio. Aceptando, en número excesivo, elementos moderados burgueses, la tendencia general del Movimiento estará dirigida por éstos, quedando así excluida la posibilidad de reclutar fuerzas valiosas en el seno de la gran masa popular. Un Movimiento tal no llegará más que a realizar débiles críticas. Nunca se podrá crear la fe casi religiosa en conjunción con el necesario espíritu de sacrificio. Surgirá en cambio la tendencia a una cooperación "positiva" (que en este caso significa el reconocimiento del *status quo),* para al final llegar a una paz podrida.

Esto fue lo que aconteció al Movimiento Pangermanista por el hecho de no tener, desde el principio, el objetivo de conquistar básicamente sus adeptos entre los círculos de la gran masa. Se convirtió en un Movimiento burgués, "distinto y moderadamente radical".

De este error surgió, por otro lado, la segunda causa de su rápida extinción.

La situación de los alemanes en Austria era ya desesperada al nacer el Movimiento Pangermanista. De año en año había ido convirtiéndose el Parlamento en un factor de lenta destrucción del germanismo. Todo intento salvador de última hora debió basarse únicamente en la eliminación del Parlamento. ¿Y cómo destruir el Parlamento? ¿Entrando en él para "minarlo por dentro", como corrientemente se decía, o combatirlo desde fuera, atacando la institución misma del parlamentarismo?

Los pangermanistas entraron en el Parlamento y fueron derrotados. Verdad es que se debía penetrar allí. Para empeñar la lucha desde fuera contra un poder semejante era preciso revestirse de coraje indomable y hallarse dispuesto a cualquier sacrificio.

Se agarra el toro por los cuernos y se reciben fuertes topetazos. A veces cae uno a tierra y se levanta con los brazos partidos. Solamente después de una lucha más enconada, la victoria sonreirá al osado atacante. Solamente la grandeza de los sacrificios conquistará nuevos luchadores para la causa, hasta que la perseverancia garantice el éxito. Para eso, sin embargo, era menester el concurso de los hijos del pueblo. Sólo éstos son lo suficientemente decididos y tenaces para llevar esa lucha a su sangriento fin.

El Movimiento Pangermanista carecía precisamente del apoyo de las masas populares y no le quedaba, por lo tanto, otra solución que la de ir al Parlamento mismo.

Sería falso creer que esta solución fue el resultado de grandes sufrimientos íntimos o incluso de meditaciones. No, pues no se pensaba para nada en algo distinto.

Esta locura era nada más que el reflejo de nociones poco claras sobre la importancia y el efecto de tal participación en una institución reconocida, ya en principio, como falsa. Se esperaba, generalmente, facilitar el esclarecimiento de las ideas de la masa popular, una vez que tuviera la oportunidad de hablar ante "el foro de la Nación entera". Parecía también más factible dirigir el ataque a la raíz misma del mal y no arremeter desde fuera. Por otra parte, creíase que la inmunidad parlamentaria reforzaría la seguridad de los líderes del pangermanismo, acrecentando la eficacia de su acción combativa.

En realidad los hechos se produjeron de manera muy diferente.

El "foro" ante el cual hablaban los diputados pangermanistas no había aumentado su eficacia; por el contrario, más bien la había disminuido, pues el que habla lo hace sólo ante un público que quiere comprender al orador, oyéndole directamente a través de la prensa, que reproduce su discurso. El *forum más* amplio, de auditorio directo, no está en el hemiciclo de un Parlamento, sino en la gran asamblea pública.

En los discursos públicos se encuentran miles de gentes que vienen con el exclusivo fin de escuchar lo que el orador va a decirles, en tanto que en el plenario de una cámara de diputados se reúnen sólo unos pocos centenares de personas congregadas en su mayoría para cobrar dietas y no para dejarse iluminar por la sabiduría de uno u otro de los señores "representantes del pueblo". Ante todo, además, en este caso se trata del mismo público que nunca está dispuesto a aprender algo nuevo, pues, aparte de faltarle inteligencia, le falta la necesaria voluntad para ello.

Nunca uno de esos representantes hará por sí mismo honor a la mejor verdad para, luego, ponerse a su servicio. No. Ninguno hará eso, a no ser que tenga razones para esperar que tal mudanza pueda salvar su mandato por una legislatura más. Sólo cuando presiente que su partido saldrá mal parado en las próximas elecciones es cuando estas "glorias de la Humanidad" se agitan para averiguar la forma de cambiar hacia un partido de orientación más segura, justificando ese cambio de actitud con un diluvio de argumentaciones morales. De ahí ocurre siempre que, cuando un partido pierde en gran escala el favor del público y está amenazado de una derrota fulminante, comienza la gran emigración: las ratas parlamentarias abandonan el navío partidista.

Eso nada tiene que ver con el saber y el querer, pero es un índice del don adivinatorio que advierte, todavía a tiempo, a las chinches parlamentarias haciendo que se muden a otra cama partidista más caliente.

Hablar ante un "foro" tal, significa, en verdad, tirar perlas a los cerdos. ¡No vale la pena! En este caso, el éxito no puede ser sino igual a cero.

Los diputados pangermanistas podían volverse roncos de tanto hablar; su esfuerzo resultaba siempre estéril. Y en cuanto a la prensa, ésta guardaba un silencio de tumba, o mutilaba los discursos hasta el punto de hacerlos incongruentes, o los tergiversaba en su sentido, dándole a la opinión pública una pésima impresión sobre los propósitos del nuevo Movimiento. No tenía ninguna importancia lo que decía cada uno de los diputados: la importancia estaba en aquello que se daba a leer atribuyéndoselo a ellos. Se usaba el viejo truco de los extractos de los discursos, que, mutilados o modificados, sólo podían y debían provocar una impresión equivocada. Así el público ante el cual ellos hablaban realmente eran los escasos quinientos parlamentarios y los representantes de la prensa.

Más grave que todo eso era el hecho de que el Movimiento Pangermanista había olvidado que, para contar con el éxito, debía meditar desde el primer momento que en su caso no podía tratarse de un nuevo partido, sino más bien de una nueva concepción ideológica. Únicamente algo así habría sido capaz de imprimir la energía interior necesaria para llevar a cabo esa lucha gigantesca. Solamente los más calificados y los de mayor entereza eran los llamados a ser los líderes de esa ideología.

En el supuesto que la lucha por un sistema universal no sea conducida por héroes dispuestos al sacrificio, en corto espacio de tiempo será imposible encontrar luchadores dispuestos a morir. Un hombre que combate exclusivamente por su existencia poco tendrá que ofrecer a la causa común.

Para que se pueda realizar esta hipótesis, es necesario que cada cual sepa que el nuevo Movimiento traerá honor y gloria ante la posteridad y que, en el presente, nada ofrecerá. Cuantos más puestos tenga un Movimiento para distribuir, mayor será la concurrencia de los mediocres, hasta que estos políticos oportunistas, copando con su número al partido victorioso, lo hagan irreconocible para el luchador honesto, que incluso será decididamente rechazado por los nuevos adheridos como un "intruso" incómodo.

Con esto, además, estará liquidada la "misión" de tal Movimiento.

Después que la agitación pangermanista aceptó al Parlamento, comenzó a contar con "parlamentarios" en lugar de guías y luchadores de verdad. El Partido bajó al nivel de cualquiera de las facciones de entonces, y por ello perdió la fuerza necesaria para enfrentar el Destino con la audacia de los mártires. En vez de luchar, aprendió también a "hablar" y a "negociar". En poco tiempo, el nuevo parlamentario sentía como el más noble deber (porque es menos arriesgado) combatir la nueva concepción del mundo con las armas "espirituales" de la elocuencia parlamentaria, en vez de lanzarse a un combate con el riesgo de la propia vida (lucha ésta de resultado incierto y que nada ofrece para sus líderes).

Como ellos estaban en el Parlamento, los seguidores de fuera empezaron a esperar milagros, que naturalmente no se produjeron, ni podían producirse. Al poco tiempo, hizo su aparición la impaciencia, pues, incluso lo que se conseguía oír de los propios diputados, no correspondía de ninguna manera a las esperanzas de los electores. Esto era fácilmente explicable, pues la prensa enemiga evitaba transmitir al público una imagen exacta de la actividad de los representantes pangermanistas.

Cuanto más aumentaba el agrado de los nuevos "representantes del pueblo" por la manera todavía suave de lucha "revolucionaria" en el Parlamento y en las Dietas, tanto menos se encontraban dispuestos a volver al más peligroso trabajo de propaganda, en el seno de las clases populares. Los discursos públicos, que eran el único medio eficaz de influir sobre las personas y, por consiguiente, capaz de atraer a las grandes masas, eran cada vez menos utilizados.

Desde que las reuniones públicas fueron definitivamente sustituidas por la tribuna del Parlamento, para desde allí derramar los discursos sobre las cabezas del pueblo, el Movimiento Pangermanista dejó de ser un Movimiento popular y descendió, en poco tiempo, a la categoría de un club de disertaciones académicas de carácter más o menos serio.

La desfavorable impresión que reflejaba la prensa no era contrarrestada en *modo alguno mediante la acción personal de los diputados en mítines, y la* palabra "pangermanismo" acabó por adquirir pésima reputación para los oídos del pueblo. Es preciso que los escritorzuelos y haraganes de hoy sepan que las mayores revoluciones de este mundo nunca fueron acaudilladas por escritores de librillos. No, apenas se limitaron a trazar las bases teóricas de las revoluciones.

Desde tiempos inmemoriales, la fuerza que impulsó las grandes avalanchas históricas de índole política y religiosa no fue jamás otra que la magia de la palabra hablada. La gran masa cede ante todo al poder de la oratoria. Todos los grandes Movimientos son reacciones populares, son erupciones volcánicas de pasiones humanas y emociones afectivas aleccionadas, ora por la Diosa cruel de la Miseria, ora por la antorcha de la palabra lanzada en el seno de las masas, pero jamás por el almíbar de literatos esteticistas y héroes de salón.

Únicamente un huracán de pasiones ardientes puede cambiar el Destino de los pueblos; mas despertar pasión es sólo atributo de quien en sí mismo siente el fuego pasional. Sólo ese entusiasmo inspira las palabras que, como golpes de martillo, consiguen abrir las puertas del corazón de un pueblo.

No ha sido elegido para Anunciador de la Voluntad Divina aquél a quien le falta la pasión y se mantiene en un cómodo silencio.

Que cada escritor quede junto a su tintero ocupado con "teorías" si su saber y su talento le bastan para eso. ¡Qué para *Führer* ni nació ni fue elegido!

Un Movimiento de grandes miras debe, pues, actuar para no perder el contacto con la masa del pueblo.

Ese punto debe ser examinado en primer lugar, y las decisiones deben ser tomadas bajo esa orientación. Deberá ser evitado todo lo que pueda disminuir o debilitar la capacidad de acción sobre la colectividad, no por motivos "demagógicos", sino por el simple reconocimiento de que sin la fuerza formidable de la masa de un pueblo no se puede realizar una gran idea, por más elevada y sublime que ella se presente. La dura realidad es la que debe determinar el camino para el objetivo deseado. No querer recorrer senderos desagradables significa en este mundo desistir del ideal, se quiera o no reconocerlo.

Después que el Movimiento Pangermanista, por su actitud parlamentaria, situó su punto de apoyo en las Cámaras y no en el pueblo, perdió el futuro y ganó, en cambio, el éxito fácil y pasajero. Eligió la lucha menos ardua, *y* por eso mismo dejó de merecer la victoria final.

Justamente estas cuestiones fueron estudiadas por mí en Viena, de la manera más profunda, notando entonces que, en su no reconocimiento, radicaba uno de los principales motivos del colapso del Movimiento que, desde mi punto de vista, estaba destinado a tomar en sus manos la dirección del germanismo. Los dos primeros errores que hicieron que fracasase el Movimiento Pangermanista se complementaban; uno era consecuencia del otro. La falta de conocimiento de las fuerzas impulsoras de las grandes revoluciones dio lugar a una errada valoración de la importancia de las grandes colectividades; de ahí derivó el escaso interés por la cuestión social, la mediocre persuasión de las clases menos favorecidas de la Nación, así como también su actitud favorable en relación al Parlamento. En el caso de que hubiera sido reconocido el increíble poder que tiene la masa como portadora de la acción revolucionaria en todos los tiempos, se habría trabajado de otra manera, tanto socialmente como en relación a la propaganda. No se habría tampoco, entonces, acentuado el Movimiento en dirección al Parlamento y sí en dirección al taller y a la calle.

El tercer error se caracterizó, además, por el no reconocimiento del valor de la masa, que una vez agitada en determinada dirección, por espíritus inteligentes, imprime un impulso que da fuerza y tenacidad al ataque.

La grave controversia que el Movimiento Pangermanista tuvo que sostener con la Iglesia Católica no respondía a otra causa que a la falta de comprensión del carácter anímico del pueblo. Los motivos del ataque violento del nuevo partido contra Roma se basaban en lo siguiente: Después que la Casa de los Habsburgos se decidiera definitivamente a transformar Austria en un Estado eslavo, fueron utilizados todos los medios que se consideraron idóneos para alcanzar dicho objetivo. Las instituciones religiosas fueron también puestas sin escrúpulos al servicio de la nueva idea oficial por esa inconsciente dinastía. El establecimiento de parroquias checas fue sólo uno de los muchos recursos puestos en práctica hacia el objetivo de la esclavización general de Austria.

El proceso se desarrollaba más o menos así: En distritos netamente alemanes se colocó a curas checos que comenzaron por subordinar los intereses de la Iglesia a los de la nacionalidad checa, convirtiéndose así en células generadoras del proceso de la desgermanización austríaca.

Desgraciadamente, la reacción de la clerecía alemana ante semejante proceder resultó casi nula, de suerte que el germanismo fue desalojado lenta pero persistentemente, debido al abuso de la influencia religiosa, por una parte, y luego a la insuficiente resistencia, por otra. Si, como vimos, eso se daba en pequeña escala, en una más grande no sería distinta la situación. La impresión general no podía ser otra que la de tratarse de una brutal violación de los derechos alemanes por parte de la clerecía católica como tal. Parecía, pues, que la Iglesia no solamente era indiferente al sentir de la nacionalidad germana en Austria, sino que, injustamente, llegaba a colocarse al lado de sus adversarios. Como decía Schonerer, el mal tenía su raíz en el hecho de que la cabeza de la Iglesia Católica se hallaba fuera de Alemania, lo cual, desde luego, motivaba una hostilidad marcada contra los intereses de nuestra nacionalidad.

Los llamados problemas culturales pasaban, como casi todo en Austria, a un segundo plano. Lo que valía, en opinión del Movimiento Pangermanista, con relación a la Iglesia Católica, era menos la actitud de ésta con relación a la ciencia que su insuficiente comprensión de los intereses alemanes e, inversamente, un constante fomento de las pretensiones y ambición eslavas.

Georg Schonerer no era hombre que hiciera las cosas a medias. Había asumido la lucha contra la Iglesia con el íntimo convencimiento de que sólo Así se podía salvar la suerte del pueblo alemán en Austria. El Movimiento separatista contra Roma *("Los-von- Rom" Bewegung)* tenía la apariencia de ser el más poderoso, pero a su vez era el más dificultoso procedimiento de ataque para vencerla resistencia del adversario. Si la campaña resultaba victoriosa, entonces habría tocado también a su fin la infeliz división religiosa existente en Alemania y así habría ganado enormemente en fuerza interior la nacionalidad alemana.

Pero ni la premisa ni la conclusión de esa lucha estaban en lo cierto.

Incontestablemente, la fuerza de resistencia del clero católico de nacionalidad alemana era inferior, en todas las cuestiones referentes al germanismo, a la de sus hermanos no alemanes, sobre todo checos. Además, sólo un ignorante no vería que el clero alemán jamás adoptó una defensa agresiva de los intereses de su raza. Cualquiera que no estuviese ofuscado por las apariencias debería reconocer que tal hecho había que atribuirlo, antes que nada, a una circunstancia que todos nosotros, los alemanes, debemos apreciar: la tolerancia con que encaramos los problemas raciales, así como los demás. Mientras el sacerdote checo adoptaba una posición subjetiva con respecto a su pueblo y objetiva frente a la Iglesia, el sacerdote alemán se subordinaba subjetivamente a la Iglesia y permanecía objetivo desde el punto de vista de su nacionalidad; un fenómeno que podemos observar por desgracia en miles de otros casos.

No se trata aquí de una herencia exclusivamente propia del catolicismo, sino de un mal que entre nosotros es capaz de corroer en poco tiempo casi toda institución estatal o de índole idealista.

Comparemos, por ejemplo, la conducta observada por nuestros funcionarios del Estado frente al propósito de un resurgimiento nacional, con la actitud que asumirían en un caso semejante iguales elementos de otro país. ¿Se imagina, acaso, que el cuerpo de funcionarios de cualquier otro país del mundo omitiría de manera semejante los deseos de la Nación ante la frase hueca "autoridad del Estado", como es frecuente entre nosotros desde hace cinco años, siendo hasta considerado particularmente digno de elogio quien así procede? ¿Y qué norma nos ofrece el criterio que hoy sustentan católicos y protestantes frente al semitismo, criterio que no responde ni a los intereses nacionales ni a las verdaderas necesidades de la religión? No hay pues paralelo posible entre el modo de obrar de un rabino en todas las cuestiones que tienen una cierta importancia para el semitismo bajo el aspecto racial y la actitud observada por la mayoría de nuestros religiosos, sea cual fuere su confesión, frente a los intereses de su raza.

Este fenómeno se repite siempre que se trate de defender una idea abstracta. "Autoridad del Estado", "democracia", "pacifismo", "solidaridad internacional", etc., etc., son todas ideas que entre nosotros se convierten por lo general en conceptos tan netamente doctrinarios y tan inflexibles, que cualquier juicio respecto de las necesidades vitales de la Nación resulta subordinado a ellas.

Esta manera infeliz de considerar todas las aspiraciones por el prisma de una opinión preconcebida, destruye toda la capacidad de profundizar el hombre en un asunto subjetivamente, por contradecir objetivamente la propia teoría, y conduce al final a una inversión de medios y de fines. Todo intento de levantar la Nación será rechazado, en tanto implique la extinción de un régimen, incluso malo, en tanto que sea una infracción al "principio de autoridad". El "principio de autoridad" no es, además, un medio para lograr un fin, sino por el contrario, ante los ojos de estos fanáticos de la objetividad, representa el fin mismo, lo que es más que suficiente para explicar la triste existencia de ese principio. Así es que, por ejemplo, toda tentativa hacia una dictadura sería acogida con indignación, incluso si su propulsor fuese un Federico el Grande y si los representantes políticos de una mayoría parlamentaria momentánea no pasasen de ancianos incapaces o de individuos mediocres. La ley de la democracia parece más sagrada para uno de esos doctrinarios que el bien de la Nación. Protegerá, por tanto, la peor tiranía que aniquila a su pueblo, con tal de que "el principio de autoridad" esté incorporado a ella, al mismo tiempo que rechazará incluso el más benéfico de los gobiernos desde el momento en que no corresponde a su concepción de democracia. De la misma manera, nuestro pacifista alemán guardará silencio ante el más sangriento atentado contra el pueblo, incluso si tiene su origen en las más violentas fuerzas militares; guardará silencio, porque la alteración de ese destino sólo sería posible por medio de una resistencia, es decir, de una violencia, y eso contrariaría su espíritu pacifista. El socialista alemán internacional puede así ser explotado solidariamente por el resto del mundo; él retribuye con fraternal simpatía y no piensa en reparaciones o protestas. Porque él es un alemán "objetivo".

Eso puede ser deplorable, pues quien quiera modificar una situación debe dejar de teorizar.

Lo mismo sucede con la defensa de los anhelos del pueblo alemán por una parte del clero.

Vemos en esa debilidad nacional el resultado de una educación también floja en el sentido de la germanización de la juventud, como también, por otro lado, una sumisión ciega a la idea transformada en ídolo.

La educación para la democracia, para el socialismo de carácter internacional, para el pacifismo, etc. , es tan rígida y radical, por tanto considerada por ellos puramente subjetiva, que, con eso, la imagen general del resto del mundo está influenciada por esa noción fundamental, al paso que la actitud para con el germanismo desde su juventud siempre se caracterizó por su objetivismo. De esta manera el pacifista alemán que se somete subjetivamente a su idea, procurará siempre en primer lugar los derechos objetivos incluso en casos de amenazas injustas y graves para su pueblo y nunca se colocará, por puro instinto de conservación, en la hilera de su mesnada para luchar al lado de ella.

Que todo esto es válido para las diferentes creencias, puede ser demostrado por lo siguiente: El protestantismo representa mejor, por sí mismo, las aspiraciones del germanismo, en tanto que este germanismo está fundamentado en origen y tradiciones de su Iglesia; falla, entre tanto, en el momento en que esa defensa de los intereses nacionales tenga que realizarse en un dominio discordante con su tradicional manera de concebir los problemas mundiales.

El protestantismo obrará siempre en pro del fomento de los intereses germanos toda vez que se trate de pureza moral o del acrecentamiento del sentir nacional, en defensa del carácter, del idioma y de la independencia alemanes, puesto que todas estas nociones se hallan hondamente arraigadas en el protestantismo mismo; pero al instante reaccionará hostilmente contra toda tentativa que tienda a salvar la Nación de las garras de su más mortal enemigo, y esto porque el punto de vista del protestantismo respecto al semitismo está indeciso en torno de la cuestión y, a no ser que esa cuestión sea resuelta, no tendrá sentido o posibilidad de éxito cualquier tentativa de un renacimiento alemán.

Durante mi estancia en Viena, tuve la oportunidad de examinar esa cuestión, sin ideas preconcebidas, y pude incluso verificar millares de veces, en la convivencia diaria, la exactitud de ese modo de ver las cosas.

En esa ciudad en la que están ubicadas las más y variadas razas era evidente -a todos parecía claro - que solamente el pacifista alemán procura considerar siempre objetivamente las aspiraciones de su propia Nación, lo que nunca hace el judío con relación a las de su pueblo; que solamente el socialista alemán es "internacional"; esto es, le está vedado hacer justicia a su propio pueblo de otra forma que no sea con lamentaciones y lloriqueos entre sus compañeros internacionales. Nunca actúa así el checo, el polaco, etc. En fin, reconocí desde entonces que la desgracia sólo en parte está en esas teorías y, por otra parte, en nuestra insuficiente educación con respecto al nacionalismo y en una dedicación precaria, en virtud de eso, con relación al mismo. Por estas razones falló el primer fundamento puramente teórico del Movimiento Pangermanista contra el catolicismo.

Edúquese al pueblo alemán, desde su juventud, en el conocimiento firme de los derechos de la propia nacionalidad y no se saturen los corazones infantiles con la maldición de nuestra "objetividad", incluso en aspectos relativos a la conservación del propio yo, y en poco tiempo se verificará (suponiéndose un gobierno radical nacional), como en Irlanda, en Polonia o en Francia, que el católico alemán será siempre alemán.

La más formidable prueba de esto fue ofrecida en la época en que, por última vez, nuestro pueblo, en defensa de su existencia, se presentó ante el Tribunal de la Historia, en una lucha de vida o muerte.

Mientras el pueblo tuvo durante la guerra de 1914 dirigentes resueltos, cumplió su deber en forma insuperable.

El pastor protestante como el sacerdote católico, ambos contribuyeron decididamente a mantener el espíritu de nuestra resistencia, no sólo en el frente de batalla, sino ante todo en los hogares. En aquellos años, especialmente al iniciarse la guerra, no dominaba, en efecto, en ambos sectores religiosos otro ideal que el único y sagrado del Imperio Alemán, por cuya existencia y porvenir elevaba cada uno sus votos de fervorosa devoción.

El Movimiento Pangermanista debió haberse planteado en sus comienzos una cuestión previa: ¿Era factible, o no, conservar el acervo germánico en Austria bajo la égida de la religión católica? Si se contestaba afirmativamente, este partido político jamás debió mezclarse en cuestiones religiosas o de orden confesional y si, por el contrario, era negativa la respuesta, entonces debió haberse propiciado una reforma religiosa, pero nunca un partido político.

Aquél que piensa poder llegar, por el atajo de una organización política, a una reforma religiosa, muestra solamente que le falta cualquier conocimiento de la evolución de las ideas religiosas o incluso de las dogmáticas y de la actuación política del clero. En realidad no se puede servir a dos señores, siendo como yo considero la fundación o destrucción de una religión mucho más importante que la fundación o destrucción de un Estado, cuanto más de un partido.

¡Que no se diga que los ataques aludidos lo fueron en defensa contra los ataques del lado opuesto!

Es cierto que en todas las épocas hubo individuos sin conciencia que no tuvieron vergüenza de hacer de la religión un instrumento de sus intereses políticos (pues es eso de lo que se trata casi siempre y exclusivamente entre tales mentirosos). Entre tanto, es erróneo interpretarla religión, o el credo, en función de una manada de bribones que hacen de ello mal uso, de la misma forma que podrían poner cualquier otra cosa al servicio de sus bajos instintos.

Nada puede servir mejor a un holgazán parlamentario que la oportunidad que se le ofrece de conseguir la justificación de su sagacidad política. Pues, después que la religión o la creencia son responsabilizadas de una maldad personal y por eso atacadas, el bribón llama, con formidables gritos, al mundo entero para testimoniar cuán justa fue su actuación y cómo, gracias a él y su locuacidad, fueron salvadas la religión y la Iglesia. Los contemporáneos, tan locos como olvidadizos, no reconocen al verdadero causante del conflicto, debido al gran griterío que se forma, o no se acuerdan más de él, y así alcanza el bribón su objetivo. Estos astutos zorros saben bien que eso nada tiene que ver con la religión. Por eso más se reirá para sus adentros, en cuanto que su adversario, honesto pero inhábil, pierde la partida y se retira de todo, desilusionado de la lealtad y de la fe en los hombres.

En otro sentido, sería también injusto considerar la religión o incluso la Iglesia como responsable de los desatinos de cualquier individuo.

Compárese la grandeza de la organización visible con la imperfección media de los hombres en general y será necesario admitir que el mal entre nosotros es menor que en cualquier otra parte. Es cierto que existen también, incluso entre los propios sacerdotes, algunos para los cuales su función sagrada es apenas un medio para la satisfacción de su ambición política y que llegan incluso a olvidar, en la lucha política, muchas veces de manera más o menos lamentable, que deberían ser ellos los guardianes de una verdad superior y no los representantes de la mentira y de la calumnia. Entre tanto, por cada indigno de esos existen, por otro lado, miles y miles de curas honestos, dedicados de la manera más fiel a su misión que, en nuestros tiempos actuales, tan mentirosos como decadentes, se destacan como pequeñas islas en un pantano general.

Tampoco condeno o debo condenar a la Iglesia por el hecho de que un sujeto cualquiera de sotana cometa alguna falta inmunda contra las costumbres, cuando muchos otros ensucian y traicionan a su nacionalidad, en una época en que eso ocurre frecuentemente. Sobre todo hoy en día, es bueno no olvidar que por cada Efialtes hay millares de personas que, con el corazón sangrando, sienten la infelicidad de su pueblo, y cómo los mejores de nuestra Nación anhelan ansiosamente el instante en que para nosotros el cielo pueda sonreír también.

A quien, sin embargo, responde que, en este caso, no se trata de pequeños problemas de la vida diaria, sino sobre todo de cuestiones de verdad fundamental y de contenido dogmático, se le puede dar la respuesta adecuada con otra cuestión: "Si te consideras llamado por el Destino para proclamar la verdad, hazlo; ten, sin embargo, también el valor de no querer hacer eso por el atajo de un partido político, pues constituye un error; pero coloca, en lugar del mal de ahora, lo que te parece mejor para el futuro.

Si por ventura te falta valor, o si no conoces bien lo que en ti hay de bueno, no te metas; en todo caso, no intentes, por mediación de un Movimiento político, conseguir astutamente aquello que no tienes el coraje de hacer con la cabeza en alto."

Los partidos políticos nada tienen que ver con las cuestiones religiosas, mientras éstas no socaven la moral de la Raza; del mismo modo, es impropio inmiscuir la Religión en manejos de política partidista.

Cuando dignatarios de la Iglesia se sirven de instituciones y doctrinas para dañar los intereses de su propia nacionalidad, jamás debe seguirse el mismo camino ni combatírseles con iguales armas.

Las doctrinas e instituciones religiosas de un pueblo debe respetarlas el *Führer* político como inviolables; de lo contrario, debe renunciar a ser político y convertirse en reformador, si es que para ello tiene capacidad.

Un modo de pensar diferente en este orden conduciría a una catástrofe, particularmente en Alemania.

Estudiando el Movimiento Pangermanista y su lucha contra Roma, llegué en aquellos tiempos, y aun más todavía en el transcurso de años posteriores, a la convicción de que la poca comprensión revelada por ese Movimiento para el problema social, le hizo perder el concurso de la masa del pueblo de espíritu verazmente combativo. Ingresar en el Parlamento le significó sacrificar su poderoso impulso y gravarlo con todas las taras propias de aquella institución; su acción contra la Iglesia Católica lo había desacreditado en numerosos sectores de la clase media y también de la clase baja, restándole así infinidad de los mejores elementos de la Nación.

Los resultados de la *Kulturkampf* en Austria fueron prácticamente nulos.

Es verdad que fue posible arrancar cerca de cien miembros a la Iglesia, sin que ella por eso hubiese sufrido daño sensible. Realmente en este supuesto no habría necesidad de llorar por las "ovejas" perdidas; ella sólo perdió lo que hace mucho tiempo íntimamente no le pertenecía. Ésa era la diferencia entre la nueva reforma y la antigua. Además, muchos de los mejores elementos de la Iglesia se habían apartado de ella por convicción religiosa íntima, al paso que ahora sólo los "tibios" son los que van por "consideraciones" políticas.

Justamente desde el punto de vista político, el resultado fue muy ridículo y deplorable.

Una vez más fracasaba un prometedor Movimiento político de la Nación alemana por no haber sido guiado con la necesaria sobriedad, pero se perdió en un campo que forzosamente tenía que conducir a un desmoronamiento.

La verdad, pues, es ésta: El Movimiento Pangermanista nunca habría cometido ese error si hubiera tenido un pequeño conocimiento de la psicología de las masas. Si sus dirigentes hubieran sabido que para conseguir el triunfo no se debe nunca mostrar a la masa dos o más adversarios, por consideraciones puramente psicológicas, pues eso conduciría al debilitamiento de la fuerza combativa; sólo por ese motivo el Movimiento Pangermanista debería haber sido principalmente orientado contra un único adversario.

Admitiendo que en las diversas creencias haya muchas cosas que eliminar, el partido político no debe perder ni un minuto de su visión el hecho de que, a juzgar por toda la experiencia de la Historia hasta hoy, nunca un partido político consiguió, en situaciones análogas, llegar a una reforma religiosa. No se estudia, por consiguiente, la Historia para no recordar sus enseñanzas, cuando llega la hora de aplicarlas prácticamente, o para pensar que las cosas ahora son diferentes y que, por tanto, sus verdades no son aplicables. Se aprende de ella justamente la enseñanza útil para el presente. Quien no consiga eso, no debe tener la pretensión de ser un Jefe político; será en realidad un ser superficial, aunque muy convencido, y toda su buena voluntad no le disculpará su incapacidad práctica.

El arte de todos los grandes conductores de pueblos, en todas las épocas, consiste, en primer lugar, en no dispersar la atención de un pueblo y sí en concentrarla contra un único adversario. Cuanto más concentrada esté la voluntad combativa de un pueblo, tanto mayor será la atracción magnética de un Movimiento y más formidable el ímpetu del golpe. Forma parte de la genialidad de un gran conductor hacer que parezcan pertenecer a una sola categoría incluso adversarios diferentes, por cuanto el reconocimiento de varios enemigos fácilmente conduce a la duda sobre el derecho de su propia causa.

Después que la masa vacilante se ve en lucha contra muchos enemigos, surge inmediatamente la objetividad y la pregunta de sí realmente todos están equivocados o sólo el propio pueblo o el propio Movimiento es el que tiene la razón. Con esto aparece el primer colapso de la propia fuerza. de ahí que sea necesario que una mayoría de adversarios sea siempre considerada en bloque, de manera que la masa de los propios adeptos estime que la lucha se dirige contra un enemigo único. Esto fortalece la fe en la propia causa y aumenta la indignación contra el enemigo.

El hecho de no haber comprendido esto le significó el fracaso al Movimiento Pangermanista.

Su objetivo era cierto. Su voluntad, pura. El camino seguido, empero, estaba errado. Se parecía a un alpinista que tiene a la vista un pico para escalar y que se pone en marcha con decisión y fuerza, pero sin dedicar atención a aquél, teniendo la mirada siempre de espaldas al objetivo, sin reparar en la senda que sigue. Por eso fracasa.

Lo contrario sucedía en las filas de los adversarios políticos, en el Partido Cristiano-Social.

El camino elegido por éste fue sabio y firmemente determinado. Sin embargo, le faltó el conocimiento exacto del objetivo.

Allí donde el Movimiento Pangermanista cometía errores, la actitud del Partido Cristiano-Social era precisa y sistemática.

Éste conocía la importancia de las masas y logró asegurarse por lo menos el apoyo de una parte de ellas, subrayando públicamente desde un comienzo el carácter social de su tendencia. Y desde que se dispuso a conquistar a la clase media y a la clase trabajadora, ganó permanentes y fieles partidarios, dispuestos al propio sacrificio. Evitaba toda controversia con las instituciones religiosas y así le fue posible asegurarse el apoyo de una organización tan poderosa como la Iglesia. Tenía, por eso, un único adversario verdaderamente grande. También reconoció la importancia de una propaganda amplia e hízose especialista en él arte de influir en el ánimo de la gran masa de sus adeptos.

El hecho de que a pesar de su fuerza este partido no fue capaz de alcanzar el anhelado propósito de salvar a Austria, se explica por algunos errores de método en su acción y también por la falta de claridad en los fines que perseguía.

El antisemitismo del Partido Cristiano-Social se fundaba en concepciones religiosas y no en principios racistas. La misma causa determinante de este primer error constituía el origen del segundo.

Si el Partido Cristiano-Social quiere salvar a Austria --decían sus fundadores- no puede invocar el principio racista, porque eso significaría provocar en corto tiempo la disolución general del Estado. Según la opinión de los líderes del Partido, la situación exigía, ante todo en Viena, evitar en lo posible incidencias disociadoras y más bien fomentar todos los motivos que tendían a la unificación.

Ya en aquella época, Viena estaba saturada de elementos extranjeros, especialmente checos, que, tratándose de problemas relacionados con la cuestión racial, sólo una marcada tolerancia podía mantenerlos adictos a un partido que no era antigermanista por principio. El propósito de salvar a Austria imponía no renunciar al concurso de estos tres elementos; así es como mediante una lucha de oposición contra el sistema liberalista de Manchester, se intentó ganar ante todo a los pequeños artesanos checos, representados en gran número en Viena; pensábase que de esta manera, por encima de todas las diferencias raciales de la vieja Austria, habríase encontrado un lema para la lucha contra el judaísmo desde el punto de vista religioso.

Es claro que una acción contra los judíos sobre una base semejante podía causarles a éstos sólo una relativa inquietud, pues, en el peor de los casos, un chorro de agua bautismal era siempre capaz de salvar al judío y su comercio.

Abordada la cuestión tan superficialmente, jamás podía llegarse a un serio y científico análisis del problema fundamental, y sólo se conseguía apartar a muchos de los que no concebían un antisemitismo de esas características. Con esto, la fuerza de persuadir adeptos quedaría circunscrita casi exclusivamente a círculos intelectuales restringidos. La actitud de las clases intelectuales era de franca negación. La cuestión parecía cada vez limitarse más a una nueva tentativa de conversión de los judíos. Se tenía hasta la impresión de que se trataba de una cierta envidia de concurrencias. Con eso la lucha perdió el carácter de un Movimiento superior y para muchos, y justamente no para los peores, tomó la apariencia de inmoral y reprobable. Faltaba la convicción de que se trataba de una cuestión vital para toda la Humanidad, de cuya solución dependía el destino de todos los pueblos no judíos.

Este modo de hacer las cosas a medias anulaba el mérito de la orientación del Partido Cristiano-Social.

Era un pseudo-antisemitismo de efectos más contraproducentes que provechosos; se adormecía despreocupadamente creyendo tener al adversario cogido por las orejas, mientras en realidad era éste quien lo tenía sujeto por la nariz.

El judío, por el contrario, en breve espacio de tiempo se acostumbró a esa especie de antisemitismo, de modo que su supresión ciertamente le habría producido más carencia que incomodidades.

Si el Estado constituido por diferentes razas ya exigía un sacrificio, mayor aún lo exigía la defensa del germanismo.

No se podía ser "nacionalista", a no ser que, incluso en Viena, se quisiera dejar de sentir la tierra debajo de los pies. Se esperaba salvar al

Estado de los Habsburgos soslayando suavemente esa cuestión y, así, lo llevaban directamente a la ruina. Con esto, sin embargo, perdió el Movimiento la única poderosa fuente de energía que puede suministrar fuerza, duraderamente, a un partido político. El Movimiento Cristianosocial se volvió, con eso, un partido como otro cualquiera. Yo había escudriñado atentamente los dos movimientos, uno por impulso íntimo del corazón, el otro arrastrado por la admiración hacia el hombre raro que ya entonces aparecía como un símbolo de todo el germanismo austríaco.

Cuando el formidable cortejo fúnebre conducía al fallecido burgomaestre de la *Rathaus* hacia la *Ringstrasse*, también me encontraba entre las muchas centenas de millares de personas que acompañaron el sepelio. Íntimamente conmovido, me decía el sentimiento que también la obra de ese hombre tenía que ser en vano, debido a la fatalidad que irremisiblemente conduciría a aquel Estado al aniquilamiento.

Si el doctor Karl Lüger hubiese vivido en Alemania, se le habría colocado entre las primeras cabezas de nuestro pueblo, pero el hecho de haber actuado en un Estado imposible, como era Austria, constituyó la ruina de su obra y la de su propia vida. Cuando murió, aparecieron ya las primeras llamaradas en los Balcanes, de modo que el Destino clemente le ahorró ver aquello que él había creído poder evitar.

Empeñado en buscar las causas de la incapacidad de uno de los movimientos y las del fracaso del otro, llegué a la íntima persuasión de que, aparte de la imposibilidad de poder aún lograr una consolidación del Estado austríaco, ambos partidos habían incurrido en los siguientes errores: En principio, el Movimiento Pangermanista tenía indudablemente razón en su propósito de regeneración alemana, pero fue infeliz en la elección de sus métodos. Había sido nacionalista, mas, por desgracia, no lo suficientemente social para ganar en su favor el concurso de las masas. Su antisemitismo descansaba sobre una justa apreciación de la trascendencia del problema racista y no sobre concepciones de índole religiosa. En cambio, su lucha contra una determinada confesión, contra Roma, era errada en principio y falsa tácticamente.

El Movimiento Cristiano-Social poseía una concepción vaga acerca de la finalidad de un resurgimiento alemán, pero como partido demostró habilidad y tuvo suerte en la selección de sus métodos; conocía la importancia de la cuestión social, pero erró en la lucha contra el judaísmo y no tenía la menor noción del poder que encarnaba la idea nacionalista.

Si el Partido Cristiano-Social hubiera poseído, además de su inteligente comprensión de la gran masa, una noción cierta de la importancia del problema racial, como la poseía el Movimiento Pangermanista, y hubiera sido también nacionalista; o hubiera el Movimiento Pangermanista adoptado, además de la comprensión certera de objetivo sobre la cuestión judía y de la importancia del sentimiento nacional, también la inteligencia práctica del Partido Cristianosocial, sobre todo en cuanto a la actitud con relación al socialismo, habríase producido aquel Movimiento que, ya entonces, estoy convencido, podría haber influido decisivamente en el destino del germanismo.

Si así no sucedió, fue debido, en gran parte, al carácter del Estado Austríaco.

Como no veía mi convicción realizada en ningún otro partido, no podía decidirme a ingresar en ninguna de las organizaciones existentes, y ni siquiera colaborar en la lucha. Ya en aquel tiempo consideraba a todos los movimientos políticos errados e incapaces de realizar el gran renacimiento nacional del pueblo alemán.

Mi antipatía contra el Estado de los Habsburgos creció cada vez más en aquella época.

Cuanto más me preocupaba sobre todo con cuestiones de política exterior, tanto más ganaba terreno mi convicción de que aquella estructura estatal tenía que convertirse en la desgracia del germanismo. Cada vez veía más claramente, en fin, que el destino de la Nación alemana no sería decidido más desde aquel lugar y sí desde el propio *Reich*. Eso, sin embargo, no lo decía con respecto sólo a las cuestiones políticas, sino también para todas las cuestiones de la vida cultural propiamente dicha.

El Estado Austríaco mostraba también en el campo de las actividades puramente culturales o artísticas todos los síntomas de la decadencia, o, por lo menos, de su insignificancia para el futuro de la Nación alemana. En el terreno de la arquitectura era donde se dejaba sentir más. La arquitectura moderna, por eso mismo, no tenía gran éxito en Austria, pues, aparte de la construcción de la *Ringstrasse*, las obras, por lo menos en Viena, eran insignificantes en relación a los grandes planes que surgían en Alemania.

Comencé de esta manera a llevar cada vez más una doble vida; la razón y la realidad me hicieron pasar por una tan amarga como bendita escuela en Austria. Entre tanto, el corazón andaba por otros parajes. Un angustioso descontento me embargaba a medida que iba conociendo la vacuidad en derredor de ese Estado, y la imposibilidad de salvarlo, sintiendo, al mismo tiempo, con la mayor certeza que, en todo y por todo, aquél sólo podía representar la desgracia del pueblo alemán.

Estaba convencido de que este Estado tenía que oprimir y poner obstáculos a todo representante verdaderamente eminente del germanismo, y sabía también que, inversamente, favorecía toda manifestación antialemana.

Repugnante me era el conglomerado de razas reunidas en la capital de la Monarquía austríaca; repugnante esa promiscuidad de checos, polacos, húngaros, rutenos, serbios, croatas, etc., y, en medio de todos ellos, a manera de eterno bacilo disociador de la Humanidad, el judío y siempre el judío.

Para mí la gigante ciudad parecía la encarnación del incesto.

El alemán que hablaba en mi juventud era el dialecto hablado en la Baja Baviera. No conseguía ni olvidarlo ni aprender la jerga vienesa. Cuanto más tiempo permanecía en aquella ciudad, más aumentaba mi odio contra la extraña mezcla de razas que comenzaba a corroer aquel viejo centro cultural alemán.

La idea, sin embargo, de que aquel Estado pudiese mantenerse por más tiempo me pareció completamente ridícula.

Austria era entonces como un viejo mosaico, cuya argamasa destinada a asegurar las pequeñas piedras se había vuelto vieja y quebradiza. La obra consigue aparentar permanencia, pero en cuanto recibe un golpe, se rompe en mil pedazos. Toda la cuestión se limitaba a saber *cuándo se produciría* el desastre final.

Mi corazón siempre anhelaba no una Monarquía Austríaca sino un Imperio Alemán. La hora de la decadencia de aquel Estado sólo me podía parecer como un comienzo de redención de la Nación alemana.

Todas estas razones provocaron en mí el deseo cada vez más ferviente de llegar al fin allí, adonde, desde mi juventud, me atraían anhelos secretos e íntimas afecciones.

Confiaba en hacerme más tarde un nombre como arquitecto y así ofrecerle a la Nación leales servicios dentro del marco, pequeño o grande, que el Destino me reservase. Finalmente, aspiraba a estar entre aquellos que tenían la suerte de vivir y actuar allí donde debía cumplirse un día el más fervoroso de los anhelos de mi corazón: la anexión de mi querido terruño a la Patria común: el *Reich* Alemán.

Muchas personas, inclusive hoy, no podrán comprender la grandeza de un deseo tal. Entre tanto me dirijo a aquellos a quienes el Destino les negó hasta ahora esa felicidad; me dirijo a todos aquellos que, desligados de la Patria, tienen que luchar hasta por el bien sagrado de la lengua; que, debido a su sentimiento de fidelidad a la Patria, son perseguidos y martirizados, y que, dolorosamente conmovidos, esperan ansiosamente la hora en que puedan volver de nuevo al corazón de la Madre querida; me dirijo a todos ellos y sé que me comprenderán.

Solamente aquél que siente dentro de sí lo que significa ser alemán, sin poder pertenecer a la querida Patria, es quien podrá medir el ansia profunda que en todo momento atormenta a aquellos que de ella se hallan poseídos y se les niega la satisfacción y la felicidad, hasta que se les abren las puertas de la casa paterna y en el *Reich* común la sangre común vuelve a encontrar paz y sosiego.

Pero Viena debió ser y quedar para mí simbolizando la escuela más dura y, a la vez, la más provechosa de mi vida. Había llegado a esta ciudad cuando todavía era adolescente, y me marchaba ahora convertido en un hombre taciturno y serio. Allí asimilé, en general, los fundamentos para una concepción ideológica y, en particular, un método de análisis político.

Posteriormente, jamás me abandonaron esos conocimientos, que después no hice más que complementar en parte. Sólo hoy puedo apreciar yo mismo en toda su magnitud el verdadero valor de aquellos años de experiencia.

Por eso me he ocupado aquí más detalladamente de aquella época que me proporcionó el primer material de estudio, precisamente en los problemas que son básicos dentro de nuestro Partido, el cual, surgiendo de los más modestos comienzos, tiene ya hoy, apenas transcurridos cinco años, las características de un gran Movimiento popular. No sé cuál sería ahora mi modo de pensar respecto al judaísmo, la socialdemocracia (mejor dicho todo el marxismo), el problema social, etc., si ya en mi juventud, debido a los golpes del Destino y gracias a mi propio esfuerzo, no hubiese alcanzado a cimentar una sólida base ideológica personal.

Pues, si bien es cierto que la desgracia de la Patria consigue estimular a millares y millares de personas a pensar en las causas íntimas del desmoronamiento, ese hecho, sin embargo, no aporta por sí mismo la profundidad, ni la aguda intuición que se abren únicamente para aquél que, después de muchos años de lucha durísima, se convierte en Señor del Destino.

Capítulo IV

Múnich

En la primavera de 1912 me trasladé definitivamente a Munich. Aquella ciudad me resultaba familiar, como si hubiera vivido en ella desde hacía mucho tiempo. Ello provenía del hecho de que en mis estudios se hacía muchas referencias a esa ciudad del arte alemán. Quien no conoce Munich no ha visto Alemania, quien no visitó Munich no conoce el arte alemán.

Ese período anterior a la guerra fue el más feliz y tranquilo de mi vida. Aunque mis ingresos fuesen todavía muy reducidos, no vivía para poder pintar, pero pintaba para, de esta manera, asegurar mi existencia o, mejor dicho, para así poder continuar mis estudios. Estaba convencido de que un día conseguiría mi objetivo. Y sólo eso ya me hacía soportar con indiferencia todos los pequeños disgustos de la vida cotidiana. Aumentó así más el gran amor que ya tenía por aquella ciudad desde el primer instante de mi permanencia en ella. ¡Una ciudad alemana! ¡Qué diferencia con Viena! Me descomponía la sola idea de pensar lo que era aquella Babilonia de razas. En Munich el modo de hablar era muy parecido al mío y me recordaba la época de mi juventud, especialmente al conversar con gentes de la Baja Baviera. Había, pues, mil cosas que me eran o que se me hicieron queridas y apreciadas. Pero lo que más me subyugó fue el maravilloso enlace de fuerza nativa con el fino ambiente artístico de la ciudad, es decir, eso que se puede observar en la perspectiva única que se ofrece desde la "Hofbrauhaus" al Odeón y desde la pradera del *Oktoberfest* a la Pinacoteca, etc. Y si hoy tengo predilección por Munich, como por ningún otro lugar en el mundo, es sin duda porque esa ciudad está indisolublemente ligada a la evolución de mi propia vida. El hecho de que, ya en aquella ocasión, gozara de una verdadera tranquilidad era atribuible al encanto que la admirable residencia de los Wittelsbach ejerce sobre todos los hombres que poseen cualidades intelectuales unidas a sentimientos artísticos.

Aparte de la práctica de mi trabajo cotidiano, en Munich volvió a interesarme sobre todo el estudio de los sucesos políticos de actualidad y, particularmente, los relacionados con la política externa. Estos últimos considerados a través de la política aliancista alemana con. Austria e Italia, política que ya desde mi permanencia en Viena la conceptuaba yo como un completo error. Ya en aquella época no podía comprender cómo el *Reich* se engañaba a sí mismo con la práctica de aquella política.

Procuraba convencerme a mí mismo - realmente como disculpa- de que posiblemente en Berlín ya se conocía lo débil y poco merecedor de confianza que era en realidad el aliado austríaco, lo que, entre tanto, por motivos más o menos secretos, se mantenía bajo reserva, a fin de apoyar una política de alianza que el propio Bismarck había inaugurado y cuyo abandono brusco no era aconsejable, para no alentar al extranjero o inquietar al pueblo en el interior.

Entre tanto, mis relaciones, sobre todo entre el pueblo, hicieron que pronto verificase, horrorizado, que esa convicción mía era falsa. Con gran sorpresa por mi parte, tuve que constatar, en todas partes, que, incluso en los círculos bien informados, no se tenía la más pálida idea del carácter de la Monarquía de los Habsburgos. Cierto es que el pueblo estaba persuadido de que el aliado debía ser considerado una potencia que, en la 0 hora del peligro, reaccionaría como un solo hombre. En el seno de la masa, se consideraba siempre la Monarquía como un Estado "alemán" y se pensaba también poder contar con ella. Se pensaba que la fuerza en ese caso también podía ser computada por millares, como por ejemplo en la propia Alemania, y se olvidaba completamente: 1°) que, desde hacía mucho tiempo, Austria había dejado de ser un Estado de carácter alemán; 2°) que las condiciones internas de aquel país, cada vez más, tendían hacia la disgregación.

En aquel tiempo yo conocía mejor aquella estructura del Estado que los funcionarios de la llamada "diplomacia" oficial, la cual, como casi siempre, se inclinaba ciegamente hacia la fatalidad. La disposición de ánimo del pueblo no era más que el resultado de aquello que desde arriba se vertía en la opinión pública. Los de arriba, por el contrario, mantenían hacia el aliado un culto semejante, en otra época, al del becerro de oro. Se esperaba poder sustituir por habilidad aquello que faltaba de sinceridad. Se tomaban siempre las palabras como valores reales.

En Viena me encolerizaba el constatar la diferencia que, con frecuencia, existía entre los discursos de los estadistas oficiales y el modo de expresarse de la prensa local. Entre tanto, Viena era, al menos aparentemente, una ciudad alemana. ¡Cuán diferentes eran las cosas cuando se salía de Viena, o mejor de la Austria alemana, para entrar en las provincias eslavas! Bastaba hojear los periódicos de Praga para conocer de qué manera se juzgaba allí la sublime fantasmada de la Triple Alianza. Aquí sólo había cruel ironía y sarcasmo para esa obra maestra de los "estadistas". En plena paz, cuando los dos emperadores se intercambiaban el beso de la amistad, nadie ocultaba que esa alianza desaparecería el día en que se intentase pasar de mundo de la fantasía a la realidad práctica.

¡Cuánta excitación se produjo cuando, algunos años después, llegada la hora de la prueba de la Triple Alianza, Italia la abandonó, dejando a sus dos aliados para, al final, transformarse en enemigo! A no ser para aquéllos que estuviesen afectados de ceguera diplomática, era sencillamente incomprensible que, incluso por un instante, se pudiese creer en el milagro de ver a Italia combatiendo al lado de Austria. Entre tanto, las cosas en Austria no sucedían de otra manera.

En Austria los únicos partidarios de la idea de la Alianza eran los Habsburgos y los austro-alemanes. Los Habsburgos, por el frío cálculo y la necesidad, y los alemanes de allá por buena fe y por ingenuidad política; por buena fe, porque creían que con la Triple Alianza se le prestaría al *Reich* Alemán, en sí, un gran servicio, contribuyendo a garantizar su seguridad y su potencia; por ingenuidad política, porque no sólo políticamente era irrealizable, sino que, por el contrario, se cooperaba con ello a encadenar al *Reich* a un Estado ya cadavérico, que más tarde debería arrastrar al abismo a ambos países. Y era ingenuidad, ante todo, porque los austro-alemanes, en virtud de aquella alianza, fueron cayendo cada vez más en el proceso de la desgermanización. Porque, desde que los Habsburgos creyeron que una alianza con el *Reich* podría librarles de cualquier interferencia por parte de éste (y lamentablemente en eso tenían razón), ellos quedaban libres para continuar su política de liberarse, gradualmente, de la influencia germánica en el interior, con más facilidad y menos riesgo. Ellos tenían que temer cualquier protesta por parte del gobierno alemán, que era conocido por la "objetividad" de su punto de vista. Además de eso, tratando con los austríacos alemanes, podrían siempre hacer callar cualquier voz impertinente que se levantase contra los feos ejemplos de favoritismo para con los eslavos, con una simple referencia a la Triple Alianza.

¿Qué podría hacer el alemán en Austria, si el propio alemán del *Reich* mostraba reconocimiento y confianza en el gobierno de los Habsburgo? ¿Debería ofrecer resistencia para después ser acusado por toda la opinión pública alemana como traidor a la propia nacionalidad? ¡A él, que desde hacía decenas de años estaba haciendo los mayores sacrificios por su nacionalidad!

¿Qué valor, además, poseía esa alianza, en el caso de que hubiese sido destruido el germanismo de la Monarquía de los Habsburgos? ¿No era, para Alemania, el valor de la Triple Alianza, dependiente de la mantención de la hegemonía alemana en Austria? ¿O se creía por casualidad que incluso con la eslavización del Imperio de los Habsburgos se podría mantener la Alianza?

¡La actitud de la diplomacia alemana oficial, así como también la de toda la opinión pública con relación al problema interno de las nacionalidades en Austria, no era sencillamente una locura, sino una gran locura! ¡Se contaba con una alianza, se construía el futuro y la seguridad de un pueblo de setenta millones de habitantes dependiendo de ella y se permanecía observando, impasiblemente, cómo, de año en año, la única base para esa alianza era sistemáticamente destruida por el aliado! Llegaría el día en que quedaría apenas un "tratado" con la diplomacia vienesa, pero el auxilio del aliado del Imperio faltaría en el momento oportuno.

En Italia eso se comprobó desde el principio.

Si en Alemania se hubiese estudiado con mayor claridad la historia y la psicología de los pueblos, seguramente nunca se habría podido creer que un día llegasen a formar un frente común el Quirinal y la Corte de los Habsburgos. Italia se hubiese convertido en un volcán antes de que un gobierno suyo se atreviera a movilizar un solo italiano en favor del tan fanáticamente odiado Estado de los Habsburgos. Más de una vez fui en Viena testigo del apasionado desprecio y del odio profundo con que el italiano se hallaba "ligado" al Estado austríaco. Un pecado demasiado grande para olvidarlo, aunque se hubiese querido, el que la Casa de Habsburgo cometió en el curso de los siglos, atentando contra la libertad y la independencia italianas. La voluntad de olvidar aquello no existía en Italia, ni en el ánimo del pueblo ni en el del gobierno. Por eso, para Italia existían sólo dos posibilidades de convivencia con Austria: la alianza engañosa o la guerra.

Eligiendo lo primero, Italia podía prepararse tranquilamente para lo segundo.

La política aliancista de Alemania resaltó como absurda y peligrosa, sobre todo desde el momento en que las relaciones entre Rusia y Austria se aproximaban más y más a la posibilidad de un conflicto bélico.

Fue ése un caso clásico, en el que se puede constatar la falta de grandes y acertadas líneas de conducta.

¿Cuál fue por último la razón para concertar una alianza con Austria? Ciertamente no otra que la de velar por el futuro del *Reich* alemán en condiciones distintas de las que se habrían dado estando éste solo. Mas ese futuro del *Reich* no podía ser otro que el mantenimiento de la posibilidad de subsistencia del pueblo alemán.

El problema, por tanto, se reducía a lo siguiente: ¿Cómo acondicionarla vida de la Nación alemana hacia un futuro factible y cómo darle a ese proceso los fundamentos indispensables y la necesaria seguridad dentro del marco general del poderío político europeo?

Analizadas con claridad las condiciones inherentes a la actividad de la política externa alemana, se debía llegar a esta conclusión: 2 Alemania cuenta anualmente con un aumento de la población que asciende, más o menos, a 900.000 almas, de manera que la dificultad de abastecer la subsistencia de este ejército de nuevos súbditos tiene que ser año tras año mayor, para acabar un día catastróficamente, si es que no se saben encontrar los medios de prevenir a tiempo el peligro del hambre.

Cuatro eran los caminos a elegir para contrarrestar un desarrollo de tan funestas consecuencias.

1°. Siguiendo el ejemplo de Francia, se podría restringir artificialmente la natalidad y de este modo evitar una superpoblación.

La Naturaleza misma suele oponerse al aumento de población en determinados países o en ciertas razas, y esto en épocas de hambre o por condiciones climáticas desfavorables, así como tratándose de la escasa fertilidad del suelo. Por cierto que la Naturaleza obra aquí sabiamente y sin contemplaciones; no anula propiamente la capacidad de procreación, pero sí se opone ala conservación de la prole al someter a ésta a rigurosas pruebas y privaciones tan arduas, que todo el que no es fuerte y sano vuelve al seno de lo desconocido. El que entonces sobrevive, a pesar de los rigores de la lucha por la existencia, resulta mil veces experimentado, fuerte y apto para seguir generando, de tal suerte que el proceso de la selección puede empezar de nuevo. Actuando de ese modo brutal contra el individuo y llamándolo de nuevo momentáneamente a desaparecer, por no ser capaz de resistir la tempestad de la vida, la Naturaleza mantiene la Raza, la propia especie vigorosa y la hace capaz de las mayores realizaciones.

La disminución del número implica así la vigorización del individuo y con ello, finalmente, la consolidación de la Raza.

Otra cosa es que el hombre, por sí mismo, se empeñe en restringir su descendencia. Aquí es preciso considerar no sólo el factor natural, sino también el humano. El hombre cree saber más que esa cruel Reina de toda la sabiduría, la Naturaleza. Él no limita la conservación del individuo, sino la propia reproducción. Eso le parece a él (que siempre se ve a sí mismo y nunca a la Raza) más humano y más justificado que lo otro. Infelizmente, las consecuencias son también inversas.

En cuanto a la Naturaleza, liberando la generación, somete, entre tanto, la conservación de la especie a una prueba de las más severas, escogiendo dentro de un gran número de individuos los que juzga mejores, y sólo a éstos preserva para la perpetuación de la especie; el hombre limita la procreación y se esfuerza denodadamente para que cada ser, una vez nacido, se conserve a cualquier precio. Esta corrección de la voluntad divina le parece ser tan sabia como humana, y él se alegra más de una vez por haber sobrepujado a la Naturaleza y hasta haber demostrado la insuficiencia de la misma. Y el hijo de Adán no quiere ver ni oír hablar que, en realidad, el número es limitado, pero a costa del abatimiento del individuo.

Siendo limitada la procreación, por disminución del número de nacimientos, sobreviene, en lugar de la natural lucha por la vida (que sólo deja en pie al más fuerte y al más sano), como lógica consecuencia, el prurito de "salvar" a todo trance también al débil y hasta al enfermo, cimentando el germen de una progenie que irá degenerando progresivamente, mientras persista ese escarnio de la Naturaleza y sus leyes.

El resultado final es que un pueblo tal perderá algún día el derecho a la existencia en este mundo, pues el hombre puede, durante un cierto tiempo, desafiarlas leyes eternas de la conservación, pero la venganza vendrá, más tarde o más temprano. Una generación 3 más fuerte expulsará a los débiles, pues el ansia por la vida, en su última forma, siempre romperá todas las corrientes ridículas del llamado espíritu de humanidad individualista. En su lugar aparecerá una Humanidad natural, que destruirá la debilidad para engendrar la fuerza.

Esto quiere decir que quien crea asegurarle la existencia al pueblo alemán por medio de una limitación voluntaria de la natalidad, automáticamente le roba a éste el porvenir.

2°. Otro camino habría sido aquel que aún hoy se propone a menudo y se ensalza como el mejor: la colonización interior. Se trata aquí de una idea bien intencionada de muchos, pero al mismo tiempo mal interpretada por los más y capaz de ocasionar el mayor de los daños imaginables. Nadie duda que la productividad de un determinado suelo es susceptible de ser acrecentada hasta un cierto límite, pero no más que hasta un cierto límite, y de ningún modo indefinidamente. Resultaría entonces que durante un tiempo más o menos largo se podría compensar el aumento de la población alemana mediante una intensificación del cultivo agrícola y la consiguiente mejora del rendimiento de nuestro suelo; mas, frente a esa posibilidad está el hecho de que, generalmente, las necesidades de la vida aumentan con más celeridad que la población misma. Las exigencias del hombre, en lo que respecta a alimentación e indumentaria, son mayores de año en año y no es posible establecer ya un paralelo con lo que fueron, por ejemplo, las necesidades de nuestros antepasados hace cien años. Es, pues, erróneo creer que todo aumento de la producción favorece el crecimiento de la población. Eso se da hasta un cierto punto, puesto que al menos una parte del aumento de la producción del suelo es consumida para la satisfacción de las necesidades superiores de la Humanidad. Entre tanto, con la máxima parsimonia por un lado y la máxima diligencia por el otro, llegará un día en que el límite será alcanzado por el propio suelo. Incluso con toda la diligencia, no será posible aprovecharlo más y surgirá, todavía demorada durante algún tiempo, una nueva calamidad. El hambre aparecería esporádicamente, cuando hubiere mala cosecha. Con el aumento de la población, eso se producirá cada vez con más frecuencia, inclusive cuando los raros años de abundancia llenen los almacenes de víveres. Entre tanto, finalmente, se aproximará la época en la que no se podrá ya combatir más a la miseria, y el hambre, entonces, se volverá compañera del pueblo. La Naturaleza tendrá que prestar ayuda de nuevo y proceder a la selección entre los escogidos destinados a vivir; o, entonces, será el propio hombre quien a sí mismo se auxilie, echando mano al impedimento artificial de su reproducción, con todas las graves consecuencias para la Raza y para la especie, Se podrá aún objetar que ese futuro está destinado a toda la

Humanidad, de una manera o de otra, y que, por lo tanto, ningún pueblo conseguirá naturalmente escapar a esa fatalidad.

A primera vista, sin más consideraciones, eso es cierto. Hay, también, que pensar lo siguiente: en una determinada época, toda la Humanidad será ciertamente obligada a interrumpir el aumento del género humano o a dejar a la Naturaleza decidir por sí misma. Esa situación alcanzará a todos los pueblos, pero actualmente sólo serán alcanzadas por esa miseria las razas que no posean energía suficiente para asegurar para sí el suelo necesario. Nadie contesta que, hoy en día, todavía hay en este mundo suelo en extensiones formidables que sólo espera a quien quiera cultivarlo. De la misma forma, también es cierto que ese suelo no fue reservado por la Naturaleza para una determinada Nación o Raza, como superficie de reserva para el futuro. Trátase, sí, de tierra y suelo 4 destinados al pueblo que posea la energía de conquistarlo y la diligencia de cultivarlo.

La Naturaleza no conoce fronteras políticas: sitúa nuevos seres sobre el globo terrestre y contempla el libre juego de las fuerzas que obran sobre ellos. Al que entonces se sobrepone por su esfuerzo y carácter, le concede el supremo derecho a la existencia.

Un pueblo que se reduce al plan de colonización interior, mientras otras razas abarcan extensiones territoriales cada vez más dilatadas sobre el globo, se verá obligado a recurrir a la voluntaria restricción de su natalidad justamente cuando los demás pueblos siguen multiplicándose sin cesar. Este supuesto se dará tanto más próximo cuanto menor sea el espacio a disposición de dicho pueblo. Como sin embargo, en general y desgraciadamente, las mejores naciones, o hablando más claramente, las únicas razas verdaderamente cultas, portadoras de todo el progreso humano, muchas veces no quieren, en su ceguera pacifista, decidirse por una nueva adquisición de suelo, contentándose con la colonización "interna", las naciones inferiores podrán asegurarse enormes territorios. Todo esto conduce a un resultado final: las razas culturalmente mejores, pero menos decididas, tendrán que limitar su multiplicación, por fuerza de la limitación del suelo, al tiempo que los pueblos culturalmente más bajos, y naturalmente más brutales, todavía estarán, como consecuencia de la mayor superficie disponible, en condiciones de reproducirse ilimitadamente; en otras palabras, llegará un día en que el mundo pasará a ser dominado por una humanidad culturalmente inferior, pero sin embargo más enérgica. De esta forma, para un futuro no muy remoto, sólo hay dos posibilidades: o el mundo será gobernado en los moldes de las modernas democracias y entonces el fiel de la balanza se inclinará a favor de las razas numéricamente más fuertes, o el mundo será gobernado según las leyes del orden natural y vencerán entonces los pueblos de voluntad brutal, que no serán, en consecuencia, los autolimitados demográficamente.

Lo que nadie podrá dudar es que la Tierra estará expuesta a las más duras luchas por la existencia de la Humanidad. Al final, vence siempre el instinto de conservación. Bajo la presión de éste, desaparece lo que llamamos espíritu humanitario como expresión de una mezcla de locura, cobardía y pretendida sabiduría. Si la Humanidad se hizo grande en la lucha eterna, en la paz eterna desaparecerá.

Para nosotros, los alemanes, el signo de la colonización interna es funesto, pues inmediatamente refuerza la opinión de haber encontrado un medio que, de acuerdo con el espíritu pacifista, permite situarnos en una vida de entorpecimiento, en un "ganar" la existencia. Esta doctrina, tomada en serio entre nosotros, significaría el fin de todo esfuerzo en el sentido de conservar en el mundo el lugar que nos corresponde. En tanto y en cuanto el alemán medio se haya convencido de poder garantizarse por ese medio la vida y el futuro, cualquier intento de una interpretación activa, y por tanto fructífera de las necesidades vitales de Alemania, estará condenado al fracaso. Toda política exterior verdaderamente útil podría ser considerada imposible con una opinión nacional así, por lo que el futuro del pueblo alemán estaría perjudicado.

Teniendo presente esas consecuencias, se debe convenir que no es por azar que, en primer lugar, son siempre los judíos los que procuran y saben inocular en el espíritu del pueblo ideas tan mortalmente peligrosas. Ellos conocen muy bien a las personas con las que deben tratar y no ignoran que esas personas son víctimas agradecidas de cualquier charlatán que les diga haber sido descubierto el medio de engañar a la Naturaleza, la manera de volver superflua la dura e inexorable lucha por la existencia, para en su lugar, bien con el trabajo o incluso sin hacer nada, conforme callan o aquietan a cada cual, ir 5 adueñándose del planeta.

Es por eso que jamás podrá insistirse lo bastante en aquello de que toda colonización interna alemana está en primer término destinada a corregir anomalías sociales y a evitar que el suelo sea objeto de la especulación general; pero que nunca podrá ser suficiente para asegurar el futuro de la Nación sin la conquista de nuevos territorios.

Si actuamos de otra manera, no sólo llegaremos a agotar nuestras tierras sino también nuestras fuerzas.

Finalmente, hay que constatar todavía lo siguiente: La limitación, implícita en la colonización interna, a una determinada superficie pequeña de suelo, así como el efecto final que le sucede con la restricción de la reproducción, conduce al pueblo a una situación político-militar extraordinariamente desfavorable.

La garantía de la seguridad exterior de un pueblo depende de la extensión de su *habitat*. Cuanto mayor sea el espacio del que un pueblo disponga, tanto mayor es su protección natural; pues siempre fueron conseguidas victorias militares más rápidas y por lo mismo más fáciles, además de más eficaces y completas, contra pueblos apretados en reducidas superficies de tierra, que contra estados de vastas extensiones territoriales. En la grandeza del territorio hay, pues, siempre una cierta protección contra ataques repentinos. La amplitud territorial, en sí misma, supone ya una base para la fácil conservación de la libertad y de la independencia de un pueblo, mientras que, por el contrario, la estrechez territorial incita a la conquista o anexión.

Las dos primeras posibilidades para conseguir un equilibrio entre la población creciente y el suelo constante, de hecho fueron rechazadas por los llamados círculos nacionales del *Reich*. Los motivos que determinaron su actitud eran, sin embargo, distintos de los consignados en los párrafos anteriores. Por lo que atañe ala limitación de los nacimientos, la actitud era de oposición, en primer lugar por un cierto sentimiento moral. Además, la colonización interna era rechazada con gran recelo, puesto que se adivinaba en ella un ataque contra la gran propiedad rural y el comienzo de una lucha general contra la propiedad privada. De un modo general, la posición ante la gran masa no era muy hábil y de ningún modo alcanzaba el núcleo del asunto.

Con lo anteriormente anotado quedarían todavía por mencionarse dos medios conducentes a garantizar pan y trabajo para la población alemana en continuo aumento.

3°. Pudo adquirirse nuevos territorios para colocar allí anualmente el superávit de millones de habitantes y así mantener la Nación sobre la base de la propia subsistencia.

4°. O bien, decidirse a hacer que nuestra industria y nuestro comercio produjeran para la demanda extranjera, dando la posibilidad de vivir a costa de los beneficios resultantes.

No quedaba, pues, por elegir más que entre la política territorial y la comercial.

Estas dos posibilidades fueron consideradas, estudiadas, defendidas y también combatidas desde muy diversos puntos de vista, hasta que finalmente se optó por la última de ellas.

Ciertamente que la más conveniente de ambas habría sido la primera. La adquisición de nuevo territorio para acomodar en él los excedentes poblacionales encierra ventajas infinitamente mayores, especialmente si se toma en consideración el futuro y no el presente.

Sólo las ventajas de la conservación de una clase campesina como fundamento de toda la Nación son enormes. Muchos de nuestros males actuales no son más que la consecuencia del desequilibrio entre las gentes del campo y las de la ciudad. Una base firme constituida por pequeños y medianos propietarios rurales fue, en todas las épocas, la mejor defensa contra las enfermedades sociales del género de las que nos afligen hoy día. Ésta es también la única salida que permite a un pueblo encontrar el pan de cada día en los límites de su vida económica. La industria y el comercio retroceden de su posición de dirigentes y se colocan en el marco general de una economía nacional de consumo y compensación. Ambas no son ya la base de la alimentación del pueblo, sino un auxilio para la misma. El disponer de una compensación entre la producción y el consumo, hace que la manutención del pueblo sea más o menos independiente del exterior, y ayuda por tanto a asegurar la autarquía e independencia de la Nación, sobre todo en las épocas difíciles de crisis.

Entre tanto, una tal política rural no podrá ser realizada, por ejemplo, en el Camerún y sí, casi exclusivamente, en Europa. Calmada y modestamente, hemos de situarnos en el punto de vista de que ciertamente no debe haber sido la intención del cielo dar a un pueblo cincuenta veces más tierra que a otro. En este caso, los límites políticos no deben alejarse de los límites del derecho eterno. Si es cierto que el mundo ofrece espacio suficiente para todos, entonces que se nos dé también el suelo necesario para nuestra vida. Esto, naturalmente, no será hecho de buena voluntad. El derecho a la propia conservación dejará entonces sentir sus efectos, y lo que es negado por medios disuasivos tiene que ser tomado por la fuerza.

Si hubieran hecho nuestros antepasados depender sus decisiones de las locuras pacifistas, como se hace actualmente, no poseeríamos más que un tercio de nuestro territorio actual. No es a eso a lo que debemos las dos fronteras orientales del *Reich* y, con ellas, la fuerza interior y la grandeza del dominio territorial de nuestro Estado. Es esto lo que nos ha permitido subsistir hasta hoy.

Hay otra razón para que esta solución sea considerada correcta: Muchos estados europeos semejan en la actualidad una pirámide invertida. Su superficie territorial en Europa es de proporciones sencillamente ridículas en relación a sus dominios coloniales, su comercio exterior, etcétera. Bien se puede decir: el vértice en Europa y la base en el mundo entero, contrariamente a lo que ocurre en los Estados Unidos de América, cuya base radica en su propio continente, no tocando al resto del mundo sino por su vértice. De allí emana la enorme potencialidad de esta Nación y, tratándose de Europa, la escasa vitalidad de muchos países europeos con inmensos dominios coloniales.

El caso mismo de Inglaterra no prueba lo contrario, pues al considerar el Imperio Británico se suele muy fácilmente dejar de asociar la existencia del mundo anglosajón. Desde luego, la situación de Inglaterra, por el solo hecho de su comunidad de cultura y de lengua con los Estados Unidos de América, no es susceptible de compararse con la de ningún otro país europeo.

En consecuencia, la única posibilidad hacia la realización de una sana política territorial radicaba para Alemania en la adquisición de nuevas tierras en el continente mismo. Las colonias no responden a ese propósito si es que no se prestan para ser pobladas en gran escala por elementos europeos. En el siglo XIX ya no era posible adquirir por medios pacíficos zonas apropiadas ala colonización. Una política colonial semejante habría sido, pues, sólo factible si se empeñaba una tenaz lucha que en realidad habría resultado más provechosa aplicada a adquirir territorios en el propio continente que en los países de ultramar.

Una decisión de esta índole exige, además, la solidaridad de toda la Nación. No es posible abordar, con medias tintas o con vacilaciones, una tarea cuya ejecución sólo es factible mediante el empleo de toda la energía nacional. La dirección política del *Reich* tendría que dedicarse exclusivamente a ese fin; ningún paso debería darse por otros motivos distintos del reconocimiento de esa tarea y de las condiciones para su éxito. Debería quedar bien claro que ese objetivo sólo podría ser alcanzado por medios bélicos. Todas las alianzas deberían ser examinadas exclusivamente bajo ese punto de vista y apreciadas, en cuanto a su utilidad, en ese objetivo. Si hubiese el deseo de adquirir territorios en Europa, tendría que darse de un modo general a costa de Rusia. El nuevo *Reich* debería nuevamente ponerse en marcha, siguiendo la senda de los guerreros de antaño, a fin de, con la espada alemana, dar al arado alemán la gleba y a la Nación el pan de cada día.

Por cierto que para una política de esa tendencia habría en Europa un solo aliado posible: Inglaterra.

Únicamente contando con el apoyo de este país se habría podido dar comienzo a la nueva cruzada del germanismo. El derecho a invocarse en este caso no habría sido menos justificado que el de nuestros antepasados. Ninguno de nuestros pacifistas se niega a comer el pan del Este, aunque el primer arado de antaño hubiese sido la espada.

Para ganarla aquiescencia inglesa ningún sacrificio hubiera sido demasiado grande. La cuestión habría consistido en renunciar a posesiones coloniales y a la aspiración del poderío marítimo, ahorrándose así la lucha de competencia a la industria británica.

Solamente una orientación fija y clara era capaz de conducir a ese resultado. Renunciar al comercio mundial y a las colonias, renunciar a mantener una marina alemana de guerra y concentrar, en cambio, toda la potencialidad militar del Estado en el Ejército de tierra. Naturalmente, la consecuencia inmediata podría haber sido una momentánea limitación, pero se hubiera tenido la garantía de un porvenir grande y poderoso.

Hubo un momento en que Inglaterra habría estado dispuesta a tratar la cuestión, puesto que comprendía perfectamente que Alemania, en vista del creciente aumento de la población, se vería obligada a buscar una solución para su problema y a encontrarla, ya fuera con Inglaterra en Europa o sin Inglaterra en el mundo.

Fue seguramente bajo esta impresión que, a fines del siglo pasado, se intentó desde Londres un acercamiento hacia Alemania. Por primera vez púsose entonces de manifiesto eso que en los últimos años hemos podido observar en Alemania de forma realmente alarmante: se sentía desagrado a la sola idea de que tuviésemos que sacarle a Inglaterra las "castañas del fuego", como si alguna vez se hubiera dado el caso de una alianza sobre una base que no fuese la de la recíproca conveniencia. Y con Inglaterra no era difícil llegar a una negociación semejante. La diplomacia inglesa fue siempre lo suficientemente inteligente como para no ignorar que toda concesión supone reciprocidad.

Imagínese por un momento la enorme trascendencia que para Alemania habría tenido el que una hábil política exterior alemana hubiese adoptado el rol que el Japón se adjudicó en 1904.

Jamás se habría producido una "conflagración mundial".

En 1904 la sangre vertida fue diez veces menor que la derramada entre 1914-18.

¡Pero, qué posición ocuparía Alemania hoy día en el mundo!

Sobre todo, la alianza con Austria fue una idiotez.

Esa momia de Estado se unió a Alemania no para luchar con ella en la guerra, sino para conservar una eterna paz, la cual podría ser utilizada de una manera inteligente, para la destrucción lenta pero segura del germanismo en la Monarquía. Esa alianza era absolutamente inviable, puesto que no se podía esperar por mucho tiempo una defensa efectiva de los intereses nacionales alemanes en un Estado que no poseía ni la fuerza ni la decisión para limitar el proceso de desgermanización en sus fronteras inmediatas. Si Alemania no poseía conciencia nacional suficiente ni tampoco la intrepidez para arrancar, al imposible Estado de los Habsburgos, el mandato sobre el destino de diez millones de hermanos de sangre, menos aún se podría entonces esperar que reconociese unos planes de tan larga visión y tan audaces. La relación del viejo *Reich* respecto al problema austríaco fue la piedra de toque de su actitud en la lucha decisiva de toda la Nación.

Nadie observaba cómo, año tras año, el germanismo era cada vez más oprimido y cómo el valor de la alianza, por parte de Austria, era determinado exclusivamente por los elementos alemanes.

Pero desgraciadamente no se optó por seguir ese camino.

Los Habsburgos nada temían tanto como la lucha y, finalmente, en la hora más desfavorable, fueron obligados a ella.

Querían escapar al Destino y fueron sorprendidos por él. Soñaban con la conservación de la paz del mundo y cayeron en una guerra mundial.

Y éste fue el motivo más importante por el que no se dio el debido valor a esa tercera salida para la garantía del futuro alemán. Se sabía que la conquista de nuevo territorio sólo podría ser lograda en el Este. La lucha necesaria fue prevista, pero lo que se quería a cualquier precio era la paz. La marca de la política exterior hacía mucho que no era ya la conservación de la Nación alemana a todo trance, sino la conservación de la paz universal, por todos los medios. Aún volveré a hablar más detalladamente sobre este punto.

En pie quedaba ya únicamente la cuarta posibilidad enunciada: industria y comercio mundial, poderío marítimo y dominio colonial.

Un desarrollo de esta forma era en verdad más fácil, y más rápidamente accesible. La repoblación del suelo es un proceso más lento y que dura a veces siglos. Y, sin embargo, justamente en eso radica su fuerza intrínseca. No se trata de un flamear repentino, sino de un crecimiento lento, pero fundamental y constante, en contraposición a un desarrollo industrial que puede ser improvisado en el transcurrir de pocos años, semejándose, por el contrario, más a una burbuja de jabón que a la fuerza sólida. Es verdad que se construye más rápidamente una escuadra que se erige una estancia y se coloniza la misma con labradores, pero también es cierto que se aniquila aquélla con más facilidad que esta última. A pesar de todo, si Alemania optaba por ese camino, al menos debió prever que ese programa, un día, acabaría en lucha. Sólo los niños imaginarían que se puede conseguir el deseado alimento por la buena conducta y por la declaración de sentimientos de paz, en "competencia pacífica de los pueblos", como tanto y tan suntuosamente se parloteaba sobre ese tema. Como si todo se pudiese obtener sin echar mano de las armas.

No. De continuar por ese camino, Inglaterra un día se volvería nuestra enemiga. 9 Nada más insensato que la decepción que experimentaríamos, por el hecho de que Inglaterra se tomara un día la libertad de enfrentar a nuestra tendencia pacifista con la crueldad del egoísta violento. Sólo nuestra reconocida ingenuidad se podría sorprender con ese desenlace.

¡Nunca deberíamos haber actuado así!

Si una política territorial europea era sólo factible contra Rusia, teniendo a Inglaterra como aliada, inversamente, una política colonial de expansión y de comercio mundial era únicamente concebible en contra de Inglaterra, con el apoyo de Rusia. Mas, en tal caso, se deberían asumir las consecuencias sin contemplación alguna y, ante todo, desentenderse cuanto antes de Austria.

Considerada desde todo punto de vista, fue para Alemania, ya a fines del siglo pasado, una incalificable locura la alianza con el Imperio Austro-Húngaro.

Pero no se había pensado en ningún momento aliarse con Rusia en contra de Inglaterra, ni mucho menos con Inglaterra en contra de Rusia, pues ambos casos hubieran significado a la postre la guerra. Y precisamente para evitarla se resolvió optar por la política del comercio y de la industria.

En el propósito de la conquista "pacíficoeconómica" del mundo se creyó tener la receta para acabar de una vez para siempre con la política de violencia empleada hasta entonces. Es probable que algunas veces no se estuviera muy seguro del camino elegido, especialmente cuando, de tiempo en tiempo, llegaban desde Inglaterra amenazas inexplicables. A esto se debió que Alemania se dedicara a construir una flota de guerra, no destinada a agredir ni destruir el poderío británico, sino simplemente a "defender" la mencionada "paz universal" y la conquista "pacífica" del mundo. De ahí que esa flota fuese creada bajo una escala en todo sentido más modesta que la de Inglaterra, no sólo en el número de unidades, sino también en lo concerniente al desplazamiento de éstas y su armamento, dejando entrever también aquí la intención realmente pacífica que se abrigaba.

El tema de la conquista "pacífico-económica" del mundo fue indudablemente el mayor de los absurdos entronizados como principio directriz de la política del Estado alemán. Semejante contrasentido se hizo aún más notable por la circunstancia de no haberse vacilado en tomar a Inglaterra como referencia para la posibilidad de llevar a cabo una tal conquista. El daño que mutuamente se infligieron, causa de una concepción académica de la Historia y la rutinaria enseñanza de la misma, jamás podrá ser reparado y constituye la prueba incontestable de que infinidad de gentes "aprenden" Historia sin entenderla, ni mucho menos poderla interpretar. Debió verse justamente en la política de Inglaterra la refutación evidente de aquella teoría alemana, pues ningún otro país supo preparar mejor, ni más brutalmente que Inglaterra, sus conquistas económicas, valiéndose siempre de la espada, para después defenderlas resueltamente. ¿No es acaso típica característica del arte de gobierno británico sacar de su poder político beneficios económicos y, viceversa, transformando sin demora toda nueva conquista en poderío político? ¡Qué error el suponer que Inglaterra sería quizá demasiado cobarde para arriesgar la propia sangre en favor de su política económica! El que la Nación inglesa careciese de un ejército constituido por el pueblo no probó en modo alguno lo contrario; porque esto no depende de la situación o forma que tenga la institución armada en sí, sino más bien, ante todo, de la decisión y voluntad con que ella sea puesta en acción en un momento dado. Inglaterra contó en todo tiempo con el abastecimiento bélico indispensable a sus necesidades y luchó siempre con aquellas armas que el éxito exigía. 90 Se sirvió de mercenarios, mientras los mercenarios bastaron, y apeló también resueltamente al concurso de la sangre de los mejores elementos de la Nación, cuando ya no quedaba otro medio que este sacrificio para asegurar la victoria. Pero siempre quedó invariable su decisión para la lucha, junto a la tenacidad y a la inflexible conducción de la misma.

En Alemania, entre tanto, con el correr del tiempo se estimulaba, por medio de las escuelas, de la prensa y de las revistas de humor, a que se tuviese de la vida inglesa, y más todavía del Imperio, una idea que conduciría a una inoportuna decepción; porque todo gradualmente se contaminó con esa tontería, y el resultado fue la creación de una opinión falsa sobre los ingleses que se tradujo en amarga venganza por su parte. Esta idea se extendió tan ampliamente que todos los alemanes estaban convencidos de que el inglés era tal cual lo imaginaban: un hombre de negocios, al mismo tiempo ladino e increíblemente cobarde. Jamás se les ocurrió a nuestros dignos maestros de la ciencia profesoral que un Imperio tan vasto como el Británico no puede ser fundado y conservado por la conjunción de la astucia y los métodos escondidos. Los primeros que advirtieron sobre el tema no fueron escuchados y tuvieron que quedar en silencio.

Recuerdo claramente el gran asombro que se reflejó en las fisonomías de mis camaradas, cuando en Flandes nos vimos por primera vez, cara a cara, con los *tommies*. Después de los primeros combates cada uno de nosotros pudo convencerse de que aquellos escoceses nada tenían en común con aquellos otros que se tenía a bien caracterizar en nuestras hojas humorísticas y en las informaciones de prensa.

Comencé entonces a reflexionar sobre la propaganda y sobre sus formas más útiles.

Ese falseamiento, ciertamente, tenía sus ventajas para aquellos que lo propagaban. Estaban listos para demostrar con ejemplo, por más incorrectos que éstos fuesen, que era buena la idea de una conquista económica del mundo. Lo que el inglés consiguió, nosotros lo podríamos conseguir también, teniendo para nosotros la ventaja especial de nuestra mayor bondad, la ausencia de aquella perfidia específicamente inglesa. Era de esperar, aun con eso, ganarnos más fácilmente la simpatía de todas las pequeñas naciones y la confianza de las grandes.

No comprendíamos que nuestra bondad causase a los demás un íntimo horror. Creíamos seriamente en todo eso, mientras que el resto del mundo veía en esa conducta la expresión de una falsedad astuta. Después, con el mayor espanto, la Revolución proporcionó una visión más profunda de la ilimitada idiotez de nuestro modo de pensar. Bastaba considerar la insensatez de esta política de conquista "pacífico-económica" del mundo para percatarse, igualmente a todas luces, del absurdo que entrañaba la Triple Alianza. ¿Con qué Estado se podía, pues, establecer una alianza? Aliándonos con Austria no era posible pensar en conquistas guerreras, incluso en Europa. Justamente en eso radicaba, desde el primer momento, la debilidad intrínseca de la Alianza. Un Bismarck podía tomarse la libertad de un expediente tal, pero no así ninguno de sus sucesores ignorantes, mucho menos en una época en la que no existían ya las mismas condiciones de la alianza promovida por Bismarck. Bismarck creía todavía que Austria era un Estado alemán. Con la introducción del sufragio universal, este país, entre tanto y paulatinamente, había adoptado un sistema de gobierno parlamentario y antigermánico.

La alianza con Austria, desde el punto de vista racial y político, fue simplemente nociva. Se toleraba el desarrollo de una nueva potencia eslava en la frontera del *Reich*, 91 potencia ésa que más tarde o más temprano tendría que tomar posiciones, en relación con Alemania, muy diferentes, por ejemplo, que con Rusia. Así, la Alianza de año en año tenía que volverse más débil, en la proporción que los únicos portadores de ese pensamiento en la Monarquía perdían influencia y eran desalojados de las posiciones dominantes.

Ya en el fin del siglo, la alianza con Austria había entrado en la misma fase que la alianza de Austria con Italia.

Solamente había dos posibilidades: o prevalecía la alianza con la Monarquía de los Habsburgos, o se protestaba contra la destrucción del germanismo en Austria-Hungría.

El valor de la Triple Alianza era ya psicológicamente insignificante, porque la consistencia de una alianza tiende a disminuir en la misma proporción en que ella se concreta al solo mantenimiento de un estado de cosas existente; mientras que en el caso inverso, una alianza será tanto más fuerte cuanto mayor sea la expectativa de las partes contrayentes por lograr finalidades tangibles y de carácter expansivo, gracias a ella. Aquí, como en todo, la pujanza no radica en la acción defensiva sino en el ataque. Eso era comprendido en varios medios, pero infelizmente no lo era por los llamados "profesionales". Ludendorff, entonces coronel del Alto Estado Mayor, apuntaba esta debilidad en un memorándum escrito en 1912. Naturalmente, los "estadistas" se negaron a dar cualquier importancia al asunto.

Para Alemania fue una suerte que la guerra de 1914 viniera indirectamente por el lado de Austria, de manera que los Habsburgos se vieron así compelidos a tomar parte en ella; si hubiese ocurrido lo contrario, Alemania se habría quedado sola. Nunca el Estado de los Habsburgos habría podido o, incluso, habría querido tomar parte en una guerra que se originase por parte de Alemania. Aquello que tanto se condenó a Italia, habríase dado más pronto en Austria: habría quedado "neutral", para así al menos salvar al Estado de una revolución. El eslavismo austríaco, en 1914, habría preferido destruir la Monarquía a consentir auxiliar a Alemania.

Muy pocos en esa época pudieron darse cuenta de la magnitud de los peligros y las dificultades que trajo consigo la alianza con la Monarquía del Danubio. En primer término, Austria tenía demasiados enemigos ansiosos de heredar los despojos de aquel decrépito Imperio y no era de extrañar que, en el transcurso del tiempo, hubiera nacido un cierto odio contra Alemania, considerando a ésta como el obstáculo para la tan esperada y anhelada ruina de la Monarquía austríaca. Se habría llegado a la conclusión de que sólo se podía alcanzar Viena pasando por Berlín.

En segundo término, Alemania perdió, debido a esta política, las mejores y más auspiciosas posibilidades de pactar otras alianzas. En efecto, se produjo una situación de creciente tensión con Rusia y hasta con Italia misma; sin embargo, en Roma la opinión general se mostraba favorable a Alemania, en tanto que en el corazón del último italiano llegaba muchas veces a desbordarse un sentimiento hostil hacia Austria.

Como los alemanes se habían lanzado a la política del comercio y de la industria, no existía ya el menor motivo para una lucha contra Rusia. Solamente los enemigos de ambas naciones eran los que podían tener en ello un vivo interés. De hecho, eran en primer lugar judíos y marxistas los que, por todos los medios, incitaban a la guerra entre los dos estados.

Por último, en tercer lugar, esta alianza debía entrañar en el fondo un grave 92 peligro para Alemania, si se tiene en cuenta la circunstancia de que cualquier potencia europea realmente adversa al *Reich* de Bismarck podía en todo tiempo lograr con facilidad la movilización de una serie de estados contra Alemania, ofreciéndoles a éstos ventajas materiales a costa de los aliados de Austria.

Contra la Monarquía del Danubio estaban predispuestos todos los países de la Europa Oriental, e Italia y Rusia en grado superlativo. Nunca se habría realizado la coalición mundial, que se venía desarrollando desde la acción inicial del Rey Eduardo 3, si Austria-Hungría, como aliada de Alemania, no hubiese ofrecido ventajas tan apetecidas por los enemigos. Sólo así fue posible reunir, en un único frente de ataque, países de deseos y objetivos tan heterogéneos. Cada uno de ellos podría esperar, en una acción conjunta contra Alemania, conseguir enriquecerse. Ese peligro aumentó extraordinariamente por el hecho de que a esa alianza infeliz también estaría afiliada Turquía, como socio comanditario.

El mundo financiero internacional judaico necesitaba, además, de tal reclamo para poder realizar el plan, tanto tiempo codiciado, de la destrucción de Alemania, que aún no se había sometido al control financiero y económico general. Sólo así se podría forjar una coalición que fuera fuerte y decidida por el número de los ejércitos, millones de hombres puestos por fui en marcha contra el legendario Sigfrido.

La alianza con la Monarquía de los Habsburgos, que ya en los tiempos de mi vida en Austria tanto me irritaba, comenzó a volverse causa de grandes penas interiores, las cuales, en el correr del tiempo, reforzaron aún más mi primera opinión.

Ya en los pequeños círculos que yo frecuentaba en Munich no oculté jamás mi convicción de que esa infeliz alianza con un Estado destinado fatalmente a la ruina iba a conducir también a desastre de Alemania, si es que ésta no sabía desligarse a tiempo. Tampoco dudé ni un momento de mi convicción, por otro lado firmísima, cuando el estallido de la Guerra Mundial pareció haber anulado toda reflexión y cuando el delirio del entusiasmo cívico absorbía hasta las mismas esferas oficiales, para las cuales no debió existir otra cosa que un frío cálculo de la realidad. Aun hallándome en la línea de fuego sostuve siempre mi opinión de que la alianza austro-alemana debía ser disuelta (cuanto antes, tanto mejor para Alemania) y que como tributo de ello la Monarquía de los Habsburgos no significaría ningún sacrificio comparado con la posibilidad de obtener de ese modo una disminución en el número de los adversarios de la Nación alemana; pues no había sido para defender una dinastía corrupta, sino para salvar a la Nación alemana, el motivo de que millones de hombres llevaran puesto el casco de acero.

En varias ocasiones, antes de la guerra, se tuvo la impresión de que por lo menos en uno de los sectores políticos de Alemania cundían ya ciertas dudas sobre la conveniencia de la política aliancista seguida por el gobierno prusiano. De vez en cuando, los círculos conservadores alemanes dejaban oír su voz de prevención contra el exceso de confianza existente; pero esto, como todo lo razonable, debió caer en el vacío. Existía la convicción general de que Alemania estaba en el camino de conquistar el mundo, de que el éxito sería ilimitado.

Una vez más, al "no profesional" nada le estaba permitido hacer sino mirar silenciosamente, mientras que los "profesionales" marchaban directamente hacia la destrucción, arrastrando consigo a la Nación inocente, como el flautista de Hamelin.

La causa primera del hecho de haber sido posible presentar a un pueblo entero, como proceso político práctico, la insensatez de una "conquista económica", teniendo 93 como objetivo la conservación de la paz universal, residía en una enfermedad que afectaba a nuestro pensamiento político.

Con la marcha triunfal de la técnica y de la industria alemanas y, por otra parte, con el creciente desarrollo del comercio, fue desapareciendo cada vez más la noción de que todo esto sólo era posible bajo la égida de un Estado poderoso. Por el contrario, hasta se había llegado en muchos círculos a sostener la idea de que el Estado mismo debía su existencia a esas manifestaciones y que, en primer término, representaba una institución económica regida según principios también económicos. En definitiva, estábamos en una situación que se ponderaba o consideraba como la mejor y la más natural del mundo. Sin embargo, el Estado en sí poco tiene que ver con un determinado criterio económico o con un proceso de desarrollo económico cualquiera.

El Estado tampoco consiste (no debe consistir) en una reunión de gestores económicos desarrollando una actividad con límites definidos, sino que es la organización de una comunidad de seres moral y físicamente homogéneos, con el objeto de mejorar las condiciones de conservación de su raza y así cumplir la misión que a ésta le tiene señalada la Providencia.

Esto y no otra cosa significan la finalidad y la razón de ser de un Estado. La economía es tan sólo uno de los muchos medios necesarios para la realización de dicho objetivo. Nunca, sin embargo, es el objeto de un Estado, a no ser que éste, desde el principio, repose sobre una base falsa, la actividad económica. Sólo así es como se explica que el Estado, en sí mismo, no necesite tener, como condición de su existencia, una limitación territorial. Esto solamente será necesario entre pueblos que, por sí mismos, quieren asegurar la mantención de su raza y que, por tanto, están preparados para conseguirlo con su propio trabajo. Los pueblos que, como zánganos, consiguen infiltrarse en el resto de la Humanidad, a fin de, bajo todos los pretextos, conseguir que los otros trabajen para ellos, pueden, incluso sin poseer un *habitat* concreto y limitado, formar un Estado. Eso se da en primer lugar en un pueblo cuyo parasitismo, sobre todo hoy, el resto de la Humanidad soporta: el pueblo judío.

El "Estado judío" no estuvo jamás circunscrito a fronteras materiales; sus límites abarcan el Universo, pero conciernen a una sola raza. Por eso el pueblo judío formó siempre un Estado dentro de otros Estados. Constituye uno de los artificios más ingeniosos de cuantos se han urdido, hacer aparecer a dicho "Estado" como una "religión" y asegurarle de este modo la tolerancia que el elemento ario está en todo momento dispuesto a conceder a las, o diversas, condiciones religiosas. **En realidad, la religión de Moisés no es más que una doctrina de la conservación de la raza judía. De ahí que ella englobe casi todas las ramas del saber humano convenientes a su objetivo, sean éstas de orden sociológico, político o económico.**

El instinto de conservación de la especie es siempre la causa de la formación de las sociedades humanas. Por eso, el Estado es un organismo racial y no una organización económica, diferencia ésta que, hoy en día, pasa desapercibida a los llamados "estadistas". De ahí que pensaran éstos poder construir el Estado por la economía cuando, en realidad, aquél no es más que el resultado de la actuación de aquellas virtudes que residen en el instinto de conservación de la raza o de la especie. Éstas son, sin embargo, siempre virtudes heroicas y nunca egoísmo mercantil, puesto que la conservación de la existencia de una especie presupone el sacrificio voluntario de cada uno. En esto es en lo que reside justamente el sentido de la palabra del poeta: "y si no arriesgáis la vida, nunca venceréis en ella", esto es, la capacidad de sacrificio de cada uno es indispensable para 94 asegurar la conservación de la especie. La condición más esencial, por tanto, para la formación y conservación de un Estado es la existencia de un sentimiento de solidaridad, basado en la identidad de raza, así como la buena voluntad de sacrificarse por él. Eso, en pueblos dueños de su propio suelo, conduce a la formación de virtudes heroicas, y en pueblos parásitos conduce a la hipocresía mentirosa y a la crueldad disimulada, cualidades que deben ser previstas por la manera diferente de cómo viven con relación al Estado. La formación de un Estado sólo será posible por la aplicación de dichas virtudes, al menos originariamente. Tengamos presente que en la lucha por la conservación serán sometidos al yugo dominador, y así más tarde o más temprano sucumbirán los pueblos que presenten menos virtudes heroicas o que no estén a la altura de las astucias del parásito enemigo. Mas, también en tal caso, eso debe ser atribuido no tanto a la falta de inteligencia como a la falta de decisión y de valor, que procura esconderse bajo el manto del sentimiento humanitario.

El hecho de que la fuerza interna de un Estado sólo en casos raros coincide con el llamado progreso económico, muestra claramente cómo está poco ligada a las virtudes que sirven para la formación y conservación del propio Estado esa prosperidad económica que, en infinitos ejemplos, parece hasta indicar la próxima decadencia del mismo Estado. Si, por ello, la formación de la comunidad humana tuviese que ser atribuida en primer lugar a las fuerzas económicas, entonces el más elevado desarrollo económico significaría la más formidable fuerza del Estado y no viceversa.

La creencia en la fuerza de la economía para formar y conservar un Estado, se vuelve incomprensible, en particular, cuando se trata de un país que, en todo y por todo, muestra clara e incisivamente lo contrario. Justamente Rusia demuestra, de manera evidente, que no son las condiciones materiales, sino las virtudes ideales, las que hacen posible la formación de un Estado. Solamente bajo su protección es cómo la economía consigue florecer, hasta que, con la decadencia de las genuinas fuerzas generadoras del Estado, la economía también decae, proceso éste que, exactamente ahora, podemos observar con desesperada tristeza. Los intereses materiales de los hombres siempre consiguen prosperar mejor cuando permanecen a la sombra de las virtudes heroicas.

Toda vez que el poder político de Alemania experimentaba un cambio ascendente, la situación económica mejoraba también; pero cuando la actividad económica se convertía en el objetivo exclusivo de la vida nacional, ahogando virtudes idealistas, ese Estado empezaba a derrumbarse, para luego arrastrar consigo a la economía.

Si uno se preguntase cuáles son en realidad las fuerzas que crean o que, por lo menos, sostienen a un Estado, podríase, resumiendo, formular el siguiente concepto: Espíritu y voluntad de sacrificio del individuo en pro de la colectividad. Que estas virtudes nada tienen de común con la economía, surge de la sencilla consideración de que el hombre jamás llega hasta el sacrificio por esta última, es decir, que no se muere por negocios, pero sí por ideales. Nada evidenció mejor la superioridad psicológica de los ingleses, en la consecución de un ideal nacional, como las razones que ellos argüían para combatir. Cuando nosotros luchábamos por el pan cotidiano, Inglaterra luchaba por la "libertad", no por la propia, sino por la de las pequeñas naciones. En Alemania todos se irritaban con esa "imprudencia", lo que prueba cuán insensata y estúpida se volvía la ciencia oficial en la Alemania de la anteguerra. No teníamos la menor noción de la naturaleza de las fuerzas que pueden llevara los hombres ala muerte por su libre y espontánea voluntad.

En tanto y en cuanto el pueblo alemán continuaba pensando, el año 1914, que luchaba por ideales, se mantuvo firme; pero cuando después se hizo evidente que luchaba apenas por el pan cotidiano, prefirió renunciar al juego.

Nuestros inteligentes "estadistas", entre tanto, quedaron atónitos con esa mudanza de sentimiento. Ellos nunca comprendieron que el hombre, desde el momento que lucha por un interés económico, evita lo más que puede la muerte, puesto que ésta le haría perder el gozo del premio de su lucha. La preocupación por la salvación de su hijo hace que la más débil de las madres se convierta en una heroína y solamente la lucha por la conservación de la especie y del solar y también del Estado hace, en todos los tiempos, que los hombres vayan al encuentro de las lanzas de sus enemigos.

Se puede considerar la siguiente frase como una sentencia eternamente verdadera: Nunca un Estado fue fundado por la economía pacífica y sí, siempre, por el instinto de conservación de la especie, pudiendo estar este instinto en el campo de la virtud heroica o de la astucia. El primero produce estados arios, de trabajo y cultura; el segundo, colonias judaicas parasitarias. Desde que un pueblo o un Estado procuran dominar esos instintos están atrayendo para sí la esclavitud, la opresión.

La idea dominante en la época de la anteguerra de que al pueblo alemán podía serle factible acaparar el mercado mundial o llegar a conquistar el mundo por medios pacíficos, fue el signo clásico de que habían desaparecido las virtudes realmente conformadoras y sustentadoras del Estado, así como también las resultantes de esas virtudes: discernimiento, fuerza de voluntad y espíritu de acción. El corolario de tal estado de cosas debió ser la Guerra Mundial con todas sus consecuencias.

Para aquél que no examinase la cuestión, esa actitud de casi toda la Nación alemana era un enigma indescifrable, pues Alemania era justamente un ejemplo maravilloso de un Imperio que surgió de una política de fuerza. Prusia - célula madre del *Reich*- produjo grandes heroísmos *y* no operaciones financieras o negocios comerciales. Y el propio *Reich* era el más maravilloso premio de la dirección de la política de fuerza y de coraje indómito de sus soldados. ¿Cómo pudo, justamente, el pueblo alemán llegar a tal amortiguamiento de sus instintos políticos? No se trataba, es preciso subrayarlo, de un fenómeno aislado y sí de síntomas de decadencia general, que, en proporciones verdaderamente aterradoras a veces, flameaban como fuegos fatuos en el seno del pueblo y otras corroían a la Nación como tumores malignos. Parecía que un torrente de veneno constante era inyectado por una fuerza misteriosa hasta los últimos vasos sanguíneos de ese cuerpo de héroe, con el fin de aniquilar su buen sentido y el más simple instinto de conservación.

Meditando infinidad de veces sobre todos estos problemas que se me revelaron, a través de mi modo de pensar, con respecto a la política aliancista alemana *y a* la política económica del *Reich* durante los años 1912 a 1914, pude darme cuenta, cada vez más claramente, de que la clave de todo estaba en aquel poder que ya antes conociera en Viena, pero desde puntos de partida muy diferentes al actual: la doctrina y la ideología marxistas, así como la influencia de su acción organizada.

Por segunda vez en mi vida debí ensuciarme con el estudio de esa doctrina demoledora, esta vez, sin embargo, no guiado por las impresiones y efectos de mi ambiente diario, sino dirigido por la observación de los acontecimientos generales de la vida política. Profundicé nuevamente en la literatura teórica de ese nuevo mundo, procuré comprender sus efectos posibles, comparé éstos con los fenómenos reales y con los acontecimientos, en lo que respecta a su actuación en la vida política, cultural y económica.

Comencé a considerar, por primera vez, qué acciones deberían tomarse para dominar ese flagelo mundial.

Estudié el sentido, la dinámica y el éxito de las leyes de emergencia de Bismarck. Gradualmente mi estudio me proporcionó principios graníticos para mis propias convicciones, tanto que desde entonces nunca pensé en mudar mis opiniones personales sobre el particular. Del mismo modo sometí de nuevo a un riguroso examen la relación existente entre el marxismo y el judaísmo. Si antaño en Viena, Alemania me había producido la impresión de un coloso inamovible, comenzaron ahora a surgir en mí consideraciones aprensivas. Estaba descontento con la política exterior de Alemania, lo que manifestaba al pequeño círculo de mis amistades, así como la manera extremadamente liviana, según me parecía, de tratar el problema más importante que había en Alemania en aquel entonces: el marxismo. Realmente no podía comprender cómo se vacilaba ciegamente ante un peligro cuyos efectos, considerando las propias invenciones del marxismo, tenían que ser un día terribles. Ya en aquella época, yo llamaba la atención, en el medio donde me desenvolvía, sobre la fiase tranquilizadora de todos los cobardes de entonces: "A nosotros no nos va a suceder nada". Este pestilente modo de pensar, ya en otro tiempo destruyó un gigantesco Imperio. ¿Por casualidad solamente Alemania no estaría sujeta a las mismas leyes de todas las demás comunidades humanas?

En diversos círculos, que en parte sostienen hoy lealmente la causa nacionalsocialista, expresé ya en los años 1913 y 1914 la convicción que me animaba de que el problema capital para el porvenir de Alemania residía en la destrucción del marxismo.

La desgraciada política alemana de alianzas se me reveló como una de las muchas consecuencias derivadas de la obra disociadora de esta doctrina. Lo espeluznante era precisamente el hecho de que el veneno marxista estaba minando casi insensiblemente la totalidad de los principios básicos propios de una sana concepción del Estado y de la economía nacional, sin que los afectados mismos se percatasen, en lo más mínimo, del grado extremo en que su proceder no era otra cosa que el reflejo de esa ideología, que debía impugnarse enérgicamente. La decadencia del pueblo alemán había comenzado desde hacía mucho tiempo, sin que los individuos, como acontece frecuentemente, pudiesen distinguir claramente a 'los responsables de la misma. También algunas veces se ensayó un tratamiento contra la endemia reinante, pero casi siempre confundiendo los síntomas con la causa misma, y como esta última no se conocía o no se quería conocer, la lucha contra el marxismo obraba cual la terapéutica de un curandero-charlatán.

MI LUCHA

Capítulo V

La guerra mundial

Nada me había entristecido tanto en los agitados años de mi juventud como la idea de haber nacido en una época que parecía erigir sus templos de gloria exclusivamente para comerciantes y funcionarios.

Los acontecimientos históricos daban la impresión de haber llegado a un grado de aplacamiento que bien podía creerse que el futuro pertenecía realmente sólo a la "competencia pacífica de los pueblos" o, lo que es lo mismo, a un tranquilo y mutuo engaño con exclusión de métodos violentos de acción. Los Estados iban asumiendo cada vez más el papel de empresas que se socavaban recíprocamente y que también recíprocamente se arrebataban clientes y pedidos, tratando de aventajarse los unos a los otros por todos los medios posibles y todo esto en medio de grandes e inofensivos aspavientos. Semejante evolución no solamente parecía persistir, sino que por recomendación universal debía también en el futuro transformar al mundo en un único y gigantesco bazar, en cuyos *halls* se colocarían, como símbolos de la inmortalidad, las efigies de los especuladores más refinados y de los funcionarios de administración más desidiosos. De vendedores podían hacer los ingleses, de administradores los alemanes y de propietarios no otros, por cierto, que los judíos, puesto que, como ellos mismos confiesan, siempre lucran, nunca les toca "pagar" y, además de eso, hablan la mayoría de las lenguas.

¿Por qué no nací cien años antes, verbigracia, en la época de las guerras libertarias, en que el hombre valía realmente algo, aun sin tener un "negocio"? Muchas veces me asaltaban pensamientos desagradables relativos a mi peregrinación terrena, demasiado tardía en mi opinión, y la época "de calma y orden" que se me ofrecía la consideraba como una infamia inmerecida del Destino. Yo, desde mi más tierna infancia, no fui "pacifista". Todos los intentos de educación en ese sentido habían resultado inútiles.

La Guerra de los Boers, entonces desencadenada, me produjo el efecto de un relámpago. Diariamente, aguardaba impaciente los periódicos, devoraba las noticias de telegramas y boletines y me consideraba feliz por ser, al menos desde lejos, testigo de esa lucha titánica.

La guerra ruso japonesa me sorprendió sensiblemente más sazonado y, también, más atento a los acontecimientos. Me movían, sobre todo, razones nacionales. Desde los primeros momentos, tomé partido, y, rebatiendo las opiniones corrientes, me coloqué inmediatamente a lado de los japoneses, pues veía en la derrota de los rusos una disminución del espíritu eslavo en Austria.

Muchos años pasaron desde entonces, y aquello que antaño, cuando todavía muchacho, me parecía mórbido, lo comprendía ahora como la calma antes de la tempestad. Ya desde mi época en Viena se sentía sobre los Balcanes una atmósfera pesada, preludio de tempestad, y cuando centelleos más claros rasgaban el cielo, éstos se perdían entre las tinieblas siniestras. En seguida, llegó la Guerra de los Balcanes, y, con ella, el primer temporal azotó a Europa, ahora nerviosa ya. La época siguiente influyó como una pesadilla sobre los hombres. El ambiente estaba tan cargado que, en virtud del malestar que a todos afligía, la catástrofe que se aproximaba llegó a ser deseada. ¡Que los cielos diesen libre curso al Destino, ya que no había barreras que lo detuviesen! Cayó entonces el primer rayo formidable sobre la Tierra; la tempestad se desencadenó, y a los truenos del cielo se unieron las baterías de la Guerra Mundial.

Cuando en Munich se difundió la noticia del asesinato del Archiduque Francisco Fernando (estaba en casa y oí sólo vagamente lo ocurrido), me invadió en el primer momento el temor de que tal vez el plomo homicida procediese de la pistola de algún estudiante alemán que, irritado por la constante labor de eslavización que fomentaba el heredero del trono austriaco, hubiese intentado salvar al pueblo alemán de aquel enemigo interior. No era difícil imaginarse cuál hubiera podido ser la consecuencia de esto: una nueva era de persecuciones que para el mundo entero hubieran sido "justificadas" y de "fundado motivo'. Pero cuando poco después me enteré del nombre de los supuestos autores del atentado y supe, además, que se trataba de elementos serbios, me sentí sobrecogido de horror ante la realidad de esa venganza del Destino insondable. ¡El más grande amigo de los eslavos cayó bajo el plomo de un fanático eslavo! Quien en los años anteriores al atentado hubiese tenido ocasión de estudiar detenidamente el estado de las relaciones entre Austria y Serbia, no podía dudar ni un instante de que la piedra había empezado a rodar y que ya era imposible detenerla.

Es injusto hacer pesar hoy críticas sobre el gobierno vienés de entonces acerca de la forma y del contenido de su ultimátum a Serbia. Ningún poder en el mundo hubiera podido obrar de otro modo, en igualdad de circunstancias y condiciones. Austria tenía en su frontera sudeste un irreconciliable enemigo que provocaba sistemáticamente a la Monarquía de los Habsburgos y que no habría cejado jamás hasta encontrar el momento preciso para la ansiada destrucción del Imperio Austro-Húngaro. Había sobrada razón para suponer que el caso se produciría a más tardar con la muerte del viejo Emperador Francisco José. En ese momento, tal vez la Monarquía no estuviese en condiciones de ofrecer resistencia seria.

El Estado entero se encontraba en sus últimos años, de tal manera dependiente de la vida de Francisco José, que la muerte de ese hombre, tradicional personalización del Imperio, equivaldría, en el sentir de la masa popular, a la muerte del propio Imperio. Era hasta considerada una de las más inteligentes maniobras, sobré todo de la política eslava, hacer creer que Austria debía su existencia a la habilidad extraordinaria y única de ese monarca. Esa adulación era tanto más apreciada en la corte, pues no correspondía en realidad al mérito de ese Emperador. No se podía ver la espina escondida detrás de esa adulación. No se percibía o no se quería ver que, cuanto más la Monarquía dependiese del "extraordinario arte de gobernar", como se acostumbraba decir, de éste, "el más sabio monarca de todos los tiempos", tanto más catastrófica sería la situación, cuando un día el Destino batiese a esa puerta, reclamando su tributo.

¿Sería posible imaginar a la vieja Austria sin su viejo Emperador?

¿No se repetiría, inmediatamente, la tragedia que antaño sucedió a María Teresa?

¡No! Evidentemente que no es justo atribuirles a los círculos oficiales de Viena el haber instado a la guerra, pensando que quizá se la hubiera podido evitar todavía. Esto ya no era posible; cuanto más, se habría podido aplazar por uno o dos años. Pero en esto residía precisamente la maldición que pesaba sobre la diplomacia alemana y también sobre la austriaca, que siempre tendían a dilatar las soluciones inevitables, para luego verse obligadas a actitudes decisivas en el momento menos oportuno. Puédese estar seguro de   99 que una nueva tentativa para salvar la paz habría conducido tan sólo a precipitar la guerra, seguramente en una época todavía más desfavorable. Quien no quisiese esta guerra debería tener el valor de cargar con las consecuencias. Ésas, por tanto, sólo podrían consistir en el sacrificio de Austria. Asimismo, la guerra habría venido, tal vez no como la lucha de todos contra nosotros, sino más bien teniendo como finalidad el aniquilamiento de la Monarquía de los Habsburgos. De cualquier modo, una decisión tenía que ser tomada: o entrábamos en la guerra o quedábamos al margen, observando, al fin de cuentas, de brazos cruzados, al Destino seguir su curso.

Justamente aquellos que hoy más vociferan contra el desencadenamiento de la guerra fueron los que más funestamente ayudaron a atizarla.

La Socialdemocracia se había empeñado desde decenios atrás en realizar la más infame agitación belicosa contra Rusia, y el partido católico había hecho del Estado austriaco, por razones de índole religiosa, el punto de referencia capital de la política alemana. Por fin había llegado el momento de soportar las consecuencias de tan absurda orientación. Lo que vino, debió venir fatalmente. El error del gobierno alemán, deseando mantener la paz a toda costa, fue el de haber dejado pasar siempre el momento propicio para tomar la iniciativa, aferrado como estaba a su política aliancista con la que creía servir a la paz universal y que, a la postre, le condujo únicamente a ser la víctima de una coalición mundial que, a su ansia de conservar la paz, le opuso una inquebrantable decisión de ir a la guerra.

En el caso de que el gobierno de Viena hubiese dado una forma más suave a su ultimátum, en nada habría cambiado la situación. Cuanto mucho habría sido barrido del poder por la indignación popular. Ante los ojos de la gran masa del pueblo, el tono del ultimátum todavía era demasiado blando, y de ningún modo le parecía brutal. En él no se contenían excesos. Quien hoy procure negar eso, o es un desmemoriado o un mentiroso consciente. Gracias a Dios, la lucha del año 1914 no fue, en realidad, impuesta y sí deseada por el pueblo entero. Todos querían acabar de una vez con la inseguridad generalizada. Sólo así se puede comprender también que más de dos millones de alemanes, hombres y muchachos, se alineasen voluntariamente bajo su bandera, decididos a protegerla hasta la última gota de su sangre.

Aquellas horas fueron para mí una liberación de los desagradables recuerdos de juventud. Hasta hoy no me avergüenzo de confesar que, dominado por un entusiasmo delirante, caí de rodillas y, de todo corazón, agradecí a los cielos haberme proporcionado la felicidad de haber vivido en esa época.

Estalló una gigantesca lucha libertaria, gigantesca como ninguna otra en la Historia. Apenas se hubo desencadenado la fatalidad, cundió en la gran masa del pueblo la convicción de que esta vez no iba a tratarse de la suerte aislada de Serbia o de Austria, sino de la existencia de la Nación alemana.

Por primera vez, después de muchos años, el pueblo veía claro su propio futuro. Así fue como, después del comienzo de las hostilidades, todavía bajo la acción de un contagioso entusiasmo, brotaron, en el espíritu del pueblo, los sentimientos a la altura de las circunstancias, pues solamente esta idea de salvación general consiguió que la exaltación nacional significase alguna cosa más que simples fuegos de artificio. La certeza de la gravedad de la situación era, por ello, necesaria por demás. En general, nadie podía, en aquella época, tener la menor idea de la duración de la lucha que entonces se iniciaba. Se soñaba con poder estar de vuelta a casa en el próximo invierno, a fin de 100 reemprender el trabajo pacífico. Aquello que el hombre desea sirve como objeto de esperanza y creencia. La gran mayoría de la Nación estaba cansada del eterno estado de inseguridad. Sólo así se puede comprender que no se pensase en una solución pacífica del conflicto austro-serbio, sino en una solución definitiva para las complicaciones existentes. Al número de esos millones que pensaban así, yo me incluía.

Dos ideas pasaron por mi mente cuando la noticia del atentado de Sarajevo se había difundido en Munich: primero, que la guerra sería al fin inevitable, y, segundo, que al Estado de los Habsburgos no le quedaba otro recurso que mantener en pie el pacto de alianza con Alemania. Lo que siempre había yo temido era la posibilidad de que un día la misma Alemania resultase envuelta en un conflicto, quizás justamente debido a este pacto, pero sin que Austria fuese la causante directa, de modo que el Estado austriaco, por razones de política interna, hubiese carecido de la energía suficiente para adoptar la decisión de respaldar a su aliado. La mayoría eslava del Imperio Austro-Húngaro hubiera comenzado inmediatamente a sabotear la alianza y hubiese preferido, en todo caso, precipitar la ruina del Estado antes que prestarle a su aliado la ayuda a que se hallaba obligado. En aquella desgraciada ocasión, tal peligro quedó eliminado. La vieja Austria debía entrar en acción, queriéndolo o no.

Mi criterio personal en cuanto al conflicto era claro y sencillo: Austria no se empeñaba por obtener una satisfacción de parte de Serbia, sino que al arrastrar consigo a la Nación alemana la obligaba a ésta a luchar por su existencia, por su autonomía y por su porvenir. La obra de Bismarck debía ponerse a prueba: aquello que nuestros abuelos habían alcanzado en las batallas de Weissenburg, Sedán y París a costa del heroico sacrificio de su sangre, tenía que lograrlo ahora de nuevo el joven *Reich* alemán. Coronada victoriosamente la lucha, nuestra Nación habría vuelto a colocarse por virtud de su pujanza exterior en el círculo de las grandes potencias. Sólo entonces podía Alemania constituirse en un poderoso baluarte de paz, sin tener que restringir a sus hijos el pan cotidiano por amor a la paz universal.

Cuántas veces, todavía muchacho, tuve el deseo sincero de probar con hechos que para mí el entusiasmo nacional no era una pura fantasía. Me parecía muchas veces casi un crimen aplaudir a quien fuese sin estar convencido de la razón de ser de su actitud. ¿Quién tenía el derecho de actuar así sin haber pasado por aquellos momentos difíciles en que la mano inexorable del Destino, dando a los acontecimientos un tono más serio, exige la sinceridad de las actitudes humanas? Mi corazón, como el de otros millones, rebosaba de orgullo y felicidad por poder liberarme de esa situación de inercia.

Tantas veces había cantado el *"Deutschland, Deutschland über Alles"* con todas las fuerzas de mis pulmones y gritado `¡Heil...!'; que casi me parecía una gracia especial poder comparecer ahora, ante la justicia divina, para afirmar la sinceridad de mi actitud. Desde el primer instante estuve firmemente decidido a que, en caso de guerra - ésta me parecía inevitable-, abandonaría los libros inmediatamente. Al mismo tiempo sabía muy bien que mi lugar sería aquel al que me llamaba la voz de la conciencia. Por motivos políticos, había preliminarmente abandonado Austria. Nada más natural, pues, que ahora que se iniciaba la lucha, coherente con mis opiniones políticas, procediera así. No era mi deseo luchar por el Imperio de los Habsburgos. Estaba dispuesto, sin embargo, a morir, en cualquier momento, por mi pueblo o por el gobierno que lo representase en realidad.

El 3 de agosto de 1914 presenté una solicitud directa ante S.M. el Rey Luis III de Baviera, pidiéndole la gracia de ser incorporado a un regimiento bávaro. Sin duda que la Cancillería del Gabinete tenía mucho que hacer en aquellos días; fue por eso mayor aún mi alegría cuando ya a la mañana siguiente me era dado recibir la noticia de mi admisión. Al abrir, con las manos trémulas, el documento en el cual leí la concesión de mi solicitud, con la indicación de presentarme en un regimiento bávaro, mi alegría y mi gratitud no tuvieron límites. Pocos días después, vestía el uniforme, que sólo casi seis años más tarde abandonaría.

Debía, pues, comenzar para mí, como por cierto para todo alemán, la época más sublime e inolvidable de mi vida. Ahora, ante los sucesos de la gigantesca lucha, todo lo pasado debía hundirse en el seno de la nada. Con orgullo y añoranza, recuerdo, justamente ahora que se cumple el décimo aniversario de aquellos formidables acontecimientos, las primeras semanas de aquella lucha heroica de nuestro pueblo, en la cual, gracias a la benevolencia del Destino, me fue dado tomar parte.

Como si hubiera sido ayer, pasan ante mis ojos todos los acontecimientos. Me veo de uniforme, entre mis queridos camaradas. Me acuerdo de la primera vez que salimos de maniobras, etcétera. Hasta que al fin llegó el día de la partida para el frente. Una única preocupación me afligía en aquel momento, tanto a mí como a otros muchos. Era pensar que llegaríamos demasiado tarde al frente de batalla. Esa idea no me dejaba tranquilo. A cada manifestación de júbilo por una nueva hazaña heroica, sentía una profunda tristeza, pues siempre que se celebraba una nueva victoria, me parecía aumentar el peligro de arribar demasiado tarde. Y llegó el día en que partimos de Munich rumbo al frente para cumplir con nuestro deber. Así vi por primera vez el Rhin, cuando a lo largo de su apacible corriente nos dirigíamos al Oeste a defender de la ambición del enemigo secular el río de los ríos alemanes. Cuando los primeros rayos del sol de la mañana, atravesando un ligero velo de neblina, se reflejaron en el monumento de Niederwald, irrumpió, del interminable tren de transporte militar, la vieja canción alemana *"Die Wacht am Rhein"*. Me sentí sobrecogido de entusiasmo.

Después en Flandes, marchando silenciosamente a través de una noche fría y húmeda y cuando empezaban a disiparse las primeras brumas de la mañana, recibimos de súbito el bautismo de fuego; los proyectiles -que nos silbaban sobre las cabezas- caían en medio de nuestras filas azotando el mojado suelo. Pero antes de que la metralla mortífera hubiera pasado, un hurra de doscientas gargantas salió al encuentro de esos primeros mensajeros de la muerte. En seguida, comenzó el repiquetear de las ráfagas, el griterío, el estruendo de la artillería, y, febril de entusiasmo, cada cual marchaba hacia el frente, cada vez más de prisa, hasta que, sobre los campos de remolachas y a través de los eriales, comenzó la lucha cuerpo a cuerpo. De lo lejos, sin embargo, llegaban a nuestros oídos las notas de una canción que se aproximaba cada vez más, pasando de compañía en compañía, y cuando la muerte diezmaba nuestras filas, la canción llegaba hasta nosotros, y entonces la entonábamos y seguíamos adelante: *"Deutschland, Deutschland über Alles, über Alles in der Welt"*.

Transcurridos cuatro días, volvimos. Hasta la manera de andar de los soldados había cambiado. Muchachos de diecisiete años parecían hombres maduros. Es muy posible que los voluntarios del Regimiento List aún no hubiesen aprendido a combatir, pero morir sí que sabían, y morían como viejos soldados.

Éste fue el comienzo.

Y así continuó año tras año; mas lo romántico de la guerra fue reemplazado por el horror de las batallas. Poco a poco decayó el entusiasmo y el terror a la muerte ahogó el júbilo exaltado de los primeros tiempos. Había llegado la época en que cada uno se debatía entre el instinto de la propia conservación y el imperativo del deber. Tampoco yo debí quedar exento de esa lucha interior. Siempre que la muerte acosaba, un algo indefinible pugnaba por rebelarse en el individuo presentándose ante la debilidad humana como la voz de la razón, no siendo en verdad más que la tentación de la cobardía que, disfrazada así, intentaba doblegar al hombre. Pero cuanto más se empeñaba ese impulso, aconsejando rehuir el peligro y cuanto más insistentemente trataba de seducir, tanto más vigorosa era la reacción del individuo, en el que, después de larga pugna interior, acababa por imponerse la conciencia del deber. Ya en el invierno 1915-1916 había yo definido íntimamente el problema: la entereza lo había dominado todo y así como en los primeros tiempos fui capaz de lanzarme jubiloso y riendo al asalto, ahora mi estado de ánimo era sereno y resuelto. Lo perdurable era precisamente esto. El Destino podía, pues, ahora someternos a las más severas pruebas sin que nos fallasen los nervios ni perdiéramos la razón.

¡El joven voluntario se transformó en veterano!

La misma evolución se había operado en todo el Ejército alemán, experimentado y recio por virtud del eterno batallar. Los que no pudieron resistir la tempestad fueron vencidos por ella. Solamente ahora es cuando se puede juzgar a ese Ejército. Ahora, después de dos o tres años de lucha constante, saliendo de una batalla para entrar en otra, siempre combatiendo contra un adversario superior en número y armamentos, sufriendo hambre y soportando privaciones de todo tipo, había llegado la hora de probar la eficacia de aquel Ejército único.

Transcurrirán milenios y jamás se podrá cantar al heroísmo sin dejar de rememorar al Ejército alemán de la Gran Guerra. Descorriendo el velo del pasado emergerá siempre la visión del frente férreo de los grises cascos de acero, frente inquebrantable y firme monumento de inmortalidad. Y mientras haya alemanes, nunca se olvidará que aquellos héroes fueron hijos de la Patria alemana.

Entonces yo era soldado y no quise hacer política, tampoco el momento era apropiado para ello. Hasta hoy soy de la opinión que el chofer *más* humilde prestó al país servicios mayores que el primero, digámoslo así, de los "parlamentarios". Nunca odié tanto a estos charlatanes como en aquel tiempo, en que cada individuo decidido que tenía algo que decir, o gritaba en la cara de sus enemigos o se callaba oportunamente y cumplía silenciosamente su deber, fuese donde fuese. De hecho, en aquella época, odiaba a esos "políticos", y, si hubiese sido por mí, los habría mandado inmediatamente a formar un batallón parlamentario de zapadores. Sólo así ellos podrían, completamente a voluntad, expandir entre sí su verborrea, sin incomodar o perjudicar al resto de la Humanidad honesta y decente.

En aquella época no quería saber nada de política; sin embargo, no pude menos que formarme un criterio con respecto a ciertos hechos que afectaban a toda la Nación y que particularmente debían interesarnos a nosotros los soldados.

Había dos cosas que entonces me enfadaban íntimamente, y las consideraba perjudiciales a la causa de la Nación.

Después de las primeras noticias de las victorias, un sector de la prensa comenzó a dejar caer, sobre el entusiasmo general, algunas gotas de embrutecimiento, y eso lenta e imperceptiblemente para muchos. Actuaba, esa misma prensa, bajo el disfraz de buena voluntad, de buenas intenciones y hasta incluso de celo por la muerte del soldado. Recelaba en festejar las victorias con exceso. Además de eso, existía el pensamiento de que esa forma de celebrar los éxitos militares no era digna de una gran Nación. Se pensaba que la bravura y el heroísmo del soldado alemán deberían ser naturales, sin espectacularidades. Los alemanes no se debían dejar arrastrar por manifestaciones de alegrías irreflexivas que repercutirían en el extranjero, el cual apreciaría la manera tranquila y digna de la alegría, más que una exaltación desmedida. Nosotros mismos, añadían, no deberíamos olvidar que la guerra no estaba dentro de nuestro programa, y, por eso, no deberíamos avergonzarnos de confesar abiertamente que, en cualquier momento, contribuiríamos con nuestro esfuerzo a la confraternización de la Humanidad. No era, pues, conveniente empañar la pureza de las acciones del Ejército con un griterío demasiado espectacular. El resto del mundo acogería muy mal esa manera de reaccionar. Nada es más admirado que la modestia con que un verdadero héroe olvida, silenciosa y calmadamente, sus mayores hazañas.

En vez de agarrar a esas personas por las orejas y colgarlas de un árbol con una cuerda, para que la Nación en fiesta no pudiese ofender la sensibilidad estética de tales escritores, se comenzó a proceder en realidad contra la manera "inadecuada" de celebrar las victorias.

No se tenía la menor idea de que el entusiasmo, una vez apagado, nunca más puede ser provocado cuando se desee. Es una embriaguez y debe ser mantenido en ese estado. ¿Cómo, por el contrario, se podría mantener una lucha sin esa fuerza de entusiasmo, principalmente tratándose de una lucha que iba a poner a prueba, de una manera inédita, las cualidades morales de la Nación?

Conocía lo suficiente sobre la psicología de las grandes masas para saber que con sentimentalismo estético no se podría mantener encendido ese ardor cívico. A mi modo de ver, era una locura rematada no atizar el fuego de esa pasión. Lo que todavía comprendía menos es que se procurase destruir el entusiasmo existente. Lo que también me irritaba era la actitud que se adoptaba en relación al marxismo. Para mí, esa actitud era una prueba de que no se tenía la mínima idea de lo que era esa calamidad. Se creía seriamente haber reducido a la inacción al marxismo, con la sencilla declaración de que ahora no existían más esos partidos. No se percibía absolutamente que, en este caso, no se trataba de un partido y sí de una doctrina que tiende a destruir a la Humanidad entera. Se comprende eso, considerando que, en las Universidades sujetas a influencias semíticas, nada se decía al respecto, y que muchos, sobre todo nuestros altos funcionarios, pensaban que era inútil aprender algo que no figurase entre las materias estudiadas en las escuelas superiores. Las transformaciones sociales más radicales pasan desapercibidas para esas cabezas huecas, razón por la cual las instituciones del gobierno son muy inferiores a las instituciones particulares. A aquellas les viene bien el proverbio: "Lo que el labrador no conoce, no come".

Algunas pocas excepciones sólo sirven para confirmar la regla.

Fue un error incalificable de los primeros días de agosto de 1914 el haber tratado de identificar al obrero alemán con él marxismo. En aquel momento el obrero alemán estaba ya desligado de las garras de esa ponzoña. Si no hubiera sido así, no se hubiera presentado para ir a la guerra. Se tuvo, sin embargo, la candidez de creer que el marxismo se había hecho "nacional". Esa suposición sólo sirve para demostrar que en aquellos 104 largos años, ninguno de los dirigentes del Estado se había tomado la molestia de estudiar la esencia de esa doctrina, pues, en caso contrario, difícilmente se hubiera propagado semejante tontería.

El marxismo, cuyo supremo objetivo es y será siempre la destrucción de todo Estado nacional no judío, debió ver con horror que en el mes de julio de aquel año el proletariado alemán, al cual lo tenía cogido en su red, despertó para ponerse hora por hora, con creciente celeridad, al servicio de la Patria. En pocos días quedó desvanecida toda la apariencia de ese infame engaño al pueblo y de un momento a otro la banda de dirigentes judíos viose sola y abandonada, como si no existiera huella del absurdo y del desvarío que infiltraron en la psicología de las masas durante sesenta años. Fue un instante sombrío para los defraudadores de la clase obrera del pueblo alemán; pero tan pronto como esos dirigentes se percataron del peligro que corrían, cubriéronse hasta las narices con el manto de la mentira y fingieron participar de la exaltación cívica nacional. Había llegado el momento de arremeter contra toda la fraudulenta comunidad de estos judíos envenenadores del pueblo. Se debería haber actuado sin consideraciones para con las lamentaciones que probablemente se desencadenarían. En agosto de 1914 habían desaparecido, como por encanto, las ideas huecas de solidaridad internacional y, en su lugar, pocas semanas más tarde, llovían, sobre los cascos de las columnas en marcha, las bendiciones fraternales de los *shrapnel* americanos. El deber de un gobierno celoso de su misión hubiera sido -al ver que el obrero alemán se sentía reincorporado a la nacionalidad- acabar despiadadamente con los agitadores que minaban la estabilidad de la Nación.

Mientras en el frente de batalla rendían el tributo de su vida los mejores elementos de la Patria, lo menos que en retaguardia se debía hacer era exterminar a las sabandijas venenosas.

Pero en lugar de eso, fue el mismo Emperador Guillermo II quien tendió la mano a los criminales de siempre, e hizo que esos pérfidos de la Nación tuviesen la oportunidad de recapacitar y de cohesionarse.

La víbora podía, pues, recomenzar su trabajo, con más cautela que antes, sin embargo de manera más peligrosa. Mientras los honestos soñaban con la paz, los criminales traidores organizaban la Revolución.

Me sentí interiormente disgustado con esas medias tintas. Lo que nunca pude imaginar, sin embargo, era que el fin fuese tan horrible.

¿Qué debió hacerse? A los dirigentes del Movimiento detenerlos, procesarlos y librar de ellos a la Nación. Debieron emplearse, con la máxima energía, todos los medios de acción judicial para aniquilar a esa plaga. Los partidos debieron disolverse, y el *Reichstag* llamado a razón por la fuerza convincente de las bayonetas. Lo mejor hubiera sido incluso disolverlo. De la misma manera que la República hoy tiene medios para disolver los partidos, en aquella época, con más razón, se debería haber echado mano de tal recurso, pues se trataba de una cuestión de vida o muerte de toda una Nación.

Es verdad que en esos momentos surge siempre la pregunta: ¿Será posible destruir ideas a hierro y fuego? ¿Será posible combatir concepciones universales empleando la fuerza bruta?

En aquel tiempo, más de una vez, me formulé a mí mismo esas preguntas. Meditando sobre casos análogos, principalmente sobre aquellos casos de Historia universal que se basaban en fundamentos religiosos, llegué a la siguiente conclusión   105 básica: Las ideas, igual que los movimientos que tienen una determinada base espiritual, sea cierta o equivocada, sólo pueden, después de alcanzado un cierto período de su evolución, ser destruidos por procesos técnicos de violencia cuando esas armas son en sí portadoras de un nuevo pensamiento encendido, de una idea, de un principio universal. El empleo exclusivo de la violencia, sin el estímulo de un ideal preestablecido, no puede conducir nunca a la destrucción de una idea o evitar su propagación, excepto si esa violencia tomara la forma de exterminio irreductible del último de los adeptos del nuevo credo y de su propia tradición. Eso significa, por tanto, en la mayoría de los casos, la segregación de un organismo político del círculo de las actividades, a veces por tiempo indefinido e incluso para siempre. La experiencia ha demostrado que un sacrificio tal de sangre alcanza de lleno a la parte más valiosa de la nacionalidad, pues toda persecución que tiene lugar sin previa preparación espiritual, se revela como moralmente injustificada, provocando vehementes protestas de los más eficaces elementos del pueblo, protesta que redunda generalmente en adhesión al Movimiento perseguido. Muchos proceden de esta manera por un sentimiento de repulsa al combate de las ideas por la fuerza bruta.

El número de adeptos crece entonces proporcionalmente a la intensidad de la persecución. Entre tanto, el exterminio sin descanso de la nueva doctrina sólo podrá ser posible a costa de la grande y creciente diezmación de los que la aceptan, diezmación que, en última instancia, conducirá al pueblo o al gobierno al empobrecimiento. Tal proceso será, desde el principio, inútil, cuando la doctrina a combatir ya haya sobrepasado cierto círculo restringido.

Es por eso que aquí, como en cualquier proceso de crecimiento, el período de infancia es el que está más expuesto a la destrucción, en cuanto que, con el correr de los años, la fuerza de resistencia aumenta, para sólo ceder el sitio a la nueva infancia con la aproximación a la debilidad senil, si bien bajo otra forma y por diferentes motivos.

De hecho, casi todas las tentativas de, por medio de la fuerza, y sin base espiritual, destruir una doctrina, conducen al fracaso y no raras veces al contrario de lo deseado, y ello por los motivos siguientes: La primera de todas las condiciones para una lucha por la fuerza bruta es la persistencia. Esto quiere decir que sólo hay posibilidades de éxito en el combate a otra doctrina cuando se emplean métodos de represión uniformes y continuos. Por el contrario, si, con indecisión, se alterna la fuerza con la tolerancia, sucederá que no solamente la doctrina a destruir conseguirá fortalecerse más sino que quedará en situación de sacar nuevos provechos de cada persecución, puesto que, superada la primera ola de represión, la indignación por el sufrimiento le reportará nuevos adeptos, en tanto que los ya existentes permanecerán cada vez más fieles. Incluso aquellos que hayan abandonado las filas, pasado el peligro, volverán a ellas. La condición esencial del éxito es la aplicación constante de la fuerza. La continuidad es siempre el resultado de una convicción espiritual determinada. Toda fuerza que no provenga de una firme base espiritual se vuelve indecisa y vaga. Le faltará la estabilidad que sólo podrá reposar en cierto fanatismo. Emana de la energía y decisión del individuo. Está, además, sujeta a modificaciones de acuerdo con la personalidad que la adopta. Esto es, con la fuerza y el modo de ser de cada uno.

Además de eso, se ha de tener en consideración que toda concepción ideológica, 106 sea de índole religiosa o política -es difícil a veces establecer límites en esto-, lucha menos, en sentido negativo, por la destrucción del mundo de ideas del adversario, que en sentido positivo para imponer el suyo propio. Su lucha en estas condiciones es más un ataque que una defensa. Desde luego, lleva ya ventaja por el simple hecho de precisar su objetivo, que representa el triunfo de la propia idea, en tanto que en el caso contrario, sólo muy difícilmente puede determinarse con certeza cuándo es dado considerar como cosa hecha y segura la posibilidad de destruir una doctrina opuesta. Aquí también la decisión pertenece al ataque y no a la defensa. La lucha contra una fuerza espiritual únicamente por medios violentos sólo es una defensa, en cuanto las armas no son en sí mismas portadoras o propagadoras de una nueva doctrina.

Resumiendo, puede decirse lo siguiente: todo intento de combatir una tendencia ideológica por medio de la violencia está predestinado al fracaso, a menos que la lucha no haya asumido el carácter en pro de una nueva concepción espiritual. Sólo cuando están en abierta lucha dos ideologías, puede el recurso de la fuerza bruta empleada con persistencia y sin contemporización alguna, lograr la decisión en favor de la parte a la cual sirve. He aquí por qué fracasó siempre la lucha contra el marxismo.

Ésa fue también la razón por la que falló y debía fallar a la postre la legislación de Bismarck en materia de socialismo. Se carecía de la plataforma de una nueva concepción ideológica por cuyo éxito se habría podido empeñar la lucha; pues, aquello de creer que la llamada "autoridad del Estado", el lema "tranquilidad y orden" constituían la base apropiada para impulsar ideológica mente una lucha de vida o muerte, podía sólo caber en la proverbial "sabiduría" de altos funcionarios ministeriales. Faltando, como faltó, en esa lucha una verdadera base espiritual, tuvo Bismarck que contar, para introducir su legis lación socialista, con una institución que no era más que un aborto del comunismo. Confiando el destino de su guerra al marxismo a la complacencia de la democracia burguesa, el Canciller de Hierro quiso hacer de una oveja un lobo.

Entre tanto, todo eso era la consecuencia forzada de la falta de un principio general básico y de gran poder ideológico, que fuese opuesto al marxismo. El resultado final de la lucha de Bismarck redundó, pues, en una gran desilusión.

¿Eran por el contrario las condiciones durante la guerra, o incluso en su inicio, diferentes? Lamentablemente, no.

Cuanto más me preocupaba con la idea de una modificación de actitud del gobierno en relación a la socialdemocracia -partido que en aquel momento representaba al marxismo-, tanto más me apercibía de la falta de un sucedáneo para esa doctrina.

¿Qué se ofrecería a las masas en la hipótesis de la caída de la socialdemocracia? No existía un Movimiento del cual fuese lícito esperar que pudiese atraer a las masas obreras, en ese momento más o menos sin jefes. Sería rematada ingenuidad imaginar que el fanático internacional, que ya había abandonado el partido de clase, se decidiera a entrar a formar parte de un partido burgués, por tanto en una nueva organización de clase. Eso es innegable, aunque no sea del agrado de las diferentes organizaciones que parecen pensar, muy naturalmente, en una separación de clases, hasta el momento en que esa escisión no comience a serles desfavorable desde el punto de vista político. La constatación de ese hecho sólo sirve para probar la insolencia y la estupidez de los mentirosos.

De un modo general es un error juzgar que la gran masa sea más tonta de lo que 107 parece. En política no es extraño que el sentimiento decida más acertadamente que la razón.

La alegación de que la masa se equivoca, dejándose llevar por el sentimiento - alegación que se procura evidenciar con ingenua actitud en política internacional- puede rebatirse vigorosamente, observando el hecho de no ser menos insensata la democracia pacifista, cuyos líderes, sin embargo, proceden exclusivamente de la burguesía.

Mientras millones de ciudadanos rinden culto, todas las mañanas, a su prensa democrática, quedará muy mal para estos señores reírse de las bobadas del "compañero" que, al fin de cuentas, cree en las mismas tonterías, aunque con otra escenificación. En ambos casos, el fabricante de esos raciocinios es siempre el judío.

Se debe, por tanto, evitar la negación de hechos que existen en la realidad. El hecho de que existe una cuestión de clase (no se trata exclusivamente de problemas ideales, conforme se acostumbra hacer creer, sobre todo en períodos electorales) no puede ser negado. El sentimiento de clase de gran parte de nuestro pueblo, así como el menosprecio al trabajador manual, es un fenómeno que no proviene de la fantasía de un lunático.

No obstante, esto demuestra la pequeña capacidad de raciocinio de nuestros llamados intelectuales, pues justamente en esos círculos no se comprende que quien no pudo evitar el desarrollo de una calamidad como el marxismo, no está más en condiciones de reconquistar lo perdido.

Los partidos "burgueses", de la "derecha" o de "centro", como ellos mismos se denominan, no pueden nunca contar con el apoyo de las masas proletarias, pues aquí tenemos dos mundos antagónicos, en parte natural, en parte artificialmente separados, y cuya actitud recíproca sólo puede ser la de lucha. El vencedor en estos casos sólo podría ser el más joven, y ése sería el marxismo.

En 1914 hubiera sido realmente factible una acción eficaz contra la socialdemocracia, pero la falta absoluta de un sustituto práctico hacía dudar sobre el tiempo que habría podido mantenerse la lucha.

En este orden era enorme el vacío existente.

Ya mucho antes de la guerra tenía yo esta opinión y por eso no pude decidirme a enrolame en ninguno de los partidos políticos mililantes. En el curso de los sucesos de la guerra, se consolidó mi criterio gracias a la probada imposibilidad de empeñar resueltamente la lucha contra la socialdemocracia, lucha por la cual hubiera sido menester un movimiento de opinión que fuese algo más que un simple partido "parlamentario". Ante mis camaradas íntimos, expuse claramente mi modo de pensar sobre esta cuestión. Por primera vez surgió entonces en mi mente la idea de que un día me ocuparía tal vez de la política.

Y ése fue justamente el motivo por el cual yo reiteraba, en el pequeño círculo de mis amigos, el propósito de que, pasada la guerra, actuaría como orador político, sin perjuicio de atender mi trabajo profesional.

Creo que eso ya estaba resuelto, en mi espíritu, con toda seriedad.

Capítulo VI

Propaganda de Guerra

Habituado a seguir con marcada atención el curso de los acontecimientos políticos, la actividad de la propaganda me había interesado siempre en grado extraordinario. Veía en ella un instrumento que justamente las organizaciones marxistas y socialistas dominaban y empleaban con maestría. Pronto debí darme cuenta de que la conveniente aplicación del recurso de la propaganda constituía realmente un arte casi desconocido para los partidos burgueses de entonces. El Movimiento Cristiano-Social, especialmente en la época de Lüger, fue el único capaz de servirse de ese instrumento con una cierta virtuosidad, lo cual le valió muchos de sus éxitos.

Durante la Gran Guerra empezó a observarse a qué enormes resultados podía conducir la acción de una propaganda bien llevada. Desgraciadamente todo tenía que ser aprendido del enemigo, pues la actividad por nuestra parte, en ese sentido, fue más que modesta. Justamente el fracaso total, en el plano de explicación al pueblo alemán, fue para mí un motivo más para ocuparme en particular de la cuestión de la propaganda.

No nos faltaba oportunidad para pensar sobre esa cuestión. Lamentablemente, las lecciones prácticas nos las dio el enemigo y nos costaron muy caro. Aquello que nosotros habíamos descuidado lo supo explotar el adversario con increíble habilidad y con un sentido de cálculo verdaderamente genial. Para mi vida política fue una gran enseñanza la propaganda de guerra del enemigo. Aquellos que de ella se debían haber servido, como eficiente lección, la dejaron pasar desapercibida; se creían lo suficientemente expertos como para aprender de los demás. Por otra parte, no existía tampoco una voluntad honesta.

¿Existió en realidad una propaganda alemana de guerra?

Lamentablemente debo responder que no. Todo lo que se había hecho en este orden fue tan deficiente y erróneo desde un principio, que no reportaba provecho alguno y, a veces, llegaba a resultar hasta contraproducente, deficiente en la forma, psicológicamente errada en su carácter. Tal es la conclusión a que se llega examinando con detenimiento la propaganda alemana de guerra.

Se comenzaba por no saber claramente si la propaganda era un medio o un fin.

La propaganda es un medio y debe ser considerada desde el punto de vista del objetivo al cual sirve. Su forma, en consecuencia, tiene que estar condicionada de modo que apoye el objetivo perseguido. Es también claro que la importancia del objetivo que se tiene a la vista se puede presentar de diferentes maneras, teniéndose en cuenta el interés social. Por lo tanto, la propaganda puede variar en su valor intrínseco. La finalidad por la cual habíamos luchado en la guerra fue la más sublime y magna de cuantas se puede imaginar para el hombre. Se trataba de la libertad y de la independencia de nuestro pueblo, se trataba de asegurar nuestra subsistencia en el porvenir, se trataba del honor de la Nación. Estábamos frente a una cuestión que, a pesar de la opinión contraria de muchos, aún existe, o mejor debe existir, pues los pueblos sin honra acostumbran perder la libertad y la independencia, tarde o temprano. Eso, a su vez, corresponde a una justicia más elevada, pues generaciones de vagabundos sin honra no merecen la libertad. Aquél que quiera ser un esclavo cobarde no puede tener el sentimiento del honor.

El pueblo alemán luchó por el derecho a una humana existencia, y apoyar esa lucha debió haber sido el objetivo de nuestra propaganda de guerra.

En el momento en que los pueblos de este planeta luchan por su existencia, esto es, cuando se les hace inminente el problema decisivo de ser o no ser, quedan reducidas a la nada las consideraciones humanitarias o estéticas. Porque esas ideas se originan más bien en la imaginación de los hombres con seguridad existencial. Con su marcha de este mundo, desaparecen también esas ideas, pues la Naturaleza las desconoce. Incluso entre los hombres ellas son propias sólo de algunos pueblos o, mejor, de ciertas razas, en la medida que éstas provienen del sentimiento de esos mismos pueblos o razas. **El sentimiento humanitario y estético desaparecería, hasta incluso de un mundo habitado, una vez que desaparecieran las razas creadoras y portadoras de esas ideas.**

Todas esas ideas tienen un significado secundario en la lucha de un pueblo por su propia existencia; llegan incluso a desaparecer, una vez que puedan contrariar su instinto de conservación.

Por lo que al humanitarismo respecta, ya Moltke dijo que en la guerra lo humanitario radicaba en la celeridad del procedimiento; es decir, que estaba en relación directa con el empleo de los medios de lucha más eficaces.

A aquellos que procuran argumentar en esos temas con palabras tales como estética y otras, se les puede responder de la siguiente manera: las cuestiones vitales de la importancia de la lucha por la vida de un pueblo anulan todas las consideraciones de orden estético. La mayor fealdad en la vida humana es y será siempre el yugo de la esclavitud. ¿Será posible que esos decadentes de Schwabing consideren "estética" la suerte actual del pueblo alemán? Es verdad que, con los judíos, que son los modernos inventores de esa "cultura perfumada", no se debe discutir sobre esos asuntos. Toda su existencia es una viva protesta contra la estética de la imagen del Supremo Creador.

Si, en la lucha, esos temas de humanidad y belleza son excluidos, tampoco podrán servir de orientación para la propaganda.

La propaganda durante la guerra era un medio para un determinado fin, y ese fin era la lucha por la existencia del pueblo alemán. Por consiguiente, la propaganda sólo podría ser orientada bajo el punto de vista de principios conducentes a lograr dicho objetivo.

Según eso, las armas más crueles eran humanas, si es que su empleo determinaba la pronta consecución de la victoria; y en este orden, buenos eran sólo aquellos métodos capaces de contribuir a asegurarle a la Nación la dignidad de su soberanía. En una lucha tal, de vida o muerte, debió haber sido ésta la única orientación posible para la propaganda de guerra.

Si de esto se hubiesen percatado las autoridades llamadas responsables, jamás se habría podido caer en la inseguridad de la forma y modo de aplicación de ese recurso, que también es un arma, y un arma verdaderamente terrible en manos de quien sabe servirse de ella.

La segunda cuestión de importancia decisiva era la siguiente: ¿a quién debe ser dirigida la propaganda, a los intelectuales o a la masa menos culta? ¡La propaganda siempre deberá dirigirse a la masa!

Para los intelectuales, o para aquellos que hoy, lamentablemente, así se 110 consideran, no se debe hablar de propaganda y sí de instrucción científica.

Semejantes son las condiciones con las que hoy designamos la palabra propaganda.

El fin de la propaganda no es la educación científica de cada cual, y sí llamar la atención de la masa sobre determinados hechos, necesidades, etcétera, cuya importancia sólo de esta forma entra en el círculo visual de la masa.

El arte está exclusivamente en hacer esto de una manera tan perfecta que provoque la convicción de la realidad de un hecho, de la necesidad de un procedimiento, y de la justicia de algo necesario. La propaganda no es y no puede ser una necesidad en sí misma, ni una finalidad. De la misma manera como en el supuesto del cartel, su misión es la de llamar la atención de la masa y no enseñar a los cultos o a aquellos que procuran cultivar su espíritu; su acción debe estar cada vez más dirigida al sentimiento y sólo muy condicionalmente a la llamada razón.

Toda acción de propaganda tiene que ser necesariamente popular y adaptar su nivel intelectual a la capacidad receptiva del más limitado de aquellos a los cuales está destinada. De ahí que su grado netamente intelectual deberá regularse tanto más hacia abajo, y cuanto más grande sea el conjunto de la masa humana que ha de abarcarse. Mas, cuando se trata de atraer hacia el radio de influencia de la propaganda a toda una Nación, como exigen las circunstancias en el caso del sostenimiento de una guerra, nunca se podrá ser lo suficientemente prudente en lo que concierne a cuidar que las formas intelectuales de la propaganda sean simples en lo posible.

Cuanto más modesta sea su carga científica y cuanto más tenga en consideración el sentimiento de la masa, tanto mayor será su éxito. Esto, sin embargo, es la mejor prueba de lo acertado o erróneo de una propaganda, y no la satisfacción de las exigencias de algunos sabios o jóvenes estetas. El arte de la propaganda reside justamente en la comprensión de la mentalidad y de los sentimientos de la gran masa. Ella encuentra, por la forma psicológicamente adecuada, el camino para la atención y para el corazón del pueblo. Que nuestros sabios no comprendan esto, la causa reside en su pereza mental o en su orgullo. Comprendiéndose la necesidad de la conquista de la gran masa, por medio de la propaganda, se saca la siguiente conclusión: es errado querer dar a la propaganda la variedad, por ejemplo, de la enseñanza científica.

La capacidad receptiva de la gran masa es sumamente limitada y no menos pequeña su facultad de comprensión; en cambio, es enorme su falta de memoria. Teniendo en cuenta estos antecedentes, toda propaganda eficaz debe concretarse sólo a muy pocos puntos y saberlos explotar como apotegmas hasta que el último hijo del pueblo pueda formarse una idea de aquello que se persigue. En el momento en que la propaganda sacrifique ese principio o quiera hacerse múltiple, quedará debilitada su eficacia por la sencilla razón de que la masa no es capaz de retener ni asimilar todo lo que se le ofrece. Y con esto sufre detrimento el resultado, para acabar a la larga por ser completamente nulo.

Cuanto más importante sea el objetivo a alcanzar, tanto más cierta, psicológicamente, debe ser la táctica a emplear.

Fue un error fundamental ridiculizar al adversario como lo hacía la propaganda de las hojas humorísticas de Austria y Alemania.

Error fundamental, porque el individuo, cuando llegaba el momento de verse cara a cara con el enemigo, cambiaba por completo la idea que tenía, lo cual debió, por cierto, traer muy graves consecuencias. Bajo la impresión inmediata de la resistencia que oponía el adversario, el soldado alemán se sintió defraudado por aquellos que hasta entonces habían ilustrado su criterio, y en lugar de experimentar una reacción de mayor espíritu combativo, o por lo menos una consolidación del mismo, se produjo el fenómeno contrario, sobreviniendo un momentáneo desaliento.

Opuestamente a esto, la propaganda de guerra de los ingleses y de los americanos era psicológicamente adecuada, porque al pintar a los alemanes como a bárbaros, como si fuesen hunos, disponían a sus soldados a los horrores de la guerra y contribuían así a ahorrarles decepciones. El arma más terrible que hubiera podido emplearse contra ellos no les habría entonces parecido más que una comprobación de lo ya oído, acrecentándose de este modo su fe en la rectitud de las apreciaciones de su gobierno y ahondando por otra parte su furor y su odio contra el enemigo maldito. El cruel efecto del arma del adversario que comenzaba a experimentar le parecía, al poco tiempo, una prueba de la brutalidad feroz del enemigo "bárbaro", del que ya había oído hablar, sin que, por un instante, hubiese sido inducido a pensar que sus propias armas fuesen, muy posiblemente, de acción más devastadora.

Así fue como el soldado inglés jamás tuvo la impresión de haber sido falsamente informado en su país, muy al contrario de lo que por desgracia ocurría con el soldado alemán, que acabó por rechazar en general como "embustes" las informaciones de propaganda que recibía desde retaguardia.

Todo ello era la resultante de encomendar ese servicio de propaganda al primer burro que se encontraba, en vez de comprender que para este servicio era necesario un profundo conocedor del alma humana.

La finalidad de la propaganda no consiste en compulsar los derechos de los demás, sino en subrayar con exclusividad el suyo propio.

Mucho se podría haber aprendido del enemigo, sobre todo aquél que, con los ojos abiertos y con el sentido alerta, observase la ola de propaganda enemiga durante los cuatro años y medio de guerra.

Lo que se comprendía menos era la primera condición de toda actividad propagandística, a saber: la actitud fundamentalmente subjetiva y unilateral que la misma debe asumir en relación al objetivo previsto. En este terreno se cometieron errores tan grandes, desde el comienzo de la guerra, que se tenía el derecho a dudar si tanta equivocación podía ser atribuida sólo a la pura ignorancia.

¿Qué se diría, por ejemplo, de un cartel anunciando un nuevo jabón si en el mismo se indican como "buenos" otras marcas de jabones? La única cosa que se podría hacer ante eso sería encogerse de hombros y seguir.

Lo mismo sucede en relación a la propaganda política.

Error capital fue el de discutir la cuestión de la culpabilidad de la guerra considerando que no sólo Alemania era la responsable del estallido de la catástrofe. Mejor se habría obrado imputando totalmente la culpa al enemigo, aun en el caso de que esto no hubiese sido verdad, como en realidad lo era.

¿Cuál fue la consecuencia de esta indecisión?

La gran masa de un pueblo no se compone de diplomáticos o sólo de catedráticos de Derecho, ni siquiera de personas capaces de pensar con acierto, y sí de criaturas propensas a la duda y a las incertidumbres. Cuando se verifica en una propaganda el menor indicio de reconocer un derecho a la parte contraria, se crea inmediatamente la duda en cuanto al derecho propio. La masa del pueblo es incapaz de distinguir dónde acaba la injusticia ajena y dónde comienza la suya propia. Ella, en un caso como éste, se vuelve indecisa y desconfiada, sobre todo cuando el adversario no comete la misma cretinez, sino, por el contrario, lanza todas las culpas sobre el enemigo. Nada más natural, pues, que finalmente el pueblo termine creyendo más en la propaganda enemiga que en la propia, dada la uniformidad y coherencia de aquélla. Ese fenómeno es, entonces, inevitable cuando se trata de un pueblo como el alemán, que ya de por sí sufre de tan gran manía de objetivismo, y está siempre preocupado de evitar injusticias al enemigo, incluso ante el peligro de su propio aniquilamiento.

La masa no llega a comprender que no es así como se imaginan esas cosas en los puestos de mando.

La gran mayoría del pueblo es, por naturaleza y criterio, de índole tan femenina que su modo de pensar y obrar se subordina más a la sensibilidad anímica que a la reflexión.

Esa sensibilidad no es complicada, por el contrario, es muy simple y rotunda. Para ella no existen muchas diferenciaciones, sino un extremo positivo y otro negativo: amor u odio, justicia o injusticia, verdad o mentira, pero jamás estados intermedios.

Todo eso lo supo comprender y tomar en cuenta en forma realmente genial la propaganda inglesa. Allá no había en efecto razones de dos filos que condujesen a la duda.

Una prueba del admirable conocimiento de la emotividad primitiva de la gran masa la constituía su propaganda de las "atrocidades alemanas", perfectamente adaptada a las circunstancias.

Esta táctica sirvió para asegurar, en forma tan inescrupulosa como genial, las condiciones necesarias para el mantenimiento de la moral en el teatro de la guerra, aun en el caso de las mayores derrotas. Otra prueba de la propaganda inglesa en este orden, era la contundente sindicación que se hacía del enemigo alemán considerándolo como el único responsable del estallido de la guerra. Una mentira que sólo gracias a la parcialidad e impúdica persistencia con que era difundida, pudo adaptarse al sentir apasionado y siempre extremista de las muchedumbres; por eso mereció crédito.

Cuán eficiente fue esa manera de hacer propaganda, quedó plenamente evidenciada en el hecho de haber conseguido, después de cuatro años, no sólo asegurar la resistencia del enemigo sino incluso comenzar a influir nocivamente en el modo de ver de nuestro propio pueblo.

No es de extrañar que a nuestra propaganda le estuviera reservado un fracaso. Era portadora de la simiente de la ineficacia en sus propias vacilaciones. Además de eso, era poco probable, a juzgar por su contenido, que fuera capaz de producir el efecto necesario en el seno de la multitud anónima.

Sólo nuestros "estadistas" faltos de espíritu podían imaginar que, con ese pacifismo anodino y oliendo a flor de azahar, se consiguiese despertar el entusiasmo de alguien hasta el punto de arrastrarlo al sacrificio, incluso de la vida. Fue, pues, inútil esa miserable táctica y hasta perniciosa. Cualquiera que sea el talento que se revele en la dirección de una propaganda, no conseguirá el éxito si no se toma en consideración siempre e intensamente un postulado fundamental: ella tiene que conformarse con poco; sin embargo, ese poco tendrá que ser repetido constantemente. La persistencia, en este caso, es, como en muchos otros de este mundo, la primera y más importante condición para el éxito.

Los temas de propaganda, precisamente, no pueden ser dirigidos por estetas, ni por *"blasés"*. Los primeros imprimen, por la forma y por la expresión, un sello a la propaganda que, dentro de poco, sólo tiene poder de atracción en los círculos literarios; los segundos, deben ser cuidadosamente evitados, pues su falta de sensibilidad hace que se busquen constantemente nuevos atractivos. Esas personas se cansan de todo con facilidad; lo que ellos desean es la variedad y son incapaces de una comprensión de las necesidades de sus conciudadanos todavía no contaminados por su pesimismo.

Ellos son siempre los primeros críticos de la propaganda, o, mejor dicho, de su contenido, el cual les parece demasiado arcaico, etcétera. Sólo quieren novedades, sólo buscan variedad y se vuelven de esa forma enemigos mortales de una conquista eficiente de las masas, desde el punto de vista político. Después que una propaganda, en su organización y en su contenido, comienza a orientarse por las necesidades de aquéllos, pierde toda unidad y se dispersa completamente.

La propaganda, por consiguiente, no fue creada para proporcionar a esos señores blasés una distracción interesante y sí para convencer a la masa. Ésta necesita -por ser de más lenta comprensión- de un determinado período de tiempo, antes de estar en condiciones de tomar conocimiento de un hecho y, solamente después de repetirles millares de veces los conceptos más elementales, es cuando su memoria entrará a retenerlos.

La variación en la propaganda no debe alterar jamás el sentido de aquello que es el objeto de esa propaganda, sino que desde el principio hasta el fin debe significar siempre lo mismo. El motivo en cuestión puede ser considerado desde puntos de vista diferentes, mas es condición esencial que toda exposición entrañe en resumen, invariablemente, la misma fórmula. Sólo de esta suerte es posible hacer que la propaganda sea eficaz y uniforme.

Sólo la línea maestra, que nunca debe ser abandonada, es capaz, guardando la acentuación uniforme y coherente, de hacer madurar el éxito final. Sólo entonces se podrá constatar con asombro cuán formidables y casi incomprensibles resultados es capaz de producir una persistencia tal.

El éxito de toda propaganda, sea en el campo del comercio o en el de la política, supone una acción perseverante y la constante uniformidad de su aplicación.

También en esto fue ejemplar la propaganda de los Aliados, basada en pocos puntos de vista, exclusivamente destinada a la masa y llevada adelante con tenacidad incansable.

Durante toda la guerra se emplearon los principios fundamentales reconocidos correctos, así como las formas de ejecución, sin que se intentara nunca la más mínima modificación.. Al principio, esa táctica parecía descabellada en el atrevimiento de sus afirmaciones. Se volvió más tarde desagradable, y al final creída. Y es así como al cabo de cuatro años y medio estalló en Alemania una revolución, cuyo lema provenía de la propaganda de guerra enemiga.

Inglaterra se había percatado de algo más al considerar que el éxito del arma espiritual de la propaganda dependía de la magnitud de su empleo, y que ese éxito compensaba plenamente todo esfuerzo económico.

La propaganda era considerada allí como un arma de primer orden, en tanto que entre nosotros no significaba otra cosa que el último mendrugo para políticos sin situación, o bien la posibilidad de un puestecillo de retaguardia para héroes modestos. Por eso, en conjunto, el resultado de la propaganda alemana de guerra fue igual a cero.

Capítulo VII

La revolución

La propaganda enemiga había sido difundida entre nuestras líneas en el año 1915, y desde 1916 se volvió cada vez más intensa, para transformarse finalmente, desde principios de 1918, en una ola arrolladora. Se podía, entonces, a cada paso, reconocer los efectos de esta conquista de las almas. El ejército alemán aprendía a pensar rápidamente de acuerdo con lo que el enemigo deseaba.

Nuestra respuesta, por el contrario, fallaba estrepitosamente.

Entre los cuadros de mando del Ejército existía también la idea de aceptar la lucha en esos términos. Bajo el punto de vista psicológico, se cometió un error, dejando que esas aclaraciones se desarrollasen en el seno del propio Ejército.

Para haber sido eficientes deberían haber venido de la Nación. Sólo entonces se hubiese asegurado su éxito entre hombres que desde hacía cuatro años escribían para la historia de su Patria páginas inmortales, de inigualables hechos heroicos, logrados en medio de las mayores dificultades y privaciones. Entre tanto, ¿qué llegaba de la Patria a las líneas del frente? ¿Era aquello estupidez o crimen?

En pleno verano de 1918, después de la evacuación de la margen sur del Marre, la prensa, sobre todo la prensa alemana, se portaba de manera tan miserablemente inhábil, incluso criminalmente imbécil, que diariamente, junto al odio creciente, me preguntaba si, en realidad, no habría nadie capaz de poner término a ese derroche de heroísmo del Ejército.

¿Qué sucedió en Francia cuando, en 1914, de victoria en victoria, ocupamos el suelo francés?

¿Qué hizo Italia en los días de la derrota de sus líneas del frente del Isonzo? ¿Qué hizo Francia en la primavera de 1918, cuando el ataque de las divisiones alemanas parecía estremecer sus posiciones en sus fundamentos y cuando las baterías de gran alcance comenzaron a dejar sentir sus efectos en París? ¡Cómo se supo allí sacar partido de la pasión nacional llevada al paroxismo, lanzada en el rostro a los regimientos en desordenada retirada! ¡Cómo trabajó la propaganda en el adoctrinamiento de la masa, en el sentido de inculcar la fe en la victoria final en el corazón de los soldados de los frentes rotos!

¿Qué sucedió en nuestras filas?

Nada, o aún peor.

En aquella ocasión me subió a la cabeza la rabia y la indignación cuando, al leer los periódicos, tenía que analizar, desde el punto de vista psicológico, aquella matanza en masa.

Más de una vez me atormentó la idea de que, si la Providencia me hubiese colocado en el lugar de esos ignorantes o mal intencionados, incompetentes y criminales de nuestro servicio de propaganda, quizá otro hubiera sido el desenlace de la lucha.

Sentí, por primera vez, en esos meses, la mala suerte que me mantenía en el frente, al alcance del disparo de cualquier negro, mientras que, en el seno de la Patria, hubiera podido prestar servicios más eficaces.

Ya en aquella ocasión, tenía bastante confianza en mí mismo para saber que podría haber llevado a cabo tal misión.

¡Era sin embargo un desconocido entre ocho millones!

De esta forma, lo mejor era cerrar la boca y tratar de cumplir, en la posición en que estaba, mi deber de la mejor manera.

En el verano de 1915 cayeron sobre nuestras líneas los primeros manifiestos lanzados por aviadores enemigos.

Aparte de algunas variaciones en la forma de su redacción, el contenido era siempre el mismo: que la miseria de Alemania aumentaba a diario; que la guerra duraría indefinidamente y que las posibilidades de triunfo para Alemania eran cada vez menores; que el pueblo alemán anhelaba por eso la paz, siendo sólo el "militarismo" y el *Kaiser* los que se oponían a ello; que el mundo entero, bien informado de estos antecedentes, no hacía la guerra propiamente contra el pueblo alemán, sino exclusivamente contra el único culpable: el Emperador Guillermo II; que la lucha no terminaría hasta que este enemigo de la Humanidad pacífica hubiera sido eliminado, pero que las naciones libres y democráticas acogerían después de la guerra al pueblo alemán en el seno de la liga de la paz mundial, la que quedaría asegurada en el momento en el "militarismo" prusiano fuera destruido, etcétera.

Para ilustrar mejor lo expuesto, eran entonces transcritas "cartas de casa", esto es, de las familias de los soldados, cuyo contenido parecía apoyar aquellas afirmaciones.

En general tales experimentos provocaban por entonces sólo hilaridad entre nosotros. Los boletines eran leídos, rápidamente enviados hacia la retaguardia, a los estados mayores y, en la mayoría de los casos, olvidados hasta que el viento trajese un nuevo cargamento a las trincheras. Generalmente eran aviones los que distribuían esos boletines.

Pronto debió llamarnos especialmente la atención uno de los aspectos de esa propaganda. Era el hecho de que en cada sector del frente donde actuaban bávaros, los volantes enemigos instigaban sistemáticamente contra Prusia, afirmando, por una parte, que Prusia era la única culpable y responsable de la guerra y, por otra, que contra Baviera en particular no existía la más mínima animadversión; pero que era imposible prestarle ayuda mientras estuviese al servicio del militarismo prusiano, sacando para éste las castañas del fuego.

Ya en 1915 comenzó a producir ciertos resultados esta forma de insidia. La excitación contra Prusia se hizo visible entre la tropa, sin que desde las esferas del mando se dejase sentir una reacción eficaz. Evidentemente eso fue algo más que una simple negligencia, que más tarde o más temprano se dejaría sentir de manera terrible, no sólo contra "Prusia" sino también contra el pueblo alemán, en el seno del cual Baviera ocupa un lugar destacado.

A partir de 1916 la propaganda enemiga obtuvo éxitos manifiestos.

Asimismo, desde hacía tiempo surtían su efecto desmoralizador las cartas quejumbrosas que venían desde los hogares. Ya no era ni siquiera necesario que el enemigo las difundiese por las líneas de combate, a través de boletines. Contra ese estado de cosas tampoco se tomaron medidas por parte del gobierno, salvo algunas exhortaciones, psicológicamente asnales. El frente continuó siendo inundado por ese veneno elaborado en casa por mujeres ingenuas, las cuales, naturalmente, no sospechaban que ése era el medio de reforzar al máximo, en el espíritu del enemigo, la confianza en la victoria y que de esta forma prolongaban y agrandaban los sufrimientos de sus familiares combatientes en las trincheras. Las cartas de las mujeres alemanas costaron la vida a centenares de miles de hombres.

Sugestivas revelaciones se hicieron notorias desde aquel año. Los combatientes protestaban y "refunfuñaban" mostrando su descontento sobre muchos aspectos y hasta se exacerbaban con razón.

Mientras ellos en el frente sufrían hambre y privaciones y los suyos en el hogar soportaban todo género de miserias, en otras partes reinaban la abundancia y la disipación.

Evidentemente, incluso en el mismo teatro de operaciones no todo andaba en orden.

Así, ya entonces, se murmuraba contra este estado de cosas. Pero con todo, esos hechos no dejaban de ser de orden "interno". El mismo soldado que minutos antes vituperaba y gruñía, cumplía luego silenciosamente su deber, y la misma compañía que había mostrado su descontento, aferrábase después a la trinchera que tenía que defender, como si el futuro de Alemania hubiese dependido de aquellos cien metros de embarradas zanjas. ¡Ése era todavía el frente del viejo y glorioso Ejército de héroes!

La diferencia entre ellos y la Patria la conocería a través de una brusca mutación. Los últimos días de septiembre de 1916 mi división combatió en la batalla del Somme. Para nosotros fue ésta la primera de las monstruosas batallas de material que debieron seguir y cuya impresión difícilmente se puede describir. ¡Aquello era más infierno que guerra!

Semanas en vilo, bajo el huracán del fuego de obstrucción, resistía el frente alemán, a veces replegándose un poco hacia atrás, a veces avanzando de nuevo, pero nunca retrocediendo.

El 7 de octubre de 1916 caía herido.

En consecuencia, fui evacuado hacia la retaguardia y regresé a Alemania en un tren hospital.

Habían transcurrido dos años desde la última vez que estuve en la Patria; un lapso infinitamente largo bajo los rigores de la guerra.

Casi no podía imaginar la existencia de alemanes que no llevasen el uniforme. En Hermies, en el hospital de heridos, casi me estremecí de gusto al oír la voz de una enfermera alemana que se dirigía a mi vecino de cama.

¡Oír un tono así por primera vez, después de transcurridos dos años!

A medida que nuestro tren-ambulancia se aproximaba a la frontera, cada uno de nosotros sentía una profunda inquietud interior. Se sucedían las poblaciones por las que, hacía dos años atrás, habíamos pasado como jóvenes soldados: Bruselas, Lovaina, Lieja y, al final, creímos reconocer la primera casa alemana con su alto tejado y sus bonitas ventanas.

¡La Patria!

En octubre de 1914 ardíamos de entusiasmo al atravesar la frontera; ahora reinaban el silencio y la conmoción. Cada cual se sentía feliz por haberle permitido el Destino volver a ver todavía una vez más el suelo patrio que tenía que defender con su vida; y casi se avergonzaba de sentirse observado por los demás. Casi en el mismo día en que se cumplían dos años de partida, fui enviado al hospital militar de Beelitz, cerca de Berlín.

¡Qué cambio! Del barro de la batalla del Somme a las blancas camas de aquel maravilloso edificio. Al principio casi no nos atrevíamos a acostarnos en aquellas camas. Sólo de forma paulatina nos pudimos acostumbrar a ese nuevo mundo tan diferente al de las trincheras.

Desgraciadamente este ambiente debió serme también nuevo en otro sentido.

El espíritu inquebrantable del Ejército en el frente parecía no tener cabida aquí. En el hospital debí oír por primera vez algo que se desconocía en el frente: la ponderación de la propia cobardía.

Allí afuera sería posible maldecir y oír vociferar con la intención de eludir el deber o de glorificar al cobarde. ¡No! En el frente el cobarde era siempre considerado cobarde y nada más; y el desprecio que se le tenía era general, así como general era la admiración que se dedicaba al verdadero héroe. En el hospital, por el contrario, se producía en parte lo inverso: los más petulantes instigadores eran los que tomaban la palabra y procuraban con todos los recursos de su verborrea lamentable, ridiculizar los conceptos del soldado decente y proclamar como virtud la falta de carácter del cobarde.

Eran sobre todo algunos miserables rapacejos los que daban el tono. Uno de ellos se vanagloriaba de haber pasado él mismo la mano por el-alambre de espinos, para poder ir al hospital. Él parecía, a pesar de esa herida ridícula, estar ya allí hacía mucho tiempo; sólo por un embuste había venido en un tren de transporte hacia Alemania. Este sujeto venenoso iba tan lejos, que llegó a colocar la propia cobardía en pie de igualdad con la valentía superior o con la muerte heroica de un soldado decente. Muchos oían silenciosos, otros se alejaban; sin embargo, concordaban.

Yo estaba enfadado; entre tanto, el instigador era tolerado en el establecimiento. ¿Qué se debía hacer? La dirección debía saber y sabía quién era. Sin embargo nada sucedía.

Restablecido, en cuanto pude caminar, se me dio permiso para trasladarme a Berlín.

Pobreza amarga se revelaba en todas partes. La ciudad de varios millones de habitantes padecía hambre. Dominaba el descontento. En los sitios frecuentados por soldados el estado de ánimo era parecido al que reinaba en el hospital. Se recibía la impresión de que aquellos elementos buscaban deliberadamente esos lugares para propagar su pesimismo.

Aun mucho más decepcionantes eran las circunstancias de Munich. Creí no volver a reconocer aquella ciudad, cuando después de abandonar el hospital de Beelitz fui destinado allí a un batallón de reserva. Por doquier: malhumor, decaimiento, vituperios. Hasta en el mismo batallón se notaba una depresión profunda. Contribuía a ello el trato demasiado torpe que se daba a los evacuados por parte de viejos oficiales instructores, que jamás habían estado en el frente y que por lo mismo sólo en muy pequeña escala eran capaces de armonizar con los combatientes veteranos, que poseían ciertas peculiaridades adquiridas en el teatro de guerra, incomprensibles para los jefes de retaguardia. Contrariamente, era natural que el oficial venido del frente mereciese por parte de esa tropa mayor respeto que un comandante de aquí. Pero aún prescindiendo de todo esto, el estado general de ánimo era miserable: el emboscarse se consideraba casi como una prueba de inteligencia superior, en cambio, la firme lealtad como una característica de debilidad moral o de estupidez. Las oficinas estaban ocupadas por elementos judíos; casi todo amanuense era un judío y todo judío un amanuense. Me asombraba ver aquí tantos "combatientes" del pueblo elegido y no podía menos que comparar su número con los escasos representantes que de ellos había en el frente.

En el aspecto económico, la situación era todavía peor, pues ahí es donde el elemento judío había llegado a hacerse realmente "indispensable". El murciélago había comenzado a chupar lentamente la sangre del pueblo. Por el camino indirecto de las sociedades de guerra, había procurado liquidar paulatinamente la economía nacional libre.

Se predicaba la necesidad de una centralización sin límites.

Así es como, en realidad, ya en el año 1916 hacia 1917, casi toda la producción se encontraba bajo el control de los prestamistas judíos.

¿Contra quién, por el contrario, se dirigía el odio del pueblo? En aquella época, veía con pavor aproximarse una calamidad que, de no ser desviada a tiempo, habría de producir una *debacle*.

Mientras el judío esquilmaba a toda la Nación y la sojuzgaba, agitábase el pueblo bávaro contra los "prusianos". Igual que en el frente, tampoco aquí se tomaban medidas contra esa propaganda venenosa. Parecía no pasar por la cabeza de nadie que el colapso de Prusia estaba lejos de provocar el resurgimiento de Baviera. Al contrario, la caída de una arrastraría a la otra al abismo, sin piedad.

Me sentía infinitamente mal ante esa actitud. Yo veía en esto la más genial artimaña del judío para desviar la atención general concentrada sobre su persona. Mientras reñía el bávaro con el prusiano, aquél sustraía a ambos la supervivencia; mientras se hablaba mal en Baviera del prusiano, el judío organizaba la Revolución y destruía al mismo tiempo a Prusia y a Baviera.

La maldita discordia existente entre los Estados federales del Reich se me había hecho insoportable y me sentía dichoso ante la idea de volver al frente de batalla, para lo cual ya al llegar a Munich había presentado mi solicitud.

A principios de marzo de 1917 me encontraba nuevamente en mi regimiento.

La depresión reinante en el Ejército parecía haber alcanzado su punto culminante a finales de 1917. Después del desastre ruso, todo el Ejército cobró nuevos bríos y nuevas esperanzas. El soldado comenzaba cada vez más a convencerse de que la lucha habría de acabar con la victoria de Alemania. Se escuchaba nuevamente cantar, y los agoreros cada vez eran más escasos. Se tenía de nuevo fe en el Destino de la Patria.

Pero ante todo la derrota italiana, ocurrida en el otoño de 1917, provocó un maravilloso efecto, pues en esa victoria nuestra pudo verse una prueba de la posibilidad de romper también la resistencia enemiga no sólo en el frente ruso. Otra vez una fe grandiosa invadió los corazones de millones de hombres y así, llenos de confianza, esperábamos la primavera de 1918. El enemigo, por el contrario, estaba visiblemente abatido. En ese invierno hubo más calma que la habitual; era la calma que precede a la tempestad.

Pero mientras en el teatro de operaciones se hacían los últimos preparativos para poner término a la eterna lucha, mientras incansables convoyes, transportando hombres y material bélico se dirigían hacia el frente occidental y cuando; en fin, las tropas recibían instrucción para la gran ofensiva, debió producirse en Alemania la mayor de las iniquidades de toda la guerra.

Alemania no debía vencer. A última hora, cuando la victoria comenzaba a decidirse hacia las banderas alemanas, se echó mano de un medio que parecía adecuado para sofocar, de un golpe, en su origen, la ofensiva alemana de primavera, haciendo la victoria imposible.

¡Se había organizado la huelga de municiones!

En el caso de que ésta prosperase, el frente alemán se tendría que deshacer y se cumpliría el deseo, manifestado por el *Vorwarts,* de que la victoria en esta ocasión no fuese de los colores alemanes. La línea del frente tendría que ser rota, en pocas semanas, por falta de munición. La ofensiva sería de esta forma evitada, la *Entente* estaría a salvo y el capital internacional se habría apoderado de Alemania. La finalidad íntima del marxismo, esto es, la mistificación de los pueblos, se habría logrado. La destrucción de la economía nacional, en beneficio del capital internacional, es un fin que fue alcanzado gracias a la estupidez y a la buena fe de un lado y a una cobardía indecible del otro.

Cierto es que esta huelga no alcanzó el éxito anhelado al tratarse del desabastecimiento de elementos bélicos en el frente, porque estalló prematuramente, de suerte que la falta de municiones no fue tan grande como para poder llevar al Ejército a la ruina, tal como lo previera el plan de los organizadores. Mucho más desastroso, en cambio, fue el efecto moral que causó.

Había que preguntarse primero: ¿Por qué el Ejército seguía luchando si el pueblo mismo no quería la victoria? ¿A qué conducían entonces los enormes sacrificios y las privaciones? El soldado peleaba por la victoria y el país le oponía la huelga.

Y segundo: ¿Cuál fue el efecto producido en el ánimo del enemigo?

En el invierno de 1917-1918 aparecieron por primera vez nubarrones en el firmamento del mundo aliado. Durante casi cuatro años, se había embestido contra el gigante alemán, sin haber podido abatirle. Éste sólo tenía un solo escudo para defenderse, mientras la espada tenía que dar golpes, ora para el oeste, ora para el este. Al final, el gigante estaba con las espaldas libres. Ríos de sangre corrieron hasta que él pudo abatir definitivamente a un enemigo. Había llegado la hora en el oeste de unir la espada al escudo y si, hasta entonces, el enemigo no había conseguido romper la defensa, la ofensiva lo alcanzaría de pleno.

Él era temido y se recelaba de su victoria.

En Londres y París se sucedían las conferencias. Hasta la propaganda enemiga se confeccionaba con dificultad. Ya no era tan fácil demostrar la inviabilidad de la victoria alemana. Lo mismo ocurría en los frentes de batalla, donde reinaba el silencio absoluto entre las tropas aliadas. Esos señores habían perdido de repente la insolencia. También para ellos las cosas comenzaron lentamente a aparecer bajo una luz desagradable. Su actitud interna con relación al soldado alemán se había modificado. Hasta entonces, nuestros soldados eran considerados como locos a quienes esperaba una derrota segura. Ahora, sin embargo, estaba ante ellos el destructor del aliado ruso. La restricción de las ofensivas alemanas en el oeste, derivadas de la necesidad, parecían entre tanto una táctica genial. Durante tres años los alemanes habían embestido contra Rusia, al principio aparentemente sin el menor éxito. Casi se habían reído de esos comienzos de la lucha. Al fin de cuentas, el gigante ruso debería salir vencedor merced a su superioridad numérica. Alemania, por el contrario, estaba predestinada a desangrarse. La realidad así parecía justificar esa esperanza.

Desde los días de septiembre de 1914, cuando por primera vez comenzaron a rodar hacia Alemania, por calles y carreteras, las muchedumbres infinitas de los prisioneros rusos de la batalla de Tannenberg, la avalancha parecía no tener fin. Entre tanto, cada Ejército batido y destruido era substituido por uno nuevo. El Imperio colosal proveía al Zar de nuevos soldados y a la guerra de nuevas víctimas, y así, inagotablemente. ¿Cuánto tiempo podría Alemania resistir esa carrera? ¿No llegaría el día en que, después de una última victoria alemana, no apareciesen los últimos ejércitos para la última batalla? ¡Y más! En la medida de las posibilidades humanas, la victoria de Rusia podría ser postergada; sin embargo, tendría que llegar.

Ahora se habían acabado todas esas esperanzas. El aliado que había aportado al altar de los intereses comunes los mayores sacrificios en sangre, había llegado al límite de sus fuerzas y yacía en el suelo a merced del enemigo inexorable. El miedo y el horror se habían infiltrado en el ánimo de los combatientes adversarios fanáticamente convencidos de la victoria hasta aquel momento. Se temía la primavera venidera. Porque si hasta aquel momento no se había conseguido romper la resistencia alemana, concentrada sólo parcialmente en el frente occidental, ¿cómo contar con la victoria ahora que parecía concentrarse para la ofensiva en ese frente toda la energía guerrera de una Nación asombrosamente heroica?

El escepticismo era favorecido por las sombras de las montañas del sur del Tirol. Hasta en la bruma de Flandes se proyectaban las fisonomías sombrías de los ejércitos derrotados de Cadorna, y la fe en la victoria cedía el paso al miedo de una próxima derrota.

Cuando ya se esperaba oír el rodar uniforme de las divisiones de ataque del Ejército alemán en marcha, y cuando se pensaba en el juicio final, es cuando se enciende en Alemania una luz roja que proyecta su esperanza hasta el último agujero de la trinchera enemiga.

En el momento en que las divisiones alemanas recibían las esperadas instrucciones para la gran ofensiva, estalla la huelga en Alemania.

El mundo quedó estupefacto en el primer momento, pero, en seguida, como librándose de una pesadilla, la propaganda antialemana se lanzó a explotar aquella ventaja en la hora suprema. Súbitamente se había encontrado el recurso capaz de levantar el ánimo deprimido de las tropas aliadas, de presentar la probabilidad de victoria como una certeza y de transformar la pavorosa depresión, con relación a los acontecimientos venideros, en confianza absoluta. Se podía ahora inculcar a los regimientos, hasta entonces en la expectativa del ataque alemán, la convicción, en la mayor batalla de todos los tiempos, de que la decisión final de esa guerra no dependería del arrojo de la ofensiva alemana y sí de su persistencia en la defensa. De nada les servirá a los alemanes -se decía - obtener cuántas victorias quieran, puesto que en su país no habrá de ser el Ejército vencedor el que haga su entrada triunfal, sino la Revolución.

Ésta es la creencia que comenzó a inculcar en el alma de sus lectores la prensa inglesa, francesa y americana, mientras la acción de una habilísima propaganda levantaba la moral de las tropas aliadas en el frente.

"¡Alemania en vísperas de la Revolución!" "¡La victoria de los Aliados inevitable!". Éste fue el mejor remedio para poner al indeciso *tommy* y al *poilu* de nuevo firmes sobre las piernas. Podían ahora hacer funcionar de nuevo los fusiles y las ametralladoras, y en lugar de una fuga en pánico, se estableció una resistencia llena de esperanzas.

Éste fue el resultado de la huelga de municiones que en los pueblos enemigos reconfortó la fe en la victoria, eliminando la desesperación enervante que cundía en el frente aliado y que hizo, en consecuencia, que miles de soldados alemanes tuvieran que pagar esa huelga con el tributo de su sangre. Los promotores de tan infame acción fueron nada menos que los aspirantes a los más altos cargos públicos en la Alemania de la Revolución marxista.

Del lado alemán se podría tal vez haber reaccionado con éxito; del lado enemigo, entre tanto, las consecuencias eran inevitables. La resistencia había dejado de ser aquella ofrecida por un Ejército que consideraba todo perdido y fue substituida por una lucha de vida y de muerte por la victoria.

La victoria tenía que llegar. Bastaba para ello que el frente occidental resistiera algunos meses la ofensiva alemana. En los parlamentos de la Entente se analizaron las posibilidades del futuro, y fueron concedidos créditos inmensos para la continuación de la propaganda con el fin de destruir la unidad alemana.

Yo había tenido la suerte de poder tomar parte en las dos primeras y en la última de las ofensivas del Ejército en el frente occidental.

De ellas conservo las más hondas impresiones de mi vida, hondas precisamente porque en 1918, por última vez, la lucha perdía su carácter defensivo para trocarse en acción de ataque, como al comienzo de la guerra en 1914. Por las trincheras del Ejército alemán sopló un nuevo aliento cuando, finalmente, después de tres años de espera en el infierno enemigo, había llegado la hora de la "revancha". Una vez más se arengó a los batallones victoriosos y las últimas coronas de laurel se entrelazaron a las banderas victoriosas. Una vez más retumbaron las canciones patrióticas, a lo largo de las columnas en marcha, y, por última vez, la misericordia divina sonreía a sus hijos.

En el verano de 1918 notábase una pesada atmósfera en todo el frente. La discordia reinaba en la Patria. ¿Y por qué? Múltiples rumores circulaban en los diversos sectores de las tropas del Ejército en campaña. Se decía que ya la guerra no tenía más perspectivas y que sólo los locos podían confiar todavía en la victoria: "que el pueblo alemán no tenía ya interés en mantener la resistencia y que únicamente los capitalistas y la Monarquía estaban interesados en ello". Todo esto venía desde la Patria y era comentado en el frente.

Al principio, los combatientes reaccionaron sólo débilmente ante aquella propaganda. ¿Qué nos importaba el sufragio universal? ¿Acaso para eso habíamos luchado durante cuatro largos años? Fue un golpe infame éste de robar de esa manera, en el túmulo, la finalidad de la guerra al héroe muerto. Jamás los jóvenes regimientos habían marchado en Flandes hacia la muerte con el grito de "¡Viva el sufragio universal y secreto!", y sí clamando *"Deutschland über Alles!"*. ¡No insignificante diferencia! Aquellos que vociferaban por el derecho de voto, en su gran mayoría no habían estado allí para luchar por esa conquista. El frente no conocía a esa canalla política. Allí donde se encontraban los alemanes decentes que quedaban, sólo se vería una fracción diminuta de los señores parlamentarios.

Los probados elementos del frente de batalla eran muy poco susceptibles de adaptarse a la nueva finalidad de guerra que practicaban los señores Ebert, Scheidemann, Barth, Liebknecht y otros. No podía comprenderse cómo de un momento a otro los emboscados resultaban con derecho a atribuirse, por encima del Ejército, la hegemonía del Estado.

Mi punto de vista personal fue firme desde el primer momento: odiaba profundamente a toda esa caterva de miserables situacionistas políticos. Hacía mucho tiempo que veía claramente que esos sujetos no perseguían en realidad el bienestar de la Nación, sino simplemente el propósito de llenar sus bolsillos. Y el hecho de que ellos fuesen capaces de sacrificar a todo el pueblo y si era necesario llevar también a Alemania a la ruina, hizo que yo les considerase, ya desde entonces, maduros para la horca. Ceder ante sus deseos implicaba sacrificar los intereses de un pueblo trabajador en provecho de un grupo de timadores, y satisfacerlos sólo era posible al precio de renunciar a Alemania. Así pensaba-como yo- la gran mayoría del Ejército en campaña. Pero la ayuda que venía de la Patria se hacía cada vez menos eficiente, de manera que su llegada, en vez de producir un aumento de la combatividad, tenía el efecto contrario. El refuerzo constituido por los nuevos soldados era en su mayor parte inútil. Difícilmente se podría creer que ellos eran hijos del mismo pueblo que había mandado a su juventud a luchar en Ypres.

En agosto y septiembre aumentaron rápidamente los síntomas de disociación, a pesar de que el efecto de la ofensiva enemiga no podía compararse jamás con el horror de las batallas de nuestra acción guerrera de otros tiempos. Las batallas del Somme y de Flandes han quedado en este orden como algo sin precedentes para la posteridad.

A fines de septiembre, mi división volvió a ocupar por tercera vez las mismas posiciones que otrora asaltáramos con nuestros jóvenes regimientos de voluntarios. ¡Qué recuerdos!

En octubre y noviembre de 1914 habíamos recibido allí nuestro bautismo de fuego. Con el corazón ardiente de patriotismo y con canciones en los labios, nuestro regimiento había marchado hacia la batalla, como para una fiesta. La sangre más querida era dada con placer a la Patria, pensando con eso garantizar a la Nación su independencia y su libertad.

En julio de 1917 pisamos, por segunda vez, el suelo tan sagrado para todos nosotros, pues en él descansaban nuestros mejores camaradas que, casi aún niños, se habían lanzado a la muerte, con los ojos puestos en la Patria querida. Nosotros, los veteranos, que otrora estuvimos allí con nuestro regimiento, nos quedábamos respetuosamente conmovidos ante ese lugar sagrado, donde habíamos jurado "fidelidad y obediencia hasta la muerte". Aquel terreno, tres años antes tomado al asalto por nuestro regimiento, debía ahora ser defendido en una tremenda batalla defensiva. Entonces el inglés preparó la gran ofensiva de Flandes, con un fuego de hostigamiento que duró tres semanas. Parecía entonces que el espíritu de los muertos revivía; el regimiento se aferraba con uñas y dientes al barro inmundo, se pegaba a los agujeros y a las grietas del suelo, sin partir ni ceder un palmo, volviéndose, como ya sucedió una vez, cada vez más intenso, hasta que, finalmente, el 31 de julio de 1917 se desencadenó el ataque de los ingleses.

En los primeros días de agosto nos sustituyeron. El regimiento se había transformado en algunas compañías; éstas marcharon ala retaguardia, cubiertas de barro, pareciendo más espectros que criaturas humanas. Aparte de algunos cientos de metros de agujeros producidos por las granadas, el inglés sólo había conseguido encontrar la muerte.

Ahora, en el otoño de 1918, estábamos, por tercera vez, en el campo de la ofensiva de 1914. Nuestra aldea, Comines, antaño tan sosegada, se había convertido en campo de batalla. Es cierto que aunque el terreno del combate fuera el mismo, los hombres habían cambiado: se hacía política entre la tropa. El veneno que venía de la retaguardia comenzó a hacer también aquí, como en todas partes, su ponzoñoso efecto. Las nuevas reservas fracasaron completamente. ¡Venían de la retaguardia!

En la noche del 13 al 14 de octubre los ingleses empezaron a lanzar granadas de gas en el frente sur del sector de Ypres. Empleaban el gas "cruz amarilla", cuyos efectos no nos eran todavía conocidos por propia experiencia. Yo debí, pues, aquella noche experimentarlos. Estábamos todavía en una colina al sur de Werwick, en la noche del 13 de octubre, cuando caímos bajo la acción de un fuego de granadas que ya se prolongaba varias horas y que se intensificó durante la noche, de forma violenta. Hacia la medianoche ya una parte de nuestra tropa quedó inutilizada y algunos camaradas malogrados para siempre. Al amanecer, también yo fui presa de terribles dolores que de cuarto en cuarto de hora se hacían más intensos. A las siete de la mañana, tropezando y tambaleándome, me dirigí hacia la retaguardia llevando aún mi último parte del campo de batalla.

Algunas horas más tarde mis ojos estaban convertidos en ascuas y las tinieblas dominaban en torno mío.

En estas condiciones se me trasladó al hospital de Pasewal, en Pomerania, donde debí pasar la época de la Revolución.

Hacía ya algún tiempo que flotaba en el aire algo de incierto y desagradable. Se decía que, dentro de algunas semanas, iba a suceder algo. No comprendía lo que se quería decir con eso. En primer lugar pensé que se trataría de una huelga parecida a la de la primavera. Rumores desfavorables venían a menudo desde los círculos de la marina, donde se decía que fermentaban los ánimos. Pero todo esto me parecía ser más el producto de la fantasía de unos cuantos, que un asunto de trascendencia. Bien es cierto que en el hospital mismo todo el mundo hablaba de una ansiada pronta conclusión de la guerra, pero nadie imaginaba que esa conclusión habría de producirse de improviso. Yo estaba imposibilitado de leer los periódicos.

En el mes de noviembre aumentó la efervescencia general.

Y un día irrumpió la catástrofe, bruscamente. Los marineros llegaron en camiones, proclamando la Revolución. Unos cuantos mozalbetes judíos eran los cabecillas de esta lucha por la "libertad, la belleza y la dignidad" de la existencia de nuestro pueblo. ¡Ni uno solo de ellos había estado en la línea de fuego! Tres "orientales" (judíos) habían sido mandados para casa con el recurso de unas "pústulas de enfermedades venéreas". Ahora izaban en la Patria el trapo rojo.

Mi salud había experimentado mejoría en la última temporada. El dolor punzante en las cavidades de los ojos fue desapareciendo y poco a poco pude volver a distinguir vagamente los contornos de los objetos. Me alentaba la confianza de recobrar la vista, pensando que por lo menos quedaría habilitado para ejercer alguna profesión. Naturalmente, había perdido la esperanza de poder algún día volver a dibujar como en los años de mi juventud. Estaba, pues, en vías de restablecimiento cuando ocurrió aquello tan horrible.

Todavía tuve la esperanza de que se tratara de una traición más o menos de carácter local. Llegué a intentar convencer a algunos camaradas en ese sentido. Sobre todo mis compañeros bávaros del hospital tenían la tendencia a pensar de esta manera. Allí el ambiente era cualquier cosa menos revolucionario. Nunca pude imaginar que también en Munich la locura se desencadenase. A mí me parecía que la fidelidad a la digna Casa de Wittelsbach sería más fuerte que la voluntad de algunos judíos. Así me convencí de que se trataría de un simple pronunciamiento de la Marina, que sería dominado en pocos días.

Los días siguientes fueron pasando y, con ellos, la más terrible certeza de mi vida: los motines aumentaban considerablemente. Lo que yo había tomado por una cuestión local era en realidad una Revolución general. Además de eso, llegaban a cada instante las noticias más vergonzosas del frente. Se quería capitular.

Pero, Dios, ¿sería posible una cosa así?

El 10 de noviembre vino el pastor del hospital para dirigirnos algunas palabras.

Fue entonces cuando lo supimos todo.

Estuve presente y quedé profundamente emocionado. El venerable anciano parecía temblar intensamente al comunicarnos que la Casa de los Hohenzollern había dejado de llevar la Corona Imperial Alemana, que el *Reich* se había erigido en "República", y que sólo quedaba pedir al Todopoderoso que diese su bendición a esa transformación y no abandonase a nuestro pueblo en el futuro. Él no podía dejar de, en pocas palabras, recordar a la Casa Imperial; quería rendir homenaje a los servicios de esa Casa en Prusia, en Pomerania, en fin, en toda la Patria alemana y, en ese momento, el buen anciano comenzó a llorar. En la pequeña sala había un profundo desánimo en todos los corazones y creo que no había quien pudiese contener sus lágrimas. Pero cuando el pastor siguió informándonos que nos habíamos visto obligados a dar término a la larga contienda, que nuestra Patria, por haber perdido la guerra y estar ahora a la merced del vencedor, quedaba expuesta en el futuro a graves humillaciones; que el armisticio debía ser aceptado confiando en la generosidad de nuestros enemigos de antes, entonces no pude más. Mis ojos se nublaron y a tientas regresé a la sala de enfermos, donde me dejé caer sobre mi lecho, ocultando mi confundida cabeza entre las almohadas.

Desde el día en que me vi ante la tumba de mi madre, no había llorado jamás. Cuando en mi juventud el Destino me golpeaba despiadadamente, mi espíritu se reconfortaba; cuando en los largos años de la guerra, la muerte arrebataba de mi lado a compañeros y camaradas queridos, habría parecido casi un pecado el sollozar. ¡Morían por Alemania! Y cuando finalmente, en los últimos días de la terrible contienda, el gas deslizándose imperceptiblemente comenzara a corroer mis ojos y yo, ante la horrible idea de perder para siempre la vista estuviera a punto de desesperar, la voz de la conciencia clamó en mí: ¡Infeliz! ¿Llorar mientras miles de camaradas sufren cien veces más que tú? Y mudo soporté mi Destino. Ahora, sin embargo, no podía más.

Ahora era diferente, porque todo sufrimiento material desaparecía ante la desgracia de la Patria.

Todo había sido, pues, inútil; en vano todos los sacrificios y todas las privaciones; inútiles los tormentos del hambre y de la sed durante meses interminables; inútiles también todas aquellas horas en que, entre las garras de la muerte, cumplíamos, a pesar de todo, nuestro deber; infructuoso, en fin, el sacrificio de dos millones de vidas. ¿Sería que no se iban a abrir las tumbas de los cientos de miles que antaño habían partido con fe en la Patria para no regresar? ¿No se abrirían esas tumbas, para enviar a la Nación a los héroes mudos llenos de barro y ensangrentados, como espíritus vengativos, por la traición del mayor sacrificio que un hombre puede ofrecer en este mundo? ¿Acaso habían muerto para eso los soldados de agosto y septiembre de 1914 y, luego, seguido su ejemplo, en aquel mismo otoño los bravos regimientos de jóvenes voluntarios? ¿Acaso para eso cayeron en la tierra de Flandes aquellos muchachos de 17 años? ¿Pudo ésa haber sido la razón de ser del sacrificio ofrendado a la Patria por las madres alemanas, cuando con el corazón sangrante despedían a sus más queridos hijos, para jamás volverlos a ver? ¿Debió suceder todo eso para que ahora un montón de miserables se apoderase de la Patria?

¿Fue para eso que el soldado alemán había resistido, al sol y a la nieve, sufriendo hambre, sed, frío y cansancio en las noches sin dormir y en las marchas sin fin? ¿Fue para eso que él, siempre con el pensamiento en el deber de proteger a la Patria contra el enemigo, se expuso sin retroceder al infierno del fuego de las baterías y a la fiebre de los gases asfixiantes?

En verdad, aquellos héroes merecen una lápida en la que se escriba: "Caminante que vas a Alemania, cuenta a la Nación que aquí reposan los fieles a la Patria, obedientes al deber."

¿Y la Patria?

¿Sería ése el único sacrificio que tendríamos que soportar?

¿Valdría Alemania en el pasado menos de lo que suponíamos? ¿No tenía ésta obligaciones para con su propia Historia? ¿Éramos nosotros todavía dignos de cubrirnos con la gloria de su pasado? ¿Cómo podríamos justificar a las generaciones futuras ese acto del presente?

¡Miserables y depravados criminales!

Cuanto más me empeñaba en aquella hora por encontrar una explicación para el fenómeno operado, tanto más me ruborizaban la vergüenza y la indignación. ¿Qué significaba para mí todo el tormento físico en comparación con la tragedia nacional?

Lo que siguió fueron días de horrible incertidumbre y noches peores todavía. Sabía que todo estaba perdido. Confiar en la generosidad del enemigo podía ser sólo cosa de locos, o bien de embusteros y criminales.

Durante aquellas vigilias germinó en mí el odio contra los promotores del desastre. En los días siguientes tuve conciencia de mi Destino. Me reía, al pensar en mi futuro, que hasta hacía poco tiempo me había preocupado. ¿No sería ridículo querer construir un sólido edificio sobre tales bases? Al final me convencí de que lo que había sucedido era lo que siempre había temido. Solamente que no lo había podido creer.

Guillermo II había sido el primer Emperador alemán que les tendió la mano conciliadora a los dirigentes del marxismo, sin darse cuenta de que los villanos no saben de honor. Mientras en su diestra tenían la mano del Emperador, con la izquierda buscaban el puñal.

Con los judíos no caben compromisos; para tratar con ellos, no hay sino un "sí" o un "no" rotundos.

¡Había decidido dedicarme a la política!

Mi Lucha

Capítulo VIII

La iniciación de mi actividad política

A fines de noviembre de 1918 volví a Munich para incorporarme de nuevo al batallón de reserva de mi regimiento, que ahora estaba sometido al "Consejo de Soldados". Allí el ambiente me fue tan repugnante que opté por retirarme cuanto antes. En compañía de un leal camarada de guerra, Ernst Schmiedt, me trasladé a Traunstein, donde permanecí hasta la disolución del campamento.

En marzo de 1919 regresamos a Munich.

La situación en esta ciudad se había hecho insostenible y tendía irremediablemente a la prosecución del Movimiento revolucionario. La muerte de Eisner precipitó los acontecimientos y acabó por establecerse una pasajera dictadura soviética, mejor dicho, una hegemonía judaica tal como la habían soñado en sus orígenes los promotores de la Revolución.

Durante esta época, infinidad de planes pasaron por mi mente. Días enteros meditaba sobre lo que podía hacer, pero llegaba siempre a la conclusión de que, debido al hecho de ser yo un desconocido, no reunía los requisitos indispensables para garantizar el éxito de cualquier actuación. Más adelante volveré a hablar sobre los motivos que me indujeron a no afiliarme a ningún partido de los existentes.

En el curso de la nueva dictadura, muy pronto mi actuación me valió la mala voluntad del Consejo Central. En efecto, en la mañana del 27 de abril de 1919 debí ser apresado, pero los tres sujetos encargados de cumplir la orden no tuvieron suficiente valor ante mi fusil preparado, y se marcharon como habían venido.

Pocos días después de la liberación de Munich fui destinado a la comisión investigadora de los sucesos revolucionarios del 2° Regimiento de Infantería.

Ésta fue mi primera actuación de carácter más o menos político.

Algunas semanas más tarde recibí la orden de tomar parte en un "curso" para los integrantes de la institución armada. En este curso el soldado debía adquirir ciertos fundamentos inherentes a la concepción ciudadana. Para mí tuvo esto la importancia de brindarme la oportunidad de conocer a algunos camaradas que pensaban como yo y con los cuales pude cambiar detenidamente ideas sobre la situación reinante. Todos sin excepción participábamos del firme convencimiento de que no serían los partidos políticos del crimen de noviembre, es decir, el Partido del Centro y el Socialdemócrata, los que salvarían a Alemania de la ruina inminente; por otra parte, sabíamos también que las llamadas asociaciones "nacional-burguesas" jamás serían capaces de reparar, aun animadas de la mejor voluntad, lo ya sucedido. Faltaba una serie de condiciones esenciales, sin las cuales el éxito no era posible. El correr del tiempo demostró lo acertado de nuestras previsiones. De ahí que en nuestro pequeño círculo surgiese la idea de formar un nuevo partido.

Los principios que entonces nos inspiraron fueron los mismos que más tarde iban a aplicarse prácticamente en la organización del Partido Alemán de los Trabajadores 1. El nombre del Movimiento que se iba a crear debía ofrecer desde un principio la posibilidad de acercamiento a la gran masa, pues, faltando esta condición toda labor resultaría infructuosa y sin objeto. Así es como nos vino a la mente el nombre de "Partido Social Revolucionario", y esto porque las tendencias de la nueva organización significaban realmente una revolución social.

La causa fundamental radicaba, sin embargo, en lo siguiente: Si bien ya en otros tiempos me había ocupado del estudio de problemas económicos, mi interés por éstos quedó circunscrito a los límites que corresponden al análisis de la cuestión social en sí.

Sólo después se amplió este marco gracias al examen que hice de la política aliancista del *Reich* que, en buena parte, fue el resultado de una errónea apreciación de la economía nacional, así como de la falta de un cálculo claro sobre las posibles condiciones básicas de la subsistencia del pueblo alemán en el futuro. Todas estas ideas descansaban en la creencia de que, en todo caso, el capital no era más que el resultado del trabajo y que por eso el capital se hallaba sometido, como el trabajo mismo, a las fluctuaciones de todos aquellos factores que fomentan o dificultan la actividad humana. Pensábase que justamente en eso estribaba la importancia nacional del capital, el cual, a su vez, dependía tan enteramente de la grandeza, de la autonomía y del poder del Estado, es decir, de la Nación, que la reunión de los dos por sí misma estaba destinada a conducir al Estado y la Nación, impulsados ambos por el capital, por el sencillo instinto de conservación y de multiplicación. Esa sola subordinación del capital a un Estado soberano y libre, obligaría al capital a actuar por su parte en favor de esa soberanía, poder, capacidad, etcétera, de la Nación.

Bajo estas condiciones era relativamente sencilla y fácil la misión del Estado con respecto al capital: se debía cuidar únicamente de que éste se mantuviera al servicio del Estado y no pretendiese convertirse en el amo de la Nación. Este modo de pensar podía circunscribirse entre dos límites; por una parte, conservar una economía nacional vital y autónoma y, por otra, garantizar los derechos sociales del obrero.

Al principio no había podido yo distinguir con la claridad deseada la diferencia existente entre el capital propiamente dicho, resultado del trabajo productivo, y aquel capital cuya existencia y naturaleza descansan exclusivamente en la especulación. Me hacía falta pues, una sugestión inicial que aún no había llegado a mí.

Esta sugestión la recibí al fin, y muy amplia, gracias a uno de los varios conferenciantes que actuaron en el ya mencionado curso del 2° Regimiento de Infantería: Gottfried Feder.

Por primera vez en mi vida, asistí a una exposición de principios relativos al capital internacional, en lo que respecta a las transacciones de la bolsa y los préstamos.

Después de escuchar la primera conferencia de Feder quedé convencido de haber encontrado la clave de una de las premisas esenciales para la fundación de un nuevo partido.

*

En mi concepto, el mérito de Feder consistía en haber sabido precisar rotundamente el carácter tanto especulativo como económico del capital bancario y el de la Bolsa, y de haber, a su vez, puesto al descubierto la eterna condición de su razón de ser: el interés porcentual.

Las exposiciones de Feder eran tan ajustadas a la verdad en los problemas fundamentales, que sus críticos impugnaban menos la exactitud teórica de la idea que la posibilidad de su aplicación práctica. De esta forma, aquello que a los ojos de otros era considerado el lado débil de las ideas de Feder, constituía para mí su punto más fuerte.

No es tarea del teorizante establecer el grado posible de realización de una idea, sino el saber exponerla; es decir, que el teorizante tiene que preocuparse menos del camino a seguir que de la finalidad perseguida. Lo decisivo es, pues, la exactitud de una idea en principio y no la dificultad que ofrezca su realización. Así, cuando el teorizante busca, en lugar de la verdad absoluta, tomar en consideración las llamadas "oportunidad" y "realidad", dejará éste de ser una estrella polar para transformarse en un recetador cotidiano. El teorizante de un Movimiento ideológico puntualiza la finalidad de éste; el político aspira a realizarla. El primero se subordina en su modo de pensar a la verdad eterna, en tanto que el segundo somete su manera de obrar a la realidad práctica. La grandeza de uno reside en la verdad absoluta y abstracta de su idea, la del otro en el punto de vista cierto en que se coloca con relación a los hechos y al aprovechamiento útil de los mismos, debiendo servir de guía a éste el objetivo del teorizante. En cuanto al éxito de los planes, esto es, la realización de esas acciones, pueden ser consideradas como piedra de toque en la importancia de un político, ya que nunca se podrá realizar la última intención del teorizante sin éste, pues al pensamiento humano le es dado comprender las verdades, adornar ideales claros como el cristal, sin embargo la realización de los mismos es demolida por la imperfección e insuficiencia humanas. Cuanto más abstractamente cierta, y, por tanto, más formidable fuera una idea, tanto más imposible se vuelve su realización, una vez que ésta depende de criaturas humanas. Es por eso que no se debe medir la importancia de los teorizantes por la realización de sus fines, y sí por la verdad de los mismos y por la influencia que ellos tuvieron en el desarrollo de la Humanidad. Si así no fuese, los fundadores de religiones no podrían ser considerados entre los mayores hombres de este mundo, por cuanto la realización de sus intenciones éticas nunca será, ni aproximadamente, íntegra. Incluso la religión del amor, en su acción, no es más que un reflejo débil de la voluntad de su sublime fundador; su importancia por consiguiente reside en las directrices que ella procuró imprimir en el desarrollo general de la cultura y de la moralidad entre los hombres.

La gran divergencia entre los problemas del teorizante y los del político es uno de los motivos por los que casi nunca se encuentra una unión entre los dos, en una misma persona. Esto se aplica sobre todo al llamado político de "éxito", de pequeño porte, cuya actividad *de facto* no es nada más que el "arte de lo posible", como modestamente Bismarck denominaba a la política. Cuanto más libre se mantiene el político de grandes ideas, tanto más fáciles, comunes, rápidos y también visibles serán sus éxitos. Aunque es verdad también que éstos están destinados al olvido de los hombres y, a veces, no llegan ni a sobrevivir a la muerte de sus creadores. La obra de tales políticos es, de modo general, sin valor alguno para la posteridad, pues su éxito eventual reposa en el alejamiento de todos los problemas e ideas grandiosas que como tales hubieran sido de gran importancia para las generaciones venideras.

La realización de ideas destinadas a tener influencia sobre el futuro es poco lucrativa y sí muy raramente comprendida por la gran masa, a la que interesan más las reducciones de precio en la cerveza y en la leche que los grandes planes de futuro, de realización tardía y cuyo beneficio, al final, sólo será usufructuado por la posteridad.

Es así como, por una cierta vanidad, la que está siempre asociada a la política, la mayoría de los políticos se apartan de los proyectos realmente difíciles, para no perder la simpatía de la gran masa. El éxito y la importancia de ese político residen exclusivamente en el presente, y son inexistentes para la posteridad. Esos microcéfalos poco se enfadan por eso; ellos se contentan con poco.

Diferentes son las condiciones del teorizante. Su importancia casi siempre está en el futuro, por eso no es raro que se le considere lunático. Si el arte del político era considerado el arte de lo posible, se puede decir del idealista que él pertenece a aquellos que sólo agradan a los dioses cuando exigen o quieren lo imposible. Él tendrá casi siempre que renunciar al reconocimiento del presente; adquiere, por ello, en el caso de que sus ideas sean inmortales, la gloria de la posteridad.

En períodos raros de la historia de la Humanidad puede acontecer que el político y el idealista se reúnan en la misma persona. Cuanto más íntima fuese esa unión, tanto mayores serán las resistencias opuestas a la acción del político. Él no trabaja ya más para las necesidades al alcance del primer burgués, y sí por los ideales que sólo pocos comprenden. Es por eso que su vida es blanco del amor y del odio. La protesta del presente, que no comprende al hombre, lucha con el reconocimiento de la posteridad por la cual él trabaja.

Cuanto mayores fueran las obras de un hombre para el futuro, tanto menos serán éstas comprendidas por el presente; cuanto más dura sea la lucha, tanto más raro el éxito. Si en años nada le sonríe, es posible que en sus últimos días le circunde un tenue halo de gloria venidera. Es cierto que esos grandes hombres son los corredores del maratón de la Historia. La corona de laurel del presente se pone más comúnmente en las sienes del héroe moribundo.

Entre éstos se encuentran los grandes luchadores que, incomprendidos por el presente, están decididos a luchar por sus ideas y sus ideales. Son éstos los que, tarde o temprano, tocarán el corazón del pueblo. Hasta parece que cada uno siente el deber de, en el presente, redimir el pecado cometido en el pasado. Su vida y acción están acompañadas de cerca por la admiración conmovedoramente grata, lo que consigue, sobre todo en los días de tristeza, levantar corazones destrozados y almas desesperadas. Pertenecen a esta clase no sólo los grandes estadistas, sino también los grandes reformadores. Al lado de Federico el Grande, figura aquí Martín Lutero, así como Richard Wagner.

En la primera conferencia de Gottfried Feder sobre la "abolición de la servidumbre del interés", me di cuenta inmediatamente de que se trataba de una verdad teórica de trascendental importancia para el futuro del pueblo alemán. La separación radical entre el capital bursátil y la economía nacional ofrecía la posibilidad de oponerse a la internacionalización de la economía alemana, sin comprometer al mismo tiempo, en la lucha contra el capital, la base de una autónoma conservación nacional. Yo presentía demasiado claro el desarrollo de Alemania para no saber que la lucha más intensa no debía ya dirigirse contra los pueblos enemigos, sino contra el capital internacional. En las palabras de Feder descubrí un lema grandioso para esa lucha del porvenir.

El curso de acontecimientos ulteriores debió encargarse de probarnos cuán cierta fue nuestra previsión de aquel tiempo. Los "sabios" entre nuestros políticos burgueses ya habían dejado de burlarse de nosotros; ellos mismos ven hoy - siempre que no se trate de deliberados falseadores de la verdad- que el capitalismo internacional de la Bolsa no sólo fue el mayor instigador de la guerra, sino que también ahora, en la post-guerra, no cesa en su empeño de hacer de la paz un infierno.

El combate contra la alta finanza internacional se convirtió en uno de los puntos capitales del programa en la lucha de la Nación alemana por su independencia económica y por su libertad.

En cuanto a las apreciaciones hechas por los llamados hombres prácticos, se les puede responder de la siguiente manera: todos los recelos relativos a las terribles consecuencias económicas provenientes de la abolición de la "esclavitud del interés" son superfluos. Primero que nada, todas las recetas económicas hasta entonces empleadas han dado muy malos resultados al pueblo alemán. Las actitudes en relación a afirmaciones nacionales nos recordaban vivamente el criterio de semejantes peritos de otras épocas: por ejemplo, la de la Junta Médica Bávara, en relación a la cuestión de la implantación del ferrocarril. Todos los pronósticos de esa sabia corporación no se realizaron; los viajeros de trenes, del nuevo "caballo a vapor", no se "enfermaban", tampoco los espectadores, y se desistió de los cercos de madera destinados a convertir en "invisible" esa nueva creación. Sólo se conservaron para la posteridad las "barreras de madera" en las cabezas de los llamados peritos.

En segundo lugar se debe tomar nota de lo siguiente: Toda idea, por buena que ésta sea, se vuelve peligrosa cuando se la imagina ser un *desideratum,* cuando en realidad no es más que un medio para un fin. Para mí y para todos los verdaderos nacionalsocialistas no existe más que una doctrina: **Pueblo y Patria.**

El objetivo por el cual tenemos que luchar es el de asegurar la existencia y el incremento de nuestra Raza y de nuestro pueblo; el sustento de sus hijos y la conservación de la pureza de su sangre; la libertad y la independencia de la Patria, para que nuestro pueblo pueda llegar a cumplir la misión que el Supremo Creador le tiene reservada.

Todo pensamiento y toda idea, toda enseñanza y toda sabiduría, deben servir a ese fin. Todo debe ser examinado bajo ese punto de vista y utilizado o desechado según la conveniencia. Así es como no existe teoría que se pueda imponer como doctrina de destrucción, pues todo tiene que servir a la vida.

Fue así como los dogmas de Gottfried Feder me incitaron a ocuparme de una manera más decidida sobre esos asuntos, que yo tan poco conocía.

Nuevamente comencé a enriquecer mis conocimientos y llegué a penetrar el contenido de la obra del judío Karl Marx. Su libro *El capital* empezó a hacérseme comprensible y, asimismo, la lucha de la socialdemocracia contra la economía nacional, **lucha que no persigue otro** objetivo que preparar el terreno para la hegemonía del capitalismo internacional.

Aún en otro sentido fueron estos cursos de gran trascendencia para mí. Cierto día tomé parte en la discusión refutando a uno de los concurrentes que se creyó obligado a argumentar largamente en favor de los judíos. La gran mayoría de los miembros presentes del curso aprobó mi punto de vista. El resultado fue que días después se me destinó a un regimiento de la guarnición de Munich con el carácter de "oficial instructor".

La disciplina de la tropa en aquel tiempo dejaba aún mucho que desear. Perduraban todavía las consecuencias de la época de desmoralización del Consejo de Soldados. Sólo paulatina y cuidadosamente se podía volver a inculcar disciplina militar y subordinación en lugar de la "voluntaria" obediencia, que es como se solía llamar al estado de corrupción reinante en la época de Kurt Eisner. La tropa debía aprender a pensar *y* sentir nacional *y* patrióticamente. Tal era la orientación de mi nuevo campo de actividad.

Comencé mi labor con ahínco y amor. Tenía de repente la oportunidad de hablar delante de un auditorio mayor, y aquello que ya antiguamente, sin saber, aceptaba por puro sentimiento, se realizó: **yo sabía "hablar"**. También la voz había mejorado bastante, hasta el punto de hacerme oír suficientemente en todos los rincones del pequeño compartimiento de los soldados.

No había misión que me hiciera más feliz que ésa, pues ahora, antes de mi salida, podría prestar servicios útiles a la institución que tan de cerca me tocaba el corazón: el Ejército.

Puedo decir que mi actuación fue coronada por el éxito. En el curso de mis conferencias pude volver a impulsar por el verdadero camino de su pueblo y de su patria a muchos cientos, quizá miles de camaradas. "Nacionalicé" la tropa y así me fue dado consolidar en general el espíritu de disciplina.

También aquí conocí un grupo de camaradas, que más tarde debieron ayudarme a cimentar las bases del nuevo Movimiento.

Mi Lucha

Capítulo IX

El partido alemán de los trabajadores

Cierto día recibí de mi superior la orden de investigar la realidad en el funcionamiento de una organización de apariencia política que, bajo el nombre de Partido Obrero Alemán de los Trabajadores, tenía el propósito de celebrar una asamblea en los próximos días y en la cual hablaría también Gottfried Feder. Se me dijo que yo debía presentarme allí para después dar un informe acerca de aquella organización.

Más que explicable era la curiosidad que en el Ejército se sentía entonces por todo lo relacionado con los partidos políticos. La Revolución había concedido al soldado el derecho a actuar en política, derecho del cual se servían en mayor escala justamente los menos capacitados. Tan pronto como el Partido del Centro y la Socialdemocracia llegaron a darse cuenta, con profundo pesar suyo, por cierto, que las simpatías del soldado, alejándose de los partidos revolucionarios, comenzaban a inclinarse hacia el Movimiento de restauración nacional, surgió en ellos la conveniencia de abrogar ese derecho y prohibirle a la tropa toda actividad política.

Era obvio que el Centro y el marxismo echasen mano de esas medidas, pues si no se hubiese procedido al corte de los "derechos cívicos" -como se acostumbraba a denominar a la igualdad de derechos políticos de los soldados, después de la Revoluciónno habría aparecido, pocos años después, el llamado Gobierno de Noviembre y, consecuentemente, habría sido evitada esa deshonra nacional. La tropa estaba naturalmente indicada para librar a la Nación de los resultados de la *Entente*.

El hecho de que los llamados partidos "nacionales" concordasen entusiasmados con la modificación del programa de los criminales de Noviembre, para volver, de esa manera, ineficaz al Ejército como instrumento de resurrección nacional, demostró una vez más hasta dónde pueden llevar las ideas exclusivamente doctrinarias de los "más inocentes de los inocentes".

La burguesía realmente afectada de debilidad senil creía en serio que el Ejército volvería a ser lo que fue, esto es, un baluarte de la capacidad defensiva alemana, en tanto que el Partido del Centro 1 y el marxismo pensaban que era preciso romperle al Ejército el "peligroso diente" del nacionalismo. Empero, un Ejército falto de espíritu nacional queda eternamente reducido a la condición de una fuerza de policía que representa a una tropa incapaz de enfrentarse con el enemigo. Todo esto el futuro se encargó de demostrarlo hasta la saciedad.

¿Pensarían, por ventura, nuestros políticos "nacionales" que la transformación de la mentalidad del Ejército se pudiese modificar en otro sentido que no fuera el nacional? Ésa era la miserable mentalidad de esos señores, y eso proviene del hecho de que ellos, en vez de haber combatido como soldados en el frente, se quedaron en sus cómodas posiciones, como charlatanes, esto es, como conversadores parlamentarios.

No tenían la mínima idea de lo que sucedía en los corazones de hombres que la posteridad reconocerá como los primeros soldados del mundo.

Me decidí pues a visitar la ya mencionada asamblea del Partido Obrero Alemán, que hasta entonces me era totalmente desconocido.

Cuando llegué, por la noche, al *Leiberzimmer* de la antigua cervecería "Sternecker", la cual se debería convertir más tarde en histórica para nosotros, encontré allí unas 20 ó 25 personas, la mayoría gente de los más bajos estratos populares.

La conferencia de Feder ya me era familiar en los tiempos en que frecuentaba sus cursos, de manera que haciendo abstracción de la misma me preocupé de observar al auditorio.

La impresión que tuve no fue mala; una asociación recién fundada como muchas otras. Estábamos justamente en una época en la que todo el mundo se juzgaba habilitado para fundar un nuevo partido, eso porque a nadie le agradaba el rumbo que tomaban las cosas y los partidos existentes no merecían ninguna confianza. Por doquier aparecían nuevas asociaciones que luego desaparecían sin dejar el menor rastro de su paso. Generalmente, los fundadores no tenían la menor idea de lo que fuese transformar una asociación en un partido o incluso iniciar un Movimiento. Naufragaban así estas fundaciones, casi siempre ante su ridícula estrechez de ideas.

No fue de modo diferente como juzgué al Partido Alemán de los Trabajadores después de asistir, durante dos horas, a una de sus sesiones. Quedé satisfecho cuando Feder terminó su discurso. Yo ya había observado bastante y me disponía a marcharme, mas me indujo a permanecer allí el anuncio de que habría tribuna libre. Al principio la discusión parecía sin importancia, hasta que de pronto un "profesor" tomó la palabra para criticar los fundamentos de las tesis de Feder, acabando -después de una enérgica réplica de Feder- por situarse en el "terreno de las realidades" y recomendar encarecidamente al nuevo partido, como punto capital de su programa, la lucha de Baviera para su "separación" de Prusia. Con desvergonzado aplomo afirmaba aquel hombre que en tales circunstancias la parte germana de Austria se adheriría inmediatamente a Baviera; que las condiciones de paz impuestas por los Aliados serían mejores y otros absurdos más. No pude menos que tomar la palabra para dejarle oír al "sesudo" profesor mi opinión sobre este punto, con el resultado de que antes de que yo concluyese de hablar, mi interlocutor abandonó el local como perro escaldado que huye del agua fría. Cuando yo hablaba, la asistencia escuchaba llena de asombro y cuando me disponía a decir las buenas noches a la asamblea y retirarme, uno de los asistentes se dirigió a mí, se presentó (no pude comprender bien su nombre) y colocó en mis manos un pequeño fascículo, evidentemente un folleto político, con la petición insistente de que lo leyera.

Para mí eso fue muy agradable, pues era de esperar que, por ese medio, pudiese conocer de manera más fácil aquella sociedad naciente, sin tener después que asistir a sesiones tan faltas de interés. Además de eso, tuve una buena impresión de ese desconocido, que me pareció ser un obrero. Me retiré.

En aquel tiempo, yo vivía en el cuartel del 2° Regimiento de Infantería, en un pequeño habitáculo que contenía, todavía bien ostensibles, las señales de la Revolución. Generalmente durante el día estaba fuera, la mayor parte de las veces en el regimiento de Cazadores N'41 o en reuniones, conferencias, o en otras unidades del Ejército. Solamente de noche me recogía en mis aposentos. Como tenía la costumbre de madrugar antes de las cinco de la mañana, me divertía jugando con los ratoncillos que paseaban por mi cubículo, tirándoles pedacitos de pan que habían sobrado la víspera. Veía a esos graciosos animalitos disputándose esos sabrosos manjares.

En mi vida había pasado tanta miseria, que bien podía imaginar lo que era el hambre y, por tanto, el placer de aquellos animalitos.

A la mañana siguiente de aquella reunión estaba acostado, pero despierto, sobre las cinco de la mañana, contemplando el movimiento de los ratoncillos. Como no podía conciliar el sueño, me acordé, de repente, de la noche anterior y me vino a la cabeza el folleto que aquel obrero me había entregado. Comencé a leerlo. Era un pequeño folleto, en que el autor, el susodicho obrero, describía la manera por la cual él había llegado de nuevo al pensamiento nacionalista, a través de la confusión marxista y de las frases huecas de los sindicatos. De aquí su título, *Mi despertar político*. Desde el principio el librito me interesó, pues en él se relataba un fenómeno que hacía doce años yo había conocido. Involuntariamente vi cómo se avivaban las líneas maestras de mi propia evolución mental. Durante el día pensé sobre el tema varias veces e iba a ponerlo de lado finalmente cuando, no habiendo transcurrido aún una semana, con gran sorpresa mía recibí una tarjeta en la que se me anunciaba haber sido admitido en el Partido Alemán de los Trabajadores y que, para dar mi respuesta, se me instaba a concurrir el miércoles próximo a una reunión del Comité del Partido. Ciertamente me sentí bastante asombrado de ese procedimiento de "ganar" prosélitos y no supe si tal cosa debía causarme enfado o provocarme hilaridad. Jamás se me había ocurrido incorporarme a un partido ya formado, puesto que yo mismo anhelaba fundar uno propio. Esa pretensión de afiliarme a un partido ni me había pasado por la cabeza.

Estuve a punto de comunicarles por escrito mi negativa, pero triunfó en mí la curiosidad y me decidí a presentarme el día indicado para exponer personalmente mis razones.

Y llegó aquel miércoles. El local donde debía realizarse la anunciada reunión era el paupérrimo restaurante "Das Alte Rosenbad", situado en la *Herrnstrasse*. Era un local modesto donde, sólo de cuando en cuando, aparecía alguna alma en pena.

En 1919 eso no era de extrañar, pues la recepción incluso de los mayores hoteles era poco atrayente, dada su modestia y exigüidad. Este hotel, sin embargo, yo no lo conocía.

Atravesé el salón mal iluminado en el que no había ni un alma. Me dirigía hacia la puerta que daba a un cuarto lateral y me encontré delante de la "asamblea". Bajo la media luz que proyectaba una vieja lámpara de gas se hallaban sentados en torno a una mesa cuatro hombres jóvenes, entre los que se encontraba el autor del pequeño folleto, el cual me saludó inmediatamente, de la manera más cordial, y me dio la bienvenida como nuevo miembro del Partido Alemán de los Trabajadores.

Quedé sorprendido cuando se me informó que el "Presidente del Partido para todo el *Reich*" vendría en seguida y que, por este motivo, se me insinuaba retardar mi exposición. Al fin llegó el esperado presidente: era el mismo que presidió la asamblea en ocasión de la conferencia de Feder.

Entre tanto, mi curiosidad había vuelto a subir de punto y esperaba impaciente el desenvolvimiento de la reunión.

Previamente se me hizo conocer los nombres de los concurrentes: el presidente de la organización del *Reich* era un tal señor Harrer y el de la organización local de Munich, Anton Drexler.

Luego se procedió a la lectura del acta de la última sesión, dando un voto de agradecimiento al conferenciante. Llegó después el rendimiento de cuentas. La sociedad poseía un total de 7 marcos y 50 *pfennig*, por los que el tesorero recibió un voto de confianza general. Este hecho se hizo constar en el acta. A continuación el presidente trató sobre las respuestas a una carta de Kiel, a una de Düsseldorf y a una de Berlín. Todos concordaban con las respuestas presentadas. Después se procedió a la notificación de la correspondencia recibida: una carta de Berlín, una de Düsseldorf y otra de Kiel, cuya recepción pareció provocar gran alegría. Se consideró ese constante aumento de correspondencia como la mejor y más visible señal de expansión e importancia del Partido Alemán de los Trabajadores. A continuación, tuvo lugar un largo debate sobre las nuevas respuestas que se darían.

Horrible, sencillamente horrible. Esto no era más que una asociación naciente de la peor especie. ¿En ese club era dónde debería entrar? Después pasóse a discutir la aceptación de nuevos miembros, es decir que debía deliberarse sobre el caso de la "pesca" de mi persona.

Comencé por orientarme sobre los detalles de la organización del Partido, pero fuera de las enumeraciones de algunos postulados no había nada: ningún programa, ni un volante de propaganda; en fin, nada impreso; carecíase de tarjetas de identificación para los miembros del Partido y, por último. hasta de un pobre sello. En realidad sólo se contaba con fe y buena voluntad. Desde aquel momento desapareció para mí todo motivo de hilaridad y tomé la cosa en serio. ¿Cuáles eran todos esos defectos que constituían la señal típica del completo aturdimiento general y del completo fracaso de todos los partidos, hasta entonces, de sus programas, de sus intenciones y de sus actividades? Lo que inducía a esos jóvenes a reunirse de esa manera aparentemente tan ridícula no era nada más que el eco de la voz interior, que, más por instinto que conscientemente, les hacía creer en la posibilidad del resurgimiento de la Nación alemana, así como su convalecencia de los males interiores, fomentados por los partidos, como los que existían hasta entonces. Pasé por alto las directrices dactilográficas que existían, viendo en ellas más el ansia por algo nuevo que una realidad. Mucho faltaba, por el contrario nada habían hecho. En cualquier caso se notaba, sin embargo, la señal de una aspiración común.

Lo que aquellos hombres sentían lo sentía también yo; era el ansia hacia un nuevo Movimiento que fuese algo más de lo que hasta entonces era un partido, en el sentido corriente de la palabra.

Cuando aquella noche regresé al cuartel, tenía mi juicio formado con respecto a esa asociación.

Me hallaba seguramente frente a la más grave cuestión de mi vida: ¿Declarar mi adhesión o resolverme por la negativa?

La razón sólo podía aconsejarme la negativa; el sentimiento, por el contrario, no me dejó tranquilo, y, cuantas más veces trataba de convencerme de la estupidez de todo aquello, tanto más el sentimiento me inclinaba hacia esa asociación de jóvenes.

Los días siguientes fueron de desasosiego.

Comencé a pensar. Hacía mucho tiempo que estaba decidido a tomar parte activa en la política.

Para mí, estaba claro que eso se produciría a través de un nuevo Movimiento, solamente que me había faltado hasta entonces un impulso para la acción. No pertenezco a la categoría de personas que comienzan hoy una cosa para, al día siguiente, abandonarla o pasar a otra. Justamente esa convicción era el motivo principal por el que difícilmente me decidía a una nueva fundación, a la cual me entregaría por completo o dejaría de existir. Sabía que eso era decisivo para mí y no había posibilidad de dar "marcha atrás"; se trataba, pues, no de un juego pasajero y sí de algo muy serio. Ya entonces tenía una aversión instintiva por las personas que todo lo comenzaban sin terminar nunca nada. Aquellos trapaceros me resultaban odiosos. Consideraba la actividad de aquellas criaturas peor aún que la ociosidad.

Hasta el Destino parecía estar dándome una indicación. Nunca me había adherido a uno de los grandes partidos y más adelante explicaré claramente los motivos. Aquella risible institución, con sus contados socios, me parecía tener por lo menos la ventaja de no estar todavía petrificada como una "organización" y de ofrecerle al individuo la posibilidad de desenvolver una actitud personal efectiva. Aquí se podía trabajar y comprendí que cuanto más pequeño era el Movimiento tanto más fácil resultaba encaminarlo bien. Además, en este círculo se podía precisar el carácter, la finalidad y el método, cosa en principio impracticable tratándose de los partidos grandes.

Juntamente con mis reflexiones creció en mí la convicción de que precisamente en un pequeño Movimiento, como aquel, podía surgir un día la obra de la restauración nacional, pero jamás de los partidos parlamentarios aferrados a viejas concepciones o de los otros que participaban de las granjerías del nuevo régimen de gobierno.

Lo que aquí debía proclamarse era una nueva ideología y no un nuevo lema electoral.

En verdad una decisión inmensamente difícil ésa de transformar una intención en realidad.

¿Qué antecedentes tenía yo para poder afrontar una cuestión de tal magnitud?

El hecho de ser pobre, de no poseer recursos financieros, parecía lo de menos; más difícil era superar la circunstancia de pertenecer yo a la categoría de los desconocidos, uno más entre millones, que el Hado deja vivir o arranca de la vida, sin que el prójimo le dé la menor importancia. A todo ello se unía la dificultad derivada de mi falta de instrucción.

La llamada "intelectualidad" ve con infinito desdén a todo aquel que no pasó por las escuelas oficiales, para dejarse llenar de "sabiduría". Nunca se pregunta: ¿Qué sabe el individuo?, y sí: ¿Qué estudió? Para esas criaturas "cultas" más vale la cabeza hueca, bien protegida por títulos, que el muchacho más despierto. Era, pues, fácil para mí imaginar la manera por la que ese mundo "culto" se me opondría y sólo me equivoqué por el hecho de considerar, todavía en aquel tiempo, a los hombres mejores de lo que son en realidad. Es cierto que existen excepciones, que naturalmente brillarán con mayor fulgor. Aprendí, entre tanto, a distinguir entre los eternos estudiantes y los verdaderos sabios.

Después de dos días de cavilar y sumido en meditaciones, llegué al fin a la conclusión de que debía resolverse positivamente.

Ésa fue sin duda la resolución más decisiva de toda mi vida.

Retroceder no era ya posible, ni podía serlo.

Me hice pues miembro del Partido Alemán de los Trabajadores y obtuve un carnet provisional, marcado con el número 7.

Mi Lucha

Capítulo X

Las causas del desastre

La extensión de la caída de cualquier cuerpo es siempre medida por la distancia entre su posición en ese momento y la que ocupaba anteriormente. Lo mismo acontece con la ruina de los pueblos y de los Estados. La posición primitiva tiene, por eso, una importancia capital. Sólo aquel que se esfuerza por rebasar los límites naturales podrá caer y arruinarse. A todos los que sienten y piensan, la ruina del Imperio se les aparece bajo un aspecto grave y horrible, pues el colapso está visto desde una altura que, ante la magnitud de las desgracias actuales, difícilmente pueden medir.

La fundación del Reich fue como un suceso áureo, por la grandiosidad del acontecimiento, ya que exaltó a la Nación entera. Después de una serie incomparable de victorias y como premio al heroísmo inmortal, surgió, al fin -para los hijos y los nietos- la realidad de un Reich.

Consciente o inconscientemente, poco importa, los alemanes estaban todos imbuidos del sentimiento de que el Imperio no debía su existencia a los manejos del Parlamento y sus partidos, sino, por el contrario, a la manera sublime con que fuera fundado. Éste se elevaba muy por encima de la media de los otros Estados. El hecho festivo que anunció que los alemanes, príncipes y pueblo, estaban resueltos a fundar en el futuro un Imperio y de nuevo alcanzar la Corona Imperial como símbolo de sus glorias, no fue conmemorado a través del cacareo de un discurso parlamentario sino por el retumbar de los cañones en el cerco de París. No se verificó ningún asesinato, ni fueron desertores ni embusteros los que fundaron el Estado de Bismarck; por el contrario, fueron los regimientos del frente.

Ese nacimiento original, como su bautismo de fuego, era ya por sí solo suficiente para envolver al Imperio en una aureola de gloria, hecho que raramente se verificara con los Estados antiguos.

¡Qué apogeo comenzó entonces!

La independencia exterior aseguraba el pan cotidiano en el interior. La Nación había alcanzado ingentes bienes materiales, y la dignidad del Estado- y con él, la de todo el pueblo- se hallaba resguardada y garantizada por un Ejército que evidenciaba la diferencia entre la nueva situación y la de la antigua Confederación Germánica.

Tan profunda es ahora la caída que afecta al Reich y al pueblo alemán, que todo el mundo - como dominado por el vértigo - da la impresión de haber perdido en el primer momento los sentidos y la razón.

Apenas si es posible rememorar lo que fue él más alto nivel de antes; llenos de ensueño y casi irreales parecen ahora la grandeza y el esplendor de aquellos tiempos, comparados con la miseria de hoy. Sólo así se explica también que, cegados por lo que fue aquel apogeo, se hubiesen olvidado de buscar los síntomas del formidable desastre, que ya antes debieron haber existido latentes en alguna forma.

Naturalmente eso es aplicable a aquellos para los cuales Alemania era alguna cosa más que un campo para ganar y despilfarrar dinero, pues sólo aquellos pueden ver, en la situación actual, una verdadera catástrofe, al paso que los otros sólo se preocupan por la satisfacción de sus apetitos, hasta entonces ilimitados.

Es indudable que esos síntomas existieron realmente. Sin embargo, muy pocos trataron de deducir una cierta enseñanza de ese estado de cosas. Ese estudio es hoy más necesario que nunca.

De la misma manera que sólo se consigue la salvación de un enfermo cuando la causa de la molestia es conocida, en la cura de las devastaciones políticas es preciso también conocer los antecedentes. Por cierto que suele verse y descubrirse más fácilmente el síntoma externo de una enfermedad que la causa interna de la misma. Ahí está la razón por la que tantas personas nunca consiguen pasar del conocimiento de los hechos externos, que incluso confunden con las causas y cuya existencia, inclusive, se complacen en negar.

De ahí que aún hoy la mayoría de nosotros vea principalmente la causa del desastre alemán en la crisis económica general y sus consecuencias, que afectan personalmente a casi todos; razón ésta de peso para que cada uno se haga idea de la magnitud de la catástrofe. La gran masa sabe aquilatar todavía mucho menos la trascendencia político-cultural y moral del desastre. Y aquí es donde para muchos se anulan por completo la sensibilidad y la razón.

Que esto ocurra en la gran masa es al fin comprensible, pero que también los círculos intelectuales consideren el desastre alemán primordialmente como una "catástrofe económica" y que, en consecuencia, esperen de la economía el saneamiento nacional, es una de las causas que ha impedido hasta el presente la realidad de un resurgimiento.

Sólo cuando se llegue a comprender que también en este caso le corresponde a la economía únicamente un papel secundario, en tanto que factores políticos y de orden moral y racial tienen que considerarse primordiales, podrá penetrarse el origen de la calamidad actual y con ello encontrar también los medios y la orientación conducentes al saneamiento de la Nación.

El problema de la investigación de las causas de la ruina alemana es, por eso, de importancia decisiva, sobre todo tratándose de un Movimiento político cuyo objetivo, por tanto, debe ser la solución de la crisis. En una investigación de esta naturaleza a través del pasado, se debe evitar confundir los hechos que más saltan a la vista con las causas menos visibles.

La explicación más sencilla y, por lo mismo, la mayormente difundida consiste en afirmar que la guerra perdida constituye la razón de toda la desgracia reinante.

Probablemente muchos creen sinceramente en ese absurdo, pero en la mayoría de los casos, ese argumento es una mentira consciente.

Esta última afirmación se ajusta perfectamente a aquellos que se comprimen alrededor del cepo gubernamental.

¿No fueron justamente los heraldos de la Revolución los que declararon frecuentemente, y de la manera más ardorosa, que, para la gran masa del pueblo, el resultado de la guerra era indiferente?

¿No aseguraban ellos que sólo el "gran capitalista" tenía interés en la victoria de la monstruosa guerra y nunca el pueblo como tal y mucho menos los trabajadores alemanes?

¿No proclamaban los apóstoles de la confraternización universal que, con la derrota de Alemania, sólo el "militarismo" sería vencido y que el pueblo, por el contrario, asistiría a una magnífica resurrección?

¿No se proclamó en esos círculos la generosidad de la Entente y no se cargó toda la culpa de la guerra a Alemania?

¿Habríase podido hacer esa propaganda sin la certidumbre de que la derrota del Ejército no reportaría consecuencias para la vida de la Nación?

¿No fue el grito de guerra de la Revolución que, con ella, la victoria del pabellón alemán había sido evitada, pero solamente con ella la Nación alemana conseguiría completamente la libertad interna y externa?

¿No eran esos individuos mentirosos e infames?

Es característico de la desvergüenza del verdadero judío atribuir a la derrota militar la causa del desastre de la Nación. En cuanto al "órgano central de todas las traiciones nacionales", el Vorwürts de Berlín, ¿escribía que "esta vez a la Nación alemana no le sería permitido volver con su pabellón victorioso". ¡Y ahora la derrota militar debía ser considerada como la causa de nuestra ruina!

Es evidente que no valdría la pena intentar luchar contra esos mentirosos desmemoriados. Y, por eso, yo mismo no perdería una sola palabra con ellos. Sin embargo, ese error absurdo era aplaudido por tanta gente irreflexiva, que no se da cuenta de la perversidad y de la falsedad conscientes de esos embusteros. Por otra parte, las discusiones pueden ofrecer recursos que facilitan el discernimiento de nuestros partidarios, recursos esos muy necesarios en un tiempo en el que es habitual torcer el sentido de las palabras.

La respuesta a la afirmación de que la pérdida de la guerra es la causa de nuestros males actuales debe ser la siguiente: Si bien es cierto que él haber perdido la guerra fue de terrible trascendencia para el futuro de nuestra Patria, ese hecho por sí solo no es una causa, sino a su vez la consecuencia de una serie de otras causas.

Que el desgraciado fin de esa lucha sangrienta debió conducir a resultados desastrosos, era cosa perfectamente clara para todo espíritu perspicaz y exento de malevolencia. Lamentablemente, hubo hombres a quienes pareció faltarles esa perspicacia en el momento dado y otros que, contrariamente a su propia convicción, pusieron esta verdad en duda y la negaron.

Estos últimos fueron en su mayoría los que al ver cumplido su secreto anhelo debieron bruscamente darse cuenta de que ellos mismos habían contribuido a lo que en aquel momento era la catástrofe.

Ellos y no la pérdida de la guerra son, pues, los culpables del desastre. En efecto, él haber perdido la guerra no fue más que el resultado de los manejos de aquellas gentes y no, como quieren afirmar ahora, la consecuencia de un mando "deficiente".

Tampoco el ejército enemigo estaba compuesto de cobardes; el adversario sabía también morir heroicamente. En número, fue superior al Ejército alemán desde el primer día de la guerra y para su aprovisionamiento técnico tenía a su disposición los arsenales del orbe entero. Por consiguiente es innegable el hecho de que las victorias alemanas, obtenidas en el curso de cuatro años de lucha contra todo un mundo, se debieron indudablemente, aparte del espíritu heroico y de la portentosa organización del Ejército alemán, a la probada capacidad de los jefes directores. Lo formidable de la organización y del mando del Ejército alemán no tiene precedentes en la Historia. Sus fallos se deben a la limitación de los poderes humanos de resistencia.

El que este Ejército sufriera un desastre, no fue la causa de nuestra actual desgracia, sino simplemente la consecuencia de otros crímenes, uno de los cuales precipitó otro colapso, bien evidente a los ojos de todos.

El hecho de haber sido derrotado ese Ejército no fue la causa de nuestra infelicidad de hoy, sino la consecuencia de los crímenes de los demás, de una causa que, por sí sola, debería provocar el comienzo de una mayor y más visible catástrofe.

La verdad de este aserto resulta de las siguientes razones:

¿Una derrota militar debe tener como consecuencia la ruina de una Nación y de su gobierno? ¿Desde cuándo es ésa la fatal consecuencia de una guerra perdida?

¿O es que las guerras perdidas deben ocasionar fatalmente la ruina de los pueblos que la pierden?

Se podría responder brevemente.

Esto es posible siempre que la derrota militar testifique la corrupción moral de un pueblo, su cobardía, su falta de carácter, en fin, su condición de indignidad. No siendo así, la derrota militar impulsará más bien a un futuro de mayor resurgimiento, en lugar de ser la lápida de la existencia nacional.

Numerosos son los ejemplos que la Historia ofrece para confirmar la verdad de este aserto.

La derrota militar del pueblo alemán no fue, por desgracia, una catástrofe inmerecida, sino la realidad de un castigo justificado por la ley de la eterna compensación. La derrota fue más que merecida. Fue apenas el síntoma exterior de una larga serie de síntomas internos que permanecían invisibles a la mayor parte de los hombres, o que nadie quería observar.

Obsérvese la simpatía con que el pueblo alemán recibió esa catástrofe. ¿Acaso no se hizo en muchos círculos, en forma desvergonzada, manifestaciones de regocijo por la desdicha de la Patria?

¿Quién haría eso si el pueblo no mereciese ese castigo? ¿Y no es cierto también que hubo gente que hasta se preció de haber logrado que el Ejército combatiente se doblegase? Eso no se debe al enemigo. Esa vergüenza se debe a los propios alemanes (¿Por ventura, la infelicidad provoca la injusticia?). Para colmo de males llegó a atribuirse a sí mismo la culpabilidad de la guerra, contrariando su propia convicción y su mejor conocimiento de la causa.

¡No, rotundamente no! La manera cómo el pueblo alemán recibió su derrota permite juzgar muy claramente que la verdadera causa de nuestro desastre radicaba en otro estado de cosas y no en la pérdida netamente militar de algunas posiciones o el fracaso de una ofensiva.

Si realmente el Ejército combatiente hubiese cedido y hubiera ocasionado con esto la desgracia de la Patria, el pueblo alemán habría recibido la derrota de modo muy diferente. Entonces el infortunio que vino lo habríamos soportado apretando los dientes o bien quejándonos por el dolor. Furor y cólera habrían llenado los corazones contra el adversario convertido en vencedor por el azar de la suerte o por la voluntad del Destino. Entonces la Nación hubiese actuado como el Senado romano 3, que fue al encuentro de las legiones vencidas, con el agradecimiento de la Patria, por el sacrificio hecho y con el llamamiento para que confiasen en el gobierno.

La capitulación habría sido firmada con inteligencia, y el corazón del pueblo palpitaría por la futura resurrección. De esta forma la derrota habría sido aceptada como producto de la fatalidad. En tales circunstancias no se habría cantado ni bailado; nadie se habría atrevido a ponderar la cobardía ni a glorificar la derrota; nadie se habría mofado de las tropas combatientes ni deshonrado sus banderas y estandartes. Y, sobre todo, no se habría creado ese estado de ánimo que inspiró a un oficial inglés, el coronel Repington, a declarar que "en cada grupo de tres alemanes había un traidor".

¡No! La pestilencia no habría alcanzado nunca esas proporciones tan considerables, que hicieron que el mundo perdiera el resto de respeto que tenía por nosotros.

Por ahí se ve claramente la mentira de la afirmación que consiste en atribuir a la derrota militar la causa de la ruina del país.

El desastre militar no fue en realidad otra cosa que el resultado de una serie de síntomas morbosos que ya en los tiempos de la anteguerra afligieron a la Nación alemana. Ésta fue la primera consecuencia catastrófica, visible para todos, de un envenenamiento moral y de un menoscabo del instinto de la propia conservación y de las condiciones inherentes a ella. Todo esto había comenzado a minar, ya desde años atrás, los fundamentos de la Nación y del Reich.

Fue necesaria toda la increíble ficción del judaísmo y de su organización de lucha marxista, para tratar de hacer pesar la culpabilidad de la derrota justamente sobre el hombre que, con energía y voluntad sobrehumanas, se empeñara en contener la catástrofe, que ya él viera venir, a fin de ahorrarle a la Patria horas de humillación y de vergüenza. Al señalar a Ludendorff como responsable de la pérdida de la guerra, se arrebató el arma del derecho moral de manos del único acusador peligroso que hubiera podido erguirse contra los traidores de la Patria.

Resulta de la propia naturaleza de las cosas que en el volumen de la mentira existe una razón para ser aquella más fácilmente creída, pues la masa popular, en sus más profundos sentimientos, no siendo mala, consciente y deliberadamente, está menos corrompida y, debido a la sencillez de su carácter, es más frecuentemente víctima de las grandes mentiras que de las pequeñas. **En pequeñas cosas ella también miente, pero de las grandes mentiras se avergüenza.**

Una mentira semejante nunca le hubiera pasado por la cabeza ni tampoco creería que alguien fuese capaz de la inaudita indecencia de tan infame calumnia. Incluso después de explicaciones sobre el particular, las masas, durante mucho tiempo, se mantienen en la duda, vacilando, antes de aceptar como verdaderas cualesquiera causas. **Es un hecho también que de la más descarada mentira siempre queda algo;** verdad ésta que todos los grandes artistas de la mentira y sus cuadrillas conocen muy bien, y de ello se aprovechan de la manera más infame.

Los mayores conocedores de las posibilidades del empleo de la mentira y de la calumnia fueron, en todos los tiempos, los judíos. Comienza, entre ellos, la mentira por intentar demostrar al mundo que la cuestión judaica es una cuestión religiosa, cuando, en realidad, se trata simplemente de un problema de raza. ¡Y qué raza! Uno de los más grandes espíritus de la Humanidad perpetuó en una frase inmortal el juicio sobre ese pueblo, cuando los. designó como "los mayores maestros de la mentira". Quien no reconoce esa verdad o no quiere reconocerla, no podrá nunca pretender la victoria de la verdad en este planeta.

Casi es posible considerar como designio favorable para el pueblo alemán el que la época de su estado patológico latente hubiera sido bruscamente sellada con tan terrible catástrofe; pues, en el caso contrario, la Nación habría sucumbido, sin duda lenta, pero, por lo mismo, más fatalmente. La dolencia se hubiese hecho crónica, mientras que la fase aguda, como se presentó al producirse el desastre, se hizo por lo menos claramente visible a los ojos de muchos. No fue por casualidad por lo que el hombre dominó más fácilmente la peste que la tuberculosis. La una viene en olas violentas de muerte, arrasando la Humanidad; la otra, en cambio, se desliza lentamente; una induce al terror, la otra a una creciente indiferencia. Consecuencia lógica fue que el hombre afrontase la primera con todo el máximo de sus energías, en tanto que se empeñó en combatir la tuberculosis valiéndose solamente de medios débiles. Así, el hombre doblegó a la peste, mientras que la tuberculosis lo dominó a él. El fenómeno es el mismo al tratarse de enfermedades que afectan al organismo de un pueblo. Cuando no se presentan bajo la forma catastrófica, toda la gente se acostumbra a ellas paulatinamente para, al final, después de un período más o menos prolongado, ser víctima de las mismas.

Es, pues, una felicidad aunque sea amarga, que la Providencia haya decidido entrometerse en ese lento proceso de corrupción y, de un golpe rápido, haya impulsado a combatir la enfermedad a los queda habían comprendido.

Esas catástrofes suceden. Por eso deben ser vistas como causas para que se promueva la salvación de la manera más decidida.

En caso idéntico, esa hipótesis vale para el reconocimiento de las causas íntimas que ocasionan el mal en cuestión. Es importante establecer la diferencia entre los responsables del mal y la situación provocada por ellos. Esa situación se vuelve más difícil, en la proporción en que los gérmenes de la enfermedad toman cuenta del cuerpo y en él creen estar en el hábitat propio.

Puede suceder que, después de un cierto tiempo, ciertos venenos sean vistos como formando parte del organismo o por lo menos como necesarios para él. Así, se considera inútil descubrir e investigar al autor del envenenamiento.

Verdad es que en los largos años de paz, anteriores a la guerra, se revelaron ciertas anomalías, sin que nadie se preocupase de descubrir a sus responsables, salvo en casos excepcionales. Esas excepciones se produjeron principalmente en el dominio económico, que es el que a los individuos les impresiona más que cualquier otro.

Había muchos síntomas de decadencia que debieron incitar a serias reflexiones.

Desde el punto de vista económico, eran lógicas las siguientes observaciones: A causa del extraordinario crecimiento de la población alemana antes de la guerra, el problema de la subsistencia se hizo cada vez más grave, ocupando el primer plano de toda orientación y de toda actividad política y económica. Desgraciadamente no fue posible decidirse por la única solución eficaz que existía, sino que creyóse alcanzar la finalidad anhelada por medios más sencillos. El haber renunciado a la idea de adquirir nuevos territorios y optado por la descabellada idea de conquistar económicamente el mundo debió conducir, a la postre, a un grado de industrialización desmedido y perjudicial.

La primera consecuencia de significación trascendental, provocada por ese estado de cosas, fue el debilitamiento de la clase agricultora. En la misma proporción que se reducía aquella clase del pueblo, aumentaba la masa del proletariado en las ciudades, hasta quedar roto el equilibrio.

Consiguientemente, púsose también en evidencia el brusco contraste entre el pobre y el rico. La ostentación y la miseria vivían tan cerca una de otra, que las consecuencias fueron y debieron ser lógicamente funestas. La pobreza y el paro creciente comenzaron su siniestro juego, sembrando el descontento y la exacerbación entre las gentes.

El resultado fue la lucha política de clases. En todas las capas económicas, día a día fue mayor y más profundo el decaimiento. Llegó hasta un punto en que era opinión general que "eso no podía continuar" sin que, por el contrario, surgiese una orientación sobre lo que se debería o se podría hacer.

Eran los síntomas característicos de un profundo malestar general que, por ese medio, se dejaba sentir.

Pero más grave que todo eso, eran otros efectos que la preponderancia económica de la Nación había traído consigo. Con la dominación del Estado por la industria, el dinero se convirtió en un dios a quien todos tenían que servir y rendir honores.

Los dioses celestiales pasaron de moda, se convirtieron en cosas del pasado y, en su lugar, se instaló la orgía de los idólatras de Mamón.

Había empezado una terrible desmoralización, terrible porque precisamente se presentó en una época en la cual la Nación necesitaba más que nunca de un espíritu heroico para afrontar la hora crítica que parecía avecinarse. Alemania debía estar dispuesta a defender un día con la espada la tentativa que hacía de asegurar a su pueblo el pan cotidiano por medio de una "pacífica actividad económica".

Por desgracia la hegemonía del dinero estaba también sancionada por una autoridad que era la más llamada a oponerse a ello: el Kaiser actuó infortunadamente al inducir en especial a la nobleza a que formase parte del círculo de los nuevos capitalistas. Ciertamente que en disculpa suya debe reconocerse que, lamentablemente, Bismarck tampoco se percató del peligro que existía en ese sentido, pero era un hecho que con esto el espíritu idealista fue prácticamente supeditado al poder del dinero, y era claro también que las cosas, una vez así encaminadas, debían en poco tiempo anteponer la "nobleza" de la finanza a la nobleza de la sangre.

No era nada estimulante para los verdaderos héroes ni para los estadistas ser colocados al mismo nivel que los judíos de los bancos. Los hombres de mérito real no podían tener interés en poseer condecoraciones fácilmente adquiridas. Al contrario, las evitaban.

Bajo el punto de vista racial, ese hecho era de consecuencias deplorables. La nobleza perdía cada vez más la razón racial de su existencia.

Un síntoma de ruina económica fue la lenta eliminación del derecho de propiedad individual y el tránsito gradual de la economía del pueblo hacia la propiedad de sociedades anónimas.

Mediante ese sistema, el trabajo descendió a objeto de especulación de los traficantes sin escrúpulos. El traspaso de la propiedad a los capitalistas aumentó. La Bolsa comenzó a triunfar y se preparó para poner, lenta pero firmemente, la vida de la Nación bajo su protección y control.

La internacionalización de la economía alemana había sido iniciada ya antes de la guerra mediante el sistema de las sociedades por acciones. Menos mal que una parte de la industria alemana trató a todo trance de librarse de correr igual suerte; pero al fin tuvo que ceder también ante el ataque concentrado del capitalismo usurero, que contaba con la ayuda de su más fiel asociado: el Movimiento marxista.

La persistente guerra que se hacía a la industria siderúrgica de Alemania marcó el comienzo real de la internacionalización de la economía alemana (tan anhelada por el marxismo), que pudo verse colmada con el triunfo marxista de la Revolución de noviembre de 1918.

Justamente ahora que escribo estas páginas, es también cosa lograda el ataque general dirigido contra la Empresa de los Ferrocarriles del Reich, que pasa a manos de la finanza internacional. Con esto ha alcanzado la "socialdemocracia internacional" otro de sus importantes objetivos.

El extremo a que había llegado esa "economización" de la Nación alemana lo evidencia, a todas luces, el hecho de que pasada la guerra uno de los dirigentes más connotados de la industria y del comercio alemanes declaró que únicamente la economía, como tal, sería capaz de restablecer la posición de Alemania.

A ese error no se le dio, por ejemplo, en Francia el valor esperado, ya que en sus escuelas la educación ponía un énfasis preponderante en lo humanístico. Así se trató de evitar el error de confiar la Nación y la existencia del gobierno a la economía.

La teoría económica emitida por Stinnes ocasionó la más increíble confusión, pues, con asombrosa rapidez, fue tomada como lema por todos los improvisados charlatanes que, a manera de estadistas, el Destino había lanzado sobre Alemania desde el estallido de la Revolución.

Una de las peores pruebas de la decadencia de Alemania, ya antes de la guerra, era la casi total indiferencia general que se notaba con respecto a todo. Esa situación mental es siempre la consecuencia de la incertidumbre sobre las cosas. De ésta y de otras causas surge la pusilanimidad, como consecuencia fatal. El sistema de educación contribuía a agravar esa situación.

La educación alemana de la anteguerra adolecía de muchos defectos. Tenía una orientación particularista, concentrada en el aprendizaje puramente "teórico", dándole una importancia menor a la "práctica". Aun menos valor se le adjudicaba a la formación del carácter del individuo y mucho menos todavía a la tarea de fomentar el sentimiento de la satisfacción en la responsabilidad; finalmente, era nula la importancia dada a la educación de la voluntad y del espíritu de decisión.

Los frutos de ese sistema educacional no producían realmente mentalidades fuertes, sino más bien dóciles "eruditos", como por lo general se nos consideraba a los alemanes antes de la guerra, juzgándosenos según ese criterio. Al alemán se le quería porque era un elemento utilizable, en cambio, se le respetaba poco, debido justamente a que no poseía la suficiente entereza de carácter. No sin razón perdió, pues, el alemán más fácilmente que cualquier súbdito de otros pueblos su nacionalidad y su patria.

Precisamente nefasta resultó esa docilidad, al determinar también la forma única bajo la cual podía uno presentarse ante el Monarca. Esa forma exigía: "No contradecir jamás, sino convenir con todo lo que S.M. se dignase manifestar". Aquí es donde justamente debía revelarse la dignidad del hombre libre, pues, de lo contrario, la institución monárquica encontraría un día su tumba en ese servilismo. Se vivía un mundo lleno de adulación.

¡Sólo a los aduladores y a los serviles, en una palabra, a los elementos decadentes de una Nación, que siempre se sintieron bien junto a los más altos tronos y no a los hombres honestos e independientes, podría parecer ésa la única forma de relación de un pueblo para con sus monarcas! Esas personas, tipo "siervo humilde", capaces de cualquier humillación ante sus señores, siempre demostraron el mayor atrevimiento con relación al resto de la Humanidad, sobre todo cuando, con el mayor descaro, como los únicos "monárquicos", se comparaban al resto de los mortales. Eso constituye una verdadera imprudencia de la que sólo los gusanos, nobles o plebeyos, son capaces. En realidad esos hombres fueron siempre los corderos de la Monarquía y, sobre todo, del pensamiento monárquico. Es imposible pensar de otra manera, pues un hombre capaz de responder por alguna cosa nunca podrá ser un hipócrita y un adulador, un "sin carácter". Si él está realmente empeñado en la conservación y desarrollo de una institución, dará todo el esfuerzo de que es capaz y nunca abandonará su puesto, cualquiera que fuesen los riesgos que se presentaran. Un hombre así no aprovecha todas las oportunidades para gritar en público, de la manera más hipócrita, como hacen los amigos "democráticos" de la Monarquía. Al contrario, él procurará aconsejar y advertir a Su Majestad, es decir, al propio depositario de la Corona.

Él no se colocará en el punto de vista de que Su Majestad debe conservar las manos libres para actuar a su gusto, incluso si con ello provocase una crisis. Al contrario, actuando de esta forma protegerá a la Monarquía del Monarca, evitándole todos los peligros. Si el mérito de esa institución dependiese de la persona de cada Monarca, entonces la Monarquía sería la peor institución imaginable, pues sólo en rarísimos casos los monarcas son depositarios de la más alta sabiduría, de la razón más perfecta o incluso del carácter más puro. Eso sólo lo creen los aduladores e hipócritas. Todos los hombres rectos - y éstos son sin duda los más valiosos del Estado- debieron sentir repulsión frente a un error tan grave.

Esa situación es buena para sicofantas, pero los hombres de bien - que felizmente todavía son la mayoría de la Nación- sólo repulsión podían sentir frente a un criterio tan absurdo. Porque para ellos la Historia es la Historia y la verdad es la verdad, aunque se trate de monarcas. Es tan rara para los pueblos la suerte de tener en una misma persona a un gran Monarca y a un gran hombre, que deben darse por satisfechos cuando el Destino inexorable les evita por lo menos lo peor.

De esto se infiere que el valor y la significación de la idea monárquica no radican en la persona del Monarca mismo, salvo en el caso de que la Providencia quiera coronar a un héroe genial como Federico el Grande o a un espíritu sabio como Guillermo II. Esto sucede una vez cada siglo y escasamente con mayor frecuencia. Por lo demás, la idea hace descansar la razón de ser de esa forma de gobierno en la institución misma. Con ello, el propio Monarca queda incluido en el círculo de los servidores del Estado y no es más que una rueda en ese mecanismo al que también él está subordinado. También él tendrá que batirse por la realización de los grandes objetivos nacionales. El Monarca no será ya el depositario de la Corona que consiente las mayores ofensas a la misma, sino, por el contrario, aquél que la defiende. El predominio ha de ser dado a la institución y no a la persona, pues se corre el riesgo de tener que seguir a un príncipe manifiestamente enajenado mental.

Es preciso que se acepte esa verdad ahora que aparecen a flor de piel, cada vez más, las señales ocultas en el pasado, a las que se debe atribuir, y no en pequeña escala, el hecho de haber sido imposible evitar la ruina de la Monarquía. Con una ingenua imperturbabilidad, continúa esa gente hablando de "su Rey"; Rey al que hace pocos años ellos abandonaron miserablemente en la hora crítica y comenzaron a señalar como malos alemanes a todos aquellos que no estaban dispuestos a concordar con sus nuevas ideas. En realidad, ellos son los mismos poltrones que, en 1918, ante cualquier trapo rojo huían despavoridos, aceptaban que "su Rey" dejara de ser Rey, cambiaban precipitadamente la alabarda por el "bastón" y, como pacíficos burgueses, desaparecían como por encanto.

Así escaparon esos campeones reales, y sólo después de pasada la tempestad revolucionaria (lo que se debió a la actividad de otros), de nuevo se pudo dar vivas al Rey y comenzaron esos "criados y consejeros" de la Corona a aparecer en la superficie. Ahora están todos así llorando de nuevo y acordándose del pasado; no se pueden contener de tanta "fidelidad al Rey", de tanto "deseo de combatir"... hasta que un día aparezca el primer trapo rojo. Entonces el estruendo en favor de la Monarquía de nuevo desaparecerá, y ellos huirán como ratones delante del gato.

Si los monarcas no fuesen ellos mismos culpables por esos hechos, se les podría al menos compadecer por tener a esos defensores actuales. Ellos deben, sin embargo, convencerse de que, con semejantes caballeros, es fácil perder un trono, pero nunca reconquistar una corona.

Esa pusilanimidad era un error de nuestra educación, que reaccionaba de la manera más desastrosa en la vida política. A sus efectos se deben los lastimosos síntomas visibles en todas las cortes y en ellos se deben buscar las causas del progresivo debilitamiento de la institución monárquica. Cuando el edificio comenzó a desmoronarse, sus defensores se evaporaron. Los aduladores no se dejaron matar por sus señores. Porque los monarcas nunca se apercibieron de esa situación y, casi por una cuestión de principio, jamás trataron de estudiarla, ella se transformó en la causa de su ruina.

Otra de las consecuencias de nuestra errada educación de la anteguerra fue el temor a la responsabilidad y la consiguiente falta de entereza para abordar problemas vitales.

Bien es verdad que el punto de partida de este defecto radica entre nosotros, en gran parte, en la institución parlamentaria, donde la irresponsabilidad era francamente cultivada en invernadero. Desgraciadamente esa enfermedad contaminó toda la vida del país y más intensamente la vida política. Por todas partes comenzó a debilitarse la noción de la responsabilidad y, como consecuencia de ello, se daba prioridad en todo a las medidas a medias, por el uso de las cuales el número de personas de responsabilidad fue siempre restringiéndose cada vez más. Obsérvese apenas la conducta del propio Imperio frente a una serie de síntomas alarmantes de nuestra vida pública, y luego se percibirá el terrible significado de esa general cobardía e indecisión, consecuencia de la falta de la noción de responsabilidad.

Señalaré algunos casos entre los innumerables que acontecen.

En los círculos periodísticos se suele llamar a la prensa el "gran poder". En efecto, su significación es extraordinaria y jamás podrá ser suficientemente apreciada. La prensa es, pues, el factor que continúa obrando en el proceso educativo del adulto.

En términos generales, tres son los grupos en que se podría dividir el público lector de periódicos: 1°. Los crédulos, que admiten todo lo que leen. 2°. Aquellos que ya no creen nada. 3°. Los espíritus críticos, que analizan lo leído y saben juzgar.

Numéricamente, el primer grupo es el más considerable; abarca la gran masa del pueblo y representa, por lo tanto, la clase menos intelectual de la Nación. Aún cuando no debería ser designada por clase, sino por grado de inteligencia. A este grupo pertenecen todos los que no nacieron para tener pensamiento independiente o no fueron educados para eso y que, en parte por incapacidad y en parte por falta de voluntad, creen en todo lo que se les presenta en letras de molde. Pertenece también a este grupo esa especie de haraganes que serían capaces de pensar, pero que por pura negligencia aceptan todo lo ya elaborado por los demás, en la suposición de que ellos ya llegaron a esas conclusiones con mucho esfuerzo. Para toda esta gente, que representa la gran masa del pueblo, la influencia de la prensa es fantástica. Ellos no están en condiciones, por falta de cultura o porque no lo quieren, de examinar las ideas que se les exponen. De esta forma, la manera de enjuiciar los problemas diarios es siempre el resultado de la influencia de las ideas que les viene de fuera. Esta situación puede ser ventajosa cuando las explicaciones que les son dadas parten de una fuente seria y amiga de la verdad, pero constituye una desgracia cuando tiene su origen en mentiras y embustes.

El segundo es mucho más pequeño que el anterior: está compuesto en parte de elementos que en un principio participaban del primer grupo y que después de funestas y amargas decepciones, optaron por cambiar diametralmente de criterio, acabando por no creer en nada de lo que leyesen. Odian a todos los periódicos, no los leen o se irritan contra todo lo que se contiene en ellos, convencidos de que sólo encuentran mentiras y más mentiras. Estas gentes son muy difíciles de tratar, porque hasta ante la verdad misma se mostrarán siempre escépticas, resultando así elementos anulados para todo trabajo positivo.

El tercer grupo, finalmente, es el más pequeño de todos y está constituido por lectores verdaderamente inteligentes, acostumbrados a pensar con independencia por naturaleza y educación. Leen la prensa y trabajan constantemente con la imaginación y animados de espíritu crítico con respecto al autor. Estos lectores gozan del aprecio de los periodistas, bien es cierto, con explicable reserva.

Naturalmente que para los componentes del tercer grupo no entraña peligro alguno ni tienen trascendencia los absurdos que puedan consignarse en las columnas de un periódico. En el transcurso de su vida ellos acostumbran a ver, con fundadas razones, en cada periodista un bribón que, sólo por excepción, dice la verdad. Lamentablemente el valor de esos hombres brillantes descansa en su inteligencia y no en el número, lo que constituye una desgracia en una época en la que la mayoría y no la sabiduría es la que todo lo puede. Hoy, que la cédula electoral de la masa decide situaciones, el centro de gravedad descansa precisamente en el grupo más numeroso, y éste es el primero: un montón de ingenuos y de crédulos.

Una de las tareas primordiales del Estado y de la Nación es evitar que este sector del pueblo caiga bajo la influencia de pésimos educadores, ignorantes o incluso malintencionados. El Estado tiene, por tanto, la obligación de controlar su educación u oponerse al abuso. Ante todo, la prensa debe ser objeto de una estricta vigilancia, porque la influencia que ejerce sobre esas gentes es la más eficaz y penetrante de todas; ya que no obra transitoriamente, sino en forma permanente. En lo sistemático y en la eterna repetición de su prédica estriba el secreto de la enorme importancia que tiene.

Aquí, más que en cualquier otro sector, es deber del Estado no olvidar que su actitud, cualquiera que sea, debe conducir a un único fin y no debe dejarse sugestionar por la cháchara de la llamada "libertad de prensa", olvidando de esta forma sus deberes, con perjuicio del alimento del que precisa la Nación para la conservación de la salud mental.

Rigurosamente y sin contemplaciones, el Estado tiene que asegurarse de este poderoso medio de educación popular y ponerlo al servicio de la Nación.

¿Y cuáles eran las primicias que ofrecía a sus lectores la prensa alemana de la anteguerra? ¿No era acaso el peor veneno que uno pueda imaginarse? ¿Se recuerda aún cuán exagerado fue el pacifismo que se inyectó en el corazón de nuestro pueblo, precisamente en una época en que el resto del mundo se preparaba ya, lenta pero decididamente, a estrangular a Alemania? ¿Ya en plena paz no había esa prensa inoculado, gota a gota, en el espíritu del pueblo, la duda sobre los derechos de la propia Nación, con el fin de debilitarla, desde el primer momento, en su defensa? ¿No fue la prensa alemana la que hizo a nuestro pueblo interesarse por la "democracia occidental", hasta convencerlo por medio de frases rimbombantes, que su futuro podía estar confiado a una Confederación? ¿No colaboró la prensa para educar al pueblo en la inmoralidad? ¿No se ridiculizaban la moral y las costumbres, tachándolas de anticuadas, hasta lograr que nuestro pueblo se "modernizara" también? ¿No fue la prensa la que en constante agresión minaba los fundamentos de la autoridad estatal hasta el punto de que bastó un simple golpe para derrumbarlo todo? ¿No se opusieron por todos los medios a que se diese al Estado lo que era del Estado? Finalmente, ¿no fue esa misma prensa la que desacreditó al Ejército mediante una crítica sistemática, saboteando el servicio militar obligatorio e instigando a negar créditos para el presupuesto de guerra, etcétera?

La labor de la llamada prensa liberal fue obra de los sepultureros de la Nación alemana y del Reich. Nada diremos de las gacetas marxistas consagradas a la mentira; para ellas la falsedad es una necesidad vital como para el gato los ratones. Su misión se concreta a dislocar el poder racial y nacional del pueblo, para prepararlo a llevar el yugo de la esclavitud del capitalismo internacional y de sus gerentes, los judíos.

Pero, ¿qué hizo el Estado ante semejante envenenamiento colectivo de la Nación? Nada, absolutamente nada. Unos ridículos decretos y algunas penas impuestas por infamias en extremo graves. ¡He ahí todo!

Se esperaba conquistar las simpatías de esos pestilentes a través de lisonjas, del reconocimiento del "valor" de la prensa, de su "significación", de su "misión educadora" y de otras imbecilidades. Los judíos, por el contrario, recibían esas manifestaciones con una sonrisa de zorro y retribuían con un astuto agradecimiento.

La razón para esa ignominiosa renuncia del Gobierno no estaba en el desconocimiento del peligro, sino en una cobardía que clamaba a los cielos y en la indecisión que, como consecuencia de ello, caracterizaba todas las resoluciones adoptadas. Nadie tenía el valor de emplear medios radicales, por el contrario, todos porfiaban en prescribir recetas homeopáticas, y, en vez de dar un golpe certero a la víbora, alimentaban su capacidad de envenenamiento. El resultado fue que no sólo todo quedó peor que antes sino que la institución a la que se debía combatir tomó cada día mayor volumen.

La lucha de represión de los gobiernos alemanes de entonces contra aquella prensa - en su mayor parte de origen judío- que corrompía paulatinamente al pueblo, no respondía a una línea recta de conducta, ni estaba respaldada por la enteraza necesaria, aparte de que, sobre todo, carecía de una finalidad precisa.

Se obraba sin plan ninguno, tanto en el modo de evaluarla importancia del combate como en la selección de los métodos y en el establecimiento de un plan definido. Se actuaba a locas. De vez en cuando se apresaba durante semanas e incluso meses tan sólo alguna "víbora" periodística que ya había mordido demasiado; pero el nido mismo de los reptiles permanecía intacto.

Todo eso era la consecuencia, por un lado, de la táctica astuta de los judíos y, por otro, de la estupidez consejera o de la ingenuidad del mundo oficial.

El judío era, sin embargo, demasiado perspicaz para permitir que toda la prensa agrediese simultáneamente. Una parte de ella debía respaldar a la otra. En efecto, mientras los periódicos judío-marxistas se lanzaban groseramente contra todo lo que podía ser sagrado para el hombre y combatían del modo más infame al Estado y al Gobierno, instigando en los grandes sectores del pueblo a unos contra otros, las gacetas judías demócrata-burguesas sabían adoptar la apariencia de una famosa objetividad con la más notoria preocupación por tales hechos, concentraban todas sus fuerzas, sabiendo exactamente que los imbéciles no saben descubrir las apariencias y nunca son capaces de penetrar en la esencia de las cosas. Es por esa debilidad humana por la que los judíos gozan de la consideración que se les tiene.

Para esos lectores, el Frankfurter Zeitung era el periódico más respetable. Esa prensa cuidaba de no emplear expresiones crudas o frases destempladas; rechazaba toda acción de violencia, apelando siempre a la lucha con armas "espirituales", una lucha que, sarcásticamente, era promovida por los menos "espirituales". Eso es una consecuencia de nuestra indecisión, que divorcia al hombre de sus inclinaciones naturales, inoculándole unas determinadas ideas, que no puede conducirlo a conclusiones posteriores porque la diligencia y la buena voluntad, por sí solas, no sirven de nada, haciéndose necesaria una inteligencia cultivada desde la cuna. Esas conclusiones a las que me refiero tienen siempre su explicación en causas intuitivas. Eso quiere decir que el hombre no debe nunca caer en el error de creer que surgió para ser el señor de la Naturaleza - concepción que el régimen de educación media tanto facilita- sino, por el contrario, debe comprender la verdad fundamental del poder de la Naturaleza y también que su propia existencia es dependiente de las leyes de la eterna lucha natural. Sentiremos entonces que, en un mundo en que planetas y soles están en movimiento giratorio, en el cual la fuerza siempre vence a la debilidad y la somete a la esclavitud o la elimina, no pueden existir otras leyes para los hombres. Podemos intentar comprenderlas pero nunca liberarnos de ellas.

Pero era para nuestra medianía intelectual que el judío escribía su llamada "prensa de la inteligencia": Periódicos como el Frankfurter Zeitung y el Berliner Tageblatt están destinados a ese público lector; su tono se halla convenientemente regulado para ese público y sobre él ejercen su influencia. Al tiempo que, con el máximo cuidado, evitan toda grosería del lenguaje, recurren a otros procedimientos para envenenar el espíritu público. Con frases sonoras y giros pomposos saben adormecer a sus lectores e imbuirles en la creencia de que su labor de prensa es realmente de índole científica o hasta sí se quiere en servicio de la moral, al tiempo que en la realidad eso no pasa de ser un inteligente artificio para robar un arma que sus adversarios podían usar contra la prensa. Si algunos, por decencia, se sienten molestos, de todos modos no se dan cuenta que los ataques temporales nunca llegarán a herir de muerte a la "libertad de prensa", como se acostumbra a denominar el abuso de ese instrumento de escarnio y de envenenamiento del pueblo, que está al amparo de cualquier castigo.

Por eso, todos evitan proceder contra ese bandidismo, por el miedo de tener en contra la prensa "independiente", recelo por otra parte muy fundamentado. Cuando se intenta actuar contra uno de esos vergonzosos periódicos, todos los demás invocan el principio de la libertad de prensa y de la libertad de pensamiento. ¡Todos se baten por la libertad de prensa! Al son de ese clamor, los hombres más fuertes se sienten débiles, desde el momento en que el griterío proviene de los periódicos "independientes".

De esta forma pudo el veneno infiltrarse insensiblemente en la sangre de nuestro pueblo y obrar sin que el Estado hubiese sido capaz de dominar el mal. Las irrisorias medidas de represión adoptadas no hicieron otra cosa que dejar traslucir la inminente decadencia del Imperio. **No hay que olvidar que una institución que no tiene ya la decisión firme de defender por todos los medios su estabilidad, ha claudicado prácticamente.** Toda indecisión es una señal visible de ruina interior que debe ser seguida, tarde o temprano, por el colapso externo.

Pienso que la generación actual, aunque controlada y dirigida, evitará más fácilmente ese peligro. Ella pasó por varias experiencias capaces de tensar los nervios de cualquiera que no haya perdido la noción de su fuerza.

Llegará un día en que el judío grite bien alto en sus periódicos, cuando sienta que una mano fuerte está dispuesta a poner fin a ese vergonzoso uso de la prensa, poniendo ese instrumento de educación al servicio del Estado, quitándolo de la mano de extranjeros y enemigos de la Nación. Creo que esa prensa, para nosotros los jóvenes, será menos incómoda de lo que fue para nuestros padres. Una granada de treinta centímetros habla más fuerte que mil víboras de la prensa judaica.

* *

Un ejemplo más pone de relieve la insuficiencia y la debilidad que caracterizaron al gobierno alemán de la anteguerra, al tratarse de problemas vitales de la Nación, es el hecho de que paralelamente a la infección que sufría el pueblo en un sentido político y moral, lo minaba desde años atrás una no menos siniestra corriente de envenenamiento orgánico. La sífilis comenzó a propagarse en gran escala, especialmente en las ciudades populosas, mientras que la tuberculosis, por su parte, hacía su cosecha mortal en todo el país. A pesar de que en ambos casos las consecuencias eran graves para la Nación, no se adoptaron medidas radicales.

En particular, frente al peligro de la sífilis, la actitud del Gobierno y del Parlamento no puede calificarse sino como de una completa capitulación. También en este caso sólo podía ser eficaz la lucha contra las causas generadoras de la enfermedad y no la simple acción contra sus manifestaciones.

La causa principal de la propagación de la sífilis hay que buscarla en la prostitución del amor. Incluso esa prostitución, cuyos resultados, aunque no conduzcan a ese terrible flagelo, entrañarán siempre un grave peligro para la Nación, puesto que bastan sus estragos morales para encauzar paulatina pero irremediablemente a un pueblo hacia la ruina.

Ese envenenamiento del alma del pueblo por los judíos, esa mercantilización de las relaciones entre los dos sexos, tenían que desembocar en un perjuicio para las nuevas generaciones, desde que, en lugar de criaturas nacidas de un instinto natural, serían lamentables productos de un espíritu comercial. Los intereses materiales eran, cada vez más, el fundamento único de los enlaces matrimoniales. El amor tenía que buscar su revancha en otros ámbitos.

Durante algún tiempo tal vez fuese posible burlar a la Naturaleza, pero la reacción de ésta no tardaría; ella se haría reconocer. Las consecuencias desastrosas del desprecio a las leyes naturales, en lo que respecta al matrimonio, son evidentes en el mundo aristocrático. En ese ambiente, las madres sólo obedecían a imposiciones sociales o a intereses financieros. En el primer caso, la consecuencia era el debilitamiento de la Raza; en el segundo se trataba de un envenenamiento de la sangre nacional, una vez que cualquier hija de un pequeño comerciante judío se juzgaba con derecho a suplir la descendencia de Su Alteza. En ambas hipótesis la más completa degeneración era' el resultado de ese estado de cosas.

La burguesía actual se esfuerza por seguir el mismo camino y llegará a los mismos resultados.

Con idéntica prisa se procura pasar sobre las verdades desagradables como si, con esa manera de actuar, se pudiese evitar que los hechos sucediesen. ¡No! Es innegable el hecho de que la población de nuestras grandes ciudades está prostituyendo más y más su vida sexual y entregándose así a la sífilis en proporción cada vez mayor 5. Los resultados más claramente notorios de esta infección colectiva pueden encontrarse, por un lado, en los manicomios y, por el otro--desgraciadamente- en la infancia. Sobre todo son éstos el resultado más triste del constante y progresivo infeccionamiento de nuestra vida sexual. En las enfermedades de los niños son evidentes las taras del país.

Hay varios medios para que la gente se desinterese ante esa desagradable y horrible realidad. Unos nada ven o, mejor dicho, no quieren ver. Ésa es la actitud más sencilla y la más cómoda. Otros se envuelven en el manto de un pudor ridículo y mentiroso, hablan del asunto como si se tratase de un gran pecado y manifiestan, ante cada pecador cogido in fraganti, su más profunda cólera, para después, llenos de enojo, cerrar los ojos a la maldita epidemia y pedir a Dios que, después de su muerte, envíe una lluvia de azufre y fuego sobre esa Sodoma y Gomorra, como ejemplo edificante para esa impúdica Humanidad. Algunos ven claramente las tétricas consecuencias que esa peste un día provocará, pero encogen los hombros y pasan convencidos de que nada pueden hacer contra el peligro. Así dejan las cosas seguir su curso natural.

Esto es muy cómodo, pero es preciso que nadie se olvide de que esa comodidad costará el sacrificio de la Nación. La disculpa de que tampoco otros países se hallan en mejores condiciones, mal podría modificar el hecho de la propia decadencia, excepto si el hecho de la misma desgracia, al recaer sobre otros muchos, constituyese un alivio para nuestros propios dolores.

Y es en esto precisamente donde radica la cuestión: ¿Qué país será el primero y tal vez el único que llegue a dominar el peligro, y qué naciones en cambio serán sus víctimas fatales?

Se trata de una prueba a la que son sometidas las razas. Aquéllas que no logran pasarla perecerán y serán sustituidas por las más sanas, más resistentes y más capaces de reaccionar.

Tampoco eso significa otra cosa que la piedra de toque del valor de la Raza, y cómo el problema atañe en primer término a la descendencia, queda incluido entre aquellas verdades según las cuales se dice, con terrible razón, que los pecados de los padres se pagan hasta la décima generación. Una verdad que se refiere exclusivamente a los crímenes contra la sangre y contra la Raza.

El pecado contra la sangre y la Raza constituye el pecado original de este mundo y marca el ocaso de la Humanidad que lo comete.

Deplorable en extremo era la situación de la Alemania de la anteguerra frente a la gravedad de este problema. ¿Qué se hizo para contener la infección de nuestra juventud en las grandes ciudades? ¿Qué se hizo para contrarrestar eficazmente la prostitución y la corrupción de la vida sexual?

¿Y qué se hizo, en fin, ante la creciente propagación sifilítica en el pueblo, resultante de ese estado de cosas?

La respuesta fluye fácil con sólo puntualizar lo que debió haberse hecho: antes de nada, se trata de un problema que no debe ser encarado tan livianamente. Es preciso que se comprenda que de su solución depende la felicidad o la desgracia de generaciones enteras y que de él puede depender decisivamente el futuro de nuestro pueblo. Esa comprensión del problema obligaba, por tanto, a adoptar medidas radicales y a una intervención decidida y firme.

En primer lugar, sería necesario que todos se convenciesen de que la atención del pueblo debería concentrarse en ese terrible peligro, de manera que todos los individuos pudieran comprender la importancia de esa lucha. Sólo se puede transformar en realidad ciertos deberes, principalmente aquellos cuya realización demanda sacrificio, cuando las personas, sin ninguna coacción, se convencen de la necesidad de cumplirlos. Para eso es preciso una enorme propaganda que haga pasar a un plano secundario todos los demás problemas del día.

En todos los casos en que se trate de llenar necesidades o cometidos aparentemente imposibles, hay que concentrar la atención total de un pueblo hacia el problema en cuestión, presentándolo tal como si de su solución dependiese el ser o no ser. Sólo así podrá hacerse a un pueblo capaz y apto para la realización de esfuerzos y de hechos verdaderamente eminentes. Este principio tiene también su validez para el individuo, siempre que aspire a grandes cometidos. El individuo sólo podrá alcanzar el fin propuesto por etapas graduales; sólo concentrará todos sus esfuerzos para alcanzar un objetivo determinado, después de que la primera etapa esté alcanzada y el plan para la nueva estuviera trazado.

Quien no adopta esta división en etapas del camino por recorrer, quien no se esfuerza por ese plan de concentración de todas las fuerzas para vencer, etapa por etapa, no podrá nunca alcanzar el objetivo; quedará, por el contrario, en medio del camino, y tal vez incluso desviado del mismo.

Esos preparativos para la consecución de una determinada finalidad constituyen un verdadero arte y exigen el empleo de todas las energías disponibles para, paso a paso, llegar al fin. La primera condición que se hace necesaria para que el pueblo pueda vencer las diferentes etapas, es que el Gobierno consiga convencer a la masa del pueblo de que la próxima etapa a ser alcanzada es la última y que, de su conquista, todo depende. El pueblo nunca ve en toda su extensión el camino a recorrer, sin cansarse o vacilar en su tarea. Hasta cierto punto él verá la meta a ser alcanzada, pero sólo podrá abarcar con la vista pequeñas etapas, tal como el caminante que conoce cuál es el fin de su jornada, pero recorre mejor el camino sin fin, si lo divide en trechos y procura vencerlos, como si cada uno fuese el fin último de la jornada. Sólo así, él caminará siempre hacia adelante, sin desánimo.

De este modo se debería, por el uso de todos los medios de propaganda, haber convencido a la Nación de que el combate contra la sífilis era el problema máximo del pueblo y no uno de sus problemas. Para alcanzar ese fin había que convencer al pueblo de que sus males derivaban de esa horrible desgracia y, por el empleo de todos los medios posibles, machacar esa idea en la cabeza de todos, hasta que la Nación entera llegase a comprender que de la solución de ese problema depende todo, es decir, el futuro de la Patria o su ruina.

Sólo después de una preparación tal, incluso aunque durase años, se podría despertar la atención del pueblo entero y empujarlo a decisiones firmes, tras lo cual se podrían tomar medidas que exigieran grandes sacrificios, sin correr el peligro de no ser comprendido y ser abandonado por las buenas voluntades de la Nación. Para combatir una peste seriamente son necesarios inauditos sacrificios y esfuerzos.

La campaña contra la sífilis exige una campaña idéntica contra la prostitución, contra preconceptos, viejos hábitos e ideas todavía en boga, puntos de vista y, por fin, contra el pudor artificial de ciertos medios sociales.

Por motivos morales, la primera medida para combatir la sífilis consistiría en facilitar los matrimonios de los jóvenes, en las generaciones futuras. En nuestros matrimonios tardíos está una de las causas de la supervivencia de un mal que es, y será siempre, una vergüenza para la

Humanidad, que debe ser considerado como una maldición para criaturas que se juzgan hechas a imagen del Creador.

La prostitución es un oprobio para la Humanidad y no se la puede destruir mediante prédicas morales, o por la sola virtud de sentimientos piadosos. Su limitación y, finalmente, su desaparición suponen, como cuestión previa, acatar una serie de condiciones preliminares, siendo la primera de todas la de facilitar la posibilidad del matrimonio de acuerdo con la naturaleza humana, a una edad conveniente. Nos referimos sobre todo a los hombres, pues en esos asuntos la mujer es siempre pasiva.

El grado a que ha llegado el desvarío y la incomprensión en muchas mentes de nuestro tiempo, nos prueba el hecho, no raro, de madres de la "buena sociedad" que dicen se sentirían satisfechas si sus hijas tuviesen por esposos a hombres que ya "adquirieron experiencia". Como ésa es la hipótesis más frecuente, las pobres muchachas encontrarán un Siegfried "iniciado" y la descendencia será entonces el resultado palpable de esas "racionales" uniones conyugales.

Si aún se tiene en cuenta que la natalidad queda restringida a un mínimo, coartando el fenómeno de la selección natural y como, por otra parte, debe cuidarse la vida incluso del más miserable ser humano, sólo queda por interrogar: ¿Para qué subsiste la institución del matrimonio y con qué finalidad? ¿No es ella, por ventura, igual a la propia prostitución? ¿El deber para con la posteridad ya no existe? ¿No se comprende qué plagas se reserva a las futuras generaciones a través de una tan criminal y equivocada aplicación de un derecho natural, que es también el mayor deber para con la Naturaleza?

Así degeneran los pueblos civilizados, precipitándose poco a poco en la ruina. Tampoco el matrimonio puede ser considerado como un fin en sí mismo, sino que debe servir a un objetivo más elevado, cual es la multiplicación y la conservación de la especie y de la Raza. Ésta es su razón de ser y su misión primordial.

Así siendo, su razón debe ser medida por la manera en que es alcanzado ese objetivo. Los matrimonios entre jóvenes se justifican al primer examen, porque pueden dar productos más sanos y más resistentes. Para facilitar esas uniones se hacen imprescindibles varias condiciones sociales sin las cuales es imposible contar con matrimonios entre jóvenes. La solución de ese problema, aparentemente tan fácil, no se encontrará sin medidas decisivas desde el punto de vista social.

La importancia enorme que entraña esta cuestión debería comprenderse sobre todo en una época en que la llamada "República Socialista", por su incapacidad para solucionar el problema de la vivienda, impide sencillamente la realización de infinidad de matrimonios y da con ello pábulo a la prostitución.

Otra de las causas que obstaculizan el matrimonio en edad oportuna radica en nuestro absurdo sistema de la distribución de sueldos, sin considerar debidamente el factor familia y la subsistencia de ésta.

Esto quiere decir, resumiendo lo anterior, que sólo será posible abordar con verdadera eficacia la lucha contra la prostitución el día en que, mediante una fundamental reforma de las condiciones sociales, se haga factible el matrimonio a una edad menor de lo que en la actualidad ocurre. En esto consiste lo esencial de la solución del problema. En segundo término, incumbe a la educación y a la enseñanza la tarea de desarraigar una serie de defectos que hoy casi no se toman en cuenta. ¡Antes que nada es preciso poner en el mismo plano la educación intelectual propiamente dicha y la educación física! Lo que hoy se conoce con el nombre de Gymnasium es una mofa del modelo griego. Con nuestros procedimientos educacionales, se tiene la impresión de que todos se olvidarán de que un espíritu sano sólo puede existir en un cuerpo sano. Esta verdad es tanto más ponderable en cuanto se aplica a la gran masa del pueblo, haciendo la salvedad de algunas excepciones individuales.

Tiempo hubo en Alemania, antes de la guerra, en que nadie se preocupaba de esa verdad. Se pecaba abiertamente contra la salud del cuerpo y se pensaba que, en la formación intelectual, residía la garantía de la prosperidad de la Nación. Ese error comenzó a hacer sentir sus consecuencias más deprisa de lo que se esperaba.

No fue por obra de la casualidad que la ola bolchevique encontró un medio más favorable justamente entre las poblaciones que más habían sufrido hambre o alimentación deficiente, esto es, Alemania Central, Sajonia y el Ruhr. En esas regiones apenas se nota la resistencia, por parte de los llamados "intelectuales", contra esa epidemia judaica, y ello menos como consecuencia de la miseria que como consecuencia de la educación. La manera unilateral dé encarar la educación en los estratos elevados de la sociedad, justamente en esta época en la que es el puño el que decide y no el espíritu, las vuelve incapaces de mantener sus posiciones, y todavía menos de vencer. En la debilidad física está la razón principal de la cobardía de los individuos.

El valor excesivo dado a la cultura intelectual pura y la negligencia con relación a la formación física dan origen, antes de tiempo, a las necesidades sexuales. El joven que se fortalece en el deporte y en los ejercicios gimnásticos está menos sujeto a capitular ante la satisfacción de sus instintos que aquél que vive, sedentariamente, en el gabinete de estudio.

Una educación racional tendrá que tomar en consideración ese aspecto del problema. Esa educación no debe perder de vista que se debe esperar de la mujer un retoño más sano de los que actualmente nacen ya contaminados.

La educación, por ejemplo, debe tender a que el tiempo libre de que dispone el educando sea empleado en un provechoso entrenamiento físico. A esa edad no tiene él derecho alguno a barloventear por las calles ni cines, sino que debe dedicarse, aparte de sus cotidianas labores, a fortalecer su joven organismo para que, cuando un día ingrese en la lucha por la existencia, la realidad de la vida no lo encuentre desprevenido. Encaminar y realizar, orientar y dirigir: ésa es la tarea de la educación para la juventud. Su papel no consiste exclusivamente en insuflar sabiduría. Es también su cometido anular la concepción errónea de que el ejercicio físico es cuestión personal de cada uno. ¡No existe la libertad de pecar a costa de la progenie y, con ello, de la Raza!

Paralelamente al proceso de la educación del cuerpo, debe iniciarse la lucha contra el emponzoñamiento del alma. El conjunto de nuestra vida de relación semeja en la actualidad un vivero de ideas y de estimulantes sexuales. Basta analizar el contenido de los programas de nuestros cines, variedades y teatros, para llegar a la irrefutable conclusión de que todo esto no es precisamente el alimento espiritual que conviene a la juventud. Casas y quioscos de propaganda se juntan para atraer la atención pública hacia los más bajos expedientes. Cualquiera que no haya perdido la capacidad de penetrar el alma de los jóvenes, comprenderá que esa educación sólo puede acarrear graves perjuicios para la juventud.

Ese ambiente es causa de imágenes y excitaciones sexuales en un momento en que los jóvenes no tienen ninguna idea de tales cosas. El resultado de ese proceso de educación no puede ser considerado de manera satisfactoria en la juventud de hoy. Los jóvenes maduran demasiado deprisa y envejecen prematuramente. En las audiencias de nuestra Corte de Justicia se juzgan frecuentemente casos que permiten hacerse una idea del horrible estado del espíritu de nuestros jóvenes de catorce y quince años. ¿Quién se puede admirar que, ya en esa edad, la sífilis (el SIDA) 6 haga sus víctimas? ¿No es una lástima ver a tantos jóvenes, físicamente débiles y espiritualmente corrompidos, ingresar en la vida de casado, después de un aprendizaje en la prostitución de las grandes ciudades?

Quien quiera combatir la prostitución, debe, en primer lugar, ayudar a combatir las razones espirituales en las que ésta se funda. Debe, primeramente, liberarse de la basura de la intelectualidad de las grandes ciudades, y eso sin vacilaciones ante el griterío que, naturalmente, se producirá. Si no libramos a la juventud del fango que actualmente la amenaza, sucumbirá en él. Quien no quiera ver esa situación, estará ayudando a apoyarla, transformándose en coautor de la lenta prostitución de las futuras generaciones.

El teatro, el arte, la literatura, el cine, la prensa, los anuncios, los escaparates, deben ser empleados par limpiar la Nación de la podredumbre existente y ponerse al servicio de la moral y de la cultura.

Y, en cualquier caso, el objetivo único debe ser la conservación de la salud del pueblo, tanto desde el punto de vista físico como del intelectual. La libertad individual debe ceder el sitio a la conservación de la Raza.

Sólo después de la ejecución de estas medidas puede contarse con la posibilidad de una acción médico-profiláctica de resultado eficaz. Pero tampoco aquí puede tratarse de procedimientos a medias, sino de las más radicales decisiones.

Es un contrasentido el dar a enfermos incurables la posibilidad constante, por decirlo así, de contagiar a los sanos. ¿Qué sentimiento de humanidad es ése según el cual por no hacer daño a uno solo se deja que otros cien sucumban?

La cuestión de hacer imposible a los seres tarados la procreación de una descendencia también tarada es un imperativo de la más clara razón y significa, en su aplicación sistemática, la más humana acción de la sociedad. Ahorrará sufrimientos a millones de seres inocentes y, finalmente, determinará para el porvenir un mejoramiento progresivo. La firme resolución de encaminarse por ese camino opondrá también un dique a las enfermedades venéreas. Si el caso lo requiere, se deberá proceder sin piedad al aislamiento de enfermos incurables; bárbara medida para el infeliz afectado, pero una bendición para sus contemporáneos y para la posteridad. El sufrimiento impuesto a un siglo librará a la Humanidad de sufrimientos idénticos durante millares de años.

La lucha contra la sífilis y su compañera inseparable, la prostitución, es una de las más importantes misiones de la Humanidad, sobre todo porque no se trata, en este caso, de la solución de un solo problema sino de la remoción de una serie de males que originan esa pestilencia. La enfermedad física, en el caso en cuestión, es apenas la consecuencia de la enfermedad del instinto social, moral y racial. Si esa lucha fuera dirigida por procedimientos cómodos y cobardes, dentro de quinientos años los pueblos desaparecerán. Nunca más se podrá ver en el hombre la imagen de Dios, sin inferirle una grave ofensa al Creador.

¿Cómo se procuró, en la antigua Alemania, liberar al pueblo de esa calamidad? Por un examen serio se llega a una triste conclusión. Nuestros círculos gubernamentales conocían muy bien todos los males originados de aquella enfermedad, aunque no reflexionasen sobre todas las consecuencias. En la lucha, además, el fracaso fue completo, porque, en vez de medidas radicales, se tomaron medidas deplorables. Sólo se filosofaba sobre la molestia y se dejaba que sus causas continuasen produciendo los mismos efectos. Se sometía a la prostituta a un examen médico, se inspeccionaba a la misma como se podía y, en el caso de detectarse una enfermedad, se internaba a ésta en un hospital cualquiera, del cual salía después de una cura aparente para de nuevo infectar al resto de la sociedad.

Es cierto que en la ley había un "párrafo de defensa" por el cual se prohibía el tráfico sexual a quien no fuese completamente sano o no estuviese curado. En teoría esa medida es justa, pero en su aplicación práctica el fracaso es completo. En primer lugar, la mujer, cuando alcanzada por esa desgracia y en virtud de nuestros preconceptos y de los suyos propios, en la mayoría de los casos evitaría servir de testigo contra el que le robó su salud y comparecer ante los jueces, muchas veces en dolorosas condiciones. De poca utilidad es ese procedimiento. En la mayoría de los casos ella es la que sufrirá más, pues será todavía más despreciada por aquellos con quienes convive, lo que no acontecerá con el hombre.

¿Se considera, por ventura, la hipótesis de ser el propio marido el portador de la enfermedad? ¿Debería quejarse la mujer en ese caso? ¿Qué debería hacer? En cuanto al hombre, se debe admitir que desgraciadamente es muy común que, justamente después de las libaciones alcohólicas, es cuando corre detrás de esa peste, lo que le coloca en situación de no poder juzgar las cualidades de las que le contagian. Las prostitutas enfermas saben muy bien esto, lo que las hace que prefieran tomar a los hombres en aquel estado. El resultado es que por más que dé vueltas a la cabeza, aquél no conseguirá acordarse de la mujer que le proporcionó la desagradable sorpresa de la contaminación. Eso no es raro en una ciudad como Berlín, o incluso Munich. ¡A eso se añade el caso de los provincianos completamente despistados en medio de la vida alegre de las grandes ciudades! Además de eso, ¿quién sabe exactamente si está enfermo o sano? ¿No se verifican innumerables casos en los que una persona aparentemente curada recae y causa horribles desgracias, en completa ignorancia de la realidad? De esta forma, la eficiencia práctica de esa defensa, a través del castigo legal de un contagio, es absolutamente nula.

Lo mismo sucede con la inspección médica de las prostitutas. La propia curación es hoy una cosa incierta, dudosa. Sólo algo es cierto, a pesar de todas las medidas: la calamidad se vuelve cada vez más devastadora, lo que confirma, de manera impresionante, la insuficiencia de las medidas adoptadas. Todo lo que se hizo fue, al mismo tiempo, insuficiente e irrisorio. La corrupción del pueblo no fue evitada. Además no se intentó nada serio en ese sentido. Quien estuviese propenso a encarar livianamente ese problema, debe estudiar los datos estadísticos sobre la progresión de esa peste, reflexionar sobre su futuro desarrollo. Si, después de eso, no se siente conmovido, puede darse a sí mismo. con toda justicia, el calificativo de asno.

La debilidad y la indecisión con las que, ya en la vieja Alemania, se encaraba esa grave cuestión, deben ser examinadas como síntoma de la decadencia de un pueblo. Cuando ya no hay fuerza para el combate por la salud de una Nación, su pueblo no tiene más derecho a la vida en un mundo de luchas como el actual. El mundo pertenece a los fuertes, a los decididos, y no a los tímidos.

Uno de los más visibles síntomas de la decadencia del antiguo Imperio era, indudablemente, la lenta disminución de la cultura general. Bajo esa denominación no se debe incluir lo que hoy se llama "civilización". Al contrario, la civilización actual parece ser una enemiga de la verdadera noción de lo que sea la elevación moral del espíritu de un pueblo.

Ya con ocasión de la entrada de este siglo, comenzó a infiltrarse en nuestro arte un elemento que le era absolutamente extraño y desconocido. Por supuesto, también en otros tiempos se notaron desvíos del buen gusto. En tales casos, se trataba, sin embargo, de deslices artísticos, a los que la posteridad podría dar un cierto valor histórico, como prueba no ya de una depravación artística, sino de un desvío intelectual que llegara hasta la falta de espíritu. En eso ya se podían vislumbrar síntomas de la ruina futura.

El bolchevismo del arte es la única forma cultural posible de exteriorización del marxismo. Cuando esa cosa extraña aparece, el arte de los estados bolchevizados sólo puede contar con productos enfermos, con locos o degenerados. Desde el siglo pasado, conocemos bajo la forma de dadaísmo y cubismo un arte oficialmente reconocido y admirado. En el breve período de los "Consejos" de la República bávara, esa especie de arte ya había aparecido. Y por ahí se podía constatar como los placards oficiales, los anuncios de los periódicos, etcétera, portaban en sí el sello no sólo de la ruina política sino también de la decadencia cultural.

Del mismo modo que hace sesenta años habría sido inconcebible un descalabro político de la magnitud del actual, no menos inconcebible hubiera sido el derrumbamiento cultural que empezó a revelarse a partir de 1900 en concepciones futuristas y cubistas. Sesenta años atrás hubiese resultado sencillamente imposible una exposición de las llamadas "expresiones dadaístas" y sus organizadores habrían ido a parar a una casa de orates, en tanto que hoy llegan incluso a presidir instituciones artísticas.

Esa epidemia no podría haber vencido antaño, no sólo porque la opinión pública no la toleraría, sino porque el Gobierno no la vería con indiferencia. Es un deber de los dirigentes prohibir que el pueblo caiga bajo la influencia de tales locuras. Un tan deplorable estado de cosas debería un día recibir un golpe fatal, decisivo. **Justamente en el día en que esa especie de arte correspondiese al gusto general, se habrá iniciado una de las más grandes metamorfosis de la Humanidad. La involución del espíritu humano habría comenzado y ya se podría prever el fin de todo eso.**

Después que se verificó, en esa dirección, la evolución de una vida cultural que se viene realizando hace unos veinticinco años, se debería ver con espanto cómo ya estamos avanzando en ese proceso de involución. Bajo todos los aspectos estamos en una situación en que tiene preferencia el germen que, tarde o temprano, ha de arruinar nuestra cultura. En esos síntomas debemos ver también las señales evidentes de una lenta decadencia del mundo. **¡Infelices los pueblos que ya no pueden dominar esa epidemia!**

Anomalías semejantes llegaron a observarse en Alemania en casi todos los dominios del Arte y la Cultura. Todo hacía pensar que se había alcanzado la crisis para provocar la precipitación en el abismo.

El teatro decaía cada vez más y podía ser considerado como un factor despreciable en la cultura del pueblo. Poniendo aparte algunas honrosas excepciones, las representaciones teatrales, por conveniencia de la Nación, deberían haber sido prohibidas. La triste medida de nuestra decadencia interna la daba el hecho de que se hacía imposible permitir que la juventud visitase la mayoría de estos pseudo-centros artísticos, lo cual quedaba pública y descaradamente establecido al utilizarse la conocida placa de prevención: "Entrada prohibida para menores".

Considérese que se tenía que observar medidas de precaución precisamente en aquellos lugares debían estar destinados, sobre todo, a la ilustración y educación de la juventud y no a la diversión de círculos de viejos pervertidos. ¿Qué dirían los grandes dramaturgos de todos los tiempos al conocer esas precauciones y sobre todo de las causas que las hacían necesarias? ¿Qué hubiera exclamado Schiller ante tal estado de cosas y con qué indignación Goethe vuelto las espaldas? ¿Pero qué son Schiller, Goethe o Shakespeare en comparación con los "genios" de la nueva poesía alemana de esta época? Figuras "anticuadas" y en desuso, figuras "superadas", en suma. La característica de esa época fue pues no conformarse con traer impurezas, sino que por añadidura se vilipendiaba también todo lo realmente grande del pasado. Ese síntoma se da siempre en tiempos de decadencia. Cuanto más bajas y despreciables fueran las producciones intelectuales de un determinado momento y sus autores, tanto más odiarán éstos a los representantes de una grandeza pasada. En tales tiempos, se intenta apagar el recuerdo del pasado de la Humanidad para así evitar la posibilidad de cualquiera comparación. De este modo esos menesteres pueden más fácilmente endosar sus producciones como "obras de arte".

Por eso, toda institución nueva, cuanto más miserable y despreciable sea, tanto más se esforzará por lanzar un borrón sobre el pasado. Por el contrario, toda renovación de verdadero significado para la Humanidad, sin preocupaciones subalternas, procurará establecer lazos con las conquistas de las generaciones pasadas, e incluso ponerlas de relieve. Esas renovaciones bien intencionadas nada tienen que temer en una confrontación con el pasado, sino que, por el contrario, sacan una valiosa contribución del tesoro general de la cultura humana. Muchas veces, para su completa apreciación, se desvelan sus promotores en resaltar los esfuerzos de los que les precedieron, para dar a sus iniciativas una comprensión más exacta por parte de los contemporáneos. Quien no tiene nada de valioso que ofrecer al mundo, odiará todo lo que se hizo en el pasado y será siempre propenso a negar todo, a destruirlo todo.

Eso se verifica no solamente en las nuevas producciones de la cultura general sino también en la política. Los nuevos movimientos revolucionarios odiarán a los antiguos modelos, más cuanto menor fuera su propia significación. En ese terreno se constata, de la misma manera que en la vida intelectual y artística, sólo la preocupación de dar importancia alas obras de comerciantes, con lo cual se llega a un odio ciego contra todo cuanto de bueno se hizo en el pasado.

Si, por ejemplo, el recuerdo histórico de la vida de Federico el Grande estuviera siempre presente, entonces Friedrich Ebert sólo podría provocar una admiración muy relativa.

El gran hombre de Sans-Souci aparece junto al antiguo tabernero de Bremen como el Sol delante de la Luna; solamente cuando los rayos del Sol desaparecen es cuando la Luna puede brillar. Es, por eso, también muy natural el odio de esas nuevas "lunas" de la Humanidad contra las estrellas solares.

En la vida política, esas nulidades, cuando la casualidad les pone en posiciones de mando, acostumbran, con mayor furia, no sólo a desprestigiar el pasado sino también a evitar, por todos los medios, la crítica general hacia su persona. Un ejemplo de eso puede encontrarse en la Ley de Defensa del Gobierno de la nueva República Alemana.

Si cualquier idea nueva, nueva doctrina, nueva concepción del mundo, o cualquier movimiento político o económico intenta negar el conjunto del pasado, o lo considera sin valor, la novedad, sólo por este motivo, debe ser vista con cautela y desconfianza. En la mayor parte de los casos, la razón para ese odio al pasado es la mediocridad o la mala intención. Un movimiento renovador, verdaderamente saludable, se tendrá siempre que construir sobre bases que le provea el pasado, no necesitando avergonzarse de reconocer las verdades ya existentes. El conjunto de la cultura general, como la del propio individuo, no es más que el resultado de una larga evolución en que cada generación participa con su piedra y la adapta a la construcción ya iniciada. La finalidad y la razón de ser de las revoluciones no consisten en demoler el edificio entero, sino alejar las causas de su ruina, reconstruyendo la parte amenazada de derrumbe.

Solamente así se puede hablar de progreso de la Humanidad. Sin eso, el mundo nunca saldría del caos, pues cada generación, teniendo el derecho de negar el pasado, establecería como condición para su propia tarea la destrucción de lo que hubiese sido hecho por la generación anterior.

El aspecto más lamentable de nuestra cultura general, antes de la guerra, no era solamente la absoluta impotencia de la fuerza creadora artística e intelectual, sino también el odio con el que se procuraba ensuciar el recuerdo de las grandezas pasadas o negarlas absolutamente.

Ya al terminar el siglo XIX, casi en todos los dominios del Arte, principalmente en los ramos del teatro y de la literatura, se producían muy pocas obras de importancia y se solía más bien degradar lo bueno de tiempos pasados, presentándolo como mediocre y superado, como si, en los tiempos actuales, que se caracterizan por la más vergonzosa mediocridad, pudiese alguien lanzar esa mácula sobre las grandes producciones de antes.

Las malas intenciones de esos apóstoles del futuro se vuelven evidentes justamente por el esfuerzo que hacen para ocultar el pasado a los ojos del presente. En eso se debería haber visto desde luego que no se trataba, en este caso, de una nueva concepción cultural, sino de una destrucción sistemática de los fundamentos de la cultura que hiciese posible la demolición de los sanos sentimientos artísticos y la consiguiente preparación intelectual para el bolchevismo político. Así como el siglo de Pericles tomó cuerpo en el Partenón, el bolchevismo actual está representado por una caricatura cubista.

Con el mismo criterio debe ser examinada la evidente cobardía de nuestro pueblo que, por la fuerza de su educación y de su propia posición, estaba en la obligación de combatir esa vergonzosa orientación intelectual.

Por el mero temor al griterío de los apóstoles del arte bolchevista, que atacaban a todos los que no les consideraban como creadores, se renunciaba a las más serias resistencias y todos se conformaban con lo que les parecía inevitable. Se tenía horror a resistir a esos incultos mentirosos e impostores, como si fuese una vergüenza no entender las producciones de esos degenerados o descarados embusteros.

Esos jóvenes "intelectuales poseían un medio muy simple de imprimir a sus creaciones el cuño de la importancia más elevada. Éstos presentaban a los contemporáneos maravillados todas las locuras visibles y las incomprensibles como si constituyesen la vida interior de ellos, retirando así, desde el principio, a la mayor parte de las personas, cualquier posibilidad de réplica. Que esas locuras representen de hecho la vida interna, no se puede dudar. De ahí no se concluye, sin embargo, que se debe poner ante los ojos de una sociedad sana las alucinaciones de los enfermos del espíritu o de los criminales. Las obras de un Moritz von Schwind o las de un Böcklin eran la descripción real de la vida, pero de la vida de artistas de la mayor elevación moral y no de la existencia de bufones. En este estado de cosas se podía muy bien comprender la miserable cobardía de nuestros llamados intelectuales que se apocaban ante cada resistencia seria contra ese envenenamiento intelectual y moral de nuestro pueblo, que así quedaba entregado a su suerte en la lucha contra esos graves males. Para no revelar ignorancia en materia de arte se aceptaban esos mamarrachos, hasta que, con el tiempo, se hacía difícil distinguir las producciones de valor real de las obras de pacotilla.

Todo eso constituía un síntoma alarmante para el porvenir.

Aún debe mencionarse otro aspecto crítico: a fines del siglo pasado nuestras ciudades fueron perdiendo cada vez más el carácter de emporios de cultura, para descender a la categoría de simples conglomerados humanos. La escasa conexión existente entre el proletariado actual de nuestras grandes urbes y el lugar mismo donde éste vive, evidencia que en tal caso no se trata efectivamente más que de un punto ocasional de residencia del individuo. Proviene esto del frecuente cambio de lugar debido a las condiciones sociales, cambio que no le da al obrero el tiempo necesario para crear una relación más estrecha con el medio donde habita; sin embargo, por otro lado hay que buscar también la razón de ese estado de cosas en el hecho de que las ciudades actuales son insignificantes y pobres en todo lo que a cultura general se refiere.

En tiempos de la guerra de la Independencia, las ciudades alemanas eran no sólo menos en número sino más modestas. Las pocas grandes ciudades existentes eran, en su mayor parte, la sede de los gobiernos y, como tales, poseían casi siempre un cierto valor cultural y artístico. Los pocos lugares de más de cincuenta mil habitantes eran, en comparación con las ciudades actuales del mismo volumen, ricos en tesoros científicos y artísticos. Cuando Munich tenía sesenta mil habitantes, ya se preparaba para convertirse en uno de los primeros centros artísticos de Alemania. Hoy, cualquier centro fabril ya tiene ese número de habitantes, e incluso lo supera, sin que en muchos casos pueda presentar ningún valor propio. Esas ciudades no son otra cosa que un hacinamiento de enormes bloques de viviendas de alquiler. Que de este estado de cosas pueda resultar un apego hacia tales lugares es casi imposible. Nadie podrá sentir cariño por una ciudad que no ofrece un mayor atractivo que otra similar, que deja de satisfacer las exigencias individuales y en la que, criminalmente, se les hace carente de toda nota propia, además de prescindir de todo lo que pudiera significar arte o aspectos culturales.

No es esto sólo. En las ciudades verdaderamente grandes, a medida que la población aumentaba, crecía también la pobreza artística. Éstas ofrecían, en mayores proporciones, el mismo aspecto que los centros industriales. Lo que los tiempos actuales aportaron a la cultura de nuestras grandes ciudades es del todo insuficiente. Todas nuestras grandes ciudades viven de las glorias j de los tesoros del pasado. Si se substrajera de la actual Munich todo lo que fue creado por Luis I, se constataría con espanto cuán mezquino ha sido el progreso de entonces al presente, en creaciones artísticas de valor real. La misma observación se podría aplicar a Berlín j a la mayoría de los demás grandes centros.

Lo más importante es lo siguiente: Ninguna de nuestras grandes ciudades posee monumentos importantes que, de cualquier manera, destaquen como signos característicos de la época. Las ciudades antiguas, casi todas, poseían monumentos de los que se enorgullecían. La característica dominante de las ciudades antiguas no radicaba en construcciones particulares sino en monumentos públicos que no se destinaban para el momento sino para la eternidad, pues en ellos no se reflejan las riquezas de un particular, sino la grandeza de la colectividad. Así se originaban los monumentos públicos, cuyo objetivo era hacer que los habitantes se apegasen a la ciudad; monumentos que hoy nos parecen casi incomprensibles. Lo que se pensaba en aquellos tiempos era en dar menos importancia a las casas particulares que a los monumentos para la colectividad.

Al lado de esos monumentos, la vivienda tenía una importancia muy secundaria. Sólo comparando las grandes proporciones de las antiguas construcciones del Estado con las construcciones particulares del mismo tiempo, podremos comprender el elevado alcance del principio que consistía en dar preferencia a las obras de carácter colectivo. Las obras colosales que hoy admiramos en las ruinas del mundo antiguo, no son palacios comerciales, sino templos y edificios públicos, obras que benefician a toda la colectividad. Incluso en plena decadencia de la Roma de los últimos tiempos, ocupaban el primer lugar, no las villas y palacios de los burgueses, sino los templos y las termas, los estadios, los circos, los acueductos, las basílicas, etcétera, todas construcciones del Estado y, por consiguiente, de todo el pueblo. Esa observación también se aplica a la Alemania de la Edad Media, aunque bajo otro aspecto artístico. Lo que para la antigüedad representaba la Acrópolis o el Partenón, lo representaba para la Edad Media la iglesia gótica. Esas obras monumentales se elevaban como gigantes al lado de las mezquinas construcciones de madera o de ladrillo de las ciudades de la Edad Media y constituyen, todavía hoy, el signo característico de una época. Catedrales, palacios municipales, mercados, etcétera, son las señales visibles de una concepción que en nada corresponde a la moderna.

¡Qué mezquinas son hoy las proporciones entre las construcciones del Estado y las particulares! Si Berlín tuviese los monumentos de Roma, la posteridad no sólo podría admirar como las obras más importantes de nuestro tiempo y como expresión de nuestra cultura, los almacenes de algunos judíos y los hoteles de algunas sociedades anónimas.

Compárese la desproporción, incluso en una ciudad como Berlín, entre las construcciones de los gobiernos y las del mundo de las finanzas y del comercio. La parte destinada a las construcciones de. Estado es insuficiente e irrisoria. No es posible ya construir obras para la eternidad y sí para las necesidades del momento. Ningún pensamiento elevado podrá inspirarlas. El castillo de Berlín fue, para su época, una obra de mayor significación que la nueva biblioteca, en relación con el presente. En cuanto sólo la construcción de un navío de guerra representa la suma de sesenta millones, para el edificio del Reichstag, el primer monumento grandioso del Gobierno, fue adjudicada casi la mitad de aquella cifra. Cuando se meditó sobre la decoración interna del edificio, todos los miembros del Reichstag votaron contra el empleo de la piedra y ordenaron que las paredes fueran revestidas de yeso. En esta ocasión, los parlamentarios, por excepción, actuaron acertadamente, pues "cabezas de yeso" corren en verdad peligro entre paredes de piedra.

A nuestras ciudades actuales les faltan monumentos que sean la expresión de la vida colectiva. No es, por eso, de extrañar que aquélla tampoco exista. La falta de interés de los habitantes de las grandes ciudades por la suerte de las mismas da lugar a prejuicios que se reflejan prácticamente en la vida.

En este hecho vemos también una señal de decadencia de nuestra cultura y un aviso de ruina general. El Estado se hunde en las mezquinas preocupaciones o, mejor, se pone al servicio del dinero. Por eso no es extraño que, bajo la influencia de una divinidad tal, no haya estímulo para los actos heroicos. En los días que corren, recogemos apenas lo que el pasado cercano sembró.

Todos esos síntomas de decadencia son, en último análisis, la consecuencia de la falta de una definida concepción del mundo. De ahí también la inseguridad en los juicios y en las actitudes, con relación al único y realmente gran problema del presente. Ésa es la razón por la que, comenzando por el programa de educación, todo se hace a medias tintas, rechazándose unánimemente la responsabilidad y acabándose por tolerar los propios males, por todos reconocidos. El sentimiento de compasión se pone de moda. En cuanto se acepta la causa de los males y se protege a sus autores, se sacrifica el futuro de millones.

El análisis de la vida religiosa en Alemania antes de la guerra permite juzgar el desconcierto general que reinaba. Hacía tiempo que también en este aspecto grandes sectores de la opinión nacional carecían de una convicción unitaria e ideológicamente eficiente. En comparación con el número de los indiferentes, tenía poca significación el papel que jugaban los feligreses oficialmente ligados a la Iglesia. Mientras nuestras dos confesiones cristianas (la católica y la luterana) mantienen misiones en Asia y África, con el objeto de ganar nuevos prosélitos (empeñadas en una actividad de modestos resultados, frente a los progresos que realiza allá el mahometanismo), pierden en Europa millones y millones de adeptos, los cuales se hacen en absoluto indiferentes a la vida religiosa, o van por su propio camino. Sobre todo desde el punto de vista moral, son muy poco favorables las consecuencias.

Merece remarcarse también la lucha cada vez más violenta contra los fundamentos dogmáticos de las respectivas religiones, **fundamentos sin los cuales sería inconcebible la conservación práctica de una fe religiosa en este mundo humano.** La gran masa de un pueblo no se compone de filósofos y es principalmente para las masas para quienes la fe constituye la única base de una ideología moral. Los diversos substitutos no han probado su eficiencia ni su conveniencia, para que se hubiera podido ver en ellos una provechosa compensación de las creencias religiosas existentes. Para que la doctrina religiosa y la fe puedan realmente abarcar las grandes capas sociales, es necesario que la autoridad absoluta, que fluye del fondo de esa fe, sea el fundamento de su eficiencia. Lo que para la vida general significan las costumbres, lo representan las leyes para el Estado y los dogmas para las religiones.

Sólo mediante los dogmas la concepción puramente espiritual, vacilante y de interpretación infinitamente variable, llega a precisarse y adquirir una forma concreta, sin la cual nunca podría convertirse en fe. Lo contrario significaría que la idea no es susceptible de ser jamás exaltada por encima de una concepción metafísica o, mejor, por encima de una opinión filosófica. Por eso la acometida dirigida contra los dogmas se asemeja mucho a la lucha contra los fundamentos legales del Estado, y, del mismo modo que esta lucha acabaría en una anarquía estatal completa, la acción antidogmática tendría por resultado un nihilismo religioso carente de todo valor.

Para el político, la apreciación del valor de una religión debe regirse menos por las deficiencias, quizá innatas en ella, que por la bondad cualitativa de un substituto doctrinal visiblemente mejor. **Pero mientras no se haya encontrado un tal substituto, sólo los locos o los criminales podrían atreverse a demoler su existencia.**

Es bien cierto que, en este problema desagradable con la religión, los más culpables son aquellos que perjudican el sentimiento religioso con la defensa de intereses puramente materiales, provocando conflictos completamente innecesarios con la llamada "Ciencia Exacta". En ese terreno, la victoria favorecerá siempre a la última, aunque la lucha sea ardua, y la religión se verá así muy disminuida ante los ojos de los que no son capaces de elevarse sobre los postulados de una ciencia en verdad perecedera. Las peores anomalías, sin embargo, provienen del abuso de la convicción religiosa con fines políticos. No se dirá nunca lo suficiente contra esos miserables explotadores que ven en la religión un instrumento al servicio de su política, o mejor de sus intereses comerciales. Esos descarados impostores gritan con voz estentórea para que los otros pecadores puedan oír, en cualquier parte, la confesión de su fe, por la que nunca morirán, pero con la que procurarán vivir mejor. Para conseguir un éxito importante en su carrera son' capaces de vender su fe; para lograr diez escaños en el Parlamento, se unen a los marxistas, enemigos de todas las religiones; para obtener una cartera ministerial venden su alma al diablo, a menos que éste les desdeñe por un resto de decoro.

Si la vida religiosa en Alemania antes de la guerra había adquirido para muchos un sabor desagradable, no se debía esto a otra cosa más que al abuso cometido con el cristianismo por un partido político llamado "cristiano" y por el descaro con que se trató de identificar a la religión católica con un partido también político.

Esta funesta suplantación procuró mandatos parlamentarios a una serie de inútiles, en tanto que a la Iglesia no le trajo consigo sino daños. El resultado de semejantes anomalías tenía que soportarlo la Nación entera, pues las consecuencias emergentes del debilitamiento de la vida religiosa vinieron a producirse precisamente en una época en la que ya todo había empezado a ceder y vacilar, amenazando con el derrumbamiento de los tradicionales fundamentos de la moral y de las buenas costumbres.

Esas lesiones en el cuerpo de la Nación podrían continuar sin peligro en cuanto la propia Nación no fuese sometida a una ruda prueba de resistencia, pero llevarían al pueblo a la ruina si los grandes acontecimientos hicieran de decisiva importancia el problema de la solidaridad interna.

También en el campo de la actividad política veía el espíritu observador anomalías que, si no eran eliminadas o corregidas a tiempo, podían y debían considerarse fatalmente como signos de una inminente decadencia del Imperio.

La falta de orientación de la política alemana, tanto interna como externa, no escapaba a la penetración de nadie que deliberadamente no hubiese querido darse cuenta de la situación. La política de pactos pareció a muchos corresponder a la concepción de Bismarck, una vez que "la política es el arte de lo posible".

Pero entre Bismarck y los cancilleres alemanes posteriores había una "pequeña" diferencia. Al primero le era posible adoptar una tal concepción de la realidad política al tiempo que para sus sucesores la misma concepción debería tener otro sentido. Con aquella política, Bismarck quería demostrar que para alcanzar un determinado fin todos los medios deberían ser utilizados y se deberían intentar todas las posibilidades. Sus sucesores, sin embargo, vieron en ese plan un producto de la necesidad que debería ser visto con entusiasmo, por poseer una finalidad política. La verdad es que en los tiempos de hoy ya no hay finalidad política en la dirección del Reich. A la política le falta la base necesaria de una concepción definida del mundo, así como la necesaria comprensión de las leyes que rigen la evolución del organismo político.

Muchos observaban esa orientación con ansiedad y censuraban agriamente esa falta de plan e ideas en la política del Imperio. Muchos reconocían las debilidades internas y la insignificancia de esa política. Todos esos, sin embargo, estaban fuera de los círculos políticos. En los corrillos oficiales de gobierno se notaba, frente a las revelaciones de un Houston Steward Chamberlain, la misma indiferencia de hoy. Esa gente es demasiado estúpida para pensar por sí misma y demasiado orgullosa para aprender de los demás lo que es necesario. Ésta es una verdad de todos los tiempos y que dio lugar a la afirmación de Oxenstiern: "El mundo será dirigido apenas por un átomo de sabiduría. Y aquí, un Consejo de Ministros es apenas un átomo de ese átomo".

Desde que Alemania se convirtió en República, eso ya no acontece en absoluto, pues está prohibido por las leyes creer en tal afirmación, o incluso proclamarla. Para Oxenstiern fue una satisfacción haber vivido en otro tiempo y no en la "inteligente" república actual.

Ya en tiempos anteriores a la guerra muchos se habían percatado de que justamente aquella institución que debía encarnar la vitalidad del Reich - el Parlamento, el Reichstag- era la más vulnerable de todas. La cobardía y la falta de responsabilidad se hermanaban allí de la forma más perfecta.

Una de las muchas afirmaciones faltas de reflexión, que hoy se suele oír con frecuencia, es aquella de que el parlamentarismo en Alemania había fracasado "a partir de la Revolución de 1918". Muy fácilmente se despierta así la impresión de que antes de esa época era otro el papel del Parlamento. En realidad, el principal efecto de esa institución no puede dejar de ser destructor, y eso ya era así en los tiempos en los que la mayor parte del pueblo usaba anteojeras. No veía nada, o nada quería ver. Para la ruina de Alemania esa institución no contribuyó en pequeña medida. El motivo por el que la catástrofe no se realizó más temprano no se debe poner en la cuenta del Reichstag y sí en la resistencia que, en los tiempos de paz, se oponía a la actitud de esos sepultureros de la Nación y del Gobierno.

Al número infinito de males, directa o indirectamente debido al parlamentarismo, escojo al azar una calamidad que define mejor la esencia de la más irresponsable de las organizaciones de todos los tiempos. Me refiero a la monstruosa pasividad y debilidad de la dirección política interna y externa del Reich, que, antes que nada, deben ser atribuidas a la actuación del Reichstag, y que fueron la causa principal de la ruina política. Siempre fue mediocre todo lo subordinado a la influencia del Parlamento de entonces, sea cual sea el aspecto que se considere. Mediocre y deficiente era la política aliancista del Reich. Mientras se procuraba mantener la paz, se estaba, de hecho, acelerando la guerra. Y mediocre también la política que se hacía frente a Polonia: optóse por las provocaciones, sin abordar jamás en serio el problema mismo. El resultado no fue ni favorable al germanismo ni conciliatorio con Polonia, pero sí significó la enemistad con Rusia. Mediocre fue igualmente la solución que se dio a la cuestión de Alsacia y Lorena. En lugar de triturar de una vez por todas la cabeza de la hidra francesa y de conceder, por otra parte, igualdad de derechos a los alsacianos, no se hizo ni lo uno ni lo otro. Aunque tampoco hubiera sido posible lograr nada, puesto que en las filas de los grandes partidos militaban también los mayores traidores de la Patria: Wetterle, por ejemplo, en el Partido del Centro.

Todo esto habría sido todavía soportable si semejante estado de mediocridad general no hubiese acabado también por hacer víctima suya a aquella entidad de la cual dependía en último término la existencia del Reich: el Ejército. El crimen que con esto cometió el llamado "Parlamento Alemán" basta y sobra para hacer pesar para siempre sobre él la maldición del pueblo de Alemania. Por los motivos más deplorables, esos harapos de partidos en el Parlamento retiraron de las manos de la Nación el arma de la conservación nacional, la única defensa de la libertad y de la independencia de nuestro pueblo.

Ábranse hoy las sepulturas de los llanos de Flandes y de ellas se levantarán los acusadores, representados por centenas de miles de jóvenes, lo mejor de la juventud alemana, que, por la inconsciencia de esos políticos criminales, fueron insuficientemente preparados y empujados a la muerte en el Ejército. Millones de muertos y de mutilados perdió la Patria para favorecer a algunas centenas de embusteros, para elevarlos a la fuerza o para hacer posible la victoria de ciertas teorías, repetidas por auténticos organilleros.

Mientras el judaísmo, mediante su prensa marxista y demócrata, difundía por el mundo la mentira del "militarismo alemán", tratando de acusar a Alemania por todos los medios, los partidos marxistas y demócratas, por su parte, se oponían sistemáticamente al plan de ampliar la instrucción militar del pueblo alemán.

El monstruoso crimen que con ello se cometió saltaba a primera vista para todo aquel que sólo hubiese pensado que en el caso de una guerra, la Nación entera debía ponerse bajo las armas y que por la misma causa de la infamia de esos ilustres personajes de la llamada "representación nacional", millones de alemanes serían lanzados contra el enemigo en condiciones de insuficiente o de mala preparación militar. Esa falta de soldados preparados, en el comienzo del conflicto, fácilmente acarrearía su pérdida, lo que fue demostrado de manera irrefutable durante la Gran Guerra. La pérdida del combate por la libertad y la independencia de Alemania fue consecuencia de la indecisión y debilidad en coordinar todas las fuerzas de la Nación para su defensa.

Si tratándose de las fuerzas de tierra se instruía un número de reclutas demasiado reducido, igual deficiencia se notaba con respecto a las fuerzas navales, haciendo poco menos que nula la instrucción destinada a la defensa nacional. Desgraciadamente, la propia dirección de la Marina se dejó dominar por la política de medias tintas. La tendencia a disminuir cada vez más el tonelaje de los navíos lanzados al mar, en comparación con los ingleses, fue una idea nada genial. Una flota que, desde el principio, no era tan numerosa con relación a la de su probable adversario, debería justamente compensar la inferioridad del número de unidades con el poder ofensivo de las mismas. Se trataba de una superior capacidad de destrucción y no de una legendaria superioridad de competencia.

En realidad, la técnica moderna está tan avanzada y es tan análoga en los diferentes países civilizados, que se debe tener como imposible dar a los propios navíos una mayor potencia de fuego, en comparación a la de iguales características que poseen las demás naciones. Mucho menos se debe pensar en alcanzar una mayor capacidad destructora de pequeños navíos con relación a los grandes.

En realidad, el pequeño tonelaje de los navíos alemanes sólo podría tener como consecuencia la disminución de su velocidad y de su eficiencia. La frase con la que se procura justificar esa realidad ya evidenciaba una falta de lógica de los que, en la paz, ocupaban posiciones de mando. ¡Se decía que el material de guerra alemán era tan superior al inglés, que el cañón alemán de veintiocho centímetros no quedaba rezagado con relación al inglés de 30,5 centímetros en poder de alcance! Sin embargo, habría sido un deber del Gobierno ir más allá del cañón 30,5 fabricando uno que fuera superior, tanto en alcance como en poder ofensivo. Hasta se pretendía que no habría sido necesaria la construcción del mortero de 30,5 centímetros. Quedó demostrado, sin embargo, que el mando del Ejército pensaba con acierto, mientras que la Marina defendía un punto de vista equivocado.

La renuncia a los planes de una mayor eficacia de la artillería, así como de una mayor velocidad, se basó en la falsedad de los llamados planes gigantescos. Ya en la orientación adoptada para el programa de la organización naval, el Almirantazgo renunció a la posibilidad de la acción ofensiva, colocándose así, desde un principio, en el plano de la defensiva. Quiere decir, pues, que con esto se renunciaba automáticamente a la posibilidad del éxito definitivo que radica y que radicará siempre en la acción ofensiva.

Un navío de pequeña velocidad, y con un débil poder ofensivo, sería más fácilmente puesto a pique por los adversarios más veloces y mejor armados. Esto lo debió experimentar, de la manera más amarga, un gran número de nuestros marinos. Cuán falsa era la orientación de nuestra Marina en los tiempos de paz, quedó demostrado de la manera más evidente durante la Gran Guerra, la que nos empujó al desmantelamiento de los viejos navíos, para un mejor apertrechamiento de los nuevos. Si en la batalla del Skagerrak las unidades alemanas hubiesen tenido el mismo desplazamiento, igual cantidad de artillería y la misma velocidad que las naves inglesas, la flota británica habría hallado su tumba bajo el huracán de las granadas alemanas del calibre 38 centímetros, que eran de mayor precisión y eficacia que las del adversario.

Japón, desde hacía ya tiempo, había impulsado otra política de construcciones navales. En ese país, se juzgó de la máxima importancia, en cada nueva unidad, conseguir un poder ofensivo mayor al del enemigo probable. ¡Eso satisfaría las necesidades de una posición ofensiva de la Flota!

Respecto a las fuerzas de tierra de Alemania, quedaban también al amparo de aquellos principios falsos. La Armada, desgraciadamente, tenía una mayor representación en el Parlamento, e influyó con su orientación equivocada al Ejército. Las fuerzas navales fueron organizadas en ese régimen de medias tintas. Y lo que, pese a todas las deficiencias, alcanzó sin embargo como gloria inmarcesible la Marina alemana, no hay que atribuirlo sino a la buena calidad del marino alemán y también a la capacidad y al incomparable heroísmo de los oficiales y sus subordinados. Si la anterior dirección de la Armada se hubiese elevado al nivel de la capacidad de aquellos oficiales y marinos, tantos sacrificios no habrían sido inútiles. Tal vez, justamente la habilidad de parlamentar de sus líderes, durante la paz, fue una desgracia para la propia Armada, pues, en vez de puntos de vista militares se impusieron puntos de vista parlamentarios. El régimen de las medidas a medias y de la debilidad, así como la falta de lógica que caracteriza al parlamentarismo, entorpecieron la dirección de la Armada.

Las fuerzas de tierra se salvaron de esa orientación, fundamentalmente falsa. Principalmente, el entonces Jefe de Estado Mayor, Ludendorff, encabezó una campaña decisiva contra la criminal debilidad del Parlamento en el tratamiento de los problemas vitales de la Nación, que ignoraban en su mayor parte. Si la lucha que ese oficial encabezó en aquellos tiempos fue inútil, a pesar de sus desesperados esfuerzos, la culpa se debe en parte al Parlamento y, en mayor medida tal vez, a la miserable conducta del Canciller Bethman Hollweg. Ello no impide, sin embargo, que los responsables de la ruina de Alemania quieran hoy echar la culpa precisamente sobre aquél que se levantó solitario contra esa forma negligente de tratar los intereses nacionales.

Quien medite sobre todo el sacrificio que significó para la Nación el punible descuido de gentes totalmente faltas de responsabilidad; quien reflexione sobre las vidas inmoladas en vano y la suerte de los mutilados, así como también en la vergüenza única y la infinita miseria de que ahora somos víctimas; quien sepa, en fin, que todo eso vino sólo para abrir el camino hacia las carteras ministeriales a unos ambiciosos sin escrúpulos, cazadores de puestos públicos, ése comprenderá que, a tales seres humanos, no se les puede dar ciertamente otro calificativo que el de canallas y criminales. Al contrario, el sentido de esas palabras y su finalidad se hacían incomprensibles para los traidores de la Nación, pues cada canalla se siente un hombre de honor.

Todas las debilidades de la antigua Alemania sólo llamarían realmente la atención después de que, como consecuencia de las mismas, la estabilidad interna de la Nación hubiera recibido duros golpes. En esos casos, la desagradable verdad era proclamada con gritos en los oídos de las masas, mientras que, por pudor, se guardaba silencio sobre muchas cosas y se negaban otras. Eso sucedía cuando, en el tratamiento de un problema de orden público, se reflexionaba sobre una reforma que pudiese mejorar el estado de cosas existente. Los que ejercían influencias en los puestos de dirección del poder público nada entendían del valor y de la esencia de la propaganda. Sólo los judíos son los que saben que, por medio de una propaganda inteligente y constante, se puede hacer creer que el cielo es el infierno y, viceversa, que la vida más miserable es un verdadero paraíso. Los alemanes en general, y el Gobierno en particular, no tenían ni idea de la eficacia de esa fuerza. Esa ignorancia debería producir sus peores efectos durante la guerra.

* * *

Había también muchos aspectos favorables frente a las deficiencias mencionadas y aún a otras más de la vida alemana en la época anterior a la guerra. Analizando imparcialmente las circunstancias se debe llegar a la conclusión de que la mayoría de nuestros defectos eran, en gran parte, propios de otros países y pueblos, algunos de los cuales nos superaban enormemente en este aspecto, pero sin poseer nuestras cualidades realmente buenas.

Entre otras pruebas de superioridad ocupa el primer plano el hecho de que el alemán, entre los pueblos europeos, era el que más se esforzaba por mantener el carácter nacional de su economía; a pesar de todos los malos síntomas, tenía, por lo menos, el valor de resistir al control del capital internacional. ¡Desgraciadamente, esa peligrosa superioridad habría de ser el motivo principal de la instigación de la guerra!

Entre las fuentes incontaminadas de la Nación debemos puntualizar tres instituciones que eran ejemplares y, hasta se puede decir, únicas en su género.

En primer término, la constitución misma del Estado y la caracterización que ella había alcanzado en la Alemania contemporánea.

Por cierto que en esto debe prescindirse de la personalidad de algunos monarcas, afectados de todas las debilidades humanas. A este respecto, si no fuera por nuestra indulgencia, nos veríamos obligados, sobre todo, a dudar del presente. ¿Los representantes del actual régimen, examinados por el valor de sus personalidades, serán, por ventura, bajo el punto de vista intelectual y moral, los más representativos que, después de efectuado el examen, pudiéramos descubrir? Quien deje de juzgar la Revolución por el mérito de las personas con las que aquella se presentó ante la Nación, desde noviembre de 1918, tendrá que esconder el rostro, sintiendo vergüenza ante el juicio de la posteridad. Porque ahora el silencio ya no puede ser impuesto por las leyes, hoy los conocemos a todos y sabemos que, entre nuestros nuevos conductores, la inteligencia y la virtud están en relación directa a sus vicios.

Es cierto que la Monarquía perdió las simpatías de las grandes masas. Eso resultó del hecho de haberse rodeado el Monarca de los hombres menos ilustres y menos sinceros. Tales monarcas preferían rodearse de aduladores más que de espíritus rectos, dejándose aconsejar por ellos. Fue una lástima que esto sucediese en una época en la que el mundo atraviesa por grandes mutaciones en todas las antiguas concepciones, mutaciones que, naturalmente, no podrían ser detenidas en su marcha por las ancestrales tradiciones de la Corte.

No es, pues, de extrañar que al tipo común de hombres, ya en la encrucijada del siglo, no causase ninguna admiración especial la presencia de la Princesa uniformada en las líneas del frente. Sobre el efecto de un desfile en el espíritu del pueblo, no se podría tener una idea exacta, pues de otra manera nunca habríamos llegado a la triste situación de hoy. El sentimiento de humanidad, no siempre verdadero, de esos círculos continúa provocando más enojo que simpatía. Si, por ejemplo, la Princesa X se dignase probar los alimentos de una cocina popular, en otro tiempo eso podría ser muy bien visto, pero, en la época de la que hablamos, el efecto sería contrario. Se puede creer que la Princesa no tuviese en realidad la intención de - en la prueba de la comida- hacer que la alimentación fuese un poco mejor que de costumbre. Bastaba, sin embargo, que los individuos a los cuales quería impresionarlo sospecharan. De esta forma, las mejores intenciones imaginables se vuelven ridículas e incluso irritantes.

Carteles anunciando la proverbial fragilidad del Monarca, su costumbre de despertarse temprano y trabajar hasta bien entrada la noche, el peligro amenazador de la insuficiencia de su alimentación, provocan manifestaciones dignas de reflexión. Nadie quiere saber qué y cuánto el monarca se digna comer, se deseaba simplemente que "comiese lo necesario". Nadie se preocupaba en criticarle el sueño insuficiente. Todos se alegraban de que él, como hombre, honrase la masculinidad y, como Jefe de Gobierno, defendiese el honor de la Nación. Las fábulas ya no benefician en nada; por el contrario, son perjudiciales.

Ésas y otras cosas semejantes eran, sin embargo, bagatelas.

Desgraciadamente, en el seno de la mayoría de la Nación, se tenía la convicción general de que, de cualquier modo, el pueblo era gobernado de arriba para abajo y de esta forma cada cual no se preocupaba mayormente. En cuanto a sí la actuación del Gobierno era realmente buena o, por lo menos, bien intencionada, tampoco importaba. Una desgracia sería, sin embargo, que algún día el viejo gobernante, bueno en sí, fuese substituido por otro menos respetado. Entonces la docilidad pasiva y la fe infantil redundarían en la mayor calamidad imaginable. Junto a todos esos y muchos más defectos, había aspectos de importancia incuestionable.

De valor indiscutible era sin duda la estabilidad del Estado en su conjunto bajo la forma monárquica de gobierno, así como el hecho de que todos los cargos públicos quedaran a cubierto de la especulación de políticos ambiciosos. Luego la dignidad de la institución estatal en sí y la autoridad resultante de ella, parten de la relevante posición del cuerpo administrativo del Reich y, ante todo, de la del Ejército, por sobre los compromisos políticos de partido.

A esto se añadía aún la ventaja de que el poder del Estado estaba encarnado en la persona del Monarca, constituyendo así el símbolo de una responsabilidad que éste asumía en escala superior a la del conglomerado casual de una mayoría parlamentaria. Sobre todo, debióse esto a la idoneidad proverbial de la administración pública alemana. Además de eso, el valor cultural de la Monarquía era, para el pueblo, de la mayor significación, pudiendo compensar otras desventajas. Las sedes de lo, gobiernos alemanes continuaban siendo el pilar para los sentimientos artísticos que, en nuestros tiempos de materialismo, cada vez más están amenazados de, desaparecer. Por último, lo que en materia de arte y de ciencia fomentaron lo; monarcas alemanes, en particular durante el siglo XIX, ha quedado como digno de ejemplo, no pudiendo la época actual ser comparada en este orden con la de entonces.

Pero es el Ejército al que le corresponde el papel de factor cualitativo, por excelencia, en la época en que la desmoralización comenzaba a cundir en el organismo nacional. Las Fuerzas Armadas eran la escuela más fuerte de la Nación y justamente por eso se dirigía el odio de los enemigos contra ese reducto de la defensa y de la libertad del pueblo. Ningún certificado más favorable se podía dar a esa institución que la proclamación de la siguiente verdad: el Ejército fue calumniado, odiado, combatido por todos los individuos sin valor, pero fue temido. Si la furia de los aprovechadores internacionales en Versalles se dirigía contra el antiguo Ejército alemán, es que aquél era el último reducto de nuestras libertades en la lucha contra el capitalismo internacional. Si no fuera por esa fuerza amenazadora, la intención de Versalles se habría realizado mucho antes. Lo que el pueblo alemán le debe al Ejército se resume en una palabra: Todo.

El Ejército inculcó el sentimiento de la responsabilidad absoluta, en una época en la que esa cualidad se volvía cada vez más rara. Su actuación impresionaba, tanto más cuanto que constituía una brillante excepción a la ausencia absoluta de responsabilidad, de la que el Parlamento era el más elocuente modelo.

El Ejército incentivó el valor personal en un momento en el que la cobardía amenazaba contaminar al país entero, y la capacidad de sacrificio en favor del bien común era considerada como estupidez por aquellos que sólo se preocupaban de conservar y mejorar su propia ganancia. El Ejército fue la escuela que dio a los alemanes la convicción de que la salvación de la Patria no se debería buscar en las frases engañosas de una confraternización internacional de negros, alemanes, franceses, ingleses, etcétera, sino en la fuerza y en la decisión de su propio pueblo.

El Ejército fomentó también el espíritu de decisión cuando, en la vida del pueblo, la indecisión y la duda comenzaban a caracterizar todos los actos de los individuos. Él significó lo mejor, en un momento en que muy pocos confirmaban que una orden es siempre mejor que nada.

En esa capacidad de decisión se podía notar un síntoma de salud integral y robusta que había desaparecido de otros sectores de la vida de la Nación, pues el Ejército, por su educación, se había esforzado siempre en una renovación continua de esa fuerza primordial. Basta ver las terribles dudas de los actuales dirigentes del Reich, incapaces de tomar una decisión en cualquier hecho, a no ser que se trate de la firma de un autómata. En este caso, ellos ponen de lado cualquier responsabilidad y firman con la habilidad de un taquígrafo todo lo que se les presente, puesto que ahí la resolución es fácil de tomar, una vez que se les dicta.

Contrariamente a lo que ocurría en la vida corriente, saturada de codicia y de materialismo, el Ejército educó al pueblo hacia el ideal y hacia la devoción por la Patria y su grandeza. El Ejército fue una escuela de educación del pueblo unido, frente a la división de clases, y quizá su único defecto fue el de haber instituido el sistema de servicio voluntario de un año para algunos; defecto decimos, porque debido a ese sistema se dañaba el principio de la igualdad absoluta, colocando al individuo de mayor preparación intelectual fuera del marco común, lo contrario de lo cual es lo que precisamente habría sido lo provechoso.

Ante la carencia del sentido real de la vida en nuestras clases elevadas y el alejamiento de su propio pueblo, pudo haber sido el Ejército el único capaz de influir benéficamente, si hubiese evitado, por lo menos dentro de sus filas, todo aislamiento de la clase llamada intelectual.

Fue un gran error no haber actuado de esta forma. ¿Qué institución en este planeta no tiene defectos? Pero, respecto a esto, sus ventajas eran tan preponderantes que sus pequeños fallos se deberían atribuir a la imperfección humana.

Al Ejército del antiguo Imperio hay que reconocerle, como su más alto mérito, el que en una época en que predominaba el criterio de la "mayoría numérica" supo imponer la calidad sobre la cantidad. Frente al principio judío-demócrata de la ciega idolatría por la mayoría del número, el Ejército siempre mantuvo inconmovible el principio de la fe en la personalidad. De este modo formó eso que tanta falta hace en los tiempos actuales: **hombres.**

Al fango de una vida poltrona y de afeminamiento regresaban anualmente de las filas del Ejército 350.000 jóvenes pletóricos de energías, que en un período de instrucción militar de dos años habían adquirido una acerada constitución física. El joven que durante ese tiempo practicó la obediencia podía ahora aprender a mandar. Ya en el ademán se reconocía al hombre que había sido soldado. Ésa fue la alta escuela de la Nación alemana, y no en vano se concentraba sobre ella el odio mortal de aquellos que, por envidia y ambición, anhelaban y necesitaban para sus fines la impotencia del Reich y la ausencia de la capacidad defensiva de sus ciudadanos.

Junto a la forma constitutiva del Estado y a la ponderada calidad del Ejército, integraba el conjunto de las tres instituciones ejemplares del Imperio la incomparable organización administrativa del antiguo Reich.

Alemania era el país mejor organizado y mejor administrado del mundo. Al funcionario alemán podía tachársele fácilmente de exagerado burocratismo, mas no por eso era esto diferente en los demás países, y quizá sí hasta peor. Lo que esos estados no poseían era la admirable estabilidad del mecanismo administrativo y la incorruptible honradez de los funcionarios con que contaba el Reich. Es mejor ser pedante, pero honesto y fiel, a ser "ilustrado" y "moderno", pero de carácter débil o, como es hoy corriente, ignorante e incompetente. Es costumbre decir que, antes de la guerra, la administración alemana era burocráticamente pura, pero sin sentido práctico ni comercial. A esa objeción se puede responder: ¿Qué país del mundo tenía un servicio de transportes mejor dirigido y más organizado bajo el punto de vista comercial que el de Alemania?

El cuerpo de funcionarios públicos alemanes y la máquina administrativa se caracterizaban por su independencia con relación a los gobiernos, cuyas ideas transitorias sobre la política no afectaban su posición. Después de la Revolución todo eso fue profundamente modificado. Las contingencias partidarias sustituirían a la competencia y a la habilidad y, de ahí en adelante, el hecho de tener él funcionario un carácter independiente, en lugar de una recomendación, pasó a ser una desventaja.

Sobre su constitución estatal, su Ejército y su organización administrativa, descansaban la fuerza y el poderío admirables del antiguo Imperio. Ésas eran las tres causas primordiales de virtud que hoy le faltan al Gobierno alemán, esto es, la autoridad del Estado.

Esa autoridad no se apoya en la palabrería de los parlamentos y dietas, ni en leyes de protección, ni en sentencias judiciales destinadas a amedrentar a los cobardes, mentirosos, etcétera, sino en la confianza general que la dirección política y administrativa de un país pude y debe inspirar. Esa confianza es el resultado de una absoluta certeza del desinterés y de la honestidad de la política y de la administración de un país y de la armonía del espíritu de sus leyes con los principios morales del pueblo. Ningún sistema de gobierno puede mantenerse por mucho tiempo solamente basado en la fuerza, pero sí por la confianza pública en la excelencia del mismo y por el pundonor de los representantes y de los defensores de los intereses colectivos.

Por más que ciertos males amenazasen, ya antes de la Guerra, corroer y minar la fuerza de la Nación, no se debe olvidar que otros países sufrían todavía más de esa misma enfermedad y, a pesar de ello, no por eso en la hora crítica del peligro cesaban de luchar o se arruinaban.

Si se considera que frente a las deficiencias que existieron en Alemania había también antes de la guerra poderosos aspectos favorables, llegaremos a la conclusión de que la causa inicial del desastre de 1918 debe buscarse en otro terreno diferente, y, en efecto, éste es el caso.

La mayor y más profunda de las causas que determinaron la ruina del Imperio residía en el hecho de no haber reconocido oportunamente la trascendencia que tiene el problema racial para la evolución de los pueblos. Todos los acontecimientos en la vida de las naciones no son obras de la casualidad, sino consecuencias naturales de la necesidad imperiosa de la conservación y de la multiplicación de la especie y de la Raza. Al no reconocerlo, los hombres no siempre se dan cuenta del fundamento íntimo de sus acciones.

ADOLF HITLER

Capítulo XI

Pueblo y raza

Hay verdades de tal forma diseminadas por todas partes, que están tan a la vista de todos que, precisamente por eso, el vulgo no las ve, o por lo menos no las reconoce. Se pasa como un ciego frecuentemente delante de estas verdades y se muestra la máxima sorpresa cuando, de repente, alguien descubre lo que todos, por consiguiente, deberían saber desde siempre.

Así peregrinan los hombres en el jardín de la Naturaleza y se imaginan saberlo y conocerlo todo, pasando, con muy pocas excepciones, como ciegos junto a uno de los más trascendentales principios de la vida: **el aislamiento de las especies entre sí.**

Basta la observación más superficial para demostrar cómo las innumerables formas de la voluntad creadora de la Naturaleza están sometidas a la ley fundamental, inmutable, de la reproducción y multiplicación de cada especie restringida a sí misma. Todo animal se apareja con un congénere de su misma especie. La abeja con la abeja, el pinzón con el pinzón, la cigüeña con la cigüeña, la rata silvestre con la rata silvestre, el ratón casero con el ratón casero, el lobo con la loba, etcétera. Sólo circunstancias extraordinarias pueden alterar esa ley, entre las cuales figura, en primer lugar, la coacción ejercida por la prisión del animal o cualquier otra imposibilidad de unión dentro de la misma especie. Ahí, sin embargo, la Naturaleza comienza a defenderse por todos los medios, y su protesta más evidente consiste en privar en el futuro a los bastardos de la capacidad de procreación, o en limitarla fecundidad de los futuros descendientes. En la mayor parte de los casos, les priva de la facultad de resistencia contra las dificultades o ataques hostiles.

Esto es un fenómeno perfectamente natural: todo cruzamiento de dos seres cualitativamente desiguales, da un producto de término medio entre el valor cualitativo de los padres; es decir, que la cría estará en nivel superior con respecto a aquel elemento de los padres que racialmente es inferior, pero no será de igual valor cualitativo que el elemento racialmente superior de ellos. Luego será, por consiguiente, derrotado en la lucha con los superiores. Semejante unión está, sin embargo, en franco desacuerdo con la voluntad de la Naturaleza, que, de un modo general, tiende al perfeccionamiento de la vida en la procreación. Esta hipótesis no se apoya en la ligazón de elementos superiores con inferiores, sino en la victoria incondicional de los primeros. El papel del más fuerte es dominar. No se debe mezclar con el más débil, sacrificando así su propia grandeza. Solamente un débil de nacimiento podrá ver en eso una crueldad, lo que se explica por su complexión débil y limitada. Cierto es que, si tal ley no prevaleciese, sería imposible pensar en cualquier perfeccionamiento en el desarrollo de los seres vivos en general.

Ese instinto que actúa en toda la Naturaleza, esa tendencia ala purificación racial, tiene como consecuencia no sólo levantar una barrera poderosa entre cada raza y el mundo exterior, sino también mantener las disposiciones naturales. La raposa es siempre raposa; el ganso, ganso; el tigre, tigre; etcétera. La diferencia sólo podrá residir en ciertas variaciones de su fuerza, robustez, agilidad o resistencia, verificada en cada uno individualmente. Nunca se supondrá, sin embargo, a una raposa manifestando a un ganso sentimientos humanitarios, de la misma manera que no existe un gato con tendencia favorable a un ratón.

Esto es así porque la lucha recíproca surge aquí, motivada menos por antipatía interior, por ejemplo, que por impulsos de hambre y amor. En ambos casos, la Naturaleza es espectadora plácida y satisfecha. La lucha por el pan cotidiano deja sucumbir a todo el que es débil, enfermo y menos resuelto, mientras que en la lucha del macho por la hembra sólo al más sano se le confiere el derecho o la posibilidad de procrear. Siempre, sin embargo, aparece la lucha como un medio de estimular la salud y la fuerza de resistencia en la especie, y, por eso mismo, es un incentivo para su perfeccionamiento.

Si el proceso fuese otro, cesaría todo progreso en la continuación y en la superación de la especie, sobreviniendo más fácilmente lo contrario. Dado el hecho de que el elemento de menor valor sobrepasa siempre al mejor en cantidad, incluso cuando ambos posean igual capacidad de conservar y reproducir la vida, el elemento peor se multiplicaría mucho más deprisa, hasta el punto de forzar al mejor a pasar a un plano secundario. Se impone, por consiguiente, una corrección en favor del mejor.

Pero la Naturaleza se encarga de eso, sometiendo al más débil a condiciones de vida difíciles. Sólo por eso, el número de estos elementos se vuelve reducido. No consintiendo que los demás se entreguen, sin selección previa, ala reproducción, la Naturaleza procede aquí a una nueva e imparcial selección, basada en el principio de la fuerza y de la salud. Si, por una parte, la Naturaleza desea poco la asociación individual de los más débiles con los más fuertes, menos todavía la fusión de una raza superior con una inferior. Eso se traduciría en un golpe casi mortal dirigido contra todo su trabajo ulterior de perfeccionamiento, ejecutado tal vez a través de centenas de milenios.

También la historia humana ofrece innumerables ejemplos de este orden, ya que demuestra con asombrosa claridad que toda mezcla de sangre aria con la de pueblos inferiores tuvo por resultado la ruina de la raza de cultura superior. La América del Norte, cuya población se compone en su mayor parte de elementos germanos, que se mezclaron sólo en mínima escala con los pueblos de color, racialmente inferiores, representa un mundo étnico y una civilización diferente de lo que son los pueblos -de la América Central y la del Sur, países en los cuales los emigrantes, principalmente de origen latino, se mezclaron en gran escala con los elementos aborígenes. Este solo ejemplo permite claramente darse cuenta del efecto producido por la mezcla de razas. El elemento germano de la América del Norte, que racialmente conservó su pureza, se ha convertido en el señor del continente americano y mantendrá esa posición mientras no caiga en la ignominia de mezclar su sangre.

En pocas palabras, el resultado del cruzamiento de razas es, por tanto, siempre el siguiente:

a) Rebajamiento del nivel de la raza más fuerte;

b) Regresión física e intelectual y, con ello, el comienzo de una enfermedad que avanza lenta, pero segura. Provocar semejante cosa es un atentado contra la voluntad del Creador. El castigo también corresponde al pecado. Tratando de rebelarse contra la lógica férrea de la Naturaleza, el hombre entra en conflicto con los principios fundamentales a los que él mismo debe exclusivamente su existencia en el seno de la Humanidad. De ese modo, ese procedimiento de pugna contra las leyes de la Naturaleza sólo le puede conducir a su propia ruina. Es oportuno repetir la afirmación del pacifista moderno, tan estúpida como genuinamente judaica en su petulancia: "¡El hombre vence a la propia Naturaleza!".

Millones de individuos repiten mecánicamente ese absurdo judaico e imaginan, por fin, que son, de facto, una especie de domadores de la Naturaleza. La única arma de que disponen para afirmar tal pensamiento es una idea tan miserable en su esencia, que mal se puede concebir.

Todavía el hombre no ha superado en nada a la Naturaleza, no habiendo pasado de meros intentos por levantar una u otra punta del gigantesco velo, bajo el cual ella encubre los eternos enigmas y secretos. De hecho el hombre no inventa, sino que descubre lo ya existente; es decir, **él no domina la Naturaleza.** Ha ascendido al grado de señor entre los demás seres vivos, por la ignorancia de éstos o por su propio conocimiento de algunas leyes o de algunos secretos de la Naturaleza. Aparte de esto, sus ideas le sirven sólo para formular hipótesis sobre el origen y el Destino de la Humanidad, dado que la idea misma únicamente depende del hombre como especie natural.

No existe una idea puramente humana en el mundo, por cuanto la idea como tal está siempre condicionada por la existencia del hombre y, por eso mismo, por todas las leyes que regulan su vida. ¡Y no sólo eso! Las ideas excepcionales hállanse ligadas a determinados individuos. Se verifica eso, en primer lugar, en el caso de pensamientos cuyo contenido no se deriva de una verdad exacta o científica del mundo, reproduciendo, en cambio, como se acostumbra hoy decir, un hecho vivido interiormente. Todas esas ideas que en sí nada tienen que ver con la lógica objetiva y fría, representando por el contrario manifestaciones sentimentales, representaciones éticas, etcétera, se prenden a la vida del hombre, debiendo su propia existencia a la fuerza imaginativa y creadora del espíritu humano.

Ahí justamente es donde se impone la conservación de esas determinadas razas y criaturas como condición primordial para la perdurabilidad de esas ideas. Quien quisiera realmente de corazón desear la victoria del pensamiento pacifista, tendría que empeñarse, por todos los medios, para que los alemanes tomasen posesión del mundo; pues, si por ventura aconteciese lo contrario, muy fácilmente, con el último alemán, se extinguiría también el último pacifista, dado que el resto del mundo difícilmente hubiera sido engañado por un absurdo tan contrario a la Naturaleza y a la razón, como lo fue nuestro propio pueblo.

Sería, pues, necesario, de buen o de mal grado, decidirnos con toda seriedad a guerrear, a fin de llegar al pacifismo. ¿Fue nada más que eso la intención de Wilson, el "redentor" universal? Así pensaban por lo menos nuestros "visionarios" alemanes que, por ese medio, lograron sus fines. Tal vez el concepto pacifista-humanitario llegue a ser de hecho aceptable cuando el hombre superior previamente haya conquistado y sometido el mundo, hasta el punto de volverse el señor exclusivo de esta tierra. Pero tal idea se hace ya imposible, trayendo, por el contrario, consecuencias nocivas, desde que su aplicación en la realidad se hace cada vez más difícil y finalmente impracticable. Por tanto, **primero la lucha, después, tal vez, el pacifismo.** En el caso contrario, la Humanidad habría pasado el punto culminante de su desarrollo resultando, al final, no el imperio de cualquier idea moral, sino la barbarie y la confusión. Naturalmente alguien se podría reír de esta afirmación. Es preciso que nadie se olvide, sin embargo, de que este planeta ya recorrió en el éter millones de años sin ser habitado y podrá un día emprender el mismo sendero de la misma manera, si los hombres olvidan que no deben su existencia superior a las teorías de unos pocos ideólogos locos, sino al reconocimiento y la aplicación incondicional de leyes inmutables de la Naturaleza.

Todo cuanto hoy admiramos en el mundo - ciencia y arte, técnica e inventos- no es otra cosa que el producto de la actividad creadora de un número reducido de pueblos y quizá, en sus orígenes, hasta de una sola raza. De ellos depende también la estabilidad de toda esta cultura. Con la destrucción de esos pueblos bajará igualmente a la sepultura toda la belleza de esta tierra. Por más poderosa que pueda ser la influencia del medio sobre los hombres, sus efectos siempre han de variar según las razas. La falta de fertilidad de un país puede estimular a una raza a alcanzar en sus actividades un rendimiento máximo; otra raza sólo encontrará en el mismo hecho un motivo para caer en la mayor de las miserias, acompañada de alimentación insuficiente y todas sus consecuencias. Las cualidades intrínsecas de los pueblos son siempre lo que determina la manera por la que se ejercen las influencias externas. La misma causa que a unos les lleva a pasar hambre, provoca en otros el estímulo para trabajar con más ahínco.

Todas las grandes culturas. del pasado cayeron en la decadencia debido únicamente a que la raza de la cual habían surgido envenenó su sangre. La causa última desemejante decadencia fue siempre el hecho de que el hombre olvidó que toda cultura depende de él y no viceversa; que **para conservar una cultura definida, el hombre que la construyó también precisa ser conservado.** Semejante conservación, sin embargo, se amarra a la ley férrea de la necesidad y al derecho de la victoria del mejor y del más fuerte.

Quien desee vivir, que se prepare para el combate, y quien no estuviese dispuesto a eso, en este mundo de luchas eternas, no merece la vida.

Por más doloroso que esto sea, es preciso afirmarlo. La suerte más dura es, sin duda alguna, la del hombre que cree poder vencer a la Naturaleza cuando en realidad es su propia naturaleza la escarnecida. La réplica de la Naturaleza se resume entonces en privaciones, desgracias y derrumbe.

El hombre que desconoce y menosprecia las leyes raciales, en verdad pierde la ventura que le había sido reservada. Impide la marcha triunfal de la mejor de las razas, reduciendo con ello también la condición primordial de todo progreso humano. En el transcurrir de los tiempos, va caminando hacia el reino del animal indefenso, aunque portando sentimientos humanos.

*

Es un intento ocioso querer discutir qué raza o razas fueron las depositarias de la cultura humana y los verdaderos fundadores de todo aquello que entendemos bajo el término "Humanidad". Pero sencillo es aplicar esa pregunta al presente, y, aquí, la respuesta es fácil y clara. Lo que hoy se presenta ante nosotros en materia de cultura humana, de resultados obtenidos en el terreno del arte, de la ciencia y de la técnica es casi exclusivamente obra de la creación del ario. Es sobre tal hecho en el que debemos apoyar la conclusión de haber sido éste el fundador exclusivo de una Humanidad superior, representando así "el prototipo" de aquello que entendemos por "hombre". Es el Prometeo de la Humanidad, y de su frente brotó, en todas las épocas, la centella del Genio, encendiendo siempre de nuevo aquel fuego del conocimiento que iluminó la noche de los misterios, haciendo elevarse al hombre a una situación de superioridad sobre los demás seres terrestres. Excluyásele, y, tal vez después de pocos milenios descenderán una vez más las tinieblas sobre la Tierra ¡La civilización humana llegaría a su término y el mundo se volvería un desierto!

Si se dividiese la Humanidad en tres categorías de hombres: creadores, conservadores y destructores de la Cultura, tendríamos seguramente como representante del primer grupo sólo al elemento ario. Él estableció los fundamentos y las columnas de todas las creaciones humanas; únicamente la forma exterior y el colorido dependen del carácter peculiar de cada pueblo. Fue el ario quien abasteció el formidable material de construcción y los proyectos para todo progreso humano. Sólo la ejecución de la obra es la que varía de acuerdo con las condiciones peculiares de las otras razas. Dentro de pocas decenas de años, por ejemplo, todo el este de Asia poseerá una cultura cuyo fundamento último estará tan impregnado de espíritu helénico y técnica germánica como la nuestra. La forma externa es la que, por lo menos parcialmente, acusará trazos de carácter asiático. Muchos juzgan erróneamente que el Japón asimiló la técnica de Europa en su civilización. No es el caso. La base de la vida real no es ya la cultura específica del Japón, aunque sea ésta quien dé "el color local" a la vida del país. Sin embargo, es esto lo que impresiona más a la observación del europeo, justamente debido a los aspectos externos originales. Aquella base se encuentra, sin embargo, en la formidable producción científica y técnica de Europa y América y, por consiguiente, de pueblos arios. Sólo basándose en esas producciones es como el Oriente podrá seguir el progreso general de la Humanidad. Solamente aquellas son las que despejan el campo para la lucha por el pan cotidiano, creando, para eso, armas y utensilios; el espíritu japonés sólo se va adaptando gradualmente al aspecto externo de todo eso.

Si a partir de hoy cesase toda la influencia aria sobre el Japón - suponiendo la hipótesis de que Europa y América alcanzaran una decadencia total- la ascensión actual del Japón en el terreno técnico-científico todavía podría mantenerse algún tiempo. Dentro de pocos años, la fuente se secaría, sobreviviría la preponderancia del carácter japonés y la cultura actual moriría, regresando al sueño profundo, del cual, hace setenta años, fuera despertada bruscamente por la ola de la civilización aria. Esto es porque, en tiempos remotos, también fue la influencia del espíritu ario la que despertó a la cultura japonesa. Hoy también el progreso del país se debe completamente a la influencia aria. La mejor prueba de este hecho es la fosilización y la rigidez que, más tarde, se fueron verificando en tal cultura. Este fenómeno sólo un pueblo puede acusarlo cuando la primitiva simiente creadora se perdió en su raza o cuando faltó la influencia externa que diera impulso y material necesarios al primer desarrollo cultural. Se puede denominar una raza así depositaria, mas nunca, sin embargo, creadora de cultura. Está probado que, cuando la cultura de un pueblo fue recibida, absorbida y asimilada de razas extranjeras, una vez retirada la influencia exterior, aquella cae de nuevo en el mismo entorpecimiento.

Un examen de los diferentes pueblos, desde tal punto de vista, confirma el hecho de que, en los orígenes, casi no se habla de pueblos constructores, sino siempre, por el contrario, de depositarios de una civilización.

Casi siempre el proceso de su evolución presenta el siguiente cuadro: grupos arios, por lo general en proporción numérica verdaderamente pequeña, dominan pueblos extranjeros y gracias a las especiales condiciones de vida del nuevo ambiente geográfico (fertilidad, clima, etcétera), así como también favorecidos por el gran número de elementos auxiliares de raza inferior disponibles para el trabajo, desarrollan la capacidad intelectual y organizadora latente en ellos. En pocos milenios y hasta en siglos logran crear civilizaciones que llevan primordialmente el sello característico de sus inspiradores y que están adaptadas a las ya mencionadas condiciones del suelo y de la vida de los autóctonos sometidos. A la postre, empero, los conquistadores pecan contra el principio de la conservación de la pureza de su sangre que habían respetado en un comienzo. Empiezan a mezclarse con los autóctonos y cierran con ello el capítulo de su propia existencia. La caída por el pecado en el Paraíso tuvo como consecuencia la expulsión.

Después de un milenio, o más, se mantiene aún el último vestigio visible del antiguo pueblo dominador en la coloración más clara de la piel, dejada por su sangre a la raza vencida y también en una civilización ya en decadencia, que fuera creada por él, en un comienzo.

De la misma manera que el verdadero conquistador espiritual desapareció en la sangre de los vencidos, se perdió igualmente el combustible para la antorcha del progreso de la civilización humana. Así como el color de la piel, debido a la sangre del antiguo señor, todavía guardó como recuerdo un ligero brillo, la noche de la vida espiritual también se encuentra suavemente iluminada por las creaciones de los primigenios mensajeros de la luz. A pesar de toda la barbarie reiniciada, ellas aún continúan allí, despertando en el espectador distraído la ilusión de un presente, que no es más que un espejismo del legendario ayer.

Puede entonces suceder que, en el devenir de su historia, un pueblo entre en contacto dos veces, e incluso hasta más, con la raza de sus antiguos civilizadores, sin que sea preciso que exista aún una reminiscencia de los encuentros anteriores. El resto de la antigua sangre del dominador se encaminará inconscientemente hacia el nuevo encuentro y la voluntad propia conseguirá entonces lo que, hasta poco antes, ya sólo era posible por coacción externa. Se verifica una nueva onda civilizadora, que se mantiene hasta que sus exponentes desaparezcan a su vez en la sangre de los pueblos extranjeros. En el futuro se pondrá como tarea a una Historia Universal y

Cultural hacer averiguaciones en ese sentido y no dejarse confundir por la enumeración de hechos puramente externos, como desgraciadamente sucede, a menudo, con la "ciencia histórica" de la actualidad.

De este breve esbozo sobre el desarrollo de las naciones depositarias de una civilización, se desprende también el cuadro de la vida y muerte de los propios arios, los verdaderos fundadores de cultura en esta tierra. Como en la vida corriente el "genio" necesita de un estímulo, muchas veces hasta, literalmente, de un empujón, para llegar a iluminarse, de la misma forma sucede en la vida de los pueblos con la "raza genial". En la monotonía de la vida cotidiana, individuos de valor acostumbran frecuentemente parecer insignificantes, elevándose apenas sobre la media común de los que les rodean; mas, si sobreviene alguna situación dramática, que a otros haría desesperar o enloquecer, se yergue dentro de esa criatura media y apagada la naturaleza genial, dejando estupefactos a aquellos que le veían anteriormente en el estrecho marco de su vida burguesa (lo que explica tal vez el hecho de que "nadie es profeta en su tierra"). Nada mejor que la guerra nos ofrece la posibilidad de realizar tal observación. En horas de angustia, surgen súbitamente, de personas aparentemente inofensivas, héroes dotados de resuelto valor ante la muerte y de gran frialdad de reflexión. Si no hubiera sido por tal momento de prueba, nadie habría presentido al héroe en el muchacho aún imberbe. Casi siempre es necesaria alguna situación violenta para provocar al genio. El golpe del Destino, que a unos derriba, en otros encuentra resistencia de acero y, destruyendo el envoltorio de la vida cotidiana, descubre el alma hasta entonces oculta a los ojos de un Universo atónito. Éste se defiende y rehusa creer que ejemplares de apariencia tan insignificante puedan repentinamente mudar de personalidad, proceso éste que se debe repetir con toda criatura excepcional.

En el caso de un inventor, por ejemplo, consolidar su fama en el día en que la invención está terminada es erróneo, pues esto nos llevaría a pensar que la genialidad en sí no está contenida en el hombre antes de ese momento. La centella del genio ya chispea, desde la hora de su nacimiento, en la cabeza del hombre verdaderamente dotado de talento creador. La genialidad es siempre innata, nunca fruto de la educación o de los estudios.

Como ya apuntamos anteriormente, el mismo fenómeno observado en el individuo se produce también en la raza. Aunque espectadores superficiales quieran desconocer este hecho, lo cierto es que los pueblos que producen mucho están dotados de talento creador desde su más remoto origen. Aquí también el reconocimiento externo sólo se manifiesta después de que las obras han sido ejecutadas. El resto del mundo, siendo incapaz de reconocer la genialidad en sí, aplaude sólo cuando sus manifestaciones concretas se han hecho visibles: invenciones, descubrimientos, construcciones, pinturas, etcétera. Incluso después de eso, a veces pasa mucho tiempo antes de llegar a ser aceptada. En la vida del individuo predestinado, la disposición genial, cuando menos extraordinaria, únicamente incentivada por situaciones especiales podrá llevar hacia su realización práctica; en la vida de los pueblos también sólo determinadas circunstancias podrán impulsar a la completa utilización de sus fuerzas y capacidades creadoras.

Es en nosotros, los arios - raza que fue y es el exponente del desarrollo cultural de la Humanidad- donde se verifica todo eso con mayor claridad. A medida que el Destino nos proyecta a situaciones especiales, las facultades que poseemos comienzan a desenvolverse y a hacerse manifiestas. Las civilizaciones fundadas casi siempre son fijadas por el suelo, el clima y por los hombres vencidos, siendo este ultimo factor casi el más decisivo. Cuanto más primitivos los recursos técnicos para un trabajo cultural, más necesario es el auxilio de las fuerzas humanas, que, conjugadas y bien aplicadas, tendrán que sustituir la energía de la máquina. Sin tal posibilidad de emplear gente inferior, el ario nunca habría podido dar los primeros pasos hacia su civilización, del mismo modo que, sin la ayuda de animales apropiados, poco a poco domados por él, nunca habría alcanzado una técnica, gracias a la cual va pudiendo dispensar a los animales. El dicho: "El negro que ha hecho su tarea, se puede retirar" 1, posee desgraciadamente una profunda significación. Durante milenios el caballo tuvo que servir y ayudar al hombre en ciertos trabajos en los que ahora el motor lo suplantó, lo que dispensó perfectamente al caballo. De aquí en pocos años éste habrá cesado toda su actividad. Sin embargo, sin su cooperación inicial, el hombre sólo difícilmente habría llegado al punto en el que se encuentra hoy.

Una de las condiciones más esenciales para la formación de culturas elevadas fue siempre la existencia de elementos raciales inferiores, porque únicamente ellos podían compensar la falta de medios técnicos, sin los cuales ningún desarrollo superior sería concebible. Seguramente la primera etapa de la cultura humana se basó menos en el empleo del animal que en los servicios prestados por hombres de raza inferior.

Primero fue la escolarización de los pueblos vencidos; luego vino el animal, y no viceversa, como muchos suponen; antes fue el vencido quien debió tirar del arado y sólo después de él vino el caballo. Únicamente los fanáticos pacifistas pueden ser capaces de considerar esto como un signo de iniquidad, sin darse cuenta de que ese proceso evolutivo debió realizarse para llegar al final a aquel punto desde el cual los apóstoles pacifistas propagan hoy sus disparatadas concepciones.

El progreso de la Humanidad semeja el ascenso por una escalera sin fin, donde no se puede subir sin haberse servido antes de los primeros peldaños. El ario debió seguir el camino que la realidad le señalaba y no aquel otro que cabe en la fantasía de un moderno pacifista. El camino de la realidad es duro y espinoso, pero sólo él conduce a la finalidad con la que los pacifistas sueñan alejándose, sin embargo, cada vez más la Humanidad del ideal soñado.

No es, por tanto, por mera casualidad que las primeras civilizaciones hayan nacido allí, donde el ario, encontrando pueblos inferiores, los sometió a su voluntad; fueron éstos los primeros instrumentos al servicio de una cultura en formación.

Se hallaba precisado con claridad el camino que el ario tenía que seguir. Como conquistador sometió a los hombres de raza inferior y reguló la ocupación práctica de éstos bajo sus órdenes, conforme a su voluntad y de acuerdo a sus fines. Mientras conducía de esta manera a los vencidos para un trabajo útil, aunque duro, el ario cuidaba no solamente sus vidas, proporcionándoles tal vez una suerte mejor que la anterior, cuando gozaban de la llamada "libertad". Mientras el ario mantuvo sin contemplaciones su posición señorial fue no sólo realmente el soberano, sino también el conservador y el propagador de la cultura, dado que ésta depende exclusivamente de la capacidad de los conquistadores y de su propia conservación. En el momento en que los propios vencidos comenzaron a elevarse desde el punto de vista cultural, aproximándose también a los conquistadores, mediante el idioma, se derrumbó la vigorosa barrera entre el señor y el siervo. El ario sacrificó la pureza de sangre, perdiendo así el lugar en el Paraíso que él mismo había preparado. Sucumbió con la mezcla racial; perdió paulatinamente su capacidad creadora, hasta que comenzó a parecerse más a los indígenas sometidos que a sus antepasados, y eso no sólo intelectual sino también físicamente. Pudo disfrutar todavía de los bienes ya existentes de la civilización, pero luego sobrevino la paralización del progreso y el hombre se olvidó de su origen. Es de este modo como contemplamos la ruina de las civilizaciones y reinos, que ceden el lugar a otras formaciones.

La mezcla de sangre y, por consiguiente, la decadencia racial es las únicas causas de la desaparición de viejas culturas: **pues los pueblos no mueren como consecuencia de guerras perdidas, sino debido a la anulación de aquella fuerza de resistencia que sólo es propia de la sangre incontaminada.**

Todo lo que en el mundo no es buena raza, es cizaña. Los acontecimientos de la Historia Universal son una manifestación externa del instinto de conservación de las razas, en el buen o mal sentido.

Si se inquieren las causas profundas de la importancia predominante del arianismo, se puede responder que esa importancia no radica precisamente en un vigoroso instinto de conservación, pero sí en la forma peculiar de la manifestación de ese instinto. Subjetivamente considerada, el ansia de vivir se revela con igual intensidad en todos los seres humanos y difiere sólo en la forma de su efecto real. El instinto de conservación en los animales más primitivos se limita a la lucha por la propia existencia. El egoísmo - definición que damos a tal tendencia- en esos animales llega a limitarse a las preocupaciones del momento, que absorben todo, no reservando nada para las horas futuras. En ese estado, el animal vive exclusivamente para sí, procura el alimento sólo para matar el hambre en el instante y sólo lucha por la propia vida. En cuanto, sin embargo, el instinto de conservación se manifiesta apenas de esta manera, es que falta completamente la base para la formación de una comunidad, incluso bajo la forma más elemental, **la familia.** Ya el hecho de la convivencia entre el macho y la hembra, por sobre el marco del simple ayuntamiento, supone una amplificación del instinto de conservación natural, por el cuidado y la lucha que, más allá del propio "yo", incluye también a la pareja. El macho, a veces, procura a su vez alimento para la hembra; lo más frecuente es que ambos lo busquen para las crías. Casi siempre el uno ayuda al otro a defenderse de modo que aquí aparecen, aunque muy primitivas, las primeras formas del espíritu de sacrificio. Desde el momento en que este espíritu de sacrificio sale del marco estrecho de la familia, nace la condición inherente a la formación de asociaciones más o menos vastas y, por último, la formación de los Estados mismos.

Sólo en mínima escala existe esta facultad entre los seres humanos primitivos, de tal suerte que ésos no pasan de la etapa de la formación de la familia. Cuanto mayor sea la disposición para supeditar los intereses de índole puramente personal, tanto mayor será también la capacidad que tenga el hombre para establecer vastas comunidades.

Este espíritu de sacrificio, dispuesto a arriesgar el trabajo personal, y si es necesario la propia vida en servicio de los demás, está indudablemente más desarrollado en el elemento de la Raza aria que en el de cualquier otra. No sólo sus cualidades enaltecen la personalidad del ario, sino también la medida en la cual está dispuesto a poner toda su capacidad al servicio de la comunidad. El instinto de conservación ha alcanzado en él su forma más noble al subordinar su propio yo a la comunidad y llegar al sacrificio de la vida misma en la hora de la prueba.

La razón de la facultad civilizadora y constructora del ario no reside en las dotes intelectuales. Si nada poseyese fuera de eso, sólo podría actuar como destructor, nunca, sin embargo, como organizador, pues la significación intrínseca de toda organización reposa sobre el principio del sacrificio que cada individuo hace de sí mismo y de sus intereses personales en provecho de una pluralidad de personas. Sólo después de trabajar por los demás, recibe aquél la parte que le corresponde. No trabaja directamente para sí, sino que se incorpora, con su trabajo, al cuadro general de la colectividad, deseando no su propio beneficio, sino el bien de todos. La ilustración más admirable de semejante disposición la encontramos en la palabra "trabajo"; que para él no representa en absoluto una actividad referida solamente a la mantención del individuo, sino una creación que no se opone a los intereses de la colectividad. En caso contrario, cuando las acciones humanas sólo atienden al instinto de conservación, sin tener en cuenta el bien del resto del mundo, el ario las llama: hurto, usura, robo, asalto, etcétera.

Tal disposición, que cede el interés del propio "yo" a la conservación de la comunidad, es realmente la condición indispensable para la existencia de toda civilización humana. Sólo ella podrá crear las grandes obras de la Humanidad, que al fundador tan pocas recompensas comportan, siendo, sin embargo, las mayores bendiciones para las generaciones futuras. Solamente ese sentimiento es el que explica cómo es que tantos individuos pueden soportar honestamente una existencia miserable que sólo les impone pobreza y humillación, pero consolida para la colectividad las bases de la existencia. Cada obrero, cada campesino, cada inventor, cada funcionario que va trabajando, sin llegar ni una vez a la felicidad o al bienestar, es un exponente de ese elevado ideal, aunque nunca llegue a penetrar el sentido profundo de su proceder.

Lo que es cierto, en lo que digo respecto al trabajo como base de crecimiento y de todo progreso humano, se aplica todavía mucho más tratándose de la preservación del hombre y su cultura. El fondo de todo espíritu de abnegación reside en el sacrificio de la propia vida individual en pro de la existencia colectiva. Sólo así se puede impedir que manos criminales o la propia Naturaleza destruyan aquello que fue obra de manos humanas. Nuestra lengua posee justamente un término que define espléndidamente el modo de actuar en ese sentido: es el "cumplimiento del deber" z. Significa ello no contentarse el individuo solamente consigo mismo, sino procurar servir a la colectividad.

El criterio fundamental del cual emana este modo de obrar lo denominamos - por oposición al egoísmo- idealismo. Bajo este concepto entendemos únicamente el espíritu de sacrificio del individuo en favor de la colectividad, en favor de sus semejantes.

Es necesario proclamar repetidamente que el idealismo no significa una superflua manifestación sentimental. Fue y será siempre, en verdad, la condición primordial para lo que denominamos "civilización". Fue ese idealismo el creador del concepto "hombre". Es a esa tendencia interior a la que el ario debe suposición en el mundo, es también a ella a la que debe su existencia de hombre superior. El idealismo fue el que, del espíritu puro, plasmó la fuerza creadora, cuya obra - los monumentos culturales- brotó en un consorcio singular entre la violencia inevitable y la inteligencia genial.

Sin las tendencias del idealismo, incluso las facultades más brillantes no pasarían de una abstracción, pura apariencia exterior, sin valor intrínseco, nunca pudiendo resultar en fuerza creadora.

Como, entre tanto, el idealismo genuino no es ni más ni menos que la subordinación de los intereses y de la vida del individuo a la colectividad, eso también, a su vez, establece las condiciones para nuevas organizaciones de toda clase. Ese sentimiento, en su interior, corresponde a la voluntad más imperiosa de la Naturaleza. Sólo el idealismo es el que conduce a los hombres a reconocerse espontáneamente el privilegio de la fuerza y del vigor, haciendo de ellos mismos (del individuo) una polvareda insignificante en aquella organización que forma y construye el Universo. El idealismo más puro se reviste así inconscientemente del más profundo conocimiento.

Cuánto de cierto es esto, cuánto de inexistente es la relación entre el idealismo real y las fantasmagorías de un juego inoperante resulta a primera vista, por ejemplo, en el juicio de un niño puro, de un muchacho sano. El mismo joven que escucha, sin interés y con repugnancia, las retahílas interminables de un "pacifista idealista", se alista para dar su vida por el Ideal de su comunidad nacional.

Inconscientemente obedece ahí al instinto, que reconoce la necesidad recóndita de la conservación de la especie, a costa del individuo. Si fuera preciso, protestará contra las fantasías del orador pacifista, que, realmente, en su papel de egoísta enmascarado y cobarde, peca directamente contra las leyes de la superación, condicionada por la disposición al sacrificio del individuo en pro de la especie, y no por visiones mórbidas de sabihondos cobardes y críticos de la Naturaleza.

Justamente en épocas en las cuales el verdadero sentimiento idealista amenaza desaparecer, nos es posible comprobar, de una manera simultánea, la disminución de aquella fuerza que forma la comunidad y proporciona así las condiciones inherentes a la cultura. Tan pronto como el egoísmo impera en un pueblo, se deshacen los vínculos del orden y los hombres, guiados por la ambición del bienestar personal, se precipitan del Cielo al Infierno.

La posteridad olvida a los hombres que laboraron únicamente en provecho propio y glorifica a los héroes que renunciaron a su felicidad personal.

El antípoda del ario es el judío. Ningún otro pueblo del mundo posee un instinto de conservación más poderoso que el del llamado "pueblo elegido". Ya el simple hecho de la existencia de esta raza podría servir de prueba cierta para esta verdad. ¿Qué pueblo, en los últimos dos milenios, sufrió menos alteraciones en su disposición intrínseca, en su carácter, etcétera, que el pueblo judío? ¿Qué pueblo, en fin, sufrió mayores trastornos que éste, saliendo, sin embargo, siempre librado en medio de las más violentas catástrofes de la Humanidad? ¡La voluntad de vivir, de una resistencia infinita para la conservación de la especie, habla a través de estos hechos!

Sus cualidades intelectuales han sido ejercitadas en el curso de los milenios. Él pasa hoy por "inteligente" y lo fue siempre, pero hasta un cierto punto. Por otra parte, su comprensión no es el producto de la evolución propia, sino de la pura imitación. El espíritu humano no consigue superar alturas, sin pasar por peldaños; para cada paso ascendente se necesita del fundamento del pasado, en aquel sentido amplio que sólo en la cultura general puede transparentarse. Apenas una pequeña parte del pensamiento universal reposa sobre el conocimiento propio; la mayor parte es debida a las experiencias de épocas precedentes. El nivel cultural corriente le proporciona al individuo - sin que muchas veces él mismo se dé cuenta de ello- un cúmulo tal de conocimientos preliminares que con este bagaje queda habilitado para poder encaminarse por sí solo. El muchacho de hoy, por ejemplo, crece rodeado por una infinidad de inventos técnicos de los últimos siglos, de tal manera que muchas cosas -un enigma, hace cien años, para los espíritus más adelantados- le son sabidas. Incluso, si un cerebro genial de la segunda década del siglo pasado se levantara de su tumba, encontraría mayor dificultad en orientarse en el tiempo actual. En cambio, no sucede así hoy con un muchacho de quince años de inteligencia mediana. Al resucitado le faltaría toda la formación previa, interminable, casi inconscientemente absorbida por nuestro contemporáneo durante su período de crecimiento, en medio de las manifestaciones de la civilización en general. Como el judío -por motivos que saltan a primera vista- jamás poseyó una cultura propia, los fundamentos de su obra intelectual siempre fueron tomados de fuentes ajenas a su raza, de modo que el desarrollo de su intelecto tuvo lugar en todos los tiempos dentro del ambiente cultural que lo rodeaba.

Nunca se produjo el fenómeno inverso.

Porque si bien el instinto de conservación del pueblo judío no es menor, sino más bien mayor que el de otros pueblos, y aunque también sus aptitudes intelectuales despiertan la impresión de ser iguales a las de las demás razas, en cambio, le falta en absoluto la condición esencial inherente al pueblo culto: el sentido idealista.

El espíritu de sacrificio del pueblo judío no va más allá del simple instinto de conservación del individuo. Su aparente gran sentido de solidaridad no tiene otra base que la de un instinto gregario muy primitivo, tal como puede observarse en muchos otros seres de la Naturaleza. Notable en este sentido es el hecho de que **ese instinto gregario conduce al apoyo mutuo únicamente mientras un peligro común lo aconseje conveniente o indispensable.** La misma manada de lobos que, en determinado momento, asalta en común a su presa, se dispersa de nuevo tan pronto como acaba de saciar el hambre. Lo mismo hacen los caballos, que juntos procuran defenderse de un ataque, para dispersarse una vez desaparecido el peligro.

Análogo es el caso del judío. Su espíritu de sacrificio es sólo aparente y se manifiesta mientras la existencia de cada cual lo exige perentoriamente. Entre tanto, una vez vencido el enemigo común y alejado el peligro que a todos amenazaba, cesa la aparente armonía

de los judíos entre sí, para nuevamente evidenciarse las tendencias primitivas. El judío sólo conoce la unión cuando es amenazado por un peligro general; desapareciendo este motivo, las señales del egoísmo más crudo surgen en primer plano, y el pueblo, antes unido, de un instante al otro se transforma en una manada de ratas feroces.

Si los judíos fuesen los habitantes exclusivos del mundo, no sólo morirían ahogados en suciedad y porquería, sino que intentarían exterminarse mutuamente, teniendo en cuenta su indiscutible falta de espíritu de sacrificio, reflejado en su cobardía.

Es pues un error fundamental deducir que por la sola circunstancia de asociarse para la lucha o, mejor dicho, para la explotación de los demás, tengan los judíos un cierto espíritu idealista de sacrificio. Tampoco en esto impulsa al judío otro sentimiento que el del puro egoísmo individual. Por eso también el Estado judío -debiendo ser el organismo viviente destinado a la conservación o multiplicación de una raza- constituye, desde el punto de vista territorial, un Estado sin límite alguno. Porque la circunscripción territorial determinada de un Estado supone en todo caso una concepción idealista de la raza que lo constituye y, ante todo, supone tener una noción cabal del concepto trabajo. En la misma medida en que se carece de este criterio, falla también toda tentativa de formar y hasta de conservar un Estado territorialmente limitado. Con eso desaparece el fundamento único del origen de una civilización.

En consecuencia, le falta a ese Estado la base primordial sobre la cual puede erigirse una cultura, porque la aparente cultura que posee el judío no es más que el acervo cultural de otros pueblos, corrompido ya en gran parte por las mismas manos judías.

Al juzgar el judaísmo desde el punto de vista de su relación con el problema de la cultura humana, no se debe olvidar, como una característica esencial, que jamás existió, ni puede existir, un arte judío y que las dos reinas entre las artes -la Arquitectura y la Música- nada de espontáneo le deben. Lo que tiene realizado en el terreno artístico es o fanfarronería verbal o plagio espiritual. Además de eso, le faltan al judío todas aquellas cualidades que distinguen a las razas privilegiadas desde el punto de vista creador y cultural.

Hasta qué punto el judío imita la civilización extraña, deformándola, está probado por el hecho de ser el arte dramático el que más le atrae, siendo como es, el que menos depende de la invención personal. Incluso en esa especialidad, el judío no pasa realmente de ser un "cómico ambulante"; mejor todavía, un titiritero, faltándole la inspiración para las grandes realizaciones; nunca es constructor genial, sino, un puro imitador. Los pequeños trucos utilizados por él no pueden sin embargo engañar a nadie, encubriendo la falta de vitalidad intrínseca de su talento. Sólo la prensa judía, que presta su apoyo encubriendo fallas y entonando, incluso sobre el cómico más mediocre, un himno tal de "alabanzas", hace que el resto del mundo acabe suponiendo que se trata de un verdadero artista, cuando es apenas un miserable comediante. No. El judío no posee fuerza alguna susceptible de construir una civilización y eso por el hecho de no poseer, ni nunca haber poseído, el menor idealismo, sin el cual el hombre no puede evolucionar en un sentido superior. Ésta es la razón por la que su inteligencia nunca construirá ninguna cosa; por el contrario, actuará sólo destruyendo. Cuanto más, podrá dar un incentivo pasajero, llegando entonces a ser algo así como un prototipo de una "fuerza que, aun deseando el mal, hace el bien". No por él, sino a pesar de él, se va realizando, de algún modo, el avance de la Humanidad.

Como el pueblo judío nunca poseyó un Estado con una circunscripción territorial determinada y tampoco, en consecuencia, tuvo una cultura propia, surgió la creencia de que se trataba de un pueblo que cabía clasificarlo entre los nómadas. Éste es un error tan profundo como peligroso. El nómada vive indudablemente en una circunscripción territorial definida, sólo que no cultiva el suelo como campesino arraigado, sino que vive del producto de su ganado, peregrinando como pastor en sus territorios. La razón determinante de este modo de vivir hay que buscarla en la escasa fertilidad del suelo, que no le permite radicarse en un lugar fijo. A veces se produce un desacuerdo entre la civilización técnica de una época o de un pueblo y la pobreza natural del lugar habitado. Hay regiones donde el ario, solamente por el desarrollo de su técnica milenaria, consigue, en colonias aisladas, apoderarse de las tierras y extraer de ellas los elementos necesarios para su sustento. Si no fuese por esa técnica, tendría que alejarse de aquellos parajes, viviendo de la misma manera que el nómada, en constante peregrinación. Pero su educación de milenios, y su hábito de vida establecida, hacen que encuentre semejante solución completamente insoportable. Recordemos que cuando se descubrió el Continente Americano, numerosos arios luchaban por la vida como armadores de trampas, cazadores, etcétera, y esto frecuentemente en grupos, con mujer e hijos, mudando siempre de paradero, en una vida semejante a los nómadas. Después, sin embargo, cuando su número, demasiado elevado, así como los recursos más perfeccionados, le permitieron cultivar el suelo virgen y resistir a los indígenas, comenzó a surgir en el país una colonia detrás de otra.

Es probable que el ario también haya sido primero nómada y que, después, con el devenir del tiempo, se haya establecido. ¡Pero nunca lo hizo el judío! No, el judío no es un nómada, pues hasta el nómada tuvo ya una noción definida del concepto "trabajo", que habría podido servirle de base para una evolución ulterior, siempre que hubiesen concurrido en él las condiciones intelectuales necesarias. El idealismo, como sentimiento fundamental, no cabe en el judío, ni siquiera enormemente apagado; es por esto que, en todos sus aspectos, el nómada podrá parecer extraño a los pueblos arios, pero nunca desagradable. Eso no sucede con el judío. Éste nunca fue nómada y sí un parásito en el organismo nacional de otros pueblos, y si alguna vez abandonó su campo de actividad, no fue por voluntad propia, sino como resultado de la expulsión que, de tiempo en tiempo, sufriera de aquellos pueblos de cuya hospitalidad había abusado. "Propagarse" es una característica típica de todos los parásitos, y es así como el judío busca siempre un nuevo campo de nutrición.

Con el nomadismo eso nada tiene que ver, porque el judío no piensa en absoluto abandonar una región por él ocupada, quedándose allí, fijándose y viviendo tan bien acomodado, que incluso la fuerza difícilmente logra expulsarlo. Su expansión, a través de los países siempre nuevos, sólo se inicia cuando en ellos se dan las condiciones necesarias para asegurarles la existencia, sin tener necesidad de cambiar de asentamiento como el nómada. El judío es y será siempre el parásito típico, un bicho, que, como un microbio nocivo, se propaga cada vez más, cuando se encuentra en condiciones adecuadas. Su acción vital se parece a la de los parásitos de la Naturaleza. El pueblo que le hospeda será exterminado con mayor o menor rapidez.

Así vivió el judío, en todas las épocas, en los estados ajenos, formando allí su propio "Estado". Allí vive, en aparente paz, hasta que circunstancias externas desenmascaran su pretendida "comunidad religiosa". Una vez que adquiera bastante fuerza para prescindir de tal disfraz, dejará caer el velo y se descubrirá aquello que los no judíos no querían ver ni creer: el judío.

En la vida parasitaria que lleva el judío, incrustado en el cuerpo de naciones y estados, está la razón de eso que un día indujera a Schopenhauer a exclamar que el judío es el "gran maestro del embuste". La vida empuja al judío a la mentira incesante, de la misma manera que obliga al hombre del norte a vestir ropa de abrigo.

Su vida en medio de otros pueblos puede prosperar sólo si logra imponer en ellos la creencia de que, en su caso, no se trata de un pueblo, sino de una "comunidad religiosa". Ésta es, por cierto, su primera gran mentira.

Para poder vivir como parásito de naciones tiene que recurrir el judío a la mixtificación de su verdadero carácter. Ese juego resultará tanto más cabal cuanto más inteligente sea el judío que lo ponga en práctica, y hasta es posible que una gran parte del pueblo que le concede hospitalidad llegue a creer seriamente que el judío es en verdad un francés, un inglés, un alemán o un italiano, con la sola diferencia de la religión. Las víctimas más frecuentes de tan infame fraude serán los funcionarios oficiales que siempre son influenciados por esa mixtificación ya histórica, universal. El pensamiento "independiente", en tales círculos, deviene un verdadero pecado contra la vida, de manera que nadie se debe admirar que, por ejemplo, un Secretario de Estado en Baviera no tenga la más ligera sospecha de que los judíos constituyen **un pueblo** y **no una** secta **religiosa**. Además, basta una mirada sobre la prensa dominada por los judíos y el judaísmo, para revelar tal verdad incluso al espíritu más pobre.

El judaísmo nunca fue una religión, sino un pueblo con características raciales bien definidas. Para progresar tuvo que recurrir bien temprano a un medio para distraer la sospecha que pesaba sobre sus congéneres. ¿Qué medio más conveniente y más inofensivo que la adopción del concepto de "comunidad religiosa"? Pues bien, aquí también todo es prestado o, mejor dicho, robado. La personalidad primitiva del judío, por su misma naturaleza, no puede poseer una organización religiosa, debido a la ausencia completa de un ideal y, por eso mismo, de la creencia en la vida futura. Desde el punto de vista ario, es imposible imaginarse, de cualquier forma, una religión sin la convicción de vida después de la muerte. En verdad, el Talmud tampoco es un libro de preparación para el otro mundo, pero sí para una vida presente dominante y práctica.

La doctrina judaica es, en primer lugar, una guía para aconsejar la conservación de la pureza de la sangre, así como la regulación de las relaciones de los judíos entre sí, y más aún, con los no judíos; esto es, con el resto del mundo. No se trata en absoluto de problemas morales y sí de cuestiones económicas, muy elementales. Existen hoy y ya existieron en todos los tiempos estudios bastante profundos sobre el valor ético de la enseñanza de la doctrina judaica, especie de religión que, a los ojos de los arios, parece, por decir lo menos, escabrosa (tales estudios no han provenido de la iniciativa de los judíos, ya que, de ser así, se habrían adaptado hábilmente al fin propuesto). Del producto de esa educación "religiosa", el propio judío es su mejor exponente. Su vida sólo se limita a esta tierra.

En cuanto a nuestro actual "cristianismo político", éste se rebaja a mendigar votos judíos en las elecciones, procurando acomodar sus combinaciones prácticas con los partidos ateos de los judíos. Y todo eso en detrimento del propio carácter nacional. En una secuencia lógica, se amontonan siempre nuevas mentiras sobre la gran mentira inicial, a saber: que el judaísmo no es una raza, sino una religión. La mentira se extiende igualmente a la cuestión del idioma de los judíos; éste no les sirve de vehículo para la expresión, pero sí de máscara para sus pensamientos. Hablando francés, su modo de pensar es judío; componiendo versos en alemán no hace sino transparentar el espíritu de su raza.

Mientras el judío no se convierte en señor de los otros pueblos, está obligado, quiérase o no, a hablar las lenguas de aquéllos. En el momento, sin embargo, que éstos se vuelven sus vasallos, tienen que aprender todo un idioma universal (por ejemplo el Esperanto), a fin de ser dominados de esta forma más fácilmente por el judaísmo.

Los protocolos de los sabios de Sión, tan detestados por los judíos, muestran, de una manera incomparable, hasta qué punto la existencia de ese pueblo está basada en una mentira ininterrumpida. "Los Protocolos son falsificados", gime siempre de nuevo el Frankfurter Zeitung, lo que constituye una prueba más de que todo es verdad. Lo que muchos judíos tal vez hagan inconscientemente, se encuentra aquí al descubierto. Pero el punto capital es que no importa en absoluto saber de qué cerebro judío provienen tales revelaciones. Lo decisivo es la manera por la cual esas revelaciones se hacen realidad, con una seguridad impresionante. La mejor comprobación de esos escritos la proporciona entre tanto la propia realidad. Quien examine la evolución histórica del último siglo, desde el prisma de este libro, comprenderá también los ataques de la prensa judía, pues el día en que ese documento sea conocido por todo el mundo, se habrá neutralizado el peligro del judaísmo.

Para conocer bien al judío, el mejor medio es estudiar el camino seguido por él en el seno de otros pueblos y en el devenir de los siglos. Basta para eso estudiar un solo ejemplo, que nos será bastante instructivo. Como su evolución, siempre y en todos los tiempos, fue la misma, como también los pueblos por él devorados son semejantes, sería aconsejable en un estudio de esta clase dividir esa marcha de su evolución en períodos definidos, que marcaré con letras para simplificar.

Los primeros judíos llegaron a las tierras de Germania durante la invasión de los romanos, y como siempre en calidad de mercaderes. Luego, en las contrainvasiones germanas, desaparecieron sólo aparentemente, de tal forma que se puede considerar la época de la organización de los primeros Estados germánicos como el comienzo de una nueva y definitiva judaización del centro y norte de Europa. El proceso del desarrollo, que se inicia siempre que elementos judíos se enquistan en los pueblos arios, dondequiera que sea, tiene siempre las mismas o parecidas características.

a) Con el establecimiento de las primeras colonizaciones, hace el judío súbitamente su aparición. Llega como negociante, y, al principio, no se preocupa en disfrazar su nacionalidad. Todavía es un judío, tal vez en parte también porque, exteriormente, la diferenciación racial entre él y el pueblo huésped es demasiado grande; además, su conocimiento del idioma es defectuoso. Las gentes de la tierra son muy sensibles como para permitirle aparecer bajo otro aspecto que el de un comerciante extranjero. Con su habilidad insinuante y la inexperiencia del anfitrión, la conservación de su personalidad no representa para él ninguna desventaja; por el contrario, será amablemente recibido en su calidad de extranjero.

b) Paulatinamente se introduce en la vida económica, no como productor, sino exclusivamente como intermediario. Su habilidad mercantil, de experiencia milenaria, lo coloca en un plano de gran superioridad con relación al ario, todavía ingenuo e ilimitadamente sincero. De esta forma, en poco tiempo, el judío amenaza adquirir el monopolio del comercio. Comienza por prestar dinero, y, como siempre, con intereses usurarios. En verdad, fue él quien introdujo el interés. El peligro de esa nueva invención, al principio, no es reconocido, siendo incluso acogida con entusiasmo por las ventajas momentáneas que ofrece.

c) El judío se establece completamente; esto es, habita en ciudades y pueblos, barrios especiales, formando cada vez más un Estado propio dentro del Estado. Considera el comercio y todos los negocios financieros como su privilegio personal, que explota sin ningún escrúpulo.

d) Los negocios bancarios y el comercio acaban por ser su monopolio exclusivo. El tipo de interés usurario que cobra acaba provocando resistencias, excita indignación su creciente descaro y su riqueza mueve a envidia. La medida se colma cuando la propiedad de la tierra también ingresa en el círculo de sus objetivos comerciales, siendo convertida en mercancía vendible apta para ser negociada. Como el judío nunca cultiva la tierra, que para él representa sólo un objetivo más de especulación, el campesino puede quedar viviendo allí, pero tan miserablemente oprimido por su nuevo señor, que la aversión contra aquél se va poco a poco convirtiendo en odio declarado 6. Su tiranía expoliadora llega a tal punto que se producen reacciones violentas contra él. Se comienza a examinar, cada vez más de cerca, a ese ser extraño, descubriéndose en él siempre nuevos trazos y aspectos repelentes, hasta que la separación completa se opera. En las épocas de las mayores privaciones, la furia, al final, se desata contra él; las masas explotadas y completamente aniquiladas recurren a la defensa propia, para librarse del "Flagelo del Demonio". En el correr de los siglos, ya descubrieron otros pueblos que la simple existencia del judío es una calamidad equivalente a la peor peste.

e) Entonces comienza el judío a descubrir sus cualidades genuinas. Gracias a la lisonja más abyecta, consigue aproximarse a los Gobiernos, hace trabajar su dinero y, de este modo, consigue siempre una "carta blanca" para la explotación de sus víctimas. Incluso, cuando en ocasiones la ira popular se vuelve violenta contra la eterna sanguijuela, no le impide en absoluto aparecer en el lugar abandonado hace poco y volver a empezar la vida de antes. Ninguna persecución es capaz de apartarlo de sus métodos de explotación humana, ya que si se le expulsa, pronto vuelve a aparecer siendo el mismo de antes.

Para evitar por lo menos lo peor, se comienza a proteger el suelo contra la garra del judío, dificultándole la adquisición de terrenos.

f) Cuanto más aumenta el poder de las Casas dinásticas, mayor es su empeño en acercarse a ellas. Mendiga "privilegios", que fácilmente obtiene, a cambio del préstamo a estos señores en constantes dificultades financieras. En pocos años recupera, con intereses sobre intereses, el dinero prestado. Es una verdadera sanguijuela que se agarra al cuerpo del infeliz pueblo sin apartarse hasta que los príncipes precisen nuevamente de dinero y se encarguen de arrebatarle todo, recuperando así la sangre que les han chupado. Tal espectáculo se repite siempre, siendo el papel de los príncipes alemanes tan miserable como el de los propios judíos. Fueron, efectivamente, ante su pueblo, el "Castigo de Dios". Aquellos señores no encuentran paralelo sino en varios ministros de la época actual.

A sus príncipes es a los que la Nación alemana debe el no haber podido liberarse por completo del peligro judaico. Desgraciadamente, las cosas no se modificaron posteriormente, de modo que del judío sólo recibieron el pago mil veces merecido por los errores cometidos contra su pueblo. ¡Se aliaron con el diablo, y fueron a parar donde él está!

g) Es de esta manera cómo su proceso de seducción ha llevado a los príncipes a la ruina. Despacio, pero seguro, se van destruyendo los lazos que los ligan a sus pueblos, ya que en la medida en que dejan de servir a los intereses de éstos, se transforman en explotadores de los mismos.

El judío conoce perfectamente el final reservado a los príncipes y procura, por todos los medios, encadenarlos. Él mismo alimenta sus eternos apuros financieros, apartándoles cada vez más de sus verdaderos deberes, rodeándolos con la más vil adulación, conduciéndoles hacia los errores y volviéndose cada vez más indispensable para aquellos. Con habilidad, o mejor, con su falta de escrúpulos en todas las cuestiones financieras, se las sabe arreglar para obtener siempre nuevas ganancias de los explotados. Es así que cada Monarca posee su "Judío de la Corte" como se denominan esos entes abominables que atormentan al pobre pueblo hasta la desesperación, proporcionando a sus príncipes desenfreno perenne.

¿Quién se admirará, entonces, de que esos vampiros del género humano suban también, por fin, hasta la altura de la nobleza hereditaria, contribuyendo así no sólo a exponerla al ridículo, sino también a envenenarla?

Entonces, él podrá aprovecharse de esta situación para facilitar su progreso.

Por último, no necesita más que dejarse bautizar para entrar en posesión de todas las ventajas y derechos de los hijos del país. El judío hace con bastante frecuencia este negocio para beneplácito, por una parte, de la Iglesia que celebra la ganancia de un nuevo feligrés y, por otra, de Israel, que se siente satisfecho del fraude consumado.

h) En el mundo judaico se inicia entonces una metamorfosis. Hasta ahora fueron judíos, esto es, no hacían empeño por disimularlo, y también era imposible hacerlo dados los rasgos raciales tan característicos. Aun en tiempos de Federico el Grande a nadie se le habría ocurrido ver en los judíos otra cosa que un pueblo "extraño". El mismo Goethe se horrorizaba ante la idea de que en el futuro la ley no prohibiese el matrimonio entre cristianos y judíos. ¡Por Dios!, que Goethe no ha sido ni un reaccionario ni un ilota. Lo que expresó no fue más que la voz de la sangre y de la razón. Pese a los vergonzosos manejos de las cortes, el pueblo se percató intuitivamente de que el judío es un cuerpo extraño en el organismo nacional, y lo trató como tal.

Pero debió cambiar este estado de cosas. En el transcurso de más de un milenio ha llegado el judío a dominar en una medida tal el idioma del pueblo que le da hospitalidad, que cree poder camuflar mucho más que antes su semitismo y, en cambio, simular más su "germanismo'. Por más ridículo, incluso extravagante que pueda parecer esto a primera vista, se le permite el atrevimiento de transformarse en un "Germano", esto es, en un "Alemán". Con esto se produce el caso de una de las mistificaciones más infames que se pueda imaginar. No posee de alemán nada, y sí el arte de maltratar de una manera horrible la lengua alemana, con la cual, sin embargo, nunca se identificó. Toda su nacionalidad alemana se reduce exclusivamente al habla. La raza no radica en el idioma, sino exclusivamente en la sangre; una verdad que nadie conoce mejor que el judío mismo, pues es él quien justamente da poca importancia a la conservación de su idioma, en tanto que le es capital el mantenimiento de la pureza de su sangre.

Una persona puede, sin más, mudar su idioma; quiero decir, puede servirse de otra lengua; pero allí seguirá siempre expresando sus ideas antiguas; su naturaleza íntima no ofrecerá alteración. El judío es el mejor exponente de ese fenómeno. Habla varias lenguas y se mantiene siempre judío. Sus trazos característicos se conservarán siempre iguales, aunque hubiera hablado latín hace dos mil años, como comerciante de cereales en Ostia, o que hoy hable un alemán horrible, como comerciante que se enriquece a costa del trigo. ¡Es siempre el mismo judío! Que esta verdad evidente no sea comprendida hoy en día por un consejero ministerial o por un funcionario superior de policía no es de extrañar, pues es difícil encontrar persona más poco intuitiva y más sin espíritu que los servidores de nuestra administración oficial, en los tiempos que corren.

La razón por la cual el judío se decide a convertirse de un momento a otro en un "alemán" surge a la vista. Él siente que el poder de los príncipes ha comenzado a decrecer y procura, por eso, obtener una base sólida donde apoyar los pies. Además de eso, ya es tan vasta su dominación del mundo económico por el poder del dinero, que se le hace necesario poseer todos los derechos del ciudadano, para consolidar así el más colosal edificio por él creado. Cuanto más alto sube, más tentador le parece el antiguo fin ideado. Es con un ansia febril con la que los más maquiavélicos cerebros judaicos ven aproximarse nuevamente el sueño del dominio universal, ya casi realizado. Su aspiración actual tiende a la adquisición del goce pleno de los derechos del "ciudadano". Intenta así rebasar las fronteras del ghetto.

i) De este modo el "judío cortesano" se transforma en "judío nacional", esto es, aun cuando en el círculo de los grandes señores, y procurando cada vez más penetrar en ese círculo, simultáneamente otro sector de su raza se va infiltrando en el pueblo, de modo de mimetizarse e inspira confianza. Cuando se reflexiona sobre la suma de males que, en el correr de los siglos, el judío ha causado al pueblo, desangrándolo y explotándolo; cuando se piensa todavía cómo el pueblo, por eso mismo, llegó a odiarlo, viéndolo como un "castigo del Cielo", se puede pensar en cuán difícil le debe haber resultado al judío adoptar esa nueva actitud de presentarse como "amigo del género humano" ante sus propias víctimas, a las que siempre había estado arrancándoles la piel.

Previamente, empieza por reparar, ante los ojos del pueblo, el daño que hasta aquí le había inferido. Inicia su evolución como "benefactor" de la Humanidad. Para que la actitud bondadosa que ahora resuelve asumir posea una base real, el judío no se puede apegar a la antigua frase bíblica, según la cual la izquierda no debe saber lo que la derecha da. Adopta la práctica de propagar por todas partes su compasión por los sufrimientos de la Humanidad y los esfuerzos que hace personalmente para aliviarlos. Con esa inmodestia que es innata en él proclama con tanto alarde sus merecimientos por el mundo, que todos comienzan a tomarle en serio. Quien no lo hiciera, cometería una gran injusticia. Luego, en corto tiempo, comienza a tergiversar las cosas, presentándose como si siempre hubiese sido él la única víctima de las injusticias de los demás. Algunas gentes excesivamente tontas creen en la patraña y no pueden menos de compadecer al "pobre perseguido".

Además de eso, cabe observar que, a pesar de todos esos "sacrificios", el judío personalmente nunca empobrece. Él sabe arreglárselas. Y se puede comparar su obra benefactora al estiércol, que tampoco se pone en la tierra por amor a ésta, sino en provecho de quien lo utiliza como fertilizante. Así, y en un lapso de tiempo relativamente corto, quedan todos enterados de que el judío se volvió un "benefactor y filántropo" ¡Qué mudanza tan rara!

Lo que en otras personas puede parecer más o menos natural, en el judío despierta la mayor sorpresa, incluso admiración, por no estar de acuerdo sus antecedentes. Es lo que explica encontrar cada uno de sus actos filantrópicos mucho más extraordinarios del que se hubiese practicado por cualquier otra criatura humana.

Algo más todavía: el judío se hace también repentinamente liberal y se muestra un entusiasta del progreso de la Humanidad. Poco a poco llega a hacerse de ese modo el portavoz de una nueva época. Pero lo cierto es que él continúa destruyendo radicalmente los fundamentos de una economía realmente útil al pueblo. Va adquiriendo acciones industriales, con las que se introduce en el círculo de la producción nacional, convirtiéndolas en un objeto de fácil especulación mercantilista, despojando a las industrias y fábricas de su base en la propiedad individual. De aquí nace aquel alejamiento subjetivo entre el patrón y el trabajador, que conduce muy pronto a la división política de las clases sociales.

Al cabo de todo, gracias a la Bolsa, crece con extraordinaria rapidez la influencia del judío en el terreno económico. Asume el carácter de propietario, o por lo menos el de controlador de las fuentes nacionales de producción.

Para reforzar su posición política, el judío trata de eliminar las barreras establecidas en el orden racial y civil que todavía le molestan a cada paso. Se empeña, con la tenacidad que le es peculiar, en favor de la tolerancia religiosa y tiene en la Francmasonería (que cayó completamente en sus manos) un magnífico instrumento para cohonestar y lograr la realización de sus fines. Los círculos oficiales, del mismo modo que las esferas superiores de la burguesía política y económica, se dejan coger insensiblemente en el garlito judío por medio de los lazos masónicos.

Sólo el pueblo o, mejor dicho, la "clase" que, despertando, lucha por sus propios derechos y su libertad, no puede ser conquistada por ese medio (por la Masonería), principalmente en sus capas más profundas. Pero es, sin embargo, la conquista más indispensable. El judío siente que su ascensión a una posición dominadora total sólo será posible si logra controlar las capas populares. No se puede conquistar a fabricantes de guantes y tejidos con los frágiles procedimientos de la Masonería, haciéndose obligatorio introducir medios más rudos, pero no por eso menos eficaces. Junto a la Francmasonería está la prensa como una segunda arma al servicio del judaísmo. Con rara perseverancia y suma habilidad, sabe el judío apoderarse de la prensa, mediante cuya ayuda comienza paulatinamente a cercar, a manejar y a mover el conjunto de la vida pública; porque él está en condiciones de crear y de dirigir aquel poder que bajo la denominación de "opinión pública" conoce hoy mejor que hace algunos decenios. Con todo esto, se presenta siempre como animado por una infinita sed de saber, elogia todo progreso, sobre todo aquél que acarrea la ruina de los demás; pues solamente juzga todo saber y toda evolución en la medida en que le ayudan para la propaganda de su raza. Cuando falta ese objetivo se vuelve enemigo encarnizado de toda libertad, odiando la verdadera civilización. En verdad, sólo utiliza todo el saber aprendido en Universidades ajenas en beneficio de su raza.

Ese espíritu racial el judío lo conserva siempre. Mientras parece desbordarse en ansia de "saber", de "progreso", de "libertades", de "humanidad", etcétera, practica íntimamente un estricto exclusivismo racial. Si bien es cierto que a menudo fomenta el matrimonio de judías con cristianos influyentes, en cambio sabe mantener pura su descendencia masculina. Envenena la sangre de los otros, en tanto que conserva incontaminada la suya propia. Rara vez el judío se casa con una cristiana, pero sí el cristiano con una judía. Los bastardos de tales uniones tienden siempre al lado judío. Ésta es la razón por la cual una parte de la alta nobleza está degenerando completamente. Esto lo sabe el judío muy bien y practica por eso, sistemáticamente, este modo de "desarmar" a la clase dirigente, a sus adversarios de raza. **Para disimular sus manejos y adormecer a sus víctimas no cesa de hablar de la igualdad de todos los hombres, sin diferencia de raza ni color. Los imbéciles se dejan persuadir.**

Dado el hecho de tener su personalidad y apariencia todavía un sello demasiado exótico para poder engañar sin más a las grandes masas populares, le entrega a la prensa la función de representarlo tan diferente de la realidad como fuera necesario, para así servir a la finalidad prevista. Es especialmente en periódicos humorísticos donde se encuentra una tendencia a mostrar a los judíos como un pueblo inofensivo, que tiene sus peculiaridades --como las tienen otros- y que, sin embargo, en sus modales tal vez un tanto extraños denota poseer un alma, posiblemente cómica, pero siempre fundamentalmente honesta y bondadosa. La preocupación dominante es siempre hacer pasar por insignificante lo que es peligroso.

La etapa final de este desarrollo significa la victoria de la democracia, o como el judío la interpreta: la hegemonía del parlamentarismo. Es lo que más satisface a sus necesidades, porque en ese régimen se hace abstracción de la personalidad y se instituye, en su lugar, la preponderancia de la necedad, de la incapacidad y, por último, de la cobardía. El resultado final habría de ser la caída de la Monarquía.

j) El enorme desarrollo económico conduce a una modificación de las clases sociales. Se produce la proletarización del artesano, debido a que las pequeñas industrias manuales van desapareciendo paulatinamente; se le hace a éste cada vez más difícil la posibilidad de asegurarse un medio de vida independiente. Surge el tipo del "obrero de fábrica", cuya característica esencial es la de que no es capaz de llegar, en el ocaso de su vida, a contar con una existencia propia: es un desheredado en el sentido más amplio de la palabra, y sus últimos días son un tormento.

Ya se presentó en otra época una situación parecida, que exigía imperiosa solución. Y ésta fue encontrada. A la clase de los campesinos y artesanos había venido a sumarse la de los empleados, particularmente los del Estado. También éstos eran unos desheredados, en el verdadero sentido de la palabra. El Estado encontró a la postre un remedio contra tan insana situación, instituyendo el sistema de las pensiones, o sea el pago de sueldos en el retiro. Poco a poco siguieron el ejemplo del Estado las empresas particulares, de tal modo que hoy casi todos los empleados regulares de ocupación no manual cuentan con una pensión, naturalmente siempre que la empresa respectiva hubiese adquirido o sobrepasado un cierto grado de desarrollo. Y fue precisamente la garantía para la vejez que ofrecía el Estado a sus servidores, la que pudo fomentar en el funcionario alemán aquella desinteresada lealtad profesional que antes de la guerra constituyera una de las mejores cualidades de la organización administrativa en Alemania.

Obrando así, inteligentemente, fue posible arrancar de la miseria social a toda una clase desposeída de fortuna, para después integrarla en el conjunto de la vida nacional. El mismo problema, pero esta vez en proporciones mucho mayores, se le había vuelto a presentar al Estado y a la Nación. Millones de gentes emigraban del campo a las grandes ciudades, para ganarse el sustento diario como obreros de fábrica en las industrias de reciente creación. Las condiciones de vida y de trabajo eran más que deplorables. La actividad de un artesano no era ya comparable a los esfuerzos exigidos al trabajador de una fábrica. Si en el antiguo oficio manual el tiempo ocupaba tal vez el papel menos importante, en los nuevos métodos de trabajo era factor esencial. Fue de un efecto desastroso la aceptación formal de los antiguos horarios de trabajo en las grandes empresas industriales, visto que el producto real alcanzado anteriormente era mucho menor por la falta de los procedimientos intensivos de hoy. Si, por tanto, antes se podía resistir la jornada de 14 y 15 horas de trabajo, era imposible soportarla en una época en la que cada minuto se aprovecha. En la realidad, esta introducción absurda de los antiguos horarios en la actividad industrial de hoy, tuvo un resultado desgraciado en dos sentidos: la ruina de la salud y la destrucción de la fe en un derecho superior. Aumentó, todavía, por un lado, la miserable disminución de los salarios, provocando, por otro, la riqueza cada vez mayor del patrón.

En el campo no pudo existir una cuestión social, una vez que el señor y el criado hacían el mismo trabajo y comían del mismo plato. Hasta eso se mudó.

Aparece, ahora, como consumada en todos los sectores de la vida, la separación del trabajador y del patrón.

Los progresos de la influencia judaica en el seno de nuestro pueblo pueden ser fácilmente descubiertos en la indiferencia, incluso el desprecio, que inspira el trabajo manual. Eso no era propio del alemán. Fue la influencia latina sobre nuestra vida - fenómeno que no pasa de una influencia judaica- la que transformó el antiguo respeto al oficio en desprecio por cualquier trabajo físico.

Eso dio origen a una nueva categoría social, muy poco considerada, debiendo un día surgir la cuestión de sí la Nación poseería la fuerza de integrarla nuevamente en la sociedad, o si la diferencia de posición se extendería hasta la separación completa entre las clases.

Una cosa, entre tanto, es innegable. No eran los peores elementos los que la nueva casta presentaba en sus filas, por el contrario eran los más enérgicos. Las sutilezas de la llamada "civilización" todavía no habían ejercido en ellos sus efectos de descomposición y de destrucción. La nueva clase social, en su mayoría, todavía no había sido contaminada por el veneno debilitante del pacifismo, manteniéndose robusta, y, según las exigencias, incluso brutal.

Mientras la burguesía no se preocupa del problema y ve con indiferencia el curso de las cosas, el judío se percata de las ilimitadas perspectivas que allí se le brindan para el futuro y, mientras se aprovecha, por un lado, con absoluto conocimiento de los métodos capitalistas de la explotación humana, se aproxima, por el otro, a las víctimas de sus manejos, para luego convertirse en el líder de la "lucha contra sí mismo"; es decir, en un sentido figurado, porque el "gran maestro del embuste" sabe presentarse siempre como un inocente, atribuyendo la culpa a otros. Y como, por último, tiene el descaro de guiar él mismo a las masas, éstas no se dan cuenta de que podría tratarse del más infame de los fraudes de todos los tiempos. Mientras así sucedían las cosas, al poco tiempo de surgir la nueva categoría social, aparecida de la transformación económica que se hacía sentir en todas las clases, el judío avistaba, con toda nitidez y claridad, el nuevo itinerario a seguir para su prosperidad siempre en aumento. Antaño, se sirvió de la burguesía como arma contra el Mundo feudal; ahora va a azuzar al obrero contra el burgués. Si, a la sombra de la burguesía, él alcanzó, por los medios más sucios, la conquista de los derechos de ciudadanía, espera ahora encontrar, en la lucha del obrero por sus derechos, el camino para implantar su dominio político.

De ahora en adelante, el destino del trabajador será el de luchar por el futuro del pueblo judío. Sin apercibirse, se pone al servicio de la potencia que piensa combatir. Con la ilusión de atacar al capital, lucha a favor de éste. Vocifera contra el capital internacional, pero lo que está destruyendo en verdad es la economía nacional, pues es ésta la que interesa destruir para que, sobre sus escombros, se pueda edificar triunfalmente la Bolsa Internacional de Valores.

Veamos cómo procede el judío en este caso: Se acerca al obrero y, para granjearse la confianza de éste, finge conmiseración hacia él y hasta parece indignarse de su suerte de miseria y de pobreza. Luego pretende preocuparse por las penurias reales o imaginarias de su vida y ayuda a fomentarle el ansia del mejoramiento de sus condiciones. El deseo de justicia social, que en alguna forma existe siempre latente en todo ario, el judío lo aprovecha de un modo infinitamente hábil, alimentando el odio contra los que más poseen, dándole de esta manera un sello ideológico a la lucha contra los males sociales; a esa campaña por la "destrucción de las plagas sociales" le imprime un carácter de universalismo bien definido. Así **funda el judío la doctrina marxista.**

Presentando esta doctrina como íntimamente ligada a una serie de justas exigencias sociales, favorece la propagación de ésta y provoca, por el contrario, la resistencia de los bien intencionados contra la realización de estas exigencias, por haber sido proclamadas de un modo imposible de ser cumplido.

Bajo ese disfraz de "ideas puramente sociales" se esconden intenciones francamente diabólicas. Ellas son presentadas al público con gran petulancia. Pero esa doctrina representa una mezcla de razón y de locura, y de tal forma, que sólo la locura y nunca el lado razonable consigue convertirse en realidad. **Por el desprecio categórico de la particularidad y, por consiguiente, de la Nación y de la Raza, destruye las bases elementales de toda civilización humana, que dependen justamente de esos factores?.** Ésta es la verdadera esencia de la teoría marxista, si es que se puede dar a ese aborto de un cerebro criminal la denominación de "doctrina". Con la ruina de la personalidad y de la raza, desaparece el mayor reducto de resistencia contra el reino de los mediocres, del cual el judío es el representante más típico.

Esa doctrina debe ser juzgada justamente por sus desvaríos en materia económica y política. Todos los seres inteligentes se negarán a entrar en su séquito, y sólo a quienes les falta suficiente claridad intelectual o preparación económica se harán sus partidarios. Y el judío, dentro de sus propias filas, "sacrifica" algunos de sus elementos inteligentes para sostener el Movimiento, pues incluso semejante "doctrina" no se podrá mantener sin la inteligencia.

Así se forma un seudo Movimiento del trabajo, bajo la jefatura de los judíos. Aparentan tender a la mejora de las condiciones de los trabajadores, teniendo en la mente, sin embargo, y como siempre, la esclavización y el aniquilamiento de todos los pueblos que no son judíos.

La Masonería se encarga, por medio de la prensa hoy en manos de los judíos, de llevar a la burguesía y a las clases populares hacia la idea de que la defensa del país debe consistir en el pacifismo. A esas dos armas demoledoras se asocia, en tercer lugar, la organización de la violencia bruta interna, que es la más temible. Como patrulla de ataque, el marxismo tiene que consumar la obra de destrucción que las otras dos armas le preparan.

Se trata de una acción simultánea, admirablemente conjugada. No debe provocar extrañeza el hecho de que semejante arma pueda destruir instituciones que se complacen en figurar como exponentes de la autoridad suprema, más o menos legendaria. Es en las más altas esferas de la Administración donde el judío, en todas las épocas y con raras excepciones, descubre a los colaboradores más dóciles de su obra de destrucción. Esa clase está caracterizada por la sumisión aduladora cuando trata con superiores, e impertinencia arrogante con los subalternos. Otra característica es una estupidez que clama a los cielos y sólo se ve superada por una presunción fuera de lo común.

Todo eso son defectos que el judío necesita para dominar a nuestras autoridades y que cultiva con esmero.

La lucha que entonces se inicia puede ser, grosso modo, dibujada de la siguiente manera: De acuerdo con los fines que persigue la lucha judía y que **no se concretan solamente a la conquista económica del mundo, sino que buscan también la dominación política,** el judío divide la organización de su doctrina marxista en dos partes que, separadas aparentemente, son en el fondo un todo indivisible: el movimiento político y el movimiento sindicalista.

El movimiento sindicalista es de propaganda y ofrece ayuda y protección al obrero para alcanzar condiciones mejores de vida en la dura lucha por la existencia que tiene que sostener, "debido a la ambición o a la miopía de los patrones". Si el obrero no quiere abandonar la representación de sus derechos vitales al ciego capricho de esos individuos, en parte irresponsables y hasta faltos de sentimiento humano, en una época en que la comunidad ciudadana, es decir, el Estado, poco o nada se preocupa de su situación, no le queda otro recurso que asumir por sí mismo la defensa de sus intereses. En la misma medida en que la llamada burguesía nacional, cegada por la pasión de sus intereses materiales, opone los mayores obstáculos a esa lucha social -no sólo entorpeciendo, sino saboteando inclusive todo intento dirigido a disminuir la duración de la jornada de trabajo, inhumanamente larga; la protección de la mujer; la abolición del trabajo para menores; el mejoramiento de las condiciones sanitarias en los talleres y en las viviendas-, el judío, más perspicaz que el burgués, aparenta preocuparse de los oprimidos. Poco a poco se convierte en el líder del movimiento sindicalista y esto con tanta más facilidad, cuanto que él no trata seriamente de la supresión de anomalías sociales, sino que se reduce a la formación de un cuerpo de incondicionales adictos, como fuerza combativa, para destruir la independencia económica de la Nación. Si la dirección de una sana política social se aparta de estas dos direcciones: conservación de la salud del pueblo y seguridad de una independencia nacional en el terreno económico, el judío, en su lucha, no sólo olvidará esos dos puntos cruciales sino que hará de su supresión una verdadera finalidad. No desea éste la conservación de una economía nacional independiente, sino, por el contrario, su aniquilamiento. En consecuencia, no tiene escrúpulos de conciencia que puedan conmoverlo. Como jefe del movimiento proletario, exigirá cosas no sólo exorbitantes, sino prácticamente irrealizables y propias para acarrear la ruina de la economía nacional. No quiere ver una generación sana y robusta, desea solamente un rebaño contaminado y apto para ser sojuzgado. Con ese deseo, hace exigencias tan fuera de sentido que su realización (él no lo ignora) se hace imposible, no consiguiendo ninguna modificación del estado de cosas existente. Lo hace sólo para excitar a la masa popular hasta el desvarío. Eso, sin embargo, es lo que él quiere, y no el mejoramiento de la situación del proletariado.

La jefatura del judío en la cuestión social se mantendrá hasta el día en que una campaña enorme en pro del esclarecimiento de las masas populares se ejerza, instruyéndolas sobre su infamia, o hasta que el Estado aniquile tanto al judío como su obra. Está claro que, mientras dure la falta de perspicacia del pueblo, y el Estado se mantenga indiferente como lo ha sido hasta hoy, las masas seguirán siempre preferentemente a aquél cuyas promesas de orden económico sean las más audaces. En eso el judío se lleva la palma, pues ningún escrúpulo moral entraba su acción.

En corto tiempo logra el judío desplazar de ese campo de actividad a todo competidor. De acuerdo con su feroz poder, impone a la base del movimiento obrero el principio de la violencia más brutal. Las resistencias de los que tienen el buen sentido de hacer frente a la tan seductora actitud judía, resultan a la larga rotas por el terror. Enorme es el éxito de esta táctica.

El judío destruye, efectivamente, los fundamentos de la economía nacional, sirviéndose de la organización sindicalista, que podría haber llegado a ser bienhechora para la Nación.

Paralelamente avanza el desarrollo de la organización política.

Opera en común con el movimiento sindicalista, al hacer que éste se encargue de preparar a las masas y de inducirlas, por la fuerza, a ingresar en la actividad política, cuyo enorme aparato de organización es sostenido por la inagotable fuente financiera de la organización sindicalista. Éste es el mejor medio de control de la actividad política del individuo y juega el papel de instigador en los mítines y manifestaciones políticas. Finalmente, la organización sindicalista deja de lado la cuestión económica y se pone al servicio del ideario político. Su principal arma de lucha es el paro en forma de la huelga general. Mediante la organización de una prensa, cuyo contenido está adaptado al nivel espiritual de los menos instruidos, el movimiento político-sindicalista acaba por tener en sus manos un arma poderosa que induce a las esferas sociales inferiores de la Nación a cometer las más temerarias acciones. Esta prensa no tiene por misión el propósito de sacar a los hombres del fango de las bajas pasiones para situarlos en un plano superior, sino que, por el contrario, procura fomentar los más viles instintos de la masa. Todo se resume en un lucrativo negocio junto a la masa popular, tan llena de aspiraciones como prejuiciosa e incapaz de ideas propias.

Sobre todo es esta prensa la que mediante una campaña de difamación, rayana en el fanatismo, denigra todo aquello que puede considerarse como el sostén de la economía nacional, del nivel cultural y de la independencia económica de la Nación.

Fustiga con particular saña a todos los espíritus fuertes que no quieren someterse a la arrogante hegemonía del judaísmo o a aquellos que, por sus cualidades geniales, los judíos ven como un peligro. Para no ser odiado por el judío, es preciso que no se le combata. Basta que éste tenga la sospecha de que su adversario pueda alimentar la idea de oponérsele, para que se le acuse de ser un propagandista de la fuerza y de pertenecer a un pueblo hostil a su raza.

Su instinto, incapaz de engañarse en estas cosas, olfatea en cada uno el alma original, pudiendo contar con su enemistad todo aquél cuyo espíritu no sea una copia del suyo. Su enemigo no es sólo el que le ataca sino también el que le ofrece resistencia. El medio, sin embargo, por el cual el judío intenta dominar las almas osadas y francas, no es la lucha noble sino la mentira y la calumnia.

En este punto el judío no retrocede ante nada. Se vuelve tan ordinario en su vulgaridad, que nadie se debe admirar de que, entre nuestro pueblo, la personificación del diablo, como símbolo de todo mal, tome la forma de judío en carne y hueso.

El desconocimiento que reina en el seno de las masas acerca de la verdadera índole del judío y la falta de penetración instintiva de nuestras clases superiores, permiten que el pueblo sea presa fácil de esa campaña de difamación judía. Mientras las clases superiores, por cobardía innata, se apartan del hombre que resulta víctima de las calumnias y difamaciones del judío, la gran masa del pueblo, por estulticia o simplicidad mental, cree en estas calumnias. Las autoridades del Gobierno se mantienen, sin embargo, en silencio, o más frecuentemente, a fin de poner término a la campaña de los judíos en la prensa, persiguen a la víctima inocente. Es así como se llega a pensar que ésa pueda ser la acción correcta de funcionarios que pretenden salvaguardar la autoridad del Gobierno y las garantías del orden y la tranquilidad.

Sobre el cerebro y el alma de la gente de bien, va descendiendo, paulatinamente, como una pesadilla, el temor del judaísmo y de su arma, el marxismo.

Todos comienzan a temblar delante del terrible enemigo, transformándose en sus víctimas definitivas.

k) El dominio del judío en el Estado ya está tan afirmado, que ahora no sólo tiene derecho a presentarse como judío, sino también de exteriorizar sus pensamientos más íntimos sobre la raza y la política, sin poner en ello el menor escrúpulo. Parte de su raza ya se confiesa abiertamente como pueblo extranjero, lo que todavía es una pequeña mentira. Mientras el sionismo se esfuerza por hacer creer a la Humanidad que la conciencia del judío, como pueblo, encontraría satisfacción en la creación de un Estado en Palestina, los judíos seguirán despreciando a los no judíos de la forma más insolente.

No piensan en absoluto implantar en Palestina un Estado para vivir allí. Lo que desean es, únicamente, un centro de organización autónomo, al abrigo de las influencias de otras potencias. Quieren nada más que un refugio seguro para sus canalladas; esto es, una Academia para la educación de criminales.

Es, sin embargo, un indicio, no sólo de su confianza creciente, sino también de la conciencia de su seguridad, que una parte se proclame, abierta y cínicamente como raza judía, al mismo tiempo que la otra, sin la más mínima sinceridad, se disfrace de alemanes, franceses o ingleses.

La manera como tratan a los otros pueblos es una señal evidente de que ven muy próxima su victoria.

El joven judío de pelo oscuro observa, durante horas, con un placer satánico, a la muchacha inocente que él ensuciará con su sangre, robándola a su raza. No hay medios que no emplee para destruir los fundamentos raciales del pueblo al que se propone conquistar. De la misma manera que, según plan trazado, va corrompiendo a mujeres y muchachas, tampoco retrocederá ante la ruptura de las barreras impuestas por la sangre, emprendiendo esa obra en gran escala, en el país infiltrado. Fueron y continúan siendo judíos los que trajeron los negros hasta el Rhin, siempre con los mismos fines secretos y con objetivos evidentes, a saber: "bastardizar" a la fuerza a la raza blanca, detestada por ellos; arrojarla desde lo alto de su posición política y cultural, hasta llegar a dominarla completamente.

Mas, un pueblo de raza pura, consciente de su sangre, nunca podrá ser subyugado por el judío. Éste sólo podrá ser dominador de bastardos. Es así como, sistemáticamente, intenta hacer bajar el nivel racial mediante un ininterrumpido envenenamiento de los individuos. Políticamente, el judío acaba por sustituir la idea de la democracia por la de la dictadura del proletariado. En la masa organizada del marxismo, encontró el arma que la democracia no le proporcionaba y que le permite la subyugación y el gobierno de los pueblos por la fuerza bruta, dictatorialmente. Su programa tiende a la revolución en un doble sentido: económico y político.

Los pueblos que oponen al ataque interno del marxismo una tenaz resistencia son rodeados de enemigos, gracias a las influencias internacionales del judío y, si fuera necesario, se les provoca una guerra, llevando las banderas revolucionarias a los campos de batalla.

Económicamente, crean en los Estados tal situación de crisis que las empresas oficiales, dejando de producir rentas, son substraídas a la dirección del Estado y entregadas a la fiscalización financiera del judío.

En el terreno político, niegan al Estado los medios para su subsistencia 10, destruyen las bases de todas y cualquier defensa nacional, aniquilan la creencia en una jefatura, desprecian la Historia y el pasado y enturbian todo lo que es un exponente de grandeza real.

La contaminación, en materia de cultura, se manifiesta en el arte, en la literatura y en el teatro. Tildando de ridículo el sentimiento estético, destruyen todo concepto de belleza y elevación, de nobleza y de bondad, arrastrando al hombre hacia sus instintos más bajos.

La religión es ridiculizada. Las buenas costumbres y la moralidad son tachadas de cosas del pasado, hasta que los últimos pilares de la nacionalidad hayan desaparecido.

Comienza ahora la última gran Revolución.

1) Llegando a alcanzarla preponderancia política, se despojan de los pocos disfraces que todavía les quedan. El judío popular y democrático se transforma en el judío sanguinario y tiranizador de pueblos. Procura exterminar, en pocos años, los exponentes nacionales de la intelectualidad, preparando a los pueblos, a los que priva de una natural dirección espiritual, para una opresión continua. El ejemplo más terrible en este orden lo ofrece Rusia, donde el judío, dominado por un salvajismo realmente fanático, hizo perecer de hambre o bajo torturas feroces a treinta millones de personas, con el solo fin de asegurar de este modo a una caterva de judíos, literatos y bandidos de la Bolsa, la hegemonía sobre todo un pueblo.

La consecuencia final no será sólo la muerte de la libertad de los pueblos oprimidos, sino también acarreará la destrucción de ese parásito internacional. **Después de la inmolación de la víctima, desaparece también, tarde o temprano, el Vampiro.**

Analizando los orígenes del desastre alemán, resalta como causa principal y definitiva el desconocimiento que se tuvo del problema racial y, ante todo, del problema judío.

Las derrotas sufridas en el campo de batalla, en agosto de 1918, habrían sido muy fáciles de sobrellevar, pues no estaban en relación con la magnitud de las victorias que nuestro país había alcanzado. No fueron aquellas derrotas las que nos aniquilaron, sino la fuerza oscura que las preparó, destruyendo año a año, sistemáticamente, los instintos y las fuerzas morales que son los factores exclusivos para asegurar la capacidad y los derechos de los pueblos a la existencia.

El antiguo Imperio, no prestando la menor atención a la cuestión fundamental de la Raza, que es clave en la formación de una nacionalidad, despreció el factor único que concede el derecho a la vida de un pueblo. Aquellos que se hacen bastardos, o que se dejan contaminar, atentan contra la voluntad de la Providencia y su aniquilamiento no es una injusticia, sino un restablecimiento del orden natural. Cuando un pueblo no quiere cuidar las cualidades inherentes que le fueron dadas por el Destino y que se encuentran enraizadas en su sangre, no posee más el derecho de lamentarse por la pérdida de su existencia.

Todo en esta vida es susceptible de mejoras. Toda derrota puede ser la precursora de una futura victoria; toda guerra perdida puede convertirse en la causa de un resurgimiento ulterior; toda miseria puede ser el semillero de nuevas energías humanas y toda opresión puede engendrar también las fuerzas impulsoras de un renacimiento moral; **pero esto sólo mientras la sangre se mantenga pura.** La pérdida de la pureza de la sangre destruye para siempre la felicidad interior; degrada al hombre definitivamente y son fatales sus consecuencias físicas y morales.

Todos los demás problemas vitales, examinados y comparados con relación a éste, aparecerán ridículamente mezquinos. Son limitados en el tiempo. Sin embargo, la cuestión de la conservación o no conservación de la sangre perdurará siempre mientras exista la Humanidad. Todos los importantes síntomas de decadencia de antes de la Guerra tenían su fundamento en la cuestión racial. Bien se trate de asuntos de derecho público, o de abusos en la vida económica, de fenómenos de degeneración política, de cuestiones relativas a una defectuosa educación escolar, o a una mala influencia ejercida sobre los adultos por la prensa u otros, siempre y en todas partes, tienen su origen en la falta de consideración de los intereses raciales del propio pueblo o en la ceguera delante del peligro racial importado desde el extranjero.

De ahí la ineficacia de todas las tentativas de reforma, de todas las obras de asistencia social, de todos los esfuerzos políticos, de todo progreso económico, de todo aparente crecimiento intelectual. La Nación y el Estado se hallaban enfermos, extendiéndose su mal aceleradamente. El aparente florecimiento del antiguo Imperio no podía disimular su decadencia moral, y todo empeño aplicado a buscar un afianzamiento efectivo del Reich debió fracasar ante el caso omiso que se hacía del problema más importante.

Sería erróneo suponer que los adeptos de las diversas facciones políticas, que intentaron despedazar el organismo alemán -incluso una parte de sus líderes- fuesen hombres ordinarios o mal intencionados. La causa única de la esterilidad de sus esfuerzos fue sólo haber descubierto, a lo más, las manifestaciones exteriores de nuestra enfermedad general y procurado combatirla, dejando de lado al que la provocó. Quien siguiera sistemáticamente la línea de evolución del antiguo Imperio, debe llegar, después de un meditado examen, a la conclusión de que, aun en el tiempo de la unificación y, por tanto, en la época de mayor progreso de la Nación alemana, ya era evidente la decadencia interna y que, a pesar de todos los aparentes triunfos políticos y la creciente riqueza, la situación general empeoraba de año en año. Incluso las elecciones de representantes al Reichstag anunciaban, con su creciente número de votos marxistas, el desmoronamiento interno cada vez más próximo. Todos los éxitos de los denominados partidos políticos no tenían ningún valor, no sólo por no poder detener la ascensión de la ola marxista, aun en las llamadas victorias electorales burguesas, sino también por el hecho de traer ya dentro de sí los fermentos de la descomposición. Inconscientemente, el mundo burgués se encontraba contaminado por el veneno mortal del marxismo. Uno solo prendió la hoguera en aquellos años, con inexorable regularidad, y ése fue el judío. Su "estrella de David" subió cada vez más alto, en la misma proporción en que la voluntad de conservación desaparecía de nuestro pueblo.

Por eso, en agosto de 1914 se lanzó a la guerra a un pueblo mal preparado para la lucha; la exaltación que se produjo fue solamente el último destello del instinto de conservación frente a la creciente atonía general, bajo la influencia pacifista-marxista. Como tampoco en aquellos días trascendentales se supo definir al enemigo interior, toda resistencia militar debió resultar inútil. La Providencia no premió con la espada victoriosa, sino que obró la ley de la eterna compensación.

De esta convicción surgieron para nosotros los principios básicos y la doctrina del nuevo Movimiento; persuadidos como estábamos de nuestras concepciones, esas ideas eran las únicas capaces de detener la decadencia del pueblo alemán y, a la vez, construir la base granítica sobre la cual podría un día edificarse un Estado que no fuera un mecanismo de intereses económicos extraño a nuestro ser, sino un organismo representativo de nuestro pueblo: **¡UN ESTADO GERMÁNICO DE LA NACIÓN ALEMANA!**

Capítulo XII

La primera fase del desarrollo del Partido Nacionalsocialista Alemán de los Trabajadores

Si al finalizar la Primera Parte de este libro describo la fase inicial del desarrollo de nuestro Movimiento y menciono brevemente una serie de cuestiones relacionadas con esa primera etapa, no lo hago animado del propósito de realizar una disertación sobre sus fines ideológicos; pues ellos son tan grandiosos que sólo pueden ser tratados en un volumen separado. Por eso, en la Segunda Parte habré de ocuparme a fondo de sus fundamentos programáticos, procurando delinear un cuadro de eso que nosotros entendemos bajo el concepto de "Estado". Con el término "nosotros" me refiero a los centenares de miles de hombres que, en el fondo, ansían lo mismo, pero sin poder precisar con palabras aquello que hondamente les preocupa. En efecto, lo remarcable en todas las grandes reformas consiste siempre en que el expositor de la idea es uno solo, en tanto que son millones los sostenedores de la misma. Su gestación, a menudo, viene produciéndose desde siglos, con un ferviente deseo de cientos de miles, hasta que llega el día en que aparece el hombre que proclama ese querer colectivo y que, representando una nueva vida, conduce a la victoria al viejo anhelo.

El hecho de que en la actualidad millones de hombres sientan íntimamente el deseo de un cambio radical de las condiciones existentes, prueba la profunda decepción que domina en ellos. Se manifiesta ese descontento de mil maneras: en algunos por el desánimo y la falta de esperanza; en otros, por la oposición, la rabia y la revuelta; en unos es indiferencia y en otros, exaltación furiosa. Testigos de ese hondo descontento son sin duda los que se abstienen en las votaciones electorales y también los muchos que se inclinan a militar en las fanáticas filas de la extrema izquierda.

Y es precisamente a estos últimos, sobre todo, a quienes tiene que dirigirse nuestro joven Movimiento. Éste no debe ser la organización de los satisfechos, de los hartos, sino la de los explotados, de los infelices y descontentos; no debe nadar sobre la superficie de la Humanidad, sino sumergirse hasta el fondo de la misma.

Desde el punto de vista puramente político, presentaba el año 1918 el siguiente aspecto: un pueblo dividido en dos partes. Una, la menor, abarcando las capas de la inteligencia nacional con exclusión de todos los trabajadores manuales. Aparentemente Nacionalista, pero incapaz de dar a esa palabra otra significación que la de una representación ambigua y débil de los llamados intereses del Estado, que, a su vez, eran idénticos a los intereses dinásticos. Procuraba defender sus ideas y sus objetivos con armas intelectuales, tan superficiales como llenas de lagunas, y que fallaban ante la brutalidad del adversario. Con un solo golpe terrible, esa clase hasta hace poco dominante, fue derrocada y soportó con cobardía trémula todas las humillaciones del vencedor sin escrúpulos.

La otra parte se componía de la gran masa del proletariado, concentrada en movimientos marxistas más o menos radicales, resuelta a vencer por la fuerza bruta toda resistencia de los "intelectuales". No quiere ser "nacional", al contrario, rehusa conscientemente trabajar por los intereses nacionales, ayudando a la opresión por parte del extranjero. Numéricamente es la más fuerte, abarcando aquellos elementos del pueblo sin los que no se puede imaginar una resurrección nacional. Ya en 1918 no debería haber existido ninguna duda de que el resurgimiento del pueblo alemán sólo sería posible después de la reconquista del poder frente al exterior. Las condiciones esenciales para eso no son, sin embargo, como dicen nuestros "estadistas" burgueses, armas, sino la fuerza de voluntad. En otro tiempo, el pueblo alemán poseía armas en cantidades más que suficientes. No supo garantizar la libertad porque le faltó la energía del espíritu nacional de conservación y la voluntad firme de autopreservación. La mejor arma se convierte en material obsoleto y sin valor cuando falta el espíritu decidido para manejarla. Alemania se debilitó, no porque le faltasen armas, sino porque le faltó el ánimo de manejarlas para la conservación nacional. Si hoy principalmente nuestros políticos izquierdistas apuntan ala falta de armas como causa obligatoria de su política exterior débil, condescendiente y, por consiguiente, traidora, sólo se les puede responder una cosa: ¡No! Lo contrario es lo que se produce: vuestra criminal política de abandono de los intereses nacionales es la que hace escasear las armas. Ahora queréis presentar la falta de armas como justificación de vuestra miserable bajeza. Esto, como todo lo que hacéis, es mentira y mixtificación.

Esa acusación también se adecua exactamente a los políticos de la derecha. Gracias a su cobardía, le fue posible a la chusma judía, que había acaparado el poder, robar las armas a la Nación en 1918. Por eso tampoco ellos pueden justificar su sabia "moderación" con la actual falta de armas; porque esa falta es justamente un resultado de su cobardía. La cuestión de la reconquista del poder alemán no debe consistir en saber cómo fabricaremos armas; pero sí cómo despertaremos en el pueblo el espíritu que lo habilite para ser portador de armas. ¡Cuando ese espíritu domina a un pueblo, éste encontrará los caminos, cada uno de los cuales lleva a las armas! Entréguese, en cambio, diez pistolas a un cobarde y, cuando fuere agredido, no será capaz de disparar ni un solo tiro. Éstas tienen en sus manos menos valor que una buena porra en las manos de un hombre valeroso.

El problema de la reconstitución del poderío político de Alemania es una cuestión primordial que afecta al saneamiento de nuestro instinto de conservación nacional, y esto porque la experiencia demuestra que toda política exterior y acción preparatoria, así como la restauración de un Estado, dependen en menor escala de los elementos bélicos disponibles que de la capacidad de resistencia moral de una Nación. La importancia que adquiere un país como aliado se valora por la notoria presencia de un vibrante espíritu de conservación nacional y de un heroísmo hasta el sacrificio, y no por la simple posesión material de elementos bélicos inanimados, pues una alianza no se pacta con armas, sino con hombres. Por eso el pueblo inglés será siempre considerado en el mundo como el más valioso aliado, mientras de su Gobierno y de la voluntad de acción de sus masas se puede esperar el aporte de aquella energía y de aquella tenacidad capaces de llevar la lucha iniciada a un término victorioso, valiéndose de todos los medios, sin límites de tiempo ni de sacrificios. En este caso es indiferente el potencial de guerra que posea en un momento en relación con el de otros Estados.

Comprendiéndose, por tanto, que el surgimiento de la Nación alemana es una cuestión de reconquista de nuestra voluntad de autoconservación. queda en evidencia que para eso no basta con el concurso de elementos ya nacionalistas, sino se hace necesaria la nacionalización de toda la masa hoy abiertamente antinacional.

Un joven Movimiento, que se impone como finalidad la reconstrucción del Estado alemán con soberanía propia, debe concentrar por entero su actividad en la tarea de ganar la adhesión de las masas. Por lo miserable que es nuestra llamada "burguesía nacional" y por lo débil que es su convicción, no se puede esperar una resistencia seria contra una política fuerte interior y exterior. Lo máximo que la burguesía alemana, de ideas y vista cortas, podría hacer, es permanecer en resistencia pasiva, como ya aconteció con Bismarck; mas no hay que temer nunca una resistencia activa, debido a su proverbial cobardía.

Otras son las circunstancias en la masa, pues está impregnada de ideas internacionalistas. No sólo sus instintos primitivos tienden al empleo de la fuerza, sino también sus dirigentes judíos son más brutales y sin consideración. Éstos intentarán utilizar para sus fines cualquier Movimiento de resurrección nacional, de la misma manera que en otros tiempos quebraron la espina dorsal al ejército alemán. Principalmente en este régimen parlamentario, por la fuerza de su mayoría, harán desmoronarse toda la política nacional exterior, evitando así una valoración mayor de la potencia alemana y, consecuentemente, de la posibilidad de alianzas. El síntoma de debilidad que representan esos quince millones de marxistas, demócratas, pacifistas y centristas, no es solamente perceptible para nosotros, sino mucho más en el extranjero, que mide el valor de una alianza con nosotros por ese peso muerto. No se establece una alianza con un Estado cuya parte viva de población se mantiene pasiva, al menos ante. cualquier política exterior resuelta. Añádase a eso el hecho de ser los jefes de los partidos de "tradición nacional" adversos, por instinto de conservación, a cualquier progreso. Es históricamente difícil imaginar que el pueblo alemán llegue algún día a ocupar su posición anterior, sin llamar a presentar cuentas a aquellos que motivaron y promovieron el inaudito desmoronamiento del que fue víctima nuestro Estado. Delante del juicio de las generaciones venideras, el mes de noviembre de 1918 será calificado de alta traición a la Patria. De esta forma, la reconquista de la autonomía alemana, ante el exterior, está unida, en primer lugar, a la recuperación de la unión consciente de nuestro pueblo.

Bien examinada, la idea de la liberación alemana frente al extranjero parecerá una locura, mientras las grandes masas no se adhieran a ese ideal de libertad. Desde el punto de vista netamente militar, será de fácil comprensión, ante todo para un Oficial, el hecho de que una guerra exterior no puede ser factible con batallones de estudiantes, sino que, además de los cerebros de un pueblo, es menester también de sus puños. Tampoco se debe perder de vista que una defensa nacional apoyada exclusivamente en los círculos llamados pensantes conduciría a despojar a la Nación de un bien irreemplazable. La joven generación intelectual alemana, que en el otoño de 1914 cayera en las llanuras de Flandes, debió después hacer enorme falta. Había desaparecido la elite de la Nación y su pérdida no fue posible compensarla en el curso de toda la guerra. No solamente la lucha es irrealizable cuando los batallones que se lanzan al ataque no cuentan en sus filas con la masa obrera, sino que resulta también utópica la preparación de carácter técnico sin la espontánea cohesión interior del organismo nacional. . Justamente el pueblo alemán, que bajo las miradas del Tratado de Versalles, vive desarmado, sólo podrá ocuparse de los preparativos técnicos para alcanzar la libertad y la independencia después de que el ejército de espías interiores este diezmado, hasta el punto de sólo quedarle aquellos cuya falta de carácter les lleve a venderlo todo por las conocidas treinta monedas. Con esos se puede acabar fácilmente. Invencibles, sin embargo, parecen los millones que se oponen al resurgimiento nacional por convicciones políticas, invencibles en cuanto no se combatan sus ideas marxistas, arrancándolas de sus corazones y de sus cerebros.

Repitamos: la posibilidad de la reconquista de nuestra independencia, ya sea del Estado como del pueblo, no depende ni de la preparación de la política exterior, ni de la técnica, ni del armamento, ni incluso de la lucha misma, si previamente no se ha logrado la conquista de la gran masa del pueblo para la idea de autonomía nacional. Sin el logro de la libertad exterior toda reforma interior significará, en el caso más favorable, la elevación de nuestra capacidad de producir una mejor renta, como colonia. Los saldos favorables y toda mejora social sólo elevarán nuestra fuerza productiva en beneficio de los mismos. Progresos culturales no nos serán posibles, porque están íntimamente ligados a la independencia política y a la dignidad de un pueblo.

Por lo tanto, si la solución favorable del futuro alemán está en unión íntima con la conquista nacional de la gran masa de nuestro pueblo, debe ser ésta la más alta e importante tarea de un Movimiento, cuya eficiencia no se debe agotar en la satisfacción de su progreso como tal, sino que debe someter toda su acción a un examen sobre los fines futuros.

Fue por eso por lo que ya en el- año 1919 nos hallábamos persuadidos de que el nuevo Movimiento debía lograr previamente, como objetivo capital, la nacionalización de las masas.

De ahí resultaron, desde el punto de vista táctico, una serie de postulados: 1. Ningún sacrificio social resultará demasiado grande, cuando se trate de ganar a las masas para la obra del resurgimiento nacional. Cualesquiera que sean las concesiones económicas hechas al obrero, nunca estarán de más, comparadas con el beneficio que obtendrá la Nación en general cuando éstas contribuyan a restituir a su pueblo la dignidad perdida.

Sólo la ignorancia miope que, lamentablemente, muchas veces se encuentra entre nuestros empresarios, puede dejar de reconocer que no es posible el incremento económico duradero y, consecuentemente, más beneficios para ellos mismos, mientras no se restablezca la solidaridad interna en el seno del propio pueblo. Si las fábricas alemanas, durante la guerra, hubiesen cuidado de los intereses del obrero, sin otras consideraciones; si hubiesen, incluso durante la guerra, ejercido presión sobre los accionistas hambrientos de dividendos; si hubiesen atendido a las exigencias de los obreros; si se hubiesen mostrado fanáticos en su germanismo, en todo lo que concierne a la defensa nacional; si hubiesen dado a la Patria lo que es de la Patria, sin restricción alguna, no se habría perdido la guerra. Y habrían sido verdaderamente insignificantes todas las concesiones económicas ante la importancia de la victoria.

Esto quiere decir que un Movimiento que aspira a reincorporar al obrero de Alemania al seno del pueblo alemán, tampoco debe detenerse ante sacrificios económicos, mientras éstos no impliquen una amenaza para la autonomía y la conservación de la economía nacional.

2. La educación nacional de la gran masa puede llevarse a cabo únicamente en forma indirecta, mediante un mejoramiento social, ya que sólo gracias a éste son susceptibles de crearse aquellas condiciones económicas que permitan al individuo participar del acervo cultural de la Nación.

3. Jamás puede lograrse la nacionalización de las masas por la acción realizada a medias, con "criterios ecuánimes"; esa nacionalización sólo es posible por obra de un criterio intolerante y fanáticamente parcial, en cuanto a la finalidad perseguida. Quiere esto decir que no se puede hacer Nacionalista a un pueblo en el sentido de nuestra moderna burguesía, sino con absoluta vehemencia. El veneno sólo puede ser combatido con antiveneno. Pero la abulia del burgués busca todos los atajos y desvíos que puedan conducirle, según él, al "reino de los cielos".

La gran masa de un pueblo no está constituida por profesores ni diplomáticos. El poco conocimiento abstracto que posee conduce sus aspiraciones más hacia el mundo del sentimiento. Es aquí donde se sitúa para la acción positiva o negativa. Sólo es partidaria de un golpe de fuerza en una de esas direcciones, pero nunca de situaciones dudosas. Ese sentimiento es también la causa de su persistencia extraordinaria. La fe es más difícil de estremecer que el saber, el amor está menos sujeto a transformaciones que la inteligencia, el odio es más duradero que la simple antipatía. Y la fuerza motriz de los grandes cambios, en todos los tiempos, no fue el conocimiento científico de las masas, sino un fanatismo entusiasta y, a veces, una ola histérica que las impulsa. Quien se proponga ganar a las masas debe conocer la llave que abre la puerta de su corazón. Esa llave no se llama objetividad, esto es, debilidad, sino **voluntad** y **fuerza.**

4. El éxito en la labor de ganar el alma popular depende de que simultáneamente con la acción y la lucha por los propios ideales, se logre anular a los enemigos de estos ideales. En todos los tiempos, el pueblo considera la acción resuelta contra un adversario político como una prueba de su propio derecho y, contrariamente, ve en la abstención de aniquilar al enemigo un signo de inseguridad de ese derecho y hasta la ausencia del mismo.

La gran masa no es más que una parte de la Naturaleza y no cabe en su mentalidad comprender el mutuo apretón de manos entre hombres que afirman perseguir objetivos contrapuestos. Lo que la masa quiere es el triunfo del más fuerte y la destrucción del débil, o su incondicional sometimiento.

La nacionalización de nuestra masa popular sólo sería realizable cuando, en la lucha triunfante para la conquista del alma de nuestro pueblo, al mismo tiempo aplastáramos a sus envenenadores internacionales.

5. Todas las grandes cuestiones actuales son cuestiones de momento y representan apenas las consecuencias de determinadas causas. Importancia

capital, sin embargo, tiene una sola entre todas ellas: la cuestión de la conservación racial del pueblo. La sangre solamente es la base, tanto de la fuerza como de la debilidad del hombre. Pueblos que no reconocen ni consideran la importancia de sus cimientos raciales se asemejan a los hombres que quisieran enseñar a cachorros "Zulú" las cualidades características de los cachorros galgos, sin entender que la ligereza del galgo y la inteligencia del puddle" no son cualidades adquiridas por la enseñanza sino cualidades innatas de la raza. Pueblos que descuidan la conservación de la pureza de su raza, destruyen también la unidad de su alma en todas sus manifestaciones. El debilitamiento de su ser es la consecuencia lógica del "debilitamiento" de su sangre, y la modificación de su fuerza creadora y espiritual es el efecto de la transformación de sus bases raciales.

Quien quiera liberar al pueblo alemán de sus vicios de hoy, de las manifestaciones extrañas a su naturaleza, precisa liberarlo del causante de esos vicios y de esas manifestaciones.

Sin el más claro conocimiento del problema racial y del problema del judaísmo, no se podrá verificar un resurgimiento del pueblo alemán.

La cuestión de las razas provee no sólo la llave para la comprensión de la Historia Universal sino también de la cultura humana en general.

6. El alineamiento de la gran masa popular (que hoy forma parte de una masa internacional) en una comunidad popular Nacionalista, no significa una abdicación de la representación de los intereses legítimos de clase.

Intereses antagónicos de clases y profesiones no son lo mismo que lucha de clases, porque aquéllos son consecuencias lógicas de nuestra vida económica de hoy. El agrupamiento profesional no se opone de ninguna forma a una verdadera colectividad popular, consistiendo ésta en la unión del espíritu nacional en todas las cuestiones que le interesan propiamente.

La incorporación en la comunidad nacional, o simplemente en el Estado, de un grupo convertido en clase social, no se produce por el descenso de nivel de las clases superiores existentes, sino por la exaltación de las de orden inferior. Tampoco pueden ser gestoras de este proceso las clases superiores, eso está reservado sólo a las clases inferiores que luchan por su derecho de igualdad. La burguesía actual no llegó a engranarse en el Estado por obra de la nobleza, sino gracias a su propio esfuerzo y a su propia directiva.

No es por medio de escenas beatíficas de confraternización como el obrero alemán será elevado a figurar en el cuadro de la comunión nacional, y sí mediante una elevación consciente de su posición cultural y social, hasta que se puedan considerar vencidas las diferencias más importantes que lo separan de las otras clases. Un Movimiento que examina semejante evolución tendrá que buscar a sus adeptos, en primer lugar, en las poblaciones obreras. Sólo se deberá recurrir a los intelectuales en la medida en que éstos ya hubieran percibido plenamente el fin deseado. Este proceso de transformación y unión no estará concluido en diez o veinte años, sino que se prolongará durante varias generaciones.

El mayor de los obstáculos que se opone al acercamiento del obrero de nuestros días a la comunidad nacional, no radica en la representación de sus intereses corporativos, sino en la actitud hostil a la Nación y a la Patria que asumen sus dirigentes internacionales. Guiadas bajo una orientación fanáticamente nacional, en cuestiones políticas y en aquellas que afectan a los intereses del pueblo, las mismas asociaciones sindicalistas podrían, prescindiendo de las controversias locales de índole netamente económica, convertir a millones de obreros en valiosísimos elementos de la nacionalidad.

Un Movimiento de opinión que aspire hondamente a reincorporar al obrero alemán al seno de su pueblo, arrancándolo de la utopía del internacionalismo, tiene antes que rebelarse vigorosamente contra el criterio que domina particularmente en las esferas de los empresarios y patrones industriales y que consiste en sostener, bajo el concepto de "comunidad nacional", un incondicional sometimiento, desde el punto de vista económico, del obrero al patrón, aparte de que creen ver una agresión en todo reclamo que el obrero haga, por justificada que sea; porque el trabajador tiene idénticos derechos de velar por sus vitales intereses económicos.

Indudablemente el obrero atenta contra el espíritu de una verdadera comunidad nacional en el momento en que, apoyado en su poder, plantea exigencias contrarias al bien publico y a la estabilidad de la economía nacional; del mismo modo, no atenta menos contra esa comunidad el patrón que, por medios inhumanos y egoístas, explota y abusa de las fuerzas nacionales del trabajo, llenándose de millones a costa del sudor del obrero. Entonces, pierde el derecho de considerarse un miembro de la Nación y de formar parte en una colectividad nacional, pasando a ser sólo un egoísta que introduce la desarmonía social y provoca conflictos que, de una forma u otra, son perniciosos para la Patria.

La fuente en la cual nuestro naciente Movimiento deberá reclutar a sus adeptos será, pues, en primer término, la masa obrera. La misión de nuestro Movimiento en este orden consistirá en arrancar al obrero alemán de la utopía del internacionalismo, libertarle de su miseria social y redimirle del triste medio cultural en que vive, para convertirle en un valioso factor de unidad animado de sentimientos nacionales y de una voluntad igualmente nacional en el conjunto de nuestro pueblo.

Si se encontrasen en los círculos de la intelectualidad nacional individuos con el corazón vibrando por el pueblo y su futuro, conociendo profundamente la importancia de la lucha por el alma de esa multitud, serán bienvenidos a las filas de este Movimiento, como columna vertebral del más alto valor. La finalidad de este Movimiento no debe consistir en la conquista del rebaño electoral. Con esa estrategia sólo adquiriría una sobrecarga que haría imposible la conquista de las grandes masas populares. Además, el objetivo que perseguimos no es invertir únicamente la opinión nacional, sino la antinacional. Tal punto de vista es esencial para la acción técnica de nuestro Movimiento.

7. Este criterio tiene que revelarse también en la propaganda del Movimiento. Para que una propaganda sea eficaz es preciso que tenga un objetivo definido y que se dirija a un determinado grupo. De otra forma, o no será entendida por el grupo o será juzgada sin interés. Hasta la forma de la expresión, el estilo, deben variar según los niveles intelectuales populares. Si la propaganda no se inspira en esos principios, nunca llegará a las masas. Entre cien oradores, difícilmente se encontrarán diez en condiciones de conseguir éxito ante un auditorio callejero de herreros, deshollinadores, etcétera, al mismo tiempo que ante espectadores compuestos de estudiantes y profesores.

Entre mil oradores tal vez sólo se encuentre uno capaz de lograr expresiones que no sólo correspondan a la capacidad de comprensión de un auditorio de cerrajeros y profesores de universidad, mereciendo sus más entusiasmados aplausos. No se debe perder de vista también que las más bellas ideas de una doctrina, en la mayor parte de los casos, sólo se propagan a través de los espíritus más simples. No se debe considerar lo que tiene en mente el genial creador de una idea, sino en qué forma y con qué éxito el defensor de esa idea la comunicará a las grandes masas.

La gran eficacia de la Socialdemocracia, o del Movimiento marxista en especial, consiste en la homogeneidad del público al que se dirige. Cuanto más sencillas sean las ideas propagadas, tanto más fácilmente serán aceptadas por las masas, a cuyo nivel intelectual se adecuarán perfectamente.

De esto resulta para el nuevo Movimiento una conducta clara y simple. La propaganda tiene que corresponder en su forma y en su fondo al nivel cultural de la masa, y la eficacia de sus métodos deberá apreciarse exclusivamente por el éxito obtenido. En una asamblea popular no es el mejor orador aquél que espiritualmente se acerca más a los oyentes de la clase pensante, sino aquél que sabe conquistar el alma de la muchedumbre.

El intelectual que, presente en una reunión, a pesar de la evidente actuación del orador sobre las capas inferiores, critica su discurso desde el punto de vista intelectual, demuestra su incapacidad y su ineficacia para actuar en el nuevo Movimiento. Para la causa sólo serán útiles los intelectuales que ya conozcan muy bien la finalidad de la misma y estén en condiciones de evaluar la eficiencia de la propaganda por el éxito sobre el pueblo, y no por la impresión que produce sobre sus propios espíritus. La propaganda no debe dirigirse hacia las personas que ya militan entre los

Nacionalsocialistas, sino hacia los enemigos del Nacionalismo, **siempre que sean de nuestra raza.**

En el nuevo Movimiento se deben adoptar, para el esclarecimiento del espíritu del pueblo, las mismas ideas que sinteticé para la propaganda de guerra. Que esas ideas eran ciertas lo demostró el éxito de las mismas.

8. Jamás alcanzará su objetivo un Movimiento político por medio de una labor de difusión meramente informativa, o llegando a influenciar a los poderes dominantes, sino únicamente mediante la conquista del mando político. Los que se baten por una idea que está destinada a modificar el mundo, no sólo tienen el derecho sino también el deber de recurrir a todos los medios que faciliten su realización. El éxito es el único juez sobre la justicia de un tal Movimiento. Ese éxito no debe ser comprendido sólo como la conquista del poder, como sucedió en 1918, pues un golpe de Estado no puede considerarse triunfante por el mero hecho de que los revolucionarios se apoderan del Gobierno, sino sólo cuando de la realización de los propósitos y objetivos que encarna tal acción revolucionaria surge para la Nación un bienestar mayor que en el régimen anterior; cosa que, por supuesto, no se puede afirmar de la "Revolución Alemana", como se vino a llamar el golpe de bandolerismo efectuado en el otoño de 1918.

Mas, si la conquista del poder político es condición previa para llevar a la práctica propósitos de reforma, lógico es que un Movimiento animado de tales propósitos se considere, desde el primer momento de su existencia, como una expresión de la masa y no como un club de té literario o como un círculo provinciano de jugadores de bochas.

9. El nuevo Movimiento es antiparlamentario por su carácter y por la índole de su organización; es decir que, en general, así como dentro de su propia estructura, rechaza el principio de decisión por mayoría, principio que degrada al Führer a la condición de simple ejecutor de la voluntad y de la opinión de los demás. En pequeño y en grande, encarna nuestro Movimiento el principio de la **autoridad absoluta del Führer** que, a su vez, supone una **máxima noción de responsabilidad.**

Las consecuencias prácticas de ese principio fundamental son las siguientes: El jefe de un grupo local es investido en sus funciones por su inmediatamente superior y asume la responsabilidad de su dirección. Todas las comisiones dependen de él y no él de las comisiones. No hay comisiones con voto, sino comisiones con deberes. El trabajo se distribuye por el jefe responsable, esto es, el primer jefe o presidente del grupo. El mismo criterio debe ser adoptado en las organizaciones mayores. El jefe está siempre orientado por su superior e investido de toda la responsabilidad. Sólo el Jefe del Partido es el que, por exigencia de una dirección única, es escogido por la asamblea general de todos los correligionarios. Todas las comisiones dependen exclusivamente de él y no viceversa. Asume la responsabilidad de todo. Los afiliados del, Movimiento tienen siempre, sin embargo, la libertad de exigirle responsabilidad, y, por una nueva elección, destituirlo del cargo si hubiera abandonado los principios fundamentales de la causa o haya servido mal sus intereses. Constituye una de las más elevadas tareas del Movimiento hacer de este principio la norma determinante, no sólo dentro de sus propias filas, sino también en el mecanismo de todo el Estado.

Quien sea el Führer tendrá que llevar junto a su ilimitada autoridad suprema la carga de la mayor y la más pesada de las responsabilidades. Quien no fuera capaz de eso o fuese demasiado cobarde para no cargar con las consecuencias de sus actos, no sirve para Jefe. **Sólo el héroe está en condiciones de asumir este puesto.**

El progreso y la cultura de la Humanidad no son producto de la mayoría sino que dependen de la genialidad y de la capacidad de acción de los individuos. Cultivar la personalidad, conferirle sus derechos, es la condición esencial para la reconquista de las grandezas y del poder de nuestra raza. Por eso el Movimiento es antiparlamentario. Su participación en una institución semejante sólo puede tener el objetivo de destruirla por dentro, pues el "parlamentarismo" debe ser considerado como uno de los más graves síntomas de decadencia de la Humanidad.

10. El Movimiento evita tomar posición en cualquier problema fuera del campo de su actividad política o que para la misma no sea de importancia fundamental. Finalmente, nuestro Movimiento no ve su cometido en la restauración de una forma determinada de gobierno, en oposición a alguna otra, sino en el establecimiento de aquellos principios fundamentales sin los cuales ni Monarquía ni República pueden contar con una existencia garantizada. No es su misión fundar una Monarquía o consolidar una República, sino crear un Estado germánico.

La cuestión de la forma externa de ese nuevo Estado no es de importancia fundamental, lo que importa es la finalidad que se pretende.

Un pueblo que comprende sus grandes problemas y su misión, nunca podrá ser arrastrado a la lucha por las formas de gobierno.

11. La cuestión de la organización interna del Movimiento es cuestión convencional y no de principio. No es la mejor aquella organización que interpone entre la jefatura del Movimiento y sus prosélitos un aparatoso sistema de intermediarios, sino la que se sirve del menos complicado mecanismo; pues, no debe olvidarse que la tarea de organización consiste en transmitir a una multiplicidad de hombres una determinada idea -que primero surgió en la mente de uno solo - y velar a su vez por la aplicación práctica de la misma.

La organización es apenas un mal necesario. En la mejor hipótesis, es un medio para alcanzar un fin; en la peor hipótesis, un fin en sí misma.

Como el mundo está compuesto más de naturalezas mecánicas que de idealistas, la forma orgánica de la organización será más fácilmente percibida que la idea.

La marcha de cada uno en la realización de las ideas nuevas, sobre todo entre los reformadores, es, en trazos generales, la siguiente: Todas las ideas geniales parten del cerebro de los individuos que se sienten destinados a transmitir sus pensamientos al resto de la Humanidad. Exponen sus ideas y conquistan, poco a poco, un cierto círculo de adeptos. Esta transmisión directa y personal de las ideas de un individuo a sus semejantes es la mejor y la más natural. A medida que aumenta el número de los adeptos de la nueva doctrina, se hace imposible al portador de la nueva idea continuar ejerciendo la influencia directa sobre los innumerables correligionarios y guiarlos personalmente.

A medida que crece la colectividad, la acción directa de éste se vuelve imposible y surge la necesidad de una organización. Termina la situación ideal primitiva y comienza la organización como un mal necesario. Se forman los pequeños círculos, que en el Movimiento político constituyen, como grupos locales, la célula mater de la organización. Esa organización primitiva debe siempre realizarse, para conservar la unidad de la doctrina y para que la autoridad del fundador de la misma sea reconocida por todos. Es de la mayor importancia geopolítica la existencia de un núcleo central, de una especia de Meca del Movimiento.

En la organización de los primeros centros, nunca se debe perder de vista que al núcleo primitivo, de donde salió la idea, se le debe dar la mayor importancia. A medida que otros innumerables núcleos se fueran entrelazando, debe aumentar también el aprecio al lugar que, desde el punto de vista moral, intelectual y práctico representa el punto de partida del Movimiento y su cabeza. Tan fácil es mantener la autoridad del núcleo central frente a los otros grupos locales como difícil es protegerla contra las más amplias organizaciones que se van formando. Sin embargo, la conservación de esa autoridad es condición sine qua non para la consistencia de un Movimiento y para la realización de una idea. Cuando luego esos grandes centros se unen a nuevas formas de organización, aumenta la dificultad de asegurar el absoluto carácter de la jefatura, conectada al lugar de la fundación del Movimiento. De esta forma sólo se deben formar núcleos de organización cuando se puede conservar la autoridad intelectual y moral del núcleo central. Para la organización interna del Movimiento se impusieron las siguientes directivas:

a) Concentración de toda la laboren un solo punto, primeramente Munich. Formación de una comunidad de adeptos leales a toda prueba y, luego, perfeccionamiento de la preparación de los futuros propagadores de la idea. Confirmación de la autoridad de la sede central por medio de grandes y notables éxitos políticos. Para hacer conocida la nueva causa y sus líderes, es necesario no solamente destruir la creencia en la invencibilidad del marxismo, sino también demostrar la posibilidad y viabilidad de un Movimiento que le sea contrario.

b) Formación de grupos locales en otras ciudades, inmediatamente después de haber quedado consagrada la autoridad de la jefatura central en Munich.

c) La creación de agrupaciones, distritos, ligas, etcétera, se realizará luego de tener la absoluta seguridad de que reconocen la autoridad del núcleo central. Además, la formación de otros grupos depende de los individuos que puedan ser considerados líderes de éstos.

Hay dos caminos a seguir:

a) El Movimiento consigue los medios financieros para perfeccionar los cerebros capaces de asumir el futuro liderazgo. El material adquirido debe servir a un cierto plan, de acuerdo con los puntos de vista tácticos y con la finalidad de la causa. Ese camino es el más fácil y el más rápido. Exige, sin embargo, grandes sumas de dinero, pues esos líderes sólo a sueldo podrán trabajar por el Movimiento, entregándole todo su tiempo.

b) El Movimiento que, como consecuencia de la falta de recursos financieros, no está en condiciones de emplear jefes pagados, tiene que recurrir a la actividad de funcionarios gratis.

Ese camino es más lento y más difícil.

La dirección del Movimiento debe, en el caso que convenga, paralizar la actuación en determinados grandes sectores, hasta que, entre los adeptos de la causa, surja una mente capaz de ponerse a la cabeza de la jefatura y organizar y dirigir el Movimiento en esas sedes.

Puede acontecer que no se encuentre en ciertas regiones a nadie en situación de poder asumir la jefatura y que, en otras, dos o tres personas estén en condiciones más o menos idénticas en cuanto a capacidad. Son grandes las dificultades para la evolución del Movimiento en tal situación, y sólo después de años se pueden vencer.

Así como carece de eficacia un ejército sin jefes, sea cual fuese su sistema, así también es inútil una organización política no dotada del correspondiente Führer. Para la causa es preferible que se deje de organizar un grupo local a que se corra el riesgo de un fracaso, por falta de un guía eficaz. Para ser Führer se requiere capacidad, sin olvidar que debe darse mayor importancia a la fuerza de voluntad y de acción que a la genialidad en sí. Lo ideal, pues, será la conjunción de las condiciones de capacidad, decisión y perseverancia.

12. El futuro de un Movimiento depende del fanatismo, y hasta de la intolerancia con que sus adeptos sostengan su causa, como la única justa, y la impongan frente a otros Movimientos de índole semejante.

Es un gran error creer que la potencialidad de un Movimiento se acrecienta por efecto de la fusión con otro Movimiento análogo.

Ciertamente cada expansión en este orden significa numéricamente un aumento, dando al observador superficial la impresión de haberse vigorizado el Movimiento mismo; pero la verdad es que se han introducido los gérmenes de un debilitamiento, que no tardará en hacerse manifiesto. Por más que se hable de la identidad de dos Movimientos, esa identidad nunca existe. Si así lo fuere, no habría dos Movimientos, sino sólo uno. Poco importa conocer dónde están las divergencias. No dejarían por eso de existir.

La ley natural de toda evolución no permite la unión de dos Movimientos diferentes, pero asegura siempre la victoria del más fuerte, la que sólo se puede lograr por medio de la lucha incondicional.

Puede ser que la unión de dos concepciones partidistas, en determinado momento, ofrezca ventajas. Con el tiempo, sin embargo, el éxito así conseguido es siempre una causa de debilidad.

Para un Movimiento es más ventajoso combatir por una victoria que no signifique un éxito momentáneo, sino duradero, obtenido después de una lucha incondicional y sin concesiones.

Movimientos que deben su progreso a uniones con otros grupos de concepciones parecidas dan la impresión de plantas de invernadero. Crecen, pero les falta la fuerza para resistir las grandes tempestades.

La magnitud de toda organización poderosa, que encarna una idea, estriba en el religioso fanatismo y en la intolerancia con que esa organización, convencida íntimamente de la verdad de su causa, se impone sobre otras corrientes de opinión. Si una idea es justa en el fondo, será invencible en el mundo; toda persecución no conducirá sino a aumentar su fuerza interior.

13. El Movimiento tiene que educar a sus adeptos de tal manera que necesiten realizar los mayores esfuerzos. No deben temer la enemistad del adversario, sino considerarla como condición esencial para su propia existencia. No se deben atemorizar por el odio ni las vociferaciones de los enemigos de nuestra nacionalidad y de nuestra ideología; por el contrario, deberán más bien ansiarlos. La mentira y la calumnia son manifestaciones propias de ese odio.

Aquel que no es calumniado y denigrado por la prensa judía, no es alemán de verdad ni es verdadero Nacionalsocialista. La mejor medida para aquilatar el valor de su ideal, la sinceridad de su convicción y la entereza de su carácter, es la intensidad del odio con que es combatido por el enemigo mortal de nuestro pueblo.

Los adeptos del Movimiento y, en un sentido. más amplio, todo el pueblo, deben convencerse de que el judío miente siempre y que, si aparece alguna verdad en sus periódicos, es sólo el disfraz de un engaño y, por ello, siempre una mentira.

El judío es el mayor maestro de la mentira, y la mentira y el fraude son las únicas armas de su lucha.

Cada calumnia, cada mentira de los judíos contra uno de nosotros, debe ser considerada como una herida que nos honra.

Cuanto más nos difamen, más nos uniremos. Los que nos consagran el odio más mortal, son justamente nuestros mejores colaboradores.

Quien al leer por la mañana un periódico judío no hubiere sido difamado por el mismo, no aprovechó bien el día, pues, si lo hubiese hecho, habría sido perseguido, calumniado, insultado e injuriado por el judío.

Sólo los que se enfrentan de manera eficaz a ese enemigo mortal de nuestro pueblo y de la civilización aria, deben esperar la calumnia de esa raza y ver dirigida en contra suya todo su odio.

Si estas ideas fundamentales fueran totalmente asimiladas por nuestros correligionarios, entonces el Movimiento será invencible.

14. Nuestro Movimiento está obligado a fomentar por todos los medios el respeto a la personalidad. No debe olvidarse que el valor de todo lo humano radica en el valor de la personalidad; que toda idea y que toda acción son el fruto de la capacidad creadora de un hombre y que, finalmente, la admiración por la grandeza de la personalidad representa no sólo un tributo de reconocimiento para ésta, sino también un vínculo que une a los que sienten gratitud hacia ella. La personalidad es irreemplazable, sobre todo cuando esa personalidad no es mecánica sino constitutiva de un elemento creador de cultura. De la misma manera que un célebre artista no puede ser sustituido y nadie logra terminar un cuadro mecánicamente, lo mismo sucede con los grandes poetas y pensadores, los grandes estadistas y los grandes generales. Su actividad no es mecánica, sino que es un don de la gracia de Dios.

Las grandes revoluciones, las grandes conquistas de esta Tierra, sus grandes producciones culturales, las obras inmortales en el campo de la política, etcétera, están siempre ligadas a un nombre y estarán por él representadas. La falta de reconocimiento del valor excepcional de uno de esos espíritus significa la pérdida de una fuerza inmensa. Mejor que nadie eso lo sabe el judío. Él, que sólo es grande en la destrucción de la Humanidad y de su cultura, tiene la mayor admiración por sus propios valores. Por el contrario, el respeto de los otros pueblos por sus grandes espíritus intenta hacerlo pasar como cosa indigna y como un "culto a la personalidad".

Cuando un pueblo es bastante cobarde para dejarse vencer por esa insolencia y descaro de los judíos, renuncia a la fuerza más poderosa que posee, pues esa fuerza no consiste sólo en el respeto a las masas, sino también en la veneración por los genios. Nada nos había preocupado tanto, en la primera época de la formación de nuestro Movimiento, como el que nuestros nombres fuesen desconocidos y sin importancia para la opinión pública. Esto ponía en duda la posibilidad de nuestro éxito.

Lo más difícil, en esos primeros tiempos, en que apenas seis, siete u ocho personas se reunían para oír el discurso de un orador, era despertar en esos pequeños círculos la confianza en el gran futuro del Movimiento y mantenerlo. Piénsese en que seis o siete hombres, completamente desconocidos, simples pobres diablos, se reunían con la intención de crear un Movimiento destinado a ganar el futuro -lo que hasta entonces les había resultado imposible a los grandes partidos- y de volver a elevar a la Nación alemana a su mayor poder y esplendor. Si en aquellos tiempos nos hubieran detenido o incluso se hubiesen mofado de nosotros, no nos habría afectado, puesto que lo que más nos entristecía era pasar desapercibidos. Eso era lo que más me hacía sufrir.

Cuando me incorporé a esa media docena de hombres, no se podía hablar todavía ni de un partido ni de un Movimiento. Ya describí mis impresiones al respecto del primer encuentro con esa pequeña organización. En las semanas que sucedieron a ese inicio tuve oportunidad de pensar en la aparente imposibilidad de ese nuevo partido. El cuadro que se presentaba ante mis ojos era para entristecer. No existía, en ese sentido, nada, absolutamente nada.

En efecto, la opinión pública no sabía nada de nosotros ni nadie en Munich, con excepción de nuestros pocos adeptos y amigos, conocía la existencia de nuestro Partido, ni siquiera de nombre.

Todos los miércoles tenía lugar, en el "München Kaffee"; una reunión de la comisión y, una vez por semana, había conferencia por la noche. Como casi todos los miembros del "Movimiento" estaban en la comisión, las personas eran siempre las mismas. Se imponía, pues, salir al fin del círculo estrecho y ganar nuevos prosélitos, procurando a todo trance la difusión del nombre de nuestro Movimiento.

Utilizamos la siguiente técnica: Una vez al mes, y después cada quince días, organizábamos "asambleas". Las invitaciones se escribían a máquina y en parte también a mano. Cada uno se esforzaba por conseguir, en el círculo de sus amistades, visitas a esas sesiones preparatorias. El éxito era magro.

Recuerdo todavía cómo yo mismo, en aquellos tiempos, distribuí una vez, casa por casa, hasta ochenta invitaciones, y recuerdo también cómo esperamos aquella noche la presencia de las "masas populares" que debían venir... Con una hora de retraso, el "Presidente" se decidió al fin a inaugurar la "asamblea". Otra vez, no éramos más que siete. Los siete de siempre.

Pasamos a imprimir a máquina las invitaciones en una casa de utensilios de escritorio y distribuimos muchas copias. El resultado fue un mayor auditorio en la próxima reunión. El numero subió lentamente, de once a trece, finalmente a diecisiete, a veintitrés, a veinticuatro.

Gracias a pequeñas colectas de dinero en nuestro círculo de pobres diablos, logramos reunir los medios necesarios para anunciar una asamblea mediante un aviso en el diario independiente de entonces, el Münchner Beobachter. El éxito esta vez fue grande. La asamblea debía realizarse en la "Hofbräuhaus Keller" de Munich, pequeña sala que apenas tenía capacidad para ciento treinta personas. El espacio me dio la impresión de ser un gran salón y cada uno de nosotros estaba ansioso por ver si conseguíamos, en la hora señalada, llenar este "vasto" edificio. A las siete de la noche se hallaban presentes 111 personas. La asamblea quedó abierta. Un profesor de Munich pronunció el discurso inaugural; luego, yo debía tomar la palabra por primera vez en público.

Hablé durante treinta minutos, y aquello que antes había sentido instintivamente quedó comprobado por la realidad: tenía condiciones de orador. Al finalizar mi discurso, el público estaba como electrizado en el estrecho recinto y el entusiasmo tuvo su primera manifestación en el hecho de que mi llamada a la generosidad de los presentes dio por resultado una colecta de 300 marcos. Esto nos liberó de una gran preocupación. La situación financiera era tan precaria que no teníamos recursos ni para imprimir las líneas generales del programa, menos aún los boletines. Al final habíamos conseguido una base para hacer frente a los gastos más indispensables y más urgentes.

También en otro aspecto el éxito de esa primera gran reunión era muy significativo. Comencé a atraer a un gran número de nuevas fuerzas. Durante mis largos años de servicio militar conocí a muchos camaradas fieles que comenzaban, poco a poco, a formar parte del Movimiento, como consecuencia de mi propaganda. Eran jóvenes de gran eficacia, habituados a la disciplina y educados, desde la época del servicio militar, en la convicción de que para quien quiere nada es imposible.

Cuán necesaria era una afluencia tal de sangre nueva lo pude apreciar pocas semanas después.

El Presidente del Partido de entonces, señor Harrer, era periodista de profesión y, como tal, indudablemente, un hombre de amplia ilustración. Pero en su calidad de Presidente del Partido se hallaba limitado por el gravísimo defecto de no saber hablar a las masas. Minucioso y exacto, como era en su trabajo profesional, carecía sin embargo del vuelo espiritual necesario, precisamente debido a esa falta de talento oratorio.

El señor Drexler, presidente del grupo regional de Munich en aquel tiempo, era un simple obrero, asimismo incapacitado para la oratoria y que tampoco tenía nada de soldado. No había servido en el Ejército, ni fue combatiente durante la guerra. Débil e indeciso por naturaleza, le faltó la única escuela capaz de forjar espíritus varoniles. Ambos, Harrer y Drexler, no eran hombres de la talla de los que llevan en el corazón no sólo la fe fanática en el triunfo de una causa, sino que, también animados de inquebrantable energía y hasta de brutal intransigencia, son capaces de vencer todos los obstáculos que puedan entorpecer el éxito de la nueva idea. A este fin podían sólo prestarse hombres que, mental y físicamente, hubiesen adquirido aquellas virtudes militares que quizás podríamos condensar en estos términos: la agilidad del galgo, la resistencia y la dureza del acero de Krupp.

En aquel tiempo yo todavía era soldado.

Mi aspecto externo y mi carácter se habían formado de tal manera durante casi seis años de servicio, que aquel círculo debió considerarme al principio como algo extraño en su seno. En mi vocabulario no existían las palabras: "No es posible", o "será imposible", "no debe intentarse, "es todavía muy peligroso", etcétera.

El caso era naturalmente peligroso. En 1920 era imposible, en muchas regiones de Alemania, aventurarse a lanzar un llamamiento a las masas populares para una asamblea Nacionalista y convidarlas públicamente para una reunión. Las llamadas grandes reuniones colectivas burguesas eran desbaratadas por una docena de comunistas.

Los comunistas no daban importancia a esos "clubes" burgueses inofensivos, que no ofrecían el menor peligro, y que ellos conocían mejor que a sus propios adeptos. Estaban, sin embargo, resueltos a liquidar, por todos los medios a su alcance, un Movimiento nuevo que les pareciera peligroso. Y el medio más eficaz, en tales casos, siempre fue el terror y el empleo de la fuerza. Por cierto que los embaucadores marxistas del pueblo debieron odiar en grado superlativo un Movimiento cuya clara finalidad era ganar aquel sector social que hasta ese momento se hallaba al exclusivo servicio de los partidos internacionales de judíos marxistas y traficantes de la Bolsa. Desde luego, el solo nombre "Partido Alemán de los Trabajadores" constituía una provocación. De esta manera no era difícil prever que, en la primera oportunidad favorable, surgiría una definición y un enfrentamiento a fondo con los agitadores marxistas, todavía ebrios con su victoria.

En el pequeño círculo del Movimiento de antes, todavía se sentía un cierto temor ante una lucha semejante. Se evitaba, por lo menos, una asamblea pública, con miedo de ser golpeados. Se creía que en esa primera gran reunión el Movimiento sería liquidado. Mi modo de ver era diferente. Pensaba que no se debía esquivar la lucha, sino, por el contrario, ir a su encuentro y tomar las únicas medidas eficaces contra el uso de la fuerza. No se combate el terror con armas intelectuales, sino con el propio terror. El éxito de la primera asamblea fortaleció en mi espíritu ese punto de vista. Adquirimos el valor para una segunda, de proporciones mayores.

Aproximadamente en octubre de 1919, tuvo lugar en la "Eberlbräukeller" la segunda reunión masiva. El tema fue Brest-Litovsk y Versalles: los dos tratados. Intervinieron cuatro oradores. Yo hablé durante casi una hora y el éxito fue aun mayor que el de la primera reunión. El número de asistentes había subido a más de ciento treinta. Un intento de perturbación fue sofocado radicalmente por mis camaradas. Los responsables de la perturbación huyeron rápidamente escaleras abajo, con las cabezas rotas.

Catorce días después tuvo lugar una reunión mayor en la misma sala. El número de oyentes rebasó los ciento setenta, un local lleno. Hablé de nuevo y el éxito aun se incrementó.

Busqué una sala mayor. Al final encontramos una en condiciones, al otro lado de la ciudad, en el "Deutschen Reich", en la calle Dachauer. La asistencia a la primera reunión en esa sala fue menor que la anterior, apenas ciento cuarenta personas.

Las esperanzas comenzaron a enfriarse y los eternos pesimistas creían que el motivo de la escasa asistencia se debía a la repetición constante de nuestras afirmaciones. Había fuertes divergencias, siendo yo partidario de que una ciudad de setecientos mil habitantes debería tener no un mitin quincenal, sino diez cada semana, para que, a fuerza de repetir, no existiera duda sobre el camino que se había tomado y que, más tarde o más temprano, la tenacidad y la constancia habrían de reportarnos el éxito.

Todo el invierno de 1919-1920 fue para mí una lucha continua por consolidar la confianza en la voluntad de vencer que debía animar al joven Movimiento y acrecentarlo hasta aquel fanatismo que, convertido en fe, sería después capaz de transportar montañas.

La siguiente reunión en el "Deutschen Reich" probó de nuevo que yo tenía razón. El número de los que frecuentaban nuestra asamblea había ascendido a más de doscientos y el éxito fue brillante, lo mismo en el aspecto exterior que en el orden económico.

Adopté inmediatas medidas para reuniones mayores. Quince días más tarde se realizaba una nueva asamblea y la multitud se elevaba a más de doscientas setenta personas.

En ese tiempo, conseguimos dar organización interna al Movimiento. Muchas veces, en el pequeño círculo en el que nos desenvolvíamos, había divergencias más o menos fuertes. De varios lados, como sucede todavía hoy, el nuevo Movimiento fue considerado un Partido.

Cualquiera que posea una idea osada, cuya realización parezca útil a los intereses de su prójimo y desee transformarla en realidad práctica, el primer paso a dar es conquistar adeptos que estén dispuestos a llevar adelante sus designios. Los representantes de las nuevas ideas, sus predicadores, formarán siempre un Partido, hasta que el objetivo sea alcanzado.

Cuando se trata de un Movimiento impopular, su propaganda es siempre hecha sobre todo con expresiones alemanas antiguas, que no sólo son empleadas hoy, sino que no traducen pensamientos de forma precisa. Las usan creyendo dar importancia a su Movimiento por el léxico que emplean. Es un desatino que se puede observar hoy en un sinnúmero de ocasiones.

El nuevo Movimiento debía y debe estar preparado contra la invasión por parte de hombres cuya única recomendación consiste en el hecho de que durante treinta o cuarenta años han defendido la misma idea. Quien durante todo ese tiempo se bate por una idea, sin conseguir el menor éxito, sin incluso haber derrotado las ideas contrarias, da una prueba evidente de su incapacidad. Lo más peligroso es que esos individuos no quieren entrar en el Movimiento como cualquier otro adepto, sino entrometiéndose en la dirección del mismo y pretendiendo posiciones destacadas, por su actividad en el pasado. ¡Pobre del nuevo Movimiento que cae en sus manos!

No es buena recomendación para un hombre de negocios haber empleado cuarenta años de su actividad en determinado ramo para, al final, llevar la firma a la quiebra. Nadie en eso vería credenciales para confiarle la dirección de otra firma. Lo mismo sucede con esos Matusalenes populares que, después de que han fosilizado una gran idea, todavía piensan en dirigir otro Movimiento.

Tal vez esos hombres entran en un nuevo Movimiento con el fin de servirlo y de ser útiles a la nueva doctrina, pero, en la mayoría de los casos, lo que pretenden es, bajo la protección del mismo o por las posibilidades que aquél les brinda, hacer una vez más la infelicidad general con sus ideas propias.

Su característica principal es llenarse de entusiasmo por los antiguos héroes alemanes, por los tiempos más remotos, por la Edad de Piedra, por dardos y escudos; pero, en realidad, no pasan de ser los mayores cobardes que se pueda imaginar. Esa misma gente que tanto finge glorificar el heroísmo del pasado, predica la lucha en el presente con armas intelectuales y huye delante de cualquier porra de goma en las manos de los comunistas. La posteridad tendrá pocos motivos para extraer de aquí una nueva epopeya. Aprendí a conocer a esa gente, demasiado para no sentir el más profundo desprecio ante sus miserables simulaciones.

Su actuación sobre las masas es irrisoria. El judío tiene toda la razón para conservar con esmero a esos comediantes y para preferirlos a los verdaderos propulsores de un nuevo Estado alemán. Esos individuos, a pesar de todas las pruebas de su perfecta incapacidad, creen entender de todo mejor que los otros. Así se transforman en una verdadera plaga para los luchadores rectos y honestos, cuyo heroísmo no se manifiesta sólo en la veneración del pasado, sino que se esfuerzan en dejar a la posteridad, a través de sus actos, un ejemplo de heroicidad igual al de sus antepasados.

Frecuentemente es difícil distinguir, en medio de esa gente, quién actúa por estupidez o incapacidad y quién obedece a determinados motivos.

No fue sin razón que el nuevo Movimiento adoptó un programa definido y no empleó la palabra "popular". Debido a su carácter vago, esa expresión no puede ofrecer una base segura para cualquier Movimiento, ni un modelo para los que se adhieran al mismo en el futuro.

Es increíble lo que hoy se puede llegar a entender bajo esa denominación. Un conocido profesor de Baviera, uno de los célebres luchadores con "armas espirituales", concilia la expresión "popular" con el espíritu monárquico. Ese "sabio" se olvida de explicar la identidad existente entre nuestra vieja Monarquía y lo que hoy se entiende por "popular". Creo que eso le sería casi imposible, pues difícilmente se puede imaginar cosa menos "popular" que la mayor parte de los Estados monárquicos de Alemania. Si no fuese así, esos Estados no habrían desaparecido, o su desaparición significaría que las opiniones "populares" eran erradas.

Debido a su sentido ambiguo, cada uno entiende la expresión "popular" a su antojo. Sólo ese hecho la hace inoperante para la base conceptual de un Movimiento político. En este mundo, sin embargo, quien no esté dispuesto a ser odiado por el adversario no me parece tener mucho valor como amigo. Por eso, la simpatía de esos individuos era para nosotros considerada no sólo inútil sino perjudicial. Para irritarlos, adoptamos, desde el principio, la denominación de "Partido" para nuestro Movimiento, que tomó el nombre de "Partido Nacionalsocialista Alemán de los Trabajadores".

Está claro que teníamos que ser combatidos, no con armas verdaderas sino por la pluma, única arma de esos escritorzuelos. Nuestra afirmación de que "nosotros nos defenderemos con la fuerza contra quien nos combata por la fuerza" era incomprensible para ellos.

Jamás podré prevenir suficientemente a nuestro joven Movimiento sobre el peligro de caer en la red de los llamados "trabajadores silenciosos". Éstos no sólo son cobardes, sino también incapaces y haraganes. Todo hombre que esté enterado de una cosa, que se dé cuenta de un peligro latente y que vea la posibilidad de remediarlo, tiene necesariamente la obligación de asumir en público una actitud franca en contra del mal, buscando su curación, en lugar de concretarse a obrar "silenciosamente". Si no hiciera esto, es un miserable cobarde, sin noción de sus obligaciones. La mayoría de los "trabajadores silenciosos" se da ínfulas de saberlo todo. ¡Dios sabe qué! Ninguno de ellos sabe nada, pero tratan de sofisticar al mundo entero con sus artificios; son perezosos, pero quieren dar la impresión de que tienen una actividad enorme y diligente, por medio de su decantado trabajo "silencioso". En una palabra, son embusteros y traficantes políticos, que detestan el trabajo honrado de los otros.

Incluso el más simple agitador, que tiene el coraje de defender su causa abierta y varonilmente ante los adversarios en la taberna, contribuye más que mil de esos hipócritas, mentirosos y pérfidos.

A principios del año 1920 trabajé para organizar el primer mitin. La prensa roja se comenzaba a ocupar de nosotros. Nos considerábamos felices por haber despertado su odio. Habíamos comenzado a frecuentar sus reuniones, como críticos. Con ello conseguimos ser conocidos y ver aumentada la aversión y el odio contra nosotros. Deberíamos, por ello, esperar que nuestros amigos rojos nos harían una visita a nuestro primer gran mitin. Era muy probable que fuéramos atacados por sorpresa. Conocía muy bien la mentalidad de los marxistas. Una fuerte reacción por nuestra parte no sólo produciría en ellos una profunda impresión, sino que también serviría para ganar adeptos.

¡Deberíamos, pues, decidirnos a esa manifestación!

El Presidente del Partido, señor Harrer, creía no poder apoyar mi iniciativa en cuanto al momento elegido y se decidió, en consecuencia, como hombre correcto y honrado, a dejar la presidencia. Anton Drexler fue el sucesor; yo, personalmente, me había reservado la organización de la propaganda, poniéndome resueltamente a la obra. Para el 24 de febrero de aquel año quedó fijada la fecha de realización de la primera gran asamblea popular de nuestro Movimiento, todavía casi desconocido hasta entonces.

Los preparativos los dirigí yo mismo. Éstos eran los más sencillos. El anuncio debería hacerse mediante carteles y boletines orientados en el sentido de producir la más fuerte impresión sobre las masas.

El rojo fue el color elegido como distintivo; era el más provocativo y el que naturalmente más debía indignar e irritar a nuestros detractores, haciéndonos inconfundibles.

Sólo me embargaba una preocupación. Me preguntaba: ¿La sala quedará repleta o tendremos que hablar ante una sala vacía? Tenía la seguridad de que si teníamos auditorio el éxito sería completo.

A las siete y media de la noche debía inaugurarse la asamblea. Quince minutos antes ingresé en la sala de la "Hofbräuhaus", situada en la plaza de Munich. Mi corazón saltaba de alegría, pues el enorme local se hallaba materialmente repleto de gente en un número mayor a 2.000 personas, justamente aquellos a los que nos queríamos dirigir. Más de la mitad de la sala parecía hallarse ocupada por comunistas y elementos independientes.

Tomé la palabra a continuación del primer orador. Pocos minutos después menudeaban las interrupciones; en el fondo de la sala se producían escenas violentas. Un grupo de mis fieles camaradas de la guerra y otros pocos adeptos más se enfrentaron con los perturbadores y sólo paulatinamente pudo restablecerse el orden. Seguí hablando. Media hora después, los aplausos comenzaron a imponerse a los gritos y exclamaciones airadas.

Comencé entonces a exponer los veinticinco puntos de nuestro programa. Cuando expliqué las veinticinco tesis de nuestro Movimiento sentí que me hallaba frente a una sala atestada de individuos unidos por una nueva convicción, por una nueva fe y por una nueva voluntad.

A medida que, después de casi cuatro horas de discusiones, la sala comenzó a vaciarse, supe que las bases del Movimiento estaban lanzadas en el corazón del pueblo.

Quedó encendido el fuego cuyas llamas forjarán un día la Espada que le devuelva la libertad al Sigfrido germánico y restaure la vida de la Nación alemana.

Y junto al resurgimiento que veía venir, se levantaba inexorable contra el perjurio del 9 de noviembre de 1918, la Diosa de la Venganza. Lentamente fue vaciándose la sala.

El Movimiento tomaba su curso.

VOLUMEN II
EL MOVIMIENTO NACIONALSOCIALISTA

Mi Lucha

Capítulo I

Weltanschauung y partido

El 24 de febrero de 1920 tuvo lugar la primera manifestación pública, en masa, de nuestro movimiento. Fue en el salón de reuniones de la "Hofbräuhaus" de Munich, ante una multitud de casi dos mil personas, donde fueron presentadas y jubilosamente aprobadas, punto por punto, las veinticinco tesis del programa del nuevo Partido.

Ese memorable día se dieron las directrices y líneas principales de una lucha cuya finalidad era barrer el estercolero de ideas y puntos de vista obsoletos, así como los objetivos perniciosos vigentes. En el putrefacto y acobardado mundo burgués, y frente al cortejo triunfal de la ola marxista en movimiento, debía aparecer una nueva fuerza para detener, a última hora, el carro del Destino.

Era natural que el nuevo Movimiento pudiese esperar asumir la importancia necesaria y obtener la fuerza requerida para su gigantesca lucha, únicamente en el caso de que desde el primer momento lograra despertar, en el alma de sus partidarios, la sagrada convicción de que este movimiento no significaba imponer a la vida política un nuevo lema electoral, sino hacer que una concepción ideológica distinta, de trascendencia capital, llegara a triunfar.

Se debe considerar cuán paupérrimos son los puntos de vista de los cuales emanan, generalmente, los llamados "programas políticos" y la forma cómo éstos son ataviados de tiempo en tiempo con ropajes nuevos. Se deben examinar cuidadosamente los motivos impulsores de las "comisiones de programa" burguesas para aquilatar debidamente el valor de tales programas.

Siempre es el mismo e invariable motivo el que induce a formular nuevos programas, o a modificar los existentes: la preocupación por el resultado de la próxima elección. Después que a la cabeza de esos artistas del Estado parlamentario acude la idea de que el pueblo puede rebelarse y escapar de los aparejos del carro partidista, acostumbran a pintar de nuevo los palos del vehículo. Entonces aparecen los astrónomos y astrólogos del Partido, los llamados "expertos" y "entendidos", en su mayoría viejos parlamentarios, que por su larga experiencia en el "muñequeo" pueden acordarse de casos análogos en que las masas perdían toda la paciencia y se volvían amenazantes. Y recurren, entonces, a las viejas recetas, forman una "comisión", palpan el sentimiento popular, olfatean la opinión de la prensa y sondean lentamente lo que podría desear el "amado pueblo", lo que le desagrada, lo que aquél anhela. Todos los grupos profesionales, todas las clases de trabajadores son minuciosamente estudiados. Se les preguntan sus deseos más íntimos. Entonces, por temor de que los descubran, desaparecen, para después reaparecer de repente con los mismos estribillos de la "temible oposición", mas ahora inofensivos y como formando parte del patrimonio del viejo Partido.

Se reúnen comisiones que "revisan" el antiguo programa y redactan uno "nuevo', prometiendo a cada uno lo suyo. Esos señores mudan de convicciones como el soldado en el campo de batalla cambia de camisa, cuando la vieja está inmunda. Al campesino se le ofrece protección para su agricultura; al industrial, para su manufactura; al consumidor, facilidades de compra; a los maestros de escuela, aumento de sueldo; a los funcionarios, mejora de pensiones; viudas y huérfanos gozarán de la ayuda del Estado a escala superlativa; el trabajo será fomentado; las tarifas experimentarán una considerable reducción y hasta los impuestos quedarán poco menos que abolidos. A veces ocurre que una clase queda olvidada, o no es atendida su reclamación. En este caso, se aumentan a toda prisa los remiendos, que continúan haciéndose, hasta que el rebaño de los burgueses comunes y, más aún, de sus esposas, se tranquilice y quede enteramente satisfecho. Apoyados en estos preparativos y puesta la confianza en Dios y en la proverbial estulticia de la masa electoral, inician los partidos su campaña por la llamada "renovación" del Reich. Pasa el día de las elecciones. Los parlamentarios hicieron la última asamblea popular, que sólo se renovará cinco años más tarde; y, abandonando la domesticación de la plebe, se entregan al desempeño de sus altas y agradables funciones. Se disuelve la "comisión del programa" y la lucha por la reforma de las instituciones reviste de nuevo la modalidad de lucha por el querido pan nuestro de cada día, por la "dieta", como la llaman los diputados.

El "señor representante del pueblo", elegido por un período de cinco años, se encamina todas las mañanas al Congreso y llega por lo menos hasta la antesala, donde encuentra la lista de asistencia. Sacrificándose por el bienestar del pueblo, inscribe allí su ilustre nombre y toma, a cambio de ello, la muy merecida dieta que le corresponde como insignificante recompensa por éste, su continuado y agobiante trabajo.

Al finalizar el cuarto año de su mandato, o también en otras horas críticas, cuando se aproxima la fecha de la disolución del Parlamento, invade súbitamente a los señores diputados un inusitado impulso y las orugas parlamentarias salen, cual mariposas de su crisálida, para ir volando al seno del "querido" pueblo. De nuevo se dirigen a sus electores, les cuentan de sus labores fatigantes y del malévolo empecinamiento de los adversarios, pero las masas ignaras, en lugar del agradecido aplauso, les lanzan en la cara, a veces, expresiones ásperas, llenas de odio. Si esa ingratitud popular sube hasta un cierto punto, sólo un remedio puede servir: es preciso restaurar el esplendor del Partido, el programa necesita ser mejorado, renacen las "comisiones" y recomienza la parodia. Dada la granítica estupidez de nuestra Humanidad, el éxito no debe sorprendernos. Guiado por su prensa y alucinado por la seducción del nuevo programa, el rebaño electoral, tanto "burgués" como "proletario", retorna al establo común para volver a elegir a sus antiguos defraudadores.

De esta forma el "representante" del pueblo, el candidato de las clases productoras se transforma nuevamente en oruga parlamentaria, que se ceba en la vida del Estado para, cuatro años después, metamorfosearse otra vez en brillante mariposa.

¡Nada más decepcionante que observar todo ese proceso en su desnuda realidad!

Ciertamente, de esa base espiritual del mundo burgués no es posible absorber elementos para la lucha contra la fuerza organizada del marxismo.

Mas, en eso no piensan nunca seriamente los señores parlamentarios. Debido a su reconocida estrechez e inferioridad mental, esos "médicos" parlamentarios de raza blanca no consiguen comprender que la democracia occidental podría, en el mejor de los casos, suponer un medio para alcanzar un determinado fin; un medio que se debería emplear para anular la acción del adversario y facilitar la suya propia. ¡Tal como el marxismo, a veces, aparenta una indisoluble unión con los principios democráticos, aun cuando en las horas críticas no diera la menor importancia a una decisión por mayoría, a la manera democrática occidental! Eso se produjo cuando los parlamentarios burgueses veían la seguridad del Reich garantizada por la monumental idiotez de una gran mayoría, mientras el marxismo, con una multitud de vagabundos, desertores, falsos partidarios y literatos judíos, en poco tiempo arrebataba el poder para sí, aplicando, de esta manera, una ruidosa bofetada a la democracia. Por eso, sólo al espíritu crédulo y débil de los parlamentarios de la burguesía democrática se les puede ocurrir que, ahora o en el futuro, la universal peste marxista y sus defensores puedan ser proscritos con las fórmulas del exorcismo parlamentarista occidental.

El marxismo marchará con la democracia hasta que consiga, por vía indirecta, sus fines criminales: obtener el apoyo del espíritu nacional y luego proceder a su extirpación. Si el marxismo vislumbrara que nuestra democracia parlamentaria es un peligro que podría repentinamente producir una mayoría que incluso apoyara una legislación que se enfrentase seriamente al marxismo, entonces, abandonaría su ilusión parlamentaria y los portaestandartes de la Internacional roja, en lugar de un llamamiento a la conciencia democrática, dirigirían una incendiaria proclama a las masas proletarias y la lucha se trasplantaría inmediatamente del aire viciado de las salas de sesiones de nuestros parlamentarios a las fábricas y las calles. La democracia quedaría después liquidada; y lo que no consiguiera la habilidad intelectual de los "apóstoles del pueblo" lo conseguirían, con la rapidez del relámpago, como sucedió en el otoño de 1918, la avalancha y el martillo de las excitadas masas proletarias. Eso enseñaría elocuentemente al mundo burgués cómo es de insensato el imaginar que, **con los recursos de la democracia liberal, es posible resistir a la conquista judaica del mundo.**

Como ya apuntamos, sólo un espíritu crédulo puede aceptar reglas de juego con un contrincante para el cual ellas sólo tienen validez como trampa, cuando les son útiles, y que las desprecia y las abandona cuando dejan de serle ventajosas.

La lucha política, en todos los partidos que se dicen de orientación burguesa, se reduce en verdad a la sola disputa de escaños parlamentarios, en cuanto que las convicciones y los principios se echan por la borda cual lastre; los programas políticos están adaptados, por cierto, a tal estado de cosas. Y por ese patrón es medida su validez. Esos partidos carecen de aquella atracción magnética que arrastra siempre a las masas bajo la dominante impresión de principios poderosos, de su fuerza persuasiva y de la fe incondicional y del coraje fanático para luchar por ellos.

Pero, en una época en la que una parte, pertrechada con todas las armas de una nueva doctrina, aunque mil veces criminal, se prepara para el ataque al orden existente, la otra parte sólo puede resistir siempre que adopte fórmulas de una nueva fe política; en nuestro caso, sustituyendo las enseñas de una defensa débil y cobarde por el grito de guerra de un ataque animoso y brutal. Por eso, si hoy los ministros nacionalburgueses, hasta incluso del Centro bávaro, nos hacen la censura de que nuestro Movimiento trabaja por una "revolución", hemos de responder a esos políticos liliputienses: '¡Sí, intentamos recuperar lo que perdisteis con vuestra criminal estupidez! Con los principios de vuestro necio parlamentarismo, cooperasteis para que la Nación fuese arrastrada hacia el abismo; nosotros, sin embargo, incluso de manera agresiva, lanzando una nueva concepción del mundo y defendiendo los principios de manera fanática e inexorable, prepararemos los escalones por los que un día nuestro pueblo pueda subir de nuevo al templo de la libertad".

De esta manera, en el tiempo de la fundación del nuevo Movimiento, nuestros primeros cuidados debieron ir siempre en el sentido de impedir que la masa de nuestros combatientes, por una nueva y elevada convicción, se volviese una simple liga para la protección de los intereses parlamentarios.

La primera medida preventiva fue la elaboración de un programa que condujese convenientemente a un desarrollo que, por su grandeza íntima, fuese apropiado para expulsar a los espíritus pequeños y débiles de nuestras filas.

De qué manera era cierto nuestro concepto de la necesidad de un programa de puntos de mira definidos, lo probaba claramente el fatal debilitamiento que condujo a Alemania a la ruina.

De ese conocimiento deberían salir nuevas fórmulas para el concepto de Estado, que fueran parte esencial de una nueva concepción del mundo.

* *

Ya en la primera parte de esta obra me refería a la palabra "popular" ("völkisch"), pues me di cuenta de que ese término parece poco preciso para permitir la formación de una definida comunidad de combatientes. Todo lo que es posible imaginar, aunque sean cosas completamente distintas, se cubre con la capa de "popular". Antes de entrar a ocuparme de los problemas y objetivos del Partido Nacionalsocialista Alemán de los Trabajadores, deseo precisar el concepto "völkisch" y su relación con nuestro movimiento.

El concepto "völkisch" se presenta susceptible de una elástica interpretación y es ilimitado, tal como ocurre, por ejemplo, con el término religiös (religioso). En verdad es difícil entender por esa palabra alguna cosa exacta, tanto en relación a la percepción del pensamiento como a la realización práctica. El término "religioso" sólo es fácil de percibir en el momento en que éste aparece ligado a una forma determinada y delimitada de realización. Es una bonita y fácil explicación calificar a un hombre de "profundamente religioso". Habrá en verdad algunas raras personas que se sientan satisfechas con una semejante denominación general, porque tales personas pueden percibir una imagen más o menos viva de ese estado de ánimo. Pero, para las grandes masas, que no están formadas ni por santos ni por filósofos, tal idea general "religiosa" apenas significaría, en la mayoría de los casos, la simple traducción de su modo individual de pensar y de actuar, sin conseguir conducir a aquella situación que inmediatamente despierta la íntima ansia religiosa por la formación, en el ilimitado mundo mental, de una fe definida. Con certeza, no es ése el fin en sí, sino simplemente un medio para el fin; sin embargo, es un medio absolutamente inevitable para que al final se pueda alcanzar el fin. Y ese fin no es sencillamente ideal, sino, en último análisis, esencialmente práctico. Como cada uno de nosotros puede comprender que los más elevados ideales siempre corresponden a una profunda concepción de la vida, así la sublimidad de la belleza está, en postrera instancia, en su utilidad causal.

La fe, ayudando al hombre a elevarse sobre el nivel de vida vulgar, contribuye en verdad a la firmeza y seguridad de su existencia. Tómese a la Humanidad contemporánea con su educación apoyada en los principios de la fe y de la religión; en su significación práctica en cuanto a la moral y a las costumbres; elimínesela, sin substituirla por otra motivación de igual valor, y se tendrá una consecuencia catastrófica en los fundamentos de la existencia humana. Y debe tenerse presente que no es sólo el hombre el que vive para servir a los altos ideales, sino que también esos altos ideales presuponen la existencia del hombre. Y así se cierra el círculo.

La denominación "religioso" implica, naturalmente, pensamientos doctrinarios o convicciones, como, por ejemplo, la inmortalidad del alma, la vida eterna o la existencia de un ser supremo. Pero todos esos pensamientos, aunque para el individuo sean muy convincentes, sufren el examen crítico individual y con eso la vacilación del que afirma o niega, hasta que se acepte, no la noción sentimental o el conocimiento, sino la legítima fuerza de la fe apodíctica. Ése es el principal factor en la lucha que abre la brecha en el reconocimiento de las concepciones religiosas.

Sin la clara delimitación de la fe, la religiosidad, en su obscuro polimorfismo, no sólo sería inútil para la vida humana, sino que probablemente contribuiría a la confusión general.

Lo mismo que ocurre con el concepto "religioso" se da con el término "popular". También el concepto "völkisch" entraña en sí ciertas verdades fundamentales, las cuales, aun teniendo la trascendencia más eminente, son sin embargo tan vagas en su forma que sólo adquieren valor superior al de una simple opinión más o menos autorizada cuando se las engasta como elementos básicos en el marco de un partido político. **La realización de aspiraciones de concepción ideológica y también la de los postulados que de ellas se derivan, no es el resultado ni de la pura sensibilidad ni del solo anhelo del hombre, como tampoco la consecución de la libertad es el fruto del ansia general por ella. No, sólo cuando el impulso ideal para la independencia recibe organización combativa puede el ardiente deseo de un pueblo convertirse en realidad.**

Toda concepción ideológica, por mil veces justa y útil que fuese para la Humanidad, quedará prácticamente sin valor en la vida de un pueblo, mientras sus principios no se hayan convertido en el escudo de un Movimiento de acción, el cual, a su vez, no pasará de ser un partido, mientras no haya coronado su obra con la victoria de sus ideas y mientras sus dogmas de partido no constituyan las leyes básicas del Estado dentro de la comunidad del pueblo.

Pero si una representación mental, de un modo general, debe servir de base a un futuro desarrollo, en este caso la primera condición es la de absoluta claridad del carácter, naturaleza y amplitud de esa representación. pues sólo sobre esos cimientos es posible organizar un movimiento que, por la intrínseca homogeneidad de sus convicciones, pueda desarrollar las fuerzas necesarias para la lucha. Un programa político debe estar caracterizado por ideas generales y por una definida fe política en una doctrina universal. La cual, dado que su objetivo debe ser prácticamente realizable, deberá servir no sólo a la idea en sí, sino también tomar en consideración los elementos de lucha existentes y ser empleados para la consecución de la victoria de esa idea. A la representación abstracta de una idea, justa en principio, que da el teorizante, debe sumarse la experiencia práctica del político. Así, un eterno ideal debe conformarse con ser la estrella guía de la Humanidad, teniendo en consideración las debilidades humanas, para no naufragar desde el comienzo ante la general deficiencia del hombre. Al investigador de la verdad, tiene que complementarle el conocedor de la psiquis del pueblo para extraer del fondo de la verdad eterna del ideal, lo humanamente posible para el simple mortal.

La conversión de la representación ideal de una concepción del mundo, de la máxima veracidad, en una fe política y en una organización combativa, definida y centralizada, gracias al espíritu y la voluntad, es el don más grande, pues del feliz resultado de ese trabajo dependen exclusivamente las posibilidades de victoria de una idea. Del seno de millones de hombres, donde el individuo adivina con más o menos claridad las verdades proclamadas y quizás si hasta en parte las comprende, surgirá el hombre que con apodíctica energía forme, de las vacilantes concepciones de la gran masa, principios graníticos por cuya verdad exclusiva luchará hasta que del mar agitado de un libre mundo de ideas emerja la roca de un común sentimiento unitario de fe y voluntad.

El derecho universal de obrar así se funda en la **necesidad,** en tanto que, tratándose del derecho individual, es el éxito el que en ese caso justifica la acción. Intentando extraer la significación profunda de la palabra "popular" llegamos a la conclusión siguiente: La concepción política corriente de nuestros días descansa generalmente sobre la errónea creencia de que, si bien se le puede atribuir al Estado energías creadoras y conformadoras de la cultura, el mismo, en cambio, nada tiene de común con premisas raciales, sino que podría ser más bien considerado como un producto de necesidades económicas o, en el mejor de los casos, el resultado natural del impulso de fuerzas políticas. Este criterio, desarrollado lógica y consecuentemente, condice no sólo al desconocimiento de las energías primordiales de la raza, sino también a una deficiente valoración de la personalidad, ya que la negación de la diversidad de razas, en lo tocante a sus aptitudes generadoras de cultura, hace que ese error capital tenga necesariamente que influir también en la apreciación del individuo. Aceptar la hipótesis de la igualdad de razas significaría proclamar la igualdad de los pueblos y, consiguientemente, la de los individuos. Por ello, el marxismo internacional habría sido una noción hace tiempo existente y a la cual le dio el judío Karl Marx la forma de un definido credo político. Sin la previa existencia de ese emponzoñamiento de carácter general, jamás habría sido posible el asombroso éxito político de esa doctrina. Karl Marx fue, entre millones, realmente el único que con visión de profeta descubriera en el fango de una Humanidad paulatinamente envilecida, los gérmenes del veneno social, agrupándolos, cual un genio de la magia negra, en una solución concentrada, para poder destruir así, con mayor celeridad, la vida independiente de las naciones soberanas del orbe. Y todo esto sólo al servicio de su propia raza.

La doctrina de Marx es así el extracto espiritual concentrado de las doctrinas universales hoy generalmente aceptadas. Y, por ese motivo, cualquier lucha de nuestro llamado mundo burgués contra ella es imposible, incluso ridícula, pues ese mundo burgués está completamente impregnado de esas substancias venenosas y admira una concepción del mundo que, en general, sólo se distingue de la marxista en grados y personas. El mundo burgués es "marxístico", pues cree en la posibilidad del dominio de un determinado grupo de hombres (burguesía), mientras el marxismo busca calculadamente entregar el mundo a manos de los judíos.

Frente a esa concepción, la ideología Nacionalracista afirma el valor de la Humanidad en sus elementos raciales de origen. En principio, considera al Estado sólo como un medio hacia un determinado fin y cuyo objetivo es la conservación racial del hombre. De ninguna manera cree, por tanto, en la igualdad de las razas, sino que, por el contrario, al admitir su diversidad, reconoce también la diferencia cualitativa existente entre ellas. Esta percepción de la verdad le obliga a fomentar la preponderancia del más fuerte y a exigir la supeditación del inferior y del débil, de acuerdo con la voluntad inexorable que domina el Universo. En el fondo, rinde así homenaje al principio aristocrático de la Naturaleza y cree en la evidencia de esa ley, hasta tratándose del último de los seres racionales. La ideología racista distingue valores no sólo entre las razas, sino también entre los individuos. Es el mérito de la personalidad lo que para ella se destaca del conjunto de la masa, obrando, por consiguiente, frente a la labor disociadora del marxismo, como fuerza organizadora. Cree en la necesidad de una idealización de la Humanidad como condición previa para la existencia de ésta. Pero le niega la razón de ser a una idea moral, si es que ella, racialmente, constituye un peligro para la vida de los pueblos de una ética superior, pues, en un mundo bastardizado o mulatizado estaría predestinada a desaparecer para siempre toda noción de lo bello y lo digno del hombre, así como la idea de un futuro mejor para la Humanidad.

La cultura humana y la civilización están en el Continente europeo inseparablemente ligadas a la idea de la existencia del hombre ario. Su desaparición o decadencia sumiría de nuevo al globo terráqueo en las tinieblas de una época de barbarie.

El socavamiento de la cultura humana por medio del exterminio de sus representantes es para la concepción de la ideología racista el crimen más execrable. Quien osa poner las manos sobre la más elevada semejanza de Dios ofende a esa maravilla del Creador y coopera para su expulsión del Paraíso.

De esta forma corresponde la concepción racista del mundo al íntimo deseo de la Naturaleza, pues restituye el libre juego de las fuerzas que encaminarán a una más alta cultura humana, hasta que, al final, conquistada la Tierra, una mejor Humanidad pueda libremente llegar a realizaciones en dominios que actualmente se encuentran fuera o encima de ella.

Todos presentimos que, en un remoto futuro, le surgirán al hombre problemas para cuya solución deberá ser llamada una raza superior, apoyada en los medios y posibilidades de todo el globo terrestre.

Está claro que la aceptación general de una concepción racista puede dar lugar a millares de interpretaciones. De hecho, debemos encontrar una para nuestra nueva institución política, que se imponga sobre todas las otras con la diferencia de sus concepciones.

Así, a la organización central de la ideología marxista se le opone hoy una mezcla de conceptos poco impresionante. ¡No se gana la victoria peleando con armas débiles! Solamente oponiendo a la concepción internacional -políticamente dirigida por el marxismo- una concepción igualmente dotada de una organización central, con una dirección racista, será posible, con igual energía combativa, alcanzar el triunfo para la verdad eterna.

La concreción sistematizada de una ideología jamás podrá realizarse sobre otra base que no sea una definición precisa. Lo que para la fe religiosa representan los dogmas, son los principios políticos para un partido en formación. Por tanto, se impone dotar a la ideología racista de un instrumento que posibilite su propagación, análogamente a la forma como la organización del partido marxista le abre paso al internacionalismo.

Ésta es la finalidad que persigue el Partido Nacionalsocialista Alemán de los Trabajadores.

Que una tal comprensión por el Partido del concepto racial lograría la victoria de la concepción racista, queda probado, al menos indirectamente, por los propios adversarios. Lo que le dio el éxito a la concepción internacional fue el hecho de estar representada por un partido político, con los moldes de un batallón de asalto; lo que hizo sucumbir a la concepción antimarxista fue la falta, hasta ahora, de una representación centralizada. No es por la facultad de interpretar un concepto general, pero sí por la forma definida y concentrada de una organización política, que puede luchar y vencer una nueva doctrina.

Personalmente, vi yo mi misión en la tarea de extraer del amplio e informe conjunto de una concepción ideológica general, los elementos esenciales y darles formas más o menos dogmáticas, de modo que, por su clara precisión, se presten para cohesionar unitariamente a todos los que juren aceptar la Idea. En otros términos: **El Partido Nacionalsocialista Alemán de los Trabajadores toma del fondo de la idea básica de una concepción racista general, los elementos esenciales para formar con ellos -sin perder de vista la realidad práctica, la época en que vivimos y el material humano existente, así como las flaquezas inherentes a éste- un credo político que, a su vez, pueda hacer de la cohesión de las grandes masas, rígidamente organizadas, la condición previa para la victoria de esta ideología.**

Capítulo II

El Estado

Ya en los años de 1920 y 1921 los círculos envejecidos de la burguesía acusaron incesantemente a nuestro Movimiento de mantener una posición negativa frente al Estado actual, y de esta acusación hizo derivar la politiquería partidista de todos los sectores el derecho de iniciar, por todos los medios, la lucha contra el incómodo protagonista de una nueva concepción ideológica. Por cierto que deliberadamente se había olvidado de que hasta el mismo burgués de nuestros días era ya incapaz de imaginar bajo el concepto "Estado" un organismo homogéneo y que tampoco existía, ni podía existir, una definición concreta al respecto. A esto se agrega que en nuestras Universidades suelen haber a menudo divulgadores en forma de catedráticos de Derecho Público, cuya "suprema tarea" consiste en elucubrar explicaciones e interpretaciones sobre la existencia, más o menos perfecta, del Estado al cual le deben el pan cotidiano. Cuanto más abstrusa sea la contextura de un Estado, tanto más impenetrable, alambicado e incomprensible resulta el sentido de las definiciones de su razón de ser. ¿Qué podría, por ejemplo, en otro tiempo explicar un profesor de la Universidad del Imperio sobre el sentido y la finalidad del Estado en un país cuyo Gobierno es la mayor monstruosidad del siglo XX? Es realmente una tarea difícil, si pensamos que, en la enseñanza del derecho público, en nuestros días, existe menos preocupación de atender a la verdad que de alcanzar un determinado objetivo. Ese objetivo consiste en conservar, a cualquier precio, la monstruosidad que se designa con el nombre de Estado. Nadie se admire de que, en la discusión de ese problema, sean puestos al margen los verdaderos puntos de vista para, en su lugar, instalar una amalgama de valores y objetivos "intelectuales" y "morales".

En términos generales, se pueden distinguir tres criterios diferentes:

a) El grupo de los que ven en el Estado simplemente una asociación más o menos espontánea de gentes sometidas al poder de un gobierno. Este grupo es el más numeroso. En sus filas se encuentran, sobre todo, los fanáticos del principio de la legitimidad, para los cuales, en estos asuntos, la voluntad de los hombres no desempeña ningún papel. En el solo hecho de la existencia de un Estado, radica para ellos una sagrada inviolabilidad.

Apoyar semejante extravío de cerebros humanos supone rendir culto servil a la llamada autoridad del Estado. En un abrir y cerrar de ojos se transforma, en la mentalidad de esas gentes, el medio en un fin. El Estado, para estos individuos, no existe para servir a los hombres, sino que éstos están destinados para adorar la autoridad del Estado, que se personaliza en cualquier funcionario público. Para que ese Estado, objeto de una verdadera adoración, no se perturbe, es por lo que el Gobierno toma para sí la defensa del orden y de la tranquilidad. La autoridad, entonces, ya no es un fin sino un medio. El Estado tiene que cuidar del orden y de la tranquilidad e, inversamente, ese orden y tranquilidad debe facilitar la existencia del Estado. La vida toda se tiene que circunscribir entre esos dos polos.

En Baviera, eran los principales representantes de esa teoría los políticos del llamado Partido Popular Bávaro; en Austria, eran los Legitimistas; en el Imperio Alemán, eran los Conservadores los que se batían por esas ideas.

b) El segundo grupo es un poco menor en número. No admite que la autoridad del Estado represente la única y exclusiva razón de ser de éste, sino que, al mismo tiempo, la condicionan a una de tantas exigencias. Éstos desean no solamente un Gobierno único, sino también, si es posible, una lengua única, cuando no por otras razones, al menos por motivos de técnica administrativa. La autoridad ya no es la única y exclusiva finalidad del Estado. A éste le corresponde también la misión de fomentar el bienestar de sus súbditos. La idea de "libertad", es decir, de una libertad generalmente mal entendida, se intercala en la concepción que esos círculos tienen del Estado. La forma de gobierno ya no parece inviolable por el solo hecho de su existencia; se la analiza más bien desde el punto de vista de su conveniencia. Por lo demás, es un criterio que sobre todo espera del Estado una favorable estructuración de la vida económica del individuo; un criterio, por tanto, que juzga desde puntos de vista prácticos y de acuerdo con nociones generales del rendimiento económico. A los representantes principales de esta escuela los encontramos en los círculos de nuestra burguesía corriente, y con preferencia en los de nuestra democracia liberal.

c) El tercer grupo es numéricamente el más débil y cree ver en el Estado un medio para la realización de tendencias imperialistas, a menudo vagamente formuladas dentro de un Estado con un pueblo homogéneo y del mismo idioma.

La aspiración de una lengua única no se manifiesta solamente en la esperanza de crear un fundamento capaz de producir un aumento de prestigio de la Nación en el exterior, sino, también, en la errada opinión de que, por ese medio, se conseguirá una orientación definida en la obra de la nacionalización.

Fue muy triste observar en los últimos cien años cómo infinidad de veces, pero con la mejor buena fe, se jugó con la palabra "germanizar". Yo mismo recuerdo que en la época de mi juventud esta palabra sugería ideas increíblemente erróneas. En los círculos pangermanistas mismos se podía escuchar, en aquellos tiempos, la absurda opinión de que en Austria, con la ayuda del Gobierno, los alemanes llegarían buenamente a conseguir la germanización de los eslavos de dicho país, sin que nadie se apercibiese de que sólo se puede germanizar un territorio y nunca un pueblo. Lo que se entendía por la palabra germanización se resumía en la adoración forzada de la lengua. Es un error casi inconcebible creer que, por ejemplo, un negro o un chino se convierte en germano porque aprende el idioma alemán y está dispuesto en el futuro a hablar la nueva lengua o dar su voto por un partido político alemán. Los medios nacionalistas burgueses nunca llegaron a la comprensión de que semejante proceso de germanización redundaría en una desgermanización. Cuando hoy, por la imposición de una lengua común, se disminuyen o incluso se suprimen las diferencias más sensibles entre los pueblos, desde luego esto significa el comienzo de una bastardización y, con ello, en el caso nuestro, no una germanización, sino más bien la destrucción del elemento germano. Sucede muy frecuentemente en la Historia que un pueblo conquistador consiga imponer su lengua a los vencidos y, después de varios cientos de años, esa lengua, al ser hablada por los pueblos sometidos, bastardice la cultura haciendo que el vencedor pase a la posición de vencido.

Como la nacionalidad o, mejor dicho, la raza no estriba precisamente en el idioma, sino en la sangre, se podría hablar de una germanización sólo en el caso de que, mediante tal proceso, se lograse cambiar la sangre de los elementos mezclados; pero esto es imposible, porque en todo caso una mezcla de sangre significa siempre la bastardización de la raza superior. La consecuencia final sería la destrucción justamente de las cualidades que habían preparado el pueblo conquistador para la victoria. Por una mezcla tal con razas inferiores, sobre todo las fuerzas culturales desaparecerían, incluso si el producto de ahí resultante hablase perfectamente la lengua de la raza superior. Durante mucho tiempo se trabaría una lucha entre los dos espíritus y puede ser que el pueblo que desciende cada vez más de nivel consiga, por un esfuerzo supremo, elevarse y crear una cultura de sorprendente valor. Eso puede suceder con los individuos de las razas más elevadas o con los bastardos, en los cuales, en el primer cruzamiento, todavía prevalece la sangre mejor: nunca se verificaría, sin embargo, este hecho con los productos definitivos de la mezcla. En éstos se cumplirá siempre un movimiento de regresión cultural.

Se debe considerar una felicidad que la germanización de Austria, en los moldes establecidos por Francisco José, no fuese continuada. El éxito de la misma se habría traducido en la conservación del Estado austríaco, pero en un descenso del nivel de la raza alemana. Tal vez de ahí surgiese un nuevo Estado, pero se habría perdido una cultura. Con el correr de los siglos, se habría formado un rebaño, pero ese rebaño sería de un valor muy mediocre. De ahí podría tal vez surgir un pueblo organizado en Estado, pero también habría desaparecido una civilización.

Fue mucho mejor para la Nación alemana que no se hubiera realizado esa mezcla, evitada no por motivos elevados sino debido ala miopía de los Habsburgos. Si hubiese acontecido al contrario, hoy mal se podría distinguir al pueblo alemán como detentador de cultura.

No sólo en Austria, sino en la propia Alemania, los llamados nacionalistas estaban y todavía están inclinados a esas ideas falsas: la preconizada "política polaca", en el sentido de una germanización del Este, se apoyaba casi siempre en idénticos sofismas. Se creía poder conseguir la germanización de los elementos polacos sólo por la adopción de la lengua. El resultado de esa tentativa sería funesto. Un pueblo de raza extranjera expresando sus sentimientos propios en lengua alemana sólo podría, por su mediocridad, comprometer la majestad del espíritu alemán.

Qué enorme es ya el daño que indirectamente se ha ocasionado a nuestra nacionalidad con el hecho de que, debido a la falta de conocimiento de muchos americanos, se toma por alemanes a los judíos que, hablando alemán, llegan a América. A nadie le pasará por la imaginación que esa pocilga judaica, que en Oriente habla alemán, sólo por eso debe ser considerada como de descendencia alemana y como perteneciente al pueblo alemán.

Lo que a través de la Historia pudo germanizarse provechosamente fue el suelo que nuestros antepasados conquistaron con la espada y que colonizaron después con campesinos alemanes. Y si allí se infiltró sangre extraña en el organismo de nuestro pueblo, no hizo más que contribuir con ello a la funesta disociación de nuestro carácter nacional, lo cual se manifiesta en el lamentable superindividualismo de muchos.

En este tercer grupo, a que acabamos de aludir, el Estado es considerado en cierta manera como un fin, siendo su conservación la más alta misión de la vida de los individuos. En resumen, se puede afirmar que todos esos puntos de vista no poseen sus raíces más profundas en la convicción de que las fuerzas culturales y creadoras de un pueblo reposan en los elementos raciales, y que el Estado debe tener como su objetivo más elevado la conservación y el perfeccionamiento de la raza, base de todos los progresos culturales de la Humanidad.

Las últimas consecuencias de esa concepción falsa sobre la existencia y la finalidad del Estado fueron aportadas por el judío Karl Marx. Mientras el mundo burgués abandonaba el concepto de Estado, y no teniendo por base los deberes para con la raza, y además no consiguiendo substituir esa concepción por otra fórmula que pudiese ser aceptada, otra doctrina que llegaba a negar el propio Estado se abrió camino en el mundo moderno.

En ese campo, la lucha del mundo burgués contra el internacionalismo marxista debería ser un fracaso completo: la burguesía ya había, hacía mucho tiempo, sacrificado los fundamentos absolutamente indispensables para la defensa de sus ideas. Sus expertos adversarios, reconociendo la debilidad de las instituciones del enemigo, se lanzaron a la lucha con las mimas armas que involuntariamente éste les proveyera.

Por eso el primer deber de un nuevo movimiento de opinión, basado sobre la ideología racista, es velar porque el concepto que se tiene del carácter y de la misión del Estado adquiera una forma clara y homogénea.

El gran principio que nunca deberemos perder de vista es que el Estado es un medio y no un fin. Ésta es la base sobre la que debe reposar una más elevada cultura humana, pero no es la causa de la misma. Esa cultura depende de la existencia de una raza superior, de su capacidad civilizadora. Podrían existir centenares de Estados modelos en el mundo y eso no impediría que, con la desaparición de los arios, forjadores de la cultura, desapareciese la civilización en el nivel en que se encuentra actualmente en las naciones más adelantadas.

Podemos avanzar un poco más y proclamar que el hecho de que los individuos estén organizados en Estados de ningún modo excluye la posibilidad de la desaparición de la especie humana, si la capacidad intelectual superior y el gran poder de adaptación se perdiesen por falta de una raza para conservarlas.

Si, por ejemplo, la superficie de la Tierra fuese inundada por un diluvio y, de entre las olas del océano, surgiese un nuevo Himalaya, en esa terrible catástrofe desaparecería la cultura humana. Ningún Estado persistiría, serían destruidos los testimonios de las creaciones de millares de años y quedaría de todo apenas un vasto cementerio cubierto de agua y barro. Pero, si de ese horrible caos, se conservasen algunos hombres pertenecientes a una cierta raza de capacidad creadora, de nuevo, aunque ello durase milenios, en el mundo reaparecerían las señales de la existencia del poder creador de la Humanidad. Sólo la desaparición de las últimas razas capaces transformaría la Tierra en un inmenso desierto. Hoy mismo tenemos el ejemplo de Estados que, por no poseer en sus orígenes raciales la genialidad indispensable, no pudieron evitar su ruina. Lo que sucedió con ciertas especies animales de los tiempos prehistóricos, que cedieron su lugar a otras y, por fin, desaparecieron completamente, sucede con los pueblos cuando les falta la fuerza espiritual, única arma capaz de asegurar su propia conservación.

No es el Estado en sí el que crea un cierto grado cultural; el Estado puede únicamente cuidar de la conservación de la raza de la cual depende esa cultura. En otra hipótesis, el Estado podrá durar centenares de años, pero si no evita la mezcla de razas, la capacidad cultural y todas las manifestaciones de la vida a ella condicionadas sufrirán profundas modificaciones.

El Estado de hoy, por ejemplo, puede todavía por mucho tiempo aparentar vida, como un mecanismo, pero el envenenamiento de la raza creará fatalmente un rebajamiento cultural, que ya se nota en proporciones alarmantes.

En consecuencia, es la raza y no el Estado lo que constituye la condición previa de la existencia de una sociedad humana superior.

Las naciones o, mejor dicho, las razas que poseen valores culturales y talento creador, llevan latentes en sí mismas esas cualidades, aún cuando temporalmente circunstancias desfavorables no permitan su desarrollo. De esto se infiere también que es una temeraria injusticia presentar a los germanos de la época anterior al Cristianismo como hombres "sin cultura", es decir, bárbaros, cuando jamás lo fueron, pues el haberse visto obligados a vivir bajo condiciones que obstaculizaron el desenvolvimiento de sus energías creadoras, debióse a la inclemencia de su suelo nórdico.

De no haber existido el mundo clásico, si los germanos hubieran llegado a las regiones meridionales de Europa, más propicias a la vida, y si, además, hubiesen contado con los primeros medios técnicos auxiliares, sirviéndose de pueblos de raza inferior, la capacidad creadora de cultura, latente en ellos, hubiera podido alcanzar un brillante florecimiento, como es el caso de los helenos, por ejemplo.

Pero la innata fuerza creadora de la cultura que poseía el germano no puede atribuirse únicamente a su origen nórdico. Llevados a tierras del Sur, ni el lapón ni el esquimal podrían desarrollar una elevada cultura. Fue precisamente el ario a quien la Providencia dotó de la bella facultad de crear y organizar, sea porque él lleva latentes en sí mismo esas cualidades y las imprima a la vida que nace, según las circunstancias propicias o desfavorables del medio geográfico que le rodea.

De ahí resultan los siguientes principios: **El Estado es un medio para un fin. Su finalidad consiste en la conservación y en el progreso de una colectividad bajo el punto de vista físico y espiritual. Esta conservación abarca en primer lugar todo lo que se refiere a la defensa de la raza, permitiendo, por ese medio, la expansión de todas las fuerzas latentes de la misma. A través de la utilización de esas fuerzas, debe promover la defensa de la vida física y, por otro lado, el desarrollo intelectual. En realidad, los dos están siempre en función uno del otro. Estados que no tiendan a ese objetivo son creaciones artificiales, simples inutilidades.** El hecho de existir un Estado semejante no altera en nada esa verdad, de la misma manera que una asociación de piratas no justifica el saqueo.

Nosotros, los Nacionalsocialistas, como defensores de una nueva concepción del mundo, no debemos nunca situarnos bajo el punto de vista falso de las llamadas "realidades". Si así sucediese no seríamos los autores de una gran Idea sino los esclavos de las mentiras en boga. Tenemos que establecer una diferencia rigurosa entre el Estado, como recipiente, y la raza como su contenido. El recipiente tiene su razón de ser sólo cuando es capaz de recibir y proteger el contenido; de lo contrario carece de valor.

Según esto, el fin supremo de un Estado Racista consiste en velar por la conservación de aquellos elementos raciales de origen que, como factores de cultura, fueron capaces de crear lo bello y lo digno inherente a una sociedad humana superior. Nosotros entendemos el Estado como el organismo viviente de un pueblo que no sólo garantiza la conservación de éste, sino que lo conduce al goce de una máxima libertad, impulsando el desarrollo de sus facultades morales e intelectuales.

Aquello que hoy se nos trata de imponer como Estado no es más que el monstruoso producto de un hondo desvarío humano que tiene por consecuencia una indecible calamidad.

Nosotros, los Nacionalsocialistas, sabemos que debido a este modo de pensar, estamos colocados en el mundo actual en un plano revolucionario y llevamos, por tanto, el sello de esta Revolución. Mas, nuestro criterio y nuestra manera de actuar no deben depender en ningún caso del aplauso o de la crítica de nuestros contemporáneos, sino, simplemente, de la firme adhesión a la verdad de la cual estamos persuadidos. Sólo así podremos mantener el convencimiento de que los más preclaros visionarios de la posteridad no sólo comprenderán nuestro proceder de hoy, sino que también reconocerán que fue justo, y lo exaltarán.

Por ese criterio es por el que debemos nosotros, los Nacionalsocialistas, medir el valor de un Estado. Ese valor será relativo en cuanto a un determinado pueblo y absoluto en lo que respecta a la Humanidad en sí. En otras palabras: **El valor de un Estado no puede ser apreciado por su elevación cultural o por su poder en comparación con otros pueblos, sino, en último análisis, por la justicia de su orientación en relación con la posteridad.**

Un Estado puede ser señalado como modelo no solamente cuando corresponde a las condiciones de vida del pueblo que representa, sino también cuando asegura la existencia material de ese pueblo, cualquiera que fuese la importancia cultural que sus instituciones alcancen en el resto del mundo.

Estado no es crear capacidades sino hacer posible la expansión de las ya existentes.

Por otro lado, se puede apuntar como un Estado mal organizado a aquel que, cualquiera que fuese la elevación de su cultura, consiente la ruina, desde el punto de vista racial, de los portadores de esa cultura. De esta forma se eliminaría prácticamente

la condición indispensable para la continuidad de esa civilización que, por otra parte, no fue creada por él sino que es el fruto de un espíritu nacional creador, garantizado por una organización estatal conveniente. **El Estado no es un contenido sino un continente.**

La elevación de la cultura de un pueblo, cualquiera que ella sea, no da la medida por la que se pueda apreciar el valor de un Estado.

Es evidente que un pueblo muy civilizado da de sí una impresión más elevada que un pueblo de negros. A pesar de eso, la organización estatal del primero, observada en cuanto a la manera por la que se realiza su finalidad, puede ser peor que la de los negros. De la misma manera que la mejor forma de gobierno no puede producir, en un pueblo, capacidades que no existieran antes, de la misma forma un Estado mal organizado puede, promoviendo la ruina de los individuos de una determinada raza, hacer desaparecer las cualidades creadoras que poseían en el origen.

De ahí se deduce que el juicio de buena o mala organización de un Estado sólo podrá ser hecho por la relativa utilidad que ofrece a un determinado pueblo y nunca por la importancia que alcanza frente al mundo.

Ese juicio relativo puede ser fácil y acertadamente hecho. El juicio, sin embargo, sobre el valor absoluto es muy difícil, pues no depende solamente de la organización estatal, sino principalmente de las cualidades de un determinado pueblo.

Cuando se habla de una más elevada misión del Estado, no se debe nunca olvidar que la mayor finalidad reside en el pueblo y que el deber del Gobierno es hacer posible, con su organización, la libre expansión de las fuerzas existentes.

Si nos preguntásemos cómo debería estar constituido el Estado que nosotros necesitamos, tendríamos que precisar, ante todo, la clase de hombres que ha de abarcar y cuál es el fin al que debe servir.

Desgraciadamente nuestra nacionalidad ya no descansa sobre un núcleo racial homogéneo. El proceso de la fusión de los diferentes componentes étnicos originarios no está tampoco tan avanzado como para poder hablar de una nueva raza resultante de él. Por el contrario, los sucesivos envenenamientos sanguíneos que sufrió el organismo nacional alemán, en particular a partir de la Guerra de los Treinta Años, vinieron a alterar la homogeneidad de nuestra sangre y también de nuestro carácter.

Las fronteras abiertas de nuestra Patria al contacto con pueblos vecinos no germanos, a lo largo de las zonas fronterizas y, ante todo, el infiltramiento directo de sangre extraña en el interior del Reich, no da lugar, debido a su continuidad, a la realización de una fusión completa.

No se formará una nueva raza, pero las diferentes razas continuarán viviendo unas al lado de otras. La consecuencia de eso es que, en los momentos críticos, justamente cuando los rebaños acostumbran a unirse, los alemanes se dispersan en desbandada en todas las direcciones.

No es sólo en sus respectivos territorios donde los elementos raciales se comportan diferentemente. Lo mismo acontece con los individuos de razas diferentes dentro de las mismas fronteras. Pónganse hombres del Norte al lado de hombres del Este; el lado de hombres del Este, hombres del Oeste, y el resultado será la mezcolanza.

Al pueblo. alemán le falta aquel firme instinto gregario que radica en la homogeneidad de la sangre y que en los trances de peligro inminente salvaguarda a las naciones de la ruina, cuando todas las pequeñas diferencias desaparecen y el pueblo, como un solo hombre, se enfrenta al enemigo común.

En la existencia de elementos raciales diferentes, que no se fundieron, está el fundamento de lo que designamos por la palabra superindividualismo.

En los tiempos de paz, ese superindividualismo podría ser útil, pero, bien miradas las cosas, fue lo que nos arrastró a ser dominados por el mundo.

Si el pueblo alemán, en su evolución histórica, poseyese aquella inamovible unidad, que fue de tanta utilidad a otros pueblos, sería hoy el señor del globo terráqueo. La historia del mundo habría tomado otro curso. No veríamos a esos ciegos pacifistas mendigar la paz a través de quejas y lamentos, pues la paz del mundo no se mantiene con lágrimas de plañideras pacifistas, sino por la espada victoriosa de un pueblo dominador que pone al mundo al servicio de una elevada cultura.

El hecho de la inexistencia de una nacionalidad sanguíneamente homogénea nos ha ocasionado daños dolorosos. Dio ciudades residenciales a muchos pequeños potentados, pero al pueblo mismo le arrebató en su conjunto el derecho señorial. Todavía hoy nuestro pueblo sufre las consecuencias de esa desunión. Sin embargo, lo que, en el pasado y en el presente, causó nuestra desgracia, puede ser nuestra salvación en el futuro. Por más perjudicial que haya sido la falta de fusión de los diferentes elementos raciales, lo que impidió la formación de la perfecta unidad nacional, es incontestable que, por otro lado, consiguió que por lo menos una parte del pueblo, la de mejor sangre, se conservase en su pureza, evitando así la ruina de la raza.

Ciertamente, una completa fusión de los primitivos elementos raciales originaría una unidad más perfecta, pero, como se verifica en todos los cruzamientos, la capacidad creadora sería menor que la poseída por los elementos primitivos superiores.

Significa una bendición el que gracias a esa incompleta promiscuidad poseamos todavía en nuestro organismo nacional germano grandes reservas del elemento nórdico germano, de sangre incontaminada, las que podemos considerar como el tesoro más valioso de nuestro futuro.

En los días sombríos de hoy, en que es completa la ignorancia sobre las leyes raciales, y en que todos los hombres son considerados iguales, no se tiene una idea clara de los diferentes valores de los elementos raciales primitivos. Sabemos hoy que una mezcla completa de los diversos componentes de nuestro organismo racial podría, como consecuencia de una mayor unificación, habernos proporcionado mayor poder exterior; pero el mayor objetivo de la Humanidad no sería alcanzado, una vez que los individuos señalados por la Providencia para realizarlo habrían desaparecido en la mezcla general.

Lo que la suerte evitó, lo deberíamos aprovechar y utilizar, a la luz de los conocimientos adquiridos desde entonces.

Quien hable de una misión del pueblo alemán en este mundo, debe saber que esa misión sólo puede consistir en la formación de un Estado que ve, como su mayor finalidad, la conservación y el progreso de los elementos raciales que se mantuvieron puros en el seno de nuestro pueblo y en la Humanidad entera.

Con esa misión, el Estado, por primera vez, asume su verdadera finalidad. En lugar del palabreo irrisorio sobre la seguridad de la paz y del orden, por medios pacíficos, la misión de la conservación y del progreso de una raza superior es la que debe ser vista como la más elevada tarea.

En lugar de una máquina que sólo se esfuerza por perdurar, debe crearse un organismo vivo con el objetivo único de servir a una nueva Idea.

El Reich Alemán, como Estado, tiene que abarcar a todos los alemanes e imponerse la misión, no sólo de cohesionar y de conservar las reservas más preciadas de los elementos raciales originarios de este pueblo, sino también la de conducirlos lenta y firmemente a una posición predominante.

En cualquier período de lucha, se debe entrar con la más firme resolución. Como sucede siempre en este mundo, también aquí se verifica la verdad del proverbio: "Máquina que no trabaja se oxida". Además: "La victoria siempre está en el ataque". Cuanto más grande sea el proyecto propuesto, menor será la comprensión de las masas al presente. Por ello, tanto más prodigioso será -de acuerdo con las lecciones de la Historia- el éxito cuando el objetivo pudo ser bien comprendido y la lucha dirigida con firmeza inconmovible.

Es posible que para muchos de nuestros burocratizados dirigentes del Gobierno sea más tranquilizador trabajar por el mantenimiento de un estado de cosas existente, que luchar por el advenimiento de uno nuevo. Más cómodo les parecerá siempre ver en el Estado un mecanismo destinado llanamente a conservarse a sí mismo y que, por ende, vela también por ellos, ya que su vida "pertenece al Estado", como acostumbran a decir.

Como ya expresamos, es más fácil ver en la autoridad del Estado un mecanismo, que encararla como la corporación de la fuerza de conservación de un pueblo en la Tierra. En el primer caso, para esos espíritus débiles, el Estado es una finalidad en sí; en el segundo, es el arma poderosa al servicio de la eterna lucha por la existencia, arma que no es mecánica, sino la expresión de una voluntad general en favor de la conservación de la vida.

En consecuencia, al luchar nosotros por una nueva concepción que responde plenamente al sentido primordial de las cosas, encontraremos muy pocos camaradas en el seno de una sociedad envejecida no sólo orgánicamente, sino también espiritualmente, por desgracia.

Quizá por excepción, algunos ancianos con el corazón joven y lamente fresca todavía vendrán de esos círculos hacia nosotros, pero jamás aquellos que ven el objeto esencial de su vida en el mantenimiento de un estado de cosas dado.

Contra nosotros se alineará un ejército compuesto menos por los individuos malos que por los indiferentes, perezosos mentales y por los interesados en la conservación del actual estado de cosas. El grito de guerra, que desde el comienzo ahuyenta a los débiles, es la llamada para reunir a las naturalezas dotadas de espíritu combativo.

Es un hecho que cuando una Nación persigue una finalidad común, un determinado contingente de máximas energías se segrega definitivamente del conjunto inerte de la gran masa, y esos elementos de selección llegarán a levantarse a la categoría de dirigentes. Las minorías hacen la historia del mundo, toda vez que ellas encarnan en su entereza el sentir del resto.

Por eso, lo que hoy a muchos les parece una dificultad es, en realidad, la premisa de nuestro triunfo. Justamente en la magnitud y en las dificultades de nuestro cometido radica la posibilidad de que sólo los más calificados elementos de lucha han de seguirnos en nuestro camino. Esta selección será la que garantice el éxito.

La propia Naturaleza consigue hacer ciertas correcciones en los seres vivos, con respecto a la pureza racial. La Naturaleza tiene muy poca inclinación por los bastardos. Los primeros productos de ese cruzamiento son los que más sufren; cuando no en la primera, en la tercera, cuarta o quinta generación. Pierden las cualidades de la raza superior y, por la falta de unidad racial, pierden también la constancia, la fuerza de voluntad y la decisión. En todos los momentos críticos en que las razas puras toman resoluciones ciertas y firmes, el bastardo quedará indeciso, tomará medidas a medias. Eso no se traduce solamente en la inferioridad de la mezcla en relación ala pureza, sino en la posibilidad de una más rápida ruina. En un sinnúmero de casos en que la raza pura resiste, los bastardos se dejan vencer. En ello se debe ver una de las maneras de corrección de la Naturaleza, la que va aún más adelante cuando restringe la posibilidad de procreación. Con eso prohibe la fecundidad de los nuevos cruzamientos y los arrastra al exterminio.

Si, por ejemplo, en una determinada raza un individuo se cruza con otro de raza inferior, el resultado inmediato es la baja del nivel racial y, después, el debilitamiento de los descendientes, en comparación con los representantes de la raza pura. Prohibiéndose absolutamente nuevos cruzamientos con la raza superior, los bastardos, cruzándose entre sí, o desaparecerían dada su poca resistencia o, con el correr de los tiempos, a través de mezclas constantes, crearían un tipo en el cual nunca más se reconocería ninguna de las cualidades de la raza pura.

De esta manera se formaría una nueva raza con una cierta capacidad de resistencia pasiva, pero muy disminuida en la importancia de su cultura con relación a la raza superior del primer cruzamiento. En este último caso, en la lucha por la existencia, el bastardo será siempre vencido, mientras exista como adversario el representante de una raza pura. En el correr de los tiempos, todos esos nuevos organismos raciales, como consecuencia del rebajamiento del nivel de la raza y de la disminución de la fortaleza espiritual de ahí dimanante, no podrían salir victoriosos en una lucha con una raza pura, incluso intelectualmente atrasada.

Se puede, pues, establecer el siguiente principio: Todo cruzamiento de razas conduce fatalmente, tarde o temprano, a la extinción del producto híbrido mientras en el ambiente coexista, en alguna forma de unidad racial, el elemento cualitativamente superior representado en este cruzamiento.

En esto se funda el proceso de regeneración natural que, aunque lentamente, contando con un núcleo de elementos de raza pura y siempre que haya cesado la bastardización, llega a eliminar, poco a poco, los gérmenes del envenenamiento racial.

¡A esa situación pueden llegar incluso individuos con el más fuerte instinto racial y que, por fuerza de ciertas situaciones o por influencia de coacción, fueran obligados a abandonar los procesos normales de multiplicación! Después, sin embargo, cuando ya esa situación excepcional deja de ejercer su influencia, la parte pura de la raza procurará unirse a sus semejantes, poniendo un dique al mestizaje. Los productos bastardos entran por sí mismos en un segundo plano a menos que, **por el número considerable por ellos alcanzado, la resistencia de los elementos raciales puros se hubiese vuelto imposible.**

El hombre que una vez perdió sus instintos no debe esperar un correctivo de la Naturaleza, hasta que no haya compensado con un conocimiento visible la pérdida de ese instinto. Existe siempre el peligro de que el individuo, completamente ciego, cada vez más destruya las fronteras entre las razas hasta perder completamente las mejores cualidades de la raza superior. **Resultará de todo eso una masa informe que los famosos reformadores de nuestros días ven como un ideal. En poco tiempo,** desaparecería del mundo el idealismo. Se podría formar con eso un gran rebaño de individuos pasivos, pero nunca de hombres portadores y creadores de cultura. La misión de la Humanidad debería, entonces, ser considerada como terminada.

Quien no quiera que la Humanidad marche hacia esa situación, se debe hacer a la idea de que la misión principal de los Estados Germánicos es cuidar de poner un dique a una progresiva mezcla de razas.

La generación de nuestros conocidos abúlicos e ignorantes de hoy naturalmente gritará y se quejará de la `ofensa a los más sagrados derechos humanos". Sólo existe, sin embargo, un derecho sagrado y ese derecho es **un deber para con lo más sagrado,** consistiendo en velar por la pureza racial. Por la defensa de la parte más sana de la Humanidad, se hace posible un perfeccionamiento mayor de la especie humana. **Un Estado de concepción racista tendrá, en primer lugar, el deber de sacar al matrimonio del plano de una perpetua degradación racial y consagrarlo como la institución destinada a crear seres a imagen del Señor y no monstruos, mitad hombre, mitad mono.**

Toda protesta contra esta tesis, fundándose en razones llamadas humanitarias, es acorde con una época en la que, por un lado, se da a cualquier degenerado la posibilidad de multiplicarse, lo cual supone imponer a sus descendientes y a los contemporáneos de éstos indecibles sufrimientos, en tanto que, por el otro, se ofrece en droguerías y hasta en puestos de venta ambulantes, los medios destinados a evitar la concepción en la mujer, aun tratándose de padres completamente sanos.

En el Estado actual de "orden y tranquilidad" es, pues, un crimen ante los ojos de las famosas personalidades nacional-burguesas el tratar de anular la capacidad de procreación de los sifilíticos, tuberculosos, tarados atávicos, defectuosos y cretinos; inversamente, nada tiene para ellos de malo ni afecta a las "buenas costumbres" de esa sociedad constituida de puras apariencias, el hecho de que millones de los más sanos restrinjan prácticamente la natalidad. Si fuese de otra manera, tendrían que quebrarse la cabeza para encontrar medios de proveer la subsistencia y la conservación de los elementos sanos de la Nación, que deberían prestar un gran servicio a las generaciones futuras.

¡Qué infinitamente huérfano de ideas y de nobleza es todo este sistema! Nadie se inquieta ya por legar a la posteridad lo mejor, sino que, llanamente, se deja que las cosas sigan su curso...

Hasta nuestra Iglesia, que habla siempre del hombre como "creado a imagen y semejanza de Dios", peca contra ese principio, cuidando simplemente del alma, mientras deja al hombre descender a la posición del degradado proletario. La gente queda llena de vergüenza al ver la actuación de la concepción cristiana, en nuestro propio país, su "impiedad" (exaltación) para con esos individuos raquíticos de espíritu y degradados de cuerpo, mientras procura llevar la bendición de la Iglesia a cafres y hotentotes. Mientras los pueblos europeos son devastados por una lepra moral y física, el errante y piadoso misionero del África Central organiza comunidades de negros, al mismo tiempo que fomenta y justifica en nuestra "elevada cultura" el atraso de los individuos sanos y de los perezosos, incapaces y bastardos.

Sería mucho más noble que ambas iglesias cristianas, en lugar de importunar a los negros con misiones, que éstos no desean ni comprenden, enseñasen a los europeos, con gestos bondadosos, pero con toda seriedad, que es agradable a Dios que los padres no sanos tengan compasión de las pobres criaturas sanas y que eviten traer al mundo hijos que sólo aportan infelicidad para sí y para los demás.

Es deber del Estado Racista reparar los daños ocasionados en este orden. Tiene que comenzar por hacer de la cuestión de la raza el punto central de la vida general; tiene que velar por la conservación de su pureza y tiene también que consagrar al niño como el bien más preciado de su pueblo. Está obligado a cuidar de que sólo los individuos sanos tengan descendencia. Debe inculcar que existe un oprobio único: engendrar estando enfermo o siendo defectuoso, y debe ser considerado un gran honor el impedir que eso acontezca; pero en este caso hay una acción que dignifica: renunciar a la descendencia. Por el contrario, deberá considerarse execrable el privar a la Nación de niños sanos. El Estado tendrá que ser el garante de un futuro milenario, frente al cual nada significan el deseo y el egoísmo individuales. El Estado tiene que poner los más modernos recursos médicos al servicio de esta necesidad. Todo individuo notoriamente enfermo y efectivamente tarado, y, como tal, susceptible de seguir transmitiendo por herencia sus defectos, debe ser declarado inapto para la procreación y sometido a tratamiento esterilizante. Por otro lado, el Estado tiene que velar porque la fecundidad de la mujer sana no sufra restricciones como consecuencia de la pésima administración económica de un régimen de gobierno que ha convertido en una maldición para los padres la dicha de tener una prole numerosa. Se debe liberar a la Nación de esa indolente y criminal indiferencia con que se trata a las familias numerosas y en lugar de eso ver en ellas la mayor felicidad de un pueblo. Las atenciones de la Nación deben ser más en favor de los niños que de los adultos.

Aquél que físico y mentalmente no es sano, no debe ni, puede perpetuar sus males en el cuerpo de su hijo. Enorme es el trabajo educativo. que pesa sobre el Estado Racista en este orden, pero su obra aparecerá un día como un hecho más grandioso que la más gloriosa de las guerras de ésta nuestra época burguesa. El Estado, por medio de la educación, tiene que persuadir al individuo de que estar enfermo y ser físicamente débil no constituye una afrenta, sino simplemente una desgracia digna de compasión; pero que es un crimen y, por consiguiente, una afrenta, transmitir por propio egoísmo esa desgracia a seres inocentes. Por el contrario, es una prueba de gran nobleza de sentimientos, del más admirable espíritu de humanidad, que el enfermo renuncie a tener hijos suyos y consagre su amor y su ternura a algún niño pobre, cuya salud le dé la esperanza de vivir y ser un miembro de valor en una comunidad fuerte. En esa obra de educación el Estado debe coronar sus esfuerzos tratando también el aspecto intelectual. El Estado deberá obrar prescindiendo de la comprensión o incomprensión, de la popularidad o impopularidad que provoque su modo de proceder en este orden.

Sólo una prohibición, **durante seis siglos,** de procreación de los degenerados físicos y mentales no sólo liberaría a la Humanidad de esa inmensa desgracia sino que produciría una situación de higiene y de salubridad que hoy parece casi imposible. Si se realizara con método un plan de procreación de los más sanos, el resultado sería la constitución de **una raza que portará en sí las cualidades primigenias perdidas,** evitando de esta forma la degradación física e intelectual del presente.

Sólo después de haber tomado ese derrotero es cuando un pueblo y un gobierno conseguirán mejorar una raza y aumentar su capacidad de procreación, permitiendo después a la colectividad gozar de todas las ventajas de la existencia de una raza sana, lo que constituye la mayor felicidad de una Nación.

Es preciso que el Gobierno no deje al azar a los nuevos elementos incorporados a la Nación, sino, por el contrario, los someta a determinadas reglas. Deben ser organizadas comisiones que tengan a su cargo dar instrucciones a esos individuos, informes que obedezcan al criterio de pureza racial. Así se formarán colonias cuyos habitantes todos serán portadores de la sangre más pura y, al mismo tiempo, de gran capacidad. Será el más preciado tesoro de la Nación. Su progreso debe ser considerado con orgullo por todos, pues en ellos están los gérmenes de un gran desarrollo nacional y de la propia Humanidad.

Apoyada en el Estado, la ideología racista logrará a la postre el advenimiento de una época mejor, en la cual los hombres se preocuparán menos de la selección de perros, caballos y gatos que de levantar el nivel racial del hombre mismo. Una época en la cual los enfermos, reconociendo su desgracia, renuncien silenciosamente, en tanto que los otros, los sanos, den gozosos su tributo a la descendencia.

Que esto es factible, se prueba en un mundo donde cientos de miles se imponen voluntariamente al celibato, sin otro compromiso que el precepto de una religión.

¿No será posible esa renuncia, si en lugar del voto religioso se colocara la advertencia de que se debe poner un dique al envenenamiento de la raza y dar al mundo sólo criaturas sanas, hechas a "la imagen y semejanza del Creador"?

Es cierto que el calamitoso ejército de nuestros burgueses de hoy no entenderá eso. Ellos encogerán los hombros o saldrán siempre con sus eternas evasivas. Dirán: "!Eso es muy bonito pero irrealizable!". En su mundo, sí, esto es de hecho imposible, pues no tienen capacidad para ese sacrificio. Ellos sólo tienen una preocupación: su propio "yo". Su único Dios es el dinero. Pero nosotros no nos dirigimos a esos burgueses y sí a las grandes legiones de los que, por demasiado pobres, no tienen como a un dios el dinero, sino que poseen otras creencias. Sobre todo a la juventud alemana es a la que nos dirigimos. La juventud alemana, o construye un nuevo Estado Nacionalista o será el último testigo de la derrota, del fin del mundo actual.

Cuando una generación adolece de defectos y los reconoce, y hasta los confiesa, para luego conformarse con la cómoda disculpa de que nada se puede remediar, quiere decir que esa generación ha caído ya en la decadencia.

La principal característica de nuestra burguesía es que ya no puede negar la enfermedad. Está obligada a confesar que hay muchas cosas podridas, pero no es capaz de decidirse a combatir el mal, coordinando toda la energía y la fuerza de sesenta o setenta millones de hombres para conjurar el peligro.

Por el contrario, se intenta probar la imposibilidad teórica de ese modo de proceder y demostrar que no se debe ni pensar en el éxito. No existe razón, por más absurda que sea, que no invoquen en apoyo de su mezquina posición.

Si, por ejemplo, un continente entero, envenenado por el alcohol, se rehusara a combatir ese mal para salvar al pueblo de sus garras, nuestro mundo burgués no encontraría nada para decirle. Se limitaría a cerrar los ojos y a encogerse de hombros.

Nosotros no debemos hacernos ninguna ilusión. ¡No! Bien sabemos que nuestro mundo burgués de hoy es ya incapaz de ponerse al servicio de ninguna elevada misión de la Humanidad, porque sencillamente su estado moral es desastroso, debido menos a una maldad intencionada que a una incalificable indolencia y a todo lo nocivo que de ello emana.

He aquí también la razón porque aquellas agrupaciones políticas, que abundan bajo la denominación genérica de "partidos burgueses" (o de "centro"), hace tiempo que no son otra cosa que comunidades de intereses creados de determinados grupos profesionales y clases, de suerte que su máximo objetivo se concreta ya sólo a la defensa más apropiada de intereses egoístas. Ocioso es, por cierto, querer explicar que un gremio tal de "burgueses políticos" pueda prestarse a todo menos a la lucha, especialmente si el sector adversario no se compone de timoratos, sino de masas proletarias fuertemente aleccionadas y dispuestas a todo.

Si consideramos como el primer deber del Estado la conservación, el cuidado y el desarrollo de nuestros mejores elementos raciales, para el servicio y por el bien de la nacionalidad, lógico es, pues, que ese celo protector no acabe con el nacimiento del pequeño congénere, sino que el Estado tiene que hacer de él un elemento valioso, digno de reproducirse después.

Debido a que la condición esencial para la capacidad de realizaciones espirituales es la virtud racial, la educación debe tener en mira, en primer lugar, el perfeccionamiento físico, porque es en los individuos sanos y fuertes donde se encuentra la mayor capacidad intelectual. No desmiente esa verdad el hecho de que muchos genios son físicamente malformados y hasta, incluso, enfermos. Se trata, en estos casos, de excepciones, que apenas confirman la regla general. Si la masa de un pueblo está compuesta de degenerados físicos, muy raramente surgirá de ese pantano un espíritu realmente grande. De su comportamiento no es lícito, en ningún caso, esperar gran cosa. Esa masa inferior, o no lo entenderá en absoluto, o será tan débil de voluntad que no logrará acompañar al genio en sus altos vuelos.

Fundándose en esta convicción, el Estado Racista no limita su misión educadora a la mera tarea de insuflar conocimientos del saber humano. No, su objetivo consiste, en primer término, en formar hombres físicamente sanos. En segundo plano está el desarrollo de las facultades mentales y aquí, a su vez en lugar preferente, la educación del carácter y, sobre todo, el fomento de la fuerza de voluntad y de decisión, habituando al educando a asumir gustoso la responsabilidad de sus actos. Sólo después de todo esto viene la instrucción científica.

El Estado Racista debe partir del punto de vista de que un hombre, si bien de instrucción modesta pero de cuerpo sano y de carácter firme, rebosante de voluntad y de espíritu de acción, vale más para la comunidad del pueblo que un superintelectual enclenque.

Un pueblo de sabios, físicamente degenerados, se vuelve débil de voluntad y se transforma en un hato de pacifistas cobardes que nunca realizará grandes hazañas y ni incluso podrá asegurarse la existencia en la Tierra.

En la áspera lucha por la existencia es más difícil vencer al que sabe menos, que a los que no pueden sacar provecho de su ciencia en su actuación en la vida. Debe, pues, existir una armonía entre los dos puntos de vista.

De un cuerpo destruido, incluso dotado de un brillante espíritu, nada grandioso es lícito esperar. Las altas creaciones intelectuales nunca se realizarán por intermedio de caracteres pusilánimes, sin fuerza de voluntad y físicamente débiles.

Lo que hizo imperecedero el ideal de la belleza griega fue la armonía entre la perfección física, espiritual y moral.

El refrán popular, según el cual "la felicidad, al fin de cuentas, se reserva siempre a los más capaces", también se puede aplicar a la armonía que debe existir entre el cuerpo y el espíritu. El espíritu sano generalmente coincide con el cuerpo sano.

Por tanto, el perfeccionamiento físico no constituye en el Estado Racista una cuestión individual, ni menos algo que incumbe en primer lugar a los padres, interesando a la comunidad sólo en segundo o tercer término, sino que es una necesidad de la conservación nacional representada y garantizada por el Estado.

Del mismo modo que en lo tocante a la instrucción escolar interviene hoy el Estado, el derecho a la autodeterminación del individuo también se supedita al interés de la colectividad, sometiendo al niño a la instrucción obligatoria, sin previo consentimiento de los padres. Del mismo modo, pero en una escala mayor, tiene el Estado Racista que imponer un día su autoridad frente al desconocimiento, o a la incomprensión del individuo en cuestiones que afectan a la conservación del acervo nacional.

Su labor educativa deberá estar organizada de tal suerte que el cuerpo del niño sea tratado convenientemente desde la primera infancia, para que así adquiera el temple físico necesario al desarrollo de su vida. Sobre todo, velará porque no se forme una generación de sedentarios.

Este trabajo de educación y asistencia debe ser iniciado por las madres.

Así como fue posible, con un cuidadoso trabajo de diez años, conseguir un ambiente libre de infecciones para el nacimiento, limitando las posibilidades de la fiebre puerperal, también debe ser y será posible, por medio de una real educación de las propias madres, ya en los primeros años del niño, darle cuidados que proporcionen una base excelente para un desarrollo futuro.

La escuela en el Estado Racista tiene que dedicar a la educación física mucho más tiempo del actualmente fijado. De ningún interés es que se sobrecargue el cerebro de los niños con un exceso de conocimientos que, la práctica demuestra, sólo en una proporción insignificante son conservados. En la mayor parte de los casos, olvidan lo importante y retienen lo que es secundario, debido a que los niños no están en condiciones de hacer la selección de la materia que se les enseña.

Fue un craso error tener hoy, incluso en el programa de las escuelas de grado medio, reservadas a la gimnasia solamente dos horas por semana, y esto incluso sin carácter obligatorio. No debería transcurrir un solo día sin que el adolescente deje de consagrarse, por lo menos durante una hora por la mañana y durante otra por la tarde, al entrenamiento de su cuerpo mediante deportes y ejercicios gimnásticos. En particular no puede prescindirse de un deporte que, justamente ante los ojos de muchos que se dicen "racistas", es rudo e indigno: el pugilato. Es increíble cuán erróneas son las opiniones difundidas a este respecto en las esferas "cultas", donde se considera natural y honorable que el joven aprenda esgrima y practique con espada, en tanto que al boxeo se lo conceptúa como rudo. ¿Y por qué? No existe deporte alguno que fomente como éste el espíritu de ataque y la facultad de rápida decisión, haciendo que el cuerpo adquiera la flexibilidad del acero. No es más brutal que dos jóvenes diluciden un altercado con los puños que con una lámina de aguzado acero. Tampoco es menos noble que un hombre agredido se defienda de su agresor con los puños en vez de huir para apelar a la policía. Antes que nada, el muchacho sano debe aprender a soportar golpes. Eso, a los ojos de nuestros "luchadores intelectuales", puede parecer salvaje. Pero un Estado Nacionalista no tiene por misión fundar una colonia de estetas pacifistas o de degenerados físicos. El tipo humano ideal que busca el Estado Racista no está representado por el pequeño moralista burgués o la solterona virtuosa, sino por la retemplada encarnación de la energía viril y por mujeres capaces de dar a luz verdaderos hombres.

Es así como el deporte no sólo está destinado a hacer del individuo un hombre fuerte, diestro y audaz, sino también a endurecerle y enseñarle a soportar inclemencias. Si toda nuestra esfera superior de intelectuales no hubiese sido educada tan exclusivamente en medio de reglas de atildado trato y hubiese aprendido también a boxear, jamás habría sido posible la Revolución de 1918, revolución hecha por rufianes, desertores y otros maleantes. Porque lo que a éstos les dio el triunfo no fue el fruto de su osadía, ni de su fuerza de acción, sino más bien el resultado de la cobarde y miserable falta de entereza por parte de los que entonces dirigían el Estado y eran los responsables de su conservación. Los conductores intelectuales de nuestro pueblo apenas recibían educación física y, por eso, quedaron sin poder reaccionar en el momento en que los adversarios, en vez de armas espirituales, pusieron en escena hasta barras de hierro. La Revolución sólo triunfó porque la educación suministrada en las escuelas superiores no formaba hombres, en el verdadero sentido de la palabra, sino funcionarios, ingenieros, juristas, literatos y, finalmente, profesores encargados de mantener siempre viva esa instrucción puramente intelectual. Nuestra dirección intelectual produjo brillantes resultados, pero el cultivo de la fuerza de voluntad siempre estuvo debajo de cualquier valoración.

Está claro que, por medio de la educación, no se puede transformar a un intelectual cobarde en un hombre valeroso. Es evidente también que un hombre que no es cobarde por naturaleza, pero perjudicado por el desarrollo de sus cualidades individuales, desde que no reciba una educación que perfeccione su fuerza física y su destreza, será, desde el principio, derrotado. Es en el Ejército donde se puede evaluar lo que la capacidad física estimula el coraje y despierta el espíritu de ataque.

La excelente instrucción recibida por nuestros soldados, durante la paz, inoculó en ese gigantesco organismo la fe sugestiva en su propia seguridad, en proporciones que nuestros mismos adversarios no juzgaban casi posibles.

El inmortal espíritu de combatividad y de valor que, en los meses del final del verano y en el otoño de 1914, se verificó en la ofensiva del Ejército alemán, fue efecto exclusivamente de los ininterrumpidos ejercicios de los tiempos de paz, que permitieron que, de cuerpos débiles, se obtuviesen los efectos más increíbles y que en ellos se inspirara una confianza en sí mismos que jamás los abandonó, ni en los más encarnizados combates.

Nuestro pueblo alemán, que actualmente yace en la ruina, expuesto a las patadas del resto del mundo, necesita justamente aquella fuerza de sugestión que emana de la confianza en sí mismo. Este sentimiento tiene que ser inculcado desde la niñez. Toda la educación y la instrucción del joven deben estribar en la tarea de cimentar la convicción de que en ningún caso él es menos que otros. Mediante su vigor físico y su agilidad, debe recobrar la fe en la invencibilidad de su raza, pues, aquello que otrora condujera al Ejército alemán a la victoria, fue la suma de confianza que poseía en sí mismo cada uno de sus componentes y, a su vez, en el Comando. Lo que ha de levantar de nuevo al pueblo alemán es sin duda la convicción de volver al goce de su libertad, pero esta condición no puede ser sino el resultado de un sentimiento común de confianza, arraigado en el alma de millones.

Tampoco en esto debemos hacernos ilusiones.

Si enorme fue en magnitud el desastre sufrido por nuestro pueblo, no menos enorme tiene que ser el esfuerzo que hagamos para que un día quede dominada la calamidad que nos aflige. Se engaña, desgraciadamente, quien crea que nuestro pueblo, continuando esa educación burguesa inspirada en la "paz" y en el "orden", podrá conquistar la fuerza necesaria para modificar la situación actual de ruina y tirar nuestros grilletes de esclavos a la cara de los adversarios. Sólo gracias a un supremo esfuerzo de la voluntad nacional y sólo gracias también a un máximo de ansia libertaria y de pasión ardiente, ha de poderse compensar lo que hoy nos falta.

Incluso la indumentaria de los jóvenes debe ser apropiada para este fin. Es una verdadera lástima ser obligado a ver cómo los mozos de hoy se someten a una moda idiota, que muy bien se traduce en el dictado popular "El hábito no hace al monje".

Justamente en la juventud es donde el vestuario debe estar en función de la finalidad educacional. Un joven que, en el verano, anda de aquí para allá vestido hasta el cuello, sólo por ello dificulta su educación física. El espíritu de honor y -digamos entre nosotros- la vanidad deben ser cultivadas, no la vanidad de poseer trajes bonitos, que no todos pueden comprar, sino la de crearse un cuerpo bien formado, al que muchos pueden acceder.

Eso corresponde, para el futuro, a una cierta finalidad. La muchacha debe conocer a su caballero. Si la belleza física no se ocultase hoy completamente bajo los vestidos de moda idiota, la seducción de centenas de millares de mozas por judíos bastardos, de piernas arqueadas y descoyuntados, no sería posible. Está también en el interés de la Nación que se llegue a la formación de cuerpos perfectos, a fin de crear un nuevo ideal de belleza.

Eso es más necesario hoy, por faltar la educación militar, cuya organización suplía en parte la deficiencia de nuestro sistema educacional de antaño. El éxito de esa organización no se traslucía solamente en la educación del individuo, sino también en su influencia sobre las relaciones entre los dos sexos. La muchacha alemana prefería el militar al civil.

El Estado Racista tiene que llevar a cabo y supervigilar el entrenamiento físico de la juventud, no únicamente durante los años de la vida escolar; su obligación se extiende también al período postescolar, en que debe cuidar que mientras el joven se halle en la época de desarrollo, éste se efectúe en bien suyo.

Es un absurdo admitir que terminado el período escolar cese súbitamente el derecho de supervigilancia del Estado sobre la vida de sus jóvenes ciudadanos, para volver a ponerlo en práctica sólo cuando el individuo entra a prestar su Servicio Militar. Ese derecho es una obligación, y como tal tiene carácter permanente.

El Gobierno actual, que no tiene ningún interés por la salud del pueblo, abandonó esa misión de la forma más criminal. Permite que la juventud se desmoralice en las calles y en los burdeles, en lugar de dirigirla de forma que en el futuro se transformen en hombres y mujeres de provecho.

Es indiferente la forma en que el Estado prosiga esta educación. Lo esencial es que lo haga buscando los medios más convenientes. El Estado tiene como una de sus finalidades la educación, tanto intelectual como física, de los jóvenes después de su edad escolar. En líneas generales, esa educación podría constituir una especie de preparación previa para el Servicio Militar.

El Ejército no debe tener necesidad, como hasta ahora, de iniciar al joven en las más elementales nociones de los ejercicios reglamentarios, y así no incorporará reclutas del tipo corriente de hoy, sino que, simplemente, convertirá en soldado al conscripto ya de antemano excelentemente entrenado.

En un Estado Nacionalista, el Ejército no existe sólo para enseñar al hombre a desfilar o para otros ejercicios militares, sino que debe ser la más alta escuela de la educación nacional. Naturalmente que el joven recluta debe aprender a manejar las armas, pero al mismo tiempo debe ser preparado para la vida futura. El objetivo principal de la instrucción militar tendrá que ser, empero, el mismo que otrora constituyera el mayor mérito del antiguo Ejército: el lograr que esa escuela haga del joven un hombre; allí no solamente aprenderá a obedecer, sino a adquirir, asimismo, las condiciones que lo capaciten para poder mandar un día. Deberá aprender a callar no sólo cuando se le reprenda con razón, sino también -si es necesario- en el caso inverso.

Apoyado en la confianza de su propia fuerza, respaldado por el espíritu de cuerpo, debe adquirir la convicción de que su Patria es invencible.

Cumplido el Servicio Militar, dos documentos deben extendérsele: 1°, **su diploma de ciudadano,** como título jurídico que lo habilite para ejercer en adelante una actividad pública; 2°, su certificado **de salubridad,** como testimonio de sanidad corporal para el matrimonio.

Análogamente al procedimiento que se emplea con el muchacho, el Estado Racista puede orientar la educación de la muchacha, partiendo de puntos de vista iguales. También en este caso tiene que recaer la atención ante todo sobre el entrenamiento físico y sólo después sobre el fomento de las facultades morales y, por último, de las intelectuales. La finalidad de la educación femenina es, inmutablemente, formar a la futura madre.

El Estado Nacionalista tiene que promover la formación del carácter. Las cualidades reales del carácter, en los individuos, son innatas; el egoísta es y será siempre egoísta, el idealista sincero será siempre idealista. Entre esos dos caracteres, absolutamente típicos, hay millones que aparecen cuyo carácter está confuso. El criminal nato será siempre criminal, pero existen innumerables personas que poseen una cierta tendencia para el crimen y que podrán ser corregidas y transformadas en óptimos miembros de una colectividad. Inversamente, caracteres vacilantes pueden, por defecto de la educación, transformarse en pésimos elementos.

Con qué frecuencia durante la guerra había motivo para quejarse de que nuestro pueblo fuera tan poco capaz de saber callar. ¡Cuán difícil fue por esto substraer al conocimiento del enemigo secretos importantes! Pero debemos preguntarnos: ¿Qué hizo la educación alemana de la anteguerra para inculcar en el individuo la noción de la discreción, y si se trató siquiera de presentarla como una varonil y valiosa virtud? En la escuela, ¿el delator no era preferido al que se mantenía en silencio? ¿Alguien procuró, por casualidad, enseñar la discreción como una gran virtud? No. Para el criterio de nuestros educadores actuales todo esto es sólo una bagatela, una bagatela que, sin embargo, le cuesta al Estado innumerables millones en concepto de gastos judiciales, ya que el noventa por ciento de todos los procesos por difamación o motivos análogos provienen únicamente de la falta de discreción.

Expresiones irresponsablemente lanzadas van de boca en boca con igual desparpajo; nuestra economía nacional sufre constantemente perjuicios debido a imprudentes revelaciones sobre métodos especiales de fabricación, etcétera. A tal punto que hasta los mismos preparativos secretos relacionados con la defensa del país resultan ilusorios, porque sencillamente el pueblo no aprendió a guardar reserva, sino más bien a divulgarlo todo. Por cierto que en una guerra ese prurito de hablar puede conducir a la pérdida de batallas y contribuir notablemente al desenlace desfavorable de la contienda. También aquí se debe aceptar la creencia de que aquello que no se ejercitó en la juventud mal puede saberse practicar en la vejez. Se saca así la conclusión de que el profesor no debe procurar tomar conocimiento de pequeñas travesuras, cultivando la delación. La juventud tiene su mundo propio. Tiene para con los de más edad una solidaridad más limitada, perfectamente comprensible. La relación de un joven de diez años con otro de la misma edad es más natural que con uno más crecido. Un adolescente que denuncia a un camarada practica una traición que, en un sentido figurado, corresponde a una traición contra la Patria. Tal adolescente no puede ser considerado como "valiente" e "independiente' sino como poseedor de cualidades de carácter de escaso valor. Para el profesor puede ser más cómodo, para mantener la autoridad, utilizar esa mala costumbre, pero, en el corazón de las criaturas, ese procedimiento ocasionará un sentimiento que actuará como un germen fatal. No es raro que de un pequeño delator salga un gran traidor.

Eso es sólo un ejemplo entre muchos. Hoy en día en la escuela es igual a cero el desarrollo consciente de las buenas y nobles cualidades del carácter. En lo futuro, se impone darle a ese aspecto toda la significación que merece: **Lealtad, espíritu de sacrificio** y **discreción** son virtudes **indispensables** a un gran pueblo; virtudes cuya enseñanza y cultivo en la escuela tienen más importancia que muchas de las asignaturas que llenan los programas escolares.

También debe formar parte de ese plan la lucha contra los lamentos y las eternas quejas. Si un proceso educativo deja de actuar en el adolescente, de modo que éste se acostumbre a soportar en silencio todos los sufrimientos, nadie se debe admirar que, más tarde, en el momento crítico, en la línea del frente de batalla, por ejemplo, el correo sólo se ocupe de transmitir cartas con lamentos de una y otra parte. Si nuestra juventud, en las escuelas, hubiese aprendido menos conocimientos y se hubiese ejercitado más en el dominio de sí misma, grandes ventajas se habrían verificado en los años de 1915-1918.

El Estado Racista, en consecuencia, al lado del trabajo de entrenamiento corporal debe dar, dentro de su labor educativa, una máxima significación a la formación del carácter. Numerosos defectos morales que en la actualidad pesan sobre nuestro pueblo, podrían ser, si no extirpados completamente, por lo menos atenuados en gran parte, gracias a las ventajas de un sistema de educación bien orientado.

De la mayor importancia es la formación de la fuerza de voluntad y del poder de decisión, así como del placer de la responsabilidad.

Así como en el Ejército era convicción general, antiguamente, que una orden es siempre mejor que ninguna, también en la juventud, una respuesta es siempre mejor que ninguna. El recelo de que, para no dar una respuesta falsa, es mejor no dar ninguna respuesta, debe avergonzar más que responder equivocado. Eso va paulatinamente acostumbrando a los jóvenes a tener el valor de sus actitudes.

A menudo se ha lamentado que en aquellos funestos tiempos de noviembre y diciembre de 1918 las autoridades del Reich claudicaron vergonzosamente y que, desde el Monarca al último soldado, ya nadie tuvo la entereza de obrar por propia iniciativa. También este terrible hecho fue el resultado de nuestra educación, pues en esta catástrofe no hizo más que revelarse, en una medida aumentada hasta la enormidad, aquella falla que en pequeño era común a todos.

La falta de voluntad, y no precisamente la carencia de armas, es lo que hoy nos hace incapaces de una resistencia verdadera. Tal defecto está arraigado en el alma de nuestro pueblo, oponiéndose a toda decisión que entrañe un riesgo y como si lo grande de una acción no se manifestase justamente en la osadía.

Sin darse cuenta, un General alemán encontró la fórmula clásica para definir semejante lamentable ausencia de voluntad: "Yo acostumbro obrar -decía- sólo cuando cuento con el 51% de probabilidades de éxito". Aquí, en este "51%", radica la trágica causa del desastre alemán.

Aquél que previamente exige del Destino la garantía del éxito, renuncia desde luego al mérito de una acción heroica, porque ésta estriba precisamente en que el individuo, estando persuadido del peligro fatal, opta por el paso que quizás podrá resultar salvador. Un canceroso, cuya muerte es segura, no precisa del 51% de probabilidades para intentar una operación. Si esta operación le ofrece un medio por ciento de posibilidad de curación, él, siendo hombre valeroso, se arriesgará a la misma. Si no lo hiciera no tiene el derecho de quejarse por su fatal suerte.

La epidemia de falta de voluntad y de espíritu de decisión es, en última instancia, y sobre todo, la consecuencia de la falta de educación de la juventud, cuya influencia devastadora se deja sentir en la vida y cuyas últimas consecuencias son la falta de valor cívico de los estadistas que dirigen la Nación.

Bien se puede decir que corresponde a la misma línea de conducta el temor a la responsabilidad que flota en el ambiente. También en este caso el error radica en la falsa educación de nuestra juventud, error que después llega a saturar el conjunto de la vida pública y que, por último, encuentra su culminación suprema en la institución del gobierno parlamentario.

Ya en la escuela se da más valor a una demostración de remordimiento y de contrición que a una franca confesión del error.

Del mismo modo que el Estado Racista tendrá un día que dedicar máxima atención a la educación de la voluntad y de la fuerza de resolución, deberá igualmente desde un comienzo imbuir en los corazones de la juventud la satisfacción de la responsabilidad y la fe en su credo ideológico y el valor de confesar sus faltas.

Solamente cuando el Estado comprenda esa necesidad en toda su significación, podrá, después de un trabajo secular, tener como resultado de ello un organismo nacional nunca más compuesto de esas criaturas débiles que tanto han contribuido a nuestra ruina.

Con escasas modificaciones, podrá el Estado Racista incorporar a su sistema educacional el plan de la instrucción científica vigente, que constituye en realidad el principio y el fin de toda la labor educativa del Estado actual; las modificaciones pueden ser resumidas en estos tres puntos:

En primer lugar, el cerebro juvenil no debe ser sobrecargado de conocimientos que, en una proporción de un 95%, no los necesita y, por consiguiente, los olvida.

El programa de las escuelas nacionales y de las escuelas de grado medio, es de lo más anarquizado. En muchos casos, la materia es tan vasta que sólo una parte es conservada y ésta incluso no encuentra utilización en la vida práctica. Por otro lado, nada se aprende que sea de utilidad, en una determinada profesión, para la conquista del pan cotidiano.

Tómese, por ejemplo, el tipo normal de empleado público de 35 a 40 años de edad que haya cursado en un Gymnasium o en otro establecimiento de humanidades (Oberrealschule); si se examina los conocimientos que penosamente adquirió en la escuela, se verá cuán poco quedó de todo aquello.

Se puede responder que la instrucción recibida en la escuela no tiende solamente al objetivo de la posesión ulterior de múltiples conocimientos sino también al desarrollo de la capacidad de asimilación, de raciocinio y de atención del cerebro. En parte, eso es cierto.

En eso hay, sin embargo, siempre un peligro. El cerebro juvenil queda saturado de impresiones que, en rarísimos casos, consigue asimilar completamente y cuya importancia en los detalles no puede percibir ni comprender. Por eso, en la mayoría de los casos no es lo secundario sino lo esencial lo que los jóvenes olvidan. No es, por ejemplo, comprensible que millones de personas sean obligadas a aprender dos o tres lenguas extranjeras que sólo en proporciones insignificantes pueden utilizar y que, en la mayoría de los casos, olvidan completamente. De cien mil alumnos que aprenden francés, por ejemplo, tal vez apenas dos mil puedan encontrar utilidad para ese conocimiento, mientras los otros no encontrarán ninguna durante toda su vida. En la juventud, dedicaron millares de horas a un asunto sin valor ninguno para la vida futura. Frente a dos mil hombres para los cuales el conocimiento de esa lengua fue de alguna utilidad práctica, hay noventa y ocho mil que fueron inútilmente sometidos al suplicio de aprenderla, con sacrificio completo de su tiempo.

Además de eso, se trata, en este caso, de una lengua de la cual no se puede decir que constituye la escuela para la formación lógica del espíritu, como se da tal vez con la lengua latina. Por eso, sería un objetivo más importante que se estudiase este idioma apenas en sus líneas generales, los fundamentos de su gramática, la pronunciación, la construcción a través de ejemplos típicos, etcétera. Eso bastaría para las necesidades comunes y porque es más fácil de alcanzar y es de mucho más valor que el aprendizaje de las lenguas "vivas" que nunca son completamente dominadas y que son de rápido olvido. Debe evitarse también el peligro de sobrecargar demasiado el cerebro de los jóvenes con materias que quedan sin unión en la memoria y de las que ellos sólo consiguen aprender las que más despiertan su atención, desapareciendo así en los cerebros juveniles la diferencia entre el valor y el desvalor.

El sistema de educación que aquí esbozo en grandes trazos sería suficiente para la gran mayoría de los jóvenes. Los que, más tarde, precisaren de una lengua extranjera, podrán siempre estudiarla exhaustivamente, a su libre elección.

Así se ganaría tiempo necesario para la educación física y para las otras exigencias más importantes, que ya indiqué.

En particular, se impone una reforma con el método de enseñanza racial de la Historia. Probablemente en país alguno se aprende más Historia que en Alemania, pero tampoco en el mundo habrá seguramente un pueblo que, a semejanza del nuestro, sepa servirse tan pésimamente de las lecciones que ella ofrece. Nuestra educación histórica debe ser orientada por nuestra experiencia política. No nos debemos irritar con los miserables resultados de la dirección de los asuntos públicos si no estuviésemos resueltos a cuidar de una mejor educación política. En un noventa y nueve por ciento de los casos, es ínfimo el resultado de la forma actual de la enseñanza en este ramo. A menudo la memoria retiene sólo algunas fechas y nombres, en tanto que es notoria la falta absoluta de una orientación grande y clara. Todo lo esencial, es decir, aquello que en realidad debe aprenderse, deja de enseñarse y queda librado a la intuición más o menos genial del alumno; como ser, el deducir de un cúmulo de fechas y de la sucesión de los hechos las causas determinantes de los procesos históricos. Por más desastrosa que resulte esa comprobación, se mantiene incuestionable. Basta, para probar eso, que se lean con atención los discursos de nuestros parlamentarios sobre los problemas políticos, incluyendo los de la política exterior. Piénsese en que, por la importancia de su posición, esos parlamentarios representan la elite nacional, y que ellos frecuentaron las escuelas secundarias y algunos, incluso, hasta las superiores, y se comprenderá cómo es insuficiente la cultura histórica de esos hombres. Si ellos nunca hubiesen estudiado Historia, sino que poseyeran intuiciones sanas, habría sido mucho mejor y más útil para la Nación.

Es justamente en la enseñanza de la Historia en la que se debe proceder a una simplificación en los programas. La utilidad de este estudio consiste en precisar las grandes líneas del acontecer humano. Cuanto más se adecue la enseñanza a este punto de vista, tanto más es de esperar que los individuos saquen provecho de sus conocimientos, lo que es también ventajoso para la colectividad.

No se aprende Historia con la sola finalidad de enterarse de lo que una vez fue, sino para encontrar en ella una fuente de enseñanza necesaria al porvenir y a la conservación de la propia nacionalidad.

Ésa es la finalidad; la enseñanza de la Historia es sólo un medio. Y no se diga que la comprensión a fondo de la Historia supone el conocimiento minucioso de fechas, como base para la deducción de las grandes líneas. Esta deducción incumbe a los investigadores científicos. Para estos, el estudio de la Historia debe consistir, en primer lugar, en proporcionarse las nociones necesarias para que se pueda tomar posición frente a los acontecimientos políticos de la Nación. En cambio, quien desee ser profesor, que profundice después en esos estudios. Éste sí que tendrá que ocuparse de todos los detalles, incluso de los más insignificantes.

Bajo todos los aspectos, la enseñanza actual de la Historia es deficiente, pues, para la mayoría de los individuos es demasiado extensa y para los especialistas muy exigua. **Por lo demás, es tarea de un Estado Racista velar porque al fin se llegue a escribir una Historia Universal donde el problema racial ocupe un lugar predominante.**

En resumen: el Estado Nacionalista-Racista debe sintetizar la enseñanza intelectual, reduciéndola a lo esencial. Sólo después de eso es cuando se ofrecerá la posibilidad de una educación especializada sobre bases sólidas.

La educación general, destinada a todos, debe ser obligatoria. El resto debe quedar al arbitrio de los individuos.

La reducción de los programas y de las horas de estudio que de esta forma se obtendría, sería aprovechada en beneficio de la cultura física, del carácter, de la voluntad, del poder de decisión.

La poca importancia que nuestras escuelas, sobre todo las secundarias, hoy dan a las exigencias profesionales en la vida postescolar, se evidencia por el hecho de que hombres salidos de tres escuelas diferentes puedan abrazar la misma profesión. De ahí se concluye que lo importante es la educación general y no la especializada. Cuando se trata de casos en que un verdadero conocimiento especializado se hace necesario, los programas de nuestras escuelas secundarias se muestran deficientes.

La segunda modificación indispensable en los programas escolares, bajo el Estado Racista, se refiere a lo siguiente: Signo característico de la época materialista en que vivimos es el hecho de que nuestra instrucción se concreta más y más a las ciencias exactas, es decir, las matemáticas, la física, la química, etcétera. Por necesario que esto fuese en tiempos en que domina la técnica, no por eso deja de entrañar un inminente peligro el exclusivismo científico creciente de la instrucción general en una Nación. Contrariamente, la instrucción general debería ser siempre de índole idealista. La educación sólo debe preparar las bases para futuras especializaciones. Con el sistema de enseñanza actual se desperdician fuerzas que para la conservación del pueblo son mucho más importantes que todos los conocimientos especializados.

No se debe apartar el estudio de la Historia Antigua, pues la Historia Romana, bien apreciada en sus líneas generales, es y será siempre el mejor ejemplo, no sólo para el presente sino también para el futuro. El ideal de la Cultura Helénica, en su típica belleza, debe ser emulado. No se debe destruir la gran comunidad racial que a ella nos une por las diferencias posteriores aparecidas entre pueblos. La lucha en que hoy nos debatimos tiene el gran objetivo de ir ligando nuestra existencia al pasado milenario y unificar así el mundo grecorromano con el germánico.

Conviene establecer una diferencia precisa entre la instrucción general y las especializaciones profesionales. Por lo mismo que estas últimas están amenazadas de descender cada vez más a un plano de servicio exclusivo al dios Mammón, la instrucción general de orientación idealista tiene que ser mantenida a manera de contrapeso. También en este caso es necesario grabar firmemente el principio de que la industria y la técnica, el comercio y las profesiones, pueden florecer solamente mientras una comunidad nacional, inspirada en fines idealistas, les dé las condiciones inherentes a su desarrollo. Pero estas condiciones no estriban en el egoísmo materialista, sino en un espíritu altruista, dispuesto al sacrificio.

La educación de la juventud tiene, como el más elevado objetivo, dar al joven la instrucción que en el futuro, precisará para sus progresos en la vida. Esa orientación puede expresarse en la siguiente fórmula: **"El joven debe llegar a ser una unidad útil en la sociedad humana"**. Por eso no se debe juzgar, sin embargo, su capacidad sólo para ganar el pan.

La superficial educación del Estado burgués tiene bases muy débiles. Como el Estado no representa en sí más que una forma, es difícil educar hombres de acuerdo con esa sola forma y menos aún imponerles deberes. Una forma es susceptible de romperse fácilmente. El concepto "Estado" carece hoy de un sentido claro y no deja otro camino que el de la educación "patriótica" corriente. En la Alemania de la anteguerra, descansaba ese "patriotismo" en una glorificación poco inteligente, y a menudo muy tonta, de minúsculos potentados, lo cual implicaba, desde luego, renunciar al culto que se debía a las figuras realmente eminentes de nuestro pueblo. El resultado por parte de las masas populares fue el insuficiente conocimiento de nuestra Historia, por la falta de percepción de las líneas esenciales.

Es obvio anotar que en estas condiciones no es posible concebir un entusiasmo nacional verdadero. A nuestros hombres-símbolos no se les supo presentar ante el pueblo como a héroes máximos, haciendo que la atención general se concentrase en ellos y se crease así un sentimiento cívico común. No se comprendió la importancia de todo esto para conformar una opinión definida en el seno de las masas. No se puede, en el tratamiento de las diferentes materias de los programas nacionales destinados a exaltar la gloria de la Nación, ignorar el papel de nuestros héroes. Por eso, los brillantes ejemplos del pasado no pudieron inflamar el orgullo nacional. Para muchos, eso parecía "chauvinismo", cosa que, bajo esta forma, gustaba poco. El patriotismo dinástico pareció más agradable y más fácil de practicar que las "peligrosas pasiones" que despierta el orgullo nacional. Con la primera forma de patriotismo se estaba siempre dispuesto a "servir"; con la segunda se podía, un día, **dominar.** El patriotismo monárquico terminó en las asociaciones de veteranos; la meta a la que se llegaría con el verdadero ardor nacional era más difícil de ser determinada. Éste se compara con un caballo noble que no admite ser montado por cualquiera. No es de admirar, pues, que la mayoría de la gente prefiriese retroceder ante ese peligro. Nadie pensó en que un día una guerra, con todos sus horrores, podría poner a prueba la consistencia de esos sentimientos patrióticos. Cuando esto aconteció, se verificó de la manera más dramática la falta de un elevado sentimiento nacional. Los hombres tenían cada vez menos voluntad de "morir por su Emperador, por sus reyes". Y la "Nación" era desconocida para la mayor parte de ellos.

Desde que la Revolución derrotista de 1918 hiciera su entrada triunfal en Alemania y el patriotismo monárquico tocara a su fin, el objeto de la enseñanza de la Historia en nuestras escuelas no es otro realmente que la mera adquisición de conocimientos inútiles. El Estado, tal como ahora existe, no requiere del sentimiento nacional y lo que anhela tampoco lo logrará jamás. Si en una época regida por el principio de las nacionalidades, no pudo existir un decidido patriotismo dinástico, mucho menos factible es ahora el entusiasmo republicano. Y no debe caber duda alguna de que bajo el lema "Por la República", el pueblo alemán nunca habría permanecido cuatro largos años en el frente de guerra.

Es evidente que la República Alemana debe su tranquila existencia a la docilidad con que por doquier acepta voluntariamente cuánto tributo se le impone y a la facilidad con que suscribe todo pacto que implique un renunciamiento nacional.

Es lógico que esta República goce de simpatías en el resto del mundo: un débil es siempre más agradable para los que de él se sirven, que un hombre fuerte. En la simpatía por esta forma de gobierno está, sin embargo, la mayor crítica a la misma. A la República Alemana se la quiere y se la deja vivir por la sencilla razón de que no se podría encontrar un mejor aliado para la obra de esclavización de nuestro pueblo. A eso debemos el "magnífico' cuadro de la situación actual. De ahí la oposición a cualquier educación verdaderamente nacional y la exaltación de héroes ficticios que, en la hora del peligro, huirán como liebres.

El Estado Alemán racista tendrá que luchar por su existencia y es claro que no podrá mantenerse ni defender su vida por la sola virtud de suscribir un "Plan Dawes". El Estado Racista requerirá para su existencia y seguridad justamente de todo eso de lo cual hoy se cree que se puede prescindir. Cuanto más incomparable y valioso se haga este Estado en su forma y en su fondo, mayor será el odio y la resistencia que le opongan sus detractores. Sus ciudadanos mismos, y no sus armas, serán entonces sus mejores medios de defensa; no lo protegerán barricadas, sino la muralla viva de hombres y mujeres plenos de amor supremo a la Patria y de fanático entusiasmo nacional.

El tercer aspecto a considerarse en lo concerniente a la instrucción es éste: **También la ciencia tiene que servir al Estado Racista como un medio hacia el fomento del orgullo nacional. Se debe enseñar desde este punto de vista no sólo la Historia Universal, sino toda la Historia de la cultura humana. No bastará que un inventor aparezca grande únicamente como inventor, sino que debe aparecer todavía más grande como hijo de la Nación. La admiración que inspira todo hecho magno, debe transformarse en el orgullo de saber que el promotor del mismo es un compatriota. Del innumerable conjunto de los grandes nombres que llenan la Historia alemana, se impone seleccionar los más eminentes para imprimirlos en la mente de la juventud, de tal modo que esos nombres se conviertan en columnas inconmovibles del sentimiento nacional.**

De acuerdo con esos puntos de vista debe ser seleccionada la materia a ser enseñada en las escuelas. La educación debe ser orientada de tal manera que un joven, al dejar la escuela, no sea un pacifista demócrata o cosa parecida, sino un verdadero alemán, en la más amplia acepción de la palabra.

Para que este sentimiento nacional sea legítimo desde un comienzo y no consista en una apariencia, justo es que en los cerebros plasmables de la juventud se cimente un férreo principio: quien ama a su Patria prueba ese amor sólo mediante el sacrificio que por ella está dispuesto a hacer. Un patriotismo que no aspira sino al beneficio personal, no es patriotismo. Tampoco es nacionalismo el que pretende abarcar sólo a determinadas clases sociales. Los "hurras" nada prueban y no le dan derecho a llamarse patriota a quien así exclama, si no está imbuido en la noble solicitud de velar por la conservación de su raza. Puede uno sentirse orgulloso de su pueblo sólo cuando ya no tenga que avergonzarse de ninguna de las clases sociales que forman ese pueblo. Pero cuando una mitad de él vive en condiciones miserables e incluso depravadas, el cuadro es tan triste que no hay razón para sentir orgullo. Sólo cuando una Nación es material y moralmente sana, en todas sus partes constitutivas, puede la satisfacción de pertenecer a ella que experimenta un patriota, exaltarle con derecho a la categoría del elevado sentimiento que denominamos orgullo nacional. Mas, este noble orgullo puede sentirlo únicamente aquél que es consciente de la grandeza de todo su pueblo.

Esta alianza íntima entre el nacionalismo y el espíritu de justicia social debe ser implantada ya en los corazones juveniles. Así se formará, para el futuro, un Estado compuesto de ciudadanos unidos entre sí, fortalecidos en conjunto por un amor y un orgullo común a todos y que se hará inamovible e invencible para siempre.

El miedo que el "chauvinismo" le inspira a nuestra época constituye el signo de su impotencia. Como le falta al Estado burgués aquella fuerza exuberante (que hasta parece desagradarle), él mismo jamás está destinado a grandes hazañas. Las mayores revoluciones de la Humanidad no habrían sido posibles si las fuerzas impulsoras de las mismas fueran sólo virtudes burguesas, inspiradas en la "paz" y en la "tranquilidad", en lugar de las fanáticas pasiones inspiradas por una causa.

Es evidente que el mundo de hoy va camino de una gran revolución y todo se reduce a la incógnita de saber si ella resultará en bien de la Humanidad Aria o en provecho del Judío Errante.

Mediante una apropiada educación de la juventud, podrá el Estado Racista contar con una generación capaz de resistir la prueba en la hora de las supremas decisiones.

Será vencedor aquel pueblo que primero opte por este camino.

La culminación de toda la labor educacional del Estado Racista consistirá en infiltrar instintiva y racionalmente en los corazones y los cerebros de la juventud que le está confiada, la noción y el sentimiento de Raza.

Ningún adolescente, sea varón o mujer, deberá dejar la escuela antes de hallarse plenamente convencido de lo. que significa la pureza de la sangre y su necesidad.

De esta manera se establecerán las condiciones esenciales para la conservación de los fundamentos raciales y, con ello, las condiciones preliminares para el posterior desarrollo cultural.

Toda educación física e intelectual, en último análisis, se volvería inútil si no pudiese ser aprovechada por una criatura dispuesta y resuelta a mantener la pureza de su sangre.

Al contrario, sucedería lo que nosotros los alemanes ya hoy lamentamos, sin tal vez darnos cuenta de la extensión de esa trágica infelicidad: en el futuro serviríamos sólo de adorno para la civilización, no sólo en el sentido de las limitadas concepciones de los burgueses actuales, que sienten la pérdida de los individuos solamente porque con ellos se pierde el Estado burgués, sino también en el sentido de que, a pesar de toda nuestra ciencia, nuestra raza se habría arruinado.

Si nos mezclamos con otras razas, elevaremos a un nivel más alto a las razas inferiores, pero nosotros descenderemos para siempre de la posición elevada en la que nos encontrábamos antes.

La educación, desde el punto de vista racial, tiene que alcanzar su perfección en el Servicio Militar; es decir, que él tiempo que dure este servicio hay que considerarlo como la etapa final del proceso normal de la educación del alemán en general.

Si en el Estado Racista ha de tener capital importancia la forma de la educación física e intelectual, no menos esencial será para él la selección de los elementos mejores.

Este aspecto se toma hoy en cuenta muy superficialmente. Por lo general, es sólo a los hijos de familias de alta situación económica y social a quienes, desde luego, se les conceptúa dignos de recibir una instrucción superior. El talento juega aquí un papel secundario. Propiamente, el talento se puede apreciar sólo de modo relativo. Es posible, por ejemplo, que un muchacho campesino, aunque de instrucción inferior con respecto al hijo de una familia que ocupa desde generaciones atrás un rango elevado, posea más talento que éste. El hecho de que el niño burgués revela mayores conocimientos, nada tiene que ver en el fondo con el talento mismo, sino que eso radica en el cúmulo notoriamente más grande de impresiones que este niño recibe ininterrumpidamente, como resultado de su múltiple educación y del cómodo ambiente de vida que le rodea. Si el campesino de talento, desde los primeros años, hubiese crecido en el mismo medio, su capacidad de asimilación sería otra. En la actualidad, existe quizá un solo campo de actividad donde realmente influye menos el origen social que el talento innato: el Arte. Como aquí no se trata solamente de aprender, sino que todo proviene de las cualidades innatas que sólo precisan ser desarrolladas posteriormente, la cuestión del dinero y de la posición de los padres no se toma en consideración, lo que evidencia manifiestamente que el genio no es atributo de las esferas superiores ni de la fortuna. No es raro que los más grandes artistas procedan de las más pobres familias. Muchos pequeños campesinos se hacen, más tarde, celebrados maestros.

La cultura de nuestra época no acepta que se saque partido de esa verdad, en beneficio de la vida espiritual de la colectividad en conjunto. Se pretende afirmar que lo que en el arte es innegable, no cabe en las llamadas ciencias exactas.

Sin duda se puede acostumbrar a los hombres a unas ciertas habilidades automáticas, así como es posible, por un buen adiestramiento, conducir a los perros a realizar trabajos casi increíbles. En un caso como en otro, no es, sin embargo, la inteligencia del individuo lo que le lleva a la práctica de sus habilidades.

Se puede, en cualquier hipótesis, conseguir que un talento inferior adquiera habilidades científicas, pero el resultado se caracteriza siempre por la falta de vida, de alma, tal como sucede con los animales. Si bien, a base de un cierto entrenamiento mental, es posible infiltrar en el cerebro de un hombre de tipo corriente conocimientos superiores a los de su medio, en cambio todo esto no será más que ciencia muerta y, por tanto, estéril. Este hombre resultará una enciclopedia viviente, pero será un perfecto inútil en todas las situaciones difíciles y momentos decisivos de la vida. A cada nueva exigencia que se le presente el tendrá que aprender de nuevo. Ese individuo es incapaz de contribuir con algo nuevo a un mayor desarrollo de la Humanidad. Esa ciencia mecánica sirve admirablemente para ser aceptada por los burócratas de hoy. Es perfectamente comprensible que en todas las clases sociales de una Nación se encontrarán talentos y que el mérito del saber será tanto mayor cuanto más pueda ser vivificado por esas naturalezas de elite. El resto es conocimiento muerto.

Sólo allí donde se aúnan la capacidad y el saber pueden surgir obras de impulso creador.

¡Cómo la Humanidad de hoy se equivoca en ese sentido, lo demuestra un único ejemplo!

De vez en cuando, los periódicos ilustrados comunican a sus lectores burgueses que,. por primera vez, aquí o allá, un negro se hizo abogado, profesor, sacerdote, tenor, etcétera. Mientras la burguesía sin espíritu queda admirada por un tan maravilloso adiestramiento y llena de respeto por ese fabuloso resultado del actual arte de educar, el judío avispado comprende que de eso será posible sacar una prueba más de la exactitud de la teoría que pretende inculcar en el público, según la cual todos los hombres son iguales.

No se da cuenta ese desmoralizado mundo burgués que se trata de un ultraje a nuestra razón, pues es una criminal idiotez adiestrar, durante mucho tiempo, a un medio-mono hasta que logre hacerse abogado, mientras millones de personas, pertenecientes a razas más elevadas, deben permanecer en una posición indigna, sin tener en cuenta su capacidad. Es un atentado contra el propio Creador dejar perecer, en el actual pantano proletario, a centenas de miles de personas bien dotadas para adiestrar a hotentotes y cafres.

En ese caso, se trata en realidad de un adiestramiento como el del perro, y nunca de una educación científica.

La misma atención aplicada alas razas inteligentes, daría a cada individuo, mil veces más deprisa, idéntica capacidad de realizaciones.

Es intolerable pensar que, todos los años, centenas de miles de individuos, absolutamente sin talento, reciban una educación superior, mientras cientos de miles de otros, dotados de gran inteligencia, quedan privados de esa educación. No es para desestimar la pérdida que la Nación con eso experimenta. Si en los últimos decenios el número de inventos importantes aumentó extraordinariamente, sobre todo en los Estados Unidos, no fue sin duda por otra razón que por la circunstancia de que allí -más que en Europa- un porcentaje considerable de talentos procedentes de las esferas sociales inferiores tiene la posibilidad de lograr una instrucción superior.

La facultad inventiva no depende pues de la simple acumulación de conocimientos, sino de la inspiración del talento. Desgraciadamente, hoy en día en Alemania no se da ningún valor a eso. Sólo las exigencias imperiosas de la necesidad son las que despertarán al pueblo ante esa verdad.

También en este orden, el Estado Racista tendrá un día que dejar sentir su acción educativa. **El Estado Racista no tiene por misión el mantenimiento de la influencia preponderante de una determinada clase social; su tarea consiste más bien en la selección de los más capacitados dentro del conjunto nacional, para luego promoverlos a la posición de dignidad que merecen.** Además, el papel del Estado Racista no se reduce solamente a la obligación de dar al niño en la escuela primaria una determinada instrucción, sino que le incumbe también el deber de fomentar el talento, orientándolo convenientemente. Ante todo, tiene que considerar como su más alto cometido el abrirles las puertas de los institutos oficiales de instrucción superior a todos los dotados de talento, sea cual fuere su origen social. Esa finalidad debe cumplirse, pues sólo así, de las clases de los representantes de una ciencia, hoy muerta, podrán surgir los conductores geniales de la Nación.

Aún por otra razón tiene que obrar en este sentido la previsión del Estado: los círculos intelectuales en Alemania se han hecho tan exclusivistas y están tan momificados, que han perdido todo contacto vivo con las clases inferiores. Este exclusivismo resulta doblemente nefasto: primero, porque estos círculos carecen de comprensión y simpatía para la gran masa. Hace tanto tiempo que los intelectuales viven apartados de la masa popular que no pueden poseer la necesaria comprensión psicológica de la misma. Se han vuelto extraños los unos a los otros. A esas clases superiores, en segundo lugar, les falta la fuerza de voluntad, la cual es siempre menos firme en los círculos intelectuales, con espíritu de casta, que en el pueblo. Gracias a Dios, a nosotros los alemanes nunca nos faltó la educación científica; en compensación, era general la deficiencia en fuerza de voluntad y poder de decisión. Cuanto más "intelectuales" eran nuestros estadistas, tanto más débiles eran sus realizaciones. La preparación política, así como el apertrechamiento técnico para la Guerra Mundial, fueron deficientes, no porque nuestros hombres de gobierno hubiesen tenido escasa instrucción, sino justamente por lo contrario, pues aquellos hombres eran superinstruidos, atestados de saber y de intelectualidad, pero huérfanos de todo instinto sano y privados de energía y audacia.

Fue una fatalidad que nuestro pueblo hubiera tenido que luchar por su existencia bajo el gobierno de un Canciller que era un filósofo sin carácter. Si en lugar de un Bethmann-Hollweg hubiésemos tenido por dirigente a un hombre del pueblo, de recia contextura, no se habría vertido en vano la sangre heroica del granadero raso. Ese mismo exagerado culto de lo puramente intelectual entre nuestros elementos dirigentes fue el mejor aliado para la chusma revolucionaria de 1918. La manera vergonzosa con la que esos intelectuales sacrificaban el interés nacional que les estaba confiado, en vez de promover su defensa por los medios más enérgicos, brindó a los adversarios la condición esencial para la victoria.

La Iglesia Católica ofrece un ejemplo del cual se puede aprender mucho. En el celibato de sus sacerdotes radica la obligada necesidad de reclutar siempre las generaciones del clero entre las clases del pueblo, no pudiéndolo de sus propias filas. Pero, precisamente, este aspecto de la institución del celibato no se sabe apreciar a menudo en su verdadera importancia. Ahí radica la razón de la increíble fuerza de esa institución multisecular. Porque, ininterrumpidamente, ese gigantesco ejército de dignatarios espirituales es reclutado de entre las clases inferiores. Sólo por eso, la Iglesia se asegura una natural ligazón con los sentimientos del pueblo, como también una suma de energía que sólo se puede encontrar en la clase popular. Al celibato se debe la asombrosa lozanía del gigantesco organismo de la Iglesia Católica, con su ductilidad espiritual y su férrea fuerza de voluntad.

Será misión del Estado Racista velar porque su sistema educacional permita una constante renovación de las capas intelectuales subsistentes, mediante el flujo de elementos jóvenes procedentes de las clases inferiores.

El Estado tiene la obligación de seleccionar del conjunto del pueblo, con máximo cuidado y suma minuciosidad, aquel material humano notoriamente dotado de capacidad por la Naturaleza, para luego utilizarlo en servicio de la colectividad. El Estado y sus dirigentes no están para posibilitar una vida cómoda a las diferentes clases, sino para que ésas puedan cumplir la misión que les está reservada. Eso, sin embargo, sólo será posible si para los puestos de dirección se prepara a los más capaces, a los de más fuerza de voluntad. Eso se aplicará no sólo a todos los funcionarios públicos sino también a los directores intelectuales de la Nación, en todos los órdenes, y constituirá el factor de grandeza de nuestro pueblo, pues así se consigue hacer la selección de los más capaces y ponerlos al servicio de la Nación.

Cuando dos pueblos de índole idéntica entran en competencia, el triunfo le corresponderá al que en la dirección del Estado tenga representados sus mejores valores, y el vencido será, en cambio, aquél cuyo gobierno esté formado sólo por determinados grupos o clases sociales, sin tomar en cuenta las aptitudes innatas que debería reunir cada uno de los elementos dirigentes.

Estas teorías parecen, en el mundo de hoy, imposibles de llevar a la práctica. Se dice, en oposición a ellas, que el hijo de un alto funcionario público no debe ser obrero, porque aquél es superior y vale más que el hijo cuyos padres fueron obreros. Eso está de acuerdo con la idea que hoy se tiene del trabajo manual. En cuanto al concepto de trabajo, el Estado Racista tendrá que formar un criterio absolutamente diferente del que hoy existe. **Valiéndose, si es necesario, de un proceso educativo que dure siglos, dará al traste con la injusticia que significa menospreciar el trabajo del obrero. Como cuestión de principio, tendrá que juzgar al individuo no conforme al género de su ocupación, sino de acuerdo con la forma y la bondad del trabajo realizado.**

Esto parecerá monstruoso en una época en que el amanuense más estúpido, por el solo hecho de que trabaja con la pluma, está por encima del más hábil mecánico-técnico. Esta errónea apreciación no estriba, como ya se ha dicho, en la naturaleza de las cosas, sino que es el producto de una educación artificial, que no existió ancestralmente.

La actual situación antinatural se funda pues en los morbosos síntomas generales, que caracterizan el materialismo de nuestros tiempos.

En principio, todo trabajo tiene un doble valor: el puramente material y el ideal. El primero consiste en la significación material de un trabajo hecho al servicio de la comunidad. Cuanto mayor sea el número de ciudadanos que se benefician -directa o indirectamente- con un determinado trabajo, tanto mayor es el valor material. Eso se verifica también en cuanto a la valoración del trabajo individual; es decir, en cuanto al salario. El valor del trabajo puramente material está en función del ideal. El valor ideal, en cambio, no depende de la importancia del trabajo hecho, materialmente aquilatado, sino de su necesidad en sí. La comunidad tiene que reconocer, en su sentido ideológico, la igualdad de todos, desde el momento en que cada uno, dentro de su radio de acción - sea cual fuere- se esfuerza por hacer lo mejor que puede.

Por ese criterio es por el que se debe medir el valor de un hombre, y no por lo que él gana.

Así, es deber del Estado asegurar a cada uno la actividad que corresponda a su capacidad, o, en otras palabras, perfeccionar a los individuos capaces para los trabajos que les están reservados. La capacidad no es, sin embargo, solamente consecuencia de la educación; es una cualidad innata, un "presente de la naturaleza" y no constituye un mérito para el individuo. La evaluación por la colectividad no puede ser hecha por la naturaleza de ese trabajo, que es producto de cualidades portadas desde la cuna, como de otras adquiridas mediante la educación. La medida del valor de un hombre depende de la manera con la que él cumple la misión que le confió la colectividad. **El trabajo no es la finalidad de la existencia humana, sino sólo un medio para garantizarla.** El hombre debe continuar educándose, ennobleciéndose, pero eso sólo será posible dentro del cuadro de una cultura general, cuyo fundamento debe ser siempre el Estado. Para la conservación de ese Estado debe el hombre aportar su contribución.

La forma de esa contribución está determinada por la Naturaleza, cabiendo al individuo, por su diligencia y honestidad, restituir a la colectividad lo que ésta le dio. La recompensa material debe depender de la utilidad colectiva del trabajo. Las fuerzas de que la Naturaleza dotó a los individuos, y que la colectividad perfeccionó, deben ser consagradas al interés general. No debe ser considerado una vergüenza ser un modesto trabajador. Vergüenza es ser un empleado incapaz que roba el pan al pueblo. Es perfectamente comprensible, sin embargo, que no se puede exigir de un individuo una determinada tarea, sin que él, desde el principio, haya sido educado para ejecutarla.

La sociedad de hoy, sin embargo, está promoviendo su propia ruina. Introduce el sufragio universal, parlotea sobre igualdad de derechos, no encontrando, sin embargo, fundamentos para esa doctrina. Ve en la recompensa material la expresión del valor del individuo, demoliendo así las bases de la más noble igualdad que puede existir. La igualdad no consiste y no puede consistir en las realizaciones humanas en sí mismas; sólo es posible en la forma en la que cada hombre cumple con sus obligaciones. Sólo así se puede, en el juicio de valor del individuo, poner de lado las diferencias de la Naturaleza, pudiendo entonces cada uno forjar su propia valía.

En los tiempos actuales, en los que todos los grupos humanos sólo se saben apreciar por los salarios, no puede existir un entendimiento a ese respecto. Eso no es, sin embargo, motivo para que renunciemos a nuestras ideas. Al contrario, **quien quisiera salvar ese mundo podrido debe tener el valor de descubrir las causas primarias de ese mal. La preocupación del Movimiento Nacionalsocialista debe ser ésta: despreciando todos los prejuicios burgueses, reunir y coordinar todas las fuerzas capaces de ser aprovechadas como pioneras de la nueva doctrina universal.**

Ciertamente se levantará la objeción de que, en la mayoría de los casos, es difícil establecer la distinción entre el valor material y el ideal. El menor aprecio que hoy se tiene del trabajo manual se debe justamente a los menores salarios y es, a su vez, la causa de la menor participación de los individuos en las riquezas culturales de la Nación. Así es perjudicada la cultura ideal de los hombres, que nada tiene que ver con la clasificación de su trabajo. La vergüenza que se siente por el trabajo material es una consecuencia de los pequeños salarios que a su vez rebajan el nivel cultural del obrero y, con ello, pretenden justificar el menor valor en que es tenida su actividad.

En esto hay mucha verdad. Justamente por ese motivo se debe evitar en el futuro una gran disparidad de salarios. No se argumente que el resultado del trabajo individual puede ser menor. Sería el más deplorable síntoma de decadencia de una época si el estímulo para las más altas realizaciones espirituales dependiese sólo de un salario elevado. Si ese punto de vista hubiera sido hasta hoy el único, entonces la Humanidad no habría alcanzado nunca sus grandes realizaciones en el dominio de la ciencia y de la cultura. Los mayores inventos, los más grandes descubrimientos, los trabajos que más revolucionaron la ciencia, los espléndidos monumentos de la cultura humana, no surgieron de la abundancia del dinero. Por el contrario, su origen coincide, no raramente, con la renuncia a los bienes terrenales.

El oro se ha convertido hoy en el soberano exclusivo de la vida, pero no cabe duda de que un día el hombre volverá a inclinarse ante dioses superiores.

Muchas cosas del presente deben su existencia a la sed de dinero y de fortuna; mas, muy poco de todo esto hace realmente más rica la vida del hombre.

Es aquí donde le corresponde un cometido especial al Movimiento Nacionalsocialista, que predice el advenimiento de una época en que a cada uno se le dará lo que necesite para su existencia, cuidando, sin embargo, como cuestiones de principio, que el hombre no viva pendiente únicamente del goce de bienes materiales. Esto encontrará un día su expresión en forma de una gradación sabiamente limitada de los salarios, de tal suerte que hasta el último de los que trabajen honradamente pueda contar en todo caso, como ciudadano y como hombre, con una existencia honesta y ordenada.

¡Y que no se diga que ésta sería una utopía impracticable en el mundo en que vivimos, imposible de ser lograda jamás!

Tampoco nosotros somos tan ingenuos como para creer que se podría llegar a crear una época exenta de errores y de males. Pero esta consideración no anula el imperativo que se tiene de combatir errores reconocidos como tales, corregir defectos y aspirar a la consecución de "lo ideal". La dura realidad se encargará por sí sola de imponernos múltiples limitaciones. Justamente por eso el hombre debe empeñarse en servir al fin supremo sin dejarse arredrar en su propósito por ningún fracaso, del mismo modo como no se puede renunciar a los Tribunales de Justicia porque éstos cometan equivocaciones, ni menos oponerse a los medicamentos porque, pese a ellos, siguen existiendo enfermedades.

No debemos dar tan poco valor a la fuerza del Ideal. Quien se sienta desalentado, debe acordarse -si fue un soldado- de aquel tiempo cuando el heroísmo estaba representado por la certeza de la fuerza del Ideal. Lo que entonces hizo que los hombres desafiaran a la muerte, no fue la preocupación de carecer del pan cotidiano, sino el amor a la Patria, la fe en su grandeza, el sentimiento del honor de la Nación. Sólo cuando el pueblo alemán se alejó del Ideal, para seguir las falsas promesas de la Revolución, y cambió las armas por el platillo de limosnas, fue cuando mereció el desprecio general y la miseria.

Es absolutamente imprescindible que se oponga a los gobernantes materialistas de la República de hoy, un Estado Idealista.

¡Hay que saber reconocer la fuerza de un Ideal!

Capítulo III

Súbditos y ciudadanos

En general, la institución que hoy erróneamente se llama "Estado" distingue sólo dos clases de individuos: los ciudadanos y los extranjeros. Ciudadanos son aquellos que, en virtud de su nacimiento o por efecto de su naturalización, poseen los derechos de la ciudadanía. Extranjeros son todos los que gozan de semejantes derechos en otro Estado. También existen los que se pueden denominar "cometas", que no pertenecen a ningún Estado y que, por eso, no tienen el derecho de ciudadanía.

El derecho de ciudadanía se adquiere, en primer lugar, como ya se ha dicho anteriormente, por haber nacido el individuo dentro de la circunscripción territorial de un Estado. Los aspectos de raza y de nacionalidad de origen no juegan papel alguno. Un negro, por ejemplo, procedente de un protectorado colonial alemán, con residencia fija en Alemania, engendrará, según ese criterio, un "ciudadano alemán", del mismo modo que todo niño judío, polaco, africano o asiático, nacido en Alemania, puede ser declarado, sin mayor trámite, ciudadano de este país.

Aparte del derecho a la ciudadanía por nacimiento, ese mismo derecho también es susceptible de adquirirse más tarde. Esa naturalización está condicionada a varias exigencias. Por ejemplo, las siguientes: el candidato no deberá ser un asaltante de moradas, ni un sospechoso para la policía; no tomará parte activa en política; esto es, será un imbécil. No será peligroso para su nueva Patria. Naturalmente, lo más importante en esta época de "realismo" es la situación financiera del candidato. Es una recomendación importante presentarse como un posible futuro contribuyente para garantizar la adquisición del derecho de ciudadanía en los tiempos que corren.

Los argumentos de raza no sirven para nada en este caso.

Todo el proceso de tal sistema de "ciudadanización" no es muy diferente del trámite prescrito para el ingreso de un nuevo miembro en un club de automovilistas. El candidato formula su petición y, un día, por medio de un "oficio", llega a su conocimiento la noticia de que está considerado ciudadano alemán. Se participa al cafre en cuestión que "con aquel oficio se ha vuelto ciudadano alemán".

Ese "pase mágico" puede hasta preparar a un Presidente de la República. Lo que los cielos no consiguen hacer, lo hace un anónimo funcionario, mientras el diablo se muere de risa. la simple plumada de un burócrata basta para hacer de cualquier mongol un "alemán auténtico".

No es que solamente se omita considerar el origen racial de semejante nuevo ciudadano, sino que hasta se prescinde de tomar en cuenta su estado de salud corporal. Nada importa que el sujeto esté más o menos carcomido por la sífilis. Para el Estado actual, él es bienvenido como conciudadano, siempre que no sea una carga económica o un peligro político.

El ciudadano alemán sólo se diferencia del extranjero en que le están abiertas las puertas para los cargos públicos y, eventualmente, está sujeto al Servicio Militar y puede votar, o ser elegido en las elecciones. En eso radica toda la diferencia. En cuanto a la protección de los derechos personales y de la libertad, la situación de los extranjeros es idéntica a la de los alemanes y, a veces, mejor. Por lo menos, eso es lo que sucede en la República Alemana de hoy.

Bien sé que todo esto se oye con desagrado; pero difícilmente podrá imaginarse la existencia de algo que sea más ilógico y más absurdo que nuestro actual derecho de ciudadanía.

Existe una Nación extranjera en la cual se deja ya sentir, por lo menos tímidamente, la iniciación de un mejor criterio: es en los Estados Unidos de América, donde se nota el empeño de buscar en este orden el consejo de la razón.

Al prohibir terminantemente la entrada en su territorio de inmigrantes afectados de enfermedades infecto-contagiosas y excluir de la naturalización, sin reparo alguno, a los elementos de determinadas razas, los EE.UU. reconocen en parte el principio que fundamenta la concepción racial del Estado Nacionalsocialista.

El Estado Racista clasifica a sus habitantes en tres grupos: ciudadanos, súbditos y extranjeros.

En principio, el hecho de nacer en territorio alemán no supone más que la calidad de súbdito, calidad que como tal no capacita para investir cargos públicos, ni menos para actuar en política, sea activa o pasivamente.

Es fundamental establecer la raza y la nacionalidad original de cada súbdito. Según los casos, se puede pasar de esa situación a la de ciudadano del país, dependiendo, eso sí, de su nacionalidad original.

El extranjero es diferente del súbdito.

El súbdito joven de nacionalidad alemana tiene que realizar el ciclo de instrucción escolar, que es obligatorio para todos los alemanes. De este modo se somete a la educación que conforma el carácter de todo connacional alemán, consciente de. su raza y de su Patria. Después deberá cumplir con los requisitos de entrenamiento físico que prescribe el Estado, para ingresar finalmente en el servicio del Ejército. El Servicio Militar es obligatorio. Debe abarcar a todos los alemanes, a fin de prepararlos física y espiritualmente para las posibles exigencias de combate.

Concluido su Servicio Militar, al joven digno le será entregada en forma solemne la **Carta de Ciudadanía,** que para él vendrá a constituir el título más valioso de su vida terrenal. Con esto ingresa en el goce de todos los derechos ciudadanos y de los privilegios inherentes, pues el Estado debe hacer una cortante diferenciación entre los que, como hijos del país, son los que sostienen y defienden su existencia y su grandeza, y aquellos elementos que se establecen en el territorio de un Estado con fines simplemente utilitaristas.

La concesión del título de ciudadano exige un solemne juramento con relación a la colectividad y al Estado.

En ese título debe figurar: **ser ciudadano de este Reich, aunque sea como barrendero, tendrá que conceptuarse más digno que ser Rey en un Estado extranjero.**

El ciudadano alemán es privilegiado con relación al extranjero. No obstante, ese rango de dignidad impone sagrados deberes. A los hombres deshonestos o faltos de carácter, a los criminales, a los traidores a la Patria, etcétera, podrá privárseles del honor de la ciudadanía y hacer que vuelvan a la categoría de simples súbditos.

La joven alemana tiene la condición de súbdito y adquiere el derecho de ciudadanía por virtud del matrimonio. El Estado puede también conceder ese derecho a las mujeres alemanas que vivan del ejercicio autorizado de una profesión u oficio.

Adolf Hitler

Capítulo IV

La personalidad y la concepción racista del Estado

Si el Estado Nacionalsocialista y Racista tiene como su más importante finalidad la **formación y educación del pueblo**, como soporte del mismo, es obvio que no basta solamente con favorecer a los elementos raciales en sí y educarlos para la vida práctica. Se hace necesario también que su propia organización sea estructurada en armonía con ese objetivo.

Sería una locura querer medir el valor de los hombres por la raza y declarar la guerra al principio marxista según el cual "un hombre es siempre igual a otro", si no estuviésemos resueltos a extraer de nuestra concepción las últimas consecuencias. Esto es, el reconocimiento de la importancia de la cuestión de la sangre. El fin de la doctrina racial debe consistir en llevar a los individuos a esa convicción. Así como yo debo establecer la diferencia entre los pueblos por la raza a la que pertenecen, de la misma manera debe también hacerse con los individuos dentro de una determinada colectividad. La afirmación de que los pueblos no son iguales incluye la idea de que tampoco lo son entre sí todos los individuos de una Nación, porque, aunque en general sean semejantes, en lo particular se observan millares de pequeñas diferencias.

La primera consecuencia de ese modo de encarar el problema es también la más elemental: se impone el trabajo de favorecer, en el seno de la colectividad, a los elementos de más valor, desde el punto de vista racial y cuidar sobre todo de su alimentación.

Esa tarea puede ser casi mecánicamente comprendida y resuelta. Más difícil es, sin embargo, descubrir en el seno de la colectividad a los individuos de más valor, desde el punto de vista intelectual y espiritual, y ejercer sobre ellos una influencia que los ponga al servicio de la Nación.

Ese esfuerzo, en el sentido de estimular la inteligencia y la capacidad, no se puede hacer mecánicamente.

Una ideología que, rechazando el principio democrático de la masa, aspira a consagrar este mundo en favor de los mejores, es decir, del hombre superior, está lógicamente obligada a reconocer también el principio aristocrático de la selección dentro de cada Nación,

garantizando así el gobierno y la máxima influencia de los más capacitados en sus respectivos pueblos. Esta concepción se funda en la idea de la personalidad y no en la de la mayoría.

Ha entendido muy superficialmente y nada sabe de lo que nosotros llamamos una Ideología (Weltanschauung), aquél que cree que un Estado Nacionalsocialista se distingue de otros Estados en el aspecto puramente social, o por efecto de una mejor estructuración de su vida económica; es decir, por virtud de una distribución más equitativa entre riqueza y pobreza, o por el papel más influyente de la gran masa social en el proceso económico de la Nación o, por último, mediante salarios justos, que traten de anular un sistema de diferencias demasiado grandes. Quien así pensare, repito, se encontrará en un gran error y probará no tener la menor idea de lo que entendemos por una verdadera Concepción del Mundo. Todo aquello **no ofrece la verdadera seguridad de subsistencia ni, menos aún, de grandiosidad.** Un pueblo que se aferrase a tales reformas, únicamente externas, no habrá logrado nada que le garantice una posición de vanguardia en el concierto de las naciones. Un movimiento de opinión que ve su cometido solamente en un proceso, sin duda justificado, de equidad general, no alcanzará a cumplir en realidad una reforma magna del estado de cosas existente, y ello debido a la sencilla razón de que toda su labor queda a la postre limitada a aspectos superficiales, sin poder darle al pueblo aquella contextura espiritual que le permita, con una seguridad inconmovible, desarraigar definitivamente los defectos secularmente adquiridos.

Para una mejor comprensión, será tal vez conveniente lanzar una mirada retrospectiva sobre los orígenes verdaderos y las causas determinantes del desarrollo de la cultura humana.

Lo que visiblemente liberó al hombre del mundo animal, fue su capacidad de hacer descubrimientos. Muchos de esos descubrimientos se basaban en el ingenio, cuyo uso facilitó la lucha por la supervivencia y el éxito en la misma.

Esos descubrimientos primarios no fueron obra colectiva, aún cuando el observador de hoy los vea apropiados por la masa. Ciertos artificios y progresos técnicos aparecen simplemente como un hecho natural. No estando el observador en condiciones de determinar o investigar sus causas primigenias, se contenta en considerar esas cualidades como "instintivas". En nuestro caso, esta última palabra nada significa.

Quien cree en una evolución más elevada de la vida debe admitir que todas las manifestaciones de esa lucha por la existencia deben haber sido inspiradas. En un momento dado, un individuo practicó una determinada acción. Por la fuerza de la repetición, ese hecho se fue volviendo cada vez más general hasta, de cierto modo, pasar al subconsciente de los hombres, llegando a ser considerado como "instintivo".

Las primeras medidas inteligentes que aplicó el hombre en su lucha contra los seres y los poderes hostiles de este mundo se originaron en la acción individual de sujetos particularmente capacitados. También en aquellos tiempos constituyó indudablemente la personalidad el punto de partida de decisiones y de hechos que después fueron adoptados por la Humanidad entera como las realidades más naturales. Parecido a lo que ocurre hoy, por ejemplo, con un determinado principio militar convertido, digámoslo, en el fundamento de toda la estrategia y que originariamente debió su concepción ala idea de un solo cerebro, adquiriendo valor universal a través de los años y quizá hasta de los milenios, como algo perfectamente inherente al hombre.

Una segunda iniciativa vino a complementar la primera: el hombre había aprendido a poner, al servicio de su lucha por la existencia, otros elementos y hasta seres vivientes; y he aquí cómo nació la verdadera actividad creadora del hombre, cuyos frutos constituyen la realidad que ahora experimentamos por doquier. Los inventos materiales, comenzando por el uso de la piedra tallada como arma, que condujeron a la domesticación de animales y le dieron al hombre el fuego, artificialmente producido., hasta llegar sucesivamente a los múltiples y asombrosos descubrimientos de nuestros días, permiten reconocer en el individuo al representante de todo ese trabajo creador, y esto con tanta más claridad cuanto menos distantes se hallan de nuestro tiempo, o cuanto más importantes y trascendentales sean.

Todos los inventos que vemos en nuestro derredor fueron el resultado del poder creador y de la capacidad del individuo y todos ellos, en el fondo, contribuyen a situar al hombre, cada vez más, sobre el nivel del mundo animal, hasta alejarlo radicalmente de éste. Lo que, en un principio, eran sólo simples artificios para ayudar a los cazadores del bosque en su lucha por la existencia, sirve ahora, bajo la forma de los brillantes descubrimientos científicos, para auxiliar a la Humanidad en la lucha por la supervivencia y forjar las armas para futuras confrontaciones.

Todo pensamiento humano, todas las invenciones, en sus últimos efectos, sirven, en primer lugar, para facilitar la lucha del hombre por la vida en este planeta, incluso cuando la utilidad real de un descubrimiento o de una profunda concepción científica pase inadvertida al comienzo.

En cuanto todo eso auxilia al hombre a elevarse por encima del nivel de las criaturas que lo rodean, éste fortalece cada vez más su posición, erigiéndose, a todos los efectos, en el Rey de la Creación.

Todos los descubrimientos son, pues, la consecuencia del poder creador del individuo. Todos esos inventores constituyen, se quiera o no, los mayores benefactores de la Humanidad. Su actuación proporciona a millones de hombres medios de subsistencia y recursos posteriores para facilitarles la lucha por la vida.

Si, en el origen de la civilización material de hoy, vemos siempre personalidades que se complementan unas con otras y siempre realizan nuevos progresos, lo mismo sucede en la ejecución y perfeccionamiento de las cosas descubiertas. Los procesos de producción, en último análisis, son siempre obras de determinados individuos. Del mismo modo, el trabajo de elucubración puramente teórico, que escapa a toda medida, pero que sin embargo es condición inherente a la totalidad de los descubrimientos materiales, aparece también como producto exclusivo de la personalidad. No es la masa quien inventa, ni es la mayoría la que organiza o piensa; siempre es el individuo, es la personalidad, la que por doquier se revela.

Una comunidad humana reúne las características de hallarse bien organizada sólo cuando sabe fomentar del mejor modo posible las fuerzas creadoras del hombre y utilizarlas provechosamente en servicio del conjunto.

Lo que hay más importante en materia de invenciones, ya se trate de inventos de orden material, ya de descubrimientos en el mundo del pensamiento, es siempre el fruto de la fuerza creadora de un individuo.

Utilizarlas en beneficio de la colectividad es la primera y más elevada misión de la organización social, que debe servir sólo al desarrollo de ese principio. Por eso, debe librarse de la plaga de la orientación mecánica para transformarse en una organización viva. **La organización de esa comunidad deberá encarnar la aspiración de colocar cabezas por encima de las muchedumbres y hacer que, consiguientemente, éstas se subordinen a aquéllas.**

Según esto, la organización no solamente debe no obstaculizar que las individualidades surjan del seno de la masa, sino que, por el contrario, tiene que impulsar y facilitar su revelación en grado máximo. Debe partir del principio de que la prosperidad del género humano nunca se debe a las masas, sino a las cabezas creadoras, que, por eso, deben ser consideradas como bienhechoras. Facilitarles su influencia debería estar en el interés de la colectividad. Esto nunca se halla favorecido por la dominación de las masas incapaces, sino únicamente por la dirección de la individualidades privilegiadas por la Providencia. La selección de esas personas se opera sobre todo en virtud de la dura lucha por la existencia. En esa lucha muchos sucumben, no resisten las pruebas y, a la postre, solamente unos pocos aparecen como los escogidos.

En los dominios del pensamiento, de las creaciones artísticas y hasta en los de la economía, todavía hoy ese procedimiento de selección se verifica siempre, aunque en el terreno económico encuentre grandes obstáculos.

La Administración del Estado, así como el poder que representa la organización militar de la Nación, están igualmente regidas por la idea de la personalidad. Dentro del estado de cosas actual, subsiste todavía, en el espíritu de las instituciones mencionadas, la idea de la personalidad y de su autoridad para con los subordinados, junto a la obligación de la responsabilidad de los superiores.

La vida política, en cambio, se ha alejado completamente de la observación de este principio fundamental. Y así como mientras toda la cultura humana no constituye más que el resultado de la actividad creadora de la personalidad, el valor del principio mayoritario hace su aparición con efecto decisivo en el seno de la comunidad y, ante todo, en el gobierno, empezando de este modo a envenenar paulatinamente, desde las altas esferas, el conjunto de la vida nacional; vale decir, destruyéndola.

También la influencia disociadora del judío en el organismo de los pueblos extraños al suyo y que le dieron acogida, es imputable, en el fondo, a su eterno empeño de destruir el significado de la personalidad y exaltar en su lugar la importancia de la masa. Así, el principio de organización constructiva, peculiar a la raza aria, es reemplazado por el impulso destructor que vive en el judío, convertido de este modo en el fermento de descomposición de los pueblos y de las razas y, en un sentido más amplio, en el factor de disolución de la cultura humana.

El marxismo representa el eficaz instrumento de la aspiración judía con su tendencia de anular la significación preponderante de la personalidad, para substituirla por el número de la masa. Políticamente también corresponde a esa orientación la forma parlamentaria de Gobierno que se revela funesta, desde las más ínfimas células de la administración comunal, hasta las más elevadas esferas gubernamentales del Reich; económicamente, encarna la aspiración de un movimiento sindicalista que no sirve a los verdaderos intereses del obrero, sino exclusivamente a los propósitos disociadores del judaísmo internacional.

En la proporción que la economía se substraía a la actuación del principio de la personalidad, y, en lugar del mismo, se instalaba la influencia de las masas, se perdía la oportunidad de tener a su servicio todas las capacidades reales y entraba en decadencia inevitable.

Todas las organizaciones sindicales que, en lugar de atender a los intereses de sus empleados, procuran tener influencia sobre la producción, sirven a esos mismos objetivos destructores de la economía. Son nocivos a la vida de la colectividad y, en consecuencia, también a los individuos considerados aisladamente. La satisfacción de los intereses de los miembros de una colectividad, en último análisis, no radica en la elocuencia de meras frases retóricas, sino, sobre todo, en la seguridad que al individuo se ofrece con respecto a las necesidades de la vida diaria y a la convicción definitiva de ahí resultante de que la dirección general de una colectividad debe atender a los intereses de los individuos.

Poco importa que el marxismo, en el terreno de su teoría de las masas, aparente capacidad para tomar bajo su dirección el desarrollo de la economía existente en el momento. La crítica sobre la justicia o injusticia de ese principio no será determinada por la prueba de su aptitud para preparar el presente hacia el futuro, sino por la prueba de su capacidad para crear una cultura. Mil veces podría el marxismo asumir la dirección de la economía y dejarla progresar, el éxito de esa actividad nada probaría contra el hecho de no estar en condiciones -por el uso del principio de las mayorías- de crear cultura. Ya dio de eso una prueba práctica. No sólo nunca pudo, en ninguna parte, crear una cultura, ni incluso un sistema económico propio, como también nunca consiguió desarrollar un sistema ya existente, de acuerdo con sus principios. Por el contrario, después de corto espacio de tiempo, ha sido obligado a volver atrás y a hacer concesiones al principio de la personalidad, que no puede negar ni incluso en sus propias organizaciones.

La ideología Nacionalsocialista tiene que diferenciarse fundamentalmente de la del marxismo en el hecho de reconocer, no sólo el valor de la raza. sino también la significación de la personalidad, constituyendo ambas las columnas principales de toda su estructura. Ésos son los factores básicos en su manera de concebir el mundo.

Si el Movimiento Nacionalsocialista no comprendiese la importancia fundamental de esa verdad, sino, por el contrario, en vez de eso, procurase poner remiendos al Estado actual y viese en el punto de vista de las masas el suyo propio, se transformaría **en un** partido de concurrencia al marxismo. No tendría, entonces, el derecho de hablar de una nueva doctrina.

Si el programa social del nuevo movimiento consistiese solamente en **suprimir** la personalidad y poner en su lugar la autoridad de las masas, el Nacionalsocialismo, ya al nacer, estaría inoculado por el veneno del marxismo, como es el caso de los partidos burgueses.

El Estado Racista tiene que velar por el bienestar de sus ciudadanos, reconociendo en todos los aspectos la significación que encarna la personalidad y fomentando así, **en** cada dominio de la actividad humana, aquel grado máximo de capacidad productiva que, a su vez, le permita al individuo el mayor grado de beneficio. El Estado Nacionalista debe trabajar infatigablemente para liberar al Gobierno, sobre todo **en** los altos cargos de la dirección, del principio parlamentario de la mayoría, para asegurar, en su lugar, la indiscutible autoridad del individuo.

De ahí resultan las siguientes nociones: **La mejor Constitución Política de un Estado y su forma de gobierno es aquella que, con la seguridad más natural, lleva a situaciones de importancia preponderante y de influencia directriz a los más calificados elementos de la comunidad nacional.**

Como en la vida económica los hombres más capaces no vienen de las alturas, sino que tienen que abrirse camino luchando y, en esa lucha, reciben las lecciones de la experiencia, tanto en los pequeños negocios como en las grandes empresas, no pueden por ello las cabezas políticas ser descubiertas de un momento a otro, ni de un modo fácil.

En su organización, el Estado, desde los puestos más modestos hasta los más elevados de la colectividad, debe basarse en el principio de la personalidad. Deben desaparecer las decisiones por mayoría y sólo existir la personalidad responsable. La palabra "consejo" adquirirá su antiguo significado. Bien es cierto que junto a cada hombre dirigente hay consejeros que asesoran, pero **la decisión definitiva corresponde adoptarla a uno solo.**

La razón por la que el Ejército Prusiano se pudo transformar en un admirable instrumento de grandeza del pueblo alemán es que, en sentido figurado, aquél representa el edificio de nuestra organización nacional: autoridad y responsabilidad.

No nos podremos basar en esas corporaciones que designamos bajo el nombre de Parlamento. La diferencia estriba en que, aunque sus consejos sean verdaderamente bien intencionados, la responsabilidad caerá siempre sobre una sola persona, la única que tiene la autoridad y el derecho de dar órdenes. Los Parlamentos en sí son necesarios, antes que nada porque en ellos tienen la oportunidad de afirmarse los valores individuales, a los que, más tarde, se pueden confiar misiones de responsabilidad. De todo esto resulta lo siguiente: El Estado Racista, en ninguno de sus sectores, tendrá un cuerpo de representantes que pueda resolver por medio de la mayoría de votos, sino sólo "Consejos Consultivos" que auxilien al Jefe escogido. Por mediación de él, tomarán parte en los trabajos y, de acuerdo con las necesidades, aceptarán responsabilidades incondicionales, en la misma forma en que actúa el Jefe o el Presidente en las grandes cuestiones.

Por principio, el Estado Racista no admite que en ramos especiales, por ejemplo, en cuestiones de índole económica, se solicite el consejo o el dictamen de gentes que, debido a su preparación profesional y género de actividad, no conocen la materia del asunto que se trata. Es por esta razón que subdivide sus corporaciones representativas en **Cámaras Políticas** y **Cámaras Profesionales.**

Para garantizar una labor fecunda de cooperación entre esas cámaras existe -como instancia de selección- un Senado permanente, al cual están subordinadas. En Cámara ni Senado alguno tendrá lugar jamás una votación, porque son organizaciones de trabajo y no máquinas de sufragio. Cada miembro tiene voto consultivo, pero no voto de decisión, el cual es sólo atributo del respectivo Presidente responsable.

Este principio de conexión irrestricta entre la noción de la absoluta responsabilidad, por una parte, y la noción de autoridad absoluta, por la otra, dará lugar a la formación paulatina de una selección del elemento dirigente, algo que hoy, en la época del parlamentarismo irresponsable, es sencillamente inconcebible. Entonces, la Constitución Política de la Nación será puesta en armonía con la ley a la que ésta debe su grandeza, en los dominios de la cultura y de la economía.

En lo que respecta a la posibilidad de llevar a la práctica estas concepciones, pido no olvidar que el principio parlamentario de decisión por mayoría no dominó a la Humanidad en todos los tiempos; por el contrario, hizo su aparición sólo en períodos muy cortos de la Historia, que significaron siempre épocas de decadencia para pueblos y Estados. Mas, no debe creerse que por virtud de medidas de gobierno puramente teóricas es factible provocar una tal transformación que, lógicamente, no podría limitarse a la sola Constitución del Estado, sino que tendría que penetrar también en toda la legislación; es decir, abarcar la totalidad de la vida civil.

Una Revolución de características semejantes sólo se produce y podrá producirse por obra de un Movimiento cimentado en el espíritu de estas ideas renovadoras y que encarne en sí mismo el alma del futuro Estado. De ahí que el Movimiento Nacionalsocialista tiene que identificarse, ya en la actualidad, con tales ideas y llevarlas a la práctica dentro de su propia organización, a fin de que, en el momento dado, se encuentre en condiciones no únicamente de señalarle al Gobierno esas mismas directivas, sino también de poner a disposición de éste el cuerpo ya conformado de su tipo ideal de Estado.

Capítulo V

Weltanschauung y organización

El Estado Racista, cuyo cuadro general he tratado de delinear a grandes rasgos, no podrá considerarse como tal por el solo hecho de reconocer todo lo que es indispensable a su existencia. El saber qué apariencia ha de tener el Estado Racista no es lo esencial; más importante es el problema de su formación. De ningún modo se puede esperar que los partidos militantes de hoy, que son en primer término los beneficiarios del Estado actual, se resuelvan por impulso propio a un cambio radical de cosas y decidan modificar espontáneamente su criterio político. Esto aparece todavía menos factible si se tiene en cuenta que los elementos realmente dirigentes de esos partidos son judíos y nada más que judíos.

La situación por la que atravesamos terminará un día, si no le pusiéramos fin, en la profecía judaica: **el judío devorará a todos los pueblos de la Tierra y se hará señor de los mismos.** Perfectamente consciente de sus objetivos, el judío los defiende de manera tenaz en sus relaciones con millones de alemanes proletarios o burgueses, los cuales caminan hacia su destrucción, principalmente debido a su cobardía, estrechamente arada a la estupidez. Los partidos bajo su dirección no pueden hacer otra cosa que no sea proteger sus intereses, los que nada tienen de común con el carácter de las naciones arias.

Intentando llevar a la práctica la visión ideal de un Estado Racista, se impone buscar, independientemente de los poderes de la vida pública actual, una fuerza nueva que quiera y que esté capacitada a afrontar la lucha por este ideal. Porque es una lucha de lo que en efecto se trata, y la primera tarea no consiste aquí en crear una concepción racista del Estado, sino, ante todo, en eliminar la concepción judaica existente.

En este caso, como en muchos otros de la Historia, el obstáculo capital no estriba en la conformación del nuevo estado de cosas, sino en la dificultad de abrirle paso a éste. Prejuicios e intereses creados, formando una cerrada falange, se oponen por todos los medios al triunfo de una idea que se considera incómoda y que hasta parece amenazante. Por eso, el combatiente por un nuevo ideal de esa naturaleza está desgraciadamente forzado, de manera vehemente, a comenzar la lucha por la parte negativa, debiendo demoler las instituciones en vigor.

Por ingrato que fuese el Nacionalsocialista tendrá que aplicar sin reparo la sonda de la crítica más severa, como su arma principal de lucha. Da una prueba de escasa penetración en el desarrollo de los procesos históricos, el manifiesto interés que tienen los pseudonacionalistas de afirmar que en ningún caso intentan desplegar actividad de "crítica negativa", sino únicamente de "trabajo constructivo" (aunque en el caso del marxismo se trate sólo de **instituir el despotismo de la finanza judía internacional)**. Pero no por eso anteriormente, durante setenta años, dejó el marxismo de ejercitar su crítica demoledora y disociante, hasta que el antiguo Estado monárquico debió derrumbarse, corroído por ese ácido que obraba sin cesar. Entonces fue cuando el marxismo comenzó su pretendida obra "constructiva". Eso era comprensible, justo y lógico. Una situación existente no puede ser puesta al margen por el simple enunciado de un nuevo estado de cosas. No es admisible que los adeptos e interesados en la manutención del status quo se conviertan al nuevo Movimiento simplemente porque se proclamase su necesidad. Por el contrario, sucede frecuentemente que las dos situaciones continúan una al lado de la otra y, entonces, se constituyen en un partido, llegando a hacerse imposible que la nueva concepción del mundo logre elevarse sobre el nivel de las facciones.

Una ideología que irrumpe, tiene que ser intolerante y no podrá reducirse a jugar el papel de un simple "partido" junto a otros, sino que exigirá imperiosamente que se la reconozca como exclusiva y única, aparte de la transformación total del conjunto de la vida pública. No podrá, por tanto, admitir la coexistencia de ningún factor representativo del antiguo régimen imperante.

Esta intolerancia es propia de las religiones. Tampoco el Cristianismo se redujo sólo a levantar su altar, sino que, lógicamente, tuvo también que proceder a la destrucción de los "otros altares". Únicamente gracias a esa intolerancia fanática pudo surgir la fe apodíctica, de la cual es precisamente la intolerancia su condición previa.

Puede hacerse la objeción de que, en la Historia de la Humanidad, ese hecho es característico del modo de pensar de los judíos y que la intolerancia y el fanatismo son su razón de ser. Esa objeción puede ser muy justa y se puede incluso lamentar como cierta, quedando confirmada con tristeza en la historia humana. Eso, sin embargo, no impide que todavía hoy se verifique el mismo fenómeno.

Los hombres que quieran salvar a nuestro pueblo de la actual situación no deben quebrarse la cabeza sobre si las cosas deberían pasar de esa o de aquella manera, sino deben procurarse los medios para remover los obstáculos del presente. Una concepción ideológica como la marxista, saturada de un infernal espíritu intolerante, podrá ser rota solamente por una idea que, siendo pura en principio y verídica en absoluto, esté impulsada por el mismo espíritu de intolerancia y sostenida por una voluntad no menos fuerte que la que anima a aquélla.

Cada uno puede hoy, con pena, comprobar que, en la Antigüedad, mucho más libre, el primer error espiritual se verificó con motivo de la aparición del Cristianismo. Es efectivo el hecho de que el mundo, desde aquel tiempo, fue torturado y dominado por ese sectarismo fanático. Mas, sólo se vence un terror con otro terror. Únicamente entonces se podrá iniciar la obra de construcción.

Los partidos políticos se prestan para compromisos; las concepciones ideológicas jamás. Los partidos políticos cuentan con competidores; las concepciones ideológicas proclaman su infalibilidad.

Los partidos políticos, aunque presenten a veces leves trazos de una concepción mundial, la estrechez de sus programas carece del heroísmo que una doctrina universal exige. La capacidad de conciliar atrae hacia su seno los espíritus débiles y con ésos ninguna cruzada verdadera puede realizarse. Así quedan desde muy temprano reducidos a sus mezquinas proporciones. Por ello, no intentan luchar por una renovación de las formas de vida, sino, en lugar de eso, predican una "colaboración positiva" con el Gobierno de turno, tratando de conquistar un puestecito en el reparto de los bienes y ahí permanecer por mucho tiempo. En eso consiste todo su esfuerzo. Cuando, por una fuerte e inteligente corriente renovadora, son expulsados del "poder compartido", concentran toda su inteligencia y esfuerzos para, por medio de la fuerza o de la astucia, de nuevo entrar en las primeras filas con sus compañeros famélicos, y, aunque "con el sacrificio de sus más sagradas convicciones", gozar de las delicias de un nuevo reparto. ¡Son los chacales de la política!

De la misma forma en que una doctrina mundial nunca entrará en compromisos con otra, así también no podrá colaborar en una situación por ella condenada, sino que, por el contrario, se siente en el deber de combatirla y combatir también todas las ideas adversas, preparando de este modo la derrota de las mismas. Después de una campaña demoledora, cuyo peligro será inmediatamente reconocido por todos, encontrando por ello resistencia general, se iniciará su acción positiva, destinada a asegurar el éxito de las nuevas ideas, haciéndose entonces preciso luchadores resueltos. Una concepción ideológica llevará sus principios al triunfo sólo cuando en las filas de sus adeptos reúna a los elementos de más entereza y de mayor fuerza de acción de su época y de su pueblo, haciendo de ellos la falange de una organización apta para la lucha. Pero para esto es necesario que esta concepción ideológica, tomando en cuenta a esos elementos, puntualice en su mundo general de ideas ciertos postulados que, por su precisión y presentación en una forma apropiada, puedan servir de credo a la nueva comunidad.

Mientras que el programa de un partido netamente político no es más que una receta para el buen resultado de las próximas elecciones, el Programa de una concepción ideológica representa la fórmula de una declaración de guerra contra el orden establecido, contra el estado de cosas existente; en fin, contra el criterio dominante de la época.

No se requiere que individualmente cada uno de los que luchan por esta ideología esté al corriente y conozca exactamente el pensar íntimo y las reflexiones políticas de los dirigentes del movimiento. Mucho más necesario es que se le esclarezcan ciertos puntos de vista de conjunto y las líneas esenciales capaces de provocar un entusiasmo permanente, de manera que cada uno se compenetre de la necesidad de la victoria del movimiento en el que está empeñado. Es lo mismo que lo que sucede con el soldado en la guerra, que nunca está al corriente de los planes estratégicos generales. Cuanto más educado esté en una rígida disciplina, cuanto mayor sea su fanatismo con respecto al derecho y a la fuerza de su causa, tanto más se entregará en cuerpo y alma a la misma. Así sucede con el adepto a un movimiento de grandes proporciones, de gran futuro y que exige gran fuerza de voluntad.

Así como en la práctica tendría poca eficacia un ejército donde cada soldado fuese un general, no precisamente por su rango, sino por poseer la misma instrucción y la misma penetración que el jefe, así también no triunfará un movimiento político representante de toda una ideología, si es que no aspira a ser otra cosa que un mero receptáculo de "intelectuales". No. Este movimiento necesita también indispensablemente del concurso del soldado raso, sin el cual no es posible mantener la cohesión de la disciplina interior.

Es peculiar al carácter de una organización el que ésta pueda sólo subsistir cuando una jefatura inteligente tenga a su disposición un vasto sector de la masa, de orientación más sentimental que racional.

Sería más difícil, a la larga, disciplinar una compañía de 200 hombres, todos igualmente capacitados e inteligentes, que otra que cuente con 190 elementos de mentalidad inferior a la de los 10 restantes, mejor instruidos.

La socialdemocracia supo sacar de esa conclusión un máximo provecho. Se benefició de los que se habían licenciado del Servicio Militar, ya acostumbrados a la disciplina y extraídos de las amplias clases populares, para someterlos a su rígida disciplina partidista. También su organización abarca un ejército de oficiales y soldados. El artesano alemán, licenciado del Servicio Militar, pasó a ser su soldado y el intelectual judío a ser el oficial. Los empleados de las fábricas, el cuerpo de suboficiales.

Eso que nuestra burguesía solía observar con asombro, es decir, el hecho de que sólo las llamadas multitudes ignaras eran partidarias del marxismo, fue en realidad la condición básica que le aseguró a éste el triunfo. En efecto, mientras los partidos burgueses, con su intelectualismo estratificado, representan un conjunto indisciplinado y nulo, el marxismo formó, de su material humano poco inteligente, un ejército de soldados políticos que seguían al dirigente judío con la misma ciega obediencia que otrora a su oficial alemán en el Ejército del Reich.

La burguesía alemana, por juzgarse superior, nunca se preocupó seriamente dedos problemas psicológicos; no juzgó necesario, en ese caso, reflexionar sobre la importancia de ese hecho y el peligro que en él se ocultaba. Se creía, por el contrario, que un movimiento político que se componía de elementos reclutados en los círculos intelectuales, sólo por ese hecho era de más valor y tenía más derecho, e incluso más probabilidad, de alcanzar el Gobierno que un simple movimiento de masas sin instrucción.

Jamás se quiso comprender que la potencialidad de un partido político no reside en la inteligencia ni en la independencia espiritual de cada uno de sus miembros, sino más bien en la obediencia disciplinada con que ellos se subordinan a sus dirigentes. Lo decisivo es en la capacidad personificada en la Jefatura misma.

Cuando dos cuerpos de ejército luchan uno contra el otro, no vence aquel en que cada soldado recibió una perfecta educación estratégica, sino el que dispone de la mejor dirección y, al mismo tiempo, de las tropas **más** disciplinadas, más ciegas en su obediencia y más entrenadas. Eso es un punto de vista fundamental que, en el cálculo de las posibilidades para la conversión de una doctrina en realidad, debemos siempre tomar en cuenta. Por consiguiente, esto quiere decir que para llevar a la victoria una ideología se impone previamente la transformación de ésta en un movimiento de lucha, cuyo programa deberá lógicamente tener muy en cuenta el material humano de que se dispone. Cuanto más inalterable fuera el objetivo a ser alcanzado, cuanto más dogmáticas fueran las ideas fundamentales, tanto más psicológicamente justo debe ser el programa de seducción de las masas, sin el auxilio de las cuales las ideas más elevadas quedan siempre en el terreno de la teoría.

Si la idea racista, saliendo de su propósito poco definido de hoy, quiere alcanzar un día un éxito evidente, tiene que remarcar determinadas tesis tomadas de su amplio conjunto ideológico, que por su significado sean apropiadas para atraer y conseguir la adhesión de amplias masas populares, justamente aquellas que pueden asegurar el éxito de la gran lucha de finalidad universal. Nos referimos al proletariado alemán.

Por eso el **Programa** de nuestro Movimiento está condensado en veinticinco puntos fundamentales que, en primer término, tienen el objeto de proporcionarle al hombre del pueblo un cuadro general de las aspiraciones que encarna nuestra lucha. Esos veinticinco puntos constituyen, por decirlo así, un credo político que tiende, por una parte, a ganar adeptos en favor de la causa y que, por la otra, se presta a reunirlos cohesionándolos bajo la noción de un deber común.

Así, no debemos nunca ignorar el siguiente aspecto de la cuestión: el Programa del Movimiento, en su más alta finalidad, es absolutamente justo, pero debe atender al momento psicológico; con el correr de los tiempos se puede llegar a pensar que los individuos dejarían de comprender ciertas proposiciones y que podrían acoger mejor otro Programa. Toda tentativa de modificación en ese sentido sería, sin embargo, fatal. Con ello, se entregaría a la discusión lo que se debe conservar incuestionablemente firme. Una vez que cualquier punto de dogma político es dejado, no se llegará a producir uno nuevo, mejor y más conforme con el Programa, sino, por el contrario, se marchará a través de discusiones sin fin hacia el caos general. En **esa** situación se debe siempre procurar saber lo que es más conveniente, si una nueva fórmula, aunque mejor, que origine la descomposición del movimiento, o una antigua que, no obstante no ser perfecta, por el momento se corporifica en una nueva organización inquebrantable, centralizada. Del examen más superficial resalta la ventaja de esta última hipótesis.

Disminuyen así la voluntad y la fuerza en el combate por la idea, y la actividad que se debería emplear en la propaganda externa se gasta inútilmente en luchas internas sobre cuestiones de programa.

En el caso de una teoría política, que evidentemente es justa en sus líneas generales, resulta menos peligroso conservar una fórmula -aunque ya no responda enteramente a la realidad- que modificarla y dejar de este modo librado a la discusión pública y a sus temerarias consecuencias el dogma del Movimiento, considerado hasta entonces como granítico. De ello sólo podrán resultar las peores consecuencias, entre las cuales está la imposibilidad de victoria del Movimiento. Esto es peligroso, sobre todo mientras el Movimiento lucha por imponerse.

¿Cómo es posible inspirar en las personas una fe ciega en la excelencia de una doctrina, cuando constantes modificaciones en el programa de la misma desarrollan la incertidumbre y la duda?

Lo esencial no debe buscarse jamás en la fórmula exterior, sino siempre en el sentido interior; es decir, en el fondo, que es inmutable. En propio interés no se puede sino desear que el Movimiento mantenga la energía necesaria para su lucha, apartando todos los factores que pudieran ocasionar inseguridad y desunión entre los adeptos. También en esto la Iglesia Católica debe servirnos de ejemplo, ya que a pesar de que su cuerpo doctrinal está en colisión en muchos puntos -y en parte inmotivadamente- con el estudio de las ciencias exactas y la investigación, jamás se resigna a sacrificar ni un ápice del contenido de su doctrina. Con razón supo conocer que su fuerza de resistencia no consiste en adaptarse con más o menos habilidad a los resultados siempre variables de la investigación científica en el transcurso del tiempo, sino en el hecho de un aferramiento inquebrantable a sus dogmas ya expuestos, que son los que le dan al conjunto el carácter de una fe. He aquí por qué la Iglesia Católica se mantiene aún hoy firme.

Quien realmente desee con sinceridad la victoria de una Doctrina Racista, debe reconocer que, para la consecución de un resultado exitoso, es indispensable, primeramente, que el Movimiento se revele capaz para la lucha. Y sólo se mantendrá si tiene como fundamento un Programa inalterable y firme. Ese Programa no debe hacer concesiones a la "opinión pública", sino mantener la fórmula considerada buena, por lo menos hasta la hora de la victoria. Antes de eso, provocará desánimo cualquier tentativa que tenga por fin modificar la finalidad de uno u otro punto del Programa y traerá como consecuencia la destrucción del espíritu de decisión y de capacidad para la lucha, en la misma proporción en que sus adeptos se inmiscuyan en discusiones internas.

Añádase a eso que una "reforma" ejecutada hoy, ya mañana podría ser destruida por nuevas críticas para, al día siguiente, encontrarse aún con otra. Quien entra en ese camino, toma una carretera de la cual sólo se conoce el comienzo. El punto final se pierde en el horizonte sin límites. Esta importante noción debe ser comprendida por el nuevo Movimiento Nacionalsocialista.

El Partido Nacionalsocialista Alemán de los Trabajadores recibió con su Programa de los veinticinco puntos un fundamento inconmovible.

Ni ahora ni en el futuro no es ni será tarea de los miembros de nuestro Movimiento ocuparse de criticar o de alterar los puntos de ese Programa; les incumbe más bien la obligación de mantener su lealtad hacia ellos. De lo contrario, las próximas futuras generaciones con el mismo derecho disiparían sus fuerzas en esa actividad interna, en lugar de atraer hacia el seno del Partido a nuevos adeptos, a nuevas fuerzas. La mayoría de nuestros correligionarios sabe que la esencia del Movimiento reside menos en la letra de nuestros principios, que en el sentido que nosotros les damos.

A esta idea fundamental debió en sus orígenes nuestro joven Movimiento el nombre que hoy lleva, y de esto surgió más tarde el Programa del Partido, encarnando en sí mismo el secreto de su difusión. Para conseguir la victoria de las ideas racistas, se debe organizar un Partido popular, un Partido que no se componga solamente de guías intelectuales, sino también de proletarios.

Sin una organización fuerte, cualquier intento para promover la realización de ideas en el seno del pueblo será inoperante, tanto hoy como en el futuro.

De esta forma El Movimiento tendrá no sólo el derecho, sino también el deber, de considerarse como el pionero representante de esas ideas.

Las ideas básicas del Movimiento Nacionalsocialista son nacionalistas, de la misma forma en que las ideas nacionalistas son también las del Partido Nacionalsocialista. Para la victoria del Partido Nacionalsocialista es preciso que éste se adhiera absolutamente a esas convicciones. Es su deber y derecho proclamar, de la manera más incisiva, que es inadmisible cualquier intento de representar la idea Nacionalista fuera de los límites del Partido y que, en la mayoría de los casos, esa tentativa no pasa de ser un embuste. Si alguien hiciera al Movimiento la censura de que él mismo actúa como si tuviese "monopolizada" la idea Racista-Nacionalista, se le debe responder sencillamente: **no sólo la "monopolizó", sino que la creó para su uso exclusivo.**

Lo que hasta hoy existía, en materia de organización partidista, no estaba en condiciones de ejercer la menor influencia sobre la suerte de nuestro pueblo, pues a todas las ideas en boga les faltaba una exteriorización clara, un plan uniforme. Se trataba, en la mayoría de los casos, de nociones más o menos justas, que no era extraño que se contradijeran y que ninguna ligazón íntima tenían las unas con las otras. Incluso, aun en el caso de que existiese la unión mencionada, esas ideas, por su debilidad, nunca habrían sido suficientes para organizar con ellas un Movimiento.

Ya es una consecuencia de la acción del Movimiento Nacionalsocialista el hecho de que en la actualidad todo género de asociaciones, sociedades, simples grupos y hasta grandes partidos reclamen para sí el derecho de adjudicarse la denominación "völkisch" (racista). Sin nuestra influencia, jamás se le habría ocurrido a ninguna de tales organizaciones ni siquiera pronunciar esa palabra; probablemente no habrían tenido ni la más remota idea de su significación y, en particular, sus hombres dirigentes habrían carecido de toda relación con el sentido profundo que ese concepto entraña. Sólo gracias a la labor del Partido Nacionalsocialista Alemán de los Trabajadores se le dio una significación substancial al vocablo "völkisch", que apareció después en labios de gentes de toda catadura. Sobretodo, nuestra brillante acción de propaganda ha demostrado la fuerza que encierra el pensamiento racista, hasta el punto que los demás partidos, en su ansia de ganar adeptos, afirman que también persiguen fines semejantes. Porque ellos ponen todo al servicio de sus pequeñas especulaciones electorales, la concepción Nacionalista-Racista no pasó de ser un estribillo hueco, superficial, con el que los partidos intentan rivalizar con la fuerza creadora del Movimiento Nacionalsocialista.

Sólo la preocupación de su propia subsistencia y el recelo de la prosperidad de un Movimiento que se crea en torno de una nueva concepción del mundo, cuya significación ellos temen, los obliga a usar esa palabra que hace ocho años no conocían, hace siete ridiculizaban, hace seis la señalaban como una insensatez, hace cinco la combatían, hace cuatro la odiaban, hace tres la perseguían y sólo hace dos la incluyeron en su vocabulario, para usarla como propaganda electoral.

Todavía hoy mismo es fácil demostrar que todos esos partidos no tienen la menor idea de lo que es preciso para el pueblo alemán. La prueba más evidente de ello es la superficialidad con la que comprenden el concepto "nacionalista".

No menos dañinos son los partidos que se agitan en torno a estas ideas, aparentemente nacionalistas; hacen planes fantásticos, apoyados sólo en ciertos conceptos que, en sí mismos, pueden ser justos, pero en su forma de exponerlos no tienen ninguna significación para una lucha continua en favor de la colectividad, y, mucho menos, para la construcción de un nuevo estado de cosas.

Esa gente, que fabrica un programa de ideas propias o de ideas resultantes de lecturas, es generalmente más peligrosa que los enemigos declarados de la concepción Nacionalista. No menos peligrosos son los que trafican como pseudorracistas, forjando planes que no tienen otro fundamento que alguna monomanía. En el mejor de los casos, esas gentes no pasan de ser estériles teorizantes, que creen a menudo poder disfrazar su vacuidad espiritual con la aparatosidad de un germanismo extravagante.

En contraste con todos estos infructuosos ensayos, vale la pena rememorar aquella época en que el joven Movimiento Nacionalsocialista comenzó su lucha.

Capítulo VI

Nuestra lucha en los primeros tiempos. La importancia de la oratoria

Perduraba aún la resonancia de nuestra primera asamblea, realizada el 24 de febrero de 1920 en la sala principal de la "Hofbräuhaus" de Munich, cuando comenzaron los preparativos para una próxima reunión. Contrariamente al criterio, hasta entonces sustentado, sobre el riesgo que entraña efectuar pequeñas asambleas políticas una vez al mes y hasta cada quince días, resolvimos que en adelante debía llevarse a cabo semanalmente un gran mitin.

En aquellos tiempos, nos hacíamos siempre esta angustiosa pregunta: ¿El pueblo vendrá a nuestras reuniones, estará dispuesto a oírnos? Por lo que a mí respecta, ya estaba firmemente convencido de que una vez que el pueblo asistiese a los mítines, allí permanecería y escucharía a los oradores con atención.

En aquella época, la sala de la "Hofbräuhaus" llegó a tener para los Nacionalsocialistas una significación casi sagrada. Cada semana un mitin, y cada vez más concurrido y más ferviente el auditorio. En nuestras conferencias discutíamos sobre la "culpabilidad de la guerra", tema del cual nadie se ocupaba en aquellos tiempos; nos interesábamos igualmente por los tratados de paz y, en fin, por todo aquello que, ideológicamente o desde el punto de vista de la agitación política, parecía conveniente o necesario. Sobre todo, la crítica del Tratado de Paz despertaba gran atención popular. Casi todo lo que el nuevo movimiento profetizó sobre ese asunto se realizó después. Hoy es fácil hablar o escribir sobre el Tratado de Paz. Un mitin popular de grandes proporciones, formado por excitados elementos proletarios y no por flemáticos burgueses y donde se tenía por tema el Tratado de Versalles era considerado entonces como un ataque contra la República y como el síntoma de una tendencia reaccionaria, si no monárquica. Ya a las primeras palabras que implicaban una crítica para el Tratado de Versalles, se podía oír en el auditorio la exclamación violenta con la frase estereotipada: "¿Y qué es el Tratado de Brest-Litovsk?". "¡Brest-Litovsk! !Brest-Litovsk!", continuaba gritando la muchedumbre, hasta quedar ronca, o bien hasta que el orador renunciaba a su propósito de persuadir. Ante un pueblo semejante, uno habría podido darse con la cabeza contra la pared de desesperación.

Era un pueblo sordo, reacio a querer comprender que Versalles constituía una deshonra y un oprobio. Hasta se resistía a reconocer que ese Tratado significaba una inicua expoliación de la Nación Alemana. El trabajo destructor del marxismo y el veneno de la propaganda enemiga habían nublado la razón de aquellas gentes. En realidad no había derecho para quejarse, puesto que la culpa pesaba gravemente sobre nuestra burguesía. ¿Qué había hecho ella para atajar tan terrible obra disociadora y para combatirla, imponiéndose el deber de abrir paso a la verdad, mediante una labor de difusión popular bien encaminada y minuciosa? Nada, absolutamente nada. Nunca encontré, en aquellos tiempos, a los grandes apóstoles de hoy. Tal vez estuviesen pronunciando conferencias en reuniones familiares, a la hora del té o en otros círculos semejantes. No se encontraban nunca en el lugar en que debieran estar, esto es, entre los lobos, aullando con ellos.

En esa época me era claro el hecho de que para el pequeño núcleo de nuestro Movimiento, en sus comienzos debía aclarararse previamente la cuestión de la culpabilidad de la guerra, es decir, establecer la verdad histórica. Fue una condición sine qua non del éxito de nuestra causa el haber proporcionado a las masas la comprensión del Tratado de Paz. Como en aquellos tiempos todos veían en esa paz una victoria de la democracia, se hacía necesario luchar contra esa idea y grabar en la cabeza del pueblo y para siempre el odio contra ese Tratado para que más tarde cuando esa obra de mentiras apareciese en su dura realidad, el recuerdo de nuestra actitud de antaño sirviese para mantener hacia nosotros la confianza del pueblo.

Ya en aquellos días, sin temer a la impopularidad, al odio ni a la lucha, asumí una actitud abiertamente contraria al criterio dominante con respecto a las grandes cuestiones de principio, en las cuales toda la opinión pública sostenía un punto de vista erróneo. El Partido Nacionalsocialista no debe ser un esbirro de la opinión pública, sino el formador de la misma.

Existe naturalmente, sobre todo para un Movimiento todavía incipiente, la gran tentación de adherirse y vociferar con los demás, cuando un adversario mucho más poderoso ha logrado, gracias a su arte de seducción, inducir al pueblo a una resolución absurda, o a adoptar una actitud falsa. Y esto precisamente cuando unas pocas razones, aunque sólo aparentes, desde el punto de vista del interés del propio Movimiento, inducen a obrar en aquel sentido.

La cobardía humana busca con tanto ardor esas razones que casi siempre encontrará alguna cosa que ofrezca una apariencia de justicia para, desde su punto de vista, colaborar en un criaren semejante.

Más de una vez experimenté casos en los cuales fue necesario el máximo de energía para impedir que la nave de nuestro Movimiento resultase arrastrada por la corriente general, artificialmente provocada. La última vez que esto sucedió fue cuando nuestra prensa infernal, que es la Hécuba de la Nación Alemana, consiguió dar a la cuestión del Sur del Tirol una preeminencia que tuvo graves consecuencias para el país.

Sin reflexionar sobre la causa a la que estaban sirviendo, muchos de los llamados nacionalistas, individuos, partidos y asociaciones, simplemente por temor a la opinión pública excitada por los judíos, hicieron coro común con el sentir general e idiotamente dieron su apoyo a la lucha contra un sistema que nosotros los alemanes, especialmente en la crisis actual, deberíamos ver como una brillante esperanza en este momento de corrupción mundial. Mientras el judaísmo internacional, lenta pero firmemente, intentaba estrangularnos, los que se dicen patriotas vociferaban contra un hombre y un sistema que se había aventurado a liberar por lo menos un trozo del planeta de la dominación de los judío-masones y a oponer las fuerzas nacionales contra ese veneno internacional. Era más cómodo, sin embargo, para caracteres débiles navegar a favor de los vientos y capitular ante el clamor de la opinión pública. Y, de hecho, todo no pasó de una capitulación. Pueden esos individuos, con la falsedad y la maldad que les es peculiar, no confesar esa debilidad, ni incluso ante su propia conciencia, pero la verdad es que sólo por miedo y cobardía de la opinión pública, preparada por los judíos, consintieron en colaborar en la acción a la que nos referimos. Todas las demás razones que presentaron no pasaron de ser más que miserables subterfugios de quienes tienen la mala conciencia del crimen ejecutado.

Se hacía, pues, necesario un puño de hierro para dar otra orientación a la política y librarnos así de los daños ocasionados por esa mala dirección. Intentar un cambio de esa naturaleza en un momento en que la opinión pública era excitada en un determinado sentido por las oscuras fuerzas, no era una misión popular sino, al contrario, extremadamente peligrosa, incluso para los más audaces. Sucede, sin embargo, en la Historia que, en estos momentos, aparecen algunos raros individuos que se dejan lapidar por un gesto que dará a la posteridad motivos para postrarse a sus pies.

Con ese reconocimiento de la posteridad debe contar todo Movimiento de gran alcance y no solamente con los aplausos de los coetáneos. Puede suceder que, a veces, los individuos se dejen perturbar. No deben, sin embargo, olvidar que, después de esas horas difíciles, vienen las gloriosas del triunfo y que una Idea que pretende renovar el mundo tiene que mirar más al futuro que al presente.

Se puede comprobar fácilmente que los mayores éxitos y sus efectos más duraderos en la Historia de la Humanidad fueron incomprendidos en los comienzos. Y eso porque se contraponían a los puntos de vista de la opinión pública. Lo pudimos verificar en los primeros días de nuestra presentación en público. Nunca hemos implorado el favor de las masas, sino que hemos afrontado los desvaríos de este pueblo. Casi siempre sucedía, en aquellos tiempos, el que me presentara en reuniones de hombres que creían y querían lo contrario de lo que yo les decía y ofrecía. Nuestra misión era, durante dos horas o más, liberar a dos o tres mil hombres de las nociones erradas que poseían; por golpes sucesivos, destruir los fundamentos de las mismas y, finalmente, atraerlos hacia nuestras ideas y nuestra causa.

En corto tiempo había aprendido algo muy importante: arrebatarle al enemigo de la mano el arma de su réplica. Pronto se hizo notorio que nuestros adversarios, particularmente sus oradores, aparecían en escena con un "repertorio" determinado y en el cual se repetían siempre los mismos argumentos contra nuestros asertos, de tal modo que la sistemática del procedimiento permitía deducir que se trataba de un definido y homogéneo entrenamiento. Y así era en efecto. Aquí nos fue dado conocer la extraordinaria disciplina de la propaganda puesta en acción por nuestros adversarios, y aún hoy me siento orgulloso de haber encontrado el medio de neutralizar la eficacia de esa propaganda y de anular a sus autores. Dos años más tarde me había hecho maestro en ese arte.

En cada uno de los discursos era esencial orientarse previamente acerca del probable contenido y la forma de las objeciones que podrían ser formuladas en el curso de la discusión, para, según eso, analizarlas minuciosamente en el propio discurso. Convenía desde un comienzo mencionar las posibles impugnaciones del adversario y demostrar su inconsistencia. Así el oyente, a pesar de las numerosas objeciones que le habían sido inspiradas, por la destrucción anticipada de las mismas era fácilmente conquistado para la causa, siempre que fuese un hombre bien intencionado. La lección que le enseñaron de memoria era abandonada y su atención era cada vez más atraída hacia la exposición del orador.

Ésa fue la razón por la que a partir de mi primera conferencia sobre el Tratado de Paz de Versalles, que dicté para la tropa de mi regimiento, en mi calidad de "instructor", optara por cambiar el tema, hablando en lo sucesivo simultáneamente de los "Tratados de Paz de Brest-Litovsk y Versalles". El primero de éstos siempre había irritado al auditorio; poco tiempo después, y a decir verdad, ya en el curso de la primera de mis nuevas conferencias, pude constatar que la gente no tenía en realidad ni la menor idea de lo que era BrestLitovsk, pero que, sin embargo, gracias a la hábil propaganda de sus partidos políticos, había sido posible presentar este Tratado y no el de Versalles como uno de los actos de violencia más humillantes del mundo. La persistencia con que semejante mentira era difundida entre la gran masa del pueblo hizo que millones de alemanes creyesen ver en el Tratado de Versalles una justa compensación para el crimen cometido por nosotros en Brest-Litovsk, considerando, en consecuencia, injusta toda oposición al Tratado de Versalles.

Y ésta fue también una de las causas que contribuyó a que en Alemania se arraigara aquella tan desvergonzada como monstruosa palabra: "reparación". Simulación canallesca, que aparecía realmente ante los ojos de millones de nuestros engañados compatriotas como la concreción de una justicia superior. ¡Terrible, pero fue así! A pesar de ello, tuve éxito con la propaganda que dirigí contra el Tratado de Brest-Litovsk. En mis conferencias confrontaba ambos Tratados, los comparaba punto por punto, demostrando cuán inmensamente humano debía aparecer en verdad el Tratado de Brest-Litovsk frente a la inhumana crueldad del de Versalles. El resultado debió ser sorprendente. Traté el tema en asambleas de dos mil personas, donde a menudo se concentraba sobre mí la mirada hostil de unas mil ochocientas. Tres horas más tarde me veía rodeado de una muchedumbre poseída de indignación sagrada y de furia inaudita contra los enemigos de la Patria. Una vez más se desarraigaba de los corazones y de los cerebros de miles una gran mentira, para en su lugar quedar inculcada una verdad.

Yo consideraba las conferencias sobre "Las Verdaderas Causas de la Guerra" y sobre "Los Tratados de Versalles y Brest-Litovsk" como las más importantes. Por eso las repetía decenas de veces, siempre con argumentos nuevos, hasta que una comprensión clara y definida se formase en el espíritu de los oyentes, entre los cuales nuestro Movimiento captaba los primeros adeptos.

Estas asambleas tuvieron para mí, además, la ventaja de haber ido adaptándome poco a poco al carácter de un orador de grandes mítines: se me había hecho corriente el tono patético y la mímica que se requiere para hablar en una gran sala ante un auditorio de miles.

Como ya dije, hasta entonces nunca se había dado en público y ante grandes masas una explicación sobre esos Tratados con la orientación adoptada por mí. Sin embargo, hoy otros partidos llenan su boca con esas ideas y actúan como si fuesen ellos los que hubieran modificado la opinión popular. Si los llamados partidos políticos nacionalistas alguna vez hicieron conferencias en ese sentido, fue siempre en círculos que ya poseían las mismas ideas de los conferenciantes y sólo servían para fortalecer las convicciones del auditorio.

No sucedió nunca, sin embargo, que por medio de la propaganda se procurase conquistar la adhesión de los que, hasta entonces, por su educación y por sus ideas se mantenían en el campo opuesto.

Al servicio de nuestra labor de difusión pusimos también la propaganda impresa. Ya en el seno de la tropa yo había redactado un folleto haciendo una comparación entre el Tratado de Brest-Litovsk y el de Versalles, que alcanzó una gran tirada. Más tarde me serví de ese medio para la propaganda del Partido. En ese punto, también la eficiencia se hizo sentir.

Nuestras primeras asambleas se caracterizaron por la circunstancia de que las mesas hallábanse cubiertas de volantes, periódicos, revistas, folletos, etcétera. Sin embargo, a la palabra hablada le atribuíamos importancia capital, porque en realidad sólo ella es capaz de impulsar grandes transformaciones, y esto debido a razones de orden psicológico.

En otro capítulo de este libro, ya llegué a la conclusión de que todos los acontecimientos importantes, todas las revoluciones mundiales, no son nunca fruto de la palabra escrita sino, por el contrario, son siempre producidos por la palabra hablada.

Sobre este asunto se entabló, en un sector de la prensa, una amplia discusión, en la que nuestros intelectuales de la burguesía combatieron aquella afirmación. La razón por la que esto acontecía era suficiente para destruir los argumentos de los que contrariaban esa verdad. Los intelectuales burgueses protestaban contra tal noción, sólo porque visiblemente no poseían energía y capacidad para ejercer influencia sobre la masa por medio de la palabra hablada. Acostumbrados a actuar siempre por la palabra escrita, no eran capaces de utilizar la gran fuerza explosiva de un discurso. Ese hábito, con el correr de los tiempos, tuvo fatalmente el resultado que hoy descubrimos en la burguesía; esto es, la pérdida del instinto de acción sobre las masas.

El orador tiene en el auditorio al cual se dirige un punto permanente de referencia; siempre que sepa leer en la expresión de sus oyentes hasta qué punto éstos son capaces de seguirle y comprender sus ideas, y que sepa ver también si la impresión y el efecto producidos por sus palabras conducen al propósito deseado. El escritor, en cambio, nada sabe de sus lectores. En consecuencia no podrá dirigirse a un determinado público situado al alcance de sus ojos, sino que deberá dar a sus exposiciones un carácter general y difuso. De esta forma pierde, hasta cierto punto, la finura necesaria para comprender la psicología popular y, con el tiempo, la plasticidad indispensable. Es más frecuente que un brillante orador consiga ser un gran escritor que viceversa.

Es preciso anotar aun que las masas humanas son naturalmente prejuiciosas y, por eso, inclinadas a conservar sus antiguos hábitos. Raramente, por impulso propio, procuran leer cualquier cosa que no corresponda a las ideas que ya poseen o que no contengan aquello que esperan encontrar. Un impreso de tendencia determinada será leído en la mayoría de los casos únicamente por gentes que ya se cuentan entre los adeptos de esa corriente. Quizá, por su concisión, puede un volante o un anuncio contar con la posibilidad de atraer pasajeramente la atención de una persona que piensa de modo diferente.

Mejores perspectivas de éxito tiene en este orden la propaganda gráfica en todas sus formas, incluso el film. En este caso, los individuos no son obligados a hacer ningún trabajo mental. Basta mirarlos pequeños textos. Muchos preferirán una representación por imágenes a la lectura de un largo escrito. Un gráfico proporciona en tiempo mucho más corto, a veces casi de golpe, una explicación que por escrito se obtendría sólo después de penosa o dilatada lectura.

Lo más importante es que el escritor nunca sabe a qué medios van a parar sus obras ni quién va a aceptar sus ideas. La actuación del propagandista será, en general, tanto más eficiente cuanto más las ideas propagadas correspondan al nivel intelectual y al modo de ser de los lectores. Un libro que esté destinado a las grandes masas debe, en primer lugar, esforzarse por adoptar un estilo y una elevación completamente diferentes de otro que se dirija a las altas clases intelectuales. Sólo con esa capacidad de adaptación puede la palabra escrita aproximarse, en sus efectos, a la palabra hablada.

Supongamos que el orador trate del mismo asunto explicado en un libro. Si él es un gran orador, no precisa repetir el mismo asunto dos veces de la misma forma. El orador siempre se dejará influenciar por la masa, de modo que instintivamente fluyen de sus labios justamente aquellas palabras que él necesita para tocar el alma de los oyentes. Cuando toma un camino equivocado, tiene la oportunidad de corregirlo. En la fisonomía del auditorio podrá observar, primero, si está siendo comprendido; segundo, si todos los oyentes pueden seguirlo; tercero, si están persuadidos de la justicia de lo que está diciendo.

Si ve que no le comprenden, expresarán sus conceptos en formas tan elementales y claras que hasta el último de sus auditores tendrá que entenderle; si se percata de que no son capaces de seguirle, entonces desarrollará sus ideas tan cuidadosa y lentamente que el más ignorante de entre ellos no quede sin participar; y si, finalmente, nota que sus oyentes no parecen hallarse convencidos de la veracidad de lo expuesto, optará por repetir lo mismo cuántas veces sea necesario, siempre en forma de nuevos ejemplos, refutando las objeciones que, sin serle hechas, él capta en el auditorio y las refuta y desmenuza hasta que, en definitiva, el último sector de oposición revele, a través de su actitud y de la expresión de los que lo forman, haber capitulado ante la poderosa argumentación del orador.

Lo más corriente es que se trate de destruir en las gentes prejuicios que no tienen arraigo en su intelecto, sino que inconscientemente están basados sólo en el instinto. Vencer esta barrera de animadversión instintiva, de odio apasionado y de repulsión preconcebida, es mil veces más difícil que rectificar una opinión científica deficiente o errónea. Las concepciones falsas y la deficiente instrucción son susceptibles de corregirse mediante la enseñanza; en cambio, jamás se rectificarán por el mismo medio las resistencias del sentimiento. Sólo una llamada a esas fuerzas misteriosas es capaz de hacer efecto. Muy difícilmente puede lograr esto el escritor.

La prueba más evidente de eso está en el hecho de que la prensa burguesa, a pesar de su gran habilidad, a pesar de distribuirse por millones sus ejemplares, no ha podido evitar que las masas se constituyeran en los mayores enemigos del mundo burgués. El aluvión de periódicos y de libros que todos los años producen los intelectuales se escurre entre millones de alemanes de las clases inferiores, como agua sobre piel untada de aceite.

Este hecho puede probar dos tesis: o el error de contenido de todas esas producciones escritas, o la imposibilidad de alcanzar el corazón de las masas sólo por la palabra escrita, sobre todo cuando esta palabra escrita no está de acuerdo con la psicología colectiva, como es nuestro caso.

No se objete (como lo intentó un gran periódico Nacionalista de Berlín) que el marxismo con sus escritos, sobre todo por la actuación de la obra fundamental de Karl Marx, ofrece una prueba en contrario de nuestra afirmación.

Lo que al marxismo le dio el asombroso poder sobre las muchedumbres no fue de ningún modo la obra escrita, de carácter judío, sino más bien la enorme avalancha de propaganda oratoria que en el transcurso de los años se apoderó de las masas. Entre cien mil obreros alemanes no hay, por término medio, cien que conozcan la obra de Marx, obra que desde un principio fue estudiada mil veces más por los intelectuales, y ante todo por los judíos, que por los verdaderos adeptos al marxismo, situados en las vastas esferas inferiores del pueblo; como que tampoco esta obra fue escrita para la masa, sino exclusivamente para los dirigentes intelectuales de la máquina judía de conquista mundial, máquina que se alimentó luego con un combustible muy poderoso: la prensa marxista, tan diferente a nuestra prensa burguesa.

La prensa marxista está escrita por agitadores, en tanto que la burguesa, aun queriendo hacer también agitación, se sirve sólo de "plumíferos".

El redactor clandestino socialdemócrata y marxista, que casi siempre sale de los locales de reunión para las redacciones, conoce a su gente mejor que nadie. El plumífero burgués, que sale de su oficina para ponerse en contacto con el pueblo, se pone enfermo sólo al sentir el olor de las masas y, por eso, queda impotente frente a ellas, con su "palabra escrita".

Lo que hizo que el marxismo conquistase a millones de trabajadores fue menos la manera de escribir de los pontífices marxistas que la infatigable y verdaderamente poderosa propaganda de cien mil incansables agitadores, empezando por los apóstoles de la primera fila, hasta los pequeños empleados de fábricas y los oradores populares. Fue en las centenas de miles de reuniones, en las salas contaminadas de humo de los albergues, donde los oradores martillaban sus ideas en la cabeza del pueblo, obteniendo un conocimiento fabuloso del material humano, donde el marxismo aprendía a usar las armas adecuadas para conquistar la opinión pública.

La victoria del marxismo se debió también a las formidables demostraciones colectivas, a aquellas manifestaciones de cientos de miles de hombres, ante los cuales los individuos se consideraban mezquinos gusanos, pero, a pesar de eso, se enorgullecían de pertenecer a la gigantesca organización, al soplo de la cual el odiado mundo burgués podría ser aventado, permitiendo a la dictadura proletaria festejar su victoria final.

De esa propaganda proceden los hombres que estaban preparados para leer la prensa socialdemócrata, prensa que no es escrita sino "hablada". Mientras, en el campo burgués, profesores y exegetas, teóricos y escritores de todas las ideas, intentaron usar la tribuna, los oradores marxistas también se dedicaron a la producción de trabajos escritos. Sobre todo el judío, que, en esos asuntos, no debe ser nunca perdido de vista; sin embargo, gracias a su dialéctica mentirosa y a su maleabilidad, él será siempre más aficionado a la oratoria que a la palabra escrita.

Ésa es la razón por la que los burgueses (poniendo de lado el hecho de que estaban en gran parte influenciados por los judíos y no tenían ningún interés en instruir a la colectividad) no pudieron ejercer la menor influencia sobre la gran masa del pueblo.

De cuán difícil es destruir prejuicios, impresiones y sentimientos y substituirlos por otros que dependen de influencias y condiciones imprevisibles, sólo el orador, que siente el alma popular, se puede hacer una idea. Porque, extrañamente, la misma conferencia, el mismo orador, el mismo tema, producen efectos diferentes a las diez de la mañana que a las tres de la tarde, o en la noche. Yo mismo, como principiante, intenté hacer reuniones por la mañana y me acuerdo muy bien de una demostración que, como "protesta contra la modificación de nuestras fronteras", hicimos en el `Kindl-Keller" de Munich. Era la mayor sala de la ciudad y el riesgo que corríamos pendía sobre nuestras cabezas. Para facilitar la presencia de nuestros adeptos y de todos los que quisieran tomar parte en la misma, fijé la reunión para las diez de la mañana de un domingo. La expectativa era de ansiedad, que luego se transformó en una lección de las más instructivas: la sala se llenó, la impresión era de victoria, pero se notaba la más fría disposición por parte del auditorio. Nadie se inflamaba. Yo mismo, como orador, me sentía infeliz, no conseguía establecer contacto con los oyentes. Además, estaba convencido de que no había hablado mal; pero, a pesar de ello, el efecto de la conferencia fue nulo. Descontento, a pesar de haber adquirido una experiencia más, abandoné la sala de reuniones. Otras pruebas que más tarde intenté dieron el mismo resultado.

Eso no debe causar admiración de nadie. Quien asista a una representación teatral a las tres de la tarde y después asista a la misma obra a las ocho de la noche, quedará sorprendido con la diferencia de impresiones. Cualquier persona de sentimientos delicados y de capacidad artística para comprender ese estaco de ánimo podrá luego comprobar que la impresión causada por la representación de la tarde no se puede comparar con la misma de la noche. Lo mismo sucede con el cine. Esta última observación es importante, porque se podría decir que, durante el día, los artistas de teatro no desarrollan el mismo esfuerzo que durante la noche.

Sin embargo, con el cine sucede lo mismo, en el día y en la noche. La razón es el tiempo que provoca la alteración, tal como sucediera conmigo con relación al sitio elegido. Hay lugares que provocan frialdad, por motivos que difícilmente se pueden analizar, y donde cualquier intento de armonía con el pueblo encuentra la más firme resistencia. Los recuerdos y representaciones del pasado, presentes en el espíritu de los hombres, también pueden crear una cierta impresión. Así, una representación de "Parsifal" en Bayreuth producirá una impresión diferente de la que tendría lugar en cualquier otra parte del mundo. El místico encanto de la casa de Fest-Spielhügel, de la ciudad de los antiguos margraves, no puede ser substituido ni sobrepasado.

En cualquier caso, significa una disminución del libre albedrío del hombre. Esto es más verdadero todavía cuando se trata de asambleas en las que los individuos poseen puntos de vista opuestos. Por la mañana, e incluso durante el día, la fuerza de voluntad de las personas parece resistir mejor, con más energía, contra la tentativa de imponerles una voluntad extraña. Por la noche, se dejan vencer más fácilmente por la fuerza dominadora de una voluntad fuerte. En realidad, en cada una de esas reuniones hay una lucha de dos fuerzas opuestas. La superioridad de un verdadero apóstol, en cuanto a elocuencia, se verificará en la conquista de nuevos adeptos.

Tiende al mismo objetivo la misteriosa y mágica hora del Angelus de la Iglesia Católica, con sus luces, su incienso y plegarias.

En esa lucha del orador con el adversario al que se quiere convencer, adquiere aquél, poco a poco, un espíritu de combatividad que casi siempre le falta al escritor. De ahí resulta que las producciones escritas, en su limitada eficiencia, se prestan mejor a la conservación, fortalecimiento y ahondamiento de un punto de vista ya aceptado. Todas las grandes modificaciones históricas fueron debidas a la palabra hablada y no a la escrita.

No se crea, ni por un momento, que la Revolución Francesa se realizó por la fuerza de las teorías filosóficas de los Enciclopedistas. Habría fracasado si no se hubiera contado con un ejército de demagogos de alto estilo, que despertaron las pasiones del pueblo enfervorizado hasta el punto de provocar la terrible erupción que dejó a Europa transida de espanto.

La misma explicación tiene la mayor Revolución de nuestros días, la Revolución Comunista de Rusia. Ella no fue la consecuencia de los escritos de Lenin, sino de la eficacia oratoria de grandes y pequeños agitadores que despertaron el odio de las masas contra la situación existente.

Un pueblo de analfabetos no sería arrastrado nunca a una revolución comunista por la lectura de un teórico como Karl Marx, pero sí por los millares de agitadores que, al servicio de una idea, arengaban al pueblo.

Eso fue y ha de ser así.

Corresponde plenamente a la falta de sentido práctico de la mentalidad alemana la creencia de que lógicamente el escritor tiene que ser de inteligencia superior al orador. Tal criterio resulta graciosamente ilustrado por el comentario de un periódico burgués, al decir que a menudo decepciona ver publicado el discurso de un orador notable.

Esto me recuerda una crítica análoga que conocí durante la guerra. Se analizaba minuciosamente los discursos de Lloyd George, por entonces Ministro británico de municiones, para llegar a la ingeniosa conclusión de que esos discursos, moral y científicamente considerados, eran de valor secundario y, por lo demás, productos banales y simples. Yo mismo recibí en forma de un pequeño folleto algunos de los discursos de Lloyd George y no pude menos de reír a carcajadas pensando que, naturalmente, un vulgar emborronador de cuartillas no podía tener capacidad para comprender aquellas piezas maestras de manipulación psicológica de las masas. Tal crítico juzgaba los discursos de Lloyd George exclusivamente a través de la impresión que ellos habían producido en su mente presuntuosa, sin darse cuenta de que en realidad el gran demagogo inglés dirigía sus discursos únicamente al propósito de ejercerla mayor influencia posible sobre la masa de sus oyentes y, en sentido más amplio, sobre la totalidad de las clases populares.

Considerados desde este punto de vista, los discursos de Lloyd George constituían admirables producciones, porque testimoniaban un conocimiento verdaderamente asombroso de la psicología de las multitudes.

¡Compárese estos discursos con el imponente balbuceo de BethmannHollweg. Lo cierto es que, aparentemente, los discursos de éste eran de más calidad intelectual, pero en realidad no demostraban otra cosa que la incapacidad de aquel hombre para hablar a su pueblo.

Que Lloyd George tenía un ingenio no sólo equivalente, sino mil veces superior al de un Bethmann-Hollweg, lo comprobó el hecho de que Lloyd George encontró para sus discursos aquella forma y aquella expresión que debieron abrirle el corazón de su pueblo y ,que a la postre redujeron a ese pueblo a su incondicional voluntad. El sobresaliente talento político de este inglés se manifiesta precisamente en la sencillez de su lenguaje, en lo elemental de sus formas de expresión y en el empleo de ejemplos simples y fácilmente comprensibles.

La fuerza de la palabra de un estadista que habla a su pueblo no se debe medir por la impresión que produce en el ánimo de un profesor de Universidad, sino por el efecto causado en el seno del pueblo mismo.

Y es sólo esto lo que da la medida para apreciar la genialidad de un orador.

Exclusivamente al conocimiento y a la aplicación constante de esta verdad se debe el asombroso desarrollo del Movimiento Nacionalsocialista, que hace pocos años surgiera de la nada y contra el cual se estrellan hoy los enemigos internos y externos de nuestro pueblo.

Por más importante que sea la producción escrita del Movimiento, ella tendrá siempre mas valor para la formación intelectual de los grandes y pequeños líderes, en un plano partidista, que para la conquista de las masas situadas en puntos de vista contrarios. Sólo en casos excepcionalísimos un socialdemócrata convencido o un fanático comunista condescenderá en adquirir un folleto o incluso un libro Nacionalsocialista para leerlos y de ahí formarse una idea sobre nuestra doctrina o para estudiar la crítica a sus convicciones. Los periódicos raramente se leen cuando no traen bien claro el sello del partido al que pertenecen. Además de eso, la lectura de un ejemplar del periódico aclara muy poco. Su literatura es de tal modo difusa, que de la misma ninguna influencia digna de relieve se puede esperar. No se puede y no se debe exigir de nadie, sobre todo de aquellos para los que un Pfennig es mucho dinero, que se suscriban a periódicos enemigos, sólo por el deseo de obtener aclaraciones sobre los puntos de vista opuestos. Eso tal vez suceda en un caso sobre diez mil. Quien ya se adhirió a una causa leerá naturalmente el periódico de su partido, para ponerse al tanto de las noticias del movimiento en el que esta incluido.

Lo contrario sucede con los boletines y folletos. Las personas los toman en sus manos y los leen, sobre todo cuando aquéllos se distribuyen gratuitamente. Eso sucede mas frecuentemente todavía cuando se anuncia la discusión de un tema que esta en boca de todos. Después de la lectura de algunos de esos boletines, el lector tal vez sea conquistado por los nuevos puntos de vista o, al menos, se le habrá despertado su atención hacia el nuevo Movimiento. Sin embargo, por ese medio sólo se conseguirá producir un impulso y nunca una situación definitiva. Esto sólo se obtendrá con los mítines populares.

Desde luego, la asamblea es indispensable porque el individuo, que como futuro prosélito de un naciente Movimiento se muestra hostil al principio, encuentra allí el cuadro de una comunidad numerosa, lo cual tiene, para la mayoría de las gentes, influencia reconfortante y alentadora.

El mismo individuo, formando parte de una compañía o de un batallón, rodeado de todos sus camaradas, se lanzara mas temerariamente al asalto que cuando se halle solo. Agrupado, sentirase siempre protegido hasta cierto punto, aunque prácticamente mil razones demuestren lo contrario. El sentimiento de comunidad que inspira la manifestación colectiva no sólo alecciona al individuo, sino que cohesiona y contribuye también a crear el espíritu de cuerpo.

El hombre que se inicia en una nueva doctrina y que en su empresa o en su oficina sufre opresiones, precisa fortalecerse por la convicción de que es un miembro y un luchador dentro de una gran colectividad. Esta impresión la recibe sólo en las manifestaciones colectivas. Cuando sale de su pequeña oficina o de su gran fábrica, donde se siente infinitamente pequeño y, por primera vez, entra en una asamblea y allí encuentra a millares de personas con las mismas ideas que las suyas, cuando es arrastrado por la fuerza sugestiva del entusiasmo de tres o cuatro mil personas, cuando el éxito visible de la causa y de la unanimidad de opiniones le proporcionan la convicción y la certeza del nuevo Movimiento, despertándole la duda sobre la verdad de sus antiguas ideas, entonces estará bajo la influencia de lo que podríamos designar con estas palabras: sugestión de las masas. La voluntad, el ansia y también la energía de miles, se acumulan en cada uno. El hombre que lleno de dudas y vacilaciones entra en una asamblea, sale de ella íntimamente reconfortado: se convirtió en un miembro de la comunidad.

El Movimiento Nacionalsocialista nunca debe olvidar esto, y no se debe nunca dejar influenciar por esos bobos burgueses que lo saben todo, pero que, ni por eso, impidieron ir a la ruina a un gran Estado y perdieron hasta la dirección de la propia clase. Ellos son extraordinariamente inteligentes, saben todo, entienden de todo; sólo una cosa ellos no entienden: cómo impedir que el pueblo alemán cayese en las garras del marxismo. En eso fracasaron de la manera más estrepitosa. Su presunción actual es pura ignorancia. Es sabido que el orgullo anda siempre de la mano de la estupidez. Cuando esos individuos se rehusan a dar cualquier valor a la palabra hablada, actúan así simplemente porque están convencidos de la ineficacia de su palabrería hueca.

Capítulo VII

La lucha contra el frente rojo

En los años 1919 y 1920, y también en 1921, concurría los llamados mítines burgueses. Siempre me produjeron la misma repulsión que en mi niñez la consabida cucharada de aceite de bacalao. Se debe tomar y se dice que es muy bueno, pero su gusto es horrible. Si fuese posible amarrar con cuerdas a todo el pueblo alemán, arrastrándolo a la fuerza a esas manifestaciones públicas, atrancando las puertas para no dejar salir ni a uno solo, hasta el fin de la representación, tal vez al cabo de algunos siglos todo eso diese algún resultado. Además, debo confesar abiertamente que, si eso sucediera, yo no tendría el placer de vivir, prefiriendo hasta incluso no ser alemán. No siendo eso posible -gracias a Dios- nadie se debe admirar que el pueblo sano y no corrompido evitase tales "asambleas de grandes multitudes burguesas".

He conocido a los profetas de una concepción ideológica burguesa y no me sorprende, sino que más bien comprendo ahora por qué ellos no dan importancia a la palabra hablada. Por entonces visité reuniones de demócratas, de nacionalistas alemanes, del Partido Populista Alemán y del Partido Populista Bávaro (El Partido Católico de Baviera). Lo que resaltaba a primera vista era la homogeneidad del auditorio, que se componía casi exclusivamente de los miembros del respectivo partido. El conjunto, falto de toda disciplina, parecía más un club de aburridos jugadores de cartas que un mitin del pueblo que acababa de sufrir una gran Revolución. Los oradores mismos hacían, por su parte, lo posible para mantener esa atmósfera pacífica. "Discurseaban" o, mejor dicho, leían discursos del estilo de un ingenioso artículo de prensa o de una disertación científica, evitando toda expresión de tono fuerte y dejando escapar, sólo de vez en cuando, algún pobre chiste académico, ante el cual los miembros del directorio reían obligadamente, no a carcajadas sino con mesura y con la reserva del caso.

Cierta vez concurrí a una asamblea en la Sala Wagner de Munich, con motivo de conmemorarse la batalla de Leipzig 1. El discurso fue pronunciado, o leído por un respetable señor de edad, profesor de una Universidad cualquiera. En la tribuna se hallaba reunida la mesa directiva: a la izquierda, uno de monóculo; a la derecha, otro de monóculo, y en medio de ambos uno sin monóculo. Los tres de levita, dando la impresión de que se trataba de un Tribunal de Justicia que tenía que dictar una sentencia de muerte, o de un bautizo solemne; en todo caso, más parecía una ceremonia religiosa que otra cosa. El pretendido discurso, que editado habría producido quizá mejor impresión, fue de hecho desastroso, pues apenas transcurridos tres cuartos de hora toda la concurrencia estaba como dominada por un sueño hipnótico, interrumpido solamente por la salida de uno u otro hombre o, mejor, por el ruido de los bostezos de los oyentes, en número cada vez mayor. Tres obreros que asistían a la reunión, por curiosidad o por mandato, se miraban de cuando en cuando con un gesto mal disimulado, dándose con los codos antes de salir sigilosamente. Detrás de ellos me encontraba yo. Se notaba que no querían incomodar, precaución francamente superflua en una asamblea de este género. Por fin, pareció llegar a su término. Después de concluida la conferencia del profesor, cuya voz se fue volviendo cada vez más débil, se levantó el presidente de tal sesión, expresando, en frases rimbombantes, su gratitud a los "hermanos y hermanas" alemanes allí reunidos y sugiriendo la actitud que deberían tomar ante el extraordinario y magnífico discurso del Sr. Profesor X, pronunciado con la máxima profundidad y gran conocimiento del tema, habiendo sido verdaderamente una "experiencia vivida", "una acción cristalizada en la palabra". "Añadir todavía una discusión a esas luminosas disertaciones, significaría una profanación de esta hora sagrada". De acuerdo con todos los presentes, desistía él, por consiguiente, de continuar, hablando, pidiendo a todos, sin embargo, que se levantasen, entonando el grito de "¡Somos un pueblo de hermanos unidos!". Para terminar la sesión fueron todos invitados a entonar el Himno Nacional.

Entonces cantaron. Mi impresión era que, ya en la segunda estrofa, las voces disminuían, incrementando su volumen sólo en el estribillo; en la tercera, la misma impresión aumentó tanto, que llegué a dudar si todos sabrían bien de memoria lo que estaban cantando. ¡Por el contrario, qué cosa tan emocionante cuando semejante Himno se entona con todo el fervor, desde el fondo del alma de un alemán Nacionalista!

Después de eso se dispersó la reunión. Todos tenían prisa por salir, unos para beber cerveza, otros para tomar café, algunos para pasear. Era el deseo general: "¡Afuera! ¡Hacia el aire libre, hacia afuera!". Mi voluntad era hacer lo mismo. ¡Rayos os partan!

¡Sólo el Gobierno puede gustar de tales cosas! Naturalmente, eso es lo que se puede llamar una asamblea "pacífica". El Ministro del Interior debe preocuparse sobre la perturbación de la paz y del orden, o que el entusiasmo pueda hacer desbordar súbitamente la medida de la conveniencia burguesa o que, llevado por el fervor, el pueblo se precipite fuera de la sala, no hacia el café o hacia la taberna sino para marchar por las calles de la ciudad cantando "¡Viva Alemania!" e incomodando de esta forma a una Policía que desea descansar. ¡No! Con tales ciudadanos, el Estado se puede dar por satisfecho.

Ciertamente que, en comparación con tales reuniones, las asambleas Nacionalsocialistas no eran asambleas "pacíficas". En ellas se estrellaban las corrientes de dos concepciones ideológicas diferentes y concluían no con canciones patrióticas, mecánicamente entonadas, sino con la explosión fanática del sentimiento de la Patria y de la Raza.

Ya desde el comienzo fue una necesidad establecer rigurosa disciplina en nuestras reuniones y asegurarle autoridad absoluta al dirigente de la asamblea. Pues lo que nosotros exponíamos no era la laxa charlatanería de un "conferenciante" burgués sino algo que, en el fondo y en la forma, se prestaba siempre a provocar la réplica del adversario. Y adversarios había en nuestras asambleas. Con qué frecuencia venían en grupos compactos, presididos por algunos agitadores y reflejando en sus fisonomías la convicción: "Hoy daremos al traste con ustedes". Sí, cuántas veces nuestros adversarios rojos acudían hasta allí, en columnas cerradas, con la misión bien precisa de dispersar nuestra reunión por la fuerza. Cuántas veces pendía todo de un hilo, de tal modo que sólo la singular energía del dirigente de la asamblea y la brutal decisión de nuestros encargados de guardar el orden podían poner coto a los propósitos de nuestros adversarios.

Y tenían motivos suficientes para sentirse provocados.

Bastaba ya el color rojo de nuestros emblemas para atraerlos al local de nuestras asambleas. La burguesía corriente se mostraba indignada al pensar que también nosotros nos hubiéramos apropiado del rojo de los bolcheviques, y creía ver en esto algo de doble sentido. Los llamados nacionalistas de Alemania se cuchicheaban los unos a los otros la misma sospecha de que, en el fondo, no éramos sino una especie de marxistas, tal vez marxistas enmascarados, socialistas. La diferencia entre marxismo y socialismo hasta hoy todavía no entró en esas cabezas. Especialmente cuando se descubrió que, en nuestros discursos, teníamos por principio no usar los términos "señoras y señores", sino "camaradas". El fantasma marxista surgió claramente ante muchos de nuestros adversarios. ¡Cuántas buenas bromas hicimos a costa de esos burgueses y su intento de descifrar el enigma de nuestro origen, nuestras intenciones y nuestra finalidad!

Habíamos elegido el color rojo después de minuciosa y honda reflexión, buscando con ello provocar a los de izquierda e inducirlos a concurrir a nuestras asambleas, aunque sólo fuese con la intención de atacarnos. De este modo nos daban, por lo menos, la ocasión de hacerles escuchar nuestra palabra.

Cuán interesante nos fue en aquellos años constatar de cerca, en el cambio continuo de la táctica de nuestros adversarios, la desorientación y la impotencia que los dominaban. Primero, incitaban a sus adeptos a que no nos prestaran la menor atención, evitando asistir a nuestras reuniones, consejos por otra parte generalmente cumplidos. Como, sin embargo, en el correr del tiempo algunos hacían acto de presencia aisladamente, aumentando cada vez más el número, la impresión dejada por nuestra doctrina era manifiesta. Sus jefes iban poniéndose nerviosos, afirmándose en la convicción de que esa situación no podía continuar, debiendo ponerle término mediante el terror.

Así, se encomendaron iniciativas al "proletariado consciente de su clase", a fin de que concurriera en masa a nuestras asambleas, para reducir con "el puño proletario" a los representantes de la "agitación monárquica y reaccionaria".

Nuestras asambleas estaban repletas de obreros, hasta tres cuartos de hora antes de que comenzasen. Semejaban un barril de pólvora, capaz de explotar en cualquier momento, teniendo ya la mecha encendida. Mas, los hechos se produjeron siempre de otro modo. Aquellas gentes entraban como adversarios y salían, si no convencidos de nuestra causa, por lo menos poseídos de espíritu reflexivo y hasta crítico respecto de su propia doctrina. Poco a poco, y después de una conferencia mía que duró tres horas, adeptos y adversarios llegaron a fundirse en una sola masa llena de entusiasmo. Todo intento para dispersar nuestras asambleas se volvió inútil. Los jefes adversarios comenzaron francamente a tener miedo, dirigiéndose nuevamente hacia sus correligionarios, que ahora dudaban, y les prohibieron categóricamente la asistencia a nuestras reuniones.

Y efectivamente, por un tiempo disminuyó la asistencia. Al cabo de dicho período, se reinició el mismo juego.

Al no observar la prohibición, las masas proletarias concurrían cada vez más. Finalmente se impusieron los partidarios rojos de la táctica violentista. Querían hacernos saltar por los aires.

Definitivamente quedó establecido que el sabotear nuestras reuniones era más fácil en la teoría que en la práctica, y que el resultado de cada una de nuestras asambleas significaba un nuevo desmembramiento de las fuerzas rojas. Ya había sido invalidado el lema: "¡Compañeros proletarios, no concurráis a las asambleas de los agitadores Nacionalsocialistas!". La misma táctica vacilante podía observarse también en la prensa roja. De pronto, se ensayaba ignorarnos por completo para luego persuadirse de la ineficacia de ese método y de volver a echar mano al procedimiento contrario. Todos los días éramos citados con cualquier pretexto. Y casi siempre con el fin de hacer ver al obrero lo ridículo de nuestra existencia. Pasado algún tiempo, tales señores tuvieron que sentir no sólo la inocuidad, sino hasta la inutilidad de tal estrategia. Naturalmente, algunos de ellos se formulaban a sí mismos la pregunta: "¿Para qué perder tantas palabras con algo que no pasa de ser una ficción ridícula?". La curiosidad popular crecía. En este tiempo, se operó una transformación: se había comenzado por tratarnos como a verdaderos criminales de la

Humanidad. Artículo tras artículo, puntualizando nuestra pretendida criminalidad, documentada siempre de nuevo con historias de ti escándalos y otras cosas, aunque todas inventadas de principio a fin, completaban la obra difamatoria. Pronto debía quedar a la vista la ineficacia de esos ataques.

En realidad, todo esto sólo servía para contribuir a que la atención general se centrase sobre nosotros, aun más que antes.

Entonces adopté el criterio de que en todo caso, se mofasen o renegasen de nosotros, nos presentasen como a bufones o a criminales, lo importante era que nos mencionaran, que se ocupasen constantemente de nosotros. Así, poco a poco, apareceríamos ante los ojos del obrero como el único poder al cual se combatía. Lo que en verdad éramos y lo que en verdad queríamos. ya tendríamos tiempo de mostrárselo **un** día a la jauría israelita de la prensa.

Una de las razones por la que en aquellos tiempos no se llegó a atacar por la fuerza nuestras asambleas fue también la increíble cobardía de los dirigentes adversarios. Todas las situaciones críticas se concretaban en mandar por delante a unos cuantos mozalbetes, mientras ellos esperaban fuera del local el resultado del proyectado sabotaje.

Casi siempre estábamos bien informados sobre las intenciones de esas personas, no sólo por tener en medio de las filas de los rojos a muchos partidarios que servían a nuestras conveniencias, sino también a causa de la charlatanería de los propios matones enemigos. En todo caso, ello nos fue de gran utilidad, aunque no deje de ser un defecto desgraciadamente muy extendido entre el pueblo alemán. No podían quedarse callados cuando tenían noticias nuevas; acostumbraban la mayoría de las veces cacarear incluso antes de poner el huevo. Muchas veces ya teníamos hechos los preparativos más importantes, sin que los comandantes rojos del cuerpo de ataque lo sospecharan ni por asomo.

En aquel tiempo nos vimos forzados a velar nosotros mismos por el mantenimiento del orden en nuestras reuniones, ya que jamás se podía contar con la protección de las autoridades; contrariamente, sabíamos por experiencia que esa protección favorecía siempre a los perturbadores, pues el único resultado efectivo de la intervención policíaca era la disolución de la asamblea, es decir, su clausura. Y no otros eran en verdad el intento y la finalidad que perseguían los saboteadores enemigos.

En general la Policía ha hecho escuela de una práctica que, por su ilegalidad, constituye lo más monstruoso que uno puede imaginarse. Cuando por medio de amenazas, las autoridades se dan cuenta de que existe el peligro de que se sabotee una reunión, en lugar de arrestar a los provocadores se prohibe la realización de la asamblea; procedimiento del cual el tipo corriente de autoridad policíaca se siente muy orgulloso y lo califica como "medida preventiva para evitar una infracción de la Ley".

El bandido resuelto, por consiguiente, dispone, a toda hora, de las armas necesarias para imposibilitar al individuo honesto a tomar parte o a trabajar en política. En nombre del sosiego y del orden público se inclina la autoridad del Gobierno delante del bandido y pide al otro que desista de provocarlo. Cuando entonces los Nacionalsocialistas queríamos hacer reuniones en determinados locales, y las corporaciones obreras declaraban oposición a tal iniciativa, la Policía no ponía a esos malhechores detrás de las rejas, limitándose a prohibir nuestra reunión. Esos organismos de la Ley tuvieron hasta el increíble descaro de hacernos llegar innumerables veces estas comunicaciones por escrito.

Para escapar de semejantes eventualidades, era preciso tomar precauciones para ahogar, ya en el germen, cualquier intento de perturbación. En relación con todo esto había que considerar también lo siguiente: **Toda asamblea protegida por la Policía desacredita a sus organizadores ante los ojos del pueblo.**

De la misma forma en que un hombre valiente vencerá a un cobarde en la conquista de los corazones femeninos, un grupo de luchadores heroicos más fácilmente ganará el alma popular que un movimiento pusilánime, que únicamente sobrevive debido a la protección policial.

Nuestro joven Partido debía, pues, velar por sí mismo, defenderse solo y destruir también por sí solo el terrorismo adversario.

Dos condiciones garantizaban la seguridad de nuestras reuniones:

1) Una mano dirigente enérgica y psicológicamente sabia.

2) La presencia de un grupo organizado para hacer guardar el orden.

Cuando los Nacionalsocialistas celebrábamos una asamblea, éramos nosotros mismos y no otros los soberanos; derecho a la libre independencia que a cada minuto subrayábamos. Nuestros adversarios sabían perfectamente que cualquier provocación de desorden sería combatida sin la menor consideración, incluso i cuando nosotros fuésemos sólo doce hombres y ellos quinientos. En las reuniones de aquella época, normalmente fuera de Munich, quince o dieciséis de nuestros correligionarios se enfrentaban frecuentemente con quinientos, seiscientos, setecientos u ochocientos adversarios. Incluso así, no tolerábamos ninguna provocación y los asistentes a nuestras reuniones sabían muy bien que nosotros preferíamos la muerte a la rendición. Más de una vez ocurrió que un puñado de nuestros camaradas se impuso heroicamente sobre una masa furiosa de elementos rojos, que gritaban y daban palos a diestra y siniestra.

Seguramente que a la postre habría podido ser dominado aquel puñado de quince o veinte hombres, pero bien sabían los otros que antes se les hundiría el cráneo al doble o al triple número de ellos. Y a esto no querían exponerse.

Intentamos aprender, y realmente aprovechamos alguna cosa sobre la técnica de las asambleas marxistas y burguesas.

Los marxistas tuvieron, desde el principio, absoluta disciplina, de modo que ningún grupo burgués jamás intentó atacar una de sus reuniones. La cosa era el 4 revés. Con el tiempo, los marxistas habían alcanzado en ese terreno no sólo una indiscutible pericia, sino que hasta llegaron al extremo de acusar cualquier asamblea antimarxista en todo el territorio del Reich como "una provocación al proletariado", sobre todo cuando se señalaba, en cualquier mitin, la enumeración de sus errores, o se desenmascaraba la bajeza de sus acciones mentirosas, practicadas contra el pueblo. Apenas se escuchaba el anuncio de una reunión de este tipo, la prensa roja, en bloque, comenzaba un griterío desaforado y estos "profesionales de la Ley" buscaban entonces a las autoridades, con el ruego suplicante de impedir inmediatamente tal "provocación al proletariado", para evitar consecuencias más graves. Sus palabras eran acogidas, alcanzando el éxito gracias a la estupidez del "funcionario' a quien se dirigían. Si, por excepción, en tal puesto se encontraba realmente un funcionario alemán (y no una "criatura automatizada"), siendo rechazado el descarado pedido, se producía entonces el conocido convite a repeler "la provocación". Y se convocaba para aquel día a una contramanifestación.

Para que se pueda hacer una idea, es preciso haberse visto en una de esas reuniones y haber sentido la responsabilidad de la dirección de una sesión semejante. Más de una vez bastaron amenazas de esa naturaleza para que una asamblea burguesa postergara sus reuniones. A veces, el miedo era tan grande que raramente alguien aparecía antes de las nueve, habiendo sido citado a las ocho. El presidente se esforzaba entonces por explicar a los "señores de la oposición" presentes -y esto con innumerables zalemas- hasta qué punto él y todos los participantes se alegraban íntimamente (¡mentira crasa!) con la visita de hombres que todavía no participaban de sus convicciones; sin embargo, el intercambio de ideas podía aproximar las convicciones, despertar la comprensión recíproca y "formar como un puente entre ellas". Afirmaba, al mismo tiempo, que la asamblea no tenía la más ligera intención de apartarse de cada una de sus ideas antiguas. "Lejos de nosotros tal suposición", decía. "Cada uno siga sus propias convicciones, consintiendo que los otros hagan los mismos". Por eso pedía que dejasen al orador continuar hasta el final, para evitar, además, "dar al mundo el espectáculo vergonzoso de odio íntimo entre hermanos de la misma Patria".

Es verdad que la "hermandad de la izquierda" no atendía casi nunca a tal llamada, pues, antes incluso de que el orador abriese la boca, ya era blanco de las más violentas agresiones, teniendo que escabullirse. No raramente dejaba la impresión de sentir una cierta gratitud por la suerte que le impedía el proceso martirizante de tener que hablar. Bajo un barullo infernal, como un "torero burgués", abandonaba el ruedo, si es que no rodaba por las escaleras con la cabeza llena de cardenales, lo que sucedía frecuentemente.

De este modo, la organización de nuestros mítines, y sobre todo el carácter que les dábamos, fue una verdadera novedad para los marxistas. Entraban plenamente convencidos de que podrían repetir su eterno juego: "¡Hoy debemos acabar con esto!". ¡Cuántos, al penetrar en nuestras reuniones, no habrán dicho con arrogancia esta frase a algún colega, para caer ante la puerta de la sala, antes de proferirla una segunda vez! Y todo esto con la rapidez de rayo.

En primer lugar, ya la iniciación de nuestros mítines era diferente de la de los demás. No se mendigaba el permiso para iniciar la conferencia, tampoco se garantizaba a nadie, de antemano, la libertad de pronunciar discursos interminables. Observábamos que la presidencia era completamente nuestra, que estábamos en nuestra casa y que la osadía de interrumpir la sesión por intervenciones extemporáneas sería, sin piedad, castigada con la expulsión inmediata. Si sobrase tiempo y eso nos conviniese, toleraríamos un coloquio, pero sólo en ese caso.

Y ya sólo eso provocaba nuestro disgusto.

En segundo lugar, teníamos a nuestra disposición un servicio bien organizado de orden. Entre los partidos burgueses, ese servicio de defensa generalmente estaba confiado a señores que, por la dignidad de su edad, juzgaban poseer algún derecho a la autoridad y al respeto. Como las masas populares, incitadas por marxistas, no daban en absoluto importancia a la autoridad, ni a la edad, esa tal guardia burguesa era prácticamente inútil.

Después del comienzo de nuestra gran actividad de asambleas, propuse la organización de una "guardia de sala", como un servicio de orden para el cual sólo í se debía reclutar a muchachos fuertes. Unos eran camaradas que yo conocía de 1 los tiempos del Servicio Militar; otros eran correligionarios desde hacía poco y 3 que, desde los primeros días, venían siendo educados en la convicción de que al terror sólo se le vence por el terror y que, en este mundo, el éxito siempre favoreció al que demostró mayor coraje y resolución; que nuestro combate giraba en torno a una idea formidable, tan grande y elevada que merece plenamente ser resguardada y protegida, incluso con el sacrificio de hasta la última gota de sangre. Estaban convencidos de la verdad del siguiente principio: el ataque constituye el arma más eficaz de la defensa, una vez que la razón se calla y la violencia es llamada a hablar. Nuestra tropa del servicio de orden tiene que estar precedida de la fama de ser una comunidad de combatientes decididos hasta el extremo, y no un "club de debates".

¡El entusiasmo reinaba, entre esa juventud, por una divisa tal!

¡Qué decepción e indignación, qué enojo y repugnancia animaba a esta generación de luchadores ante la tibieza sin nombre de los burgueses!

Ahí es donde se veía, claramente, que la Revolución marxista sólo vino gracias a la timorata dirección burguesa de nuestro pueblo Incluso en aquella época habría sido posible encontrar brazos fuertes para proteger al pueblo alemán. Faltaban sólo las cabezas para conducirlo. ¡Cómo brillaban los ojos de mis muchachos cuando les explicaba la necesidad de su misión y les recalcaba que la mayor sabiduría del mundo será siempre inútil mientras no se halle respaldada por una fuerza que la proteja y defienda, y que la dulce Diosa de la Paz puede aparecer sólo al lado del Dios de la Guerra, como que toda obra grande de esa paz necesita la protección y el apoyo de la fuerza! Pude así inspirarles una idea mucho más viva de la que tenían sobre el Servicio Militar Obligatorio. No en el sentido estereotipado del espíritu de viejos y anquilosados funcionarios al servicio de la autoridad muerta de un Estado que había dejado de existir, sino con plena conciencia del deber que le impone al individuo el sacrificio de su vida por la existencia del conjunto de su pueblo, en todo tiempo y en toda situación.

¡Y cómo actuaron esos muchachos después!

Como un enjambre de avispas caían sobre los perturbadores de nuestras asambleas, fuese cual fuese la proporción numérica de éstos, sin temor a ser heridos, dispuestos a todo sacrificio y plenos siempre de la gran idea de abrirle paso a la sagrada misión de nuestro Movimiento.

Ya en el verano de 1920, nuestra organización destinada al mantenimiento del orden fue adquiriendo poco a poco contornos precisos, y en la primavera de 1921 se formaron compañías de cien hombres, subdivididas a su vez en grupos.

Y esto resultó indispensable, por lo mismo que la actividad asambleísta del Partido había ido aumentando constantemente. Todavía nos reuníamos, a veces, en la sala de fiestas de la "Münchener Hofbräuhaus"; pero frecuentemente en salas más espaciosas. La sala de fiestas del `Bürgerbräu" y la del "Münchener Kindl-Keller" fueron el escenario, en 1920 y 1921, de la realización de asambleas populares cada vez más formidables. El cuadro, sin embargo, era siempre el mismo. Ya en esa época, las manifestaciones del Partido Nacionalsocialista Alemán de los Trabajadores tenían que ser prohibidas por la Policía la mayor parte de las veces, debido a las aglomeraciones antes del comienzo de las reuniones.

La organización de nuestras Tropas de Orden trajo consigo la solución de una cuestión muy importante: hasta entonces el Movimiento no poseía una insignia especial, ni menos una bandera del Partido. La ausencia de tales símbolos suponía inconvenientes no sólo momentáneos, sino que también para el porvenir. Los inconvenientes consistían, ante todo, en el hecho de que nuestros correligionarios carecían en absoluto de un signo exterior que revelase su pertenencia y que, por otra parte, caracterizara al Movimiento con una enseña como símbolo opuesto al emblema de la Internacional marxista.

Más de una vez tuve en mi juventud ocasión de darme cuenta y penetrar instintivamente la enorme significación psicológica que entrañan los símbolos. Después de la guerra asistí en Berlín a un mitin marxista delante del Palacio Real, en Lustgarten. Un mar de banderas rojas, de brazaletes rojos y de flores rojas daba a esta demostración, aproximadamente de ciento veinte mil personas, un aspecto exterior imponente, y yo mismo sentía y comprendía la facilidad con que el hombre del pueblo se deja dominar por la magia seductora de un espectáculo de tan grandiosa apariencia.

La clase burguesa, que políticamente no tiene ni representa en verdad concepción ideológica alguna, carecía lógicamente de un símbolo propio; constaba de "patriotas" y llevaba por doquier los colores del Reich de la postguerra, negro, rojo y oro. Si eso fuese realmente el símbolo de una determinada doctrina, se comprendería que los "propietarios" del Estado proyectaran también en la bandera de éste la representación de sus ideales, porque el símbolo ya se había vuelto bandera del Reich, gracias a sus esfuerzos.

Entre tanto, las cosas no sucedieron de ese modo. El Reich se había formado sin la contribución de la burguesía alemana. La propia bandera había sido creada en el campo de batalla. No pasaba, sin embargo, de una bandera del Estado, sin mayor significado en el sentido de una finalidad universal.

Sólo en la Austria alemana existía, hasta entonces, alguna cosa parecida, con una bandera del Partido Burgués. Una parte de la burguesía nacional austríaca, escogiendo los colores de 1848 -negro, rojo y oro- para la bandera de su Partido, había creado un símbolo que, a pesar de no tener significación mundial, al menos representaba las características políticas del Estado. **Los enemigos más radicales de esa bandera negra, roja y oro eran en aquel tiempo -no olvidemos eso hoy- los socialdemócratas y los socialcristianos.** Eran ellos justamente los que insultaban entonces y ultrajaban esos colores, como más tarde, en 1918, hicieron con el pabellón negro, rojo y oro. Es cierto que el negro, el rojo y el oro de los partidos alemanes de la vieja Austria representaban el año 1848, por tanto, una época que pudo haber sido casi de fantasía, aunque contara entre sus representantes con los alemanes más honestos, a pesar de existir siempre detrás, e invisible, la mano del judío. Por esa razón, la traición a la Patria y la vergonzosa entrega del pueblo alemán y de sus riquezas tornaron más tarde esa misma bandera grata al marxismo.

Es así como, hasta el año 1920, el marxismo no contaba con ninguna bandera adversaria que le ofreciese una oposición en materia doctrinal. La misma burguesía alemana, con sus mejores partidos, no quiso, después de 1918, adoptar como su propio símbolo la bandera del Reich negra, roja y oro, careciendo además de un programa que ofrecer para el futuro, con alguna idea para la reconstrucción del antiguo Reich.

La bandera negro-blanco-rojo del antiguo Imperio fue nuevamente adoptada por los llamados partidos nacional-burgueses.

No cabe duda de que el símbolo de una época que fue dominada por el marxismo, en condiciones y circunstancias poco gloriosas, mal pueda servir de emblema para destruir ese sistema, por sagrados y queridos que fuesen los antiguos colores para todo buen alemán que combatió bajo sus símbolos y vio el sacrificio de tantos. Esos colores de belleza única, lozana y fresca, no se prestan ya para constituir el símbolo de una lucha del porvenir.

Contrariamente a los políticos burgueses, siempre sostuve dentro de nuestro Movimiento el punto de vista de que para la Nación alemana significaba una verdadera suerte haber perdido la antigua bandera 2. Desde el fondo de nuestros corazones deberíamos dar gracias al Destino de que haya querido preservar a nuestra gloriosa bandera de guerra del oprobio de servir de trapo para la prostitución más vergonzosa. El Reich actual, que vende a sus ciudadanos y se vende a sí mismo, nunca debería enarbolar la bandera negra, blanca y roja, cubierta de heroísmo. Mientras perdure la vergüenza de noviembre podrá la República continuar usando sus insignias sin apropiarse de la bandera de un pasado glorioso. Nuestros políticos burgueses deberían tener conciencia de que el uso de la bandera negra, blanca y roja equivale a un robo histórico. El antiguo pabellón sólo se adaptaba al extinto Reich. Gracias. a Dios, la República eligió otro más de acuerdo con sus ideas.

Nosotros, los Nacionalsocialistas, no podemos ver en la antigua bandera del Reich un símbolo de nuestra acción, pues no aspiramos a resucitar el Imperio que cayó víctima de sus propios defectos, sino más bien a erigir un nuevo Estado. El Movimiento, que en este sentido lucha ahora contra el marxismo, tenía que llevar desde entonces en su bandera el símbolo del nuevo Reich.

La cuestión de nuestra bandera, es decir, lo relacionado con su aspecto, nos preocupó por entonces muy intensamente. De todos lados recibíamos sugestiones bien intencionadas, pero carentes de valor práctico. La nueva bandera tenía que representar el símbolo de nuestra propia lucha y, al mismo tiempo, debería producir un efecto majestuoso sobre las masas. Quien tuviera el hábito de lidiar con la masa popular, vería fácilmente en esas bagatelas aparentes cuestiones de suma importancia. Un emblema que produzca gran efecto puede dar el primer impulso al interés popular por un movimiento importante.

Es por lo que tuvimos que rehusar todas las propuestas, bastante numerosas, para identificar con una bandera blanca nuestro Movimiento, conectándolo con el antiguo Estado o, mejor todavía, con aquellos partidos débiles, cuyo único fin político consistía en la restauración de situaciones pasadas. Además, el blanco no es un color impresionante; es apropiado para las congregaciones de vírgenes castas y puras, pero no para un movimiento de acción, en una época revolucionaria.

El negro fue igualmente propuesto. Siendo apropiado para la época actual, no expresaba, sin embargo, las aspiraciones de nuestro Movimiento. El efecto de ese color no es fulminante.

El blanco-azul tampoco fue aceptado, a pesar de su maravilloso efecto estético, por ser los colores de un Estado de Alemania, desgraciadamente de una actitud política estrechamente regionalista. Además de que nada lo identificaba con nuestro movimiento. El negro y el blanco estaban en el mismo caso. El negro, rojo y oro no se puso siquiera a discusión, por los motivos ya mencionados. Negro, blanco y rojo tampoco fue discutido. En cuanto a su efecto, esta última composición de colores se llevaba la palma sobre todas las demás, por su brillante armonía.

Por mi parte, me pronuncié en favor de la conservación de los antiguos colores, no sólo porque, como soldado, para mí son los más sagrados, sino también por su efecto estético, ya que mejor que cualquier otra combinación armoniza con mi propio modo de sentir.

A pesar de eso fui obligado a rehusar, sin excepción, los innumerables esbozos que se hicieron en aquel tiempo en los círculos del incipiente Movimiento, aun cuando la mayor parte habían introducido la esvástica en la antigua bandera. Como líder, no quería aparecer todavía en público con mi propio proyecto, ya que siempre era posible que alguien tuviese la idea de otro parecido, o incluso mejor que el mío. En efecto, un dentista de Starnberg realizó un dibujo muy parecido al que yo imaginaba, con la única diferencia de traer la esvástica con las astas curvas sobre un disco blanco.

Después de innumerables ensayos, logré precisar una forma definitiva: sobre un fondo rojo, un disco blanco y, en el centro, la svástica en negro. Igualmente pude encontrar una relación apropiada entre la dimensión de la bandera y la del disco y entre la forma y el tamaño de la svástica. Y así quedó.

Inmediatamente se mandó confeccionar brazaletes con la misma combinación para nuestras Tropas de Orden; esto es, un brazalete rojo sobre el cual aparece el disco blanco y la svástica negra.

También la insignia del Partido fue creada siguiendo la misma orientación: un disco blanco sobre fondo rojo y en el centro la svástica. Un joyero de Munich, de nombre Füss, confeccionó el primer modelo susceptible de ser adoptado y usado. En el verano de 1920 lucimos por primera vez nuestra bandera. Correspondía admirablemente a la índole de nuestro naciente Movimiento. ¡Jóvenes y nuevos eran ambos! Nunca habían sido vistos antes. Su efecto, en aquel momento, fue el de una antorcha encendida. Nuestra alegría fue casi infantil cuando un fiel miembro de nuestro Partido confeccionó el modelo por vez primera y nos lo entregó. A los pocos meses, poseíamos media docena en Munich. Las tropas del Servicio de Orden, cada vez más numerosas, contribuirían extraordinariamente a la propagación del nuevo símbolo del Movimiento.

¡Y realmente es un símbolo! No sólo porque mediante sus colores, ardientemente amados por nosotros y que tantas glorias conquistaron para el pueblo alemán, testimoniamos nuestro respeto al pasado, sino porque ese símbolo es también la mejor encarnación de los propósitos del Movimiento. Como socialistas nacionales, vemos en nuestra bandera nuestro programa. En el rojo, la idea social del movimiento; en el **blanco,** la aspiración Nacionalista, y en la **esvástica** la misión de luchar por la victoria del hombre ario y, al mismo tiempo, **por el triunfo de la concepción del trabajo productivo, idea que es y será siempre antijudía.**

Dos años más tarde, cuando nuestra Fuerza de Orden se había convertido en una "Sección de Asalto" (SA: Sturm-Abteilung) que abarcaba muchos miles de hombres, se hizo necesario darle a esta Organización de Combate de la Nueva Concepción Ideológica un símbolo especial de victoria: **el estandarte.** Éste también fue diseñado por mí y su ejecución fue confiada a un leal miembro del Partido, el joyero Guhr. Desde aquel momento, los estandartes pasaron a ser las enseñas características de la campaña Nacionalsocialista.

La actividad de nuestros mítines populares crecía cada vez más durante el año 1920 y nos llevó a tener que efectuar dos reuniones por semana. Las multitudes se aglomeraban delante de nuestros carteles de propaganda, las salas más espaciosas de la ciudad estaban siempre repletas y decenas de miles de adeptos, arrebatados a los marxistas, volvieron a formar parte de la comunidad alemana para luchar por la libertad de un Reich futuro. Ya nos conocía el público de Munich. Se hablaba de nosotros por nuestro propio nombre, y la expresión "Nacionalsocialista" ya era familiar a muchos, significando incluso todo un programa. El número de adeptos del Movimiento comenzó a crecer sin interrupción, de modo que en el invierno de ese año ya podíamos presentarnos en Munich como un Partido fuerte.

Por entonces no existía, en oposición a los partidos marxistas, ningún movimiento de claro carácter nacional que hubiese podido preciarse de organizar mítines populares tan imponentes como los nuestros.

La sala del "Münchener Kindl-Keller" en Munich, que puede dar cabida a cinco mil personas, estuvo más de una vez atestada a reventar; quedaba un solo local cuya enorme capacidad había hecho que no nos atreviéramos aún a tomarlo como lugar de reunión: el Circo "Krone".

En los últimos días de enero de 1921 volvieron a presentarse graves incidencias para Alemania. El Pacto de París, que obligaba al Reich a pagar la absurda suma de cien mil millones de marcos oro, debía ser puesto en vigencia conforme al dictamen de Londres.

Con este motivo, una "Cooperativa" de las llamadas asociaciones nacionalistas, existente desde hacía largo tiempo en Munich había querido organizar un mitin general de protesta. El tiempo apremiaba, y yo mismo me sentía nervioso ante las eternas vacilaciones en cuanto a las resoluciones tomadas. Se habló primero de una manifestación de protesta ante la Feldherrnhalle.

Eso también fracasó, surgiendo, entonces, la propuesta para una reunión general en la "Münchener Kindl-Keller". Entre tanto, pasaron los días insensiblemente; los grandes partidos no habían tomado ni la menor nota del tremendo suceso y la "Cooperativa" misma no pudo resolverse a fijar la fecha de la demostración proyectada.

El martes 10 de febrero de 1921 exigí urgentemente una decisión definitiva. Se me había pedido que esperara hasta el miércoles y ese día insistí en obtener de todos modos una clara información sobre si la asamblea tendría lugar al fin, y cuándo. La respuesta fue nuevamente evasiva e imprecisa. Se decía que se tenía la "intención" de reunir la "Cooperativa" para el miércoles siguiente.

Ante semejante estado de cosas se me había agotado la paciencia y acabé por organizar yo mismo el mitin de protesta. El miércoles, al mediodía, dicté a máquina, en diez minutos, el texto de la proclama y al mismo tiempo ordené alquilar para el día siguiente - el jueves 12 de febrero— el local del Circo "Krone".

Por entonces, esto significaba exponerse a un gran riesgo; no sólo porque era dudoso llenar tan enorme local, sino también porque se corría el peligro del sabotaje. Nuestras Fuerzas de Orden no eran suficientes para vigilar un espacio tan grande. Yo tampoco tenía una idea definida sobre la actitud a tomar ante la eventualidad de un ataque. Ello porque consideraba la defensa más difícil en un local como ése que en una sala común. Debió ser justamente lo contrario, como quedó probado más tarde. Un área gigantesca era más fácil de dominar para un batallón de asalto que una sala estrecha.

Pero una sola cosa era segura: el fracaso podía significar un retroceso de varios años para el desarrollo del Movimiento. Un sabotaje coronado por el éxito podría destruir, de un golpe, nuestra fama y estimular al adversario. Ello podría ocasionar un enorme daño a toda nuestra actividad futura. Y semejante desastre sólo podría repararse después de muchos meses y tras grandes luchas.

Para pegar las proclamas no disponíamos más que de un solo día; esto es, el mismo jueves. Por desgracia, llovía ya por la mañana y parecía fundado el temor de que, en tales circunstancias, mucha gente preferiría quedarse en casa a concurrir con agua y nieve a una asamblea donde probablemente habría muertos y heridos.

En la mañana de ese día se apoderó de mí el temor de que no conseguiríamos llenar la sala. Inmediatamente dicté y mandé imprimir algunos boletines para ser distribuidos por la tarde. Si mi temor se realizase, sería un desastre para la asociación de trabajadores del Movimiento. Los folletos naturalmente contenían la invitación para la reunión.

Dos camiones, que hice alquilar, fueron decorados de rojo y provistos de algunas banderas nuestras; cada uno iba ocupado por quince o veinte camaradas, con la orden de recorrer diligentemente las calles de la ciudad y distribuir volantes; en una palabra: hacer propaganda para el mitin de la noche. Ésta fue la primera vez que se vio circular camiones con banderas rojas, conduciendo elementos no marxistas. Es por lo que la burguesía veía, boquiabierta, pasar los camiones decorados de rojo y de banderas nazis que tremolaban al viento, mientras en los barrios apartados de la ciudad se levantaban también innumerables puños cerrados que expresaban su furia contra la última "provocación al proletariado". Hasta entonces sólo el marxismo poseía el monopolio de organizar reuniones y de andar para arriba y para abajo en camiones de propaganda.

A las siete de la noche, el local del Circo no estaba todavía suficientemente concurrido. Cada diez minutos se me informaba por teléfono y me sentía un tanto inquieto; pero no tardaron en llegar noticias favorables. En las dimensiones gigantescas del nuevo local, mil personas, que en la sala de la "Hofbräuhaus" daban un magnífico efecto, pasaban completamente inadvertidas en el Circo "Krone". Casi no se veía a nadie. Poco después comenzaron a llegar informaciones más favorables y, a las ocho menos cuarto, me decían que tres cuartas partes del Circo ya estaban ocupadas, encontrándose una gran multitud ante las taquillas de entrada. Con esa noticia me puse en camino.

Llegué al local a las ocho y dos minutos. Se veía todavía una gran multitud delante del mismo; algunos parecían meros curiosos; otros, adversarios que esperaban afuera el desarrollo de los acontecimientos.

Cuando entré en el amplio local, experimenté la misma sensación de alegría que un año antes al realizarse nuestra primera reunión en la sala de fiestas de la "Hofbräuhaus" de Munich. Tuve que abrirme paso entre el apiñado público y cuando llegué a la tribuna pude darme cuenta de la magnitud del éxito. Ese local se extendía ante mí como una plaza enorme, repleta de miles y miles de personas.

Hasta la galería estaba repleta. Más de cinco mil seiscientas entradas habían sido vendidas, y si a esto se añadía el número de los sin trabajo, los estudiantes pobres y los elementos de nuestra guardia encargada de mantener el orden, posiblemente la concurrencia pasaba de 6.500 personas.

"El Porvenir y la Ruina". Tal era el tema de mi conferencia, y mi corazón palpitaba en la convicción de que el futuro estaba allí, delante de mis ojos. Hablé aproximadamente por espacio de dos horas y media, y ya después de los primeros treinta minutos supe que el mitin alcanzaría un éxito grandioso, porque sentía el contacto íntimo con aquellos miles de personas. A partir de la primera hora, los aplausos, con vítores espontáneos, cada vez mayores, empezaron a interrumpir mi discurso para luego, después de la segunda hora, volver a aplacarse y quedar el público sumido en aquel silencio religioso que, en ocasiones posteriores, tantas y tantas veces, debí volver a experimentar en aquel mismo local, y del que cada uno de nosotros guarda un recuerdo imperecedero. No se escuchaba otra cosa que la respiración de la multitud colosal, y en cuanto hube pronunciado la última palabra, estalló el entusiasmo popular en máximo fervor patriótico, cantando el Himno Nacional. Yo observaba cómo, paulatinamente, la enorme área comenzaba a vaciarse y una monstruosa ola de gente buscaba la salida por la gran puerta central. Eso duró casi veinte minutos. Sólo entonces, poseído de la más viva alegría, volví a casa.

Se tomaron fotografías de esa primera reunión del Circo "Krone" de Munich. Mejor que las palabras servirán aquéllas para probar la importancia de la manifestación. Las gacetas burguesas publicaron fotografías y comentarios, mencionando únicamente que se había tratado de una demostración "nacional" y omitiendo, por supuesto, citar los nombres de los organizadores.

Con esa demostración, salimos por primera vez del marco de los partidos existentes. No podíamos ya pasar inadvertidos. Para impedir a cualquier precio la impresión de que ese éxito pudiese ser considerado como efímero,, anuncié inmediatamente, para la semana próxima, la segunda manifestación en el "Krone", y el éxito fue idéntico.

Nuevamente, el inmenso espacio se hallaba lleno, hasta tal punto que decidí organizar, por tercera vez, otra reunión del mismo género a la semana siguiente y, de nuevo, el gigantesco espacio se repletó de público.

Después de aquellos éxitos, en 1921, intensifiqué considerablemente nuestra actividad asambleísta en Munich, optando por celebrar en adelante no solamente una reunión, sino dos y hasta tres por semana, en el verano y al finalizar el otoño. Nuestros mítines se realizaban siempre en el local del Circo "Krone"; y con íntima satisfacción pudimos constatar que cada vez teníamos el mismo éxito.

El resultado fue una creciente adhesión al Movimiento y un aumento notable del número de miembros del Partido.

Era natural que ante semejantes éxitos no se quedasen inactivos nuestros adversarios. Aunque siempre vacilantes en su táctica, una vez aconsejaban el terror; otra, el silencio absoluto. Así, se volvían incapaces de impedir el progreso de nuestro Movimiento, como ellos mismos fueron obligados a reconocer. De este modo, se resolvieron a llevar a cabo un último acto de terrorismo que pusiese definitivamente fin a nuestra actividad asambleísta. Como pretexto de su actitud se aprovecharon de un atentado extremadamente misterioso contra un diputado de la Dieta llamado Erhard Auer. Cierta noche, éste recibió un tiro, sin saber de quién. Aunque no fue herido, se hizo un gran escándalo. Se decía que sólo la fantástica presencia de espíritu, así como el valor proverbial de ese líder del Partido Socialdemócrata, habrían no sólo anulado el ataque criminal, sino también inducido a huir, vergonzosamente, a los miserables autores. Habían huido tan deprisa y tan lejos, que la Policía no pudo jamás descubrir el menor rastro de ellos. Ese atentado misterioso sirvió al diario del Partido Socialdemócrata de Munich como medio de intriga contra el Movimiento. Y se tomaron medidas para impedir nuestro impresionante progreso. Fue así como se preparó una intervención violenta del proletariado marxista.

Ese día no se hizo esperar. !

Para el encuentro decisivo eligieron una de nuestras reuniones en la sala de fiestas de la "Hofbräuhaus"; donde yo debía hablar.

En efecto, el 4 de noviembre de 1921, entre las 6 y las 7 de la tarde, recibí las primeras informaciones concretas anunciando que nuestra asamblea de aquella noche sería interrumpida a toda costa, y supe que se tenía la intención de mandar al local grandes grupos de obreros rojos, reclutados especialmente para ese fin.

Fue atribuible a una infeliz circunstancia el que no hubiéramos podido tener antes tal comunicación. Ese mismo día habíamos desocupado nuestra antigua oficina en la Sterneckergasse, en Munich, para trasladarnos a otra. Habíamos dejado el antiguo local sin poder aún instalarnos en el nuevo, debido a que en éste se hacían todavía trabajos de reparación. El teléfono tampoco estaba funcionando, y por ellos fracasaron muchas tentativas encaminadas a informarnos mayormente sobre el proyectado sabotaje.

La consecuencia de esto fue que nuestra asamblea de aquella noche iba a estar protegida solamente por un grupo escaso de nuestra guardia de orden. Su número no pasaba de cuarenta. Como nuestra organización de protección no estaba todavía suficientemente perfeccionada, habría sido imposible por la noche, en el término de una hora, disponer de un conveniente refuerzo. Aumentaba la incertidumbre el que rumores alarmantes de ese género ya nos habían llegado en innumerables ocasiones, sin que nada de extraordinario hubiera acontecido. El viejo dicho, según el cual los actos anunciados generalmente no acontecen, siempre se había confirmado.

Es por esto por lo que no se adoptaron todas las precauciones necesarias para repeler un ataque de la forma más enérgica.

Considerábamos la sala de fiestas de la "Hofbräuhaus" de Munich como más difícil de ser atacada. Habíamos temido aquello mayormente en las grandes salas, sobre todo en el Circo. A este respecto, ese día nos proporcionó una preciosa lección. Después estudiaríamos todo con métodos científicos, por así decir, llegando a resultados tan sorprendentes como interesantes y que llegaron a ser, en los tiempos que siguieron, de una importancia fundamental para la organización y la táctica de nuestras Tropas de Asalto.

Cuando a las ocho menos cuarto llegué al vestíbulo de la "Hofbräuhaus" no podía ya dudarse de la intención de nuestros adversarios. La sala se hallaba repleta, debiendo la Policía clausurar la entrada. Nuestros enemigos, que habían tenido buen cuidado de venir muy temprano, llenaban el recinto, mientras que nuestros adeptos quedaron en su mayor parte fuera. El pequeño grupo de las SA esperaba en el vestíbulo y ordené formar a los cuarenta y seis hombres que lo componían. Les dije a mis muchachos que seguramente aquella noche tendrían que poner a prueba, por primera vez a sangre y fuego, su fidelidad al Movimiento, y que ninguno de nosotros debería salir del local salvo que nos sacasen muertos; dije que yo personalmente no me movería del lugar y que jamás podría imaginar que uno solo de ellos fuese capaz de abandonarme. Finalmente, subrayé que si viese que alguno se portaba como un cobarde yo mismo le arrancaría el brazalete y la insignia del Partido. Les insté a reaccionar inmediatamente contra la menor tentativa de sabotaje, sin olvidar ni por un momento que la mejor forma de defensa es siempre el ataque. La exclamación `¡Heil!', pronunciada tres veces más vigorosamente que nunca, fue la respuesta a mis palabras. Una vez en la sala, pude apreciar la situación con mis propios ojos. Los concurrentes estaban apiñados y me esperaban con penetrantes miradas. Sus fisonomías llenas de odio se tornaban hacia mí, en tanto que otros me dirigían insultos seguidos de amenazantes gesticulaciones. "¡Hoy acabarían con nosotros! ¡Deberíamos defender nuestras panzas! ¡Nos cerrarían definitivamente la boca!". En fin, una serie de insultos de grueso calibre. Estaban convencidos de su superioridad numérica y pensaban demostrarlo.

A pesar de todo, la asamblea fue inaugurada y empecé mi discurso. En la sala de la cervecería "Hofbräuhaus" yo tomaba siempre mi lugar en una mesa en medio del público. Tal vez esa circunstancia contribuyese para crear en el lugar un ambiente como nunca encontré en ningún otro.

Delante de mí sólo había adversarios, sentados y de pie. Eran todos ellos hombres robustos, en su mayor parte trabajadores de la fábrica Maffei, de Kusterman y del Isar. Junto a la pared izquierda de la sala ya habían empujado las mesas hasta muy cerca de la mía. Pedían cada vez más cerveza, colocando las jarras vacías debajo de la mesa. Así fueron formando auténticas baterías. Hubiera sido un milagro que las cosas, en esta ocasión, hubiesen acabado en paz. Después de hora y media, más o menos - período durante el cual conseguí hablar a pesar de todas las interrupciones-, parecía como que yo llegaría a dominar la situación. El mismo temor se iba apoderando de los jefes del enemigo. Su inquietud aumentaba. De vez en cuando salían y entraban nuevamente, hablando, entre ellos, visiblemente nerviosos.

Un pequeño error psicológico que cometí al contestar una interrupción, y del cual yo mismo me percaté apenas hube respondido, dio ocasión a la señal de ataque. Gritos furiosos, y de repente un hombre que salta sobre una silla y exclama: "¡Libertad!". A esta señal dada, los "libertarios" comenzaron su obra. Pocos instantes después dominaba en el local el bramido de una inmensa horda humana sobre la cual volaban, como descarga de obuses, infinidad de vasos de cerveza y, en medio de todo, el crujir de silletazos, vasos que se estrellaban, chillidos estridentes y silbatina.

El espectáculo era salvaje. Yo quedé de pie en mi puesto y desde allí pude observar cómo todos mis muchachos cumplieron con su misión admirablemente. ¡Me hubiera gustado ver cómo lo habrían hecho los burgueses en una situación análoga!

Apenas comenzó el ataque entraron mis "Tropas de Asalto", como desde entonces las llamé. Como jóvenes leones, en grupos de ocho o diez, caían sucesivamente sobre sus adversarios y poco a poco éstos fueron arrollados y echados del recinto. No habían transcurrido cinco minutos cuando vi que casi todos los míos sangraban y estaban heridos. ¡A cuántos de ellos me fue dado conocerlos entonces! A la cabeza, mi bravo Maurice, además de mi actual secretario privado Rudolf Hess y muchos otros que, aun gravemente heridos, atacaban siempre de nuevo, mientras podían mantenerse en pie. El escándalo infernal se prolongó durante veinte minutos. Al final, los adversarios, que podían ser setecientos u ochocientos, ya habían sido expulsados de la sala, rodando escaleras abajo, vencidos por mi pequeño grupo de valientes, que no superaba los cincuenta.

En uno de los rincones, al fondo de la sala, quedaba todavía un considerable bloque de adversarios que oponía tenaz resistencia. Inesperadamente detonaron dos tiros de revólver, disparados desde la entrada de la sala, y con esto se inició un tremendo tiroteo. Nos hallamos así ante la resurrección de una antigua escena guerrera.

A partir de ese momento era imposible precisar de dónde venían los disparos, pero una cosa pude establecer claramente: desde aquel instante el ardor combativo de mis muchachos había llegado al paroxismo, acabando por arrojar de la sala, vencidos, a los últimos provocadores.

Pasaron aproximadamente veinticinco minutos. En la sala parecía como si hubiese estallado una granada. Muchos de mis correligionarios heridos fueron. curados de urgencia, otros fueron transportados por las ambulancias. Sin embargo, habíamos quedado dueños de la situación.

Hermann Essen, que aquella noche presidía la reunión, declaró: "La asamblea continúa. La palabra la tiene el conferenciante". Y continué hablando.

Ya habíamos clausurado la reunión, cuando entró deprisa y muy excitado un oficial de Policía moviendo nerviosamente los brazos y gritando: "¡La asamblea queda disuelta!".

Sin querer tuve que reírme ante semejante alarde auténticamente policíaco. Entre los policías esa manía por darse importancia es típica. Cuanto más inferiores son, mayor autoridad quieren aparentar.

¡Realmente, mucho habíamos aprendido aquella noche, y más aún nuestros adversarios, que no olvidaron jamás la lección recibida!

Hasta el otoño de 1923, el Münchener Post no nos amenazó más con la violencia de parte del proletariado.

Capítulo VIII

El fuerte es más fuerte cuando está solo

En el Capítulo precedente he mencionado la existencia de una Cooperativa de Asociaciones Alemanas Nacionalistas. Ahora deseo ocuparme brevemente del problema.

Por lo general se comprende bajo la denominación "cooperativa de trabajo" un grupo de asociaciones que, con el fin de facilitar su labor, se someten entre sí a recíprocas obligaciones, eligiendo un directorio común con más o menos facultades, para luego poder llevar a cabo una acción conjunta. De esto se infiere que ha de tratarse de sociedades, asociaciones o partidos cuyos propósitos y procedimientos no se diferencian demasiado los unos con los otros. Para el ciudadano medio es agradable y cómodo saber que, por el hecho de que tales ligas se unan formando una asociación, ellas destacan los lazos que las unen, poniendo de lado aquellos aspectos que las pueden separar. Existe la difundida convicción de que una tal "cooperativa" alcanza un enorme incremento de fuerza para la acción y que, automáticamente, debería transformar la potencia de los grupos que la componen, por sí solos débiles y pequeños.

Esta creencia es errónea en la mayoría de los casos.

A mi modo de ver, es interesante y necesario, para una mejor comprensión del tema, dilucidar cómo se forman las sociedades, asociaciones, etcétera, tendientes al mismo fin.

Sería lógico que cada organización tendiese a un solo fin. Incuestionablemente, ese objetivo habría sido visto al comienzo por un solo individuo, quien proclama una verdad, preconiza la solución de un determinado problema, expone una finalidad y crea, por último, un Movimiento destinado a servir a su propósito. Así es como se funda una asociación o un partido que, de acuerdo con su respectivo programa, pretende conducir a la supresión de las anomalías existentes y a determinar un nuevo estado de cosas.

Tan pronto queda formado un movimiento de esta índole, entra prácticamente en posesión de un cierto derecho de prioridad. Sería natural y comprensible que todos los hombres que persiguen una misma finalidad se incorporen a un tal movimiento, para reforzarlo y de esta manera servir mejor a la idea común. Cada individuo que piensa por sí mismo debería ver en una tal filiación la condición indispensable para el éxito de la causa colectiva. Para alcanzar ese objetivo sólo un movimiento organizado puede ser eficaz.

El que esto no sea así, puede atribuirse a dos causas: la primera querría yo calificarla de casi trágica, en tanto que la segunda tiene un fondo de miseria y hay que buscarla en la flaqueza de la naturaleza humana. En verdad, sólo veo en ambas causas el hecho de la carencia de voluntad y de energía. Sin embargo, por una educación perfeccionada de la actividad humana, se hace posible la solución de ese problema.

La causa trágica reside en que cuando se trata del cumplimiento de un determinado cometido, raramente los hombres se cohesionan en una agrupación única, no obstante que, por lo general, en el mundo toda acción grandiosa es la t realización de un deseo latente en millones de corazones. Un anhelo acariciado por muchos en silencio. Puede suceder que durante siglos se desee ardientemente la solución de un determinado problema, sin que, debido a la presión de condiciones difíciles, se llegue a la realización de esos anhelos. Se debe dar el calificativo de impotentes a los pueblos que, en una tal emergencia, no encuentran una solución heroica. La fuerza vital de un pueblo, su derecho a la vida, se manifiesta del modo más impresionante en el momento en que ese pueblo recibe la gracia de un hombre que el destino reservó para la realización de sus aspiraciones; esto es, para la liberación de su cautiverio, para la supresión de esas amargas dificultades.

Corresponde al carácter de los grandes problemas contemporáneos el que miles de individuos se empeñen en su solución y que muchos de ellos se consideren predestinados, o que el Destino mismo los proponga, para hacer que a la postre, en el libre juego de fuerzas, se incline el éxito en favor del más capacitado, del más apto.

Así puede suceder que durante muchos siglos, descontentos con la conformación de su vida religiosa, muchos aspiren a una innovación y que, de esa aspiración moral, surjan docenas de hombres que sé creen elegidos, por su clarividencia o por su saber, como profetas de una nueva doctrina, o al menos como luchadores contra otra ya existente.

Aquí también, por el orden natural de las cosas, ciertamente será el más fuerte el que será elegido para cumplir la gran misión; sin embargo, la persuasión de que justamente ese hombre es el único predestinado, suele casi siempre llegan tarde a la conciencia de los demás. Por el contrario, todos se juzgan con los mismos derechos para resolver el asunto, y la colectividad generalmente es la que menos sabe distinguir quién de entre ellos es el capaz de realizar esa alta misión, quién merece el apoyo colectivo.

Es así como en el transcurso de los siglos y muchas veces dentro de una misma época, aparecen hombres distintos, que crean movimientos encaminados a defender finalidades semejantes, o por lo menos consideradas como análogas por la gran masa. El pueblo alimenta deseos vagos y convicciones indeterminadas, sin saber explicar con claridad lo que realmente constituye la esencia de su deseo propio, menos aún cómo realizarlo.

Lo trágico está en que aquellos hombres, sin conocerse entre sí, aspiran a llegar al mismo objetivo por caminos totalmente diferentes. Íntimamente convencidos de su propia misión, se creen obligados a ir cada uno aisladamente por su lado. En la fe de su propia misión, van siguiendo su camino, juzgándose en el deber de cumplirla, sin la menor consideración para con los demás.

Que tales movimientos, partidos, agrupaciones religiosas, completamente independientes los unos de los otros, surjan de las aspiraciones generales, en un determinado momento histórico, para encaminar su actividad en la misma dirección, a primera vista parece lastimoso. Aquí prevalece la opinión general de que las fuerzas dispersadas, yendo al comienzo por caminos diferentes y después concentradas en un solo haz, conducen más deprisa y más seguro al éxito anhelado. Esto, sin embargo, no es así. La Naturaleza, en su lógica implacable, decide la cuestión, haciendo que los diferentes grupos entren en competición por la victoria y permitiendo al movimiento de los que hubiesen escogido el camino más recto, más corto y más seguro, alcanzar el fin deseado.

Pero, ¿cómo podrá apreciarse desde fuera que el rumbo elegido es bueno o malo, si se da paso al libre juego de fuerzas, y con esto se sustrae al juicio intelectual de hombres infatuados de su saber la decisión definitiva, dejándola librada a la implacable prueba del éxito competitivo para que, en último análisis, sea lo que confirme la conveniencia y la utilidad de una doctrina?

La concurrencia tiene por finalidad un perfeccionamiento del combate individual, y no es extraño que la Humanidad deba el triunfo de alguna doctrina al fracaso de intentos precedentes. Así es como podemos reconocer en el hecho aparentemente lamentable de la dispersión inicial el incentivo por el cual alcanzaremos el éxito.

La Historia nos podría hacer creer que las dos posibilidades que existieron para solucionar el problema alemán, y cuyos gestores principales eran Austria y Prusia -los Habsburgos y los Hohenzollern-, debieron haber sido desde un principio unificadas, para cohesionar sus energías, optando por la parte más representativa, es decir, Prusia; porque está fuera de duda que la orientación austríaca nunca hubiera conducido a la creación de un Reich alemán.

El Reich alemán surgió justamente de aquello que millones de alemanes consideraban, con dolor, como la mayor tragedia: riña entre hermanos. La Corona Imperial de Alemania salió verdaderamente del campo de batalla de Königgrätz y no de los combates en las puertas de París, como generalmente se supone.

La fundación de este Reich no fue el fruto de una voluntad común puesta al servicio de un procedimiento también común, sino más bien el resultado de una lucha consciente, y a veces inconsciente, por la hegemonía política, lucha de la cual surgió a la postre la Prusia vencedora. Y quien no esté ofuscado por la política partidista, tendrá que reconocer que la sabiduría humana jamás hubiera llegado a una decisión tan sabia como a la que llegó la sabiduría de la vida, permitiendo el libre juego de las fuerzas.

En efecto, ¿quién en los países alemanes hubiera creído seriamente hace doscientos años que la Prusia de los Hohenzollern, y no el reino de los Habsburgos, iba a convertirse un día en el núcleo creador y director del nuevo Reich? En cambio, ¿quién podría hoy desconocer que de ese modo obró mejor el Destino? ¿Y quién sería capaz de imaginarse un Reich alemán basado en los principios de una dinastía corrupta y degenerada como era la de los Habsburgos?

No, el desarrollo natural debió colocar al mejor en el puesto que le correspondía; bien es cierto que después de una lucha de siglos. Así fue y será eternamente.

Por eso no es de lamentar que, al comienzo, diferentes luchadores se encaminen en pos del mismo objetivo. El más capaz y el más diligente será el vencedor.

Consideremos ahora la segunda causa por la que, en la vida de los pueblos, movimientos análogos en apariencia tratan de alcanzar por caminos diversos un objetivo también aparentemente análogo. Esta causa es no sólo trágica, sino, además, odiosa. Se origina en una mezcla de emulación, envidia, ambición y fraude, características que desgraciadamente se encuentran reunidas en algunos sujetos de la Humanidad.

Después de aparecer el hombre que conozca profundamente las miserias de su pueblo y que procure descubrir claramente la naturaleza de sus males, e intentando remediarlos tienda a un solo fin y trace el camino a seguir, esos espíritus mezquinos siguen con ansiedad los pasos de aquel hombre que logró concitar la atención general. Se comportan como los pájaros que, aparentemente sin ningún interés, observan con la intención de robar a un compañero que logró encontrar una migaja de pan. Bastará que uno vaya por un nuevo camino para que muchos se pongan al acecho, presintiendo algún buen bocado al fin de la jornada. Tras descubrirlo, inician la marcha para alcanzar su objetivo, si es posible por un atajo.

Ahora bien, una vez creado el nuevo Movimiento y formulado su Programa, aparecen tales gentes, aseverando que persiguen el mismo fin. Pero de ningún modo los guía un propósito sincero al incorporarse al Movimiento y reconocer su prioridad, sino que se limitan a robarle su Programa para luego fundar, a base de él, un Partido propio. En eso todos ellos se muestran desvergonzados, afirmando al público ignorante que las intenciones del otro Partido ya hace mucho tiempo que eran también las.

suyas. Y lo peor es que, con esas actitudes, consiguen paulatinamente aparecer bajo un prisma honorable, en lugar de caer en el desprecio general como merecerían. Pues, ¿no es una gran falta de vergüenza apropiarse así de las banderas ajenas, rehusando las directrices de un Programa, para después seguir sus propios derroteros, aparentando el plagiante ser el creador de todo? El mayor descaro consiste en que, siendo esos elementos los primeros causantes de la dispersión, son los que más proclaman la necesidad de la unión, después que se convencen de que no pueden tomar la delantera al adversario.

A un proceso de este género es al que se debe la llamada "dispersión de los elementos racistas". Es evidente que la fundación de toda la serie de grupos, partidos, etc., llamados "nacionalistas", que aparecieron en los años de 1918-19 fue el resultado del natural desenvolvimiento de las cosas y no obra de sus fundadores. Ya en 1920, el Partido Nacionalsocialista Alemán de los Trabajadores -NSDAP- fue cristalizándose poco a poco como la agrupación vencedora entre aquel conjunto de organizaciones políticas. La honestidad doctrinal de sus fundadores no podía revelarse mejor que a través de la decisión, realmente admirable de muchos de ellos, de sacrificar su propio Movimiento, de éxito visiblemente menor, en pro del Movimiento más vigoroso, esto es, optando por disolverlo o incorporándolo incondicionalmente al otro.

Este mérito corresponde ante todo a Julius Streicher, Jefe del Partido Socialista Alemán de entonces. El NSDAP y el DSP 1 habían nacido inspirándose ambos en los mismos propósitos, pero independientes el uno del otro. El principal precursor en las luchas preparatorias para la formación del Partido Socialista Alemán fue, como ya dije, Julius Streicher, en aquel entonces profesor en Nürnberg. Por cierto que Julius Streicher estuvo al principio íntimamente convencido de la misión y del futuro de su Movimiento; empero, tan pronto como llegara a reconocer de manera clara e indubitable el vigor y el crecimiento del NSDAP, mayores a los de su propio Partido, suspendió sus actividades e instó a sus camaradas a continuar luchando desde sus filas para el objetivo común, lo que constituye una resolución tan heroica como digna de un hombre de bien.

De esta suerte no resultó, pues, ninguna división durante aquella primera época de nuestro Movimiento, siendo que casi por todas partes la voluntad bien intencionada de los hombres de la época conducía a un resultado honesto y seguro. Lo que hoy caracterizamos con la frase "división de los partidos nacionalsocialistas" debe exclusivamente su existencia a la segunda de las causas que he mencionado: hombres ambiciosos que nunca antes habían tendido a fines propios ni poseído ideas independientes, sienten aparecer su "vocación" precisamente en el momento en que los éxitos del Partido Nacionalsocialista Alemán de los Trabajadores comienzan a consolidarse.

Repentinamente surgieron programas políticos plagiados del nuestro; se proclamaron principios tomados del conjunto de nuestras ideas; precisáronse objetivos por cuya consecución hacía años que luchábamos y se eligió, por último, caminos ya andados por el NSDAP. Se procuró por todos los medios buscar un motivo para la formación de esos nuevos partidos, aun cuando ya existía hacía tiempo el nuestro. Cuanto más nobles aparentaban ser los pretextos, menos verdad contenían.

En verdad, un motivo único era la causa de todo: la ambición personal de los fundadores por representar un papel demasiado grande para su propia estatura. Esta gran osadía de apropiarse de lo ajeno se acostumbra a atribuir a los ladrones.

En aquella época no existían programas ni ideas de las que semejantes cleptómanos políticos no se apoderasen para servir a sus propios intereses. Los autores de tal plagio eran, sin embargo, los mismos individuos que más tarde, con lágrimas en los ojos, deploraban profundamente la "dispersión de los elementos racistas", hablando sin cesar de la "necesidad de la unión". Tenían así la secreta esperanza de que, finalmente, confundirían a los otros.

Si aún no conseguían eso y si las nuevas empresas no rendían lo que de ellas se esperaba, debido a la poca capacidad intelectual de sus dirigentes, el asunto se liquidaba mediante un precio menor, y ya se consideraba feliz quien en ese caso podía ingresar en una asociación de militantes políticos.

Todo lo que era incapaz de mantenerse en pie sobre sus propios medios, acabó por fusionarse en cooperativas de trabajo, partiendo seguramente de la convicción de que ocho cojos, apoyados mutuamente, pueden dar un atleta.

Si sucedía que entre todos ellos apareciese de hecho uno que no era cojo, tenía aquél que ocupar todas sus fuerzas sólo para mantener a los otros de pie, acabando finalmente por quedar inválido también. Es preciso considerar siempre como una cuestión de táctica la cooperación en esas llamadas asociaciones de trabajadores; no debemos, sin embargo, alejarnos nunca de la siguiente verdad fundamental: La formación de una asociación de luchadores políticos servirá para transformar coaliciones débiles en poderosas; una agrupación fuerte, por el contrario, puede a veces debilitarse por causa de aquéllas. Es falsa la suposición de que de la fusión de los grupos pueda resultar un factor de aumento de la energía, pues la mayoría de las asociaciones han sido siempre las representantes de la idiotez y de la cobardía. Es así como todas las corporaciones dirigidas por muchas cabezas están fatalmente abocadas al fracaso. Pues sucede que una reunión tal impide el libre ejercicio de las fuerzas en la lucha por la selección del mejor, impidiendo de esta forma la posibilidad de la victoria final, **que debe coronar al más sano y al más fuerte.**

Semejantes coaliciones son, por tanto, contrarias a la selección natural, impidiendo, la mayor parte de las veces, la solución pendiente.

Puede suceder que consideraciones de orden puramente estratégico lleguen a inducir a la jefatura suprema del Movimiento a concluir, por un corto período, un pacto de coaliciones de ese género, a fin de tratar determinadas cuestiones y emprender algunos pasos en común. Sin embargo, semejantes relaciones no deberían nunca prolongarse indefinidamente, si el Movimiento no quiere renunciar a su misión redentora. Es que, una vez que se obliga en una tal unión, el Movimiento pierde la posibilidad y el derecho de ejercer plenamente su propia voluntad, en el sentido de una evolución natural, y la derrota de los rivales, con la victoria del fin propuesto.

Jamás debe olvidarse que todo lo realmente grande en este mundo no fue obra de coaliciones, sino el resultado de la acción triunfante de uno solo. El éxito de las asociaciones ya trae en su origen el germen de la corrupción futura. Las grandes revoluciones ideológicas de trascendencia universal son imaginables y factibles únicamente como luchas titánicas de grupos individuales y nunca como empresas de "concertación".

En consecuencia, el Estado Nacionalsocialista jamás será creado por la voluntad condicionada de una "cooperativa nacionalista", sino sólo gracias a la férrea voluntad de un Movimiento único que sepa imponerse por encima de todos los demás.

Mi Lucha

CAPÍTULO IX

IDEAS BÁSICAS SOBRE EL OBJETIVO Y LA ORGANIZACIÓN DE LAS "SA"

El poder de la antigua Nación estaba apoyado en tres columnas: la Constitución monárquica, el cuerpo administrativo y el Ejército. La Revolución de 1918 abolió en Alemania la forma monárquica del Estado, disoció el Ejército y la Administración Pública quedó librada a la corrupción política. Con esto fueron también destruidos los fundamentos de lo que se denomina "autoridad del Estado", la cual reposa casi siempre sobre tres elementos que esencialmente son la base de toda autoridad.

El primer fundamento inherente a la creación de la autoridad proviene siempre de la popularidad. Pero una autoridad que sólo descansa sobre este fundamento es en extremo débil, inestable y vacilante. De ahí que todo representante de una autoridad cimentada exclusivamente en la popularidad tenga que esforzarse por mejorar y asegurar la base de esta autoridad mediante la formación del poder. **En el poder, esto es, en la fuerza, vemos representado el segundo fundamento de toda autoridad; desde luego, un fundamento mucho más estable y seguro, pero no siempre más eficaz que la popularidad. Si reunidas la popularidad y la fuerza subsisten un determinado tiempo, entonces surge el factor tradición, que es el tercer fundamento que consolida la autoridad. Sólo cuando se aúnan los tres factores: popularidad, fuerza y tradición, puede una autoridad considerarse inconmovible.**

Con la revolución, esta última hipótesis fue completamente apartada, pues ya no existía la tradición. Con la caída del Imperio, con el cambio de la antigua forma del Estado, con la destrucción de las antiguas insignias y símbolos del Imperio, la tradición se destruyó de un golpe. El resultado de ello fue la más fuerte conmoción de la autoridad del Estado.

Incluso la segunda columna de la autoridad, la fuerza material, ya tampoco existía. A fin de hacer lo posible para llevar a cabo la Revolución, era necesario disolver el Ejército como encarnación de la capacidad organizadora y de la fuerza del Estado. Más aún, se debía utilizar una parte del Ejército dividido, como elemento para el combate revolucionario. Si bien en el frente no se había realizado totalmente esa descomposición, debido a la proporción de bajas que dejaban tras de sí sus heroicas luchas, que duraban ya cuatro años y medio, lo iban corroyendo con el ácido de la desorganización para terminar, después de la desmovilización, por mezclarse en la confusión de la denominada "obediencia espontánea" de la época de los "Consejos de Soldados".

En esas hordas revoltosas, que eran de la opinión de que el Servicio Militar debería ser idéntico a la jornada de ocho horas de trabajo, no se podía, está claro, apoyar ninguna autoridad. Con esto desaparecía también el segundo elemento que es la garantía de la solidez de la autoridad, y la Revolución pasaba a disponer del primero, o sea, de la popularidad para erigir sobre ella su autoridad. Esa base era, sin embargo, un elemento extraordinariamente débil. Si bien es cierto que la revolución logró demoler con su ímpetu de un golpe el edificio del antiguo Estado, no es menos cierto que esto se debió, en último análisis, a la circunstancia de que el equilibrio normal, dentro de la estructura de nuestro pueblo, se hallaba ya destruido por la guerra.

Cada pueblo consta en su conjunto de tres grandes categorías: por una parte, un grupo formado en el sentido de la virtud y que se caracteriza por su valor y su espíritu de sacrificio; en el extremo opuesto, la hez de la Humanidad, es decir, el espécimen del egoísmo y del vicio. Entre ambos extremos, se sitúa la tercera categoría que es la vasta capa media de la sociedad, en la cual no se refleja ni deslumbrante heroísmo ni **un** bajo instinto criminal.

Los períodos de florecimiento de un pueblo existen únicamente gracias a la hegemonía absoluta del extremo positivo representado por los buenos elementos. Los períodos de desarrollo normal y regular, o lo que es lo mismo, de una situación estable, subsisten mientras dominan los elementos de la categoría media, en tanto que los dos extremos se equilibran o se anulan recíprocamente.

Finalmente, las épocas de decadencia de un pueblo son el resultado de la preponderancia de los malos elementos.

Notable es que la gran masa, como clase del centro, como la clasifiqué, en el caso de la victoria de uno de los dos extremos siempre se subordina voluntariamente al vencedor.

En el caso de vencer el extremo mejor, la gran masa lo secundará; en la hipótesis de triunfar el extremo del mal, la masa por lo menos no le opondrá resistencia, pues las clases del centro nunca entran en combate.

La guerra sangrienta, en sus cuatro años y medio, destrozó hasta tal punto el equilibrio interno de esas tres clases que se puede declarar -sin dejar de reconocer todos los sacrificios de la masa del centro- que el resultado para la parte superior de la sociedad fue perder casi completamente lo mejor de su sangre.

Es increíble lo que, en esos cuatro años y medio, Alemania perdió justamente en la sangre de sus héroes. Sumemos todas las centenas de miles de casos particulares en los que se decía siempre: **¡Voluntarios para el frente! ¡Patrullas de reconocimiento voluntarias! ¡Carteros voluntarios! ¡Telefonistas voluntarios! ¡Voluntarios para la construcción de puentes! ¡Voluntarios para submarinos! ¡Voluntarios para la aviación! ¡Voluntarios para los batallones de asalto!**, etcétera, siempre y siempre, durante cuatro años y medio, en mil ocasiones, **voluntarios** y nuevamente **voluntarios.** Se observaba siempre el mismo resultado: los jóvenes menores o el hombre maduro, todos imbuidos de amor ardiente por la Patria, de gran valor personal y de la más elevada conciencia del deber, se presentaban ininterrumpidamente. Diez mil, cien mil de esos casos acontecían. Poco a poco iba disminuyendo, cada vez más, ese torrente de hombres. Los que no caían en el campo de batalla, quedaban mutilados, lisiados, o se dispersaban paulatinamente. Considérese, ante todo, que el año 1914 puso en pie de guerra a ejércitos completos de los denominados voluntarios, los cuales, gracias a la criminal falta de conciencia de nuestros perversos parlamentarios, no habían recibido la educación militar necesaria y, en esas condiciones, se les presentaba a los enemigos como carne de cañón. Los cuatrocientos mil que, en aquel tiempo, cayeron en las batallas de Flandes o se convirtieron en inválidos, no pudieron ya nunca más ser substituidos. Su pérdida era más que una simple pérdida numérica. Con sus muertos, el platillo malo de la balanza subió, y más que antes pesaban ahora los representantes de la vileza, de la infamia, de la cobardía; en fin, la gran masa de los inferiores. Pero eso no fue todo.

Mientras, durante cuatro años y medio, los mejores elementos iban escaseando en proporción alarmante, los peores se conservaban de manera explosiva. A cada héroe que, sacrificando su vida, subía las escaleras de la gloria, correspondía un cínico que, cautelosamente, se salvaba de la muerte y, en el interior del país, desarrollaba una actividad dañina.

Concluida la guerra, Alemania ofrecía el siguiente cuadro: la clase media, la más numerosa de la Nación, había rendido honorablemente su tributo de sangre; el extremo mejor de la Nación se había sacrificado casi íntegramente, con heroísmo ejemplar; el extremo más malo, en cambio, acogiéndose a leyes criminales y, además, debido a la no aplicación de las sanciones del Código Militar, quedó desgraciadamente intacto.

Esta hez de nuestro pueblo, bien protegida, fue la que después hizo la Revolución, y pudo hacerla sólo porque el extremo bueno de la Nación había dejado de existir.

Por eso, la Revolución Alemana, desde el principio, era una empresa de popularidad muy relativa. No fue el pueblo alemán quien cometió este crimen de Caín, sino la canalla compuesta por desertores y rufianes.

El soldado del frente se regocijaba con el fin de la lucha sangrienta, se sentía feliz de poder volver a la Patria, volver a ver a la esposa y a los hijos. Por la Revolución, sin embargo, no tenía en su interior ningún interés; no simpatizaba con ella, ni mucho menos con sus autores y organizadores. En los cuatro años y medio de combate, había olvidado a las hienas y había quedado al margen de sus disputas.

Solamente para una pequeña parte del pueblo alemán, la Revolución era verdaderamente popular; esto es, para aquella clase que había escogido un platillo de limosnas como emblema del nuevo Estado. Sin embargo, ellos no simpatizaban con la Revolución por sí misma, como muchos creen aún hoy equivocadamente. Sin embargo, con dificultad podía una autoridad apoyarse en forma duradera sobre la "popularidad" de los saqueadores marxistas. La "Nueva República" precisaba de una autoridad a cualquier precio, si no quería ser derrotada, después de un corto caos, por la acción de los últimos buenos elementos de nuestro pueblo.

Nada temían más en aquel tiempo los organizadores de la Revolución que ver hundirse el suelo y ser cogidos por sorpresa por el puño de hierro, como muchas veces sucede en la vida de la naciones en tales circunstancias. La República debía consolidarse, costase lo que costase.

Por eso se vio obligada a organizar inmediatamente, junto al pilar vacilante de su popularidad, un régimen de violencia, para fundamentar mejor la autoridad. Cuando en los meses de diciembre, enero y febrero de 1918-19, los mercaderes de la Revolución sentían que la tierra firme cedía a sus pies, procuraron encontrar hombres que estuviesen dispuestos a reforzar, por el poder de las armas, la débil posición que les ofrecía el apoyo de su pueblo. La República "antimilitarista" necesitaba soldados. Mas, como el sostén primordial y único de su autoridad, es decir, su "popularidad" radicaba sólo en una comunidad de rufianes, ladrones, salteadores, desertores y emboscados -en una palabra, en aquella categoría que hemos venido en llamar el extremo peor de la Nación-, vano esfuerzo era el de tratar de reclutar en estos círculos hombres dispuestos a sacrificar la propia vida en servicio del nuevo ideal, ya que ellos no aspiraban en modo alguno a consolidar el orden y el desenvolvimiento de la República Alemana, sino simplemente a explotarla. **Los que habían hecho la propaganda de la idea revolucionaria y habían organizado la Revolución, no eran capaces ni estaban dispuestos a proveer, de sus propias filas, soldados para la defensa de la misma. Pues aquella gente no deseaba, de ningún modo, la organización de un Estado republicano, sino la desorganización de lo existente, para mejor satisfacer sus instintos. Su lema no era: orden y progreso de la República Alemana, sino, por el contrario, el saqueo de la misma.**

De esta forma, fatalmente, el grito de socorro que en aquellos días lanzaban los defensores de la República no podía ser oído por esas masas.

Por el contrario, sólo podría provocar acusaciones y exasperación, cuando ya entonces se pensaba en la constitución de una autoridad que no fuese apoyada solamente en su "popularidad" sino también en su fuerza. Se intentó combatir los puntos básicos de la Revolución, los únicos importantes para aquellos elementos; esto es, el derecho al robo y al saqueo, para así poder controlar el poder desenfrenado de una horda de ladrones y salteadores que habían escapado de los recintos penitenciarios.

Los defensores de la República podían gritar hasta desgañitarse; nadie les respondía desde aquellos sectores. Esto les hizo comprender cómo los portadores de su "popularidad" pensaban.

Fue entonces cuando comenzaron a presentarse numerosos jóvenes alemanes, dispuestos a vestir de nuevo el uniforme de soldado, para ponerse --como se les había hecho creer- al servicio de la "tranquilidad y el orden". Con las armas al hombro y su casco de combate lucharían contra los destructores de la Patria. **Se agruparon como voluntarios en formaciones libres** (Freikorps) y, **aunque sentían ensañado odio contra la Revolución marxista, inconscientemente empezaron a protegerla, consolidándola prácticamente.**

Esa gente actuó de buena fe.

El auténtico organizador de la Revolución y su verdadero instigador -el judío internacional- había apreciado justamente las circunstancias del momento. El pueblo alemán no estaba todavía maduro para ser arrastrado al sangriento fango bolchevique, como ocurrió con el pueblo ruso. En buena parte se debía esto a la homogeneidad racial existente en Alemania entre la clase intelectual y la clase obrera; además de la sistemática penetración en las vastas capas del pueblo de elementos de cultura, fenómeno que encuentra paralelo sólo en los otros estados occidentales de Europa y que en Rusia es totalmente desconocido. Allí, la clase intelectual estaba constituida en su mayoría por elementos de nacionalidad extraña al pueblo ruso, o por lo menos de raza no eslava. La clase superior de la intelectualidad rusa de aquellos tiempos podía ser manejada, o manipulada, porque le faltaban totalmente los elementos que la podían unir con la gran masa del pueblo. El nivel intelectual de esta última era, también, terriblemente bajo.

Tan pronto como en Rusia fue posible movilizar a la masa ignara y analfabeta en contra de la débil capa intelectual que no guardaba contacto alguno con aquélla, estuvo echada la suerte de este país y ganada la Revolución. El analfabeto ruso quedó con ello convertido en esclavo indefenso de sus dictadores judíos, los cuales fueron lo suficientemente perspicaces para hacer que su férula llevase el sello de la "dictadura del proletariado".

En Alemania, la situación era la siguiente: la Revolución sólo había sido posible como consecuencia de la gradual descomposición del Ejército.

El soldado del frente no había sido el verdadero causante de la Revolución, ni el destructor del Ejército, pero sí la miserable canalla que deambulaba en las guarniciones de la retaguardia o prestaba servicios como "indispensable" en cualquier parte de la "economía interior". Ese Ejército estaba reforzado aún por decenas de miles de desertores que, sin el menor riesgo, pudieron dar las espaldas al frente de batalla. El verdadero cobarde de todos los tiempos nada teme tanto como la muerte, y ésta se encuentra delante de los hombres, diariamente y bajo mil aspectos, en el frente de combate.

Para que se pueda obligar a hombres indecisos y vacilantes, o hasta incluso cobardes, a cumplir con su deber, en todas las épocas sólo existió un medio: el desertor debe saber que su deserción trae justamente consigo aquello de lo que él deseaba huir: la muerte. En el frente de batalla se puede perecer; el desertor muere, en todo caso.

Únicamente por medio de una amenaza draconiana como ésta, para todo intento de deserción, se puede evitar el desánimo no sólo del individuo sino también de la totalidad de la gran masa.

Ésos eran el sentido y la finalidad de los artículos del Código de Justicia Militar.

Entrar en la gran lucha en pro de la existencia de la Nación entera era una creencia superior, únicamente apoyada en la fidelidad espontánea, nacida y conservada como cumplimiento del deber espontáneo, lo que inspiró las acciones de los hombres superiores; nunca, sin embargo, las de los hombres comunes. Por esta razón también son necesarias leyes contra la delincuencia, las cuales no son decretadas para los honestos, sino para los elementos dudosos y débiles. Esas leyes deben ser el medio para aterrorizar a los peores, a fin de impedir que se cree una situación en la que, finalmente, el honrado sería considerado como el más imbécil, quien hasta podría llegar a tener la impresión de ser mucho más conveniente participar también en el robo, que presenciarlo como simple espectador, o dejarse robar.

Por esto fue un error creer que en una lucha que se prolongaría por años, se podría prescindir de los medios con que la experiencia de muchos siglos, incluso de milenios, obligó en los momentos más graves a esos hombres indecisos y débiles al cumplimiento del deber.

Para los héroes voluntarios, evidentemente no se necesitaba de artículos del Código Militar, indispensables sin embargo para el cobarde y el egoísta, que en la hora en que la Patria corre peligro estima más su vida que la de la colectividad. Tales cobardes sólo podrán abandonar esa actitud si se aplica contra ellos los más severos castigos. Cuando los hombres se enfrentan ininterrumpidamente con la muerte y durante semanas son obligados a permanecer en combates sin tregua, dentro de las trincheras llenas de barro, a veces sin los alimentos más indispensables, no se puede permitir a otros, que prefieren la vida cómoda en sus ciudades, el incumplimiento del deber, obligándolos no sólo por medio de la amenaza de cárcel, sino además por una rigurosa aplicación de la pena de muerte.

Esos individuos consideran, como lo prueba la experiencia, la prisión como un lugar todavía mil veces más agradable que el campo de batalla, dado que allí, al menos, su inestimable vida no está amenazada.

Causa de los peores desastres fue que, durante la guerra, se hubiese dejado de aplicar la pena de muerte. Un ejército de desertores se extendió por el país en 1918 y colaboró en la formación de la organización criminal a la que se debe la Revolución de noviembre de 1918.

El frente de batalla se encontraba ajeno a eso. Los soldados que luchaban allí ansiaban la paz. Justamente en ese hecho existía un gran peligro para la Revolución. En la proporción que, después del armisticio, los ejércitos alemanes regresaban a la Patria, surgían en el espíritu de los revolucionarios las dudas: **¿Qué harán las tropas del frente de batalla? ¿Soportarán todo esto?**

Durante aquellas semanas, la Revolución en Alemania debería presentar una extrema moderación, si no quería correr el peligro de ser destruida de un momento a otro por algunas divisiones alemanas. **En aquella época, si el comandante de una única división hubiera tomado la resolución, con el auxilio de sus decididos soldados, de arriar los trapos rojos, destruir los "Consejos" y vencer cualquier resistencia, mediante lanza-minas y granadas de mano, esa división en menos de cuatro semanas se habría transformado en un ejército de sesenta divisiones.** Los judíos que manejaban el movimiento revolucionario temían a eso más que a nada. Justamente para impedir que esta hipótesis se realizase, era necesario imponer a la Revolución un cierto aire de moderación, dando la impresión de que ella, de ninguna manera, degeneraría en el bolchevismo; al contrario, debía disimular que se batía "por la tranquilidad y por el orden". Ése fue el motivo de las grandes concesiones: la llamada al antiguo cuerpo de funcionarios públicos y a los jefes del antiguo Ejército. Se precisaba de aquellos, por lo menos durante cierto tiempo, y, solamente después que el ingenuo hubiera cumplido su trabajo, se podría intentar darle el merecido puntapié y apartar de esta forma la República de las manos de los antiguos servidores del Estado, entregándola a las garras de los buitres de la Revolución.

Solamente así, por la aparente inofensividad y tolerancia del nuevo régimen, se podría esperar engañar a viejos generales y empleados del Estado y evitar una posible resistencia de los mismos.

Hasta qué punto lo lograron, se demostró en la práctica.

La Revolución no fue hecha, sin embargo, por elementos pacíficos y amigos del orden, sino por ladrones y saqueadores.

Con el aumento progresivo de su influencia, la socialdemocracia perdió más y más el carácter de un partido revolucionario. Eso se produjo no porque se divisasen otros fines que los de la Revolución o porque sus organizadores hubieran cambiado de intenciones. **La razón fue que con un Partido de diez millones de adeptos ya no se podía hacer la Revolución.**

En un Movimiento semejante ya no se puede contar con una actividad extrema, debido a la influencia inerte de la gran masa de centro. Comprendiendo esto, el judío, aun antes de que terminase la guerra, provocó la célebre escisión de la socialdemocracia. Del Partido Social-Democrático fueron extraídos los elementos más radicales y activos. Con los mismos se formarían batallones de ataque, de una fuerza decisiva: **El Partido Social- Democrático Independiente y la Unión Espartaquista fueron los batallones de asalto del marxismo revolucionario.** La burguesía cobarde fue juzgada con justicia y tratada sencillamente como chusma. Como es sabido que, por su humildad canina, las organizaciones políticas de una generación vieja e inválida son incapaces de resistencia, se juzgó superfluo prestarles ninguna atención.

La Revolución había vencido y demolido los pilares principales del antiguo régimen, pero el Ejército, volviendo a la Patria, aparecía como un fantasma amenazador, que debería poner un freno al desarrollo natural de la misma. El grueso del Ejército ocupó las posiciones conquistadas y los batallones de asalto de los "independientes" y de los "espartaquistas" fueron puestos al margen.

Eso no se consiguió, sin embargo, sin lucha.

Las más activas formaciones de asalto de la Revolución se sentían desplazadas, pues no habían sido satisfechos sus deseos y querían continuar la lucha.

Su desenfrenada indisciplina era bien vista por los que manejaban la Revolución.., Mal se había modificado la situación y ya aparecían dos partidos, lado a lado: el i Partido de la Tranquilidad y el Orden y el Grupo Terrorista. ¿Qué podría ser más natural, ahora, que nuestra burguesía inmediatamente entrase, con banderas desplegadas, en el campamento de la Tranquilidad y del Orden? Esas miserables organizaciones políticas tenían así la posibilidad de una actividad para la cual habían encontrado nuevamente una base con la que conseguirían solidarizarse con el poder al que tanto odiaban, pero que tanto temían. La burguesía política alemana había obtenido el alto honor de serle permitido sentarse en la misma mesa con los malditos jefes marxistas, para combatir por el bolchevismo.

De esa manera, ya en diciembre de 1918 y febrero de 1919, era ésta la situación: Con una minoría de pésimos elementos, fue hecha una Revolución a la que se adhirieron inmediatamente todos los partidos marxistas. La Revolución tenía aparentemente un carácter moderado, con lo que provocaba la enemistad de los fanáticos extremistas. Éstos comenzaron a trabajar con granadas de mano y ametralladoras, ocupando edificios públicos, o sea, amenazando la Revolución moderada. Para apartar los horrores de una evolución tal, los adeptos al nuevo régimen hicieron un armisticio con los adeptos al antiguo para, unidos, combatir a los extremistas. El resultado fue que los enemigos de la República cesaron su lucha contra ella y ayudaron a vencer a aquellos que, desde puntos de vista completamente diferentes, también eran enemigos de la misma República. El segundo resultado fue que, de este modo, el peligro de un combate de los adeptos al antiguo régimen contra los del nuevo orden de cosas, parecía definitivamente alejado. Es importantísimo no olvidar nunca ese hecho. Solamente quien lo comprenda podrá explicar cómo fue posible imponer esa Revolución a un pueblo del cual el 90% no tomó parte en ella, el 70% la rechazaba y el 60% la odiaba.

Así, mientras los combatientes de las barricadas espartaquistas, de un lado, y los fanáticos nacionalistas e idealistas del otro, derramaban su sangre aniquilándose ambos extremos, vencía como siempre la masa del centro. Burguesía y marxismo se rindieron a los hechos consumados y la República comenzó a consolidarse. Eso, sin embargo, no impedía que los partidos burgueses, especialmente antes de las elecciones, hablasen todavía durante algún tiempo de las ideas monárquicas para, evocando a los espíritus del mundo pasado, atraer a sus adeptos y utilizarlos nuevamente.

Eso no era honesto. Todos estaban, hacía mucho tiempo en su interior desligados de la Monarquía. La duplicidad del nuevo régimen comenzó a producir sus efectos tentadores también en el seno del partido burgués. El tipo normal de político burgués de hoy se siente mejor en el fango de la corrupción republicana que en la austeridad del régimen antiguo, que aún no había desaparecido de su memoria.

Como ya expliqué, después de la destrucción del antiguo Ejército, la Revolución estaba enfrentada a crear un factor nuevo: la autoridad de su Gobierno. En las condiciones en que se hallaban las cosas, ese factor sólo podía ser encontrado en las filas de los partidarios de una doctrina política contraria a la suya. De esas filas podría, entonces, surgir poco a poco un cuerpo militar que, numéricamente limitado por los tratados de paz, debía transformarse en un instrumento de la nueva concepción del Estado.

Si independientemente de los defectos evidentes del antiguo Estado nos preguntamos el porqué del éxito de la Revolución de 1918, como acción en sí, llegaremos a estas conclusiones:

1°. Porque las nociones del cumplimiento del deber y de la obediencia estaban aletargadas en nosotros.

2°. A causa de la cobarde pasividad observada por nuestros partidos llamados conservadores.

A ello conviene agregar la siguiente observación: El aletargamiento de esas nociones del cumplimiento del deber y de la obediencia, tenía su honda raíz en la índole de nuestra educación carente de sentido nacional y orientada netamente hacia la autoridad del Estado. De ahí resulta el descrédito de medios y fines. La conciencia y la noción del cumplimiento del deber y también la subordinación no son fines en sí, como tampoco el Estado es un fin en sí mismo; todos juntos deben constituir los medios conducentes a facilitar y garantizarle la existencia en este mundo a una comunidad de seres psíquica y físicamente afines.

En la hora crítica en que un pueblo, debido a los manejos de unos cuantos malhechores, cae en la desgracia y queda a merced de la más dura humillación, la obediencia y el cumplimiento del deber para con ellos es formulismo doctrinario, es locura. Sólo se podría conseguir evitar la ruina de un pueblo semejante por la recusación a la obediencia y al cumplimiento del deber.

De acuerdo con la actual concepción burguesa del Estado, el comandante de división que, de parte del Gobierno, hubiese recibido orden de no hacer fuego, habría cumplido con su deber y procedido correctamente, porque para el mundo burgués vale más la obediencia formal y absoluta que la existencia del propio pueblo. En la Concepción Nacionalsocialista, en tales momentos no obra la obediencia para con superiores pusilánimes, sino la lealtad para con la comunidad del pueblo. Aparece entonces el deber de la responsabilidad personal frente al conjunto de la Nación. La Revolución triunfó porque nuestro pueblo, mejor dicho, nuestros gobernantes, habían perdido el concepto vivo de estas nociones, para dar paso a una concepción puramente doctrinaria y formal de las mismas.

En lo concerniente al segundo punto, habría que subrayar lo siguiente: La causa profunda de la pusilanimidad de los partidos "conservadores" fue, en primer lugar, la desaparición del sector activo y bien intencionado de nuestro pueblo, el cual se desangró durante la guerra. Prescindiendo de todo esto, nuestros partidos burgueses, que podemos clasificar como las únicas instituciones políticas cimentadas sobre la plataforma del antiguo Estado, se hallaban persuadidos de que debían defender sus convicciones exclusivamente en el terreno intelectual y por medios intelectuales, ya que el empleo de la fuerza material era facultad privativa del Estado. Se debería reconocer en una tal concepción la señal de una decadencia que paulatinamente se iba acentuando. Eso era insensato, en un tiempo en que el adversario político ya hacía mucho que se había apartado de ese punto de vista y proclamaba por todas partes, con la mayor franqueza, estar resuelto a defender sus fines incluso por la fuerza. Pero en el momento en que surgió el marxismo en el mundo de la democracia burguesa, apelar a la lucha con "armas espirituales" constituía un solemne absurdo que después debió acarrear tremendas consecuencias sobre el mundo burgués, desde que el marxismo siempre defendió la opinión contraria; esto es, que el empleo de las armas debería atender sólo a puntos de vista de conveniencia y que el derecho a ese recurso se justifica por el éxito del mismo.

Cuán exacta era esa opinión quedó probado en los días 7 y 11 de noviembre de 1918. En aquel momento el* marxismo no tomó en consideración ni al parlamentarismo ni a la democracia sino, por medio de bandas de criminales armados, dio el golpe de muerte a ambos. Es perfectamente comprensible que las organizaciones de los charlatanes burgueses estuvieran desarmadas en aquellos días. Después de la Revolución, cuando los partidos burgueses, aunque bajo nuevos nombres, repentinamente reaparecieron y sus `heroicos jefes" salieron de la obscuridad de las bodegas seguras y bodegones bien ventilados, se vio cómo todos los representantes de esas antiguas organizaciones habían olvidado sus errores sin aprender nada nuevo. Su programa político tenía raíces en el pasado, sin asimilar nada del nuevo estado de cosas. Su objetivo era poder tomar parte del poder, en lo posible. Antes, como después, su única arma siguió siendo siempre la palabra.

Incluso después de la Revolución, los partidos burgueses siempre capitularon de la forma más miserable en todas las manifestaciones callejeras.

Cuando se trató de votar la Ley de Defensa de la República no era posible contar, desde luego, con una mayoría. Ante la manifestación de doscientos mil marxistas, los estadistas burgueses sufrieron tal terror, que votaron favorablemente la Ley, contra su convicción, sencillamente por miedo de que, al salir del Reichstag, fueran atacados por la furiosa masa popular. Fue una pena que eso no sucediera.

De esta forma, el nuevo Estado siguió su camino como si nunca hubiese existido una oposición nacional.

Las únicas organizaciones que en aquellos tiempos tuvieron el valor y la fuerza necesarios para enfrentarse con el marxismo y sus enfurecidas masas fueron, en un comienzo, los Cuerpos de Voluntarios, más tarde las agrupaciones de la Propia Defensa, los Guardias Territoriales y, por último, las Ligas Tradicionalistas. El motivo por el que también la existencia de esos elementos de defensa no consiguió ninguna alteración sensible en la evolución alemana, fue el siguiente: **Así como los llamados partidos nacionales no consiguieron ejercer ninguna influencia, por incapacidad de dominar los Movimientos colectivos, de la misma manera las llamadas "asociaciones de defensa" no lo pudieron por falta de ideas políticas, de objetivos políticos.**

Lo que a los marxistas les dio el triunfo fue la perfecta cohesión existente entre su voluntad política y el carácter brutal de su acción. En cambio, lo que privó a los sectores nacionalistas de toda influencia en los destinos de Alemania, fue la falta de la fuerza y la voluntad de una genial inspiración política.

Cualquiera que hubiese sido la ideología de los partidos "nacionales", el valor de éstos debía ser siempre nulo, porque esos partidos no contaban con ningún poder para defenderla, y mucho menos para imponerla en la calle.

Las Ligas de Defensa sí disponían de algún poder y dominaban prácticamente la calle, pero carecían de una idea política y también de una finalidad definida con las que pudiesen trabajar por el bienestar de Alemania. En todo caso, fue la astucia del judío la que consiguió, por medio de consejos prudentes, garantizar al menos la ganancia ya lograda.

Fue el judío el que, con asombrosa habilidad, supo lanzar mediante su prensa la idea del "carácter apolítico" de las Ligas de Defensa, ensalzando y proclamando la índole "puramente espiritual" de la lucha política. Millones de alemanes ingenuos repetían semejante farsa, sin presentir ni en lo más mínimo que de ese modo se desarmaban ellos mismos y caían indefensos en manos del judío.

Pero también esto es susceptible de una explicación: **La falta de una idea grande e innovadora significa siempre la limitación de la fuerza combativa.**

La convicción de tener el derecho de valerse hasta de las armas más brutales, ha de ir unida permanentemente a la fe fanática en la necesidad del triunfo de un nuevo orden revolucionario en el mundo.

He aquí la razón del porqué jamás apelará al último recurso aquel Movimiento que no lucha en pro de fines y de ideales elevados.

La revelación de una nueva gran idea fue el secreto del éxito de la Revolución Francesa; asimismo, es a una idea que le debe su triunfo la Revolución Bolchevique y sólo por el Ideal también ha podido ganar el Fascismo la fuerza necesaria para someter venturosamente a un pueblo a una reforma de vastas proporciones.

Los partidos burgueses no son capaces de eso.

No eran solamente los partidos burgueses los que reconocían su fin político en una restauración del pasado, sino también las asociaciones de defensa. Asociaciones de veteranos y otras de menor jaez ayudaban a destruir políticamente la más fuerte arma que la Alemania Nacionalista poseía en aquel tiempo y concurrieron para, poco a poco, colocarla al servicio de la República. Que las mismas actuaban con la mejor intención, con la mejor buena fe, en nada modifica la insensatez de los acontecimientos de aquel tiempo.

Paulatinamente el marxismo logró obtener, con la consolidación de la Reichswehr - el Ejército alemán de la postguerra- el apoyo indispensable para su autoridad y, obrando lógica y consecuentemente, comenzó a disolver las Ligas nacionales de defensa que le parecían peligrosas y superfluas. Principalmente algunos jefes audaces, de los que se desconfiaba, fueron conducidos a los Tribunales de Justicia y metidos en la cárcel. Todos, sin embargo, cumplieron el destino que tenían merecido.

Con la fundación del NSDAP, apareció por primera vez un Movimiento cuyo objetivo no radicaba, como en el caso de los partidos burgueses, en una restauración automática del pasado, sino en la voluntad de erigir un Estado orgánicamente nacional, en lugar del absurdo mecanismo estatal existente.

Desde el primer día, el joven Movimiento sostuvo el punto de vista de que su ideario debía ser propagado por medios espirituales y que esa acción espiritual tendría que estar garantizada en caso necesario por la fuerza del puño. Fiel a su convicción sobre la enorme importancia encarnada en la nueva doctrina, consideró natural que ningún sacrificio sería demasiado grande para la consecución de sus fines.

Ya demostré que un Movimiento que aspira a conquistar el corazón de un pueblo debe, dentro de sus propias filas, organizar la defensa contra los intentos terroristas de los enemigos. Es eterna lección de la Historia el que una concepción ideológica apoyada en el terror jamás podrá ser reducida por virtud de procedimientos legales de la autoridad establecida, sino únicamente por obra de otra concepción ideológica nueva y de acción no menos audaz y resuelta que aquélla.

Oír esta verdad les será siempre desagradable a los funcionarios encargados de velar por la seguridad del Estado. El poder público podrá garantizar el orden y la tranquilidad sólo cuando el Estado se halle identificado con la ideología dominante y cuando proteja internamente su concepción, de manera que los elementos terroristas aparezcan como criminales y no puedan ser vistos únicamente como representantes de una concepción contraria a la oficial. De no ser así, el Estado puede emplear durante siglos las mayores medidas policiales contra un terrorismo que lo esté amenazando; al final, nada conseguirá hacer y será siempre vencido.

El Estado alemán está expuesto a los ataques más duros del marxismo. Durante siete años de lucha no ha podido impedir la victoria de esa doctrina, a pesar de las miles de penas de prisión y de las más sangrientas medidas que decretó contra los activistas del amenazador dogma marxista, teniendo que capitular casi completamente. Esto lo negará el estadista burgués, pero no podrá, sin embargo, convencer a nadie.

Aquel Estado, que el 9 de noviembre de 1918 capituló incondicionalmente ante el marxismo, no podrá reaparecer de la noche a la mañana como el vencedor de ese mismo dogma. Burgueses sabihondos, que ocupan carteras ministeriales, pontifican la conveniencia de no gobernar contra el proletariado; mas, al identificar al obrero alemán con el marxismo, no solamente incurren en una cobarde mixtificación de la verdad, sino que mediante su interpretación capciosa tratan también de disimular su propia incapacidad de comprensión y lucha contra la ideología y la organización marxistas.

En vista sin embargo de este hecho, o sea, de la sumisión incondicional del actual Estado al marxismo, tanto más tiene el Movimiento Nacionalsocialista el deber de preparar la victoria de sus ideas, no solamente en el sentido intelectual, sino también en el de su defensa contra el propio terror de la Internacional.

Ya he explicado cómo en la vida práctica de nuestro joven Movimiento fue formándose paulatinamente una guardia para la protección de nuestros mítines y como ella adoptó poco a poco el carácter de una fuerza de orden, tendiendo finalmente a constituir toda una organización. Aunque esa formación, que se montara paulatinamente, diese la impresión de una fuerza militar, le faltaba aún mucho para poder merecer esa denominación.

Como ya expliqué, las organizaciones defensivas alemanas no tenían un programa político definido. Eran, de hecho, apenas uniones para la protección propia, con una educación y organización que representaban, a decir verdad, una formación ilegal, como un agregado a los medios de defensa del Estado. Su carácter de "cuerpos voluntarios" estaba justificado solamente por el estilo de su alineamiento y por la Constitución del Estado de aquel tiempo; pero de ningún modo les correspondía el título de "formaciones libres de combate" por una convicción propia y superior. No merecían ese título, a pesar de la actitud de oposición sostenida por alguno u otro de los jefes de esas asociaciones contra la República.

No basta que se esté convencido de una situación negativa, para hacerse merecedor de representar una opinión más elevada, pues ésta tiene sus raíces en el conocimiento de una nueva concepción del mundo, que los luchadores se sienten en el deber de alcanzar.

Esto distinguía y diferenciaba a la Guardia de Orden del Movimiento Nacionalsocialista de todos los demás "cuerpos de defensa" de aquellos tiempos. Sus miembros no estaban, en absoluto, ni deseaban estar al servicio de la situación creada por la Revolución; combatían exclusivamente por una Alemania nueva.

El primer cometido de esta Fuerza de Orden era limitado en un comienzo. Consistía en la tarea de facilitar la realización de mítines, los cuales habrían sido saboteados sin dificultad por los adversarios, a no mediar esa Fuerza. Ya en aquella época estaba nuestra Organización de Orden entrenada para la ciega ejecución del ataque; pero no porque se hubiera hecho un culto de la fuerza bruta, como se solía decir en ciertos círculos nacionalistas, sino llanamente porque aquella Fuerza supo comprender que hasta el hombre más genial puede quedar anulado ante los golpes de puño; como que en efecto no es raro en la Historia el caso de eminentes cabezas que sucumbieron a manos de los esclavos enanos. Nuestra organización no trataba de imponer la violencia como finalidad, sino que pretendía salvaguardar de la violencia a los predicadores del Ideal. Y al mismo tiempo, entendiendo que no estaba obligada a amparar a un Estado que no defendía a la Nación, se encargó de proteger a esa Nación y a su pueblo contra los que amenazaban destruirlos.

Después de la lucha en la asamblea de la "Hofbräuhaus" de Munich, obtuvo la Guardia de una vez para siempre, como recuerdo eterno de sus heroicos hechos, el nombre de "Cuerpo de Asalto". Como su nombre lo indica, la Sección de Asalto (SA: Sturm-Abteilung) no representa más que una sección de nuestro Movimiento; es decir, una parte, del mismo modo que la propaganda, la prensa, los institutos 3 científicos, etcétera, no constituyen otra cosa que eslabones del conjunto del Partido.

Cuán necesaria era su organización lo pudimos ver no solamente en aquella memorable asamblea, sino también cuando intentamos ampliar el Movimiento, más allá de los límites de la ciudad de Munich, hacia otras regiones de Alemania. Desde el momento en que el marxismo nos comenzó a juzgar peligrosos, no dejaba pasar ninguna oportunidad para sofocar cualquier intento de una reunión Nacionalsocialista, o de impedir su realización por medio de intervenciones violentas. Era perfectamente comprensible que las organizaciones marxistas se concentrasen en esas tentativas, aun resguardándose detrás de otros partidos. Los partidos burgueses, totalmente anulados por el marxismo, en muchas ciudades ni se atrevían a dejar hablar públicamente a sus representantes. No obstante, con una alegría incomprensible y estúpida, constituía para ellos un s motivo de placer que no pudiera ser aniquilado por nosotros aquello que ellos mismos no habían podido vencer. ¿Qué debíamos pensar de los empleados públicos, comisarios de Policía, incluso ministros, que se complacían en presentarse públicamente como "nacionalistas" y que, sin embargo, en todas las discusiones que nosotros los Nacionalsocialistas tuvimos con el marxismo, ayudaban a éste como sus humildes vasallos? ¿Qué se debía pensar de individuos serviles, que llegaron al punto de que, por un miserable elogio de los periódicos judíos, perseguían sin escrúpulos a hombres a cuyo heroico sacrificio de la propia vida tenían en parte que agradecer el no haber sido colgados por esa jauría roja en postes de alumbrado?

Fueron estos tristes fenómenos los que un día inspiraron al inolvidable Presidente Póhner -que odiaba a todos los aduladores tanto como un corazón puro era capaz de odiar- la siguiente expresión: "¡En toda mi vida siempre deseé ser, en primer lugar, un alemán y, luego, un funcionario del Estado; pero no deseé nunca ser confundido con esas criaturas que prostituyen el trabajo que, en un determinado momento, podría desempeñar un verdadero señor!".

Y era trágico que fuera precisamente esa clase de hombres la que dominase a decenas de miles de los más honestos e íntegros servidores del Estado, los infectase con su carácter miserable, los persiguiese y, finalmente, los expulsara de sus cargos y empleos, presentándose ellos mismos como "nacionalistas".

De hombres de tal categoría no podíamos esperar ningún apoyo y únicamente los recibimos entre nosotros en casos muy excepcionales. Sólo la Organización de Defensa podía asegurar la actividad del Movimiento y, al mismo tiempo, atraer la atención pública y el respeto general que siempre se presta a un hombre que se defiende motu proprio cuando es atacado.

El pensamiento capital para la organización de nuestra Sección de Asalto fue siempre, junto al del entrenamiento físico, hacer de ella una fuerza moral inquebrantable, hondamente compenetrada con el ideal Nacionalsocialista y consolidada en grado máximo por su espíritu de disciplina. Nada debía tener de común con una organización aburguesada y, menos aún, con el carácter de una sociedad secreta.

La causa de mi oposición tenaz en aquellos tiempos al intento de hacer que la Sección de Asalto del NSDAP se presentase como una "liga secreta" tenía su razón de ser en lo siguiente: Desde un punto de vista puramente objetivo, no es posible realizar la educación militar de un pueblo mediante instituciones privadas, salvo que se cuente con enormes subvenciones del Estado. Pensar de otro modo supondría atribuirse a sí mismo demasiada capacidad. Desde luego, está fuera de discusión el hecho de que a base de la llamada "disciplina voluntaria" se pueda crear, pasando de un cierto límite, organizaciones de importancia militar. Aquí hace falta el instrumento esencial del mando, es decir, la sanción disciplinaria. Bien es cierto que en el otoño de 1918 o, más propiamente, en la primavera de 1919, fue factible formar "cuerpos de voluntarios" que tenían no sólo la ventaja de contar entre sus componentes una mayoría de ex combatientes educados en la escuela del antiguo Ejército, sino también la circunstancia de que las obligaciones impuestas al individuo le sometían a éste incondicionalmente a la disciplina militar, por lo menos durante un tiempo fijo. Eso falta completamente a la "organización de defensa" de hoy. Cuanto más crece el número de cuerpos de esta clase, tanto más débil es la disciplina, tanto menor será la exigencia que se hace individualmente a cada hombre y tanto más adoptarán el carácter de antiguas asociaciones militares de veteranos.

Una educación voluntaria para el Servicio Militar, sin asegurarse la disciplina incondicional del mando, no se podrá llevar a cabo cuando se trate de grandes masas. Sólo muy pocos estarán dispuestos a someterse voluntariamente a la obligación de la obediencia, natural e imprescindible en un ejército. Además de eso, una educación militar real no es posible como consecuencia de los medios financieros ridículamente restringidos de que dispone un cuerpo de defensa. La mejor y más segura enseñanza debía ser la tarea principal de semejante institución. Pasaron ocho años tras el final de la guerra y, desde aquel tiempo, ninguna clase de juventud alemana recibió educación militar. Claro está que no puede ser el fin de un cuerpo de defensa reclutar adeptos en las clases que antaño recibieron educación militar, porque, por su edad, luego de un tiempo habría que llamarlos a retiro. Incluso el soldado joven de 1918 será incapaz para el combate dentro de veinte años, y ese momento se aproxima con demasiada rapidez. Así asumiría cada cuerpo de defensa, forzosamente y cada vez más, el carácter de una "asociación de veteranos de guerra". Ese, sin embargo, no puede ser el fin de una institución que no debe correr el riesgo de ser llamada de este modo, sino "asociación de defensa", y para la cual, como su nombre lo señalaría, su misión no deberá ser la conservación de la tradición y de la camaradería de los antiguos soldados sino, principalmente, la educación para la defensa y la representación práctica de esa idea; esto es, la creación de un cuerpo capaz de tomar las armas.

Esta misión, sin embargo, necesita absolutamente del entrenamiento militar de los hombres jóvenes hasta ahora no educados en ese sentido, y eso es imposible al presente. Con la educación militar de una o dos horas por semana, no se puede realmente conseguir formar soldados. Con las exigencias, hoy enormemente aumentadas en la profesión guerrera, el Servicio Militar de dos años no es suficiente para transformar al joven en un soldado. Todos nosotros ya habíamos visto en el frente de batalla las terribles consecuencias de no haber sido educados para la guerra. Formaciones de voluntarios entrenados durante quince o veinte semanas, con energía férrea y una dedicación total, eran sólo carne de cañón en el frente de batalla. Únicamente en conjunto con veteranos y experimentados soldados podían estos nuevos reclutas, educados durante cuatro a seis meses, ser útiles para un regimiento. Eran dirigidos por los más experimentados y, poco a poco, se familiarizaban con sus deberes.

¿Qué esperanza se puede depositar, por ello, en el intento de educar, sin una élite de mando y sin grandes recursos materiales, a una tropa? De esa forma se puede tal vez rejuvenecer a viejos soldados, pero nunca se podrá disponer de gente nueva. Hoy el Estado roba a millones y millones de hombres jóvenes sus instintos naturales, envenenando su pensamiento patriótico por medio de una educación pacifistademocrática, y los transforma, poco a poco, en un rebaño de ovejas inertes, incapaces de reaccionar contra cualquier despotismo.

¡Como ridículos aparecen, en comparación a eso, todos los esfuerzos de los cuerpos de defensa por transmitir sus ideas a la juventud alemana!

Todavía más importante es el punto de vista que me llevó a oponerme contra cualquier tentativa de una preparación militar sobre la base del voluntariado. Aun en la hipótesis de que no obstante las dificultades puntualizadas lograse una organización de defensa instruir militarmente, año a año, un cierto número de alemanes, en el orden moral, físico y técnico, el resultado tendría que ser inevitablemente nulo en un Estado que, consecuente con su tendencia política, no desea, e incluso detesta, una tal militarización, por estar en contradicción absoluta con el objetivo íntimo que persiguen sus dirigentes.

En cualquier caso, sería sin valor un resultado tal, bajo gobiernos que no sólo probaron por los hechos que no tienen interés en la fuerza militar de la Nación, sino que, además, nunca harán uso de esa fuerza, a no ser para el apoyo de su propia existencia. Ésta es la situación en el presente. ¿Es que acaso no sería absurdo pensar que el actual régimen de Gobierno pudiera dar sigilosamente instrucción militar a algunas decenas de miles de hombres, siendo ese mismo régimen el que pocos años antes abandonó ignominiosamente a ocho millones y medio de soldados, de admirable preparación, y cuyos servicios a la Patria fueron correspondidos con vejámenes? ¿Es comprensible que así fuera cuando no sólo se despreciaba sus servicios, sino que, incluso, como recompensa por sus sacrificios se les exponía a los insultos de todos? ¿Cómo entonces formar soldados que otrora vilipendiaron y escupieron, permitiendo que se les arrancase del pecho sus condecoraciones, se pisoteara sus banderas y denigrase su heroísmo? ¿Acaso dio jamás ese Estado paso alguno que tendiera a restaurar el honor mancillado del antiguo Ejército, castigando a sus disociadores y detractores? ¡Ciertamente que no! Por el contrario, vemos hoy a esos elementos entronizados en los más altos puestos públicos.

Hoy en día el poder se encuentra en las manos de los mismos hombres que en su tiempo hicieron la revolución, y esa Revolución representa el más miserable y vil acto de la Historia alemana, la más baja traición a la Patria. No se puede realmente pensar que esos hombres vayan a trabajar por la formación de un nuevo ejército de jóvenes. Todos los motivos que la razón pueda aducir nos indican lo contrario.

Después de la Revolución de 1918, ese Estado hizo todo lo posible para impedir un resurgimiento militar. Pero cuando las fuerzas militares intervenían en defensa de revolucionarios cobardes, no eran consideradas indeseables. Luego, gracias a la gradual decadencia de nuestro pueblo, el peligro para esos poltrones pareció alejarse, y entonces resurgieron algunas asociaciones nacionalistas. Nuevamente se hizo todo lo posible para desmantelarlas.

La Historia ofrece pocos ejemplos de la gratitud de los príncipes. Contar con la gratitud de los revolucionarios incendiarios, saqueadores del pueblo y traidores de la Nación, es una idea que sólo podría pasar por la cabeza de nuestros burgueses. Analizando el problema de la conveniencia o inconveniencia de crear ligas voluntarias de defensa, no podría dejar de preguntarme: ¿Para qué se instruye a la juventud? ¿A qué fin servirá y en qué momento deberá ser movilizada? La respuesta daría la mejor indicación para la conducta que se debería adoptar.

Si el Estado actual tuviese alguna vez que echar mano de reservas preparadas de este modo, jamás lo haría en defensa de los intereses nacionales contra el enemigo externo, sino únicamente en servicio de los opresores de la Nación, en el momento en que estallase el furor del pueblo engañado, traicionado y vendido. Desde luego, ya por esa sola razón la SA no debía tener nada de parecido con una organización militar. Era simplemente un medio protector y educativo del Movimiento Nacionalsocialista y su cometido se dirigía a un campo totalmente diferente que el de las llamadas "Ligas de Defensa".

Tampoco debía constituir una organización secreta terrorista, porque el objetivo de estas organizaciones se contrapone a la ley. Con todo esto sin duda se disminuía la amplitud de la Organización. No es posible, principalmente teniéndose en cuenta la locuacidad del pueblo alemán, constituir una organización de cierta amplitud, y, al mismo tiempo, mantenerla secreta, o incluso disfrazar sus fines. Todo intento en ese sentido será frustrado de mil maneras. Además de eso, en el seno de nuestra Policía se encuentra hoy una gran cantidad de rufianes y gente de mala estofa, quienes, por las treinta monedas de Judas, traicionarían todo lo que pudieran encontrar e inventarían lo que fuera necesario para dañar. Sólo por este motivo, nunca se podrá conseguir, ni de los propios partidarios, el necesario secreto. Solamente grupos muy pequeños, por selección de años, pueden adoptar el carácter de organizaciones secretas efectivas. La poca importancia de tales formaciones anularía, sin embargo, su valor para el Movimiento Nacionalsocialista.

Lo que nosotros, los Nacionalsocialistas, necesitábamos y necesitaremos siempre, no son cien o doscientos conspiradores desalmados, sino cientos de miles de fanáticos adeptos, que luchen por nuestra ideología. Nuestra obra no ha de realizarse en conciliábulos, sino en imponentes demostraciones populares, y tampoco valiéndose del puñal, ni del veneno ni de la pistola, sino conquistando en abierta lid el dominio de la calle. Tenemos que enseñarle al marxismo que el futuro dueño de la calle ha de ser el Nacionalsocialismo, que un día será también el dueño del Estado.

El peligro de las organizaciones secretas de atentados estriba en el hecho de que la mayoría de sus miembros desconocen sus últimos fines y se hacen hasta la idea de que la suerte de un pueblo o de una causa podría tornarse favorable de súbito, gracias a la perpetración de un asesinato político. Tal criterio puede tener justificación histórica únicamente cuando un pueblo gime bajo la tiranía de algún opresor genial, del cual se sabe que sólo es su personalidad extraordinaria la que mantiene la consistencia interior y la temeridad del régimen imperante. En tal caso, puede un hombre decidido salir del seno del pueblo para sacrificarse, dando el golpe de muerte en el corazón del odiado opresor. Entonces, sólo la mentalidad republicana, de enanos cobardes y corrompidos, declarará un tal gesto como execrable, cuando aun el más grande cantor de la libertad de nuestro pueblo (Schiller) tuvo la osadía de glorificar semejantes hechos en su inmortal Guillermo Tell.

En los años de 1919 y 1920 existía el peligro de que miembros de organizaciones secretas, inspirándose en los grandes ejemplos de la Historia y hondamente conmovidos por la infinita desgracia nacional, intentaran vengarse de los corruptores de la Patria, en la creencia de que así se pondría fin a la miseria del pueblo. Pero era absurdo semejante propósito por la sencilla razón de que el marxismo no había triunfado gracias al genio superior y la significación personal de un solo individuo, sino más bien debido a la incalificable flaqueza moral y la cobarde inacción del mundo burgués. La crítica más cruel que se puede hacer de nuestra burguesía es el comprobar que la Revolución no hizo aparecer una sola cabeza de cierta importancia y que, a pesar de eso, se sometió igualmente. Pase ante un Robespierre, un Danton o un Marat, pero siempre será vergonzoso someterse a un famélico Scheidemann, a un obeso Erzberger, a un Friedrich Ebert y otros minúsculos políticos. Realmente no existía ninguna individualidad en la que se pudiese reconocer al hombre genial de la Revolución y al culpable de la desgracia de la Patria. Sólo existían los pigmeos de la Revolución, espartaquistas limosneros al por mayor. Vano hubiera sido eliminar a alguno de ellos, porque el resultado no habría hecho más que acelerar la entronización de otro, no menos l sanguinario y ávido de poder que el anterior.

En aquel siglo, cualquier oposición no habría sido bastante enérgica contra hechos que tenían sus motivos fundamentales en los grandes fenómenos de la Historia, más que en el carácter liliputiense de la época actual.

Bajo el mismo punto de vista debe ser encarado el problema de la eliminación de los llamados traidores de la Patria 2. Es ridículamente ilógico fusilar a un muchacho que abandonó un cañón, cuando en el Gobierno se encontraban canallas, en las más altas posiciones, que vendieron a una Nación entera y que hoy tienen sobre su conciencia el crimen de haber sacrificado inútilmente a dos millones de hombres, siendo además responsables por los millones de mutilados, todo eso con la mayor sangre fría, para satisfacer sus "intereses republicanos".

Eliminar a los pequeños traidores de la Patria es absurdo en un régimen cuyo gobierno libera a los grandes traidores de toda culpa. En tal caso, es importante la siguiente pregunta: ¿Es conveniente que un pequeño chinche traidor sea eliminado por un idealista? En todo caso, el éxito es dudoso, pues se ha eliminado un chinche con el riesgo de la vida de un idealista insustituible.

En esa cuestión, mi punto de vista es éste: que no se ahorque a criminales pequeños para dejar impunes a los grandes, sino que, un día, un Alto Tribunal de Justicia Alemán juzgue y ejecute a algunas decenas de miles de los organizadores y responsables del crimen de traición de noviembre y todo lo que con ello se relacione. Un ejemplo tal servirá también de escarmiento, de una vez por todas, para el pequeño traidor.

Todas esas consideraciones me llevaron a prohibir siempre participar en organizaciones secretas terroristas, alejando a las Secciones de Asalto de tales organizaciones. Prohibí en aquellos años al Movimiento Nacionalsocialista cualquier intento de esa naturaleza, pues sus autores, aun cuando fueran en la mayoría de los casos magníficos jóvenes alemanes idealistas, al intentar realizar atentados no lograrían con ello mejorar los destinos de la Patria.

Si las SA no podían ser una organización militar, ni tampoco una institución secreta de esa índole, fuerza era deducir de esto las siguientes conclusiones:

1) Su instrucción tiene que efectuarse consultando la conveniencia del Partido y no desde el punto de vista militar.

Tratándose de entrenamiento físico, no debe darse importancia capital a la práctica de ejercicios militares, sino más bien a la actividad deportiva. He considerado siempre más importante el pugilato y el jiu jitsu que un curso de tiro. Proporciónense a la Nación alemana seis millones de hombres perfectamente entrenados en los deportes, todos con amor fanático por la Patria y educados en el más decidido espíritu ofensivo, y luego un Estado Nacionalista formará de ellos, si fuese necesario, y en menos de dos años, a un verdadero Ejército. En las condiciones actuales sólo la Reichswehr se hallaría en condiciones de cumplir con este trabajo 3. El entrenamiento corporal tiene que inculcar en el individuo la convicción de su superioridad física y darle con esto aquella confianza que radica siempre en la conciencia de la propia fuerza; se debe enseñar las destrezas deportivas que sirvan de armas para la defensa del Movimiento Nacionalsocialista.

2) Para evitar desde el primer momento todo carácter secreto terrorista de las SA, aparte de que ya su uniforme las hace inconfundibles, la magnitud de sus efectivos tiene que seguir el camino que le conviene al Partido y que sea del dominio público. No deben reunirse furtivamente sino, por el contrario, marchar al aire libre, estableciendo con esto una práctica que destruya definitivamente todas las leyendas que las acusan de ser una "organización furtiva y violentista". Para distraerlas también intelectualmente de cualquier intento de emplear su actividad en pequeñas conspiraciones, deben, desde el comienzo, ser iniciadas en la gran idea del Movimiento y en el deber de defender esa idea, de manera que se amplíe su horizonte mental y que cada uno contemple su misión, no como la eliminación de un enemigo, sino como la colaboración entusiástica para la formación de un nuevo Estado Nacional-Socialista- Racista. Así se consiguió elevar el combate contra el actual Estado, desde una atmósfera de pequeñas acciones de venganza y conspiraciones, a la altura de una guerra contra el marxismo y sus creaciones, desde el punto de vista universal.

3) La forma de la organización de las SA, así como su uniforme y equipo, no deben copiarse de los modelos del antiguo Ejército, sino elegirse conforme a las necesidades del cometido que le incumbe.

Esas consideraciones que me sirvieron de guía en los años 1920 y 1921, y que traté de imprimir, paulatinamente, a las nuevas organizaciones, tuvieron tanto éxito que ya, en pleno verano de 1922, disponíamos de un núcleo respetable de pelotones de cien hombres, que a finales del otoño recibían su uniforme característico. Tres sucesos fueron de trascendental importancia para el desenvolvimiento de las SA.

1°) La gran demostración de protesta de todas las asociaciones patrióticas, realizada en el verano de 1922 en la Königsplatz de Munich contra la Ley de Protección de la República.

Las asociaciones patrióticas de Munich habían publicado, en aquel tiempo, el manifiesto de protesta contra la promulgación de la Ley de Defensa de la República, en que invitaban a una gigantesca manifestación. También el Movimiento Nacionalsocialista había tomado parte en aquella demostración. El desfile general del NSDAP estuvo precedido por seis grupos de cien hombres de las SA de Munich, seguidos de las secciones políticas de los miembros del Partido. Teníamos, además, dos bandas de guerra y llevábamos quince banderas, más o menos. La llegada de los Nacionalsocialistas a la gran plaza de reunión, ya ocupada hasta la mitad, despertó un entusiasmo desbordante en la multitud. Tuve el honor de ser uno de los oradores que dirigieron la palabra a aquel gentío, que pasaba de sesenta mil personas.

El éxito del mitin fue portentoso, sobre todo porque, pese a las amenazas de los rojos, se demostró por primera vez que también los Nacionalsocialistas eran capaces de presentarse en la calle. Miembros de las asociaciones rojas republicanas que intentaron oponerse por el terror al cortejo en marcha, fueron dispersados en pocos minutos, con las cabezas rotas, por las compañías de las Secciones de Asalto. El Movimiento Nacionalsocialista, en ese día, mostró por primera vez su firme voluntad de reclamar para sí el dominio de la calle y de terminar con el monopolio de los traidores internacionales y de los enemigos de la Patria.

El resultado de aquel día fue la comprobación indiscutible de la exactitud de nuestras ideas sobre la organización de las Secciones de Asalto. Pocas semanas después, en Munich, ya existía un número superior de compañías.

2°) El desfile de octubre de 1922 en Coburgo

Diferentes asociaciones "nacionales" habían acordado celebrar en Coburgo el llamado "Día Alemán". Yo también recibí una invitación con la recomendación expresa de llevar conmigo algunos acompañantes. Esta invitación, que recibí a las once de la mañana, llegó muy a tiempo. Una hora más tarde se cursaban las órdenes para la asistencia a ese "Día Alemán". En efecto, como "acompañantes" seleccioné ochocientos hombres de las SA, formando catorce pelotones, los cuales debían ser trasladados en tren especial desde Munich a la ciudad de Coburgo, que se hallaba, desde hacía muy poco, bajo la jurisdicción de Baviera. Órdenes idénticas se dieron a los grupos Nacionalsocialistas de las Tropas de Asalto que se habían formado en otros lugares. Era la primera vez que un tren especial de esa índole corría en Alemania. En todas las estaciones del trayecto, donde se agregaban nuevos elementos de las SA, nuestro tren era motivo de gran expectación. Muchos nunca habían visto nuestras banderas. La impresión que causaban era enorme.

Llegados a Coburgo, fuimos recibidos por una delegación del comité organizador de la reunión y se nos entregó un pliego que, a manera de "convenio", contenía una orden de los sindicatos obreros de la ciudad, es decir, del Partido Independiente y del Comunista, prohibiéndonos desfilar en columnas cerradas y con banderas desplegadas y música (habíamos traído especialmente una banda compuesta de cuarenta y dos instrumentos).'

Rechacé de plano condiciones tan denigrantes y no dejé de expresarles a los señores de la delegación mi extrañeza por el hecho de que se mantuviera tratos y celebrara acuerdos con tales gentes. Declaré terminantemente que las SA formarían al instante secciones para marchar por las calles de la ciudad con música y banderas.

Y así fue.

Ya en la Plaza de la Estación nos esperaba una exaltada muchedumbre de varios miles que vociferaba, apostrofándonos con los apelativos de "asesinos", "bandidos", "criminales" y otros. Eran los calificativos con los que amablemente nos recibían los "fundadores" de la República Alemana. Las jóvenes SA mantuvieron su disciplina ejemplar. Habían formado secciones delante del edificio de la Estación y demostraban una total indiferencia ante los denuestos del populacho. Debido a la timidez de las autoridades policíacas, nuestro desfile, en una ciudad que desconocíamos completamente, no fue dirigido hacia el alojamiento preparado para nosotros, en la periferia de la población, sino hacia la "Hofbräuhauskeller", situada muy cerca del centro de la ciudad. A izquierda y derecha del cortejo aumentaba cada vez más el griterío de las masas que lo acompañaban. Apenas había acabado de entrar en el patio de la "Hofbrizuhauskeller" nuestra última sección, una gran multitud trató de seguirnos y en medio de ensordecedores gritos quiso penetrar en el local, lo cual impidió la Policía clausurando la entrada. Como la situación se hiciera insoportable, ordené a las SA formar de nuevo. Las arengué brevemente y exigí de la Policía la inmediata apertura de las puertas. Al fin, después de largo vacilar, se accedió a mi demanda.

Recorrimos de nuevo el camino para poder llegar a nuestro alojamiento, y fue en ese trayecto donde los representantes del verdadero socialismo, de la "igualdad" y de la "fraternidad", apelaron al recurso de las piedras. Esto debió poner punto final a nuestra paciencia. Durante diez minutos llovieron piedras, a derecha e izquierda, y un cuarto de hora más tarde no quedaba en la calle un solo comunista.

Por la noche hubo todavía graves choques. Patrullas de las SA encontraron gravemente heridos a elementos Nacionalsocialistas que habían sido agredidos aisladamente. La reacción de los nuestros no se dejó esperar. Al día siguiente estaba dominado el terror rojo bajo el cual había sufrido Coburgo desde años atrás.

Con la característica hipocresía del judío marxista, se quiso, por medio de volantes, incitar de nuevo a hombres y mujeres, a los "compañeros del proletariado internacional", para que otra vez se lanzasen a la calle. Tergiversaron completamente la verdad de los hechos: se afirmaba que nuestras "hordas de 'asesinos" habían dado comienzo a una guerra de exterminio contra los "pacíficos" obreros de Coburgo. A la 1,30 de aquel día debía realizarse la gran "demostración popular", integrada por decenas de miles de obreros de todos los alrededores de Coburgo, como decían sus organizadores. Resuelto a eliminar definitivamente el terror rojo, hice formar, a las 12 en punto del día, a las SA, que entre tanto habían engrosado sus filas hasta alcanzar un efectivo de mil quinientos hombres, y con ellas me puse en marcha pasando por la plaza donde iba a tener lugar la anunciada demostración comunista. Quería ver si ellos se atrevían una vez más a desafiarnos. Pero en vez de las "decenas de miles" no vimos allí más que unos pocos cientos, los cuales ante nuestra presencia se mantuvieron más o menos tranquilos y hasta se retiraron en gran parte. En algunos lugares, grupos rojos que habían llegado de fuera y no nos conocían todavía intentaron atacarnos, pero inmediatamente perdieron el gusto por esa aventura. Entonces pudimos notar cómo la atemorizada población recobraba poco a poco su serenidad, se revestía de valor y hasta osaba saludarnos con aclamaciones. Por la noche, cuando nos dirigíamos a la Estación, en muchos lugares del trayecto estalló a nuestro paso un júbilo espontáneo.

Una vez en la Estación, el personal ferroviario nos declaró inesperadamente que no conduciría el tren. Comencé por hacer saber a algunos de los organizadores del sabotaje que en tal caso apresaría a cuanto pícaro cayese en mi poder y que el tren partiría manejado por nosotros mismos, llevándonos además, como rehenes, en la locomotora, en los techos y en cada vagón una docena de los famosos "compañeros de la solidaridad internacional". Tampoco omití llamar la atención de esos señores sobre el hecho de que el viaje a cargo nuestro significaría una muy arriesgada empresa y no sería raro que todos resultáramos descalabrados, consolándonos pensar que, por lo menos, no nos iríamos solos al otro mundo sino que en "igualdad" y "fraternidad" nos acompañarían los señores comunistas.

Ante mi actitud resuelta, el tren partió puntualmente y a la mañana siguiente llegamos a Munich sanos y salvos.

Fue, por tanto, en Coburgo donde, por primera vez desde el año 1914, quedó restablecida la igualdad de los ciudadanos ante la ley. Si hoy un alto funcionario público cualquiera puede hacer la alegación de que el Estado defiende la vida de sus ciudadanos, en aquel tiempo eso no era absolutamente exacto, pues eran los ciudadanos los que se debían defender de los representantes del Gobierno.

La importancia de aquel día, en sus consecuencias, no podría ser evaluada en toda su extensión. Con esto, las victoriosas Secciones de Asalto fueron extraordinariamente reforzadas en su confianza en sí mismas y en la fe de su adecuada dirección. Como también el país comenzaba a ocuparse de nosotros de manera más precisa, muchos reconocieron por primera vez en el Movimiento Nacionalsocialista la institución que con toda probabilidad un día sería llamada a poner fin a la locura marxista.

Finalmente, la "democracia" sin duda sufría porque podíamos arriesgarnos a no dejarnos pacíficamente quebrar los cráneos, sino, al contrario, respondíamos a un ataque brutal con otro ataque y no con cánticos de paz.

La prensa burguesa se mostraba, como siempre, quejumbrosa, o bien indiferente. Sólo pocos diarios honestos se declararon satisfechos porque se había desbaratado la acción de los criminales marxistas.

En Coburgo, una parte de los obreros marxistas, incluso de los que tenían que ser considerados como engañados, había aprendido, a costa de los puños de los obreros Nacionalsocialistas, que también éstos defendían sus ideales, porque, como es sabido, la gente sólo se bate por la causa en la que tiene confianza y por la cual siente amor. Quienes sacaron el mayor provecho fueron las Tropas de Asalto. Aumentaron rápidamente, de manera que ya en la reunión del Partido, el día 27 de enero de 1923, cerca de seis mil hombres pudieron tomar parte en el acto de la consagración de las banderas. Y las nuevas compañías usaron su nuevo uniforme.

La experiencia de Coburgo nos había enseñado, pues, cuán útil era introducir el uso de un uniforme regular en las SA, y esto no sólo para fortalecer el espíritu de cuerpo, sino también para evitar confusiones y poder reconocerse entre sí. Hasta entonces las SA habían llevado únicamente un brazalete como distintivo; después vino el uso de la camisa y de la conocida gorra.

Otra experiencia adquirida en Coburgo fue demostrarnos la necesidad que había de ir anulando sistemáticamente el terror rojo y restablecer la libertad de reunión en aquellos lugares donde desde años atrás se hacía imposible toda demostración de otros partidos. De ahí en adelante, siempre se reunieron batallones Nacionalsocialistas en tales lugares, y poco a poco, en Baviera, las fortalezas rojas fueron cayendo una detrás de otra ante la acción Nacionalsocialista. Las Secciones de Asalto cada vez mejor comprendían sus deberes, perdiendo el aspecto de un grupo de defensa, sin gran importancia, y elevándose a la categoría de una organización de combate para la formación de un nuevo Estado alemán.

Hasta marzo de 1923, ese Movimiento siguió su camino lógico. Entonces ocurrió algo que me obligó a desviar al Movimiento del camino hasta entonces seguido y someterlo a una transformación.

3°) La ocupación del Ruhr por los franceses, en los primeros meses de 1923, tuvo enorme trascendencia para el desarrollo de las SA. Todavía hoy no es posible -a causa del interés de la Nación- hablar o escribir sobre eso abiertamente. Puedo adelantar sólo que ese asunto ya fue tratado en discusiones públicas, por lo tanto el pueblo quedó al corriente de todo.

Esta ocupación, que no nos vino de sorpresa, engendró la fundada esperanza g de que al fin terminaría la cobarde política de las condescendencias, y con ello las Ligas de Defensa asumirían un papel perfectamente definido. Tampoco las SA, que ya por entonces abarcaban en su organización muchos miles de hombres jóvenes y fuertes, debían quedar privadas de prestar su concurso a este servicio nacional. En la primavera y durante el verano de 1923 se operó la transformación de las SA en una organización militar de combate. Fueron ellas, en gran parte, las responsables en 1923 del desarrollo futuro de nuestro Movimiento.

Más delante, y en líneas generales, explicaré el progreso del Movimiento. Aquí quiero dejar solamente constancia de que la transformación de las Secciones de Asalto en fuerzas de acción militar contra Francia, fue perjudicial.

La terminación del año 1923, que aparentemente fue triste para Alemania, constituyó sin embargo, considerada desde un más alto punto de vista, algo s distinto para nosotros, puesto que la transformación militar de las SA, que fue perjudicial para el Movimiento, debió terminar bruscamente por la prohibición que decidió el Gobierno del Reich. Así surgió para nuestro ideario Nacionalsocialista la obligación de retornar al punto de partida, al verdadero camino; es decir, el de no ser una organización militar. El NSDAP -constituido en 1925 sobre bases nuevas-tuvo que reconstruir, educar y organizar sus SA de acuerdo con los principios ya mencionados en el comienzo de este capítulo. El NSDAP retornó a sus sanas concepciones de antes, a mantener como tarea suprema el propósito de crear con sus SA un instrumento para reforzar y sostener la lucha ideológica del Movimiento.

El NSDAP no permitiría que las SA descendieran a la categoría de una liga de defensa, ni tampoco al nivel de una organización secreta de atentados; más bien, tendría que esforzarse por hacer de ella una Guardia de cien mil hombres, protectora de la Doctrina Nacionalsocialista y, por lo tanto, del Ideal Racial, en su sentido más hondo.

Mi Lucha

Capítulo X

La máscara del federalismo

En el invierno de 1919, y más todavía en la primavera y el verano de 1920, el joven Partido Nacionalsocialista se vio obligado a definir su posición frente a un problema que había asumido extraordinaria importancia durante la guerra. En la breve descripción contenida en la primera parte de este libro, acerca de los síntomas que pude constatar personalmente sobre el desastre alemán, hice referencia a la índole especial de la propaganda ejercitada, tanto por los franceses como por parte de los ingleses, para fomentar la antigua querella entre el Norte y el Sur de Alemania. En la primavera de 1915 aparecieron sistemáticamente en el frente alemán los primeros volantes de agitación contra Prusia, señalando a esta región como la única culpable de la guerra. En 1916 había alcanzado esta campaña un grado de desarrollo consumado, a la par hábil y villano, pues estaba calculado para despertar los mas sórdidos instintos. Pronto comenzó a dar sus frutos entre los alemanes del Sur, levantándolos contra los del Norte. Habría que hacerles a las autoridades responsables de entonces, tanto en el Gobierno como en el Ejército -ante todo en el mando bávaro-, un reproche que no pueden eludir: y es que, en criminal olvido del cumplimiento de su deber, no obraron con la entereza necesaria frente a semejante campaña. Nada se hizo. Por el contrario, incluso parecía como que en algunos sectores no se veía con desagrado aquella campaña y, con evidente limitación mental, quizás se pensaba que, mediante aquella funesta influencia, no sólo se oponía una barrera al desenvolvimiento alemán, sino que con ello se producía también automáticamente una intensificación de la tendencia federalista. ¡Raramente ha de encontrarse en la Historia un caso de deliberada estupidez con efectos más graves' El debilitamiento que se creía infligir a Prusia afectó a toda Alemania y su consecuencia fue precipitar el desastre y la ruina de cada uno de los Estados en particular.

Munich, la ciudad donde con más violencia ardía el odio artificialmente provocado hacia Prusia, debió ser la primera en lanzar el grito revolucionario contra su tradicional Monarquía.

Pero sería un error atribuir exclusivamente a la propaganda de guerra enemiga el origen de ese espíritu hostil a Prusia. Luego vino la Revolución.

Si hasta el año 1918 o, mejor dicho, hasta noviembre de aquel año, el hombre normal, principalmente el burgués y el obrero poco instruido, todavía no habían podido darse cuenta de la realidad y de las consecuencias inevitables de las luchas de los Estados alemanes entre sí, principalmente en Baviera, por lo menos la parte que se llamaba "nacionalista" debería haber comprendido lo propicio del momento tras el comienzo de la Revolución, pues apenas se inició ésta en Baviera ya el jefe y organizador de la revolución se transformó en "representante de los intereses bávaros". **El judío internacional Kurt Eisner comenzó a intrigar en Baviera contra Prusia.** Era perfectamente comprensible que fuese justamente aquel oriental, que como periodista recorría Alemania en todas direcciones, el menos indicado para defender los intereses de Baviera, que para él eran absolutamente indiferentes.

Dando al Movimiento revolucionario bávaro un cariz deliberadamente hostil contra el resto de Alemania, Kurt Eisner no obraba ni en lo más mínimo animado del propósito de servir los intereses de Baviera, sino llanamente como ejecutor del judaísmo. Explotó los instintos y antipatías del pueblo bávaro para poder por ese medio desmoronar más fácilmente a Alemania: el Reich en ruinas habría caído en manos del bolchevismo. La táctica empleada por él fue continuada incluso después de su muerte.

El marxismo, que siempre contempló con desdén a los Estados Federados y a sus príncipes, de súbito apelaba ahora, como "partido independiente" a aquellos sentimientos e instintos que tenían sus más hondas raíces en las Casas Reinantes y en los Estados Federados.

La lucha de la República del Consejo contra los verdaderos patriotas fue explotada para fines de propaganda, sobre todo como una lucha de obreros bávaros contra el militarismo prusiano.

Sólo así se puede comprender por qué en Munich, muy diferente de las demás regiones alemanas, la victoria sobre la República de los Consejos no consiguiera despertar a las grandes masas populares y sí contribuir cada vez más a aumentar el odio y la irritación contra Prusia.

Óptimos frutos produjo la habilidad con que los agitadores bolcheviques supieron presentar la eliminación de la República del Consejo de Soldados como una victoria del "militarismo prusiano" sobre el pueblo bávaro antimilitarista y antiprusiano. Cuando en Munich se realizaron las elecciones para la Dieta Constituyente de Baviera, Kurt Eisner contaba en su favor escasamente con diez mil adeptos, y el Partido Comunista apenas si llegaba a tres mil, en tanto que al producirse el fracaso de la República Comunista, el número de ambos grupos había alcanzado ya un total aproximado de cien mil. Desde aquella época me empeñé personalmente en la lucha contra la descabellada oposición de los Estados alemanes entre sí.

En toda mi vida no creo haber emprendido jamás obra más impopular que aquella campaña mía de resistencia contra la animadversión existente hacia Prusia. Durante el Gobierno del Consejo de Soldados tuvieron lugar en Munich los primeros mítines donde se excitaba el odio contra el resto de Alemania, en especial contra Prusia, en una forma tal, que no sólo entrañaba peligro de vida para el alemán del Norte que se arriesgaba a concurrir a un mitin de aquellos, sino que tales demostraciones concluían casi siempre con la estúpida vocinglería de "¡Abajo Prusia!", "¡Separémonos de Prusia!", "¡Guerra a Prusia!", etcétera. Este estado de ánimo hallaba su expresión máxima en el grito de guerra de un "dignísimo" representante de los altos intereses de Baviera en el Reichstag: `¡Preferible morir como bávaro antes que vivir corrompido como prusiano!"

Solamente quien asistió a los mítines de entonces podrá hacerse una idea de lo que tuve que soportar cuando, por vez primera, rodeado de algunos amigos, inicié el ataque a esa locura en una reunión en la "Löwenbräukeller" de Munich. Eran mis camaradas de guerra los que en aquella ocasión me prestaron ayuda. Es fácil imaginar nuestro estado de ánimo cuando sabíamos que la masa irracional que gritaba contra nosotros y amenazaba con golpearnos, estaba formada justamente por aquellos que, mientras nosotros defendíamos la Patria, ellos, en su mayor parte, como desertores y vagabundos deambulaban en su tierra natal. Es verdad que para mí ofrecían esas escenas una cierta ventaja. Mis adeptos se sentían más ligados a mí, estableciéndose al poco tiempo una unión para la vida y para la muerte.

Esas luchas, que siempre se repetían y se prolongaron durante todo el año 1919, recrudecieron al comienzo de 1920. Hubo un mitin (todavía me acuerdo muy bien de uno que se realizó en la "Wägnersaal de la Sonnenstrasse de Munich) durante el cual mi grupo, que con el paso del tiempo se había incrementado, tuvo que mantener las luchas más encarnizadas, no siendo extraño que terminaran con apaleamiento de decenas de mis camaradas, tirados por tierra y sacados a puntapiés fuera de la sala, con más aspecto de cadáveres que de seres vivos.

La campaña que yo había iniciado, apoyado al principio únicamente por unos cuantos de mis camaradas de la guerra, debió ser luego continuada por el joven Movimiento Nacionalsocialista como un deber sagrado.

Aún hoy me llena de orgullo poder decir que en aquellos tiempos - contando casi exclusivamente con nuestros correligionarios bávaros- dimos al traste, poco a poco, pero de modo seguro, con aquel brote separatista, mezcla de ignorancia y de traición. Digo ignorancia y traición porque no puedo atribuir a sus organizadores e instigadores tanta simpleza, y por estar convencido de la buena intención e ingenuidad de la mayoría de sus adeptos. Yo consideraba, y todavía hoy considero, a esos instigadores como traidores asalariados, pagados por Francia. En el Caso Dorten, la Historia ya dio su veredicto.

Lo que en aquel tiempo convertía la acción en muy peligrosa era la habilidad con que se sabían esconder las verdaderas tendencias, presentándose, en primer plano, intenciones federalistas como el único motivo para ese Movimiento. Obvio sería explicar que la agitación del sentimiento antiprusiano nada tenía que ver con el federalismo alemán. Desde luego, sorprende el hecho de una "actividad federalista" empeñada en disolver o disgregar un Estado Federal alemán ya existente. Un federalista sincero, para quien la concepción bismarckiana del Reich unido no representa una mentida frase, mal podía desear la disgregación del Estado Prusiano, creado y perfeccionado por el mismo Bismarck, y menos todavía alentar abiertamente aspiraciones separatistas. ¡Cómo no se habría protestado en Munich si un partido conservador prusiano hubiese favorecido la separación de Franconia de Baviera! Lo que más nos apenaba en todo eso era ver que las naturalezas honestas, los federalistas bien intencionados, eran los primeros en ser víctimas del escarnio, sin comprender ese infame fraude. Así desviado, el Movimiento federalista tenía, en sus propios adeptos, sus principales sepultureros. No se puede propagar ninguna formación federalista del Reich si se margina el miembro más importante de una tal organización estatal, como es el caso de Prusia; en una palabra, si se procura hacer imposible su participación en la Federación. Eso era todavía más absurdo por el hecho de que la campaña de esos pseudofederalistas se dirigía justamente contra Prusia, la que ninguna relación tuvo con la Democracia de Noviembre. No era contra los autores de la Constitución de Weimar-que, dicho sea de paso, fueron en su mayoría alemanes del Sur y judíos- contra quienes se dirigían las injurias y ataques de esos pseudofederalistas; su acción iba contra los elementos representativos de la antigua Prusia conservadora, esto es, justamente contra lo antagónico del espíritu de Weimar. La circunstancia de que en aquella campaña se tuviera buen cuidado de no aludir a los judíos, no debe sorprendernos mayormente, pero nos da la clave del enigma.

Así como antes de la Revolución de 1918 el judío supo desviar de sus Comités de Aprovisionamiento, mejor dicho, de sí mismo, la atención pública, aleccionando contra Prusia a las muchedumbres y, en particular, al pueblo bávaro, así también, después de la Revolución, debía él proteger de nuevo de cualquier modo el botín de su pillaje, que ahora era diez veces mayor. Y otra vez ganó su juego, en este caso sembrando rencillas y odios entre los elementos nacionales de Alemania; así intrigó a los bávaros de tendencia conservadora contra los prusianos no menos conservadores. De nuevo actuaba el judío con su habilidad de siempre. El que tenía en sus manos los destinos de Alemania incitaba a combates tan groseros y tan sin tino, que la sangre de las víctimas consecuentemente siempre provocaba nuevas reacciones. Pero los ataques nunca estaban dirigidos contra los judíos, sino contra el hermano alemán. **El bávaro no veía el Berlín de los cuatro millones de activos e incansables trabajadores, sino aquel otro Berlín flojo y corrompido de los más corrompidos barrios del oeste. Su odio no se dirigía en realidad contra aquel mundo malsano; su objetivo era "la ciudad prusiana".**

Aquello era desesperante.

La habilidad de los judíos para desviar de sí la atención pública y distraerla con otra cosa cualquiera se puede descubrir también en ese montaje.

En el año 1918 no existía ninguna campaña dirigida contra el judaísmo. Todavía me acuerdo de las dificultades que se presentaban a quien pronunciase la palabra "judío". Una de dos: o se le miraba con espanto o se le oponía una fortísima resistencia. Nuestros primeros intentos para mostrar al público al verdadero enemigo parecían estar destinados al completo fracaso. Lentamente se inició un cambio en este estado de cosas. A pesar de las deficiencias de su plan de organización, la Unión de Defensa y Resistencia tuvo el mérito de poner nuevamente sobre el tapete de discusión la cuestión judía. La forma insensata en que estaba organizada nuestra economía de guerra que, con una centralización rayana en el absurdo, mantenía bajo su tutela a todo el territorio del Reich y lo explotaba, fue una de las causas principales que engendraron aquel sentimiento antiprusiano; pues, **para la concepción de la gente del pueblo, los Comités de Aprovisionamiento, que tenían su central en Berlín, estaban identificados con la capital del Reich y, a su vez, Berlín con Prusia. Casi nadie sabía por entonces que los organizadores de estos Comités de Guerra no eran ni berlineses, ni prusianos, y ni siquiera alemanes; eran judíos.** Sólo se constataban las faltas y errores graves que allí se cometían. La continua arrogancia de esa odiosa institución, que funcionaba en la capital del Imperio, hizo que el pueblo concentrase todo su odio sobre Berlín y, simultáneamente, sobre Prusia, porque los poderes públicos de ciertos Estados no sólo nada hicieron para impedir tales demostraciones de antipatía, sino incluso se alegraban con una interpretación semejante por parte del pueblo.

Demasiado astuto era el judío para no haberse dado cuenta, ya entonces, de que la infame campaña de explotación que él mismo había organizado contra el pueblo alemán, bajo la capa de los Comités de Aprovisionamiento, provocaría y debía provocar resistencia. Mientras esa resistencia no implicó para él un peligro, no tenía por qué temerla; pero, a fin de prevenir una explosión de las masas movidas por la desesperanza y la indignación, descubrió que no podía haber receta mejor que la de desviar el furor popular en otro sentido, como medio de neutralizarlo.

¡Cuanto más los bávaros y los prusianos se hostilizasen, tanto mejor! La lucha más encarnizada de ambos significaba para el judío una paz segura. La atención general se concentraba en esa lucha regional, y todos parecían haberse olvidado de la guerra. Y para el caso de que pudiese surgir el peligro de elementos sensatos -que había también en gran número en Baviera- que aconsejasen prudencia y el cese de tales maniobras, el judío sólo precisaba poner en escena una nueva provocación en Berlín y esperar la victoria. Inmediatamente se lanzarían todos los actores de la discordia entre el Norte y el Sur sobre ese acontecimiento y no darían tregua mientras la llama de la Revolución no se encendiese de nuevo.

Fue un juego habilísimo que el judío desarrolló en aquella época, el de desviar la atención de ciertos Estados alemanes para poder saquearlos mejor. Es evidente que ya en el invierno de 1918-19 comenzó a dejarse sentir en el ambiente un algo colectivo, que podría interpretarse como antijudaísmo. Más tarde, gracias al impulso del Movimiento Nacionalsocialista, se abordó el problema judío de manera concreta, ante todo porque al sacar este problema de la esfera limitada de los círculos burgueses, se supo hacer de él el motor propulsor de un gran Movimiento popular. Pero tan pronto como esto fue real, el judío empezó a organizar su defensa. Volvió a recurrir a su vieja táctica. Con asombrosa celeridad lanzó en el seno mismo del Movimiento Racista la chispa de la discordia y sembró así el germen de la desunión. La única posibilidad de desviar la atención pública con otros problemas y detener el ataque concentrado contra el judaísmo, residía -dada la situación reinante- en **promover la cuestión del ultramontanismo y provocar de esta suerte la consabida lucha entre el catolicismo y el protestantismo.** Jamás podrán reparar el daño causado los hombres que agitaron esta cuestión en el seno del pueblo alemán. En todo caso, el judío alcanzó el objetivo deseado: católicos y protestantes habían entrado en reñida controversia y el enemigo mortal del mundo ario y de la cristiandad toda celebraba así su triunfo.

De la misma forma en que antes se había juzgado útil, durante años y años, atraer la opinión pública hacia la lucha entre el federalismo y el unitarismo hasta extenuarla, mientras el judío vendía la libertad de la Nación y traicionaba a nuestra Patria ante la alta finanza internacional, de igual manera ahora él conseguía oponer las dos confesiones alemanas, la una contra la otra, mientras las bases de ambas eran minadas y corroídas por el veneno del judaísmo internacional.

Considérese cuán funestas son las consecuencias que a diario trae consigo la bastardización judaica de nuestro pueblo y reflexiónese también que este envenenamiento de nuestra sangre sólo al cabo de siglos -o tal vez jamás podrá ser eliminado del organismo nacional. En seguida debemos todos reconocer cómo esa descomposición de la raza rebaja nuestros últimos valores arios; no sólo los desvaloriza sino que también, frecuentemente, los destruye. Así, nuestra fuerza como Nación portadora de cultura está retrocediendo visiblemente y nos arriesgamos, al menos en las grandes ciudades, a llegar al mismo nivel en que hoy se encuentra el Sur de Italia. Millares de nuestros conciudadanos se hallan ciegos ante el envenenamiento de nuestra raza, sistemáticamente practicado por el judío. Metódicamente, esos parásitos de las naciones están degenerando a nuestros inexpertos jóvenes, destruyendo de esta forma un valor que nunca más podrá ser restituido. Y las dos Iglesias Cristianas -la Católica y la Protestante - se muestran indiferentes frente a esta obra de profanación y destrucción. Para el futuro de la Humanidad, no radica la importancia del problema en el triunfo de los protestantes sobre los católicos o de los católicos sobre los protestantes, sino en saber si la raza aria subsistirá o desaparecerá. A pesar de ello, esas dos confesiones, lejos de combatir al destructor de la especie, tratan sólo de aniquilarse mutuamente. **Justamente el hombre de sentimientos nacionalistas debería tener la sagrada obligación, cada uno dentro de su propio credo, de cuidar y no sólo de hablar de la voluntad de Dios, sino también de cumplirla, no permitiendo que la obra de Dios sea deshonrada.** La voluntad de Dios fue la que dio a los hombres su forma externa, su naturaleza y sus facultades. Aquél que destruye la obra de Dios está de esta manera combatiendo la obra divina, la voluntad divina. Por eso cada uno debe esforzarse por actuar con eficiencia en el campo de su confesión y reconocer como su primer y más sagrado deber el hacer frente a aquellos que por palabra, actos u omisiones, salen del terreno de su religión e intentan inmiscuirse en las otras confesiones. Pues el combate a las formas de una determinada religión tiene, debido a la divergencia religiosa existente en Alemania, forzosamente como resultado una guerra de efectos destructores para los dos credos. La situación de la Iglesia en Alemania no permite comparación alguna con Francia, España o Italia. En todos estos países se puede propagar, por ejemplo, la lucha contra el clericalismo o contra el ultramontanismo, sin correr el riesgo de que de tal empeño resulte una disociación en el seno del pueblo francés, español o italiano. Cosa semejante sería imposible en Alemania, porque seguramente los protestantes no tardarían en inmiscuirse en la lucha. Una crítica que en otros países sería sustentada exclusivamente por católicos frente a intromisiones de índole política cometidas por los dignatarios de su propia Iglesia, en Alemania asumiría de hecho el carácter de una agresión del protestantismo contra el catolicismo. Así se explica que se pueda soportar toda crítica, aunque sea injusta, con tal de que venga de sus propios feligreses, en tanto que se la rechazará de plano si procede de otro sector religioso. Ese sentimiento va tan lejos que incluso los hombres que, en determinado momento, estaban dispuestos a aceptar cualquier sugerencia para remediar un visible error en el campo de su propia confesión, abandonarían esa posición y concentrarían sus resistencias contra la misma propuesta, en el caso de que ésta partiese de otra religión. Ellos sienten que no es una conducta ni justificada ni permitida, y hasta indigna, el meterse alguien en asuntos que no son de su competencia. Tales intervenciones no se disculpan ni incluso en los casos en que se justifican por la defensa de los derechos o de los intereses de la comunidad nacional, porque los sentimientos religiosos todavía son más poderosos que cualquier conveniencia política nacional. Eso no se transformará instigando a las dos confesiones a una guerra sin tregua. Sólo existe para eso un remedio, que consiste, por medio de concesiones por ambas partes, en preparar un futuro que, por su grandeza, tendría efectos paulatinamente reconciliadores.

No vacilo en declarar que juzgo a los hombres que arrastran al Movimiento de hoy a una crisis de divergencias religiosas como a los peores enemigos de la Patria, más incluso que cualquier comunista con tendencias internacionalistas, pues convertir al comunista es la tarea del Movimiento Nacionalsocialista. Quien trata de disociar al Nacionalsocialista con problemas de esa índole, de apartarle de su verdadera misión, está actuando de la manera más condenable. Es, consciente o inconscientemente, un combatiente en favor de los intereses de los judíos. El interés del judío es hoy éste: agotar las fuerzas del Movimiento Nacionalsocialista en una guerra religiosa, precisamente por el motivo de que este Movimiento comienza a resultarle peligroso. Estoy haciendo hincapié en la palabra "agotamiento", pues sólo un hombre completamente ignorante de la Historia Universal puede imaginar ser posible solucionar así un problema en que zozobraron esfuerzos seculares y estadistas de gran relieve.

Además de eso, los hechos hablan por sí solos. Aquellos que en el año 1924 creyeron que la lucha contra el ultramontanismo constituía el supremo cometido del Movimiento Nacionalsocialista, no han destruido el ultramontanismo, pero sí han roto la unidad de la causa Nacional y Racista. También debo oponerme a admitir que en las filas de nuestro Movimiento haya alguien que suponga poder realizar lo que el mismo Bismarck no pudo. Será siempre el más alto deber de los dirigentes del Nacionalsocialismo combatir enérgicamente todo intento que tienda a poner el Movimiento Nacionalsocialista al servicio de aquellas luchas, debiéndose apartar ipso facto de nuestras filas a los propagandistas de propósitos semejantes En realidad, habíamos conseguido ese objetivo hasta el otoño de 1923. **El más ferviente protestante puede alinearse al lado del más ferviente católico,** sin que jamás surjan para ellos problemas de conciencia por su convicción religiosa. Por el contrario, la gigantesca lucha común que deberían sostener ambos contra el destructor del mundo ario les debería inspirar para el trabajo conjunto. Y fue precisamente en aquellos años cuando el Movimiento realizó una tenaz oposición contra al Partido del Centro (partido católico), no por motivos religiosos, sino exclusivamente por razones de índole nacional, racial y económica. El resultado, en aquellos tiempos, nos fue favorable, como hoy contra los sabihondos.

En estos últimos años, la situación llegó algunas veces hasta tal punto que círculos nacionalistas, en la maldita ceguera de sus discusiones religiosas, ni siquiera se apercibían del desvarío de su modo de proceder, a pesar del hecho de que periódicos marxistas ateos de repente se transformasen, cuando era necesario, en abogados de las comunidades religiosas, para, por ese medio, perjudicar a uno u otro de los combatientes, atizando así el fuego entre los dos bandos.

Justamente un pueblo como el alemán, capaz de luchar hasta la última gota de su sangre en cualquier clase de guerra, como lo prueba su Historia, es el que correrá un mayor peligro de muerte envolviéndose en tales luchas. Siempre fue ése el medio para desviar a nuestra raza de los problemas reales de su destino. Mientras nos consumíamos combatiendo por conflictos religiosos, los otros se repartían el mundo. Mientras el Nacionalsocialista discute sobre si el peligro ultramontano es mayor que el peligro judaico, o viceversa, el judío continúa destruyendo los fundamentos raciales de nuestra existencia, aniquilando de esta manera, cada vez más, a la Nación. Respecto a esos combatientes "nacionalistas", nuestro Movimiento y el pueblo alemán piden al Todopoderoso que nos dispense de semejantes aliados. Que de los enemigos nosotros nos sabremos librar.

La lucha entre el federalismo y el unitarismo, que tan astutamente supieron suscitar los judíos en los años 1919 a 1921, obligó al Movimiento Nacionalsocialista, aun siendo contrario a esta lucha, a definir también su posición frente a las cuestiones esenciales resultantes de dicha controversia.

¿Debía Alemania ser Estado federal o unitario? ¿Qué características distinguen en la práctica a ambas formas? A mi modo de ver, la segunda forma me parece la más importante porque no solamente es indispensable para el esclarecimiento del problema, sino también concurre para un entendimiento mutuo y la consiguiente reconciliación.

¿Qué es un Estado Federal?

Por Estado federal entendemos una asociación de países soberanos que, en virtud de su propia soberanía se fusionaron voluntariamente, renunciando cada uno de ellos en favor del conjunto a aquella parte de sus propias prerrogativas, capaz de posibilitar y garantizar la existencia de la federación constituida.

Esta fórmula teórica no tiene en la práctica aplicación absoluta en ninguno de los Estados federales del mundo y menos aun en los Estados Unidos de Norteamérica, donde, en la mayor parte de sus Estados, ni siquiera se puede hablar de una soberanía primitiva. Muchos de ellos sólo en el correr de los tiempos comenzaron a figurar en el mapa general de la Unión. En los Estados de la Unión Norteamericana se trata, en la mayoría de los casos, de menores o mayores territorios formados por motivos de técnica administrativa, territorios que antes nunca poseyeron soberanía propia ni la podían poseer. No fueron los Estados los que constituyeron la unión federal americana, sino que fue ésta la que previamente dio forma a una gran parte de esos llamados Estados. Los amplios derechos privativos conferidos, o mejor dicho, reconocidos a los diferentes territorios americanos, no sólo corresponden al carácter de esta confederación de países, sino que están ante todo en relación con la magnitud de sus dominios y la extensión de la superficie territorial del conjunto, que es casi la de un continente. Por eso, en el caso de la Unión Americana, no se puede hablar de la soberanía política de los Estados, sino únicamente de sus derechos o, más propiamente, de sus privilegios determinados y garantizados constitucionalmente. Tratándose de Alemania, tampoco tiene aplicación exacta la definición dada, y esto a pesar del hecho indudable de que los respectivos sectores existieron antes aisladamente, constituidos como Estados soberanos, habiendo nacido de la reunión de ellos el Reich alemán. Mas, la formación del Reich no se debió a la libre voluntad o a la cooperación de esos Estados, sino a la influencia de la hegemonía de uno solo de ellos: Prusia. Desde luego, ya la sola gran diferencia territorial existente entre los diversos Estados alemanes no permite establecer un paralelo con la unión federal americana. Esa diferencia territorial entre los más pequeños Estados alemanes de antaño y los grandes o el mayor de todos, evidencia la desigualdad de capacidades y, por otra parte, la falta de uniformidad del aporte de cada uno a la fundación del Reich; o sea, a la constitución de la Confederación. De hecho, no se puede hablar, en relación a la mayor parte de estos Estados, de una soberanía efectiva, a no ser que la palabra soberanía tenga sólo la significación de una frase oficial. En realidad, no sólo en el pasado, sino también en el presente, muchos de esos Estados denominados soberanos habían desaparecido, lo que claramente demuestra la debilidad de esa concepción de "soberanía".

No deseamos mencionar aquí cómo cada uno de esos Estados se formó históricamente. Es incuestionable que los mismos, casi en ningún caso, tienen sus límites primitivos. Son creaciones puramente políticas, las cuales tienen sus raíces, por lo general, en los más tristes tiempos de la debilidad de la Nación y de la consiguiente descomposición de nuestra Patria.

Todo esto lo tomó en consideración, por lo menos en parte, la Constitución del Primer Reich, no dando a los diferentes Estados la misma representación numérica en el Consejo federal, sino únicamente una representación que correspondiese a las unidades federativas en la formación del Reich.

La cesión que los respectivos Estados hicieron de sus derechos de soberanía en favor de la creación del Reich fue espontánea sólo en una mínima parte; por lo demás, prácticamente no existían tales derechos, o si existieron, fueron llanamente anulados bajo la presión del poder de Prusia. Bien es verdad que en esto Bismarck no partió del principio de dar al Reich todo lo que buenamente se hubiese podido tomar de los diversos Estados, sino que exigió de ellos únicamente aquello que para el Reich era indispensable; un criterio, por cierto, a la par moderado y sabio que contemplaba por un lado, con un respeto máximo, las costumbres y la tradición y, por el otro, le granjeaba de este modo al nuevo Reich un mayor contingente de afección y de colaboración entusiasta por parte de cada uno de los Estados confederados. Pero sería fundamentalmente erróneo querer atribuir este proceder de Bismarck a la convicción que él podía tener de que con lo hecho el Reich se hallaría para todos los tiempos en posesión de una suma suficiente de derechos soberanos. Por el contrario, él no tuvo tal convicción. Su propósito no fue otro que dejar para el futuro aquello que por el momento era difícil de realizar y de sobrellevar. Bismarck contaba con la vigorosa y aplanadora fuerza del tiempo y con la presión del progreso en sí. Él juzgaba tener, con el correr de los días, más fuerza para reaccionar contra la posible resistencia de los diferentes Estados. Con eso probó de la manera más elocuente su gran habilidad de gobernante. En efecto, con el tiempo vino creciendo la soberanía del Reich a costa de la soberanía de los Estados confederados. El tiempo justificó la previsión de Bismarck. El desastre de Alemania en 1918 y la destrucción del Estado monárquico aceleraron el curso de este desarrollo. Como las diferentes unidades alemanas debían su existencia menos a fundamentos nacionalistas que a motivos puramente políticos, era lógico que la importancia de esos Estados tenía que desaparecer en el momento en que desapareció la encarnación fundamental del desarrollo político de los mismos: el sistema monárquico, con su dinastía. Muchas de esas creaciones políticas perdieron, así, tanta fuerza interior que, como consecuencia de ello, automáticamente debían renunciar a una ulterior existencia independiente y reunirse, por motivos de conveniencia, unas con otras. Voluntariamente, se dejaron absorber por las de mayor importancia. Ésa es la prueba más evidente de la debilidad extraordinaria de la soberanía efectiva de esas pequeñas formaciones políticas y de la poca consideración en que ellas mismas eran tenidas por sus propios ciudadanos.

Si con la eliminación del régimen monárquico y sus representantes se había asestado un rudo golpe al carácter federal del Reich, aun más fuerte debió ser el efecto al aceptar Alemania las obligaciones resultantes del Tratado de "paz" de Versalles.

Era natural y lógico que los Estados confederados perdiesen toda soberanía sobre el control de sus finanzas, desde el momento en que al Reich se le impuso, como consecuencia de la guerra perdida, una obligación financiera que jamás habría llegado a cumplirse mediante contribuciones parciales de los Estados. Las medidas posteriores, conducentes a la centralización de los servicios de correos y ferrocarriles, fueron consecuencia inevitable de la esclavización de nuestro pueblo, paulatinamente iniciada por los tratados de paz. El Reich fue obligado a tomar en cuenta nuevos valores para poder hacer frente a las obligaciones resultantes de las cada vez mayores extorsiones. Muy lógico y natural era aquel hecho. La culpa de ello le incumbe a los partidos y a los hombres que nada habían hecho para terminar la guerra con la victoria. Culpables eran, especialmente en Baviera, los partidos que, tendiendo hacia fines egoístas, abandonaron durante la guerra el ideal del Reich, lo que deberían lamentar mil veces después de la derrota. ¡Ah, la venganza de la Historia! Raramente el castigo del cielo ha sido tan duro como en este caso. Los mismos partidos que pocos años antes habían colocado los intereses de sus Estados particulares -especialmente en Baviera sobre los intereses del Reich, debían ahora presenciar cómo, bajo la presión de los hechos, el Reich terminaba con la existencia de esos mismos Estados. Todo por culpa de ellos mismos.

Es una hipocresía sin par frente a las masas de los electores (pues sólo a éstas se dirige la actividad de nuestros partidos actuales) quejarse de la pérdida de la soberanía de los Estados, cuando todos ellos competían en la práctica de una política que, en sus últimas consecuencias, debía provocar profundas alteraciones en el interior de Alemania. El Reich de Bismarck era libre y estaba exento de obligaciones exteriores. No pesaban sobre él cargas financieras tan graves, y al propio tiempo tan improductivas, como lo es el Plan Dawes para la Alemania actual. En el orden interno, su incumbencia se limitaba a aspectos contados y absolutamente necesarios. Así se podía renunciara mantener una administración financiera central y vivir de las contribuciones de los Estados confederados. Era así natural el sentimiento de adhesión de los Estados hacia el Reich, por el hecho de que éstos continuaran en el ejercicio del derecho soberano de administrar sus propias rentas, aparte de la circunstancia de que era relativamente poco elevada la cifra de sus contribuciones al Reich. Es completamente falso alegar hoy, como propaganda, que la actual falta de entusiasmo por el Reich se debió a la consecuencia única de la dependencia financiera de los Estados para con aquél. **Eso no es la verdad de los hechos. La disminución del entusiasmo por las ideas. del Reich no es la consecuencia de la pérdida de soberanía de los Estados, sino el resultado de la manera miserable como la Nación alemana estaba representada en su Gobierno Central.** A pesar de todas las manifestaciones en nombre de la Bandera alemana y de la Constitución, el Gobierno de hoy es ajeno a los sentimientos de todas las clases de la Nación. Las leyes republicanas pueden impedir un ataque a las instituciones republicanas, pero nunca, sin embargo, conquistar el amor de un solo alemán. **El cuidado excesivo en defender la República contra sus propios ciudadanos mediante leyes y** prisiones es la crítica más demoledora a la institución y su condenación más cierta.

Por otro lado, también las declaraciones de ciertos partidos de hoy, según las cuales la desaparición del entusiasmo por el Reich es la consecuencia de los abusos del mismo frente a ciertos derechos de soberanía de los Estados particulares, no corresponde a la verdad. Supuesto que el Reich no hubiese abusado de su autoridad, no es creíble que el amor de los Estados por el mismo fuese mayor si, no obstante eso, las contribuciones totales fuesen las mismas de hoy. Por el contrario: si los Estados hubiesen debido soportar las contribuciones que hoy el Gobierno Central necesita para el cumplimiento del Tratado de esclavitud a las potencias extranjeras, el odio contra el Reich sería todavía mucho más fuerte. Las importantes contribuciones que pagarían los Estados al Reich sólo con mucha dificultad podrían ser cobradas. Sería necesario emplear medios de coacción. Como la base sobre la cual la República fue fundada consiste en los tratados de paz, y como no tienen el coraje, ni la intención de romperlos, ellos deben pensar en la manera de cumplir esas obligaciones. **También en este caso son culpables únicamente los partidos que, a toda hora, hablan a la masa de electores sobre la necesidad de autonomía de los Estados y, al mismo tiempo, favorecen una política que, necesariamente, tendrá como resultado el destruir los restos de los llamados "derechos de soberanía".**

Digo "necesariamente" porque al Reich de hoy no le queda absolutamente otra posibilidad para hacer frente a la sobrecarga de sus obligaciones, originadas por una política infame, tanto en el interior como en el exterior. La criminal deuda externa debe ser saldada mediante el aumento de la presión interior, que, nuevamente, tiene como resultado abolir, poco a poco, toda la soberanía de los Estados, con el fin de no dejar en ellos formarse gérmenes de resistencia, o aumentar los ya existentes.

En general, la diferencia característica de la política del Reich de hoy, en comparación con la política de antes, es la siguiente: **el Primer Reich daba libertad en el interior, demostraba fuerza en el exterior, y la República está demostrando debilidad en el exterior y está oprimiendo a sus ciudadanos en el interior. Un hecho es consecuencia del otro. Un Estado Nacionalista vigoroso necesita, para su vida interior, sólo de pocas leyes, como consecuencia del mayor amor y dedicación de sus ciudadanos; un Estado de esclavos, con tendencias internacionalistas, sólo por la violencia bruta puede conseguir los servicios forzados de simas súbditos.** Una de las más atrevidas insolencias del Gobierno de hoy es hablarle "ciudadanos libres". Ciudadanos libres solamente existían en la Alemania de antaño. **La República, como colonia de esclavos, bajo el dominio extranjero, no tiene ciudadanos, sino, en la mejor de las hipótesis, súbditos.** Por ese motivo, tampoco posee una **Bandera Nacional,** sino únicamente **un símbolo de privilegios,** creado por las autoridades y protegido por las leyes. Ese símbolo, admitido como "chapeau de Gessler" de la democracia alemana, siempre será extraño a los íntimos sentimientos de la Nación. La República que, sin el más mínimo respeto por la tradición, por la grandeza del pasado, ensucia los emblemas de ese pasado, quedará admirada de cómo es superficial el afecto de los súbditos para con sus emblemas. Esa República, por culpa propia, figurará en la Historia alemana como un "entreacto".

El Estado alemán de la postguerra se ve ahora obligado, para poder subsistir, a cercenar cada vez más los privilegios de los respectivos Estados del Reich, no solamente por razones de índole material, sino también de orden ideal. Al exigir de sus súbditos hasta el último tributo, como consecuencia de su política financiera de exacción, este Gobierno tiene necesariamente que privarles también hasta de los últimos derechos, si es que no quiere que el descontento general conduzca un día al estallido de una rebelión. Invirtiendo el sentido de la frase anterior, nosotros, los Nacionalsocialistas, tenemos una regla fundamental que observar: **Un Reich nacional vigoroso, que en su política exterior cuide y proteja, en el más amplio marco, los intereses de sus súbditos, puede ofrecer libertad interna sin riesgo para la estabilidad del Estado. Por otra parte, un Gobierno nacional fuerte puede también llegar a coartar considerablemente las libertades individuales, lo mismo que la de los Estados confederados, sin detrimento de la popularidad del Reich y siempre que el ciudadano reconozca en estas medidas un medio hacia la grandeza nacional.**

Es indiscutible que todos los Estados del mundo tienden en su organización interna a una cierta centralización administrativa, y Alemania no será en esto una excepción a la regla. Ya hoy en día es un absurdo hablar, tratándose de los diferentes Estados alemanes, de una "soberanía de Estado", soberanía que ya no existe, dadas las proporciones ridículas de esas formaciones estatales. La importancia particular de cada uno de los países que forman una confederación disminuye progresivamente, tanto en el ramo de comunicaciones como en el de orden administrativo. El tráfico y la técnica moderna reducen, de día en día, distancia y extensiones. Una Nación antigua representa, hoy en día, únicamente una provincia y las naciones de la actualidad serían consideradas, antiguamente, como continentes. Desde el punto de vista técnico, la dificultad de administrar una Nación como Alemania no es mayor que la dificultad de la administración de una provincia como. Brandenburgo, hace ciento veinte años. Vencer la distancia de Munich a Berlín es, hoy en día, más fácil que de Munich a Starnberg hace cien años. Y todo el territorio nacional hoy es, debido a la técnica actual de los transportes, menor que cualquier unidad federativa alemana en el tiempo de la guerra de Napoleón. Quien desconozca las consecuencias resultantes de estos hechos, quedará pues rezagado. Criaturas que actúan de ese modo, existirán en todos los tiempos y también existirán en el futuro. Ellos pueden disminuir la marcha de los acontecimientos, nunca, sin embargo, pararlos.

Nosotros, los nacionalistas, no debemos pasar ciegamente sobre las consecuencias de esas verdades. En esos asuntos, no debemos tampoco dejarnos embaucar por las "frases" de nuestros denominados partidos burgueses nacionalistas. Hago uso de la palabra "frases", primero, porque esos partidos no creen seriamente en la posibilidad de llevar a cabo sus intenciones y, en segundo lugar, porque los mismos son culpables, y en gran medida, de la situación actual. Principalmente en Baviera, el grito por la descentralización es realmente un juego sin intenciones reales. En todos los momentos en que esos partidos deberían haber tomado en serio sus "frases", fallaron, sin excepción, de una forma estrepitosa. Las "frases" como "asalto a los derechos soberanos" del Estado de Baviera por el Reich, no pasan de ser una farsa repugnante, sin la mínima consistencia. **Si realmente alguien se atreviese a hacer algo con seriedad, frente a ese desorientado sistema, entonces seria considerado como fuera del Estado por los mismos partidos, puesto a margen de la ley y condenado y perseguido hasta ser reducido al silencio, bien por medio de la prisión o por una prohibición legal de hablar o escribir s. Justamente, como consecuencia de eso, deben nuestros adeptos reconocer la mentira de esos llamados círculos federalistas.** Así como sucede con la religión, el federalismo es sólo un medio para alcanzar sus intereses particulares.

Si bien parece natural un cierto grado de centralización, sobre todo en los servicios de comunicaciones, no menos natural consideramos los Nacionalsocialistas el deber de asumir una firme actitud contra una evolución semejante en el Estado actual, cuando las medidas pertinentes no buscan otro objetivo que el de facilitar una política exterior desastrosa. Justamente porque el Reich actual ha procedido a la llamada estatización de los ferrocarriles, correos y finanzas, no obedeciendo a razones de elevado interés nacional, sino únicamente a la finalidad de tener en sus manos los recursos y la garantía necesarios para satisfacer su política de condescendencia con los "aliados", debemos los Nacionalsocialistas hacer cuanto esté a nuestro alcance para obstaculizar y, si es posible, impedir la realización de una política tal. Para ese fin, sin embargo, es preciso luchar contra la actual centralización de importantes organizaciones, la cual sólo es emprendida para conseguir por ese medio los millones que se entregan al exterior.

El segundo motivo que nos lleva a resistir una tal centralización es que así es reforzada la eficiencia de un sistema de gobierno interior que, en sus efectos generales, ha dado origen a la mayor desgracia de la Nación alemana. El Reich del "judío democrático" de hoy, que se ha transformado en una verdadera maldición para el pueblo, trata de anular las objeciones levantadas por los Estados que, hasta ahora, no adoptaron el modo de pensar corriente. Frente a una situación tal, a nosotros los Nacionalsocialistas nos está reservada la tarea de intentar no sólo dar a estos diferentes Estados la base .de una particularidad nacional, con posibilidades de éxito, sino transformar totalmente su lucha contra la centralización y darle la expresión de un más elevado interés nacional. Mientras, sin embargo, el Partido Popular Bávaro, por motivos regionales insignificantes, trata de asegurar derechos especiales para Baviera, debemos servirnos de esa situación particular a favor de un interés nacional más elevado, actuando contra la "Democracia de Noviembre".

El tercer motivo que nos puede inducir a reaccionar contra la centralización es la convicción de que gran parte de los llamados **controles** de hecho no constituyen una unificación y mucho menos una simplificación, sino, por el contrario, en muchos casos se trata solamente de reducir la soberanía de los Estados, para abrir la puerta a los intereses de los partidos revolucionarios. Jamás, en la Historia alemana, hubo un favoritismo tan sin pudor como en la República democrática. La mayor parte del furor actual de centralización tuvo su origen en **los partidos que, antaño, prometieron aprovechar a los hombres activos y capaces, y cuando se trató de la designación para empleos y posiciones públicas, tuvieron en cuenta exclusivamente el criterio partidista.** Fueron, sobre todo, los judíos los que inundaron desde los primeros días de la República, en número increíble, las grandes organizaciones económicas y los repartos públicos, que de esta forma pasaron completamente a estar bajo su control. Principalmente esa tercera consideración nos obliga, por motivos tácticos, a examinar con mayor rigor cualquier medida en el sentido de la centralización, y, si fuere necesario, tomar una actitud decisiva en contra de la misma. **Pero obrando así, nuestra norma será siempre de interés nacional y jamás de tendencia mezquina** y **particularista.**

Esta consideración es indispensable para evitar que entre nuestros correligionarios surja la creencia de que nosotros, los Nacionalsocialistas, tratamos de negarle al Reich el derecho de encarnar una soberanía mayor que la de los Estados que lo forman. Sobre este derecho no puede ni debe existir entre nosotros duda alguna, **pues desde el momento en que el Estado en sí significa para nosotros más que una forma, siendo lo esencial su contenido, es decir, la Nación, el pueblo, claro está que todo lo demás tiene que subordinarse obligadamente a los soberanos intereses de la Nación. Ante todo, dentro del conjunto nacional, representado por el Reich, no podemos tolerar la autonomía política o el ejercicio de soberanía de ninguno de los Estados en particular.** Un día ha de acabar y acabará el desatino de mantener, por parte de los

Estados confederados, sus llamadas representaciones diplomáticas en el exterior y entre ellos mismos.

Mientras subsistan anomalías semejantes, no hay por qué asombrarse de que el extranjero ponga siempre en duda la estabilidad del Reich y obre de acuerdo con ella. El absurdo de tales representaciones resalta todavía más cuando consideramos que sólo acarrea inconvenientes. Los intereses de un ciudadano alemán en el extranjero, que no pueden ser defendidos por el Embajador del Reich, lo serán mucho menos por el Embajador de un minúsculo Estado, de proporciones ridículas en la situación actual del mundo. Son esas pequeñas unidades federativas las que sirven únicamente de estimulantes a la tendencia de disgregación de la Nación alemana y a su debilitamiento interno y externo. Nuestras representaciones diplomáticas en el extranjero eran, ya en el tiempo del antiguo Reich, tan miserables que se hacía completamente indispensable otra evaluación de ellas.

De todos modos, la importancia de cada uno de los Estados del Reich tendrá en el futuro que gravitar con preferencia en el campo de la actividad cultural. El Monarca que más hizo por el prestigio de Baviera no fue ningún testarudo particularista, contrario al sentimiento unitario nacional, sino un hombre que, junto a su afición por el arte, aspiraba a la Gran Patria Alemana: el Rey Luis I. Cuando él utilizaba las fuerzas del Estado para la promoción del progreso cultural de Baviera, y no en el fortalecimiento de los poderes políticos, prestaba mayores y más duraderos servicios a su pueblo de lo que hubiera sido posible si actuase de otra manera. Elevando a Munich de la posición de capital provinciana de poca importancia a la de una gran metrópolis del arte alemán, transformándola en un centro de cultura que todavía hoy tiene la facultad de atraer a los franceses, a pesar de ser su modo de pensar tan diferente. Suponiendo que Munich hubiese quedado en lo que era antiguamente, se habría repetido en Baviera la misma evolución que se verificó en Sajonia, únicamente con la diferencia de que Nürnberg, la Leipzig bávara, no habría quedado como una ciudad bávara, sino que se habría transformado en una ciudad de Franconia. No fueron los que gritaban "¡Abajo Prusia!" los que hicieron grande a la ciudad de Munich, pero sí el Rey que quería hacer a la Nación alemana el regalo de una joya artística, que merecía ser vista y apreciada y que, de hecho, lo fue posteriormente. En eso se debe ver una lección para el futuro. **La importancia de los diferentes Estados no se debe buscar en absoluto en el terreno del poder político, sino en la raza o en el campo cultural.** Incluso aquí, la acción del tiempo es niveladora. Las facilidades del transporte moderno están aproximando a los hombres de tal manera que, paulatina y continuamente, las fronteras de los Estados desaparecerán y, con eso, el cuadro cultural de los diferentes pueblos tenderá, poco a poco, a alcanzar el mismo nivel.

Por encima de todo se cuidará de preservar al Ejército de influencias regionalistas. El Estado Nacionalsocialista venidero no deberá caer en el error pasado de atribuir a la institución armada un cometido que no le corresponde ni puede ser propio de ella. **El Ejército Alemán no está en el Reich para servir de escuela a la conservación de peculiaridades regionales, sino más bien para formar una institución donde todos los alemanes aprendan a comprenderse recíprocamente y a adaptarse los unos a los otros.** Todo aquello que en la vida nacional pudiera significar antagonismo ha de saberlo allanar el Ejército obrando como el factor de unificación. Deberá, además, sacar al joven conscripto del horizonte estrecho de su aldea y situarlo en el ambiente de la Nación. No serán las fronteras de su terruño las que él vea, sino las de la Patria, pues serán éstas las que un día tendrá que defender. Por eso es un absurdo dejarlo en su propio terruño en lugar de hacer que conozca otras partes de Alemania durante el tiempo de su Servicio Militar. Eso es hoy en día tanto más necesario cuanto que los alemanes no acostumbran viajar; así ampliarán sus horizontes, como lo hacían antiguamente. No es contraproducente dejar al joven bávaro en Munich, al franconio en Nürnberg, al habitante de Baden en Karlsruhe, al württenburgués en Stuttgart, etcétera. ¿No sería más razonable mostrar al joven bávaro el Rhin y el Mar del Norte, al hamburgués los Alpes, al prusiano del Este las montañas de Alemania Central? El amor por la tierra natal debe ser cultivado en el Ejército y en las guarniciones regionales. Toda tentativa de centralización deberá tener nuestra desaprobación; pero nunca, sin embargo, la que debe operarse en el Ejército. Aunque otros intentos de centralización no fuesen aconsejables, ése, por lo menos, debe serlo.

Además de eso, un Movimiento nuevo debe apartar cualquier obstáculo que pueda anular su actividad en la lucha por la victoria de sus ideas. El Nacionalsocialismo debe reclamar para sí el derecho de imponer a la totalidad de la Nación alemana sus principios, sin consideración a las actuales fronteras de los Estados, y educar a la Nación en sus ideas. De la misma forma en que las religiones no están dependientes de los límites políticos, la Idea Nacionalsocialista es independiente de los diferentes Estados de nuestra Patria. La Doctrina Nacionalsocialista no está llamada a servir aisladamente los intereses políticos de determinados Estados en la Confederación del Reich, sino que aspira a estar un día al servicio de toda la Nación. Ella tendrá que reorganizar y orientar la vida de todo un Pueblo y, por tanto, atribuirse imperativamente el derecho de pasar sobre fronteras establecidas por una antigua evolución política que nosotros rechazamos. Cuanto más decisiva sea la victoria de nuestras ideas, tanto mayor podrá llegar a ser más tarde la libertad individual, rodeada de todas las garantías necesarias.

Adolf Hitler

Capítulo XI

Propaganda y organización

El año 1921 tuvo para el Movimiento una importancia capital. Inmediatamente después de haber ingresado en el Partido Alemán de los Trabajadores, tomé a mi cargo la dirección de la propaganda. Consideraba esta parte como la más importante del momento. La propaganda debía preceder a la organización y ganar en favor de ésta el material humano necesario a su actividad. Siempre fui enemigo de métodos de organización precipitados y pedantes, porque generalmente el resultado no es otro que un mecanismo muerto, raras veces una organización viva. Las organizaciones están en función de la vida, del desenvolvimiento orgánico de un pueblo. Ideas que conquisten a un cierto número de individuos siempre provocarán la necesidad de una cierta disciplina, absolutamente indispensable. Pero también aquí se debe tener en cuenta la debilidad humana, inclinada a oponerse, por lo menos al comienzo, contra una dirección superior. En el caso de una organización sin vida surge inmediatamente el gran peligro de la aparición de un hombre, aceptado por todos, pero aún no completamente experimentado y que, por su poca capacidad, trate de impedir dentro del Movimiento la elevación de los elementos más calificados. El mal resultante de ello puede ser, especialmente en un Movimiento nuevo, de fatales consecuencias.

Por dicha razón, conviene más difundir previamente una idea, mediante la propaganda dirigida durante un cierto tiempo, y luego examinar el material humano paulatinamente reclutado, estudiándolo cuidadosamente, a fin de seleccionar a los más capacitados para dirigentes. No será raro observar de esta manera que elementos aparentemente insignificantes merecen considerarse como hombres que reúnen condiciones innatas de líder.

Sería totalmente erróneo querer encontrar en el acopio de conocimientos teóricos las pruebas características de aptitud y competencia inherentes a la condición de líder. Con frecuencia ocurre lo contrario.

Los grandes teóricos sólo muy raramente son también grandes organizadores, y esto porque el mérito del teorizante y del programático reside, en primer término, en el conocimiento y definición de leyes exactas de índole abstracta, en tanto que el organizador tendrá que ser ante todo un psicólogo. Debe ver a los hombres como ellos son en realidad. No les debe dar demasiada importancia ni tampoco subestimarles, en oposición a la masa. Debe tener en cuenta su debilidad como sus cualidades instintivas, para, tomando en consideración todos estos factores, organizar una fuerza capaz de sustentar una idea y de garantizar el éxito.

Más raro todavía es el caso de que un gran teorizante sea al mismo tiempo un gran líder. Para ello tiene más capacidad el **agitador** - y se explica-, aunque esta verdad la oigan con desagrado muchos de los que se consagran con exclusividad a especulaciones científicas. Eso es perfectamente comprensible. Un agitador capaz de difundir una idea en el seno de las masas será siempre un psicólogo, aun cuando él no sea sino un demagogo. En todo caso, el agitador podrá resultar un mejor líder que un teorizante abstraído del mundo y extraño a los hombres. Porque **guiar quiere decir saber mover muchedumbres.** El don de conformar ideas nada tiene de común con la capacidad propia del líder. Inútil será discutir qué es lo que tiene mayor importancia: ¿concebir ideales y plantear finalidades a la Humanidad, o realizarlos? Como pasa a menudo en la vida, también en este caso lo uno sería perdido sin lo otro. La más bella concepción teórica quedará sin objetivo ni valor práctico alguno, si falta el líder que mueva las masas en aquel sentido. E inversamente, ¿de qué serviría la genialidad del líder y todo su empuje si el teorizante ingenioso no precisase de antemano los fines de la lucha humana? Pero lo más raro en este planeta es hallar encarnados en una misma persona al teórico, al organizador y al líder. Esta conjunción es la que revela al hombre genial.

Como ya dije, durante la primera época de mi actividad en el Movimiento, me dediqué por entero a la propaganda. Gracias a ella debió crearse, poco a poco, un pequeño núcleo de hombres imbuidos en la nueva doctrina, formando así el material que después iba a darlos primeros elementos básicos de una organización. Cuidábamos más la propaganda que la organización.

Cuando un Movimiento tiene como finalidad demoler una situación existente, para reconstruir en su lugar un mundo nuevo, es preciso que sus líderes estén todos de acuerdo sobre los siguientes principios fundamentales: el Movimiento debe dividir el conjunto humano conquistado para la causa en dos grandes grupos: simpatizantes y militantes.

El cometido de la propaganda consiste en reclutar adeptos, en tanto que el de la organización es ganar militantes.

Adepto a una causa es aquél que declara hallarse de acuerdo con los fines a que tiende la misma; militante es el que lucha por ella.

El adepto se alista a un Movimiento por medio de la propaganda. El militante es conducido por la organización a cooperar

personal y activamente para la incorporación de nuevos adeptos, de los cuales entonces se pueden seleccionar nuevos militantes.

Como la calidad del adepto exige solamente el reconocimiento pasivo de una idea, y la cualidad del militante la representación activa y su defensa, entre diez adeptos se encontrarán al máximo uno o dos militantes.

La adhesión radica en el solo reconocimiento de la Idea, mientras que ser miembro supone el coraje de representar personalmente la verdad reconocida como tal y propagarla.

Ese reconocimiento de la Idea en su forma masiva corresponde a la mentalidad de la mayoría humana, que es negligente y cobarde; el ser miembro obliga a la acción y es propio únicamente de la minoría.

Según eso, la propaganda tendrá que laborar incesantemente a fin de ganar adeptos, y la organización concretarse **rigurosamente** a **seleccionar** del conjunto de los adeptos sólo a los más calificados, para conferirles la calidad de miembros. La propaganda, por consiguiente, no necesita examinar el valor de cada uno de los convertidos por ella, en cuanto a eficacia, capacidad, inteligencia o carácter, en tanto que la organización debe escoger cautelosamente de la masa de estos elementos a los que efectivamente tienen capacidad para conducir el Movimiento a la victoria. La propaganda trata de imponer una doctrina a todo el pueblo; la organización acepta en sus cuadros únicamente a aquellos que no amenazan transformarse en obstáculo para una mayor divulgación de la Idea.

La propaganda orienta a la opinión pública en el sentido de una determinada idea y la prepara para la hora del triunfo, en tanto que la organización pugna por ese triunfo mediante la cohesión activa, constante y sistemática de aquellos correligionarios que revelen disposiciones y aptitudes para impulsar la lucha hasta un final victorioso.

La victoria de una idea será más fácil cuanto más intensa fuere la propaganda y cuanto más exclusiva, rígida y sólida sea la **organización que, prácticamente,** toma a su cargo la realización del combate.

De esto se infiere que el número de adeptos jamás podrá ser suficientemente grande; el número de miembros, en cambio, es susceptible de resultar demasiado grande.

* * *

Cuando la propaganda ya conquistó a una Nación entera para una idea, surge el momento propicio para que la organización, con un puñado de hombres, saque las consecuencias prácticas. Propaganda y organización están en función la una de la otra. Cuanto mejor hubiese actuado la propaganda tanto menor podrá ser la organización; cuanto mayor fuese el número de adeptos, tanto más exiguo puede ser el número de militantes y viceversa; cuanto peor fuese la propaganda, tanto mayor debe ser la organización, y cuanto más diminuto el número de adeptos de un

Movimiento, tanto más numeroso debe ser el número de sus organizadores, si se quiere contar con el éxito.

El primer deber de la propaganda consiste en conquistar adeptos para la futura organización; el primer deber de la organización consiste en seleccionar los adeptos para engrandecer el Movimiento. El segundo deber de la propaganda es la destrucción psicológica del actual estado de cosas y la divulgación de la nueva doctrina; en cuanto que el segundo deber de la organización debe ser la lucha por el poder para conseguir, por ese medio, el éxito definitivo de la doctrina.

El éxito decisivo de una revolución ideológica consiste en lograr siempre que la nueva ideología sea inculcada a todos e impuesta después, por la fuerza si es necesario; en tanto que la organización de la Idea, esto es, el Movimiento mismo, deberá abarcar solamente el número de hombres indispensable para el manejo de los organismos centrales, en el mecanismo del futuro Estado.

En otras palabras: en cada gran Movimiento destinado a revolucionar el mundo, la propaganda primeramente tendrá que divulgar la ideología del mismo. Inmediatamente tendrá que aclarar a las masas las nuevas ideas, atraerlas a sus filas o, por lo menos, destruir las creencias en boga. Como, sin embargo, la difusión de una idea, esto es, la propaganda, debe tener un núcleo central de dirección, será necesaria una organización sólida. La organización recluta a sus miembros del número total de adeptos conquistados por la Propaganda.

El supremo cometido de la Revolución estriba en evitar que posibles divergencias surgidas en el seno de los miembros del Movimiento lo conduzcan a una división y, con ello, a un debilitamiento de la labor del conjunto. Debe cuidar, además, de que el espíritu de acción no desaparezca, sino más bien se renueve y se consolide constantemente. No es preciso que aumente infinitamente el número de combatientes; al contrario, como sólo una pequeña parte de la Humanidad posee un carácter enérgico y resuelto, quedaría forzosamente debilitado un Movimiento que aumentase desproporcionadamente su organización central. Organizaciones, es decir, conjuntos de miembros que sobrepasan un cierto límite, pierden paulatinamente su fuerza combativa y no son ya capaces de impulsar con interés y dinamismo la propaganda de una Idea, y menos de saber utilizarla convenientemente. Cuanto más fuerte y revolucionaria fuese una Idea, tanto más eficientes deben ser sus defensores, debiéndose apartar de ellos a los cobardes e incapaces. A escondidas, querrán pasar como adeptos, pero, en público, desistirán de probar su adhesión. Así se incorporarán a la organización de una doctrina efectivamente revolucionaria solamente los más eficientes de entre los adeptos conquistados por la propaganda. Es justamente en la eficacia de los miembros de un Movimiento, garantizada por su selección natural, donde reside la condición esencial para un combate bien orientado a la realización de la doctrina.

El mayor peligro que puede amenazar a un Movimiento es un número exagerado de adeptos adquiridos como consecuencia del triunfo fácil. Todos los cobardes y egoístas huyen de un Movimiento, en cuanto éste se tiene que enfrentar a luchas ásperas, al paso que se incorporan cuando el triunfo es fácil de prever, o se haya realizado.

Ése es el motivo por el que muchos movimientos victoriosos fracasan antes de alcanzar su finalidad, cesan la lucha y finalmente desaparecen. Como consecuencia de la victoria inicial, entran en en su organización muchos elementos malos, indignos, sobre todo cobardes, y esos caracteres inferiores consiguen finalmente la preponderancia sobre los luchadores enérgicos y luego desvían el Movimiento en favor de sus propios intereses, degradándolo, sin hacer nada para culminar la victoria del primitivo Ideal. Desaparece el entusiasmo fanático, se anula la fuerza de combate. Es decir, "se ha echado agua al vino". Se ha destruido el alto vuelo del Movimiento.

Por eso es esencial que en el momento en que el éxito se ha puesto del lado del Movimiento, éste -obrando por simple instinto de conservación- suspenda automáticamente la admisión de nuevos miembros y amplíe en el futuro su organización con sumo cuidado y tras un minucioso examen de los respectivos elementos que lo constituyen. Únicamente así podrá el Movimiento mantener su núcleo incólume y sano; luego, hará que bajo tales circunstancias sea exclusivamente este núcleo el que guíe y conduzca al Movimiento, es decir, el que determine la propaganda destinada a lograr que se le reconozca universalmente y que-como dueño del poder- adopte los procedimientos necesarios a la realización práctica de sus ideas.

La organización debe reclutar del primitivo núcleo del Movimiento no sólo a los hombres que deben ocupar todos los puestos importantes en el terreno conquistado, sino también en la dirección general, y eso debe durar hasta que los principios y doctrinas del Partido se transformen en base del nuevo Estado. Sólo entonces podrá pasar, paulatinamente, el Gobierno a ser dirigido por la nueva Constitución, nacida del espíritu del Movimiento. Eso, sin embargo, también generalmente se realiza mediante luchas internas, porque no se trata de una cuestión de ideas sino de un juego de fuerzas que, en verdad, pueden ser previamente reconocidas, pero no pueden ser constantemente controladas.

Todos los grandes movimientos, sean de índole religiosa o política, debieron su éxito portentoso al conocimiento y aplicación de estos principios: sobre todo, no se conciben éxitos perdurables sin la observancia de tales leyes.

Como dirigente de la propaganda del Partido, me esforcé no solamente en preparar el terreno para el gran desarrollo ulterior de nuestro Movimiento, sino que, gracias a un criterio radical en esta labor, me empeñé también porque la organización recibiera siempre los mejores elementos; pues, cuanto más intensa y combativa era mi propaganda, tanto más atemorizados se sentían los débiles y tímidos, impidiéndose de esta suerte su ingreso en el núcleo central de nuestra organización. Ellos quizá se hicieran adeptos de la causa, pero ciertamente no muy decididos. Cuántos miles afirmaban, en aquel tiempo, que estarían absolutamente dispuestos a todo, pero ni por eso fueron aceptados como miembros del Partido. El Movimiento tendría que ser tan radical que sus partidarios se expusieran a los más serios peligros.

Si todos los que, en su interior, no estaban de acuerdo con la Revolución, se hubiesen afiliado a nuestro Partido, podríamos ser hoy considerados como una congregación pía, mas no como un Movimiento fuerte y dispuesto para el combate.

La forma agresiva que se dio, en aquel tiempo, a nuestra propaganda consolidó y garantizó la tendencia radical del nuevo Movimiento. Así el mismo quedó constituido, salvo rarísimas excepciones, por revolucionarios capaces de asumir la responsabilidad de defensores de la Causa. El efecto de esa propaganda era tal que, al poco tiempo, centenas de miles no solamente concordaban con nosotros sino que deseaban nuestra victoria, aunque, personalmente, fueran demasiado cobardes para atreverse a afiliarse al Partido.

Hasta mediados de 1921 bastó para la marcha del Movimiento aquella actividad puramente propagandística. En el verano del mismo año, sucesos especiales aconsejaron la conveniencia de adaptar la Organización al éxito cada vez más evidente de la propaganda.

El ensayo de un grupo de racistas de opereta, con el apoyo benévolo del primer Presidente del Partido de entonces, para apoderarse de la dirección del mismo, no tuvo mayor éxito. En una asamblea general, me fue conferida, unánimemente, la Jefatura de todo el Movimiento. Al mismo tiempo, se tomó una nueva resolución por la cual el Presidente estaba investido de la suficiente responsabilidad como para abolir las resoluciones de las comisiones, substituyéndolas por un sistema de división del trabajo que, desde entonces, ha dado los mejores resultados.

Desde el primero de agosto de 1921 me encargué de la reorganización interna del Partido y encontré para ello el apoyo de un número de camaradas excelentes.

La experiencia aportada por los resultados de la propaganda logró apartar de la Organización un cierto número de hábitos y reafirmar principios que no existían en ninguno de los partidos de aquel entonces.

En los años de 1919 y 1920 se hallaba a cargo de la dirección del Movimiento un Comité elegido por las Asambleas de Miembros, las cuales, a su vez, estaban prescritas por los Estatutos del Partido. La Comisión se componía de un primer y un segundo tesorero; un primer y un segundo secretario y, como jefes, un primer y un segundo presidentes. A esto se añadía un fiscal, un jefe de propaganda y varios asistentes. Este Comité encarnaba, aunque esto sea paradójico, precisamente aquello que el Movimiento se proponía combatir con todo rigor: **el parlamentarismo.** Está claro que se trataba de una organización que, partiendo del pequeño grupo local, y pasando por los futuros distritos, provincias, etcétera, hasta el Gobierno del Reich, representaba el mismo sistema parlamentario, bajo el cual todos estábamos y estamos todavía hoy sufriendo.

Era una necesidad urgentísima modificar ese estado de cosas, a menos que no quisiéramos que el Movimiento quedase para siempre sacrificado como consecuencia de las bases falsas de su organización interna. Las sesiones del Comité, de las cuales, se llevaba un registro y donde las resoluciones eran adoptadas por mayoría, representaban realmente un Parlamento en pequeño. En ellas había ausencia de cualquier responsabilidad personal. Como en las grandes asambleas políticas, imperaban en esos comités los mismos absurdos y las mismas extravagancias. Fueron nombrados para ese Comité secretarios, tesoreros, representantes de la totalidad de los miembros de la organización, representantes para la propaganda y para muchas otras cosas. Todos juntos debían, sin embargo, tomar resoluciones por medio del voto con respecto a cualquier cuestión aislada. Quería decir que el individuo que representaba la Sección de Propaganda decidía sobre un asunto de competencia del encargado de las finanzas, éste decidía sobre asuntos de organización, sobre detalles que competían a los secretarios, etcétera.

El motivo por el cual se había nombrado aun especialista para la propaganda, cuando tesoreros o secretarios debían decidir sobre asuntos que solamente eran de la competencia de aquél, aparecía tan incomprensible para un cerebro normal, como incomprensible sería si, en una gran empresa industrial, los gerentes o directores de otras secciones o de otros ramos decidiesen sobre asuntos con los cuales no tienen absolutamente nada que ver.

Semejante absurdo no comulgaba conmigo y muy pronto dejé de asistir a las reuniones. Cumplía con mi deber de propaganda y eso era todo; por lo demás, no admitía que ningún ignorante tratase de inmiscuirse en mi ramo, de la misma manera que yo tampoco intentaba arrogarme injerencias en las decisiones de los demás.

El mal debió tocar a su fin en el momento en que, aprobados los nuevos Estatutos y llamado a ocupar la Presidencia del Partido, conté con la autoridad suficiente. En lugar de resoluciones del Comité, establecí el principio de la responsabilidad absoluta.

El Presidente fue responsable de la marcha de todo el Movimiento. Le incumbió la distribución de labores entre los miembros del Comité dependiente de él, y entre los colaboradores que fuesen necesarios. Cada uno, a su vez, fue responsable único del cometido que se le confió y estuvo directamente subordinado al Presidente, quien debió velar por la cooperación de todos, ya sea seleccionando elementos o dando directivas generales.

Esta ley de la responsabilidad, como cuestión de principio, se hizo poco a poco carne dentro del Movimiento, por lo menos en cuanto a la dirección del Partido. En los pequeños grupos locales y tal vez en los distritos, serían precisos años para hacer triunfar esos principios, porque espíritus tímidos e incapaces siempre se opondrán a los mismos. Para ellos siempre será desagradable la responsabilidad personal en cualquier decisión. Se sienten mejor y más libres si tienen en cualquier decisión difícil el apoyo de la mayoría de un Comité. Parece, sin embargo, necesario enfrentar, con todo rigor, tales tendencias, no hacer concesiones a la cobardía ante la responsabilidad y conseguir así, aunque después de mucho tiempo, una aceptación del deber del Jefe, que permite ascender a la posición de líderes justamente a los más competentes y predestinados.

En cualquier hipótesis, un Movimiento que se propone combatir la locura parlamentaria debe evitar él mismo el mal que combate. Solamente sobre una base tal puede adquirir la fuerza para su lucha.

Un Movimiento que, en una época donde reina la norma mayoritaria en todo, acata el principio de la autoridad del Führer y la responsabilidad inherente a este principio, superará un día con seguridad matemática el estado de cosas existente y será el vencedor.

Ese principio dio origen, en el seno del Movimiento, a una completa reorganización del mismo, y, en su resultado lógico, a una separación muy rigurosa entre las funciones internas del Movimiento y las funciones de la dirección política general. La idea de la responsabilidad fue adoptada también para todas las funciones internas y trajo, como era de esperar, en idéntica proporción, un saneamiento de las mismas, liberándolas de cualquier influencia política y limitándolas a puntos de vista puramente prácticos.

Cuando, en el otoño de 1919, entré en el Partido, entonces formado por seis miembros, éste no tenía ni un oficina ni un funcionario; ni siquiera formularios, sellos o impresos. El local para las reuniones del Comité era, al principio, un restaurante en la Herrengasse, y más tarde un café en Gasteig. Aquello era una situación inadmisible. Poco tiempo después me puse a recorrer un gran número de cervecerías y restaurantes de Munich, con la intención de poder alquilar un salón independiente o cualquier otro local para el Partido. En la antigua "Sterneckerbräu" encontré un pequeño lugar, un sótano que antiguamente sirvió a los Consejeros de Estado de Baviera como una especie de taberna. Era sombrío y obscuro, y tan propio para su anterior destino como impropio para los nuevos objetivos. El hueco que constituía su única ventana era tan estrecho que incluso en los días más luminosos del verano el cuarto era obscuro. Ésa fue nuestra primera oficina. Como, sin embargo, el alquiler era sólo de cincuenta marcos por mes (para nosotros en aquel tiempo una suma enorme), no podíamos alimentar grandes pretensiones ni nos podíamos quejar.

Incluso así, eso ya significaba un gran progreso. Poco a poco fuimos mejorando el local. Primero instalamos luz eléctrica, después un teléfono; llevamos una mesa y algunas sillas prestadas, finalmente una librería, después un armario; dos mostradores pertenecientes al dueño de la casa servían para guardar folletos, carteles, etcétera.

La dirección del Movimiento, mediante una asamblea del Comité una vez por semana, era imposible que fuese efectiva. Sólo un empleado, pagado por el Movimiento, podía garantizar un andar continuo de los asuntos.

Eso era muy difícil en aquel tiempo. Contábamos todavía con un número tan diminuto de adeptos que fue preciso un esfuerzo especial para encontrar entre ellos a un hombre que se contentase con poco dinero y pudiese realizar las múltiples exigencias del Movimiento.

Fue un soldado, antiguo camarada mío, de nombre Schüssler. Encontramos también, después de una prolongada búsqueda, al primer Director Económico del Partido. Al principio, diariamente entre las 18 y las 20 horas, comparecía por nuestra oficina; más adelante, entre las 17 y las 20 y, poco a poco, después llegó a ser nuestro Secretario exclusivo, ocupándose, de la mañana a la noche, con su trabajo. Era un hombre tan activo como recto, absolutamente honesto; trabajaba bien en todos los sentidos y era un fiel partidario. Schüssler trajo consigo una pequeña máquina de escribir "Adler" de su propiedad. Era la primera máquina al servicio de nuestro Movimiento. Más tarde esa máquina le fue comprada con facilidades. Una pequeña caja fuerte se hacía necesaria para evitar el robo del fichero y de los libros de los miembros del Partido. Esta compra no se efectuó para guardar sumas de dinero, que en aquel tiempo no teníamos. Éramos infinitamente pobres, y muchas veces sacrifiqué parte de mis pequeños ahorros.

Año y medio después, la oficina se hizo pequeña y nos trasladamos a otro local en la Corneliusstrasse. Una vez más, sería un restaurante donde nos instalásemos, pero ahora ya no teníamos solamente una habitación, sino tres. En aquel entonces esas instalaciones nos parecían enormes. En aquel local permanecimos hasta noviembre de 1923.

En diciembre de 1920 tuvo lugar la adquisición del Völkischer Beobachter. Este periódico, que, como su nombre indica, defendía en general los intereses "populares" nacional-racistas, debía ahora convertirse en el órgano oficial del Partido. Durante un primer tiempo apareció dos veces por semana; en 1923, como publicación diaria y, finalmente, en agosto del mismo año, adoptó el formato conocido que hoy tiene.

En aquel tiempo, sin la mínima experiencia en materia de imprenta, tuve que realizar un aprendizaje que me costó mucho sacrificio.

Daba mucho que pensar el hecho de que, frente al poderío de la prensa judía, no existiese casi ningún periódico nacionalista de importancia efectiva. En gran parte esto era atribuible -como más tarde tuve ocasión de constatar personalmente en infinidad de casos prácticos- a la contextura comercial poco hábil de las empresas de índole política Nacionalsocialista. Se dejaban absorber demasiado por el criterio de que la Idea debía predominar sobre el esfuerzo productivo; un punto de vista totalmente errado, si se tiene en cuenta que precisamente el esfuerzo productivo es el que representa la más bella expresión del modo de pensar y que nada tiene de externo y superficial. Aquél que está efectivamente creando para su Nación cosas de valor, está probando con eso poseer una Idea superior a la de otros que las tienen, pero no las realizan.

También el Völkischer Beobachter era, como su título indica, un órgano "popular" con todas las ventajas y, sobretodo, los defectos y debilidades inherentes a las instituciones populares de la época. Aunque era honesto su contenido, la administración de la empresa era comercialmente imposible. También aquí partíase de la opinión errada de que los periódicos "nacional-racistas" debían ser sostenidos mediante contribuciones voluntarias de los círculos nacional-racistas, en lugar de reflexionar que, al fin y al cabo, un periódico tiene que abrirse paso en competencia con los demás y que es indigno querer cubrir negligencias o errores de la gerencia de la empresa por medio de donativos de patriotas bien intencionados.

Por mi parte, me esforcé en innovar aquel estado de cosas, de cuya gravedad me había dado cuenta, y la casualidad favoreció mi propósito, permitiéndome conocer al hombre que desde entonces ha prestado meritísimos servicios a la causa Nacionalsocialista, no sólo como gerente de la empresa, sino también como el Administrador del Partido. En 1914, es decir, en la Guerra, había conocido (entonces yo era subordinado suyo) a éste nuestro actual gerente, Max Amann. Durante los cuatro años de la Guerra tuve ocasión de observar casi constantemente las extraordinarias condiciones de capacidad, diligencia y escrupulosidad que caracterizaban al que después debió ser mi colaborador.

Cuando en el verano de 1921 nuestro Movimiento atravesaba una difícil crisis y me hallaba descontento del trabajo de algunos empleados, especialmente ' de uno de ellos, de muy pésimo recuerdo, apelé a mi antiguo camarada de regimiento, pidiéndole que tomara a su cargo la administración del Partido. Amann ocupaba por entonces una posición sólida y sólo después de larga reflexión decidió aceptar mi llamado, aunque bajo la expresa condición de reconocer una sola autoridad y no ponerse jamás a merced de un comité de sabihondos. Corresponde al mérito perdurable de éste nuestro primer gerente, hombre de amplia preparación comercial, el haber introducido corrección y orden en el mecanismo administrativo del Partido, quedando desde entonces estas características como ejemplares. Como, sin embargo, siempre en la vida la capacidad no raras veces es la causa de la envidia y de los celos, eso se debía esperar también en este caso.

Ya en 1922 existían ciertas directrices para guiar el Movimiento, tanto en el sentido económico como en lo que respecta propiamente a la organización. Ya había un fichero central completo, que abarcaba a todos los miembros del Partido. Del mismo modo estaban las finanzas orientadas firmemente. Los gastos normales deberían ser cubiertos por ingresos corrientes; las entradas extraordinarias eran destinadas a satisfacer los gastos extraordinarios. A pesar de los malos tiempos, se podía así mantener el Movimiento. Se trabajaba como en una empresa privada: el personal de empleados debía distinguirse por su propio esfuerzo y de nada valía tratar de cobijarse en su calidad de correligionario. La convicción de cada Nacionalsocialista se probaba, en primer lugar, por su buena voluntad, por su actividad y capacidad para el cumplimiento del trabajo que le fue encomendado. Quien no cumplía su deber, no podría vanagloriarse de poseer un ideal que no estaba encarnado. El nuevo Director Económico del Partido defendía, con toda energía, contra cualquier influencia el punto de vista según el cual las funciones internas no se deben transformar en sinecuras para miembros o socios poco dispuestos a trabajar. Es natural que un Movimiento que tan acremente reprobaba la corrupción política reinante en la administración del Estado marxista tuviera que mantener exento de vicios su propio aparato administrativo. Sucedió que fueron admitidos en la administración del periódico elementos que, en cuanto a sus "convicciones", habían pertenecido al Partido Popular Bávaro y que, sin embargo, por sus trabajos, debían ser calificados como de primera clase. El resultado de esta experiencia fue excelente. Justamente por ese leal y franco reconocimiento de la capacidad de cada uno, el Movimiento conquistó los corazones de estos empleados. Se hicieron más tarde buenos Nacionalsocialistas, no sólo de palabra sino por el trabajo consciente y firme que ejercieron al servicio del nuevo Movimiento. Está claro que, en igualdad de condiciones, se daba preferencia al adepto. Nadie, sin embargo, era empleado sólo por ser miembro del Partido. La energía con que el nuevo Director Económico defendía este principio fundamental, poniéndolo en práctica contra cualquier resistencia, produjo, a corto plazo, las mayores ventajas para el Movimiento. Sólo así fue posible que, en los tiempos difíciles de la inflación monetaria, cuando decenas de miles de empresas quebraban y decenas de periódicos debían cerrar las puertas, no sólo la dirección del Movimiento pudo ser conservada y cumplir sus deberes, sino que la confección del Völkischer Beobachter cada vez era más perfecta. Fue clasificado en aquel tiempo entre los grandes periódicos del país.

El año 1921 tuvo, además, la trascendencia de que, en mi calidad de Presidente del Partido, conseguí, poco a poco, anular en nuestras diversas reparticiones la influencia de un sinnúmero de miembros del Comité. Eso fue importante porque no se puede conquistar para cualquier trabajo una cabeza realmente capaz cuando continuamente los ignorantes se meten en todo, creyendo entender y, en verdad, provocan sólo la peor confusión, para después retirarse silenciosamente a la búsqueda de otro campo para su actividad "fiscalizadora" e "inspiradora". Había gentes dominadas por el prurito de la crítica y que vivían en una especie de permanente preñez de excelentes planes, ideas, proyectos, métodos, etcétera. Su mayor y máxima aspiración. era, generalmente, constituir un comité de control que no tenía otro fin que espiar el trabajo honrado de los demás. Cuán perjudicial y poco acorde al Nacionalsocialismo era que la gente que nada sabe de una determinada cosa estuviese continuamente contrariando a hombres realmente competentes. Esto nunca entró en la conciencia de aquellos entusiastas de los comités. Juzgué mi deber defender contra semejantes elementos, en aquellos tiempos, a todas las fuerzas eficaces del Movimiento sobre las que recaían las responsabilidades, garantizándoles el necesario apoyo y un campo de actividad en el que pudiesen continuar trabajando.

El procedimiento más eficaz para neutralizar tan inútiles comités, que no hacían nada más que incubar resoluciones prácticamente irrealizables, consistía en encomendarles un trabajo efectivo cualquiera. ¡Qué risible era entonces ver cómo se esfumaba insensiblemente todo ese conjunto de individuos! Eso me hacía pensar en el Reichstag. Con qué presteza desaparecerían también de allí todos los señores diputados, si en lugar de su locuacidad se les impusiese una labor positiva; es decir, un trabajo que tuviese que ser realizado bajo la responsabilidad personal de cada uno de esos fanfarrones.

Ya en aquel tiempo exigí que, con respecto al Movimiento, se debería buscar, dentro de los diferentes sectores, al empleado, administrador o gerente evidentemente capaz y honesto. Luego se le debería dar la autoridad y la libertad de acción incondicionales con respecto a sus subordinados y, al mismo tiempo, exigir de ellos responsabilidad absoluta para con sus superiores. Nadie puede tener autoridad sobre sus subordinados sin personalmente conocer el trabajo en cuestión. En el curso de dos años logré imponer más y más mi modo de pensar. Hoy el Movimiento Nacionalsocialista está plenamente compenetrado con él.

El éxito material de aquel método de organización quedó revelado el 9 de noviembre de 1923. Cuando cuatro años antes ingresé en el Movimiento, no se disponía ni de un simple sello; cuatro años más tarde -al producirse por orden del Gobierno la disolución del Partido y la confiscación de sus bienes - nuestro activo económico, incluyendo los objetos de valor y el periódico, ascendía a la suma de 170.000 marcos oro.

Mi Lucha

Capítulo XII

El problema de los sindicatos obreros

El rápido crecimiento de nuestro Movimiento nos obligó, en el año 1922, a tomar posición sobre un problema que, todavía hoy, no está totalmente solucionado. En nuestro propósito de estudiar aquellos métodos que más pronto y más fácilmente podían abrir a nuestro Movimiento el camino hacia el corazón de las masas, tropezábamos siempre con la objeción de que el obrero jamás llegaría a pertenecernos enteramente, mientras la representación de sus intereses de orden profesional y económico continuase en manos de individuos y de organizaciones políticas de orientación diferente.

Está claro que mucho se hablaba a favor de esa objeción. El obrero que ejercía su actividad en una fábrica no podía, según la convicción general, de ningún modo sobrevivir sino se afiliaba a un sindicato. No era sólo su importancia profesional la que parecía protegida por ese medio; también la estabilidad de su posición en la fábrica sólo era imaginable estando afiliado a un sindicato. La mayoría de los obreros formaba parte de uniones sindicales. Éstas habían defendido, en general, las luchas por el salario y convenido pactos salariales, los cuales ahora iban a asegurar al obrero una ganancia determinada. Indudablemente los resultados de esa lucha eran favorables a todos los obreros de las fábricas, mientras que para el hombre honesto iban a surgir conflictos de conciencia, si por ventura él viniese a participar del salario obtenido a costa de la lucha de los sindicatos, habiendo permanecido personalmente ajeno a la misma.

Con el tipo normal de empresario burgués era muy difícil poder hablar sobre esos temas. Ellos no tenían la comprensión, o no querían tenerla, del lado material de la cuestión, ni tampoco del lado moral. Finalmente, todos los pretendidos intereses económicos están contra toda concepción organizadora de las fuerzas del trabajo, de suerte que la mayoría difícilmente se podría formar un juicio imparcial. Por tanto, en ese caso, como también en otros muchos, es necesario que la gente se agrupe en organizaciones externas, las cuales no sucumban a la tentación de no ver la realidad. Con buena voluntad, lograrán la comprensión de un asunto que, de una manera u otra, pertenece a los temas más importantes de nuestra vida actual y del futuro.

Ya en la primera parte de este libro he emitido mi opinión acerca del carácter objetivo y la conveniencia de los sindicatos obreros. Sostuve el punto de vista de que mientras no cambie -sea por efecto de medidas proteccionistas del Estado (generalmente infructuosas) o gracias a la influencia de una nueva educación - la actitud que el patrón mantiene frente al obrero, no le quedará a éste otro recurso que asumir por sí solo la defensa de sus intereses, fundándose en el derecho que tiene como factor importante y necesario en la vida económica de la Nación. Subrayé, además, que esto respondía totalmente a la conveniencia de la comunidad toda, si es que por tal procedimiento se lograba ahorrar al conjunto nacional los graves daños resultantes de las injusticias sociales. Esta necesidad dije también- tendrá que considerarse como justificada mientras entre los patrones existan hombres no sólo faltos de toda noción de los deberes sociales, sino carentes de comprensión hasta para los más elementales derechos de los obreros. Saqué de ahí la conclusión de que, desde el instante en que una tal autodefensa sea considerada necesaria, su forma, lógicamente, sólo puede consistir en una organización de empleados con bases sindicales.

En cuanto a la concepción general, nada se modificó en mí en el año 1922. Pero, en verdad, se tuvo entonces que buscar una fórmula clara y determinada sobre la actitud a ser tomada frente a ese problema. No se trató, de ahí en adelante, de contentar a la gente sólo con reconocimientos, sino que fue necesario que se sacasen conclusiones de orden práctico.

Cuatro son las cuestiones que nos habíamos planteado a este respecto:

1) ¿Son necesarios los sindicatos obreros? A mi modo de ver, dentro del estado de cosas actual, son indispensables y se cuentan entre las más importantes instituciones económicas de la Nación. Creo haber respondido a esta primera pregunta hasta la saciedad. Tal como se encuentran las cosas hoy en día, y de acuerdo con mi manera de pensar, los sindicatos son imprescindibles. Éstos pertenecen al número de instituciones más importantes de la vida económica nacional. Pero su importancia no reposa sólo en la esfera político-social, y sí, en grado mayor, en un sector político-nacional general. Pues un pueblo cuyas extensas masas obtienen, por medio de un Movimiento sindical bien dirigido, satisfacción para las necesidades de su vida, pero al mismo tiempo educación, también alcanzará por ese medio una fuerza de resistencia enorme en su lucha por la existencia.

Los sindicatos son necesarios como piedra fundamental de las futuras instituciones económicas y de trabajadores del Estado Nacionalsocialista y Racista.

2) ¿Deberá el NSDAP (Partido Nacionalsocialista Alemán de los Trabajadores) organizar sindicatos obreros e inducir a sus miembros a participar en cualquier forma de la actividad sindicalista?

La segunda pregunta ya no es tan fácil de responder. El Movimiento Nacionalsocialista, que ve el objetivo de su lucha en la creación del Estado Racial- Nacionalsocialista, debe estar persuadido de que todas las instituciones de este futuro Estado tienen que emerger necesariamente del seno mismo del Movimiento. Será el mayor de los errores creer que la sola posesión del mando, y sin contar de antemano con un cierto contingente de hombres preparados, sobre todo ideológicamente, haga que ipso facto y de la nada pueda llevarse a cabo un nuevo plan de reorganización. También aquí tiene valor intrínseco el principio de que la forma exterior, de fácil creación mecánica, es siempre menos importante que el espíritu que encarna la forma. Autoritariamente se puede, en verdad, insertar, por ejemplo, en el organismo estatal el Führer Prinzip de manera dictatorial. Pero eso sólo adquirirá vida si, en su propia evolución, se hubiera ido aplicando en la mínimas cosas, paulatinamente, y por la constante selección que pone ante sí ininterrumpidamente la dura realidad de la vida, acumulando en el transcurso de muchos años el material dirigente necesario para la ejecución de ese principio.

Por tanto, no se debe imaginar que súbitamente han de extraerse de una cartera los proyectos destinados a una nueva estructuración del Estado, para luego ponerlos en práctica desde "arriba" y por virtud de un mero decreto. Se puede intentar, pero el resultado no será viable, y a menudo aparecería tan sólo como un "niño muerto al nacer". Esto me recuerda el origen de la Constitución de Weimar y la tentativa de darle al pueblo alemán, juntamente con aquella Constitución, una nueva bandera que no tenía la menor relación con la Historia de nuestro pueblo durante los últimos cincuenta años.

También el Estado Nacionalsocialista tiene que ponerse a cubierto de experimentos semejantes. Este Estado podrá emerger únicamente de una organización ya existente desde tiempo atrás y que encarne el espíritu Nacionalsocialista en su esencia misma.

Como ya fue señalado, los núcleos de la Cámaras Económicas estarán contenidos en las diversas representaciones profesionales, por tanto, antes que nada, en los sindicatos. Pero si esa posterior representación de clases y el Parlamento Económico Central tuviesen que representar una institución Nacionalsocialista, entonces será menester que también esos importantes núcleos sean portadores de una opinión y de una concepción Nacionalsocialistas. Las instituciones del Movimiento serán llevadas al Estado, pero el Estado no puede, de esta manera y repentinamente, sacar de la nada, por arte de magia, las instituciones correspondientes, a no ser que ellas tengan que quedar siendo figuras absolutamente desprovistas de vida.

Desde luego, ya este elevado punto de vista obliga a nuestro Movimiento a reconocer la necesidad de desplegar una actividad propia, cuando se trata de la cuestión sindicalista. Ello debido al hecho de que una educación realmente Nacionalsocialista, tanto de empresario como de empleado, en los dos extremos de la comunidad nacional, no se realizará mediante adoctrinamientos teóricos, proclamaciones o advertencias, sino por medio de la lucha de la vida cotidiana. En ella y por ella el Movimiento tiene que educar a los diferentes grupos económicos y, en los grandes puntos de vista, aproximarles unos a otros. Sin un trabajo preparatorio de ese género, cualquier esperanza en la duración de una verdadera comunidad nacional futura quedará siendo una pura ilusión. Solamente el gran Ideal de la Concepción del Universo que el Movimiento defiende podrá ir formando lentamente aquel estilo general, el cual, entonces, en los nuevos tiempos, ha de aparecer como una actitud de vida interior realmente firme y no como un modo puramente externo.

3) **¿Qué carácter deberá revestir un sindicato obrero Nacionalsocialista? ¿Cuáles son sus fines y cuáles nuestras obligaciones?**

La respuesta a la tercera pregunta resulta de lo dicho anteriormente.

La institución sindicalista dentro del Nacionalsocialismo no es un órgano de lucha de clases, sino un portavoz de representación profesional. El Estado Nacionalsocialista no distingue "clases" y conoce, en el sentido político, únicamente ciudadanos con derechos absolutamente iguales y, consiguientemente, con deberes generales también iguales; y, junto al ciudadano, el súbdito que carece por entero de derechos políticos.

El sindicato, en la manera Nacionalsocialista de entenderlo, no tiene por misión transformar en una clase a determinados hombres concentrados en el seno de una Corporación Nacional, para después ir con ella a entablar la lucha contra elementos organizados de manera idéntica en el seno de la comunidad nacional. Esa misión no la podemos atribuir al sindicato, pero le será conferida en el momento en que se transforme en un instrumento de lucha contra el marxismo. **El sindicalismo en sí no es sinónimo de "antagonismo social"; es el marxismo quien ha hecho de él un instrumento para su lucha de clases.**

El marxismo creó con ello el arma que emplea el judío internacional para destruir la base económica de los Estados nacionales, libres e independientes, y lograr, de este modo, la devastación de sus industrias y de su comercio nacionales, tendiendo a la postre a esclavizar pueblos autónomos para ponerlos al servicio de la finanza judía, que no conoce fronteras entre, los Estados.

El sindicalismo Nacionalsocialista tiene, por el contrario, gracias a la concentración organizada de ciertos grupos de elementos que participan en el proceso económico de la Nación, el deber de acrecentar la seguridad de la economía nacional y de reforzarla mediante la extirpación correctiva de todas aquellas anomalías que, a fin de cuentas, ejercen una influencia destructora sobre el organismo

nacional, dañando la vitalidad del pueblo y con ello la del Estado mismo, para determinar a la postre la ruina de toda la economía.

Para el sindicato Nacionalsocialista, por consiguiente, la huelga no es un medio de agitación y destrucción de la producción nacional, sino, por el contrario, un instrumento para su incremento y su expansión mediante la abolición de todas las situaciones que, como consecuencia de su carácter antisocial, dificultan la capacidad de la economía y consecuentemente la existencia de la comunidad. Pues, la capacidad del individuo está siempre en relación causal con la posición jurídica y social general que él adopta dentro del proceso económico y con el reconocimiento que, sólo de ahí, resulta de la necesidad del florecimiento de ese proceso para su propio beneficio.

El obrero Nacionalsocialista debe saber que la prosperidad de la economía nacional significa su propio progreso material.

Por su parte, el patrón Nacionalsocialista debe estar persuadido de que la felicidad y el contento de sus obreros son condición previa para la existencia y el progreso de su propia capacidad económica.

Ambos, patrones y obreros Nacionalsocialistas, son los representantes y administradores del conjunto de la comunidad nacional. La elevada medida de libertad personal que se les otorga en su actuación, es explicable por el hecho de que, de acuerdo con la experiencia, la capacidad del individuo aumenta más con la concesión de una amplia libertad que con la coacción venida de lo alto. También es buena para impedir que el proceso de selección natural de los más hábiles, los más capaces y lo más diligentes, sea obstaculizado.

Para el sindicalismo Nacionalsocialista, la huelga es un recurso que puede y ha de emplearse sólo mientras no exista un Estado Racial-Nacionalsocialista, encargado de velar por la protección y el bienestar de todos en lugar de fomentar la lucha entre los dos grandes grupos de patrones y obreros y cuya consecuencia es la disminución de la producción, lo que perjudica siempre los intereses de la comunidad. Incumbe a las **Cámaras Económicas** la obligación de garantizar el funcionamiento de esta actividad nacional, subsanando errores y corrigiendo anomalías. Lo que hoy implica una lucha de millones de individuos, mañana encontrará solución en las **Cámaras Profesionales** y en un **Parlamento Económico Central.** Dejarán de combatir los unos contra los otros - obreros y patrones- en la guerra de salarios, que daña a ambos, y, de común acuerdo, arreglarán sus divergencias ante una instancia superior imbuida en el ideal del bien de la comunidad y el Estado.

También aquí, como en cualquier parte, tiene que prevalecer el principio superior de que, en primer lugar, está la Patria y sólo después el Partido.

El objetivo del sindicalismo Nacionalsocialista reside en la educación y preparación hacia ese fin que puede definirse así: **el trabajo común de todos en pro de la conservación y seguridad de nuestro pueblo y del Estado, conforme a las aptitudes y energías de cada uno, desarrolladas en el seno de la comunidad nacional.**

4) **¿Cómo llegaremos a organizar los sindicatos obreros?** Esta cuarta pregunta de ¿cómo llegaremos a organizar estos sindicatos? parece ser la más difícil de responder.

Generalmente es más fácil edificar en terreno nuevo que en uno donde ya existe una obra anterior. En un lugar en el que todavía no existe nada semejante se puede organizar algo más apropiado. Pero más difícil se vuelve eso cuando ya se encuentra allí una empresa similar. Y es dificilísimo cuando, además, coexisten circunstancias en virtud de las cuales sólo uno logra prosperar. Pues aquí los fundadores se encuentran ante la tarea de no sólo introducir su propia empresa nueva, sino de poder subsistir, aniquilando lo que anteriormente ya se encontraba en el mismo lugar.

Desde luego, sería absurdo suponer un sindicato obrero Nacionalsocialista junto a otros sindicatos obreros de índole diferente. Pues éste también se debe sentir compenetrado de su misión poseedora de una concepción del mundo y de la intolerancia que deriva de ese deber innato, con relación a otras formaciones análogas u hostiles y de la acentuación de la necesidad exclusiva de su propia singularidad. Tampoco existe la posibilidad de un entendimiento o de un compromiso hermanando tendencias parecidas sino únicamente el imperio del **derecho absoluto y exclusivo.**

Hay dos procedimientos para alcanzar esa evolución.

1) **Se podría fundar una institución sindicalista propia, para luego iniciar la lucha contra el sindicalismo internacional marxista, o**

2) **Penetrar en el seno de los sindicatos marxistas y tratar de saturarlos del nuevo espíritu y transformarlos en instrumentos de la nueva ideología.**

Contra el primer recurso hablan las siguientes ponderaciones: nuestras dificultades financieras eran, en aquel tiempo, cada vez más graves y los medios que teníamos a nuestra disposición, absolutamente sin importancia. La inflación paulatina, pero siempre creciente, agravaba la situación por la circunstancia de que en esos años se podría hablar de una utilidad material tangible del sindicato para sus miembros. El obrero, considerado desde ese punto de vista, no tenía absolutamente motivo alguno para hacer contribuciones económicas para el sindicato. Incluso los sindicatos marxistas existentes estaban casi a las puertas de la quiebra. Mas, en virtud de la genial acción en el Ruhr del señor Cuno, los millones les caerían súbitamente en su seno. Ese Canciller federal, sedicente" nacional', puede ser designado como el salvador de los sindicatos marxistas.

Con tales posibilidades financieras no podíamos contar en aquella ocasión; y no llegaríamos a seducir a nadie para entrar en un sindicato, como consecuencia de su situación económica, ni le habríamos podido ofrecer la más mínima cosa. Por otro lado, me debía defender constantemente de crear en una de esas nuevas organizaciones sólo una sinecura para espíritus más o menos superiores.

Además, la cuestión personal desempeña un papel importante. No disponía entonces ni siquiera de una cabeza a la que yo hubiera confiado la solución de ese tema. **¿Quién, en aquel tiempo, hubiese realmente infiltrado los sindicatos marxistas para, en lugar de esa institución de lucha de clases aniquiladora, colocar la idea del sindicato Nacionalsocialista y contribuir a su victoria? Ese ser pertenecería al número de los verdaderos grandes hombres de nuestro pueblo y su busto debería un día estar en el Walhalla de Regensburg.**

Pero yo no conocí a ningún cerebro que mereciera este homenaje.

Es absolutamente falso también creer que los sindicatos internacionales disponen de algunas cabezas medianas. En realidad, cuando esos sindicatos fueron fundados, antaño, no había otros. Hoy, el Movimiento Nacionalsocialista tiene que luchar contra una organización gigantesca ya existente hace mucho tiempo y bien construida en sus mínimos detalles. Pero el conquistador debe ser siempre más genial que el defensor, si quiere vencer a éste. La fortaleza sindical marxista puede, en verdad, ser administrada hoy por bonzos mediocres, pero asaltada sólo lo será por la salvaje energía y por la capacidad de una grandeza extraordinaria venida del lado opuesto. Si no se encuentra esto, es asunto fuera de tiesto y se estaría luchando contra el Destino, y todavía mucho más insensato sería querer forzar las cosas con sucedáneos inadmisibles.

Aquí imponíase aplicar la experiencia de que en la vida resulta preferible dejar de lado una cosa antes de hacerla mal, o a medias, por falta de elementos apropiados.

Otra consideración que, en verdad, no se debería considerar como demagógica, surge todavía. Yo poseía antes, y poseo todavía hoy, la convicción incuestionable de que es peligroso unir una gran política de concepciones filosóficas, demasiado prematuramente, con asuntos económicos. Esto es válido especialmente para nuestro pueblo alemán. Pues, en un caso tal, la lucha económica restará energías a la lucha política. Así como el pueblo llegó a la convicción de que por medio de la economía se podrá obtener una casa, se dedicará sólo a esa tarea y ya no le quedará ningún tiempo para la lucha política contra aquellos que, días más días menos, piensan en substraerle de nuevo los mil marcos economizados. En vez de luchar en el campo político por la opinión y convicción adquiridas, al fin de cuentas se quedaría sin hacer nada.

El Movimiento Nacionalsocialista está hoy en el principio de su lucha. En su mayor parte debe primero formar su concepción filosófica y completarla. Tiene que luchar con todas sus energías para la realización de sus grandes ideales y un éxito sólo es posible si todas las fuerzas entraran, sin excepción, al servicio de esa lucha. Mas, que la ocupación en problemas económicos puede paralizar la fuerza activa de la lucha, lo vemos justamente hoy, en un ejemplo clásico: **La Revolución de noviembre de 1918 no fue hecha por sindicatos, sino que se realizó contra ellos. La burguesía alemana no entró en la lucha por el futuro económico, porque ese futuro entonces aparecía suficientemente garantizado.**

Debemos aprender con esas experiencias. Sé que las cosas no pasarían de otra manera. Cuanto más concentramos la fuerza de nuestro Movimiento en la lucha política, tanto más de prisa podremos contar con el éxito en toda la línea; pero si nos sobrecargamos prematuramente con problemas de sindicatos, poblaciones u otros semejantes, tanto más difícil se nos hará el camino del triunfo. Pues, por más importantes que esos asuntos sean, su solución sólo podría aparecer en el gran cuadro general cuando estuviésemos en condiciones de colocar el poder del Estado al servicio de esos temas. Hasta entonces, esos problemas lo que harán será paralizar el Movimiento. Cuanto más a destiempo él se ocupe de esas cuestiones, tanto más gravemente su voluntad política se verá perjudicada. **Podría darse fácilmente el caso de que los movimientos sindicales pasasen a gobernar el movimiento político, en lugar de ser la concepción Nacionalsocialista la que forzase al sindicato a seguir su rumbo.**

Utilidad real para el Movimiento, como para nuestro pueblo en general, sin embargo, sólo puede surgir de un Movimiento Sindical Nacionalsocialista, si éste ya estuviese tan fuertemente embebido de nuestras ideas Nacionalsocialistas que no corriera más peligro de seguir las pisadas marxistas. Pues un sindicato Nacionalsocialista que viese como su misión sólo competir con los marxistas, sería peor que ninguno. Él tiene que declarar su lucha al sindicato marxista no sólo como **organización,** sino antes de nada, como **idea.** Debe ver en él al propagandista de la lucha de clases y de la **idea** de clases, oponiéndose y convirtiéndose en el guardián de los interese profesionales de los ciudadanos alemanes.

Todos esos puntos de vista hablaban antes, y hablan todavía hoy, contra la fundación prematura de sindicatos **propios.** Sería preciso que surgiese, únicamente, una cabeza evidentemente designada por el Destino para la solución de ese problema.

Siendo así, había sólo otras dos posibilidades: o recomendar a los propios correligionarios que saliesen de los sindicatos, o permaneciesen en ellos para actuar allí de la manera más destructora posible.

De una forma general recomendé este último recurso. Especialmente en los años 1922 y 1923 se podía llevar a cabo eso sin más dilaciones, pues la ventaja financiera era casi nula. La consecuencia negativa resultante de la juventud de nuestro Movimiento se vio compensada con la salida de numerosos afiliados del sindicato a consecuencia de la gran inflación y deterioro económico de los trabajadores. El perjuicio para él fue muy grande, pues los partidarios Nacionalsocialistas eran sus críticos más agudos, y así contribuían a su destrucción.

Rechacé de plano todos aquellos experimentos que tenían por descontado lograr el fracaso. Habría considerado un crimen restarle al obrero, de su miserable salario, una cierta suma destinada al fomento de una institución de cuya utilidad, en provecho de sus miembros, yo no estaba persuadido.

Si un nuevo partido político un día desaparece, eso mal llegaría a ser un daño, sino casi siempre una ventaja, y nadie tiene el derecho de lamentarse por causa de eso; pues, lo que el individuo da a un movimiento político lo da a fondo perdido. Pero quien hace sus aportaciones a un sindicato tiene derecho al cumplimiento de una compensación o seguro. Si no se procede así, entonces los organizadores de un sindicato tal son embaucadores, o cuando menos personas irresponsables que deben ser llamadas a la seriedad.

En 1922 procedimos de acuerdo con este criterio. Otros partidos creyeron solucionar el problema fundando sindicatos obreros. A nosotros se nos echaba en cara, como el signo más claro de nuestra concepción errónea y limitada, el hecho de que no tuviésemos una tal organización. Pero estas agrupaciones sindicalistas no tardaron en desaparecer, de modo que el resultado final fue el mismo, con la sola diferencia de que nosotros no habíamos defraudado a nadie ni nos habíamos engañado a nosotros mismos.

MI LUCHA

Capítulo XIII

La política aliancista de Alemania después de la Guerra

El desconcierto reinante en el manejo de los asuntos exteriores del Reich, debido a la falta de directivas fundamentales para una política aliancista conveniente, no sólo continuó después de la Guerra, sino que llegó a alcanzar caracteres peores. Si antes de 1914 se podía considerar en primer término como origen de nuestros errores de política externa la confusión de conceptos políticos, en la postguerra la causa residía en la ausencia de un propósito. Era natural que aquellos círculos que habían logrado con la Revolución su objetivo destructor no tuviesen interés en realizar una política aliancista que tendiera a restablecer la autonomía del Estado alemán. No solamente una evolución semejante estaría en contradicción con las ideas del crimen de noviembre, sino que así se interrumpía, o incluso se anularía, el plan de internacionalización de la economía alemana. Por otro lado, el efecto político interno de una reconquista de la libertad en la política exterior sería fatal en el futuro para los actuales detentores del poder. Mal se puede realizar la idea del resurgimiento de un pueblo sin una nacionalización previa del mismo. Por otro lado, todo gran éxito político externo forzosamente tiende a ese resultado. Es un hecho sabido que cualquier combate por la libertad resulta en un fortalecimiento del sentimiento nacional, de la consciencia de la dignidad propia y también en un sentimiento más acentuado contra elementos y esfuerzos antinacionalistas. Situaciones y personas que, en tiempos pacíficos, son toleradas y, muchas veces, hasta pasan inadvertidas, encuentran en momentos de entusiasmo nacional no solamente rechazo sino hasta una resistencia violenta que frecuentemente les es fatal. Basta que nos acordemos, por ejemplo, del recelo que todos tenían de los espías que, en el momento de estallar la Guerra, en el fervor de las pasiones humanas eran conducidos a las más brutales e injustificadas persecuciones. Sin embargo, todos, fácilmente, se podían convencer de que el peligro del espionaje, durante los largos tiempos de paz, es mucho mayor, aunque no despierte en las mismas proporciones la atención general.

Por su instinto de supervivencia, los parásitos del Estado, traídos a la superficie por los acontecimientos de noviembre, ya están previendo su propia destrucción en un combate por la libertad de nuestro pueblo, apoyado en una sabia política de alianzas y en el resurgir de entusiasmos nacionales impulsados por esa política.

Así se comprende que los detentadores del poder, desde 1918, fallaran con respecto a la política exterior y por qué la dirección del Estado se oponía, casi siempre premeditadamente, a los intereses de la Nación alemana. Lo que a primera vista podía aparecer como no obedeciendo a ningún plan, tras un examen más minucioso se descubre como la consecuencia lógica de la orientación tomada públicamente por la Revolución de noviembre de 1918.

Verdad que en ese caso se debe distinguir entre los jefes responsables, o mejor dicho, "los que debían ser responsables" de los asuntos públicos, la media de los politiqueros parlamentarios y el grande y estúpido rebaño de nuestro pueblo, con paciencia de corderos.

Unos saben lo que quieren. Los otros, los acompañan conscientemente, o porque son demasiado cobardes para oponerse firmemente a hechos cuya nocividad comprenden. La mayoría se somete por incomprensión y estupidez.

Mientras el pequeño Partido Nacionalsocialista de los Trabajadores Alemanes no pasó de ser una agrupación pequeña y poco conocida, los problemas de la política exterior podían parecerles de importancia secundaria a muchos de nuestros correligionarios. Debíase esto sobre todo al hecho de que justamente nuestro Movimiento sostuvo y sostiene, en principio, la convicción de que la libertad exterior no viene del cielo ni menos es el resultado de fenómenos naturales, sino más bien es el fruto del desarrollo de fuerzas interiores propias. **Únicamente la eliminación de las causas del desastre de 1918 y la anulación de los que con ella se beneficiaron, podrá establecer la base de nuestra lucha libertaria.**

Como consecuencia de tales puntos de vista, se puede comprender por qué, en los primeros tiempos, el valor de las cuestiones de la política externa, en comparación con las intenciones de reformas internas, fue relegado a segundo plano.

Pero tan pronto como el marco de ese pequeño círculo cobró amplitud y la joven institución adquirió la importancia de una asociación, debió surgir lógicamente la necesidad de definir posiciones frente a los problemas de la política exterior del Reich. Había que fijar directivas que no solamente no resultasen contrarias a las concepciones fundamentales de nuestra ideología, sino que fuesen la expresión de ésta.

Justamente en la falta de educación de nuestro pueblo en política exterior, resultó un deber del nuevo Movimiento facilitar, mediante directrices generales, tanto a cada uno de los diferentes jefes como a la gran masa, una manera de pensar con respecto a la política a adoptar que sea la condición indispensable para cualquier futura realización práctica en el sentido de la recuperación de la libertad de nuestro pueblo y de una soberanía efectiva del Reich.

El principio básico y esencial que siempre debemos tener presente al tratar esta cuestión es el de que también la política exterior no es más que un medio hacia un fin, pero un fin al servicio de nuestra propia nacionalidad. Ninguna consideración de política externa podrá hacerse desde otro punto de vista que no sea la reflexión siguiente: **¿Beneficiará a nuestro pueblo, ahora o en el porvenir, o le será perjudicial?**

He aquí la única opinión preconcebida que debe ponerse en juego cuando de esta cuestión se trata. Puntos de vista de política partidista, de orden religioso, humano y, en general, de cualquier otra índole, quedan totalmente fuera de lugar.

Si antes de la Guerra fue objetivo de la política exterior de Alemania asegurar el sustento de nuestro pueblo y de sus hijos, preparando los caminos que conducían a este fin, así como ganando el concurso de aliados convenientes, hoy el problema es el mismo, con una sola diferencia: **en la anteguerra el lema era la conservación de acervo nacional alemán a base del poderío que encarnaba el Estado existente. Ahora se trata de restituirle previamente a la Nación, en forma de un Estado libre, la fuerza que necesita como condición esencial hacia la realización posterior de una política externa práctica, en el sentido de garantizar la conservación, el desarrollo y el sustento de nuestro pueblo en el futuro.**

En otros términos: **la finalidad de una política exterior alemana en el presente tiene que tender a recobrar la libertad para el mañana.**

En eso no se debe dejar de observar un principio fundamental: **la posibilidad de recuperar la independencia de un pueblo no depende exclusivamente de los límites territoriales pero sí de la existencia de una base, por pequeña que sea, de ese pueblo y de ese Estado, capaz de disponer de la necesaria libertad para ser la personificación no solamente de la comunidad intelectual de la Nación entera, sino también el instructor para el combate militar en favor de la independencia.**

Si un pueblo de cien millones tolera el yugo de la esclavitud, sólo para conservar la integridad del Estado, eso es peor que si tal Estado o tal pueblo hubiese sido destrozado, o hubiese conservado solamente una parte del mismo la libertad completa. En esta última hipótesis, se esperaría que esta parte pregonase ininterrumpidamente la reunión intelectual y cultural de lo dividido, además de preparar, por las armas, la definitiva liberación e incorporación de lo separado.

La cuestión de la reintegración de los territorios que perdió un Estado será siempre, en primer término, la cuestión del restablecimiento del poder político y de la autonomía de la Madre

Patria. Por eso, en este caso, los intereses de tales territorios tienen que ser relegados sin miramiento frente al interés primordial de recobrar la libertad del país como tal. Luego, no por virtud de ardorosas protestas, sino por la acción del golpe contundente de una espada, vuelven al seno de la Patria común los territorios cautivos.

Por tanto, la condición esencial para la recuperación de territorios perdidos es el fortalecimiento del territorio que se conservó libre y la resolución incuestionable de poner, en el momento oportuno, la nueva fuerza adquirida al servicio de la liberación y de la unión de toda la nacionalidad. En resumen, se debe postergar la defensa de los intereses de los territorios cautivos, viendo modo de conseguir para la Nación el poder político absolutamente necesario para la anulación de la obra del enemigo vencedor. Los pueblos subyugados no serán reconducidos al seno de la Patria común por medio de ardientes protestas, sino mediante una espada eficaz.

Forjar esta espada es obra de la política interior del Gobierno de una Nación; garantizar ese proceso y buscar aliados, es tarea que incumbe a la política exterior.

En la Primera Parte de este libro he impugnado la deficiencia de nuestra política aliancista de la anteguerra. De las cuatro posibilidades de entonces, que tendían a la conservación y el sustento del pueblo alemán, se había elegido la última, que era la peor de todas. En lugar de una sana política territorial en Europa se optó por una política colonial y comercial, que fue tanto más descabellada por haberse creído que así se podía esquivar un conflicto armado. Quísose simultáneamente tomar asiento en todas las sillas y el resultado no pudo ser otro que el de caer al suelo entre dos de ellas. El estallido de la Guerra vino a constituir el último testimonio de la errada política internacional del Reich. El buen camino hubiera sido en aquel tiempo el que ofrecía la tercera posibilidad: consolidación continental del Reich mediante la adquisición de nuevos territorios en Europa, con lo que justamente se habría alcanzado la posibilidad de una futura política colonial. En realidad, aquella política sólo habría sido posible en alianza con Inglaterra o llevando la fuerza militar a un desarrollo tal que, por cuarenta o cincuenta años, se postergaran todos los objetivos culturales. La importancia cultural de una Nación casi siempre está ligada a la libertad política y a la independencia de la misma, siendo estas últimas la condición sine qua non para la garantía de su existencia.

Por ese motivo, todo sacrificio en favor de la libertad política está perfectamente justificado. El sacrificio de los intereses culturales por una preparación militar será grandemente compensado. Se puede incluso decir que, después de un esfuerzo concentrado en el sentido de la conservación de la independencia nacional, generalmente se verifica una sorprendente expansión de las fuerzas culturales de la Nación, hasta entonces relegadas a segundo plano. El peligro de la Guerra de los Persas provocó el florecimiento del siglo de Pericles y, después de las preocupaciones de las Guerras Púnicas, comenzó el Estado romano a desarrollar una cultura más elevada.

Está claro que no se puede confiar a la resolución de una mayoría de idiotas parlamentarios la subordinación incondicional de todos los demás intereses de una Nación al deber único de la preparación militar para la seguridad del Estado. Sólo el padre de Federico el Grande sería capaz de sacrificar todos los demás problemas al de la preparación militar, pero los miembros de nuestra impostura parlamentaria, de cuño judaico, no son capaces de eso.

Sólo por este motivo, la preparación militar antes de la Guerra, tendiendo hacia una conquista territorial en Europa, era casi imposible sin una inteligente política de alianzas.

Como no se quería saber nada de una preparación sistemática para la Guerra, se renunció a la expansión territorial en Europa y, dedicándose a la política colonial y comercial, se sacrificó la posibilidad de aliarse con Inglaterra; pero tampoco se buscó, como habría sido lógico, el apoyo de Rusia. Y es así como Alemania acabó por caer en la Guerra Mundial, abandonada de todos, salvo la decadente Monarquía de los Habsburgos.

Nuestra política internacional no posee una directriz que la caracterice. Si antes de la Guerra se tomaba erradamente el cuarto camino, para seguirlo de forma indecisa, después de la Revolución ni para los ojos más capaces sería posible descubrir una orientación. Más que antes de la Guerra, falta ahora cualquier plan regular, a no ser el de intentar aniquilar la última posibilidad de una resurrección de nuestro pueblo.

Un sereno examen de las condiciones actuales del poderío político europeo conduce a la siguiente conclusión: Desde hace trescientos años la Historia de nuestro continente ha sido notablemente influenciada por las miras políticas de Inglaterra, dirigidas a asegurarse indirectamente, mediante la relación de fuerzas de compensación recíproca entre los Estados europeos, el apoyo conveniente para el logro de los fines de su política mundial. La tendencia tradicional de la diplomacia británica, comparable en Alemania únicamente con la tradición del Ejército Prusiano, obró sistemáticamente, desde la época del Gobierno de la reina Isabel, en el sentido de impedir por todos los medios, y si fuera necesario también por las armas, que una potencia europea sobresaliese del marco general de las demás naciones. Los medios de fuerza que Inglaterra solía emplear en tales casos variaban según la situación y el cometido propuesto, en tanto que su decisión y su entereza permanecían siempre inalterables. Cuanto más difícil era la situación de Inglaterra, tanto más necesario parecía al Gobierno inglés el mantenimiento del status quo en las diferentes fuerzas de Europa, promoviendo las rivalidades entre las mismas. Producida la independencia política de sus dominios coloniales en Norteamérica, Inglaterra redobló sus esfuerzos a fin de consolidar la garantía de su seguridad en Europa. Fue así como después del aniquilamiento de España y de los Países Bajos como potencias marítimas, el Estado inglés concentró todas sus energías contra Francia, ávida de supremacía, hasta que con la caída de Napoléon I pudo considerarse descartado el peligro de la hegemonía de esta potencia militar, tan temible para Inglaterra.

El cambio de frente de la política inglesa en contra de Alemania se operó paulatinamente. Por una parte, debido a la circunstancia de que faltando una unidad nacional alemana no existía desde luego un peligro evidente para Inglaterra y, por otra, del hecho de que la opinión pública de un país (de Inglaterra, en este caso), convenientemente influenciada hacia un determinado propósito, sólo puede adaptarse poco a poco a los fines de otra nueva política. Las opiniones de los estadistas se transforman, en el espíritu del pueblo, en valores sentimentales que hacen no sólo posible, sino aun más eficaz, su actuación. Ellos resisten la acción del tiempo. Así el estadista, después de haber alcanzado su objetivo, frecuentemente muda de ideas; la masa, sin embargo, sólo después de una lenta y continuada propaganda podrá servir de instrumento de la nueva política de los jefes.

Ya el resultado de la Guerra Franco-prusiana de 1870-71 había definido la posición de Inglaterra. Desgraciadamente, Alemania no supo aprovecharse de las fluctuaciones que en varias oportunidades sufriera la orientación inglesa a causa de la importancia económica que adquirían los Estados Unidos y el desarrollo del poderío ruso en Europa; así fue acrecentándose cada vez más la tendencia de origen de la política británica.

Inglaterra veía en Alemania una potencia de gran significación comercial, cuya posición en la política mundial -debido ante todo a su enorme industrialización- había aumentado en una medida tal, que ya podía equipararse al poderío político y comercial británico. La conquista "pacífico-económica" del mundo, considerada por nuestros gobernantes como la última palabra de la suprema sabiduría, fue para la política inglesa el punto de partida de una resistencia organizada en contra nuestra. El que esa resistencia se manifestara en forma de una acción amplia y sistemática, respondía plenamente al carácter de una política cuya finalidad no consistía en el mantenimiento de una paz mundial dudosa, sino en la consolidación de la hegemonía británica en el orbe. Asimismo, respondía a su prudencia tradicional en el modo de apreciar la capacidad del adversario y el justo cálculo de su propia momentánea impotencia, el hecho de que Inglaterra buscara el concurso de todos los Estados que, desde el punto de vista militar, podían ser convenientes a su política. Pero no es posible calificar de "inescrupulosa" esta conducta, ya que el vasto preparativo que requiere una guerra no se juzga por aspectos contemplativos, sino por los de orden utilitario. **Obra de la diplomacia de un pueblo es velar porque éste no** sucumba por mero heroísmo, sino que sea conservado prácticamente. Todo medio que conduzca a esta finalidad ha de ser apropiado, y el no emplearlo deberá considerarse como una criminal omisión en el cumplimiento del deber.

La Revolución alemana de 1918 significó para la política inglesa el término de la preocupación que había creado para la tranquilidad de Gran Bretaña la amenaza de una hegemonía germánica en el mundo. A partir de ese momento, Inglaterra tampoco tuvo ya interés en que Alemania desapareciese del mapa de Europa; por el contrario, el tremendo desastre alemán de aquellos días de noviembre de 1918 colocó a la diplomacia inglesa frente a una nueva situación inesperada: **¡Alemania vencida y Francia elevada a la categoría de la primera potencia continental de Europa!**

Durante cuatro años y medio, el Imperio Británico había luchado para evitar la hipotética preponderancia de una potencia continental. Ahora, con la pérdida de la Guerra, parecía desaparecer completamente aquella potencia, que daba una demostración de la ausencia del más elemental instinto de conservación propia. Se temió que el equilibrio europeo se rompiera por un acontecimiento de apenas cuarenta y ocho horas. La propaganda extraordinaria que en la Guerra mantuvo el entusiasmo y la perseverancia del pueblo británico y despertó todos sus instintos primitivos y pasiones, debía ahora ser la pesadilla de los diplomáticos británicos. Con el aniquilamiento de Alemania, esto es, de su política colonial económica y comercial, estaba logrado el objetivo británico de la Guerra; todo lo que no fuese eso redundaría en perjuicio para los intereses ingleses. El aniquilamiento del poderío alemán sólo podía beneficiar a los enemigos de Inglaterra en la Europa continental. Sin embargo, en el transcurso de noviembre de 1918 al verano de 1919, ya no era posible un nuevo cambio de frente de la política inglesa, política que en el curso de la larga guerra pusiera tantas veces a prueba el fanatismo y las energías de la gran masa de su pueblo. No era posible desde el punto de vista de orientación afectiva del propio pueblo y no era posible en vista de las proporciones entre las diferentes potencias militares. Francia se había atribuido el derecho de obrar y podía imponer su voluntad. La única Nación que, en aquellos meses de negociaciones y de regateos, hubiese podido determinar un cambio en aquel estado de cosas, era Alemania misma. Pero ésta sufría las convulsiones de la guerra civil y, por boca de sus pseudoestadistas, proclamaba una y mil veces hallarse dispuesta a aceptar cualquier dictado.

Cuando un pueblo, como consecuencia de la falta absoluta de instinto de conservación propia, pierde la capacidad de constituirse en aliado eficaz de otro, degenera en una Nación esclava y pasa a la categoría de colonia.

La única forma posible de actuar que le quedaba a Inglaterra, como medio de impedir que el poderío francés creciese demasiado, era participar de la rapacidad de Francia.

Realmente Inglaterra no alcanzó la finalidad que había perseguido con la guerra: pues no solamente no logró poner atajo a la preponderancia de una potencia europea sobre las demás del continente, sino que más bien fomentó esto en grado superlativo.

Alemania, como potencia militar, estaba, en el año 1914, comprimida entre dos países, de los cuales uno disponía de un poder igual y el otro de una mayor. A eso se debe unir el predominante poder marítimo de Inglaterra. Francia y Rusia solas ofrecían a cualquier desmedida expansión alemana obstáculos y resistencias invencibles. Además de eso, la situación geográfica extraordinaria mente desfavorable del Reich, desde el punto de vista militar, debería ser considerada como una seguridad más contra un excesivo aumento de la fuerza de Alemania. Especialmente el litoral alemán era, desde el punto de vista militar, desfavorable en el caso de una guerra contra Inglaterra, por sus pequeñas proporciones frente a la extensión del frente continental, completamente abierto. La Francia de hoy, como potencia militar, es la primera del continente y no tiene rival serio alguno. Hacia el Sur, sus fronteras con España e Italia son poco menos que infranqueables: hacia Alemania, están garantizadas por la impotencia de nuestra Patria y, por último. sus costas se extienden ampliamente frente a los nervios vitales del Imperio Británico. Aparte de que esos centros de la vida inglesa son blancos fáciles para aviones y artillería de largo alcance, las grandes vías del comercio inglés estarían a merced de la guerra submarina. Una guerra **submarina** con apoyo tanto en las extensas costas del Atlántico como en las no **menos extensas** del Mediterráneo, **en** Europa y en África del **Norte,** tendría consecuencias devastadoras.

Así el resultado de la guerra contra el aumento de poder de Alemania significó, desde el punto de vista político, la hegemonía francesa en el continente. El resultado bélico fue la consolidación de Francia como primera potencia militar, y el reconocimiento de los Estados Unidos como potencia marítima equivalente. En materia de política económica, lo que se verificó fue el traspaso de grandes territorios, donde predominaban los intereses británicos, a sus aliados.

De la misma manera que los tradicionales objetivos políticos de Inglaterra **exigen** una especie de balcanización de Europa, los de Francia **son** en el sentido de una balcanización de Alemania.

El perpetuo deseo de Inglaterra es el mantenimiento de cierto equilibrio de fuerzas entre los Estados europeos, como una condición primordial para la hegemonía británica del mundo.

El deseo de Francia, en cambio, no es otro que el de evitar la formación de una potencia homogénea alemana; el mantenimiento en Alemania de un sistema de pequeños Estados de fuerzas compensadas, no sometidos a un Gobierno Central y, finalmente, llegar a apoderarse de la ribera izquierda del Rhin, como medio de crear y de asegurar su supremacía en Europa.

La máxima aspiración de la diplomacia francesa será eternamente contraria a la suprema tendencia de la política británica.

Quien, desde los puntos de vista arriba expuestos, hiciese un examen de las posibilidades de alianza de Alemania, debe llegar a la convicción de que sólo nos queda un entendimiento posible, y ése es con Inglaterra. Por más horrorosas que hayan sido y sean todavía para Alemania las consecuencias de la política inglesa en la Guerra, no se debe perder de vista que ya no existe, por parte de Inglaterra, el deseo de aniquilar a Alemania, sino, por el contrario, la política inglesa, cada vez más, trabaja para poner un freno al exceso de poder de Francia. Ahora no se hará más una política de alianzas influenciada por divergencias pasadas, sino apoyada en la experiencia. La experiencia debería haber enseñado que las alianzas para la ejecución de fines negativos son naturalmente débiles.

Los destinos de los pueblos sólo se unen por la perspectiva de un éxito común en el sentido de adquisiciones territoriales, de conquistas comunes, que redunden en un aumento de la fuerza por ambos lados.

La falta de sentido de nuestro pueblo en temas de política exterior se demuestra claramente en las noticias diarias de la prensa con respecto a la mayor o menor "simpatía por Alemania" manifestada por ese o aquel diplomático extranjero, en la cual se ve la garantía de una política de colaboración con nosotros. Eso es un absurdo increíble, una muestra de la ingenuidad sin par del tipo normal del político alemán. No hay estadista que, siendo inglés, norteamericano o italiano, hubiese pensado jamás en "pro' de Alemania. Todo inglés, como hombre de Estado, será naturalmente inglés ante todo; el americano, americano, y tampoco encontraremos un italiano dispuesto a hacer otra política que no fuese italianófila. Por eso, quien crea que se puede cimentar alianzas con naciones extranjeras a base de la sola simpatía que los gobernantes de éstas tengan por Alemania, o es un asno o un cínico. La condición esencial para la alianza de pueblos no está nunca en una estima recíproca, sino en el reconocimiento de una conveniencia de las partes contratantes. Eso significa que un diplomático inglés siempre hará política proinglesa y nunca proalemana. Puede suceder, sin embargo, que los objetivos de la política inglesa y de la alemana sean idénticos, aunque por motivos diferentes. **Esa armonía que se verifica en determinado momento puede desaparecer en el futuro. La habilidad de un estadista diligente se revela justamente en el hecho de saber encontrar** siempre para la realización de las necesidades de su país aquellos aliados que, velando también por sus propios intereses, tienen que seguir el mismo camino, en un determinado momento.

La utilidad práctica para la actualidad solamente puede resultar de la respuesta a las siguientes preguntas: ¿Cuáles son los Estados que actualmente no tienen un interés vital en que el poderío económico militar de Francia llegue a una situación de absoluta hegemonía, como consecuencia de la completa anulación de una Europa Central alemana? ¿Y cuáles los que, debido a las condiciones inherentes a su propia existencia y siguiendo la orientación tradicional de su política, vislumbran en el desarrollo de una situación tal una amenaza para su porvenir?

No debemos tener la más mínima duda de que el enemigo mortal, inexorable del pueblo alemán es y será siempre Francia. Es indiferente que Francia sea gobernada por Borbones o jacobinos, bonapartistas o demócratas, burgueses, republicanos clericales o bolcheviques rojos. Desde luego conviene aclarar un hecho: la clave de la política exterior francesa residirá siempre en el propósito de apoderarse de la frontera del Rhin y consolidar el dominio de este río en favor de Francia, al precio de una Alemania en escombros.

Si Inglaterra no admite a Alemania como potencia mundial, Francia, en cambio, no tolera potencia alguna que se llame Alemania. ¡Diferencia esencial! Nosotros no luchamos hoy por una posición de poderío mundial; luchamos simplemente por la existencia de nuestra Patria, por la unidad de nuestra Nación y por el pan cotidiano para nuestros hijos. Si partiendo de este punto de vista tratamos de buscar aliados en Europa, sólo dos Estados deberán tomarse en cuenta: **Inglaterra e Italia.**

Inglaterra no quiere una Francia cuyo puño militar, libre de todo estorbo en Europa, se constituya en árbitro de una política que, por cualquier motivo tendrá que chocar con intereses ingleses. Es comprensible que Inglaterra jamás desee que Francia, adueñándose de las enormes minas de hierro y de carbón de la Europa Occidental, adquiera elementos básicos para una situación de predominio económico en el mundo. La preponderancia militar de Francia es para el Imperio inglés una pesadilla mucho mayor que las bombas de nuestros dirigibles.

Tampoco Italia puede ni podrá ver con simpatía la consolidación de la supremacía francesa en Europa. El porvenir de Italia dependerá siempre de un desenvolvimiento político que territorialmente gire en torno de los intereses del Mediterráneo. Lo que a Italia indujera a entrar en la Guerra no fue de ningún modo el propósito de contribuir al engrandecimiento de Francia, sino únicamente la intención de asestarle un golpe mortal a Austria, su odiada rival en el Adriático. Todo nuevo afianzamiento del poderío francés en el continente significa para Italia un obstáculo para el porvenir; y no se olvide que las afinidades raciales no son capaces de borrar rivalidades entre las naciones.

Si se reflexiona fríamente, se llega a la conclusión de que Inglaterra e Italia son los dos Estados cuyos intereses naturales se encuentran menos en conflicto con las condiciones esenciales para la existencia de la Nación alemana y que, hasta cierto punto, se identifican con nuestros intereses.

En el análisis de las posibilidades de una alianza tal, no debemos despreciar tres factores: el primero reside en nosotros, los otros dos dicen respecto a los demás países.

¿Pero, es que podrá convenirles a otros Estados aliarse con la Alemania actual? Las potencias sólo se alían para reforzar sus posiciones y su poder ofensivo. ¿Quién pensaría en aliarse a un Estado cuyo Gobierno, hace años, ofrece el espectáculo de la más lastimosa incapacidad y cobardía pacifista, en el cual la mayor parte del pueblo -cegada por los demócratas-marxistas- está traicionando los intereses de la propia Nación, de una manera que clama al cielo? ¿Puede cualquier potencia, hoy en día, alimentar la esperanza de hacer alianza eficiente con un Estado, en la suposición de defender un día intereses comunes, si ese Estado aparentemente no tiene ni coraje ni ánimo de defender la propia vida? ¿Existirá una potencia cualquiera -para la cual una alianza sea más que un pacto de garantía para la conservación de un Estado en lenta podredumbre que se comprometa, para la vida o para la muerte, con una Nación cuyas características consisten en la sumisión canina para con el exterior y en la más vergonzosa ausencia de virtudes nacionales en el interior; con una Nación que no posee más grandeza porque ya no la merece, como consecuencia de la propia conducta de gobiernos que no gozan de la más mínima estima por parte de los ciudadanos y mucho menos por parte de los extranjeros?

¡Seguramente no! Una potencia que cuida su reputación y que de una alianza espera algo más que simples comisiones de dinero para ávidos parlamentarios, no pactará con la Alemania de hoy ni podría hacerlo. **En nuestra incapacidad aliancista del presente radica, en último análisis, la causa profunda de la solidaridad que une a nuestros rapaces enemigos.** Como Alemania nunca se defiende sino por algunas ardorosas "protestas" por parte de nuestros parlamentarios, el resto del mundo no tiene razón para liberar a naciones cobardes. ¡El propio Creador no otorga la libertad a los pueblos pusilánimes! Frente a las lamentaciones de nuestros "patriotas" no queda a los Estados que no tengan ningún interés directo en vernos completamente aniquilados, nada más que tomar parte en las piraterías francesas, al menos para evitar el fortalecimiento exclusivo de Francia.

Además de eso, ya nos hemos referido a la dificultad de conseguir una transformación de los sentimientos de las grandes masas populares, cuando están influenciadas en una cierta dirección por una propaganda intensiva. No se puede, pues, apuntar durante años a una Nación como formada por "hunos", "piratas", "vándalos", para de repente, de un día para otro, proclamar lo contrario y recomendar al antiguo enemigo como aliado.

Mayor atención merece todavía otro hecho de importancia fundamental para la conformación de las futuras alianzas europeas: si considerando el problema desde puntos de vista políticos netamente británicos, resulta mínimo el interés de Inglaterra en el aniquilamiento creciente de Alemania, tanto más grande es, en cambio, la expectativa que cifra en tal resultado el judaísmo internacional de la Bolsa. La contradicción existente entre la política oficial o, mejor dicho, tradicional de la Gran Bretaña y la tendencia que encarnan las fuerzas judías preponderantes en la Bolsa, tiene su más clara expresión en la actitud divergente de ambas frente a los problemas de la política exterior. **Contrariamente a los intereses del Estado británico, la finanza judía quiere no sólo la total destrucción económica de Alemania, sino también su completa esclavitud política.** La internacionalización de la economía alemana, esto es, la explotación del trabajo alemán por parte de los financieros judíos internacionales, solamente será practicable en un Estado políticamente bolchevizado. Pero la tropa de asalto marxista y del capitalismo internacional judaico sólo podrá quebrar definitivamente la espina dorsal del Estado alemán mediante la asistencia de fuera. Por eso, los ejércitos de Francia deben ocupar Alemania hasta que el Reich, corroído en el interior, sea dominado por las fuerzas bolcheviques al servicio del capitalismo judío internacional.

Así es como el judío se ha constituido ahora en el más grande instigador de la devastación alemana. Todo lo que por doquier leemos en el mundo en contra de Alemania procede de inspiración judía, del mismo modo que antes y durante la Guerra fue la prensa judía de la Bolsa y del marxismo la que fomentó sistemáticamente el odio contra nosotros, hasta lograr que Estado tras Estado abandonasen la neutralidad y, **sacrificando el interés verdadero de sus pueblos, se pusieran al servicio de la coalición bélica mundial fraguada contra Alemania.**

Saltan a la vista las pruebas del proceder judío. La bolchevización de Alemania, esto es, el exterminio de la clase pensante nacionalracista, logrando con ello la posibilidad de someter al yugo internacional de la finanza judía las fuentes de producción alemana, no es más que el preludio de la realización de la política judía de conquista mundial. Como tantas veces en la Historia, Alemania constituye también en este caso el punto central de una lucha gigantesca. Si nuestro pueblo y nuestro Estado sucumben bajo la presión de esos tiranos, ávidos de sangre y dinero, el orbe entero será presa de sus tentáculos de pulpo; mas, si Alemania alcanza a libertarse de ese encadenamiento, podrá decirse que para todo el mundo se habrá evitado uno de los mayores peligros.

Por eso es que el judaísmo desarrolla todos sus esfuerzos no solamente para mantener la actual hostilidad de las naciones contra Alemania, sino para, si es posible, aumentarla aún más. **Por lo general, el judaísmo incrustado en el organismo vital de los diferentes pueblos sabe emplear siempre aquellas armas que, teniendo en cuenta la mentalidad de las respectivas naciones, parecen ser las más eficaces y las que mayor éxito prometen.** En Alemania, son las ideas más o menos "cosmopolitas" o pacifistas, en una palabra, las tendencias internacionales, las que utiliza el judío en su lucha por el poder; en Francia, explota el chauvinismo, con bien medido cálculo; en Inglaterra, opera desde puntos de vista económicos y de política mundial. En una palabra, actúan siempre de acuerdo con los atributos esenciales que caracterizan la mentalidad de cada Nación. Cuando, de esa manera, consiguen una verdadera influencia predominante en la dirección económica y política es cuando desprecian esas armas y revelan las intenciones íntimas de su lucha. Comienza el período de destrucción, cada vez más acentuado, hasta haber convertido en un campo de ruinas una Nación tras otra y, sobre esas ruinas, erigir la soberanía del Imperio Judaico Eterno.

En Italia, como en Inglaterra, se manifiesta -a veces hasta con carácter drástico-la divergencia que reina entre las concepciones de la política tradicional de esos países y las tendencias judaicas de la Bolsa internacional.

Sólo en Francia, hoy más que nunca, existe una íntima convivencia entre los propósitos de la Bolsa, manejada por judíos, y las aspiraciones de una política nacionalchauvinista. Y es justamente esta identidad la que encierra tan inmenso peligro para Alemania, haciendo de Francia nuestro más temible **enemigo. El pueblo francés, que cada vez va siendo en mayor escala presa de la bastardización negroide, entraña, debido a su conexión con los fines de la dominación judía en el mundo, una amenaza inminente para la raza blanca en Europa.** La contaminación de sangre negra en el Rhin, en el corazón mismo de Europa, responde a la sádica sed de venganza del chauvinismo francés, enemigo secular de nuestro pueblo, y también al frío cálculo del odio judío, que, de este modo, quiso dar comienzo a la bastardización del continente europeo, en su núcleo central y, al infestar la raza blanca con una humanidad inferior, despojarla de los fundamentos de su soberana existencia.

Aquello que Francia comete hoy en Europa, estimulada por su sed de venganza y sistemáticamente guiada por el judío, constituye un pecado contra la existencia de la Humanidad blanca, y un día caerá sobre este pueblo la maldición de una generación entera que habrá reconocido, en la deshonra de la raza, el pecado original de la Humanidad.

Para nosotros los alemanes, sin embargo, el peligro francés nos impone el deber, con abandono de todo motivo sentimental, de extender la mano a aquel que bajo la misma amenaza sea contrario a apoyar y permitir los deseos de dominación de Francia.

En Europa hay sólo dos aliados posibles para Alemania: Inglaterra e Italia.

Quien se tome la molestia de echar un vistazo retrospectivo sobre la orientación de la política exterior de Alemania desde la Revolución, debe, ante los constantes fallos de nuestro Gobierno, o perder la esperanza de días mejores o rebelarse contra semejante Gobierno. No se puede imaginar nada más contrario al sentido común. Los "gigantes" intelectuales de la Revolución de Noviembre llegaron a esto, inconcebible para cualquier cerebro normal: ¡procurar merecer las simpatías de Francia! Con una conmovedora ingenuidad buscaban nuestros estadistas adular a Francia, lisonjear siempre a la "Gran Nación" y, en cada música de caramillo francés, procuraban ver la señal de un cambio de sentimientos a nuestro favor. Los verdaderos orientadores de nuestra política exterior naturalmente que nunca creyeron en tal idiotez. Para ellos la lisonja de Francia era el pretexto para evitar toda política de alianzas que realmente sirviese a los intereses de la Nación. Ellos sabían perfectamente cuáles eran las intenciones de Francia y de los que maniobraban entre bastidores. Lo que los forzó a fingir que creían honestamente en la posibilidad de un cambio en la situación alemana fue la certeza de que, de otro modo, nuestro pueblo habría tomado por sí mismo otra orientación.

Es natural que también para nosotros, los Nacionalsocialistas, resulte difícil en nuestras propias filas proclamar a Inglaterra como un posible aliado de Alemania en el futuro. La prensa judía en nuestro país supo siempre concentrar la animadversión sobre Inglaterra y más de un buen ingenuo alemán cayó en el ardid judío. La cháchara de esta prensa giraba en torno de un supuesto resurgimiento de nuestro poderío marítimo, protestaba contra el robo de nuestras colonias y no omitía recomendar la necesidad de reconquistarlas. Con todo esto no hacía otra cosa que suministrar el material que luego el judío bellaco se encargaba de remitir a sus compinches en Inglaterra, con fines de práctico aprovechamiento en su propaganda germanófoba. Que hoy no estamos para luchar por poderíos marítimos ni cosas parecidas, es una persuasión que ya debe ir infiltrándose en las huecas cabezas de nuestros políticos burgueses. Orientar en ese sentido las fuerzas de la Nación sin tener previamente asegurada nuestra posición en Europa, constituyó, antes de la Guerra, una locura. En la actualidad, una idea semejante se cuenta entre aquellas torpezas que, políticamente consideradas. merecen calificarse con la palabra crimen.

Cuántas veces podía llegarse al límite de la desesperación, viendo cómo los instigadores judíos sabían entretener a nuestro pueblo con motivos completamente secundarios, promoviendo demostraciones y protestas, mientras en aquellos mismos días Francia desgarraba el cuerpo alemán pedazo a pedazo, despojándolo **impone el deber, con abandono de todo motivo sentimental, de extender la mano a aquel que bajo la misma amenaza sea contrario a apoyar y permitir los deseos de dominación de Francia.**

En Europa hay sólo dos aliados posibles para Alemania: Inglaterra e Italia.

Quien se tome la molestia de echar un vistazo retrospectivo sobre la orientación de la política exterior de Alemania desde la Revolución, debe, ante los constantes fallos de nuestro Gobierno, o perder la esperanza de días mejores o rebelarse contra semejante Gobierno. No se puede imaginar nada más contrario al sentido común. Los "gigantes" intelectuales de la Revolución de Noviembre llegaron a esto, inconcebible para cualquier cerebro normal: ¡procurar merecer las simpatías de Francia! Con una conmovedora ingenuidad buscaban nuestros estadistas adular a Francia, lisonjear siempre a la "Gran Nación" y, en cada música de caramillo francés, procuraban ver la señal de un cambio de sentimientos a nuestro favor. Los verdaderos orientadores de nuestra política exterior naturalmente que nunca creyeron en tal idiotez. Para ellos la lisonja de Francia era el pretexto para evitar toda política de alianzas que realmente sirviese a los intereses de la Nación. Ellos sabían perfectamente cuáles eran las intenciones de Francia y de los que maniobraban entre bastidores. Lo que los forzó a fingir que creían honestamente en la posibilidad de un cambio en la situación alemana fue la certeza de que, de otro modo, nuestro pueblo habría tomado por sí mismo otra orientación.

Es natural que también para nosotros, los Nacionalsocialistas, resulte difícil en nuestras propias filas proclamar a Inglaterra como un posible aliado de Alemania en el futuro. La prensa judía en nuestro país supo siempre concentrar la animadversión sobre Inglaterra y más de un buen ingenuo alemán cayó en el ardid judío. La cháchara de esta prensa giraba en torno de un supuesto resurgimiento de nuestro poderío marítimo, protestaba contra el robo de nuestras colonias y no omitía recomendar la necesidad de reconquistarlas. Con todo esto no hacía otra cosa que suministrar el material que luego el judío bellaco se encargaba de remitir a sus compinches en Inglaterra, con fines de práctico aprovechamiento en su propaganda germanófoba. Que hoy no estamos para luchar por poderíos marítimos ni cosas parecidas, es una persuasión que ya debe ir infiltrándose en las huecas cabezas de nuestros políticos burgueses. Orientar en ese sentido las fuerzas de la Nación sin tener previamente asegurada nuestra posición en Europa, constituyó, antes de la Guerra, una locura. En la actualidad, una idea semejante se cuenta entre aquellas torpezas que, políticamente consideradas, merecen calificarse con la palabra crimen.

Cuántas veces podía llegarse al límite de la desesperación, viendo cómo los instigadores judíos sabían entretener a nuestro pueblo con motivos completamente secundarios, promoviendo demostraciones y protestas, mientras en aquellos mismos días Francia desgarraba el cuerpo alemán pedazo a pedazo, despojándolo nos sistemáticamente de los fundamentos de nuestra autonomía.

Aquí debo mencionar particularmente un tema del cual el judío sabía servirse en aquellos años con extraordinaria habilidad: la cuestión del Tirol del Sur.

¡Sí, la cuestión del Tirol!

Si insisto en este asunto, es porque deseo llamar a rendir cuentas a esa chusma de mentirosos que, contando con la falta de memoria y la estupidez de las grandes masas populares, se atreven a fingir un movimiento de revuelta nacional, que sobre todo a los mixtificadores parlamentarios les es tan absurdo como la noción de propiedad le es a una urraca.

Quisiera subrayar que yo estuve entre aquellos que, desde agosto de 1914 a noviembre de 1918 -cuando se definía la suerte de Alemania y, con ella, la suerte del Tirol del Sur- actuaron allí donde realmente tuvo lugar la defensa de este territorio: en el Ejército. Yo también había combatido en aquellos años, no para que el territorio dejase de pertenecernos, sino para que, como todos los demás del suelo alemán, siguiese siendo nuestro.

En aquel tiempo no estaban en las líneas de combate los bandidos parlamentarios, la canalla de los políticos partidistas. Por el contrario, cuando estábamos combatiendo en la convicción de que sólo una victoria militar podría conservar para la Nación alemana el Tirol del Sur, esos hipócritas conspiraban contra esa victoria hasta conseguir abatir, por la traición, al soldado heroico. **La conservación del Tirol del Sur en poder de Alemania naturalmente no podía ser garantizada por los inflamados y falsos discursos de los parlamentarios de la Rathausplatz de Viena o de frente a la Feldherrnhalle de Munich, sino exclusivamente por los batallones combatientes del frente. Los que debilitaron el frente fueron los verdaderos traidores del Tirol del Sur, como de las otras partes del territorio alemán.**

Quien hoy crea poder resolver, por medio de protestas, declaraciones, manifestaciones de entusiasmo de clubmen, la cuestión del Tirol del Sur, o es un mentiroso o un gran ingenuo.

La reintegración de territorios perdidos no se realizará por la sola virtud de invocaciones solemnes al Todopoderoso o por esperanzas piadosas en la justicia de una Liga de Naciones, sino únicamente por la fuerza de las armas.

El problema debe ser puesto en estos términos: ¿quién estará dispuesto a forzar la recuperación de estos territorios perdidos por el uso de las armas?

En lo que respecta a mí, puedo aseverar que tendría la voluntad de intentar la conquista del Tirol del Sur al frente de un batallón compuesto por parlamentarios, jefes de partidos y de consejeros de la Corte. ¡Cómo me alegraría si, sobre la cabeza de los vehementes charlatanes de repente estallasen algunos obuses! Si una raposa invadiese un gallinero, el cacareo no sería peor y el "sálvese quien pueda" de las gallinas no podría ser más bullicioso que el de esos politiqueros.

Lo que, sin embargo, es más infame en todo esto, es que esos individuos están lejos de creer que, de esa manera, podrían llegar a algún resultado positivo. Ellos conocen, más que nadie, la imposibilidad y la ingenuidad de sus procedimientos. Actúan así porque hoy es más fácil discutir sobre la recuperación del Tirol del Sur que haber combatido antes por su conservación. Cada cual desempeña su papel; nosotros arriesgamos en aquel tiempo nuestras vidas, hoy aquella gentuza pronuncia discursos.

Es curioso también observar cómo aumenta el entusiasmo de los legitimistas vieneses en su actual trabajo de recuperación del Tirol del Sur. Siete años antes, la augusta Dinastía concurrió, mediante una vil traición, para que una coalición mundial conquistase el Tirol del Sur. En aquel tiempo ayudaron a esos círculos la política de la pérfida Dinastía y ningún caso hicieron del Tirol del Sur ni de ninguna otra cosa. Naturalmente hoy es más sencillo combatir por esos territorios con armas "intelectuales", hacer protestas verbales hasta enronquecer con íntima y sublime indignación, escribir artículos de periódicos hasta gastar los dedos, que hacer volar puentes por los aires.

El motivo por el que, en los últimos años, en ciertos círculos, la cuestión del Tirol del Sur constituía el eje de las relaciones germanoitalianas es, pues, evidente. Los legitimistas judíos y habsburgueses tienen el máximo interés en hacer fracasar una política de alianza de Alemania, de la que pueda resultar la resurrección de una Patria alemana libre. No es por amor al Tirol del Sur por lo que así actúan - pues con eso no se le presta un servicio, sino, por el contrario, se le hace un perjuiciopero por el recelo de un entendimiento entre Italia y Alemania.

En esa tendencia para calumniar y mentir, tan frecuente en esos círculos, está la explicación de la felonía con la que intentan presentar las cosas de forma de hacernos pasar como "traidores" a la causa del Tirol del Sur.

Es preciso que se les diga a esos caballeros con toda claridad: el Tirol del Sur fue traicionado, primero por todo alemán sano, que en los años de 1914-18 no se encontraba en el frente poniendo a disposición de su Patria todos sus servicios; en segundo lugar, por todos los que en aquellos años no se esforzaron por aumentar la resistencia y la perseverancia de nuestro pueblo en la Guerra; en tercer

lugar, por todos los que cooperaron, directa o indirectamente, en la Revolución de Noviembre, inutilizando la única arma que habría podido salvar al Tirol del Sur; y, en cuarto lugar, por todos los partidos que aceptaron los tratados vergonzosos de Versalles y Saint Germain.

Hoy estoy convencido de que no se puede readquirir territorios perdidos por medio de discursos, sino por el empleo de la fuerza.

No dudo, sin embargo, en declarar que ahora, después de los hechos consumados, la reconquista del Tirol del Sur no sólo es imposible y se debería desistir de la misma, desde que no se puede ya conseguir despertar el entusiasmo nacional indispensable para la victoria. Soy de la opinión que si para eso se arriesgase hoy la vida, se consumaría un crimen, combatiendo por doscientos mil alemanes, mientras en las otras fronteras del país más de siete millones están gimiendo bajo el dominio extranjero y allí la sangre alemana está siendo contaminada por hordas de negros africanos.

Si Alemania quiere poner fin al peligro de exterminio que la amenaza en Europa, deberá tener cuidado de no reincidir en los errores de la anteguerra, haciéndose enemiga del mundo entero, sino que deberá reconocer al adversario más peligroso y concentrar todas sus fuerzas para combatirlo. Y si esa victoria fuera conseguida mediante sacrificios en otros sectores, las generaciones futuras no nos condenarán. Sabrán valorar tanto mejor los motivos de esa amarga resolución cuanto más radiante fuera el éxito alcanzado.

Nuestra constante preocupación debe ser la comprensión de que, por encima de la recuperación de los territorios perdidos, está la recuperación de la independencia política y de la fuerza de la Patria.

Realizar este objetivo mediante una política inteligente es el principal deber de un Gobierno consciente.

Precisamente nosotros, los Nacionalsocialistas, debemos evitar ser arrastrados por nuestros compatriotas burgueses de pacotilla, dirigidos por los judíos. ¡Ay de nuestro Movimiento si, en lugar de prepararnos para la lucha, continuásemos en el hábito de platónicas protestas!

Fue la fantástica concepción de una alianza nibelunguesca con el cadavérico Estado de los Habsburgos la que precipitó a Alemania en la ruina. Dejarse llevar por sentimentalismos frente a las posibilidades de nuestra actual política exterior, será el mejor medio de impedir para siempre el resurgimiento alemán.

Es preciso que también se ocupe, aunque sea brevemente, de las objeciones referentes a las tres cuestiones siguientes ya anteriormente citadas:

1) ¿Es de esperar que alguna potencia se quiera aliar con la Alemania de hoy, visiblemente debilitada?

2) **Serán las naciones enemigas capaces de tomar una nueva orientación?**

3) **¿La influencia innegable del judaísmo, más fuerte que la posible buena voluntad de las naciones, no aniquilará todos los nuevos planes?**

Creo ya haber discutido, en sus aspectos principales, la primera cuestión. Está claro que nadie entraría en una alianza con la Alemania actual. No hay potencia en el mundo que se arriesgue a asociar su destino al de una Nación cuyo Gobierno no inspira ninguna confianza. Se debe, sin embargo, protestar enérgicamente contra la tentativa de muchos de nuestros compatriotas de disculpar la política del Gobierno con la deplorable mentalidad del pueblo alemán.

No hay duda de que la falta de carácter de nuestro pueblo, de los últimos seis años para acá, es profundamente lamentable; su indiferencia por los intereses más vitales del país es deprimente, y su cobardía a veces clama a los cielos. No se debe olvidar nunca que, a pesar de eso, se trata de un pueblo que, pocos años antes, diera al mundo un ejemplo admirable de las más altas virtudes humanas. Desde agosto de 1914 hasta el fin de la Guerra, ninguna Nación del mundo jamás demostró mayor coraje, más tenaz perseverancia y paciencia que la nuestra, en situación hoy tan miserable. Nadie pretenderá afirmar que el oprobio de la época que vivimos es la expresión típica del carácter de nuestro pueblo. Lo que hoy vemos en torno nuestro y experimentamos íntimamente, no es más que el resultado horripilante de la influencia devastadora del perjurio cometido el 9 de noviembre de 1918. Una vez más queda demostrado el aserto del poeta: "Un mal genera otro mal". Tampoco en estos tiempos han desaparecido completamente las buenas cualidades fundamentales de nuestro pueblo: existen latentes. Más de una vez, como relámpagos en el obscuro firmamento, aparecieron virtudes luminosas, de las cuales la Alemania del porvenir se acordará un día como de los primeros signos reveladores de su resurgimiento. Nuevamente millares y millares de jóvenes alemanes, dispuestos a todos los sacrificios, se presentarán voluntaria y alegremente, ofreciendo su vida, tal como sucediera en 1914, a la amada Patria. Millones volverán a trabajar asiduamente, como si nunca hubiera existido la Revolución devastadora. El herrero volverá a la fragua, el labrador al arado y el hombre de estudio a su gabinete, todos con el mismo empeño, con la misma dedicación en el cumplimiento del deber.

No se verá ya en la cara de los opresores enemigos la risa de ahora, sino rostros asustados. Será incuestionable que se ha iniciado un importante cambio en la mentalidad del pueblo.

Si todo eso hoy todavía no se manifiesta en el renacimiento de la orientación política y del instinto de conservación de nuestro pueblo, es por culpa de los que, desde 1918, están conduciendo al país hacia su muerte.

Al lamentar el estado actual de nuestra Patria debemos preguntarnos: ¿Qué se hizo para mejorarla? ¿Y qué hicieron los gobernantes para que renaciese en este pueblo el espíritu del orgullo nacional, de la entereza varonil y del odio sagrado?

Cuando en 1919 se le impuso a la Nación alemana el Tratado de Versalles, con justa razón habría podido esperarse que precisamente ese instrumento de opresión sin límites estimularía hondamente el grito libertario de Alemania. **Tratados de paz cuyas imposiciones esclavizan a los pueblos constituyen la mayoría de las veces el primer redoble de tambor que anuncia el levantamiento futuro.**

¡Qué enorme partido se habría podido sacar del Tratado de Versalles!

En manos de un Gobierno dispuesto a la acción, habría podido convertirse este instrumento de extorsión inaudita y de la humillación más vergonzosa en un medio de aguijonear hasta el grado máximo los sentimientos nacionales. ¡Cuán fácil era, mediante una inteligente propaganda de las crueldades y del sadismo de los conquistadores, transformar la indiferencia del pueblo en revuelta, en el furor del odio más intenso! Se habría podido imprimir en el cerebro y en el alma de nuestro pueblo cada uno de los puntos de aquel Tratado hasta que en la conciencia de sesenta millones de hombres y mujeres estallase el sentimiento del oprobio y del odio en una única inmensa llamarada, para que de sus ascuas resurgiera luego, dura como el acero, una sola voluntad y con ella el clamor: **¡Armas, armas!**

No hay duda de que, para conseguir eso, nada más apropiado que un Tratado de Paz como el de Versalles. La opresión desmedida, la vergüenza de las exigencias hechas por el enemigo, ofrecían la mejor arma de propaganda para la resurrección de los sentimientos adormecidos de la Nación.

Todo debería haber sido puesto al servicio de esa gran misión, desde el silabario de los niños hasta el último periódico; el teatro, el cine, toda clase de espectáculos. Eso se debería repetir hasta que la tímida oración de nuestros actuales "patriotas": "¡Dios Todopoderoso, líbranos!", se transformase, aun en la boca de los más jóvenes, en la ardiente demanda: "¡Dios Todopoderoso, bendice el futuro de nuestras armas; tan justo como siempre fuiste, decide ahora si somos dignos de la libertad. ¡Dios Todopoderoso, bendice nuestra lucha!".

Todo se omitió y nada se hizo.

¿Quién ha de sorprenderse ahora de que nuestro pueblo no sea lo que debió y pudo ser, si el resto del mundo no ve en nosotros más que al perro sumiso que lame reconocido las manos que acaban de fustigarlo?

La posibilidad de que en el presente se busque la alianza de Alemania se halla impedida por los errores de nuestro propio pueblo, pero aun mucho más por culpa de nuestros gobernantes. Son éstos, con su corrupción, los responsables de todo. Por eso es que, después de ocho años de horrible opresión, existe tan poco deseo de libertad. Una eficiente política de alianzas depende siempre del concepto que se tenga de nuestro pueblo y de la existencia de un Gobierno que no quiera ser esclavo de naciones extranjeras, sino heraldo de la conciencia nacional.

Si el pueblo alemán contara con un Gobierno que pusiera en eso su principal finalidad, en menos de seis años de una política exterior activa, ese Gobierno tendría en su apoyo la firme voluntad de una Nación sedienta de libertad.

La segunda objeción, esto es, la gran dificultad del cambio de mentalidad de los pueblos enemigos a nuestro respecto, podrá ser contestada así: La psicosis antialemana general, sembrada y fomentada por la propaganda de guerra en todos los demás países, subsistirá lógicamente mientras el Reich no recobre, mediante un evidente resurgimiento del espíritu de la conservación nacional, las características de un Estado capaz de jugar su papel sobre el tablero de la política europea y ser digno de consideración. Solamente cuando, tanto por parte del Gobierno como por parte del pueblo, estuviera asegurado ese ambiente de confianza, es cuando otra potencia, estimulada por intereses idénticos a los nuestros, podrá pensar en modificar l a opinión de su pueblo por la propaganda. Para eso son precisos años de un trabajo continuo y hábil. Justamente porque esa remodelación de la opinión pública exige un trabajo lento, es por lo que se explica la necesidad de actuar prudentemente cuando se presenta la ocasión de iniciarlo. No se comenzará nunca una propaganda tal sin tener antes la absoluta certeza del valor de semejante trabajo y de sus efectos futuros. Nadie ha de querer modificar la mentalidad de una Nación solamente como consecuencia del palabrerío vacío de un Ministro de Relaciones exteriores más o menos inteligente, sin tener la certeza del calor real de una modificación tal. Resultaría eso, además, un juego cruel con la opinión pública. La seguridad más sólida para la posibilidad de una alianza entre pueblos no radica en frases pomposas de uno u otro miembro del Gobierno, sino en la estabilidad de una determinada orientación del Gobierno, así como en una opinión pública dirigida en sentido análogo. esa seguridad será tanto mayor cuanto más firme fuera la actividad de Gobierno en la preparación y en el control de la misma.

Una Nación en situación análoga a la nuestra será tomada en cuenta como aliado posible sólo cuando el Gobierno y la opinión pública de la misma proclamen y sostengan fanáticamente la voluntad de iniciar su cruzada libertaria. Tal es, pues, la condición que hay que cumplir previamente para provocar un cambio favorable en la opinión pública de los otros Estados. Entonces, con los gobiernos dispuestos a defender sus intereses propios, al lado de un socio que les parece confiable, es como una alianza es posible.

Pero hay otro aspecto que considerar todavía. La modificación de un determinado criterio, arraigado en un pueblo, representa por sí misma una difícil tarea y serán muchos los que al principio no comprendan el nuevo objetivo. De ahí que sea un crimen y un absurdo a la vez proporcionarles con nuestros propios errores a esos elementos adversos las armas para su oposición.

Es perfectamente comprensible que pase mucho tiempo hasta que un pueblo comprenda completamente las intenciones del Gobierno, pues no se pueden dar explicaciones públicas sobre la finalidad de una cierta preparación política. Se debe contar únicamente con la fe ciega de las masas, o con la intuición de las clases dirigentes de un nivel intelectual más elevado. Como, sin embargo, mucha gente no tiene un tacto político, ni el poder de adivinar, y como las explicaciones no pueden ser dadas, por motivos políticos, siempre habrá una parte de la clase intelectual dirigente que quede en oposición a las nuevas tendencias que, por no ser comprendidas, fácilmente podrán ser interpretadas como errores. Y de este modo se fortalece la resistencia de los elemento políticos conservadores.

Justamente por este motivo es preciso tomar precauciones para substraer todas las armas de las manos de tales perturbadores desde un comienzo. Especialmente si se trata, como en nuestro caso, de conversadores profesionales y de infatuados patriotas de club, de burgueses frecuentadores de cafés. Nadie que reflexione tranquilamente podrá negar que la discusión acerca de una nueva flota, sobre la restitución de nuestras colonias, etcétera, no es realmente más que una tonta vocinglería sin valor práctico alguno. Pues, no puede calificarse de favorable a Alemania la forma como en Inglaterra se explotan públicamente estos desatinados brotes de revanchismo, ora inofensivos, ora desorbitados, pero siempre al servicio de los que son nuestros implacables enemigos. Agotándonos en demostraciones hostiles contra todo el mundo, olvidamos el principio que es esencial a todo y a cualquier éxito, y que se traduce en las siguientes palabras: **el trabajo que comiences debes continuarlo con ahínco, hasta su culminación.** Antagonizando a cinco o diez países se desconcentran en cambio las fuerzas necesarias para el golpe decisivo contra nuestro adversario más cruel y se sacrifica la posibilidad de adquirir fuerza en nuevas alianzas para la reparación de la vergüenza que nos fue impuesta por la derrota.

También aquí tiene el Nacionalsocialismo una misión que cumplir: enseñar a nuestro pueblo a saber desechar cuestiones secundarias y concretarse sólo en lo más importante, sin olvidar que el objetivo por el cual debemos luchar hoy es la existencia de nuestro pueblo. El único enemigo que debemos combatir a muerte es y será aquel que nos quite el derecho a esa existencia.

Por duros que hubiesen sido los golpes recibidos, no pueden constituir motivo suficiente para sustraerse a la razón y, en insensato resentimiento, querellarse contra el mundo entero, en lugar de hacer l frente con fuerzas concentradas al enemigo más peligroso.

Fuera de esto, el pueblo alemán carece de un derecho moral para reprobarla conducta del mundo adverso a Alemania, mientras no haya sentado en el banquillo de los acusados a aquellos alemanes criminales que vendieron y traicionaron a su propia Patria. No es honesto protestar y gritar contra Inglaterra o Italia y permitir que actúen libremente entre nosotros los propios criminales que, pagados por los propagandistas enemigos, negándonos las armas nos quitaron la fuerza moral y vendieron por treinta monedas al Reich maniatado.

El enemigo actuó como era de prever. Deberíamos sacar lecciones de sus actitudes.

Quien no pudiese elevarse a esta comprensión, debe considerar que no nos quedará nada más que cruzar los brazos, pues quedará fuera del futuro cualquier política de alianzas. Por esa actitud, no somos capaces de entrar en una alianza con Inglaterra, porque ésta "nos robó las colonias"; con Italia, porque "tiene bajo su poder el Tirol del Sur", ni con Polonia o Checoslovaquia. Quedaría entonces en Europa sólo Francia, que -digámoslo de paso- "nos robó Alsacia y Lorena".

Si con eso se presta o no un servicio a Alemania no puede haber dudas. Y no hay diferencias si una opinión semejante es defendida por un papanatas estúpido o por un ingenuo refinado.

Así, una modificación de la psicología de los diferentes pueblos, hasta ahora enemigos, cuyos intereses futuros ahora fueran más o menos idénticos a los nuestros, sólo podrá ser posible si el poder interno de nuestro Estado y la voluntad visible para la conservación de nuestra existencia permitieran la suposición de que volviéramos a tener nuevamente valor como aliados.

La más difícil de responder es la tercera pregunta: ¿Sería imaginable que los representantes de los verdaderos intereses de aquellas naciones que están en situación de pactar una alianza con Alemania logren imponer su criterio frente a la voluntad del judío, que es el enemigo mortal de los Estados nacionales y autónomos?

¿Las fuerzas de la política tradicional británica podrán anular la influencia devastadora de los judíos?

Responder a esa pregunta es muy difícil. Es preciso estudiar un gran número de factores para hacer a este respecto un juicio definitivo. En todo caso, uno es cierto: sólo existe un Estado en que se puede considerar al actual poder público tan firmemente establecido, y sirviendo los intereses del país tan incondicionalmente, que allí no se puede hablar de una reacción eficaz del judaísmo internacional contra su orientación política.

La guerra que **la Italia Fascista** sostiene, quizás inconscientemente (aunque yo no lo creo), contra las tres principales armas del judaísmo, es la mejor prueba de la forma en que -si bien sólo por procedimientos indirectos- se ha de romperle los dientes ponzoñosos a esa potencia que se extiende por encima de los Estados: la prohibición de las sociedades masónicas secretas, la persecución puesta en práctica contra la prensa internacionalizada del país, así como la progresiva destrucción del marxismo, frente a la consolidación creciente de la concepción fascista del Estado, harán, en el curso de los años, que el Gobierno italiano pueda consagrarse más y más a los intereses de su propio pueblo, sin dejarse influenciar por el silbido de la hidra judaica universal.

Más difícil se presenta el problema en Inglaterra. En este país de la "democracia liberal" por excelencia, ejerce el judío una dictadura casi absoluta, valiéndose de la "opinión pública". Pero no por eso es menos evidente la lucha constante que allí se libra entre los representantes de los intereses del Estado británico y los defensores de la dictadura internacional del judaísmo.

La violencia con que a menudo chocan ambas corrientes, pudo observarse claramente, por primera vez después de la Guerra, en la divergente actitud que, con respecto al problema japonés, adoptaron en Inglaterra el Gobierno y la prensa.

Concluida la Guerra Mundial comenzó a recrudecer la recíproca quisquillosidad existente entre los Estados Unidos y el Japón, y era natural que las grandes potencias europeas no quedasen indiferentes ante el peligro inminente de un nuevo conflicto. Los vínculos de afinidad racial no son obstáculo para impedir que Inglaterra vea siempre con cierto sentimiento -mezcla de temor y envidia- el aumento del poderío internacional de la Unión Norteamericana en todos los dominios de la actividad económica y política. Parece que la colonia de antaño -hija de la gran metrópolis- va camino de convertirse en una nueva soberana del mundo. Comprensible es pues que Inglaterra revise hoy, llena de dudas, sus antiguos pactos de alianza y comience a vislumbrar con inquietud el álgido momento en que ya no se dirá: "Gran Bretaña, la Reina de los Mares", sino: "Los mares de los Estados Unidos de América".

Es más difícil enfrentarse al gigantesco coloso americano, con sus inmensas riquezas, que a la Nación alemana cercada por todos lados. Si algún día se tuviera que decidir esa disputa entre las dos grandes potencias marítimas, Inglaterra será fatalmente vencida si continúa en su aislamiento.

Inglaterra recurre ansiosa, por esto, al concurso del poder amarillo.

Mientras el Gobierno inglés -pese al hecho del frente común que la Gran Bretaña y América formaron en los campos de guerra europeos- no se resolvía a aflojar sus vínculos con el aliado japonés, toda la prensa judía atacaba pérfidamente aquel pacto.

¿Cómo se comprende que la prensa judaica de repente haya cambiado de actitud, tomando otra orientación?

La destrucción de Alemania no estaba en el interés de Inglaterra, sino de los judíos, así como hoy una destrucción del Japón sirve menos a los intereses políticos británicos que a los cálculos de los dirigentes del planificado Imperio mundial judaico. Mientras que Inglaterra se afana en la conservación de su posición en el mundo, el judío organiza su ataque para conquistar la Tierra.

En los Estados europeos de hoy no ve el judío más que instrumentos suyos ya sojuzgados, sea por el medio indirecto de la llamada "democracia occidental", o directamente mediante la dominación del bolchevismo ruso. Pero no solamente el Viejo Mundo ha caído en las garras del judío, sino que también al Nuevo le amenaza igual destino: judíos son los dueños de la potencialidad económica de los Estados Unidos. Cada vez más ellos controlan la fuerza del trabajo de un pueblo de ciento veinte millones; muy pocos son los que se mantienen completamente independientes.

Con una gran habilidad preparan a la opinión pública, haciendo de ella el instrumento de combate para el futuro de su causa.

Los jefes más importantes del judaísmo ya están convencidos de que se aproxima el cumplimiento de la profecía de sus libros sagrados: la destrucción de los pueblos.

En medio de este gran número de territorios desnacionalizados, sólo un Estado independiente podría hacer desmoronarse, en la última hora, toda la obra, pues el bolchevismo sólo puede perdurar alcanzando la totalidad del mundo.

Cuando incluso sólo un Estado quedase, conservando su grandeza nacional, sucumbiría el Imperio mundial de los sátrapas judaicos, como cualquier tiranía en este mundo ha de sucumbir ante el poder de la Idea Nacional.

Demasiado bien sabe el judío que, gracias a su milenaria capacidad de adaptación y astucia, puede socavar a los pueblos europeos y bastardizarlos; pero comprende, al propio tiempo, que nunca llegaría a someter a la misma suerte a un Estado Nacional asiático de la índole del Japón. Finge ser alemán, inglés, americano, francés, mas, para convertirse en amarillo asiático tendría que salvar un abismo. Y he aquí por qué, sirviéndose del concurso de otros Estados de naturaleza semejante, intenta romper el bastión del Estado Nacional japonés, para así librarse de tan peligroso adversario, lo que es indispensable para la fundación del Imperio judaico mundial. Como antaño contra Alemania, hoy instiga a los pueblos contra el Japón y no será raro que, llegado el momento, mientras la diplomacia británica crea apoyarse todavía en la alianza japonesa, la prensa judía de Inglaterra exija, por su parte, romper lanzas con el aliado y preparar contra éste la guerra de devastación bajo el pretexto de la democracia y con el grito de batalla: "¡Abajo el militarismo y el imperialismo japoneses!".

El judío se ha insubordinado en Inglaterra.

En consecuencia, también allí comenzará un día la lucha contra el peligro mundial del judaísmo.

Es en ese terreno donde el Movimiento Nacionalsocialista tiene que cumplir su misión más importante.

El Nacionalsocialista debe abrir los ojos del pueblo con respecto a los peligros extranjeros y debe continuar siempre mostrando al mundo de hoy a su verdadero Enemigo. En lugar del odio contra razas arias, de las que podemos estar distanciados por muchos motivos, pero con las cuales estamos unidos por la sangre común y por la homogeneidad de la cultura, debe fomentar el rechazo contra el perverso Enemigo de la Humanidad, el verdadero autor de todos los males actuales.

El Movimiento Nacionalsocialista en Alemania deberá procurar que, por lo menos en nuestra propia Patria, se descubra al Enemigo mortal y que la lucha contra él sirva también a los demás pueblos de guía luminosa hacia un porvenir más promisorio para la Humanidad Aria.

¡Que sea la razón nuestra guía, que sea la voluntad nuestra fuerza; que el deber sagrado de proceder así nos dé la perseverancia y que nuestro más fuerte apoyo sea siempre nuestra fe!

Capítulo XIV

Orientación política hacia el este

Dos razones me inducen a analizar de modo especial las relaciones entre Alemania y Rusia.
1. Por tratarse quizás de la cuestión más importante de toda la política exterior alemana.
2. Por constituir la piedra de toque que da la medida de la capacidad política, del pensar clarividente y del justo modo de obrar del joven Movimiento Nacionalsocialista.

Debo confesar que, sobre todo, el segundo punto me llenó muchas veces de aprensiones. Como nuestro Movimiento no obtiene a sus adeptos en el campo de los indiferentes y sí entre los ideólogos más extremistas, es muy natural que esos hombres, en lo que respecta a la política exterior, estén sobrecargados de los prejuicios y de la estrechez de miras provenientes de los círculos a los que anteriormente pertenecían. Política e ideológicamente. Esto no sucede con los que provienen de la "izquierda". Al contrario. Por más equivocadas que las enseñanzas fuesen con relación a esos problemas, en no raros casos ellas eran compensadas por la existencia de un instinto natural y sano. Sería sólo necesario substituir la influencia anterior por una noción superior; nuestro aliado, en ese trabajo, era la intuición sana todavía existente, así como el instinto de conservación.

Mucho más difícil, por el contrario, es hacer que un ser cuya educación anterior no fue hecha de acuerdo con la razón y con la lógica y que haya sacrificado todo el resto del instinto natural, piense con claridad en materia política. Justamente nuestros llamados intelectuales son los que más difícilmente llegan a la comprensión verdadera y clara de sus intereses y de los intereses de su pueblo. Ellos no sólo están saturados con ideas y prejuicios de lo más absurdos, sino que, además de eso, perdieron todo instinto de conservación. El Movimiento Nacionalsocialista tiene que mantener duras luchas con esas criaturas, luchas serias justamente porque, no obstante su completa incapacidad, no es raro que ellos estén poseídos de un extraordinario orgullo, lo que hace que miren de arriba a abajo a las demás personas, incluso a las que les son superiores. Son pretenciosos y arrogantes sabihondos, sin ninguna capacidad de examen sereno y de ponderación, condiciones primordiales para cualquier resolución en política externa.

Como precisamente esos seres comienzan hoy, de una forma nociva, a desviar nuestra política externa de cualquier representación real de los intereses nacionales, para que la misma sirva a sus fantásticas teorías, me siento obligado a hablar, con especial cuidado, a nuestros adeptos sobre una importantísima cuestión de política externa, esto es, sobre nuestras relaciones con Rusia, pues eso debe ser comprendido por todos, al mismo tiempo que tratado en una obra como ésta.

En términos generales haré todavía la consideración siguiente: Si debemos comprender como política exterior la reglamentación de las relaciones de un pueblo con el resto del mundo, esa clase de regulación estará condicionada por hechos determinados. Como Nacionalsocialistas, podemos en seguida sentar la siguiente proposición, en cuanto al carácter de la política externa de un Estado Nacionalsocialista: **La política exterior del Estado Racista tiene que asegurarle a la raza que constituye ese Estado los medios de subsistencia sobre este planeta, estableciendo una relación natural, vital y sana entre la densidad y el aumento de la población por un lado, y la extensión y la calidad del suelo en que se habita por otro.**

Cuando hablo en proporción natural me refiero a la posibilidad del Estado de asegurar la alimentación a un pueblo en su propio suelo. Cualquier otra situación, dure ella siglos o incluso millares de años, no será natural y, tarde o temprano, conducirá al debilitamiento, si no al aniquilamiento del pueblo. **Sólo un territorio suficientemente amplio puede garantizar a un pueblo la libertad y su vida.**

Por eso no se puede juzgar la extensión del área de población solamente por las necesidades presentes, ni incluso por la capacidad de producción de la tierra en relación al número de habitantes. Pues como ya expliqué en la primera parte, en el capítulo "Política aliancista de Alemania antes de la Guerra", **no hay que perder de vista que, a la significación que tiene el territorio de un Estado como fuente directa de subsistencia, se añade la importancia que debe reunir desde el punto de vista político-militar. Cuando un pueblo tiene asegurada su subsistencia gracias al suelo que posee, deberá, sin embargo, preocuparse todavía de la manera de garantizar la seguridad de este suelo; seguridad que reside en el poder político general de un Estado, el cual depende a su vez en gran parte de la posición geográfico-militar del país.**

Bajo tales circunstancias, sólo como potencia mundial podrá el pueblo alemán defender su futuro. Casi por espacio de dos mil años ha sido "Historia Universal' la defensa de los intereses de nuestro pueblo, que es como propiamente deberíamos llamar a nuestra actividad, más o menos acertada, de política exterior. Nosotros mismos hemos sido testigos de ello; pues la gigantesca conflagración de pueblos en los años de 1914 a 1918 -denominada "Guerra Mundial"- no fue otra cosa que la lucha de la Nación Alemana por su existencia sobre la Tierra.

El pueblo alemán entró en aquella lucha como una pseudo-potencia mundial, y digo "pseudo" porque en realidad no era una potencia. Si en 1914 hubiese sido diferente en Alemania la relación entre la superficie de su territorio y la densidad de su población, la Nación Alemana habría sido efectivamente una potencia mundial y la Guerra, prescindiendo de un sinnúmero de otros factores, hubiera podido concluir favorablemente.

No es aquí mi tarea, ni incluso mi intención, mostrar el "acaso" ni el "pero". Siento, sí, una necesidad imperiosa de exponer de manera simple el actual estado de cosas y apuntar a sus angustiantes errores, para -al menos en las filas del Nacionalsocialismo- profundizar el examen de lo esencial.

Alemania no es en el presente una potencia mundial. Aun cuando nuestra actual debilidad militar cambiase un día, no por ello solamente tendríamos derecho a pretender a tal título. ¿Qué significa hoy en día una estructura que, en su relación de habitantes por área, estaba tan lamentablemente constituida como el Reich Alemán de antes de la Guerra? En una época en que paulatinamente el mundo pasa a dividirse entre Estados, de los cuales algunos abarcan continentes casi enteros, no se puede nombrar potencia mundial a una Nación cuya metrópolis política se halla restringida a un área ridícula de menos de quinientos mil kilómetros cuadrados.

Considerando la cuestión desde el punto de vista netamente territorial, el área de Alemania aparece insignificante en comparación con las de las llamadas potencias mundiales. No tomemos el caso de Inglaterra como prueba de lo contrario, pues el territorio de su metrópolis en Europa no es, a decir verdad, más que la gran capital del Imperio Británico mundial, que abarca casi una cuarta parte de la superficie del globo. Luego, por orden de magnitud, debemos considerar como naciones gigantescas: los Estados Unidos de América, la Rusia Soviética y China; todas ellas circunscripciones territoriales diez veces mayores al área del Reich actual. Francia misma debería contarse entre estos Estados. No sólo engrosa su ejército en proporción cada vez más grande con elementos de las reservas de color que pueblan sus enormes colonias, sino también la bastardización negroide de su raza hace progresos tan rápidos que ya casi se puede hablar de la génesis de un Estado africano sobre suelo europeo. La política colonial de Francia no es susceptible de compararse con la de la antigua Alemania. Si en Francia continuase este desarrollo por espacio de tres siglos, llegaría a desaparecer hasta el último resto de la sangre de los francos, absorbida por un Estado de mulatos europeo-africano en formación, y tendría un territorio formidable, del Rhin al Congo, poblado por una raza inferior que cada vez se bastardizaría más. Y es en esto en lo que la política colonial francesa difiere de la anterior política alemana.

La antigua política colonial alemana no aumentó la zona de población de raza alemana ni menos hizo el criminal intento de reforzar el poderío del Reich con el aporte de sangre negra. La organización militar de los ascarios en el África Oriental Alemana estaba en realidad destinada solamente a la defensa de la colonia misma. Jamás -aun prescindiendo de la circunstancia de que durante la conflagración mundial era cosa prácticamente imposible abrigó Alemania la idea de traer tropas de color a un teatro de guerra europeo y tampoco habría pensado hacerlo aun bajo condiciones más favorables: en tanto que los franceses consideraron siempre esta idea como uno de los motivos determinantes de su actividad colonial.

En la actualidad vemos una serie de potencias que superan notablemente el poderío de Alemania, no sólo en la cifra de su población, sino sobre todo haciendo residir su potencia política en el dominio territorial que poseen. Desde el comienzo de nuestra Historia, hace dos mil años, y ahora de nuevo, nunca fue tan desfavorable la proporción, en cuanto al área y ala población, entre el Imperio Alemán y otras potencias. En aquella lejana época, irrumpimos como un pueblo joven en un mundo de grandes naciones en decadencia, cuyo último gigante, Roma, nosotros mismos ayudamos a aniquilar. Nos encontramos hoy en día en un mundo de potencias en formación, entre las cuales nuestro país cada vez disminuye más en importancia.

Es preciso que encaremos calmadamente esa amarga verdad. Es menester que estudiemos y comparemos al Imperio Alemán, a través de los siglos, en sus relaciones con otros Estados, en lo que respecta a la población y a la superficie. Sé que cada cual llegará con consternación al resultado ya apuntado por mí al tratar este asunto: **Alemania no es más una potencia mundial, importando poco que sea militarmente fuerte o débil.**

Nos hallamos fuera de toda competencia en relación a los grandes Estados del mundo, y esto debido a la fatal orientación de la política exterior de nuestro Gobierno, a una absoluta falta de tradición, por así decirlo, y de una política exterior tendente hacia un objetivo determinado. Esto indica la pérdida de todo instinto de conservación.

Si el Movimiento Nacionalsocialista quiere realmente consagrarse a una gran misión en favor de nuestro pueblo ante la Historia, tendrá que luchar con denuedo, compenetrado con el dolor provocado por la situación actual de nuestra Nación y teniendo como mira un objetivo determinado, contra la dispersión e incapacidad que hasta ahora nos condujeron por los caminos de esta política exterior. Se tendrá que encontrar el valor para, despreciando prejuicios, congregar al pueblo y a sus fuerzas para la marcha por el sendero que nos libertará de la estrechez actual de nuestro suelo, liberándonos así

para siempre del peligro de perecer o de tener, como pueblo esclavizado, que servir a otras naciones.

El Movimiento Nacionalsocialista tiene que imponerse la misión de eliminar la desproporción existente entre la densidad de nuestra población y la extensión de nuestra superficie territorial - superficie territorial que debe ser considerada desde el doble punto de vista de fuente de subsistencia y de apoyo del poder político-, y también hará que desaparezca la falta de relación que hay entre nuestro gran pasado histórico y la triste perspectiva de nuestra impotencia en el presente. El Movimiento se deberá convencer de que, como preservadores del más alto espíritu de la Humanidad, estamos también ligados al más elevado de los deberes. Y más fácilmente cumpliremos esa misión cuanto más haga el pueblo alemán por alcanzar su consciencia racial.

La prueba de mi afirmación de que la política exterior alemana, hasta ahora, carece de objetivo y es inepta, reside en el fracaso real de la misma. Si nuestro pueblo fuese intelectualmente inferior y cobarde, los resultados de sus luchas en el mundo no podrían haber sido peores de los que tenemos hoy ante nosotros. Los acontecimientos de los últimos decenios anteriores a la Guerra no nos deben engañar, pues la potencialidad de una Nación no puede apreciarse en sí misma, sino únicamente valiéndose de la comparación con otros Estados. Pero es justamente esta comparación la que demuestra que el acrecentamiento del poderío de otras naciones no sólo fue más regular, sino que, en su efecto final, alcanzó también resultados mucho más importantes que en Alemania, no obstante su ascensión aparente, pues en realidad se apartaba cada vez más de los otros países, quedando muy rezagada. En pocas palabras: la diferencia de potencia aumentaba desfavorablemente para nosotros. Incluso en lo que respecta a la población, a medida que pasaba el tiempo nos quedábamos más atrás. Considerando que en espíritu heroico ningún pueblo ha superado al nuestro, que seguramente es el que en conjunto ha hecho mayores sacrificios de sangre en la lucha por su existencia, habrá que admitir que el fracaso de sus esfuerzos puede sólo atribuirse a la forma errónea de su aplicación.

Si en conexión con estos antecedentes examinamos los acontecimientos políticos de nuestro pueblo durante los últimos mil años y rememoramos las numerosas guerras y luchas libertarias, y, por último, analizamos el resultado de toda esta historia, tendremos que confesar que de este mar de sangre emergieron propiamente sólo tres realidades culminantes que bien merecen considerarse como los frutos perdurables de sucesos perfectamente definidos de la política exterior y de la política alemana en general:

1. La colonización de la Marca Oriental, llevada acabo principalmente por los bayuvares.

2. La conquista y la penetración del territorio al Este del Elba.

3. La organización, debida a los Hohenzollern, del Estado Prusiano de Brandenburgo, como modelo y punta de cristalización de un nuevo Reich.

¡Una advertencia llena de enseñanzas para el futuro!

Aquellos éxitos de nuestra política exterior fueron los más duraderos. Sin ellos, nuestro pueblo no tendría hoy importancia en el conjunto de las naciones. Fueron la primera tentativa y, desgraciadamente, también la única por procurar establecer un equilibrio entre la población creciente y la extensión del suelo. Debe ser considerado una verdadera fatalidad el hecho de que nuestros historiadores no hayan sabido dar nunca el verdadero valor a estos dos resultados como los más formidables y de mayor repercusión para la posteridad. Por el contrario, glorificaron todo heroísmo de fantasía, elogiaron innumerables guerras y luchas de aventuras en lugar de reconocer cuán insignificantes eran la mayoría de esos acontecimientos para el desarrollo de la Nación.

El tercer suceso trascendental de nuestra actividad política fue la formación del Estado de Prusia y, con ello, de un especial concepto político, así como del instinto de propia conservación y defensa del Ejército Alemán a base de organización sistemática y de acuerdo con las necesidades de la época. El cambio de la idea de defensa regional hacia la defensa nacional, considerada como un deber, surgió directamente de la formación de ese Estado y de los nuevos principios introducidos por él. Es imposible exagerar el significado de ese acontecimiento. Fue precisamente gracias al régimen de disciplina de la institución militar prusiana por lo que el pueblo alemán -disociado y superindividualista, por la diversidad de sus componentes- pudo recobrar al menos una parte de su casi perdida capacidad de organización. Por medio del ejercicio militar conquistamos para nosotros aquello que las otras naciones siempre poseyeron; esto es, unidad.

Por eso la abolición del Servicio Militar Obligatorio -que no tendría importancia para una decena de otras naciones- para nosotros tiene consecuencias desastrosas. Diez generaciones de alemanes sin la disciplina y la educación militares, abandonados a las influencias malsanas provenientes de la falta de unidad inherente a su sangre, y nuestro país habrá perdido los últimos vestigios de existencia independiente en este planeta. El espíritu germánico daría su contribución a la civilización exclusivamente bajo las banderas de naciones extranjeras y su origen se perdería en el olvido. Pasaría a ser "adobe de civilización, hasta que el último resto de sangre aria-nórdica se hubiese descompuesto, o desaparecido de nosotros.

Merece subrayarse que la importancia de los éxitos políticos que alcanzó nuestro pueblo en sus luchas milenarias, la comprenden y aprecian muchísimo mejor nuestros adversarios que nosotros mismos. Hasta hoy sólo destacamos un heroísmo que costó a los alemanes millones de sus más nobles vidas, sin resultado final y apreciable. Para nuestro modo de obrar del presente y del futuro tendría una máxima significación el saber distinguir entre los éxitos políticos efectivos de nuestro pueblo y lo que fue la sangre nacional sacrificada en vano.

Nosotros, los Nacionalsocialistas, jamás debemos asociarnos al patriotismo corriente de nuestro actual mundo burgués. Sobre todo, entraña un gravísimo peligro el que nos consideremos ligados, ni aun en lo más mínimo, a la última etapa de la evolución de la anteguerra. De todo el período histórico del siglo XIX no se puede deducir, en lo que a nosotros respecta, un único compromiso que estuviese bien fundamentado en ese mismo período. Tenemos que, en contraposición a la actitud de los representantes de aquella época, convertirnos al punto de vista más elevado de cualquier política exterior, a saber: **procurar establecer el equilibrio entre el suelo** y **la población.** La única conclusión que debemos sacar del pasado es la de orientar nuestra acción política en un doble sentido: **como objetivo de nuestra política exterior, la cuestión territorial; y como finalidad de política interna, un fundamento nuevo de la unidad nacional, ideológicamente definido.**

Hasta qué punto la exigencia del suelo está moralmente justificada, es la cuestión que deseo tratar. Eso se hace necesario, pues desgraciadamente aparecen, incluso en los denominados círculos nacionalistas, toda clase de charlatanes que se esfuerzan en proponer al pueblo alemán, como objetivo de toda política exterior, la reparación de la injusticia de 1918, pero encontrando necesario asegurar al mundo entero la fraternidad de las razas, una vez que aquella injusticia haya sido borrada.

Yo desearía anticipar lo siguiente: **La pretensión de restablecer las fronteras de 1914 constituye una insensatez política de proporciones y consecuencias tales que la revelan como un crimen, y esto aún sin considerar en absoluto el hecho de que las fronteras del Reich de entonces fueron todo menos lógicas. En efecto, no eran ni perfectas en lo tocante a abarcar el conjunto territorial ha-bitado por elementos de nacionalidad alemana, ni menos razonables desde el punto de vista de su conveniencia estratégico-militar. No habían sido, pues, el resultado de una acción de política meditada, sino simplemente fronteras provisorias fijadas en el curso de una evolución totalmente inconclusa o, si se quiere, fronteras resultantes en parte de la pura casualidad.** Con el mismo derecho, y en muchos casos con más derecho, se podría tomar un año cualquiera de la Historia Alemana, a fin de, recomponiendo las condiciones de aquella época, fijar el objetivo de una acción en el terreno de la política exterior. Esa pretensión responde enteramente al criterio de nuestro mundo burgués, que tampoco en esto posee ni una sola idea de orientación política para el futuro, sino que vive en el pasado más inmediato. Sus miradas retrospectivas no van más allá de su propia época. La ley de la inercia hace que se oponga resistencia contra cualquier modificación. Por lo tanto es comprensible que la visión política de esta gente no vaya más allá de 1914. Al proclamar ellos la restitución de esas fronteras, como objetivo de su política, no hacen otra cosa que fomentar la solidaridad decadente de nuestros adversarios. Sólo así se explica que ocho años después de la guerra, en la cual tomaron parte países de lo más heterogéneos, pueda mantenerse todavía la coalición de los vencedores de entonces.

Todos estos Estados sacaron provecho del desastre alemán. El temor a nuestro poderío relegó a segundo plano la ambición y la envidia de las grandes potencias entre sí. Vislumbraban en una posible repartición común de las heredades de nuestro Reich la mejor garantía contra un futuro resurgimiento alemán. La mala conciencia y el miedo que sienten ante la vitalidad de nuestro pueblo es lo que mantiene unidos a los miembros de esta coalición.

Fijando como punto esencial de su programa político el restablecimiento de las fronteras de 1914, nuestro mundo burgués amedrenta al "socio" de la coalición enemiga, que por casualidad quisiera abandonar la alianza, pues tendrá miedo de ser atacado aisladamente, perdiendo la protección de sus "aliados". Cada Estado se siente alcanzado y amenazado por aquella contingencia.

Sin embargo, ella es descabellada, por lo siguiente:

1. Faltan los medios materiales para que del humo de las reuniones nocturnas de los restaurantes se produzca algo real.

2. Incluso, si esto fuera posible, el resultado sería tan magro, que no habría valido la pena arriesgar otra vez la sangre de nuestro pueblo en una aventura de esta especie.

Es evidente que el restablecimiento de las fronteras de 1914 sólo se podría conseguir con sangre. Únicamente espíritus infantiles pueden pensar en que una reconsideración del dictado de Versalles sea factible por obra de rogativas o de artimañas, aparte de que un intento tal supondría la intervención de un Talleyrand, que no tenemos. La mitad de nuestros políticos está constituida por elementos esencialmente solapados, sin carácter y enemigos de nuestro pueblo, mientras que la otra mitad está formada por hombres débiles, buena gente, inocentones y llenos de complacencia. Además, los tiempos han cambiado desde el Congreso de Viena: **Ya no son príncipes y "maitresses" los que hoy regatean las fronteras; es el inexorable judío cosmopolita el que ahora lucha para imponer su hegemonía sobre los pueblos.** No existe país que logre separar esa garra de su garganta, ano ser por la espada. Sólo la fuerza unida y concentrada de una pasión nacional en ebullición conseguirá hacer frente a la esclavitud internacional de los pueblos. Una solución tal se logrará siempre sólo por medio de la fuerza.

Si existe la convicción de que el futuro de Alemania exige el mayor sacrificio, es preciso saber que el objetivo por el cual se quiere combatir es digno del mismo.

Las fronteras del años 1914 nada significan para el futuro de la Nación alemana. No fueron una garantía en el pasado ni tampoco la constituirían para el porvenir. Recuperándolas, el pueblo alemán no podrá recobrar su unidad interior y menos todavía asegurar su subsistencia; además, esas fronteras, desde el punto de vista militar, no son convenientes, ni siquiera satisfactorias. No lograrían mejorar la situación en que ahora nos encontramos frente a las demás potencias; es decir, frente a los imperios mundiales. La ventaja que nos lleva Inglaterra no disminuiría; tampoco llegaríamos a la potencialidad de los Estados Unidos, ni sufriría menoscabo la importancia política de Francia en el mundo.

Sólo una cosa sería evidente: el intento de restaurar las fronteras de 1914 sólo conduciría a un nuevo desangramiento de nuestro pueblo, de modo que, en el momento preciso de adoptar resoluciones que tendiesen a asegurar realmente la vida y el porvenir de la Nación, ya no se dispondría de ninguna reserva valiosa. Existiendo, además, el peligro de que, de un éxito superficial, se renunciara a todo objetivo posterior, satisfechos por haber reparado el honor patrio y abierto algunas puertas al desarrollo comercial, por lo menos durante cierto tiempo.

Frente a todo esto, nosotros, los Nacionalsocialistas, teneos que sostener inquebrantablemente nuestro objetivo de política exterior, que es **asegurarle al pueblo alemán el suelo que en el mundo le corresponde.** Y ésta es la única acción que ante Dios y ante nuestra posteridad puede justificar un sacrificio de sangre; ante Dios, porque sobre la Tierra hemos sido puestos con la misión de la lucha eterna por el pan cotidiano, siendo como somos criaturas que nada reciben del presente y que deben su posición de señores en el mundo exclusivamente al genio y al valor con que sabremos luchar por ello; ante nuestra posteridad, porque no se verterá la sangre de un solo ciudadano sin que este sacrificio signifique la vida de otros mil ciudadanos de la Alemania futura. Sólo el suelo en que algún día las generaciones de campesinos alemanes podrán engendrar hijos fuertes, justificará el sacrificio de los hijos de hoy, y los estadistas, aunque incomprendidos en la actualidad, serán en el futuro absueltos de la culpa del derramamiento de sangre y del sacrificio del pueblo.

De la forma más violenta, me veo obligado a rebelarme contra aquellos escritores que ven en una forma tal de adquisición de suelo una "violación de los sagrados derechos de las gentes", dirigiendo sus escritos contra una actuación semejante. No se sabe nunca quién está escondido detrás de tales individuos. Lo que es cierto, sin embargo, es que la confusión que ellos consiguen crear es deseada por alguien y favorece a nuestros enemigos. Adoptando tales actitudes, ellos ayudan criminalmente a disminuir o a destruir en nuestro pueblo la voluntad de persistir en el punto de vista justo y en la realización de sus necesidades vitales. Ningún pueblo sobre la Tierra posee ni un solo metro cuadrado de territorio en virtud de una voluntad divina o de un derecho divino. De la misma forma que las fronteras de Alemania son debidas a la casualidad o a las luchas políticas ocasionales, también sucede lo mismo en relación a las fronteras dentro de las cuales viven los otros pueblos. Sólo un necio puede considerar graníticamente inmutable el establecimiento de nuestra superficie terrestre, superficie ésta que es la creación de formidables fuerzas de la Naturaleza y que quizá mañana sufrirá destrucción o transformación por fuerzas más poderosas todavía. Lo mismo sucede en la vida de todos los pueblos, en relación a las fronteras dentro de las que ellos viven.

Las fronteras de los Estados las crean los hombres y son ellos mismos los que las modifican.

El hecho de que un pueblo logre apropiarse de una extensión territorial excesiva no significa adquirir un derecho de posesión perpetua. A lo sumo, pone en evidencia la fuerza de los conquistadores y la impotencia de los conquistados. Y sólo en esta fuerza reside el derecho de posesión. El hecho de que el pueblo alemán, hoy en día, se encuentre comprimido en una extensión territorial insignificante, aguardando un futuro deplorable, no es un designio de la Fatalidad, así como tampoco una rebelión contra este estado de cosas representa una acción contra el Destino. Del mismo modo que nuestros antepasados no recibieron como don del Cielo el suelo sobre el que vivimos, sino que lo ganaron con riesgo de sus vidas, así también no será por concesión graciosa que nuestro pueblo obtenga en el futuro el espacio vital, y con él la seguridad de su subsistencia. Será únicamente por obra de una espada victoriosa.

A pesar de que también nosotros reconocemos la necesidad de llegar a un arreglo con Francia, en principio todo sería inútil si el objetivo de nuestra política exterior acabase con esto. Tal arreglo tendría su razón de ser sólo en el caso de favorecer el ensanchamiento territorial de la Nación alemana en Europa, pues no es en la posesión de dominios coloniales en lo que debemos ver la solución de este problema, sino exclusivamente en la adquisición de una zona de territorio colonizable que aumente la extensión de la Madre Patria, proporcionándoles de este modo a los nuevos pobladores no sólo la posibilidad de mantener una comunidad íntima con el núcleo nacional de origen, sino también de asegurarle al conjunto las ventajas resultantes del aumento territorial.

El Movimiento Nacionalsocialista no deberá ser el crítico de otros pueblos y sí el pionero del propio. De no ser así, sería superfluo y sobre todo no tendría derecho a criticar el pasado, pues estaría actuando de la misma manera que aquéllos. La antigua política alemana fue erradamente planeada, teniendo en consideración los intereses y puntos de vista de las dinastías. En el futuro no deberá ser dirigida por estos sentimentalismos. Sobre todo, no debemos seguir siendo policías protectores de los "pobres y pequeños países", y sí soldados de nuestro propio pueblo.

Nosotros, los Nacionalsocialistas, tenemos que ir más lejos: el **derecho al suelo** no se aplica a cualquier poblado de negros, sino a la Patria germánica. **Y éste es un deber cuando un gran pueblo, sin posibilidad de aumento territorial, se encuentra predestinado a desaparecer.** Sobre todo cuando es el que imprimió al mundo de hoy su sello cultural. **Alemania, o se hace una potencia mundial, o dejará de existir.** Para ello necesita de aquella grandeza que su importancia le confiere.

Nosotros, los Nacionalsocialistas, hemos puesto deliberadamente punto final a la orientación de la política exterior alemana de la anteguerra; ahora comenzamos allí donde hace seis siglos nos quedamos detenidos. Terminemos con el eterno éxodo germánico hacia el Sur y el Oeste de Europa y dirijamos la mirada hacia las tierras del Este. Cerremos al fin la era de la política colonial y comercial de la anteguerra y pasemos a orientar la política territorial alemana del porvenir.

Cuando hoy hablamos en Europa de "nuestro suelo", pensamos en primer lugar solamente en Rusia y los Estados adyacentes que le son subordinados. El destino mismo parece querer mostrarnos el derrotero. El haber abandonado a Rusia en manos del bolchevismo, despojó al pueblo ruso de aquella clase pensante que hasta entonces había creado y garantizado su existencia como Estado. La organización de un Estado ruso no fue el resultado de la capacidad política del eslavismo en Rusia, sino un maravilloso ejemplo de eficacia, como creadores, de los elementos germánicos directores de una raza inferior. Más de una vez, pueblos inferiores guiados por soberanos y organizadores de origen germánico llegaron a constituir poderosas naciones que subsistieron mientras pudo conservarse el núcleo racial dirigente. Durante siglos, Rusia se había mantenido gracias al núcleo granítico germánico de sus esferas superiores, el cual se puede decir que hoy está exterminado completamente. En su lugar se ha impuesto el judío; pero así como es imposible que el pueblo ruso sacuda por sí solo el yugo israelita, no es menos imposible que los judíos logren a la larga sostener bajo su poder el gigantesco organismo ruso. El judío mismo no es elemento organizador, sino fermento de descomposición. El coloso del Este está maduro para el derrumbamiento. Y el fin de la dominación judaica en Rusia será al mismo tiempo el fin de Rusia como Estado. **Estamos predestinados a ser testigos de una catástrofe que constituirá la prueba más formidable para la verdad de nuestra teoría racista.**

Nuestro cometido, es decir, la misión del Movimiento Nacionalsocialista, ha de ser llevar a nuestro pueblo a la persuasión política de que no debe esperar ver colmado su objetivo futuro en el

delirio de una nueva campaña triunfal de Alejandro, sino más bien en la faena laboriosa del arado alemán, al cual la espada tiene que proporcionarle antes el suelo.

Es natural que el judaísmo oponga tenaz resistencia a una política alemana tal. El judío se da cuenta mejor que nadie de la trascendencia de esto para su propio futuro. Y es justamente este hecho el que debería imprimir una nueva orientación a nuestras concepciones. Pero, por desgracia, son también círculos nacionalistas y hasta "nacionalracistas" los que se declaran en abierta oposición a la idea de una política orientada hacia el Este e invocan en su apoyo una consagrada figura de nuestra Historia. Se cita a Bismarck para defender una política absurda y perjudicial a los intereses del pueblo alemán. Afirmase que Bismarck dio siempre importancia a mantener buenas relaciones con Rusia. En efecto fue así. Pero se olvidan de mencionar, a este respecto, que él daba igualmente gran valor, por ejemplo, a las buenas relaciones con Italia. El propio Bismarck se alió antaño con Italia para anular mejor a Austria. ¿Por qué no se continúa, pues, esa política? "Porque la Italia de hoy no es la Italia de antes", se dice. ¡Bien! Pero en ese caso, honorables señores, permítaseme también afirmar que la Rusia actual no es la Rusia de antaño. A Bismarck jamás se la habría ocurrido querer fijarse como definitiva la táctica de un determinado camino político. En consecuencia, la pregunta no debe ser: **¿Qué es lo que Bismarck hizo?**, sino más bien: **¿Qué es lo que Bismarck haría en las actuales circunstancias?** Esta interrogación es la más fácil de responder, concluyendo **que Bismarck, guiado por su inteligencia política, jamás pactaría una alianza con un Estado predestinado a la ruina.**

Además, Bismarck ya vio en su época con recelo la política colonial y comercial alemana, debido a que en primer lugar le preocupaba facilitar la consolidación del Imperio creado por él. Ésta fue también la única razón por la cual se alegraba del respaldo ruso que le permitía operar libremente hacia el Oeste. Pero aquello que entonces fue provechoso para Alemania, hoy le sería perjudicial.

Ya en los años 1920-1921, cuando el joven Movimiento Nacionalsocialista comenzaba a perfilarse lentamente en el horizonte político y cuando acá y allá se lo saludaba como al Movimiento libertario de la Nación alemana, se intentó desde diferentes sectores establecer una cierta conexión entre éste y las corrientes liberadoras de otros países. Esto respondía a la orientación de una "liga de naciones oprimidas", pregonada por algunos. Se trataba de representantes de ciertos Estados balcánicos, de Egipto y de la India, que a mí me dieron siempre la impresión de charlatanes, huérfanos de todo sentido de la realidad. No pocos fueron los alemanes, particularmente en los círculos nacionalistas, que se dejaron seducir y que creían ver en cualquier simple estudiante hindú o egipcio un "representante" de la India o de Egipto. Jamás pudieron comprender esas gentes que se trataba en la mayoría de los casos de individuos insignificantes, no autorizados por nadie para celebrar acuerdo con persona alguna, de modo que el resultado práctico de mantener relaciones con tales sujetos debería ser nulo. Yo siempre me defendí contra tales tentativas, no sólo porque tenía más cosas que hacer que perder semanas enteras en conspiraciones estériles, sino incluso porque, aun tratándose de representantes autorizados de aquellas naciones, eso sería inviable e incluso perjudicial.

Ya era suficientemente grave que la política alemana aliancista del Reich en la época de la anteguerra -debido a la falta de un propósito propio de visión ofensivahubiese terminado por constituir una "sociedad defensiva" con Estados hace tiempo relegados por la Historia mundial. Tanto la alianza con Austria, como la pactada con Turquía, tenían muy poco de satisfactorio. Mientras las más grandes potencias militares e industriales del orbe se asociaban en torno a un plan activo de agresión, nosotros nos empeñábamos en reunir unos cuantos Estados viejos y ya impotentes, para tratar de afrontar con aquellas ruinas la acción de una coalición mundial. Alemania pagó muy caro el error de su política exterior; sin embargo, esta experiencia no parece haber sido lo suficientemente amarga para prevenir que nuestros eternos ilusionistas caigan en el error de siempre, pues la tentativa de neutralizar a un vencedor todopoderoso por medio de una "alianza de naciones oprimidas", no sólo es ridícula, sino también dañina. Es nociva porque, con eso, nuestro pueblo es apartado de sus posibilidades reales y se le entrega a esperanzas e ilusiones fantásticas y estériles. El alemán de hoy se parece en realidad al náufrago que se agarra a cualquier tablón, incluso cuando se trata de gente muy culta. Después que aparece el fuego fatuo de una esperanza, por más irreal que sea, esas criaturas siguen a ese fantasma, ya se trate de una "liga de pueblos oprimidos", de una Sociedad de Naciones o de cualquiera otra nueva quimérica invención. Aquí siempre se hallará a miles de espíritus crédulos.

Conservo fresco el recuerdo de las expectativas pueriles e incomprensibles que bruscamente surgieron en los "Círculos Nacionalracistas", allá por los años 1920-1921. Decíase que Inglaterra se hallaba en la India al borde de la catástrofe. Unos cuantos títeres asiáticos, "campeones de la libertad" hindú, que por entonces pululaban en Europa, habían logrado convencer, incluso a gente sensata, de la absurda idea de que el Imperio Británico estaba efectivamente frente a su ruina inminente en la India, que es el gozne - por decirlo así- de su poderío colonial. Naturalmente no se dieron cuenta de que también en ese caso era solamente su propio deseo el que generaba sus ideas. No comprendían la contradicción de sus propias esperanzas. Esperando ver en la caída del dominio inglés en la India el fin del Imperio Mundial Británico y del poderío inglés, ellos mismos reconocían que justamente la India era para Inglaterra de importancia fundamental.

Es realmente infantil suponer que en Inglaterra no se hubiese sabido apreciar en su justo valor la significación que tiene la India para el Imperio Británico Mundial. Sólo demuestra que en Alemania no se ha aprendido nada de las enseñanzas de la Guerra, ni menos llegado a reconocerla entereza anglosajona, al imaginar que Inglaterra pudiese resignarse a perder la India sin antes arriesgarlo todo. Por otra parte, constituye una prueba de la completa ignorancia que manifiesta el alemán respecto a la manera cómo el inglés sabe controlar y administrar ese enorme dominio. **Inglaterra perdería la India sólo cuando en su elite administrativa resultase víctima de un proceso de descomposición racial.** (Eventualidad que, en este caso y por el momento, se halla fuera de toda discusión). **O bien, si fuese vencida por un enemigo poderoso.** Pero los agitadores hindúes no lo conseguirán. Por propia experiencia sabemos nosotros cuán difícil es poder reducir a Inglaterra. Aun prescindiendo de esto, como germano yo preferiré siempre ver la India bajo la dominación inglesa que bajo otra cualquiera.

No menos insignificantes son las esperanzas cifradas en el mitológico levantamiento de Egipto contra Inglaterra. La "guerra santa" puede provocar en nuestros ingenuos alemanes la agradable sensación proveniente de la creencia de que otros puedan estar dispuestos a derramar sangre por nosotros. Pero es sólo una especulación cobarde. En verdad, cualquier intento de rebelión allí tendría un fin brusco bajo el fuego de las compañías de ametralladoras inglesas o bajo una lluvia de bombas.

Lo que sí es un hecho es la imposibilidad de que con una coalición de lisiados se pueda luchar contra un Estado poderoso, que está decidido a sacrificar por su existencia hasta la última gota de su sangre. Como nacionalista que aprecia el valor humano conforme a principios raciales y sabe de la inferioridad de esas llamadas "naciones oprimidas", no puedo identificar la suerte de mi pueblo con la de esos países.

Exactamente el mismo criterio tenemos que mantener con respecto a Rusia. La Rusia actual despojada de su clase dirigente de origen germano, no puede - aparte de lo que en sí persiguen sus nuevos soberanos- servir jamás de aliado en la lucha libertaria del pueblo alemán. **Desde el punto de vista militar serían realmente catastróficas las circunstancias en el caso de una guerra de Alemania y Rusia coligadas contra la Europa Occidental, y probablemente contra todo el resto del mundo. La lucha se desarrollaría sobre territorio alemán sin que Alemania recibiese de Rusia ni el más mínimo concurso eficaz.** El poder material del actual Reich alemán es tan precario y de tal forma inapropiado para una lucha externa, que cualquier protección de su frontera occidental sería imposible de realizar. Es justamente la región industrial alemana la que estaría indefensa contra las armas concentradas de nuestros enemigos. Aumenta esta dificultad el tener, entre Alemania y Rusia, a Polonia, que se encuentra totalmente en manos de los franceses. Además, en el caso de una guerra, Rusia tendría que arrollar previamente a Polonia para poder llevar el primer soldado ruso a un frente de batalla germánico. Pero propiamente no se trataría de recibir soldados del aliado ruso, sino ante todo material bélico. El papel de Rusia sería totalmente nulo como factor técnico y habría de repetirse lo que pasó en la Guerra Mundial, en que la industria alemana fue debilitada por tener que proveer a nuestros aliados, de modo que la guerra técnica tuvo que sostenerla Alemania casi sola. A la tecnificación general del mundo, que caracterizará la guerra del futuro en una medida nunca vista, casi nada podríamos oponer nosotros. Es un hecho que en este ramo tan importante, Alemania manifiesta un vergonzoso atraso y que lo poco que posee tendría que entregarlo a Rusia, país que no cuenta con una sola fábrica capaz de producir un automóvil en forma. Siendo esto así, la lucha asumiría solamente el carácter de una carnicería. La juventud alemana sería aún más aniquilada que antaño, pues, como siempre, el peso de la lucha recaería sobre nosotros exclusivamente y el resultado sería una inevitable derrota.

Pero, incluso en el caso de producirse un milagro y que la guerra no terminara con el completo aniquilamiento de Alemania, el resultado final sería que el pueblo alemán, exangüe, permanecería igual que antes, rodeado de grandes potencias militares, sin que su situación real se modificase de ningún modo.

Y no se diga que en el caso de una alianza con Rusia desaparecería el peligro de una guerra, o bien, que se podría ganar el tiempo necesario para una preparación fundamental para la misma. **Una alianza cuyo objetivo no comprenda la hipótesis de una guerra, no tiene sentido ni valor.** Aunque, en el momento de ser realizado un tratado de alianza, esté muy alejada la idea de la guerra, la posibilidad de una complicación bélica es, no obstante, el verdadero motivo. Y no se crea que pueda existir alguna potencia que interprete de otra manera una alianza. Si así lo fuera, una coalición ruso-alemana quedaría sólo en el papel, y en ese caso no tendría para nosotros significación ni valor alguno, con el agravante que el resto del mundo habría quedado sobre aviso. Es ingenuo pensar que Inglaterra y Francia, en tal caso, esperarían una década hasta que la alianza ruso-alemana hubiese concluido sus preparativos técnicos para la lucha. No. La tempestad caería de repente sobre Alemania.

Así, pues, el simple hecho de una alianza con Rusia sería un síntoma para la próxima guerra. Su desenlace sería el fin de Alemania.

Añado todavía lo siguiente: **Los actuales poseedores del poder en Rusia no piensan, en absoluto, hacer una alianza honesta o cumplirla.**

Es preciso no olvidar nunca que los dirigentes de la Rusia actual son vulgares criminales sanguinarios y que se trata de la escoria de la sociedad, que, favorecida por las circunstancias, en una hora trágica, derribó a un gran Estado y, en la furia de la masacre, estranguló y destruyó a millones de los más inteligentes de sus compatriotas. Desde hace diez años, dirige el régimen más tiránico de todos los tiempos. Hay que tener presente que muchos de ellos pertenecen a una raza que combina una rara mezcla de crueldad bestial con una habilidad para mentir y que se considera especialmente llamada a someter a todo el mundo a su sangrienta opresión. Fuera de todo esto, no se debe olvidar jamás que el judío internacional, soberano absoluto de la Rusia de hoy, no ve en Alemania a un posible aliado, sino sólo un Estado predestinado a la misma suerte que Rusia. **No se celebra un tratado con una parte cuyo único interés está en el aniquilamiento de la otra.** No se firman convenios con individuos para los cuales ningún pacto sería sagrado, pues ellos no están en este mundo como representantes de la honra y de la verdad, pero sí como representantes de la mentira, de la impostura, del robo, del saqueo, del hurto. Pensar en poder concluir relaciones contractuales con estos "parásitos" se parece al intento de un árbol de llegar a acuerdos con un hongo.

El mal en el que Rusia sucumbió gravita como un peligro permanente sobre Alemania. Solamente el burgués ingenuo es capaz de imaginar que el peligro bolchevique esté superado. En su manera superficial de pensar, el hombre corriente no tiene la menor idea de que aquí se trata de un proceso genético instintivo, es decir, de una acción automática para el dominio de la Tierra por parte del pueblo judío; de un proceso que es tan natural como el instinto del anglosajón de apropiarse de este mundo. Y así como el anglosajón sigue ese camino a su modo y lucha con sus armas, de la misma manera también los hace el judío. Éste procura infiltrarse entre los pueblos y carcomerlos, luchando también con sus "armas"; esto es, con la mentira y con la calumnia, el veneno y la corrupción, intensificando la lucha hasta la sangrienta extirpación del enemigo odiado. **Debemos descubrir en el bolchevismo ruso la tentativa del judaísmo, en el siglo XX, de apoderarse del mundo,** de la misma manera que en otros períodos de la Historia buscó alcanzar idéntico objetivo. Su aspiración tiene raíces en su conformación sanguínea. Así como otros pueblos no desisten en la expansión de su poder, siendo presionados a ello por circunstancias externas y bajo pena de disminuir de importancia, de la misma forma el judío no renunciará espontáneamente a su aspiración de una dictadura mundial, ni reprime su ansia eterna en ese sentido. Sólo puede ser repelido por la fuerza, porque su deseo de dominio universal sólo desaparecerá con la extinción de la raza. La impotencia de los pueblos, su propia muerte por la edad, se halla en el problema de la pureza de su sangre. Esta pureza el judío la guarda mejor que ningún pueblo de la Tierra. Así sigue su camino nefasto, hasta que se le oponga otra fuerza que, en su lucha gigantesca, arroje al invasor del Cielo a los brazos de Satanás. Alemania constituye para el bolchevismo el gran objetivo de su lucha. Se requiere todo el vigor de una idea nueva, encarnando una Misión, para arrancar a nuestro pueblo de la estrangulación de esta serpiente internacional y poner atajo a la contaminación de nuestra sangre, a fin de que las energías de la Nación, de este modo liberadas, puedan ser dedicadas a garantizar la seguridad de la Patria alemana, previniendo hasta en el más lejano futuro catástrofes como las actuales. Y si se persigue esta finalidad, sería una locura aliarse con un Estado que tiene por soberano al enemigo mortal de nuestro porvenir. ¿Cómo es que se quiere liberar a nuestro pueblo de las cadenas de ese apretado abrazo destructor, atrayéndole hacia sus brazos? ¿Cómo es posible explicar al trabajador alemán que el bolchevismo es un crimen horroroso contra la Humanidad, si el Gobierno se alía a ese producto del Infierno, reconociéndolo oficialmente? ¿Con qué derecho se condena a las grandes masas por sus simpatías por una doctrina, si los propios Jefes de Estado escogen a los dirigentes de esa teoría universal por aliados?

La lucha contra el bolchevismo mundial exige una actitud clara con relación a la Rusia Soviética. No se puede ahuyentar al Diablo con Belcebú.

Cuando los propios círculos nacionalistas se entusiasman con una alianza con Rusia, deben ellos lanzar sus miradas hacia Alemania y examinar con quien cuentan para eso. ¿O encaran los racistas como benéfica para el pueblo alemán una acción que está recomendada y exigida por la prensa marxista internacional? ¿Desde cuándo combaten los racistas con una armadura que, como escudo, nos presenta el judío?

Al Antiguo Imperio se le podía hacer, en relación a su política de alianzas, una censura capital: que perjudicaba sus relaciones con todos por su vacilación y debilidad, queriendo conservar la paz a toda costa. Sólo una cosa no se le puede censurar: no continuó teniendo relaciones con Rusia.

Confieso francamente que ya en la época de la anteguerra me habría parecido más conveniente que Alemania, renunciando a su insensata política colonial y al incremento de su flota mercante y de guerra, hubiese pactado con Inglaterra en contra de Rusia y pasado así de su trivial política cosmopolita a una política europea resuelta, de tendencia territorial en el Continente.

No olvido las amenazas constantes e insolentes que la Rusia paneslavista de entonces osaba hacer a Alemania; no olvido los frecuentes ensayos de movilización, cuyo objeto no era otro que provocarnos; tampoco puedo olvidar el estado de ánimo de la opinión pública rusa que, ya antes de la guerra, intensificaba sus ataques llenos de odio contra nuestro pueblo y el Imperio. Menos aún puedo olvidar la actitud de la prensa de ese país que deliraba de entusiasmo por Francia.

Mas, a pesar de todo esto, antes de la Guerra habría existido todavía la posibilidad de tratar de apoyarse en Rusia para hacer frente a Inglaterra.

Hoy son otras las circunstancias. Si antes de la Guerra aún habría sido posible aliarse con Rusia, hoy en día ya no lo es. La aguja del reloj mundial desde entonces ha avanzado y ese mismo reloj, con grandes campanadas, nos anuncia la hora en que el destino de nuestro pueblo tendrá que decidirse de una forma u otra. El proceso de consolidación en el que al presente se encuentran empeñadas las grandes potencias, es para nosotros el último toque de alarma, instándonos a la reflexión, a fin de que nuestro pueblo vuelva del ensueño a la dura realidad y siga por el único camino del porvenir capaz de conducir al Reich a una época de nueva prosperidad.

Si el Movimiento Nacionalsocialista, haciendo conciencia de la magnitud y de la importancia de su misión, se desembaraza de ilusiones y deja prevalecer solamente la razón, es posible que un día la catástrofe de 1918 se convierta en una infinita bendición para el destino de nuestro pueblo. Del desastre puede llegar la Nación alemana a una orientación totalmente nueva de su política exterior y, luego, interiormente galvanizada por una nueva ideología, alcanzar una definitiva estabilización de su política internacional. Entonces podrá Alemania tener por fin aquello que Inglaterra tiene y que la misma Rusia poseyó y que a Francia le permitió adoptar decisiones siempre convenientes a sus intereses: **un Código para su política.**

La conducta política de la Nación alemana, en su situación externa, deberá y tendrá que ser siempre ésta: No tolerar jamás la formación de dos potencias continentales en Europa. Impedir todo intento de creación, en las fronteras de Alemania, de una segunda potencia militar capaz de un ataque en su contra, incluso de una potencia militar aún en formación. En esto no sólo se debe ver un derecho, sino también un deber. Por todos los medios, incluso con el empleo de la fuerza armada, tenemos que evitar la formación de un Estado tal, o destruirlo, en el caso de que ya se haya formado. La fuerza de nuestro pueblo no debe basarse en colonias, sino en tierras de Europa. No se puede considerar jamás al Reich en seguridad, mientras no se halle en **condiciones de ofrecer a cada vástago de nuestro** pueblo su propio pedazo de tierra. Y esto por siglos. No olvidéis nunca que el derecho más sagrado en este mundo es el derecho sobre la tierra que queremos cultivar y el sacrificio más sagrado, la sangre que derramemos por esa tierra.

No quisiera terminar estas consideraciones sin señalar una vez más la única posibilidad de alianza que en el momento existe para nosotros en Europa. En el capítulo anterior he mencionado a Inglaterra e Italia como los dos únicos Estados de Europa con los cuales sería aconsejable el acercamiento. Brevemente delinearé ahora la importancia militar de una alianza como ésa. Las consecuencias resultantes de este pacto significarían lo opuesto a una alianza con Rusia. Un acercamiento con Inglaterra e Italia no implica en sí el peligro de una guerra. Francia, que sería la única potencia interesada en asumir una actitud contraria al pacto, no se hallaría en condiciones de hacerlo. La alianza daría a Alemania la oportunidad de realizar aquellos preparativos que, en el marco de una coalición tal, se hacen posibles. Lo más importante es que Alemania no estaría, en este caso, expuesta a una invasión enemiga repentina. La Alianza desbarataría la Entente, a la cual debemos tanta desgracia. Francia, el enemigo mortal de nuestro pueblo, caería en el aislamiento. Incluso si, al principio, sólo tuviese un efecto moral, bastaría para dar a Alemania una libertad de movimientos difícil de ser evaluada hoy. La iniciativa de la acción ya no estaría en manos de Francia sino de parte de la nueva Liga Europea Anglo-ítalo-alemana.

El resultado sería que, de un golpe, Alemania se habría librado de su situación estratégica desfavorable. La protección de sus flancos, de una parte, la completa seguridad de nuestro suministro de víveres y material bélico, por otra, sería el efecto benéfico del Nuevo Orden político.

Pero tal vez tendría una significación mayor el hecho de que la nueva coalición agruparía países dotados de una capacidad técnica susceptible de una recíproca complementación. Por vez primera Alemania tendría aliados que no serían sanguijuelas de nuestra economía, sino que hasta podrían contribuir para completar nuestra preparación técnica.

No se debe perder de vista el hecho de que, además, se trataría de aliados que no se pueden comparar a Turquía o a la Rusia actual. La Mayor Potencia Mundial y un joven Estado Nacionalista poseerían otras cualidades para una lucha en Europa, que los putrefactos cadáveres de Estados con los que Alemania se ha aliado durante la última Guerra.

Ciertamente son grandes las dificultades que se oponen a la realización de una Alianza tal. Pero cabría preguntarse si la formación de la Entente fue obra menos difícil. Aquello que le fue posible a un Eduardo VII, contrariando en parte intereses naturales, podremos lograrlo también hoy si es que, convencidos de la necesidad de un tal cambio, adoptamos un proceder inteligente. Eso se conseguiría en el momento en el que, en lugar de la política exterior sin objetivo de los últimos diez años, se siguiese por el único camino aconsejable. No debe ser la orientación en Occidente o en Oriente la que marque el futuro objetivo de nuestra política exterior y, sí, la política hacia Oriente, única necesaria para nuestro pueblo. Como para eso es preciso fuerza y nuestro enemigo mortal, Francia, nos asfixia y nos roba esa fuerza, tendremos que hacer todos los sacrificios posibles y necesarios para contribuir al aniquilamiento de las tendencias hegemónicas francesas en Europa. Toda potencia que, como la nuestra, no acepte las ansias de poder de Francia en el Continente, es hoy en día nuestro aliado natural. Ningún acercamiento a una potencia tal, ninguna otra renuncia nos debe resultar irrealizable, desde que el resultado final ofrece la posibilidad de aniquilamiento de nuestro más feroz enemigo. Dejemos la curación de nuestras pequeñas heridas a los efectos del tiempo, y consigamos cicatrizar y cerrar la mayor.

Es natural que hoy por hoy estemos a merced del aullido de los enemigos interiores de nuestro pueblo. Nosotros, los Nacionalsocialistas, jamás hemos de permitir que se nos impida proclamar lo que de acuerdo con nuestra más íntima convicción es indispensable. Ciertamente que en la actualidad tenemos que ir contra la corriente de la opinión pública, sugestionada por la falsedad judía, que sabe explotar la ingenuidad alemana. Muchas veces el oleaje se estrella terriblemente contra nosotros; mas, es sabido que quien va contra la corriente pasará menos desapercibido que aquél que se deja llevar por ella. Ahora, somos un simple escollo; pero en pocos años el Destino podrá convertirnos en un dique donde se rompa el oleaje y la corriente busque un nuevo curso. Es por eso necesario que, ante los ojos del resto del mundo, el Movimiento Nacionalsocialista sea reconocido y considerado como el portador de una opción política diferente. **Sea cual fuere el Destino que el Cielo nos reserve, se nos ha de distinguir por nuestro programa superior.**

De la misma forma en que nosotros conocemos la gran necesidad que existe de definir nuestra política exterior, ese mismo conocimiento nos obliga a persistir, cuando, bajo el fuego cerrado de la prensa enemiga, más de alguno se amedrenta y se deja llevar por la inclinación de hacer concesiones, para ponerse a aullar con los lobos.

Capítulo XV

El derecho de la legítima defensa

Depuestas las armas en noviembre de 1918 se inició una política que, según toda previsión humana, debía conducir paulatinamente a un completo sometimiento de Alemania. Ejemplos de la Historia demuestran que los pueblos que depusieron sus armas sin que hubiesen mediado causas superiores para ello, prefieren después aceptar las mayores humillaciones antes que intentar un cambio de su suerte apelando de nuevo al recurso de las armas.

Eso es perfectamente humano. Un vencedor inteligente no hará sus exigencias todas de una vez al vencido, sino por partes. Podrá contar, entonces, en el caso de tratarse de un pueblo que se volvió sin carácter -y como tal se puede considerar todo pueblo que se rinde voluntariamente- que no encontrará en cada una de esas imposiciones un motivo suficiente para la rebelión. Cuanto más opresiones fueran aceptadas voluntariamente, tanto más injustificado parecerá a esos hombres ponerse en guardia contra otras nuevas, hábilmente repetidas y sabiamente dosificadas, sobre todo considerando que, al fin de cuentas, ya se toleró mucho más en silencio.

La destrucción de Cartago es la terrible demostración de la lenta agonía de un pueblo precipitado por sí mismo a la ruina.

Por eso, Clausewitz destaca, en sus tres Confesiones, de manera incomparable esos pensamientos y los fija para siempre diciendo que: "Es imborrable la mácula vergonzosa de una sumisión cobarde; porque esa gota de veneno paraliza la sangre de la posteridad y destruirá la fuerza de las generaciones venideras". Y en contraposición: "Incluso la derrota, después de una lucha sangrienta y honrosa, asegura el renacimiento de un pueblo y es el núcleo vital que echará las raíces de un nuevo árbol".

Naturalmente, una Nación que perdió la honra y el carácter no prestará oídos a una doctrina tal, pues quien la toma a pecho no podrá rebajarse a tanto. Sólo decae quien la olvida o quien no quiere saber más de ella. De ahí que no se pueda esperar que los responsables de una sumisión cobarde recapaciten y, basados en la experiencia histórica, actúen de forma diferente. Por el contrario, ellos apartarán de sí cualquier doctrina honorable, hasta que el pueblo se acostumbre definitivamente a su condición de esclavo, o hasta que fuerzas mejores afloren a la superficie para arrancar el poder de las manos de esos miserables. En el primer caso, esos responsables no se sienten avergonzados, pues reciben de los inteligentes vencedores el cargo de administradores de los esclavos, función que generalmente ejercen de la manera más cruel, en contra de su propio pueblo, peor aún que cualquier fiera extranjera ahí colocada por el enemigo.

El curso de los acontecimientos a partir de 1918 nos prueba palmariamente que la esperanza que en Alemania se abrigaba de poder alcanzar la clemencia del vencedor, sometiéndonos voluntariamente a él, ha influido del modo más funesto en el criterio político y la conducta de las masas. Yo desearía, por eso, dejar patente el valor nulo que presto a la gran masa, pues no consigo convencerme de que la manera de actuar de los dirigentes de nuestro pueblo pueda ser atribuida solamente a su locura nefasta. Como, desde el final de la Guerra, la dirección de nuestros destinos está orientada por judíos, no se puede en realidad suponer que una noción errada de los dirigentes visibles haya sido la causa única de nuestra desgracia. Por el contrario, se debe tener la convicción de que una intención consciente y oculta conduce a nuestro pueblo a su aniquilamiento 1. Y cuando se examine, desde este punto de vista, la aparente locura en la dirección de nuestra política exterior, se revelará con una lógica depurada la lucha fría de los judíos por la conquista del mundo.

Esta razón nos permite también explicar que un período de siete años haya transcurrido inútilmente, trayendo consigo un creciente debilitamiento nacional. En cambio, un mismo lapso de tiempo, desde 1806 a 1813, bastó para animar con nuevas energías y espíritu de lucha a la Prusia totalmente aniquilada de entonces.

¡Siete años después de la Revolución de 1918 se firmaba el Pacto de Locarno! El proceso de lo que ocurrió no fue otro que el ya mencionado: Una vez aprobado el oprobioso armisticio, no se tuvo ni energía ni coraje para oponer re sistencia a las medidas opresoras que nos impusieron sucesivamente los ad versarios. ¡Éstos eran demasiado inteligentes para haberlo exigido todo de un golpe! Se restringió su plan a una extensión paulatina de las imposiciones que - según el modo de ver y la opinión de nuestros dirigentes alemanes- en aquel momento serían soportables sin temer una explosión del sentimiento popular. Cuantos más tratados se firmasen y tolerasen, tanto menos parecía justificado hacer de repente aquello que no se había hecho antes; esto es, oponer resistencia. Ésa es justamente aquella "gota de veneno" de la que habla Clausewitz: la indignidad, una vez perpetrada, puede aumentar su intensidad sin resistencia, llegando a convertirse en un terrible peso del que un pueblo difícilmente conseguirá liberarse sin que antes su raza haya sido arrastrada a la esclavitud. Así se sucedieron alternativamente en Alemania edictos de desarme y de esclavización, inhabilitándonos políticamente y extorsionándonos en lo económico, para engendrar al fin aquel estado de ánimo que hacía ver una felicidad en el dictamen de Dawes y un triunfo para Alemania en el Pacto de Locarno.

Por más amarga y patente que haya sido la derrota de nuestro pueblo, en los años que siguieron a 1918 más encarnizada y violenta era la persecución de todo aquél que osase profetizar los acontecimientos que efectivamente se realizaron posteriormente. La dirección del Gobierno era tan deplorable como grande era su maldad, especialmente cuando se trataba de poner de lado a aquellos que entreveían el peligro y por eso aparecían inoportunos y desagradables. Entonces, y aún hoy, se podía ver a los mayores imbéciles parlamentarios elevarse súbitamente al pedestal de hombres de Estado, para, una vez ahí, atacar a los pequeños mortales. No importaba en absoluto que semejantes hombres, a los pocos meses de actividad fuesen desenmascarados como los más grandes mistificados, ante el escarnio y desprecio de todo el mundo, no sabiendo para dónde ir y dando así la prueba infalible de su completa incapacidad. No, eso no tenía la más mínima importancia. Al contrario, cuanto más esos "estadistas parlamentarios" carecen de verdadera eficacia en el servicio de "su República", tanto mayor es la furia con la que persiguen a aquellos que esperan de ellos realizaciones o que se atreven a profetizar su fracaso en el futuro.

Ya en el invierno de 1922-1923 debió todo el mundo darse cuenta de que Francia, aun después del Tratado de Paz, continuaba persiguiendo con férrea tenacidad el objetivo que se había propuesto desde un principio. Porque nadie creerá seguramente que Francia, en la lucha más decisiva de su historia, hubiese sacrificado en cuatro años y medio de guerra la sangre de su pueblo con la sola expectativa de recibir después el pago de reparaciones por los daños causados. La reconquista misma de Alsacia-Lorena no hubiera bastado para justificar la entereza del mando francés, si es que en aquella lucha no se hubiese tratado de realizar ya una parte del verdadero gran programa futuro de la política exterior de Francia, consistente en lograr el desmembramiento de Alemania en un puñado de pequeños Estados. Ésa fue la finalidad por la que luchó la Francia chauvinista, poniendo a su pueblo en manos del judío internacional.

Este objetivo de guerra francés habría sido factible por la Guerra misma si es que la lucha -como se pensó al principio en París- se hubiese desarrollado sobre territorio alemán. Imagínese por un momento que las sangrientas batallas de la Gran Guerra no hubiesen tenido lugar en el Somme, en Flandes, en Artois, en las inmediaciones de Varsovia, Nijni-Novgorod, Kovno, Riga y otros lugares más sino en Alemania, en la cuenca del Ruhr, del Main, del Elba, en las inmediaciones de Hannover, Leipzig, Nürnberg, etcétera, y entonces tendrá que convenirse que en tales circunstancias habría sido posible la devastación de Alemania. Es muy dudoso que nuestra Federación, bastante reciente, hubiese resistido esa gran prueba durante cuatro años y medio, como Francia, que ya fue centralizada rigurosamente hace muchos siglos y sólo tiene un centro indiscutible: París. El hecho de que este combate entre pueblos (el más formidable que jamás existió) se hubiese desarrollado fuera de los límites de nuestra Patria, no fue sólo el merecimiento inmortal del incomparable antiguo Ejército, sino también la mayor felicidad posible para el futuro de Alemania. Estoy firmemente convencido de que, dada la segunda hipótesis, hace ya mucho tiempo no existiría más un Reich alemán, sino, apenas, "Estados alemanes". Ésta es también la única razón que nos permite afirmar que nuestros camaradas y hermanos no vertieron su sangre totalmente en vano.

Bien es cierto que en noviembre de 1918 se produjo, con la rapidez del rayo, el desastre de Alemania: sin embargo, mientras la catástrofe cundía en los lares de la Patria, los ejércitos alemanes acampaban todavía en pleno territorio enemigo. La primera preocupación de Francia en aquellos días no fue la disolución de Alemania, sino la cuestión de saber cómo se conseguiría desalojar cuanto antes de los territorios ocupados de Francia y de Bélgica a los ejércitos nuestros. De ahí que al concluir la Guerra fuera una tarea primordial para el Gobierno francés desarmar a estos ejércitos y procurar su repliegue hacia Alemania; sólo después podía pensarse en el objetivo esencial de la guerra. Sin embargo, para realizarlo, Francia debería encontrar la oposición de Inglaterra, pues, para ésta, la Guerra ya había terminado victoriosamente con la destrucción del poderío colonial y comercial de Alemania y su consiguiente degradación a la categoría de Estado de segunda clase. No sólo no tenía interés en el aniquilamiento total de la Nación alemana, sino que, por el contrario, había razones suficientes para que deseara en el futuro la existencia de un rival de Francia en Europa. La política francesa tenía, por consiguiente, que proseguir mediante una "decidida labor de paz". La frase de Clemenceau, al decir que para él "la paz no era más que la continuación de la guerra", cobró entonces máxima vigencia.

Ya en el invierno de 1922-1923 quedó claro el propósito que Francia perseguía. Nos quedaban solamente dos posibilidades: debilitar la voluntad de Francia en la lucha contra la resistencia del organismo popular alemán, o desviar la dirección del barco del Gobierno.

Significaba eso un combate de vida o muerte, sólo teniendo esperanza de salvación, si hubiese la posibilidad de aislar a Francia de tal modo que esa lucha no fuese ya más vista como una lucha de Alemania contra el mundo, sino como una defensa de Alemania contra Francia, haciéndola aparecer como una potencia que, sin cesar, estaba perturbando la paz universal.

Subrayo este punto, pues estoy completamente convencido de que esa hipótesis se realizará fatalmente, no creyendo nunca que las intenciones de Francia a nuestro respecto puedan un día mudar; pues ellas están definitivamente arraigadas y se traducen en la conservación de su Nación.

Si yo mismo fuera francés, deseando, por con siguiente, el engrandecimiento de Francia, como deseo el de Alemania, tampoco podría ni querría actuar de otra manera que la señalada por Clemenceau.

La identidad francesa, amenazada de desaparecer lentamente, no sólo por la disminución de la densidad de su población sino, sobre todo, por la de sus mejores elementos raciales, sólo podría mantener de una manera duradera su importancia mundial mediante el aniquilamiento de Alemania. No importa cuántas veces la política francesa se pueda disfrazar, al final aparecerá siempre ese objetivo como realización de los deseos máximos y de la más arraigada aspiración nacional. Es un error, sin embargo, suponer que una voluntad puramente pasiva y que sólo tienda a su propia conservación pueda resistir a otra no menos fuerte pero que actúa de un modo activo. Mientras el eterno conflicto entre Alemania y Francia sólo se traduzca por una defensa alemana contra un ataque francés, éste permanecerá sin solución; Alemania irá, de siglo en siglo, perdiendo una etapa tras otra. Analizando la extensión de la frontera lingüística de Alemania del siglo XII hasta hoy, será difícil esperar resultado satisfactorio de una actitud y de una evolución que tanto mal nos ha reportado.

Solamente cuando Alemania se compenetre de esa verdad y no deje más debilitarse su voluntad de existir, por una actitud de defensa pasiva, sino, al contrario, se arme para un encuentro decisivo con Francia, dispuesta a lanzarse en una lucha de vida o muerte, con los mayores objetivos en vista, llegará al punto de poner término a la eterna e infructífera pelea entre nuestros dos países 2. Eso sólo sucederá bajo la condición de que Alemania descubra un medio para finalmente dar a nuestro pueblo su posible expansión en otro terreno. ¡Hoy somos, en Europa, ochenta millones de alemanes! Nuestra política sólo será reconocida y aprobada cuando, antes de un siglo, doscientos cincuenta millones de alemanes vivan en este Continente, no comprimidos unos junto a otros como esclavos del resto del mundo, sino como labradores y obreros que, por su trabajo, hacen posible la existencia de unos y otros.

En diciembre de 1922 pareció agudizarse en grado amenazante la situación entre Francia y Alemania. Francia intentaba poner en práctica nuevas temerarias extorsiones y para esto necesitaba garantías. La explotación económica tenía que estar precedida de una presión política, y sólo una compulsión violenta, interviniendo en el centro del sistema nervioso de toda la vida alemana, podría ser, a los ojos de los franceses, un medio apropiado para someter a nuestro pueblo "rebelde" a un yugo aún más fuerte.

Con la ocupación de la Cuenca del Ruhr creíase en Francia romper definitivamente la moral de Alemania y colocarnos al mismo tiempo en una situación económica tal, que nos veríamos constreñidos a aceptar hasta las más pesadas cargas.

Era una cuestión de doblegarse o quebrarse. Y Alemania desde el principio se doblegó, para terminar en una completa disgregación.

Con la ocupación del Ruhr el destino le tendió una vez más la mano al pueblo alemán para que se levantara; pues aquello que en un primer momento debió presentársenos como una tremenda calamidad, encerraba en el fondo una posibilidad infinitamente prometedora para poner fin a los sufrimientos de Alemania.

Desde el punto de vista de política internacional, la ocupación del Ruhr significó el primer alejamiento entre Inglaterra y Francia, no sólo en la diplomacia británica que había pactado y mantenido la alianza francesa con un criterio de frío calculador, sino también en vastos sectores del pueblo inglés. En particular, fue en los círculos financieros donde se mostraba un indisimulable desagrado por el nuevo formidable incremento del poderío francés en el Continente. En efecto, vista la cuestión con un sentido políticomilitar, Francia asumía en Europa una posición como no la había tenido antes ni Alemania, y en lo económico adquiría igualmente poderes que le asignaban una situación poco menos que de privilegio junto a su posición de importante competidor político. Las minas más ricas de hierro y de carbón de Europa se hallaban en manos de una Nación que, a diferencia de Alemania, había hasta entonces defendido sus propios intereses vitales con decisión y dinamismo y que en la Guerra puso de relieve ante el mundo entero la seguridad que le ofrecía su Ejército. Con la ocupación de la zona carbonífera del Ruhr, Francia le arrebató a Inglaterra todo el éxito que había obtenido de la Guerra, y el dueño de la victoria ya no fue entonces la sagaz diplomacia inglesa, sino el Mariscal Foch y la Francia que él encarnaba.

También en Italia se trocó en odio contra Francia el estado de ánimo poco favorable que existía allá a partir de la conclusión de la Guerra. Presentóse el gran momento histórico en que los aliados de ayer podían ser los enemigos de mañana. Y si esto no ocurrió y los aliados no se fueron a las manos, como en el caso de la Segunda Guerra Balcánica, fue debido exclusivamente a la circunstancia de que Alemania no contaba con un Enver-Pascha, sino con un Wilhelm Cuno como Canciller del Reich. No sólo en el orden de la política exterior, sino también en el de la política interna, le brindó a Alemania la ocupación del Ruhr por los franceses una gran posibilidad para el futuro. Un considerable sector de nuestro pueblo que, bajo el influjo constante de los embustes de su propia prensa, seguía viendo en Francia al campeón del progreso y de las libertades, debió quedar repentinamente curado de semejante desvarío. La primavera de 1923 tuvo la misma trascendencia que el año de 1914, cuando al declararse la guerra se esfumaron de los cerebros de nuestros obreros los sueños de solidaridad internacional, para hacerlos volver al mundo real de la lucha por la existencia, donde un ser vive a expensas del otro y donde el exterminio del más débil representa la vida del más fuerte.

En el día en que el francés realizó sus amenazas, penetrando finalmente en la región carbonífera de la Baja Alemania, en este día sonó para Alemania una grande y decisiva hora para su existencia. Si en aquel momento nuestro pueblo, mudando de sentimientos, también hubiese modificado la actitud mantenida hasta entonces, la región del Ruhr podría haber sido para Francia lo que Moscú fue para Napoleón.

Sólo había entonces dos posibilidades: o se soportaba aquello todavía sin resistencia, o, con la mirada vuelta a los hornos de Essen, se creaba para el pueblo alemán la voluntad férrea de poner término a esa eterna vergüenza de soportar el terror de una opresión que no acababa nunca.

Le cabe a Cuno, entonces Canciller del Reich, el haber sido capaz de descubrir una tercera solución "genial", junto a los partidos burgueses que lo admiraban.

Pero antes me propongo examinar de una manera general la segunda solución: Como, con la ocupación del Ruhr, Francia había realizado una clara infracción al Tratado de Versalles, se había con ello indispuesto con varias grandes potencias, sobre todo con Inglaterra e Italia. Cualquier apoyo de esos Estados para su propia campaña egoísta de pillaje estaba fuera de cuestión. Ésta tenía que llevarla a término sola, con sus propios recursos. Para un Gobierno nacionalista alemán sólo podía existir una salida: la trazada por el honor. Era patente que no se podía entrar en choque frontal con Francia en una acción bélica. Sin embargo, era necesario que se comprendiese que toda acción no apoyada en la fuerza sólo conduciría a resultados ridículos y estériles. Era un absurdo, sin la perspectiva de una resistencia activa, hacer la siguiente declaración: "!No entraremos en ninguna negociación!". Mayor absurdo sería, sin embargo, acabar por entrar en la negociación sin que se hubiese tomado la precaución de apoyarse en alguna fuerza.

No es que se tratase de impedir la ocupación del Ruhr por medio de medidas militares. Sólo un perturbado habría podido aconsejar cosa semejante. Pero bajo la impresión del atropello que cometía Francia y mientras lo perpetraba, se pudo y se debió asegurar -sin tomar en consideración el Tratado de Versalles, despedazado por los mismos franceses- aquellos recursos militares que más tarde habrían servido para respaldar la posición de nuestros delegados; pues no cabía la menor duda de que el día menos pensado habría de resolverse en la mesa de una conferencia internacional la suerte de aquel territorio ocupado por Francia. Y tampoco debía perderse de vista que hasta los más calificados negociadores pueden contar sólo con escaso éxito si no llevan por escudo la entereza de su pueblo. Un individuo débil no puede luchar con atletas, de la misma manera que un diplomático sin armas tendrá, para hacer frente a la espada enemiga, que oponerse con otra espada. ¿No era acaso una calamidad consumada tener que ver la eterna comedia de las conferencias internacionales, que desde 1918, solían preceder a la imposición de los respectivos dictados? ¿Y aquel denigrante espectáculo que se ofrecía al mundo entero, invitándosenos como por ironía a tomar asiento en la mesa de las conferencias, para luego presentarnos resoluciones y programas acordados de antemano, sobre los cuales se podía discutir, pero sin admitirse modificación alguna?

La verdad es que nuestros diplomáticos rarísimas veces rebasan el tipo medio y, en su casi generalidad, justifican la arrogante afirmación de Lloyd George, en la presencia del entonces Canciller Simon, de que "los alemanes no saben escoger hombres de valor intelectual para sus jefes y representantes". Pero ni incluso genios habrían podido, frente a la resuelta voluntad del enemigo y la lamentable debilidad de nuestro pueblo, alcanzar un éxito, bajo ningún aspecto.

Si en 1923 se hubiese querido tomar el hecho de la ocupación del Ruhr como un motivo para restablecer nuestra institución armada, previamente habría sido necesario darle a la Nación armas morales, incrementando su fuerza de voluntad y eliminando al propio tiempo a los destructores de las energías nacionales, como condición sine qua non de toda resistencia material.

En 1918 tuvimos que pagar sangrientamente el error de no haber triturado en los años 1914 y 1915, de una vez por todas, la cabeza de la víbora marxista.

Toda idea de resistencia contra Francia sería una locura de remate, si no se declarase la guerra a muerte a los elementos marxistas, que, cinco años antes, impidieron que Alemania continuase la lucha en las líneas del frente. Sólo por la mente de individuos simplones podría pasar la idea de que los marxistas han cambiado de orientación y de que los canallas de la revolución de 1918, que fríamente pasaron sobre los cadáveres de dos millones de alemanes, para poder instalarse con más facilidad en el poder, de un momento a otro se dispusieran a pagar su tributo a la Nación. No podía concebirse idea más absurda ni más loca que la de creer que los traidores a la Patria se transformasen repentinamente en campeones de las libertades alemanas. De la misma forma que una hiena nunca desprecia un cadáver, así tampoco el marxista nunca dejará de ser traidor a la Nación. No se haga la objeción de que muchos obreros dieron también su sangre por la Patria. Esos, sin embargo, eran reales trabajadores alemanes, ya no eran marxistas internacionales. Si en 1914 la clase trabajadora alemana hubiera estado formada sólo por marxistas, la Guerra habría terminado en tres semanas. Alemania habría sido derrotada antes de que su primer soldado atravesase las fronteras.

El hecho de que nuestros soldados de antaño lucharan con ardor, es la prueba más evidente de que no estaban todavía contaminados por la enfermedad marxista.

Los soldados y trabajadores alemanes que, en el transcurso de la Guerra, iban cayendo en las garras del marxismo, estaban perdidos para la Paria.

Si en el comienzo y durante la Guerra, se hubiera también sometido a la prueba de los gases asfixiantes a unos doce o quince mil de esos judíos, de esos corruptores de pueblos, prueba que en los campos de batalla sufrieron centenas de miles de nuestros mejores trabajadores, de todas las categorías, no se habría cumplido el sacrificio de millones de nuestros compatriotas en las líneas del frente. La eliminación de doce mil bellacos, en el momento oportuno, habría tal vez influido sobre la vida de un millón de hombres honestos, tan útiles para la Nación en el Futuro. Es característico de los "estadistas" burgueses no vacilar en el sacrificio de la vida de millones en los campos de batalla y ver en diez o doce mil traidores, ladrones, usureros y mentirosos, preciosas reliquias de la Patria, a los que proclaman como insustituibles. En este mundo burgués no se sabe qué admirar más: si la cretinez, la debilidad y la cobardía, o su absoluta bellaquería. Se trata en realidad de una clase destinada a desaparecer y que, desgraciadamente, arrastra en su ruina a un pueblo entero.

En 1923 estábamos ante una situación idéntica a la de 1918. Cualquiera que fuese la forma de resistir que se escogiese, la condición indispensable sería acabar definitivamente con la obra de los marxistas traidores a la Patria y verdugos del pueblo.

Y según mi convicción, el primer problema de un Gobierno verdaderamente nacionalista, era procurar las fuerzas que estuviesen dispuestas a declarar la guerra a muerte al marxismo y, rápidamente, dar libertad de acción a esas fuerzas. Era deber del mismo no rendir culto a la estupidez de la "paz y el orden", en un momento en que el enemigo exterior asestaba el golpe más terrible sobre nuestra Patria y mientras, en el seno del país, en cada esquina se encontraba un traidor. Un Gobierno auténticamente nacional tenía que desear que se produjera primero el desorden y la intranquilidad, de modo que en medio de ese caos fuera posible realizar un ajuste de cuentas con los enemigos mortales de nuestro pueblo: los marxistas. Dejando de hacer eso, cualquier idea de resistencia, fuese de la clase que fuese, no pasaría de pura locura.

Entre tanto, un ajuste de cuentas real y de importancia universal no es posible realizarlo según las ideas de cualquier consejero privado o del alma mustia de un Ministro. Pero sí según las leyes eternas de la vida en este mundo, que son y serán siempre una lucha a muerte por la misma vida. Era necesario tener en mente que de las más sangrientas guerras civiles muchas veces nació un pueblo en acción, lleno de vitalidad, mientras que de la paz artificialmente cultivada más de una vez se desprenden las emanaciones de las cosas podridas. Los destinos de los pueblos no se manejan con guantes. He aquí por qué en 1923 debió obrarse con brutal energía para exterminarlos microbios que emponzoñaban nuestro organismo nacional. Sólo cuando eso se haya conseguido totalmente, la Nación estará preparada para una resistencia activa.

Con qué frecuencia me esforcé en aquellos tiempos tratando de convencer, por lo menos a los llamados círculos nacionalistas, acerca de la trascendencia del momento y de que con los mismos errores de 1914 y de los años que siguieron, forzosamente se llegaría a un resultado igual del de 1918. Insistí siempre en que se ayudase al Movimiento Nacionalsocialista, dándole la oportunidad de liquidar cuentas con el marxismo; pero prediqué en el desierto. Todos, incluso el jefe de la Reichswehr -el Ejército alemán de la postguerra-, lo sabían mejor que yo, para enfrentarse luego ante la capitulación más humillante que conocen los tiempos.

Ya entonces pude darme cuenta de que la burguesía alemana había llegado al fin de su misión y que no estaba predestinada a jugar ningún papel más. Vi cómo todos esos partidos luchaban contra el marxismo solamente por una envidia de competencia electoral, sin que desearan destruirlo seriamente. En su interior, todos ellos estaban de acuerdo con la destrucción de la Patria y lo que los movía era exclusivamente la preocupación de poder tomar parte en el funeral. Solamente por eso todavía "luchaban".

En aquella época -lo confieso francamente- sentí profunda admiración por el Hombre del Sur, allende los Alpes, que poseído de amor ardiente por su pueblo no hizo causa común con los enemigos interiores de Italia, sino que intentó destruirlos por todos los medios. Lo que a Mussolini lo colocará entre los grandes hombres de la Historia, es su inquebrantable resolución de no haber tolerado el marxismo en Italia y haber salvado a su Patria, quebrando el internacionalismo. ¡Cuán diminutos aparecen comparados con Mussolini nuestros actuales pseudoestadistas en Alemania y cómo nos sentimos indignados cuando esas nulidades se atreven a criticar a un hombre mil veces superior a ellos; y cuán doloroso es pensar que eso sucede en un país que hace poco menos de medio siglo tenía un dirigente del tipo de Bismarck!

Con la actitud que adoptó la burguesía y la consideración de que gozaba el marxismo, era una utopía la idea de toda resistencia activa en 1923. Querer enfrentarse con Francia, teniendo al enemigo mortal en las propias filas, constituía una locura. Lo que se hizo entonces podía, a lo máximo, ser una comedia llevada a cabo para contentar a los elementos nacionalistas en Alemania y calmar "el alma del pueblo en efervescencia". Sólo con la intención de engañar. Si ellos creyesen seriamente en lo que hacían tendrían que reconocer que la fuerza de un pueblo, en primer lugar, no reside en sus armas, sino en su voluntad y que, antes de vencer a enemigos externos, tiene que ser destruido el enemigo interior; de lo contrario, ¡pobre de esa Nación si la victoria no recompensa la lucha en el primer día! La menor sombra de derrota de un pueblo que no está libre del enemigo interior destruirá su resistencia y el enemigo se alzará con la victoria.

Eso podía ser previsto ya en 1923. ¡Si el resultado de la acción alemana frente a la invasión francesa en el Ruhr hubiese sido únicamente la destrucción del marxismo en el interior, solamente con eso la victoria ya sería nuestra. Una Alemania liberada de ese fatal enemigo de su existencia y de su futuro habría sido capaz de energías que nadie en el mundo hubiera podido vencer. **El día en que el marxismo haya sido anulado en Alemania, sus cadenas quedarán rotas para siempre.** Jamás -a través de nuestra Historia- fuimos vencidos por nuestros adversarios, sino siempre por nuestros propios vicios y por enemigos ocultos entre nosotros mismos.

Como con la orientación de nuestro Gobierno, en aquella ocasión, no era posible que surgiese un acto tal de heroísmo, lógicamente sólo se podría seguir el primer camino, a saber: no hacer nada y dejar las cosas correr como de costumbre.

Y fue en aquella hora trascendental de 1923 cuando la fatalidad quiso enviarle al pueblo alemán un hombre como el señor Cuno. Él no era un estadista ni un político de profesión, y menos aún de nacimiento; era un experto en negocios. Toda una maldición para Alemania, porque aquel comerciante conceptuaba también la política como una empresa económica y obraba de acuerdo.

"Francia había ocupado el Ruhr. ¿Qué había allí? ¡Carbón! En consecuencia, Francia ocupaba el Ruhr por el carbón", Pues, entonces, nada más racional para el señor Cuno que el recurso de la huelga como medio de impedir que los franceses obtuvieran carbón, lo cual -según la opinión del mismo Cuno conduciría seguramente a que un día, en vista de la "irrentabilidad de la empresa", quedase desocupado el Ruhr. Más o menos así se desarrollaba el raciocinio de ese "importante estadista nacional", que tuvo ocasión de hablar a "su pueblo" en Stuttgart y en otras localidades y que, por ello, fue admirado con beatitud.

Para provocar la huelga requeríase naturalmente de los agitadores marxistas, por ser los obreros los que en primer lugar debían ir al paro. Se imponía, por lo tanto, constituir un frente unitario entre el obrero (que en la mente del tipo de estadista burgués. es siempre sinónimo de marxista) y todos los demás alemanes. ¡Era de ver, entonces, el entusiasmo de esa mentalidad decadente frente a una tal divisa "nacionalista" y "genial"! Finalmente habían conseguido aquello que en los últimos tiempos buscaban denodadamente. Se había tendido un puente entre el marxismo y el caballero de industria nacional. Ahora era posible estrechar la mano al traidor internacional con apariencia de alemán y fraseología nacionalista. Los marxistas respondieron ipso facto al llamamiento, por la sencilla razón de que, así como Cuno necesitaba de los agitadores marxistas para formar su "frente unitario", también ellos necesitaban el dinero de Cuno. Ambos podían estar satisfechos. Cuno obtuvo su "frente", constituido por charlatanes "nacionales" y por especuladores antinacionales, en tanto que los traficantes marxistas podían, gracias a los dineros del fisco, servir su objetivo supremo; es decir, destruir la economía nacional. Y esta vez a expensas del Estado mismo. ¡Fue una idea increíble querer salvar a una Nación por medio de una huelga pagada!

Que no se pueda liberar a un pueblo por medio de plegarias, es una cosa generalmente sabida. Lo que tenía que ser históricamente probado era si no sería tal vez posible liberarlo por medio de la inactividad. Si el señor Cuno, en lugar de incitar a una huelga general subvencionada por el Gobierno para formar un frente unitario, hubiese exigido de cada uno de los alemanes dos horas más de trabajo diario, el fraude que significaba ese famoso "frente unitario" habría acabado al tercer día. ¡No se libertan los pueblos por la inacción, sino mediante sacrificios!

Ciertamente que esta llamada "resistencia pasiva" no debió durar largo tiempo, pues sólo un hombre totalmente ignorante en materia de política de guerra podía imaginarse que valiéndose de recursos infantiles fuese factible desalojar a un Ejército de ocupación. Y la desocupación del Ruhr habría sido lo único capaz de justificar un procedimiento cuyo costo fue muy alto y que contribuyó capitalmente a la total destrucción de la moneda nacional.

Era natural que los franceses pudieran instalarse cómodamente y con cierto sosiego al ver que la resistencia alemana se servía de tales medios. Sabían que tan pronto como esta resistencia pasiva en el Ruhr se hiciese realmente peligrosa para Francia, las tropas de ocupación darían con admirable facilidad, y en menos de ocho días, un fin sangriento a todo aquel juego infantil. ¡Con qué esfuerzo habíamos, nueve años antes, aniquilado a los bandos de francotiradores belgas y mostrado a la población civil la gravedad de la situación! Debido a la actividad de aquéllos, el Ejército alemán corrió el riesgo de sufrir graves daños. Ahora, si la resistencia pasiva en el Ruhr se hubiera vuelto realmente seria, la tropa de ocupación habría tenido que poner un final sangriento a la aventura. Por ello, la última pregunta es siempre: ¿Qué se podrá hacer cuando, al fin, la resistencia pasiva irrite al enemigo y éste se decida a luchar contra esa actitud? ¿Continuar la resistencia? En caso afirmativo, bien o mal, será necesario soportar las más duras pruebas. De ahí se concluye que toda resistencia pasiva sólo tiene un sentido cuando detrás de ella existe la decisión de continuar esa resistencia en campo abierto o en una guerra de guerrillas. De un modo general, toda lucha de esta clase tiene que estar unida a la convicción de una posible victoria. Cuando una fortaleza sitiada, duramente atacada por el enemigo, es forzada a perder la última esperanza de socorro, casi siempre se rinde. Quítese ala guarnición de una fortaleza sitiada toda esperanza de salvación y las fuerzas de defensa bruscamente se desvanecerán.

Por eso, una resistencia pasiva en el Ruhr, teniéndose en cuenta las últimas consecuencias que ella debía acarrear, no tenía sentido. Sólo una resistencia activa tendría posibilidad de salir victoriosa. Sólo entonces hubiese podido nuestro pueblo conseguir algo extraordinario. Si cada uno de esos habitantes de Westfalia tuviese la certeza de que la Patria levantaría un ejército de ochenta o cien divisiones, los franceses habrían pisado sobre ascuas. Porque la verdad es que existen más hombres valientes para sacrificarse por una causa con posibilidades de éxito que por una visible insensatez.

La formación del Frente Unitario fue el hecho que nos obligó a los Nacionalsocialistas a oponernos tenazmente contra semejante "llamado nacional". En aquellos meses fui atacado con frecuencia por elementos cuyo sentimiento nacional no era más que una mezcla de estulticia y simulación. Eran gentes que vociferaban con los demás sólo porque tenían la ocasión de poder revelar su "patriotismo" sin peligro alguno. Consideré aquel mísero Frente Unitario como una de las más risibles manifestaciones políticas. Y la Historia se encargó de darme la razón.

En el momento en que las organizaciones sindicalistas habían llenado su caja con los dineros procedentes del Gobierno de Cuno, y cuando la "resistencia pasiva" que hasta entonces se había apoyado en la huelga debió pasar a la acción, las hienas marxistas escaparon repentinamente del rebaño nacional de borregos que formaban el Frente Unitario para volver a ser lo que siempre fueron. Por su parte, el señor Cuno retornó tranquilamente a sus actividades navieras, en tanto que Alemania registraba en sus anales una amarga experiencia más y una gran esperanza menos.

Hasta el final, muchos oficiales no creyeron en un desenlace tan vergonzoso. Habían alimentado la secreta esperanza de que se adoptaran las medidas para transformar esa resistencia a Francia en un nuevo punto de partida para la resurrección alemana. También en nuestras filas había muchos que tenían confianza en el Ejército. Y esa convicción era tan viva que orientó el modo de actuar y, sobre todo, la aspiración de innumerables jóvenes.

Al producirse el vergonzoso fracaso del Ruhr, después del sacrificio de millares de bienes materiales y de la confianza de miles de jóvenes alemanes que tuvieron la ingenuidad de dar crédito a los dirigentes del Reich, estalló la indignación del país contra semejante traición a nuestro pueblo. En millones de cerebros surgió entonces con claridad meridiana el convencimiento de que sólo una transformación radical de todo el sistema político imperante sería capaz de salvar a Alemania.

Nunca una época fue más oportuna, nunca se exigió tan perentoriamente una solución como en el momento en que se manifestaba tan abiertamente la traición a la Patria, al mismo tiempo que todo un pueblo era condenado a la muerte por el hambre. Aquel Estado que conculcó todos los preceptos de lealtad y que escarneció los derechos de sus ciudadanos, que defraudó los sacrificios de millones de sus más leales hijos y que, finalmente, los despojó también hasta del último Pfennig, no podía merecer otra cosa que el odio de sus súbditos. Y este sentimiento de odio contra los corruptores del pueblo y de la Patria, debió estallar un día de todos modos. Aquí debo repetir la frase final de mi última declaración, hecha ante los tribunales de Leipzig, en el gran proceso de la primavera de 1924: **"Los jueces de este Estado pueden condenarnos tranquilamente por nuestras acciones; mas, la Historia, que es encarnación de una verdad superior y de un mejor derecho, despreciará un día esta sentencia, para absolvernos de toda culpa"**.

Pero esta misma Historia emplazará también ante su Tribunal a aquellos que, imperando hoy en el mundo, pisotean leyes y derechos, precipitando a nuestra Nación a la ruina. En medio de la desgracia de la Patria, colocan sus intereses personales por encima de los de la comunidad.

Omito relatar en este libro aquellos acontecimientos que precedieron al 9 de noviembre de 1923 y las consecuencias que se derivaron. Deliberadamente no lo hago, porque de ello nada constructivo se puede esperar para el porvenir, y nada se gana con reabrir heridas que ya están cicatrizadas. Nada sirve tampoco culpar a personas que, tal vez en lo más íntimo de sus corazones, están con nosotros. Ellos también aman a su Patria y solamente erraron el camino, o no nos comprendieron.

Ante la infinita desgracia común que aflige a nuestra Alemania, no quisiera ahora ahondar las diferencias para no alejar a aquellos que en el futuro tendrán que formar con nosotros el Gran Frente de todos los compatriotas leales, contra los enemigos de nuestro pueblo. **Bien sé yo que llegará el tiempo en que hasta los que estuvieron en contra nuestra recordarán reverentes a los que, como Nacionalsocialistas, entregaron al pueblo alemán el caro tributo de su sangre.**

A aquellos dieciséis héroes a los que dediqué el primer volumen de esta obra, a esos camaradas y luchadores de nuestra Doctrina, héroes que a plena conciencia se sacrificaron por todos nosotros, al finalizar este libro deseo de nuevo recordarles. Ellos llamarán al cumplimiento del deber a los vacilantes y a los débiles, con su ejemplo llevado hasta las últimas consecuencias. Y quiero también recordar al hombre que, como uno de los mejores entre los nuestros, consagró su vida en la poesía, en la idea y, a la vez, en la acción, para el resurgimiento de nuestro pueblo: ¡DIETRICH ECKART!

Mi Lucha

Epílogo

El 9 de noviembre de 1923, en el cuarto año de su existencia, el Partido Nacionalsocialista Alemán de los Trabajadores (NSDAP) fue disuelto y prohibido en todo el Reich. Hoy, en noviembre de 1926, de nuevo resurge en toda Alemania, más fuerte y más sólido que nunca.

Todas las persecuciones al Movimiento y a sus dirigentes, todas las injurias y difamaciones vertidas, no consiguieron nada. La grandeza de sus ideales, la fuerza de su voluntad, el espíritu de sacrificio de sus militantes, hicieron que saliese de todas las pruebas más prestigiado cada vez.

Si en el mundo de la actual corrupción parlamentaria, cada vez más el Movimiento se compenetra de la esencia de su lucha y se siente como personificación del valor de la raza y de cada individuo en particular, rigiéndose conforme a esos principios, con certeza casi matemática saldrá victorioso en la lucha, de la misma manera que Alemania necesariamente tiene que recuperar la posición que le corresponde en este mundo, si es dirigida y organizada por los mismos ideales.

Un Estado que en la época del envenenamiento de las razas se dedica a cultivar a sus mejores elementos raciales, tiene un día que hacerse señor del mundo.

Que los fieles a nuestro Movimiento no se olviden nunca de eso, incluso cuando, por la enormidad del sacrificio y de la lucha, puedan llegar a dudar de la posibilidad del triunfo.

LOS 25 PUNTOS

En la magna asamblea que tuvo lugar el 25 de febrero de 1920 en la "Hofbräuhausfestsaal" de Munich, el Partido Nacionalsocialista Alemán de los Trabajadores proclamó su Programa a la faz del mundo.

En la Sección 2a. de la Constitución de nuestro Partido, se declara que este Programa es inalterable.

Los dirigentes no se proponen, una vez alcanzados los fines anunciados en él, concebir propósitos nuevos, con el solo objeto de aumentar artificialmente las aspiraciones de las masas y asegurar así la continuidad de la existencia del Partido.

El Programa

1. Exigimos la unión de todos los alemanes para constituir una Gran Alemania fundada en el derecho de la independencia de que gozan las Naciones.

2. Exigimos para el pueblo alemán la igualdad de derechos en sus tratados con las demás naciones y la abolición de los tratados de Paz de Versalles y de Saint Germain.

3. Exigimos espacio y territorio (colonias) para la alimentación de nuestro pueblo y para establecer a nuestro exceso de población.

4. Nadie, fuera de los miembros de la Nación, podrá ser ciudadano del Estado. Nadie, fuera de aquellos por cuyas venas circule la sangre alemana, sea cual fuere su credo religioso, podrá ser miembro de la Nación. Por consiguiente, ningún judío será miembro de la Nación.

5. Quien no sea ciudadano del Estado, sólo residirá en Alemania como huésped y será considerado como sujeto a leyes extranjeras.

6. El derecho a sufragar para la formación del gobierno del Estado y para la sanción de las leyes será ejercido únicamente por ciudadanos del Estado. Exigimos, en consecuencia, que todas las funciones oficiales, sea cual sea su naturaleza, tanto en la Nación como en el campo y en las localidades menores, sean desempeñadas exclusivamente por ciudadanos del Estado. Nos oponemos a la corruptora práctica parlamentaria de llenar los puestos teniendo en cuenta solamente consideraciones de partido en lugar de carácter o de idoneidad.

7. Exigimos que el Estado contemple como su primer y principal deber el promover el progreso de la industria y el velar por la subsistencia de los ciudadanos del Estado. Si no fuera posible alimentar a toda la

población del Estado, será indispensable que los residentes extranjeros (no ciudadanos del Estado) sean excluidos de la Nación.

8. Hay que impedir toda inmigración no alemana. Exigimos que se obligue a todo no ario llegado a Alemania a partir del 2 de agosto de 1914 a abandonar inmediatamente el territorio nacional.

9. Todos los ciudadanos del Estado gozarán de iguales derechos y tendrán idénticas obligaciones.

10. El primer deber de todo ciudadano del Estado consiste en trabajar con la mente o con el cuerpo. Las actividades individuales no estarán reñidas con los intereses generales, sino que se adaptarán al marco impuesto por la comunidad y tendrán en cuenta las conveniencias de la misma. Por lo tanto, exigimos:

11. La abolición de todo ingreso no conseguido por medio del trabajo. Abolición de la servidumbre impuesta por el interés del dinero

12. En vista de los enormes sacrificios de vidas y propiedades que exige toda guerra, el enriquecimiento personal logrado merced a los conflictos armados internacionales se considerará como un crimen contra la Nación. Exigimos, en consecuencia, la confiscación implacable de todas las ganancias realizadas por medio de la guerra.

13. Exigimos la nacionalización de todos los negocios que se han organizado hasta la fecha en forma agrupaciones de sociedades trusts.

14. Exigimos que las utilidades del comercio al por mayor sean compartidas por la Nación.

15. Exigimos que se ponga en práctica un plan gradual de asistencia social a la vejez.

16. Exigimos la creación y mantenimiento de una sana clase media, la nacionalización inmediata de las propiedades utilizadas en la especulación, a fin de que se alquilen en favorables condiciones a pequeños comerciantes, y que se tengan especiales consideraciones para con los pequeños proveedores del Estado, de las autoridades de distrito y de las localidades menores.

17. Exigimos la reforma de la propiedad rural para que sirva nuestros intereses nacionales; la sanción de una ley ordenando la confiscación sin compensación de la tierra con propósitos comunales; la abolición del interés de los préstamos sobre tierras y la prohibición de especular con las mismas.
1

18. Exigimos la persecución despiadada de aquéllos cuyas actividades sean perjudiciales al interés común. Los sórdidos criminales que conspiran contra el bienestar de la Nación, los usureros, especuladores, etcétera, deben ser castigados con la muerte, sean cuales fueren su credo o su raza.

19. Exigimos que el Derecho Romano, que sirve al régimen materialista del mundo, sea reemplazado con un sistema legal concebido para toda Alemania.

20. Con el fin de proporcionar a todo alemán competente e industrioso la posibilidad de una mejor educación y promover así el progreso, el Estado abordará la reconstrucción total de nuestro sistema nacional de educación. El plan de estudios de todo establecimiento educativo deberá hallarse de acuerdo con las necesidades prácticas de la vida. El inculcar y hacer comprensible la idea de Estado (sociología del Estado) debe ser uno de los propósitos fundamentales de la educación y comenzará con el primer destello de inteligencia del alumno. Exigimos que el Estado eduque a sus expensas a los niños dotados de superior talento e hijos de padres pobres, sean cuales sean la respectiva clase u ocupación de estos últimos.

21. El Estado procurará elevar el nivel general de la salud de la Nación amparando a las madres e infantes, prohibiendo el trabajo de los niños, aumentando la eficiencia corporal mediante la gimnasia obligatoria y los deportes y apoyando sin restricciones a los clubes fundados con el objeto de promover el mejoramiento físico de la juventud.

22. Exigimos la abolición del Ejército mercenario y la formación de un Ejército Nacional.

23. Exigimos la adopción de medidas legales contra la impostura política deliberada y su difusión por medio de la prensa. Para facilitar la creación de una prensa nacional alemana exigimos:

a) Que todos los editores de periódicos y sus asistentes, cuando empleen la lengua alemana, sean miembros de la Nación.

b) Que la aparición de periódicos no alemanes no tenga lugar sino en virtud de un permiso especial acordado por el Estado. No será indispensable que tales órganos se impriman en alemán.

c) Que se prohíba por ley la participación financiera o la influencia de no alemanes en los periódicos germanos, estableciendo como penalidad para los infractores la supresión del periódico y el inmediato destierro de los no alemanes implicados en el asunto. Debe prohibirse la publicación de órganos cuyos propósitos no contemplen el bienestar nacional. Exigimos que se persiga legalmente a todas las tendencias artísticas y literarias pertenecientes a algún género capaz de contribuir a la disgregación de nuestra vida como Nación, y la supresión de cualquier institución cuyos fines estén reñidos con la citada exigencia.

24. Exigimos libertad para todas las denominaciones religiosas dentro del Estado mientras no representen un peligro para éste y no militen contra los sentimientos morales de la raza alemana. El Partido defiende, en su carácter de tal, la idea del cristianismo positivo, mas no se compromete, en materia de credo, con ninguna confesión en particular. Combate el materialismo judío filtrado entre nosotros y está convencido de que nuestra Nación no logrará la salud permanente sino dentro de sí misma y gracias a la aplicación de este principio.

El interés común antes que el propio

25. Para realizar todo lo qué precede, exigimos la creación de una poderosa autoridad central del Estado; incuestionables atribuciones del Parlamento políticamente centralizado sobre toda la Nación y sobre su organización, y formación de una cámara representando a las clases y profesiones, con el propósito de poner en práctica en los diversos Estados de la Confederación las leyes generales promulgadas por la Autoridad. Los Jefes del Partido juran consagrarse sin desmayo-y, si fuera necesario, sacrificar su vida- para lograr el cumplimiento de los puntos precedentes.

Munich, 24 de febrero de 1920.

Manifiesto oficial del partido sobre la posición del N.S.D.A.P. con respecto a la población campesina y a la agricultura

1. Importancia de la población campesina y de la Agricultura para Alemania

La Nación Alemana obtiene una cantidad considerable de los víveres que necesita para su subsistencia merced a la importación de sus productos alimenticios procedentes del extranjero. Antes de la Gran Guerra lográbamos pagar dicha importación con nuestro comercio y con los intereses de nuestros capitales colocados en el extranjero. El resultado de la guerra puso fin a esta posibilidad.

Hoy estamos pagando nuestras importaciones de víveres principalmente con la ayuda de empréstitos extranjeros, que endeudan cada vez más a la Nación, hipotecando su patrimonio en favor de los financistas internacionales que le suministran los créditos. De continuar las cosas como en la actualidad, el pueblo alemán se irá empobreciendo en medida cada vez mayor.

La única posibilidad de escapar a esta esclavitud radica en la capacidad de Alemania para producir por sí misma los alimentos esenciales. El aumento de la producción agrícola constituye, por consiguiente, una cuestión de vida o muerte para el país.

Además, la existencia de una población rural económicamente sana y grandemente productiva es condición indispensable para la prosperidad de nuestra industria, que en lo porvenir habrá de contar cada vez más con las posibilidades que le brinda el mercado interno.

También contemplamos a la población campesina como al depositario de la herencia de salud, fuente de la juventud de la Nación, y como la espina dorsal de sus fuerzas armadas.

La existencia de una clase rural eficiente, cuya importancia crezca a medida que aumente la población general del país, es un punto esencial del

Programa Nacionalsocialista, porque nuestro Movimiento tiene en cuenta el bienestar de nuestro pueblo representado por las generaciones futuras.

2. El Estado de hoy descuida a la clase rural y a la agricultura

La producción agrícola, capaz de ser aumentada, tropieza con graves escollos, porque la insolvencia creciente de los agricultores impide a éstos adquirir las cosas necesarias para el cultivo, y debido al hecho de que la agricultura que no compensa las fatigas del labriego, no estimula a aumentar la producción.

Las razones por las cuales la agricultura no retribuye debidamente los esfuerzos del trabajo habrán de buscarse en lo siguiente:

1. En la política fiscal existente, que agobia a la agricultura con indebidas gabelas. Esto se debe a consideraciones de Partido y a que el mundo judío -que es quien domina en realidad a la democracia parlamentaria de Alemania-desea destruir la agricultura alemana, para tener a nuestra Nación, y especialmente a nuestra clase trabajadora, a su merced.

2. En la competencia de los agricultores extranjeros, que trabajan en condiciones más favorables, y por no existir ninguna política de protección a los agricultores alemanes.

3. En las extravagantes utilidades de los grandes intermediarios mayoristas que se interponen entre el productor y el consumidor.

4. En las abrumadoras tarifas que el agricultor debe pagar en concepto de energía eléctrica y abonos artificiales a empresas dirigidas principalmente por judíos. La mezquina recompensa del trabajador de la tierra no alcanza para satisfacer las elevadas contribuciones. El agricultor se ve obligado a endeudarse, tomando préstamos a intereses usurarios; se humilla cada vez más al yugo impuesto por esta tiranía y acaba cediendo cuanto posee al prestamista judío. La clase rural alemana está siendo expropiada.

3. En la Nación, tal cual esperamos verla nosotros, se respetarán los derechos del campo y habrá una política agrícola para Alemania

No puede haber esperanzas de una mejora trascendental en las condiciones de pobreza en que se debate el país, ni un renacimiento de la agricultura, mientras el gobierno alemán esté en realidad dominado por los magnates financieros, ayudados por el sistema parlamentario democrático de gobierno; porque éstos desean destruir la pujanza de Alemania, que radica en el campo.

En el nuevo y enteramente diferente Estado Alemán, al cual aspiramos, los labradores y la agricultura serán tratados con las consideraciones que merecen, en virtud del hecho de que constituyen uno de los principales puntos de apoyo de un verdadero Estado Nacional Alemán:

1. La tierra de Alemania, adquirida y defendida por la Nación Alemana, estará al servicio del país, así en su carácter de morada como en su carácter de medio de subsistencia. Quienes ocupen la tierra la administrarán de manera que satisfaga estas finalidades.

2. Sólo los miembros de la Nación Alemana podrán poseer tierras.

3. Las tierras legalmente adquiridas por los mismos serán consideradas propiedades heredables. El derecho de tener propiedades implica, empero, la obligación de emplear éstas con arreglo al interés nacional. Se establecerán tribunales especiales para vigilar esta obligación; estos tribunales se compondrán de representantes de terratenientes de todas las esferas y de un representante del Estado.

4. La tierra alemana no podrá ser objeto de especulaciones financieras (Cf. Punto 17 del Programa del N.S.D.A.P.), ni proporcionar a su propietario un ingreso inmerecido. Solamente podrá ser adquirida por aquél que se proponga cultivarla por sí mismo. Por lo tanto, el Estado tiene derecho de prioridad en toda operación de tierras. Está prohibido hipotecar la tierra a prestamistas particulares. Los préstamos necesarios para el cultivo serán acordados al agricultor en condiciones fáciles, por asociaciones reconocidas por el Estado o por el Estado mismo.

5. El Estado percibirá derechos por el uso de la tierra, conforme a la superficie y calidad de la propiedad. El impuesto a la tierra evitará todo nuevo tributo a la propiedad raíz.

6. No es posible establecer una regla inflexible en lo tocante a la superficie cultivada. Desde el punto de vista de nuestra política de

población, necesitamos gran número de granjas pequeñas y medianas. Así y todo, el cultivo en gran escala desempeña un papel importantísimo y, si conserva una saludable relación con respecto a los establecimientos agrícolas menores, estará justificado.

7. Será necesaria la sanción de una ley de herencia que impida la subdivisión de la propiedad y la acumulación de deudas sobre la misma.

8. El Estado tendrá derecho a incautarse de la tierra, en cambio de una compensación adecuada, en los casos siguientes:

a) Cuando no sea propiedad de un miembro de la Nación.

b) Cuando -a juicio del Tribunal de la Tierra- se compruebe que su propietario no procede, merced a una mala manera de cultivar, de acuerdo con los intereses nacionales.

c) Con el propósito de establecer en ella agricultores independientes en los casos en que el propietario no lo cultive por sí mismo.

d) Cuando así lo exijan fines del Estado que contemplen el interés nacional (verbigracia: comunicaciones, defensa nacional, etcétera). La tierra ilegalmente adquirida (conforme a la Ley Alemana), podrá ser confiscada sin compensación.

9. El Estado tiene el deber de colonizar toda tierra disponible con arreglo a un plan fundado en las altas consideraciones de una política de población. La tierra será adjudicada a los colonos como posesión hereditaria, bajo condiciones que tornen posible la subsistencia. Los colonos habrán de escogerse examinando sus aptitudes cívicas y profesionales. Deberá favorecerse en primer término a los hijos de agricultores que no pueden heredar (ver Punto 7 de este Manifiesto).

La colonización de las fronteras orientales es de importancia suma. No bastará en este caso con el mero establecimiento de granjas; será necesario, además, fundar poblaciones que sirvan de mercado, según la nueva rama de la industria. Ésta será la única forma de crear la posibilidad de que las granjas más pequeñas resulten un negocio conveniente.

Será deber de la política exterior de Alemania el proporcionar grandes extensiones para la nutrición y el establecimiento de la creciente población de Alemania.

4. Hay que elevar a la clase rural tanto desde el punto de vista económico como desde el educativo

1. La presente miseria de la población rural debe aliviarse de inmediato merced a la abolición de gravámenes y otras medidas de emergencia. Hay que evitar que se declaren nuevas insolvencias reduciendo por ley el tipo de interés de los préstamos, colocándolo en el nivel que prevalecía antes de la guerra, y mediante la acción sumaria contra la extorsión.

2. La política del Estado debe velar porque la agricultura resulte conveniente como negocio. La agricultura alemana estará protegida por medio de aranceles, de la reglamentación gubernativa de las importaciones y por medio de un plan nacional de instrucción.

La fijación de los precios de los productos agrícolas no estará sujeta a las especulaciones bursátiles, debiéndose impedir la explotación de los intereses agrícolas por parte de los grandes intermediarios. El Estado estimulará la transferencia de los negocios de estos últimos a las asociaciones de agricultores.

La misión de estas organizaciones profesionales consistirá en procurar la reducción de los gastos generales del agricultor, aumentando la producción (provisión de implementos, abonos, semillas, reproductores, en favorables condiciones, mejoras, lucha contra los insectos y animales dañinos, etcétera). El Estado prestará a estas organizaciones su concurso para que puedan llevar a cabo su misión con el mayor éxito; insistirá especialmente en una considerable reducción del costo de los abonos artificiales y de la energía eléctrica.

3. Las organizaciones fundarán también, por medio de contratos concebidos en el sentido social, la clase de los trabajadores del campo, como miembro de la comunidad agrícola. La inspección y el arbitraje en lo que atañe a estos asuntos, serán de incumbencia del Estado. El tan aspirado mejoramiento de las condiciones de vida y de los salarios de los obreros agrícolas tendrá lugar en forma automática con la mejora de la situación de la agricultura en general. Una vez modificado favorablemente este estado de cosas, ya no habrá necesidad de emplear en el campo a trabajadores extranjeros, costumbre que en lo porvenir será prohibida.

4. La importancia nacional de la clase rural exige que el Estado promueva en ella la educación técnica (instituciones juveniles, escuelas profesionales agrícolas, en condiciones muy favorables para los jóvenes de talento pero carentes de recursos).

5. Las organizaciones profesionales no pueden proporcionar toda la ayuda que necesita la clase rural; esto sólo puede hacerlo el Movimiento del N.S.D.A.P. en favor de la libertad alemana.

La población del campo es pobre porque toda la Nación Alemana es pobre: Es erróneo figurarse que existe una sola clase que no comparte el destino de la comunidad alemana en general, y un crimen provocar rivalidades entre la población urbana y la población rural, unidas por indestructibles lazos en la dicha y en la adversidad.

La ayuda económica no puede promover, bajo el actual sistema político, una mejora permanente, porque el origen de la miseria de nuestro pueblo es la esclavitud política, que sólo puede eliminarse merced a métodos políticos.

Los antiguos partidos políticos, que fueron y son responsables de la esclavización nacional, no pueden guiar al país por la senda de la liberación.

Hay muchas e importantes tareas económicas que esperan a las organizaciones profesionales de nuestro futuro Estado; ya ahora pueden ellas realizar un considerable trabajo preparatorio en tal sentido; mas, para la lucha política en favor de la libertad que ha de construir los cimientos de un nuevo régimen económico, no son totalmente apropiadas, porque esta lucha habrá de sostenerse, no desde el punto de vista de una sola profesión, sino con la Nación entera.

El Movimiento que llevará a cabo y conducirá hasta el fin la lucha política por la libertad, es el Partido Nacionalsocialista Alemán de los Trabajadores.

(Firmado)
ADOLF HITLER

www.ingramcontent.com/pod-product-compliance
Lightning Source LLC
Chambersburg PA
CBHW060311230426

43663CB00009B/1660